方尖碑
OBELISK

探知新视界

新月与蔷薇

波斯五千年

THE PERSIANS

Ancient, Mediaeval and Modern Iran

[伊朗] 霍马·卡图赞 —— 著

王东辉 —— 译

译林出版社

图书在版编目（CIP）数据

新月与蔷薇：波斯五千年 /（伊朗）霍马·卡图赞著；王东辉译. —南京：译林出版社，2022.1（2025.8重印）
书名原文：The Persians : Ancient, Mediaeval, and Modern Iran
ISBN 978-7-5447-8436-8

Ⅰ.①新… Ⅱ.①霍… ②王… Ⅲ.①波斯帝国－历史 Ⅳ.①K124.4

中国版本图书馆 CIP 数据核字（2020）第 207658 号

新月与蔷薇：波斯五千年 ［伊朗］霍马·卡图赞 / 著 王东辉 / 译

责任编辑 王 蕾
特约编辑 荆文翰
装帧设计 韦 枫
校 对 蒋 燕
责任印制 董 虎

原文出版 Yale University Press, 2009
出版发行 译林出版社
地 址 南京市湖南路 1 号 A 楼
邮 箱 yilin@yilin.com
网 址 www.yilin.com
市场热线 025-86633278
排 版 南京展望文化发展有限公司
印 刷 南京爱德印刷有限公司
开 本 652 毫米 ×960 毫米 1/16
印 张 38
插 页 20
版 次 2022 年 1 月第 1 版
印 次 2025 年 8 月第 9 次印刷
书 号 ISBN 978-7-5447-8436-8
定 价 108.00 元

目　录

致　谢

在其不朽的波斯史诗《列王纪》中，阿布尔卡西姆·菲尔多西写道："那时有许多人物对我帮助，包括阿里·戴拉姆和布道拉夫。"[1]我这本小书同样也得到许多人的帮助，虽然本书的观点、错讹及相应责任都由我一人承担。

2001年，普林斯顿高等研究院给了我一个访问学者的位置，负责发起一个研究1800—2000年的现代伊朗史的项目。因此我非常感谢他们的精神和物质支持。耶鲁大学出版社的希瑟·麦卡勒姆以高超的说服力，说服我将这个项目扩展为一部诠释性和综合性的伊朗通史。她还为我的最初研究项目准备了三位审稿人，对他们三位的慷慨、鼓励性的评论，我深表谢意。斯蒂芬妮·克罗宁是三人中唯一留下名字的。中东中心图书馆、圣安东尼学院图书馆和东方研究所图书馆，以及瓦德汉学院菲尔多西图书馆和博德利图书馆，都隶属于牛津大学，它们都提供了许多对一个时间跨度超过两千五百年的伊朗历史课题而言不可或缺的，有时是罕见和难以获得的波斯文和英文资料。我特别感谢中东中心图书馆馆长马斯坦·艾伯特哈吉的坚定支持。

在编撰本书的几年间，我的儿子埃米尔在很长时间里是我的家庭生活的唯一伙伴，帮助我把家庭事务打理得井井有条，使我得以不间断地工作。

2007年，我在多伦多的穆罕默德·塔瓦库利-塔尔基处做了六星期的访问学者，主要为这一项目工作，也参与了一个联合项目，我们希望未来某日能付梓发行。穆罕默德的团队本身就是个欢乐和力量的源泉，他扮演了一位完美东道主的角色，有助于我的思考。我还从他的庞大图书馆中获益良多，该馆以别处罕见的波斯文书籍和期刊而闻名。

约翰·格尼简要点评了某些章节的初稿，对本课题的后期发展方向帮助很大。图拉吉·达尔亚伊对第1、第2章的评点润色了我对古伊朗历史的记述。但最重要的是与本项目共始终的两位审稿人，他们卓越超群，没有他们的中肯点评和提议，这份手稿不会达到它现在的样子。我另一本书的合作编辑，黎巴嫩美国大学的侯赛因·沙希迪逐行阅读了每一章，然后对形式和内容都做了评点。作为对他的评点的回应，我把相关章节给了我的编辑菲比·克拉彭，她同样阅读和评点了它。侯赛因以一位经验丰富的专家的视角，菲比以一位聪慧、博学、敏锐的非专家的视角审阅了这些材料，顺便说一句，菲比是在她的专业领域中冉冉升起的新星。

纳斯鲁拉·卡斯瑞安和贾希姆·卡兹班普尔两位顶级摄影师友好地允许我们使用他们作品的拷贝做插图。我最热烈的感谢同样献给西玛·萨亚（阿夫德尔）、保罗·桑福德和侯赛因·沙希迪，感谢他们慷慨的贡献。我还对牛津大学慷慨提供的其他插图表示感谢。

许多人的帮助没那么直接，如果我有更多篇幅一定会鸣谢他们。为了表达我对所有留名和未留名的人最深切的感激，我用一句阿拉伯诗来总结："说谢谢已经足够。"

霍马·卡图赞

2008年8月

于牛津大学圣安东尼学院和东方研究所

序

曲解历史，正是一个民族之形成的重要组成部分。

——埃内斯特·勒南

本书是一部伊朗史书，伊朗也叫波斯，从波斯帝国建立到1930年代，西方人一直称伊朗为波斯。本书的导言勾勒出伊朗历史和社会的主要特征，为后续各章更深入的探讨提供了框架，正文各章包括伊朗神话、传说和信仰，以及伊斯兰教兴起之前和之后的宗教。

关于历史该怎样写，或什么构成了“真实”历史，存在许多不同观点，尤其是在历史学家的群体之中。有些人重点考虑历史事件的叙述性资料，往往认为细节或“微历史”研究是史学的正确方法。对他们而言，发现一个迄今无人知晓的史实，即使很渺小，依然比对广阔历史大势的全新分析视角更重要。另一些人则不大重视史实，倾向于使用如椽巨笔在历史画布上作画，探索事件如何和为什么发生，在某些极端例子中，他们甚至会彻底抛弃历史的经验内容。

然而我相信，历史必须有真实的经验内容，我也相信必须有分析视角，这样才能够厘清史实，将历史与聪慧且训练有素的讲故事区分开。本书关注伊朗历史的“什么”、“怎样”和“为什么”。在尝试同时满足这些目标的过程中，我也对伊朗和欧洲历史做了一些比较性观察，尝试展现丰富的伊朗社会和历史为什么在某些重要方面与西方世界不同，例如：为什么宪法革命的主要议题是立法，或者在1979年二月革命中，为什么社会作为一个整体——富裕与贫穷、年轻与年迈、传统与现代的人——团结起来对抗当局。

第1到第6章，涵盖从古代到19世纪中期的历史，没有列出详细的引文、参考文献和资料，但它们是基于很多材料的，在本书结尾为每章都列出了参考资料的简要书目。另一方面，第7到第14章，叙述19世纪中期至今的历史，严格列出了直接和间接文献的资料来源。这么做的原因是我对伊朗早期历史只做简略探讨，且这一方面的争议较少，然而后期历史必须处理大量细节，人们的观点在许多方面也千差万别。

本书面向普通读者和专家。但本书不仅仅是对伊朗历史的一般性回顾，我已经尽我最大努力使本书对普通读者而言也浅显易懂，同时更有趣味性。这是用一本书的篇幅叙述的关于一个重要人类文明的故事，书中将揭示和解释这个文明独有特点的根源。

最后用一句贴切的波斯诗文做总结：

关于我们的善恶的故事将被书写，
因为历史有一页纸，一册簿，一卷书。

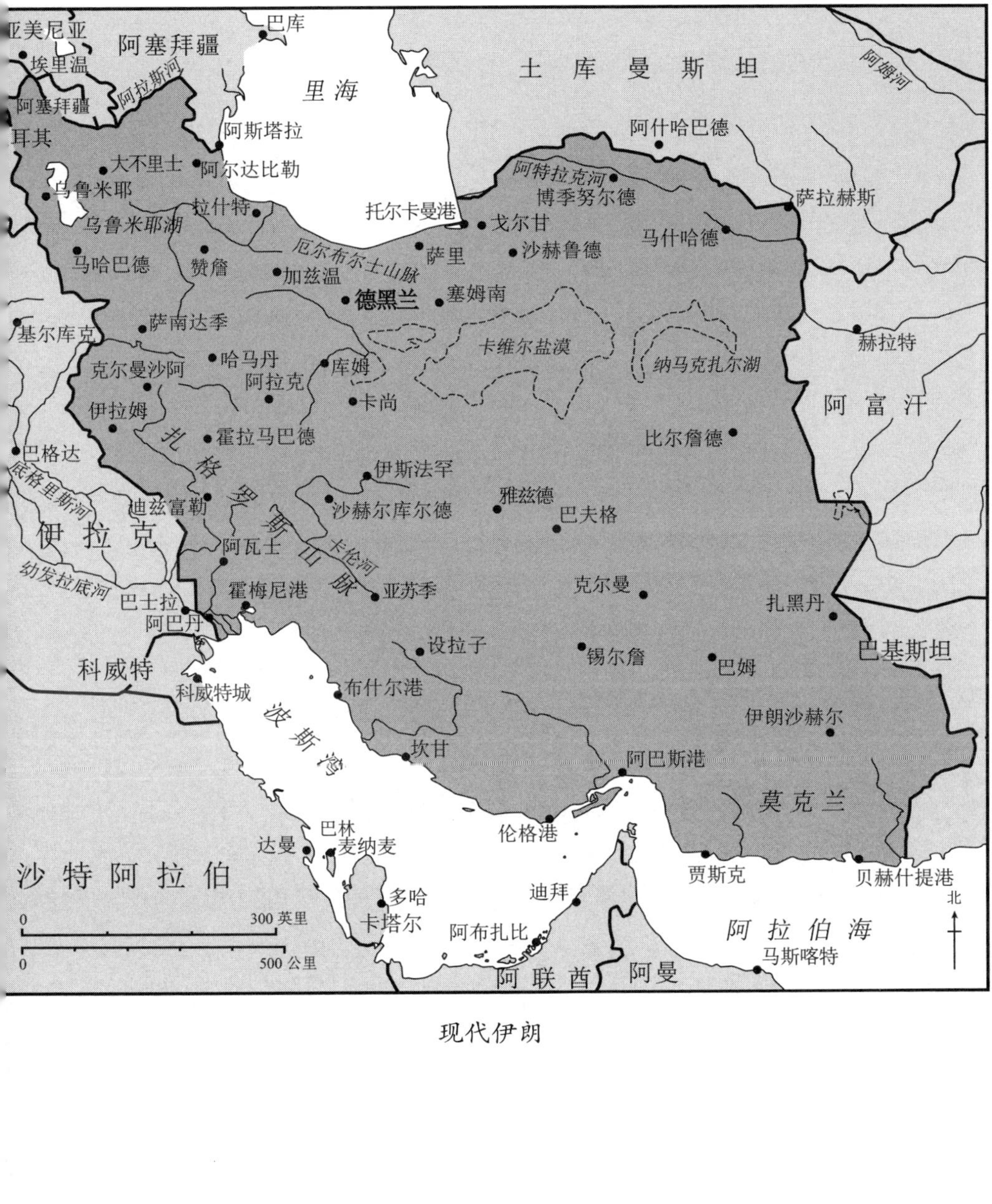
亚美尼亚
阿塞拜疆
巴库
埃里温
阿拉斯河
阿塞拜疆
耳其
里海
土库曼斯坦
阿姆河
阿斯塔拉
阿什哈巴德
大不里士
阿尔达比勒
阿特拉克河
博季努尔德
乌鲁米耶
萨拉赫斯
托尔卡曼港
戈尔甘
拉什特
乌鲁米耶湖
马什哈德
厄尔布尔士山脉
萨里
沙赫鲁德
马哈巴德
赞詹
加兹温
德黑兰
塞姆南
基尔库克
萨南达季
卡维尔盐漠
赫拉特
哈马丹
纳马克扎尔湖
克尔曼沙阿
库姆
阿拉克
卡尚
阿富汗
伊拉姆
霍拉马巴德
比尔詹德
巴格达
扎格罗斯山脉
伊斯法罕
底格里斯河
雅兹德
迪兹富勒
沙赫尔库尔德
巴夫格
伊拉克
阿瓦士
卡伦河
幼发拉底河
霍梅尼港
亚苏季
克尔曼
巴士拉
扎黑丹
阿巴丹
设拉子
锡尔詹
巴姆
巴基斯坦
科威特
布什尔港
科威特城
波斯湾
伊朗沙赫尔
坎甘
阿巴斯港
莫克兰
伦格港
巴林
达曼
麦纳麦
贾斯克
贝赫什提港
沙特阿拉伯
迪拜
多哈
北
0
300 英里
卡塔尔
阿布扎比
阿拉伯海
0
500 公里
马斯喀特
阿联酋
阿曼

现代伊朗

导言 伊朗和伊朗人

伊朗啊，多么伟大、古老和神秘的国度。

——萨迪克·希达亚特

伟大的波斯诗人萨迪在一首诗中，引用了伟大的萨珊帝国皇帝阿努细尔旺手下的传奇首相布祖尔米赫尔的话：“发表统治者不容忍的看法，可能会流自己的血。”撰写一部诠释性的伊朗通史，或许也会，在比喻的意义上，招致相似的惩罚。真正的血可能不会流，但可能会让情感、智力甚至政治的血液喷溅到讨论、争议和批评的地板上。创作本书时，伊朗是国际社会中的一个争议成员，几乎每个强国、种族和社会团体都对伊朗有自己的看法，有时彼此间的差异还相当大。不仅如此，伊朗人自身也是分裂的，无论在伊朗还是在世界各地的伊朗移民团体之中，即使不是每个人，也是在每个群体、阶级和教派之间，对这个国度及其历史概念有着或多或少的争议。不仅国内外并存着伊斯兰的、非伊斯兰的、前伊斯兰的、民族主义的、民主主义的、爱国主义的、左翼的、民族分裂的势力和情感，而且对伊朗过去、现在和未来设想的差异甚至更大，然而这些差异通常不是基于对现实生活的严肃思考和冷静研究。此外，每个人都自认为掌握了绝对而神圣的真理，所以大家会把彼此观点的分歧看作亵渎神明，甚至可能看作反对整个伊朗种族的邪恶阴谋的产物。

举个例子，数年前一位伊朗籍、母语为波斯语的高学历人士，写了一篇饱含深情的文章发表在伊朗首都德黑兰的一份重要期刊上，他争论说英国人发明了“波斯”一词，因为英国人企图在伊朗土地上播撒分裂的种子，破坏伊朗团结。另一方面，一些民族分裂主义者认为，不顾族群多样性，将伊朗视为一个统一的文化实体的观念，不啻为用于族群压迫的阴谋。伊朗有很多事物，但伊朗也是一个充满激烈冲突的情绪和情感的巨大宝库。因此，一部诠释性伊朗通史的作者越称职、谨慎、公正和无私，他越要冒事实上触犯和疏远所有人的风险，准确地说是因为他无法像传播福音那样，符合所有人的意愿。

伊朗是个拥有数千年历史的国度，每个方面都有巨大差异，这至少要部分地为上文提及的各种观点分歧负责。这是一片在自然、历史、艺术和建筑、语言、文学和文化等方面都有极大差异的古老土地。

由无数本国和外国波斯语诗人和作家的众多创作组成的波斯文学，是伊朗历史和文化王冠上最璀璨的宝石，也是伊朗对人类文明最杰出的一项贡献。尤其波斯诗歌，通过鲁米、哈菲兹、海亚姆、菲尔多西和萨迪的著作享誉全世界，是人类最杰出的诗歌遗产之一，他们中的一些人是其他文学圈子无法比拟的文学巨匠。伊朗建筑，以波斯波利斯的历史遗迹和伊斯法罕的聚礼清真寺为代表的古代和中世纪建筑，是世界主要文化遗产之一。历时超过一千年的视觉艺术，波斯细密画、现代绘画、马赛克设计，与其他艺术传统相互关联，但它们依然具有独一无二的伊朗特征。种类繁多的波斯地毯，在同类产品中是最高级、最精致的艺术品。上述清单远非伊朗成就的全部，但足以证明伊朗作为一个重要文明所拥有的多样性、原创性和古老性。

伊朗和波斯

尽管存在前文所述的伊朗阴谋论，但英国人称伊朗为“Persia”、法国人称之为“Perse”、德国人称之为“Persien”并非什么阴谋。当希腊人（欧洲文明是他们的后裔）首次接触伊朗人时，波斯伊朗人正统治着被称作波斯帝国的国家。因此对希腊人而言，称该国为“Persis”并非阴谋，与之相应，首次接触希腊人的波斯人称所有希腊地域为伊奥尼亚（Ionia）。直到今天，伊朗人依然称希腊为伊奥尼亚（即“Yunan”），称希腊人为伊奥尼亚人（即“Yunaniyan”）。事实上，有些学者如尼奥利，怀疑阿契美尼德波斯人是否称他们的帝国为伊朗（或该词的变形），但这是个存疑的问题，不需要我们在此费口舌。

需要简单提一下在文化和知识方面构成威胁的词“法尔西”（Farsi）。现代西方用“法尔西”作为波斯语言的代名词。“法尔西”是波斯语中的“波斯的”一词，正如德语中“德国的”是“Deutsch”，法语中“法国的”是“Français”。但没人在说英语时称“德国的”为“Deutsch”，称“法国的”为“Français”，虽然对说英语的民族而言，那两个词远比“法尔西”更熟悉。与“波斯”不同，“法尔西”没有文化或历史内涵，几乎没有以英语为母语的人听说过“法尔西文学”，就算听过也无法弄清其含义。对很多欧洲人而言，他们知道波斯语是一种文化和文学的语言，但他们中知道“法尔西”的含义甚至“法尔西”是一种语言的人寥寥无几。

这个国度及其基本特征

波斯仅仅是伊朗的一部分，正如波斯人仅仅是伊朗人的一支。然而有些时候，波斯的含义范围比伊朗更大，因为历史上被称作波斯或波斯帝国的国家，不仅版图比现代伊朗大得多，还囊括了许多伊朗以外的国家和人民，例如埃及（见第2章）。在欧洲语汇中，“波斯”等同于伊朗，直到1935年伊朗政府坚持所有国家都必须以伊朗作为其官方称呼（见第12章）。但在非官方用语中，“波斯”的称呼依然存在，直到1979年革命后，“伊朗”才得到普遍使用。直至今日，对许多西方人而言，“波斯”比“伊朗”传达的历史和文化内涵更为深远，而“伊朗”有时会与伊拉克混淆。许多人不知道伊朗和波斯是同一个国家，认为伊朗是另一个阿拉伯国家。

如上所述，今天的伊朗是面积远远更大的伊朗高原的一部分，而整个伊朗高原又曾是波斯帝国的一部分。伊朗版图辽阔，大于英国、法国、西班牙和德国的总和。它由许多山脉和沙漠组成，只有两块低地，地形崎岖，气候干燥。伊朗有两大山脉：北方的厄尔布尔士山，从西北部的高加索向东延伸到呼罗珊；扎格罗斯山，从西部延伸到东南。两片沙漠：卡维尔沙漠和卢特沙漠，它们都在东部，事实上无人居住。两块低地之一的里海沿岸，海拔低于海平面，亚热带气候，雨林密布；另一块是西南的胡齐斯坦平原，它是美索不达米亚沃野的延伸，由伊朗唯一的大河卡伦河灌溉。

与土地贫瘠但水源充足的国家如荷兰不同，伊朗土地肥沃但缺水。缺水曾在伊朗扮演了重要角色，不仅影响了伊朗农业体系和类型，还是解释许多社会要素的关键，包括伊朗国家的起源和本质、国家和社会的关系（见下文）。绵延的山脉和沙漠天然地将伊朗人民分隔为相对隔绝的群体。但在这方面，干旱扮演了更重要的角色，将人民分隔为更小的社会单元。绝大多数适合耕作种植和饲养禽畜的地区仅依赖自然降水、小溪，以及被称作坎儿井（qanat或kariz）的地下水渠，或者这些水源的结合，提供最低限度的所需水量。坎儿井是古代天才技术的产物，其起源可以追溯到波斯帝国建立之前。从海拔高处的地下水位置挖掘一条地下水渠，沿着斜坡把水导向水位较低处（位于农田区附近），这时水流才出现在地面之上。在重力作用下，水从相距遥远的水源流出，通过狭窄的沟渠被分配到需要灌溉和其他用途的地方。

典型的伊朗村庄规模很小、与世隔绝且几乎自给自足，这是土地干旱的产物，大范围的缺水让村庄之间相距遥远。村庄变成彼此隔绝、自给自足的社会和生产单元，它们的规模太小，无法成为封建领地：没有足够的剩余产品来供养一位封建领主及其宫廷和扈从。另一方面，村庄之间距离太远，难以形成统一的封建领地。土地干旱和社会单元间的隔绝，共同阻遏了封建社会和国家的兴起，而这二者曾占据了欧洲的大部分历史。出于这个原因，我将伊朗描绘为“干旱—隔绝型社会”，作为我对伊朗同样生动的“专制社会”“短期社会”定位的补充，这些术语都阐述了伊朗社会的基本特点，每个术语都与另两个紧密相关。能长期维持独立的社会阶级——封建主或其他什么阶级——并不像在欧洲那样存在。取而代之的是，国家的专制权力直接触及每个人。

在一个封建社会中，领主构成统治阶级，国家是他们的第一代表。国家因此依赖或代表统治阶级。在伊朗，领主和其他社会阶级则依赖国家。在封建欧洲，如同其他欧洲类型的等级社会一样，社会各阶级组成了一个金字塔，顶端是代表他们的国家，社会地位越高的阶级，国家对它的服从性越强。在伊朗，国家超脱或高踞社会金字塔之上，俯视整个社会，无论地位高低，所有人都是国家的奴仆或畜群。国家有向个人分配土地使其成为领主的权力，还有剥夺一位在任领主头衔转赐给他人的权力。它甚至有权剥夺一名商人的部分或全部财产。通常情况下，伊朗政府对其臣民的生命、财产拥有处置权，无论其属于哪个社会阶级，即使欧洲的专制主义政权——仅仅兴盛了四个世纪——也未曾拥有过这种权力（关于该话题的更多探讨见附录）。

伊朗国王（“沙”，shah）一般被称作诸王之王（shahanshah），拥有任何欧洲君主都不曾拥有过的权力，虽然一些俄罗斯君主如彼得大帝拥有的权力与之相近。所有权力和财富都源于国王，臣民的生命、财产任他摆布。理论上，国王拥有对每个社会成员的生杀大权，从血亲王子到下面的重臣。他可以剥夺任何贵族、大臣、领主或商人的财产，只要他当时有实权：不存在能够阻止他这么做的法律和习惯。国王即便没被公开奉为神明，他也是神在大地上的代表，与其他所有人区分开来，包括他的儿子和其他诸侯。即使他是前任国王的长子——通常并不是——他统治的合法性也不源于其长子身份，甚至无关他所属的王朝：合法性直接来自神明——神佑或圣光，中古波斯语称作farrah，现代波斯语称作farr。强调这一点很重要，波斯国王们并非依靠贵族或教士阶级获取统治的合法性，而是**直接**受到神的庇佑。这种王权观念存续到伊斯兰时代，神佑一词或“全能真主的荫庇”“宇宙的枢纽”之类的头衔，曾被用于描绘国王们的荣光（见附录）。

国家—社会冲突

伊朗人往往反对他们的统治者，这主要是因为他们的生命财产任由统治者的权力摆布。但他们几乎总是欢迎在乱世中带来秩序的统治者，虽然一旦秩序建立，社会又会按老习惯对国家持负面看法，甚至自发地造谣、传播流言、制造神话或编造笑话。当国家陷入困境时，他们越发好乱乐祸。除了寥寥无几的例外，国家和社会之间的根本性对立贯穿整个伊朗历史。国家倾向于绝对和专制统治，社会倾向于反叛和混乱。无论其字面意思还是社会功能，这种统治方式都与大约在1500年至1900年间盛行于欧洲的绝对主义或专制统治不同。在伊朗历史中，通常出现的就是下列四种情形：极权和专制统治、虚弱专制统治、革命、混乱，通常紧随混乱而来的便是极权和专制统治。

根据神佑理论，如果国王不再公正对待人民，他将被神明抛弃而毁灭。这往往是一次成功的反叛（或外国入侵）的结果，古代神话中的第一个案例是铁匠卡维和法里东反抗佐哈克的起义。佐哈克也曾推翻并杀死贾姆希德，后者因自称神明而失去神佑（见第1章）。所以根据定义，任何继承王位的人都被视为拥有神佑，他的统治因此被视为合法；任何被推翻的统治者都被视为因不公正而失去神佑。引申结论是，任何成功推翻当前统治者并取而代之的人都被视为拥有神佑。换句话说，不存在继位的客观规律，例如长子继承制；叛乱是否合法其实仅仅取决于叛乱者的成败。

所有这些意味着，老国王去世后从来都没有明确的继任者。这解释了为什么关于继承权的冲突层出不穷，有时还会在各个王位争夺者之间引发内战和混乱。公元前522年，大流士及其同谋者起来反抗自称居鲁士大帝儿子的麻葛僧斯美尔迪斯或高墨塔，这是波斯历史上不断发生的继位斗争中的首个案例（见第1章）。最后的案例发生在1834年法塔赫·阿里沙·恺加驾崩时，他的孙子和指定继承人穆罕默德·米尔扎遭到他的叔叔们和其他王子的反叛，不得不用武力平叛（见第6章）。此后恺加王朝的指定继承人得到沙俄、英帝国权力的保障，当时这两大帝国对伊朗拥有异乎寻常的影响力。

国家垄断权力并不一定意味着国家行政体系是高度中央集权的。例如，安息政权是分权体制，因此早期的阿拉伯史学家称安息国王们为“muluk al-tawa'if”，这个词在阿拉伯语中意为“各部落和群体的统治者”。因此安息政权的中央集权程度远低于之前的阿契美尼德政权和之后的萨珊政权。与之相似的是恺加政权，与之前的萨非政权，尤其与之后的巴列维政权相比，它的中央集权程度都要低得多。

在某些时期，行政上中央集权的缺失是人们认为伊朗存在封建社会的另一个原因。上述恺加王朝的松散体制部分源于缺乏适当可靠的交通体系，高昂的交通成本在一定程度上造就了一个越发贫困的政权。当政府无法在国内的多数地区维持和平时，国家体制在20世纪初的宪法革命后陷入实质性混乱（见第8章）。当时梦想建立一个强有力的中央集权政权的伊朗民族主义者和现代主义者，将那个混乱的政权称为“muluk al-tawa'ifi”，用这个词作为封建主义的波斯语译法（见附录）。

伊朗的国家专制权力是一种没有**独立**法律和社会阶级限制的权力——在如阿巴斯那样的强力统治者手中会变成极权，但在如苏丹·侯赛因那样的弱势统治者手中，它又是不稳定和被分割的（见第

5章）。通常情况下，无论统治多么残暴，强有力的极权统治者都不会面临严重的叛乱，而软弱无能者则要时刻担心社会上的潜在危险和反击。归根结底，前者被认为是“公正的”，因为他能维持和平，而后者是“不公正的”，因为他做不到。因此，由于专制政府的本性和国王通过神佑而高踞社会之上的地位，国王的品格和个性在决定他和国家的整体命运方面扮演着非同寻常的重要角色。

缺乏存在于整个欧洲历史中的那种法律并不意味着没有规则和惯例。准确地说，它意味着没有能限制国家的长期法律或根深蒂固的传统。就裁判法而论，伊斯兰时代的法律提供了广泛而详尽的民事和刑事法典。然而，这是种只能在不与国家意志冲突的前提下才能使用的法律。这就是为什么政府在没有伊斯兰教法认可的情况下，能向个人、家族或整个城镇施加惩罚；为什么罪犯会在合适的时机中，因让国王或地方统治者开怀一笑而逍遥法外。

另一方面，地方上对国家的反感使社会有叛乱倾向，即使在短暂的和平局面下，国家和社会之间也有许多合法的方式来讨价还价。总之，由于人民没有独立或固有的权利，他们并不接受任何独立和固有的责任。他们并非热衷无限期叛乱，只有当国家在内外因素作用下被相当程度地弱化的情形下，这才有可能发生。但是通常社会并不认为国家的统治是合法的，因此经常认为它是外来势力。社会自愿与国家合作——不是被迫屈服——的现象在伊朗历史上很少出现。

全面反叛偶尔发生并导致全面混乱。例如，18世纪萨非帝国统治下的一个阿富汗部落发生反叛，在这种形势下，人民要么追随叛乱者，要么中立旁观，虽然他们在经历了通常紧随国家崩溃而来的全面混乱之后，会为不曾支持国家而懊悔。人民要么欢迎叛乱，要么置身事外，是因为他们确实不认为国家天然合法——特别是当时国家已经衰弱了，支离破碎又不能维持和平和稳定。这是国家和社会分裂的根本性后果，它解释了为什么社会上普遍存在着反国家倾向。

传统的伊朗革命目标是除去一个“不公正”的统治者，代之以一位“公正的”，无论轮到谁上台，人民在庆祝上任统治者覆灭后不久，就会开始视新统治者为“不公正的”。因此这样的革命在进行时更关注推翻现有统治者和政权，而非找到一个被广泛接纳的替代者，对废黜专制统治体制的关注更少，直到19世纪，专制体制依然被相信是天然和不可废除的。直到20世纪初的宪法革命期间，推翻专制体制才成为核心目标，宪法革命是受19世纪基于法律的欧洲政府的影响才发生的（见第7、第8章）。伊朗人几乎总是希望和祈祷发生变革——越戏剧性越好——但几乎永远在变革到来时失望，这至少部分缘于它们不符合人们的期待。将高度理想主义的公共生活愿景与私人行为的务实态度相结合，是伊朗不同于其他许多民族的特性之一。

国家—社会冲突对作为整体的个人和社会生活产生了许多重要影响。因为国家不依赖任何社会阶级，它的权力是非同寻常的，不受任何成文和不成文的法律和传统制约。这并不意味着统治者的权力无限且能做任何他想做的事——在任何时间和地点都不可能。例如他可能无法干预一个强大游牧部落的内政，因为缺少这么做的手段。但他可以下令刺瞎或处决他的儿子、亲王、重臣或其他人，或者没收某个人的家产和财物，无论此人的社会地位有多高。换句话说，他可以在他的实权范围内充分实施强力统治，不受任何法律限制。在这种情况下，发展出两种可能的限制方式，在国王或总督下令处决（或鞭打、残害）一位亲王或官员时发挥作用。其一是受惩罚者逃入神圣或受尊敬的地方避难，有时甚至逃入王家马厩，因为它们距离很近。其二是邀请有影响力的人物出面干预，请国王撤销、减轻或降低刑罚。上述方法只是偶尔管用。

然而必须说明的是，上述探讨没有一个是“非历史的”，意即在整个历史上社会都一成不变。恰恰相反，因为社会在任何特定时刻的短期性特征，相比欧洲，伊朗的变革更加频繁。伊朗历史上的铁律是权力的专制本性。

短期社会

国家独立于社会，因此它拥有异乎寻常的权力，这也是其衰落和脆弱的根源。在紧要关头，如20世纪发生的两次革命，即世纪初的宪法革命和七十年后的1979年伊斯兰革命（见第8、第12章），它很少依赖特权阶级的同情和支持。而且如上所述，继承权得不到法律和约定俗成的传统的保证，叛乱者如果能推翻（通常还会杀掉）在位者，就可以取而代之。

所有这些都造就了个人、社会不寻常的不可预知性和不安全感。一方面，国家行使专制权力让臣民的生命安全变得不可预知。另一方面，至少在实践层面，社会事实上不认为国家是合法的，还会尝试在任何时候、以任何手段去损害它，使国家感到不安全，害怕失去支配地位。国王不会为寻开心而杀害或刺瞎儿子、大臣、其他王族或官员。每当微小的疑虑让他感到不安时，他出于恐惧才这么做。他感觉虚弱、不安，其实是因为除了自己的权力，他得不到法律和社会的保护，他知道如果对方行动更迅速并获胜，没有任何事物能阻止或延缓他的灭亡。

所有这些导致了“短期社会”的出现。一位国王不能确保他的爱子能在他死后继位。一位大臣、总督或其他官员知道自己会随时丢掉官职，他的财产，有时还包括生命，往往也会一同丧失。一位富翁面对统治者、总督或其他强权人物时，不能确定他能否保住他的部分或全部财产。任何人都不能确保他的职位和财产能传给后代，例如大臣的孙子未必会成为要人，商人的后代不一定能做富翁。

因此很少有决定是基于长期考虑做出的。波斯谚语“从现在起六个月，谁死，谁生”总结了人们对时间、预测和计划的普遍态度。官员知道他们会突然、毫无预兆地丢掉职位，因此会在任职期间尽可能地设法享受特权，拼命掠夺和剥削治下的人民。投资通常是短期的，投资者只关注一两年内的回报率，也就是说投资期限通常不会超过两年。

因此伊朗历史虽然是漫长和多变的，却缺乏长期连续性。它由一系列短周期组成。出于前文讨论过的原因，资本的长期积累是不可能的，因为即使一位商人做了长期投资，也会在自己生前或死后不久遭到掠夺、没收或分割。继承法律有时会被作为解释财富分散的原因。然而实际上，某个人即使在活着的时候，也可能因遭掠夺和没收而失去财产，富翁的家财是留给后代还是被国家全部或部分没收，都是无法确定的事。

社会的短期性特征既是没有长期贵族阶级的原因，也是结果。教育机构也是如此，虽然它们在每个短周期内都存在，有时其教学和学术成就还很卓越，但无法长期延续，不得不在下个短周期内再次复兴。总体而言，伊朗历史明显缺乏长期和连续性的阶级和制度。

伊朗人

就起源而言，伊朗人在很大程度上是个种族而非民族，波斯人仅仅是许多伊朗人中的一支。除了今天叫作伊朗的那个国家，阿富汗和塔吉克斯坦在历史和文化方面也属于广义的伊朗民族。伊朗文化圈甚至超越上述三国，涵盖北印度、乌兹别克斯坦、土库曼斯坦、高加索和安纳托利亚的部分地区，现在这些区域被称为波斯化世界。

波斯语只是伊朗语言的一种，后者还包括其他许多语言，如库尔德语、普什图语、奥塞梯语和一些至今还在伊朗使用的地方语言。同时伊朗还有一些非伊朗语言在使用，尤其是土耳其语和阿拉伯语。另一方面，其他波斯语变体通行于阿富汗和塔吉克斯坦，因此这三国的人民在交谈中能互相理解，也能读懂彼此的文学作品。伊朗还有许多波斯语的方言。

游牧民族在伊朗历史上具有重要地位，他们的历史上起波斯人建立的第一帝国，下至统治直到20世纪的恺加王朝，如果不能充分考虑伊朗的游牧民族，那么伊朗的历史、经济、社会和政体就不可能得到充分、真正、彻底的探讨。为了寻找更青翠的草场，不同起源的各伊朗和突厥民族，从北方、东北和东方，被吸引进入这个地域，一旦他们建立政权，就不得不面对其他国内外游牧部落的威胁。干旱和人口压力是他们从故乡迁移至波斯的主要原因，伊朗的干旱则促使他们每年往返于冬季、夏季牧场。

尚武精神和机动性使他们相对于定居居民具有优势，人数上也远多于被他们袭扰的村庄。尚武精神和机动性同样使一个部落或部落联盟能够战胜他人而建立中央政权，直接或通过代理人向全部剩余农产品收税以满足财政需要，进而建立庞大的国家，维持、管理和防御辽阔的疆域。正是缘于游牧民族的天性和起源，绝大多数伊朗统治者在大部分时间里都在移动，于是阿契美尼德王朝拥有三个首都：苏萨、波斯波利斯和埃克巴坦那，如果算上巴比伦就是四个（见第1章）。从最初到20世纪的所有伊朗国家都是由游牧部落建立的，他们建立国家之后，不得不频繁面对其他现有和未来游牧民族的挑战。

历史上的伊朗位于亚洲和欧洲、东方和西方的十字路口上。人口、货物，以及信仰、文化风俗和产品，经常（但并非永远）从东向西路过伊朗。东方的影响如此之大，以至于多数伊朗神话和传说都起源于东伊朗各地（见第1章），虽然伊斯兰教和阿拉伯人来自相反方向（见第3章）。这种特殊的地理位置促成了所谓“十字路口效应”的出现，让这个国度变得不稳定却富庶；让其人民既对个体外国人热情友好，也对群体外国人高度戒备；既采纳外国的路线、习惯、技术和风尚，又往往戒惧外国人的阴谋，虽然排外倾向和对外国阴谋的畏惧至少部分缘于专制统治和社会对国家的习惯性疏离。

“十字路口效应”的一个后果是伊朗现在事实上居住着各种民族和语言群体，包括母语是波斯语的人群，以及库尔德人、突厥人、阿拉伯人、俾路支人等。突厥语人口集中在伊朗阿塞拜疆西北部，现在分成几个省份，紧邻土耳其与高加索边境。其他突厥语民族包括东北地区中部的土库曼人，以及说突厥语的部落，如南部的喀什噶里人。但是在伊朗其他地区，至少在德黑兰附近的中北部地区的一些村庄也使用突厥语。库尔德人大部分是逊尼派穆斯林，他们属于伊朗民族，语言是一种伊朗语言。他们居住在西伊朗的库尔德斯坦地区，但在东北地区也有些起源于库尔德人的民族。阿拉伯裔伊朗人是什叶派，几乎全部居住在紧靠伊拉克边境的胡齐斯坦。与之相反，俾路支人属于逊尼派，居住在毗邻巴基斯坦的东南边境上。他们的语言是伊朗语，居住区是全国最不发达的地区之一。上述名单不是伊朗民族和语言的全部，还有些数量较少的亚美尼亚人、亚述人和犹太人。有些民族还处于部落状态，如卢尔人和巴赫蒂亚尔人。

身份认同和现代民族主义意识形态

现代伊朗民族主义，即雅利安主义和泛波斯意识形态，将在后文关于20世纪历史的篇章中讨论（见第8至第11章）。这里简述一下我们的总体思路，在现代欧洲尤其是德国的影响下，民族主义者们通过对前伊斯兰时代的古代伊朗的重塑来锻造一个全新的现代民族身份的实践没有成功，因为它在很大程度上是狂热意识形态和不切实际空想的产物，而非对伊朗历史和社会的真实回顾。它在数十年间影响着许多受过现代教育的伊朗人的社会和政治意识——他们并非都属于波斯民族——尽管事实上其中许多人都与巴列维王朝格格不入，如杰出作家萨迪克·希达亚特。

在20世纪许多时候，官方声称伊朗人是个纯粹的雅利安种族，说着叫作波斯语的单一语言，但这个说法只是个神话，是在欧洲极端民族主义意识形态影响下诞生的真实性和可信度很低的产物。它导致的种族仇恨和冲突至今还影响着伊朗许多地方。实际上，种族、语言和民族间的冲突和对抗，与20世纪本身一样，在伊朗都是全新的事物，是雅利安和泛波斯意识形态的产物，它横扫当时的现代知识界，是巴列维王朝时期伊朗的官方意识形态。伊朗历史与其他国家相似，见证了影响深远的权力、宗教和教义冲突，但族群或种族之间的仇恨、优越感和自卑感，通常不构成它的关键特征。

像赛义德·哈桑·塔基扎德那样的人寥寥无几，他是20世纪最杰出的政治家和学者之一，他清楚地意识到雅利安民族主义的非历史性本质，以及它对伊朗民族团结和领土完整的危害。塔基扎德谴责的民族主义不是爱国主义，而是一种强调种族、民族和文化上先天优越性的意识形态。1940年代他担任驻伦敦大使时，在一封写给德黑兰的官方书信中，抨击了泛图兰民族主义或“泛突厥主义”，他说道：“极端和带有攻击性的民族崇拜教条，充满了夸张的无视历史和事实的自我美化。对世界上所有事物的解读都基于他们自己的民族崇拜教条，只是某些土耳其政客的态度而已。”在之后的信件中，他用相同的力度强调了同一主题，说如果伊朗曾经“遭到神明之手的打击，沦为狂热民族主义的牺牲品”，它肯定会割裂一些容纳了众多民族和语言族群的地区，甚至可能会驱逐许多在中世纪就移民而来的阿拉伯部族。

然而到了1970年代，这种意识形态仅限于官方口径——真实反映了社会与国家的天然对立——不仅传统伊朗人，甚至现代知识精英也否认古代伊朗有任何光荣或值得尊重的事物。换句话说，正是因为官方民族主义将国家等同于（重塑的）古代荣光，那些抗拒国家的人才会对这些国家认同的荣光做出负面评价。短期之内，事实上整个国家拥抱了伊斯兰文化规范，作为自己身份认同的主要因素，正是这种伊斯兰身份认同否定了与之对立的民族身份认同和国家的合法性。虽然伊朗依然是个穆斯林社会，但这种身份认同在阿亚图拉霍梅尼去世后，即使在传统人士中也没能维持多久。社会和国家的冲突再度贬低了国家倡导的身份认同，并举起了古波斯的大旗。这也与伊朗社会的短周期天性一致。

我们将复杂命题简化一下。1906年宪法革命以来，每当国家倡导伊斯兰主义和传统主义身份认同，社会认同便在现代概念的基础上重构前伊斯兰时代的波斯；每当国家认定后一种身份，社会又转向伊斯兰主义和什叶派传统。然而伊朗人在任何特定时间点采纳的身份认同，在很大程度上是他们与现行政权冲突的产物，这只是短期的政治性考量，不能被视为一种文化认同。作为社会和历史，甚至是心理问题，一个伊朗人是几个世纪的伊斯兰社会文化体验的产物，即使他或她不是信徒；同样地，他或她也无法从自己身上除去古波斯的影响，仅仅因为它是伊斯兰伊朗的历史背景，在文化领域相当程度地影响了伊斯兰伊朗，因此就历史来看，伊朗的伊斯兰教不同于其他地方、其他穆斯林国家的伊斯兰教。更为现实的“两极性”概念（既有伊斯兰的也有前伊斯兰的身份认同），也不足以描绘伊朗的身份认同，因为这意味着将伊斯兰伊朗的事物与其古代历史的根基割裂。只有伊朗人失去他们的前伊斯兰身份认同，如同埃及人那样彻底变成阿拉伯人，伊斯兰伊朗才有可能独立于过去。

此外，将伊朗人（甚至以波斯语为母语的人群）描绘为单一纯粹的种族不仅完全违背了历史和事实，而且更重要的是，它忽视了伊朗人接受、吸收和采纳从公元前6世纪的巴比伦到20世纪美国的异国文化的杰出能力和潜力。事实上，这是伊朗文化和文明之丰富和延续的秘密。

伊朗主义

虽然古代和中世纪伊朗帝国有时包含远比当下伊朗更多样的民族成分，但伊朗主义的品质或特性总能将该国与周边的土地和人民区分开。在所有现代语境和术语体系中，伊朗主义都不是民族主义，而是一种社会和文化综合体的意识，使这个国家及其人民有别于希腊人、罗马人、阿拉伯人、中国人和印度人。尽管有多样性，但同样的整体意识在印度可能更加真实，即便许多宗教和语言盛行于这片比伊朗幅员更辽阔、人口更多的土地，但将他们维系为一体的毫无疑问是印度整体的文化。

将人民维系起来并且决定了他们共有的伊朗身份的要素，在各时代并不完全相同，虽然某些要素一直扮演着重要角色。有三个要素从中世纪以来始终特别重要。一是波斯语，它作为通用语及高等文学和文化的媒介而存在。波斯语经常在伊朗境外使用，甚至成为其他国家如莫卧儿印度的官方和文化语言。二是什叶派伊斯兰教，它使伊朗成为独一无二的国家，绝大多数伊朗人信奉什叶派教义，什叶派的许多方面和影响都深深根植于前伊斯兰时代以来的伊朗文化之中。第三个要素是疆域，尽管伊朗领土在各个时代出现过扩张和萎缩，导致几个世纪以来在伊朗土地上建立起许多国家，但它们依然在伊朗疆域内，至少在伊朗文化圈内。

这一广义的伊朗主义——即使历经多个世纪的政治不统一依然存在，主要通过波斯语言和文学做媒介——其决定性证据不仅有许多伟大的编年史、文学选集和评论著作来提供，即使在狭义范围内也依然有古典波斯文学来提供。下面有两个例子，关于那些或许需要用大量篇幅详细记载的事情。

12世纪伟大波斯诗人哈加尼因其崇高的颂歌闻名于世，其作品可以媲美贝多芬宛如奥林匹斯山雷鸣的交响曲。他是高加索希尔凡（位于今天的阿塞拜疆共和国）人，母亲是基督徒，大概是亚美尼亚人，他极为依恋他的母亲。当他得知当时是东部塞尔柱帝国一部分的外呼罗珊惨遭屠杀劫掠的消息，打算离开家乡远走中欧时，他写下两首长而有力的挽歌悼念这场灾难。这些歌以悼念伊玛目穆罕默德·叶海亚的挽歌的格式写成，叶海亚是广受尊重的宗教领袖，侵略者曾将尘土倒进他的嘴里将其处死。哈加尼在一首诗中写道："天神看到他们向他的嘴里倾泻尘埃，知道尘埃不配进他的嘴。"

第二个例子来自萨迪，13世纪设拉子伟大的诗人、医生和贤哲。他在其巨著《真境花园》中写道，当他造访位于现在中国西部的喀什噶尔时，在当地学院，他遇到一位正在诵读一本关于阿拉伯语法的古典著作的年轻学生。萨迪引用了一首阿拉伯语短诗读给这个男孩听，后者请求萨迪将其翻译为波斯语好理解其含义。当萨迪告诉男孩说他来自数千里外的波斯城市设拉子时，男孩便要他引用一些萨迪的诗篇。次日，当诗人要离开喀什噶尔时，男孩获悉他就是萨迪本人，随后便是一幅感人的离别场景。

伊朗主义不仅是文化的，还是社会和心理的，因此能超越所有族群和语言的多样性，使人能通过个性和特征分辨出一名伊朗人。没有哪位外国观察者，即使吹毛求疵，能否认伊朗人的热情好客。塔罗夫（Ta'arof）是一种形式的"礼节性殷勤"或"礼节性礼貌"，以伊朗的一种极度礼貌和慷慨的习惯而著称。让一名伊朗人闭门谢客或不尽力招待客人是困难的。但这个词的范围要大得多，而不总是像字面意思那样：它也是"某种语言交流方面的语言行为"，非伊朗人经常会觉得很难正确回应。伊朗人的另一常见特征是他们的骄傲，个人和整个民族都如此，有时达到夸张的程度。然而与此同时他们擅长表现得十分谦卑，有时甚至是自贬，尤其在关于他们的国家方面：伊朗人对他们的国家既很自豪，也会很尴尬，这取决于具体的情绪、时机和形势。

外国观察家经常提及的伊朗社会心理的一个方面是塔基亚（taqiyeh）或掩饰的盛行。这是指在必要和困难的环境中隐藏个人真实信仰、宗教和其他事项的行为，尤其是假装拥护其实并不真正拥护的观点。这通常被视为什叶派的最大信条，但其影响更深、更远，是前文探讨过的社会和历史不安全性的产物，主要源于伊朗国家—社会的对立天性，又受到外国频繁入侵的刺激而得到进一步发展。

然而伊朗人的掩饰只是硬币的一面，还有另一面。当伊朗人决心表达他们的情感时，他们会公开、强烈地这么做。一个典型伊朗人常常在思想和行为方面都很强势。不同于忍受令人不快的情境，妥协往往被视为抛弃甚至出卖原则，因此在公开冲突的形势下——正如20世纪多次发生的——伊朗人倾向于冒彻底失败的风险，而非接受一个妥协方案。若伊朗人的情绪释放出来，他们便不容易让步，即使他们这样会失败而非胜利。克制不是伊朗人的美德。

阴谋论

伊朗人很少只看事情的表象，如事件、现象、观念、建议等。相反，他们更倾向于相信外表是虚伪的，真相隐藏在表象之下。这是政治领域最著名、最突出的阴谋论，它绝非专属于伊朗，近年甚至扩展到某些西方国家，虽然在伊朗和一些东方国家更加根深蒂固、强大和普遍。过去一个著名的例子是（某种意义上现在依然是）在无关紧要的事件中寻找英国幕后黑手（Ingilis-ha）的倾向，这种现象往往被看作现代西方帝国主义造成的后果。但这个习惯更加古老，影响了许多个人和社会现象。过去一句波斯谚语将伊朗描绘为“一切都有可能的国度”，但如果一切都可能发生，那就没什么是可预测的，这与“短期社会”的逻辑一致。

尤其是在20世纪，伊朗最小的事件也是由英国的幕后黑手策划和操纵的信念流传得如此广泛，事实上从国王、大臣到教师、出租车司机，每个人都觉得他们的国家只是英国掌中的棋子，英国专横地，事实上是魔法般地策划和实施着最微小的计划，影响伊朗社会最无足轻重的事务。1940年代担任驻伦敦大使期间，塔基扎德在他的某些官方信件中提到了这个话题。他在一封信中写道：

> 我不知道为什么一个普遍的执念能像抑郁症流行一样感染我们国家的许多人。这是一种普遍信念，认为英国人像精灵、神仙——又像天命和定数般地参与这个国家的所有事件，无论大小，甚至包括个人的前途、官员的升迁……任命约沙汗的一个村长，也得服从英国的意志，任由他们的手指摆布。

《我的叔叔拿破仑》是一部著名讽刺小说，出色地描绘了这种关于英国在伊朗的超自然权力和行为的顽固想法。但是如上文所述，这事实上是根深蒂固和历史性的，不能简单说成是近几个世纪对英国等外国强权的软弱无能的产物。许多支持1906年宪法革命的普通伊朗民众，很快就相信革命是英国人策划的一大阴谋，用来降低沙皇俄国对伊朗的影响（见第8章）。七十年后在伊朗城市街头，冒着生命危险高喊反国王口号的许多人，不久后就相信1979年革命从头到尾都是由美国、英国或这两国共同策划的（见第12、第13章）。许多人甚至相信，后来伊朗—美国的对立和对抗只是一场作秀，美国本身是他们在德黑兰的外交官遭劫持事件的真正策划者，他们还是伊朗努力发展核工业的后台。当阿亚图拉霍梅尼的儿子在1990年代去世时，许多人坚信他是被伊朗总统下令杀死的，后来他们又认为他的医生之死是掩盖真相的灭口谋杀——事实上这位医生为平息事态而出现在电视上，但没有效果，因为谣言说这是一段早先的电视画面。当伊朗国家足球队意外输给巴林时，许多人坚信伊朗精神领袖要求球队故意输球，这样人们就不会上街欢庆胜利了。这种信念的例证数不胜数，每天都能遇到许多。

人格主义

外国观察家大都会对被他们称为“伊朗个人主义”的东西发表评论。尽管他们特指某种伊朗人在态度、行为方面的特殊性，但后者从来没有被明确定义过，这个术语本身就在许多方面造成误导。西方传统中的“个人主义”一词，指自由主义思想家——主要来自18世纪和19世纪早期的英国和法国——提倡的态度和见解。这种个人主义既是对重商主义国家严格管制贸易、制造垄断的反应，也是对教会决定个人和公共生活之权力的反击。它还是一种态度和政策，在19和20世纪的西方逐步建立，仅受到社会主义运动的挑战，在民主政体的西方，从来没失去过对个人权利和自由的尊重。因此，西方个人主义是种晚近的历史现象，有其自身的特定性质。

为方便起见，让我们称这个伊朗概念为“人格主义”而非“个人主义”。一方面，它是个古老现象，不是欧洲近代社会和知识发展的产物。欧洲意义上的个人主义，自20世纪之交开始的确在伊朗有所发展，但只是现代化或伪现代化的简单副产品。另一方面，伊朗人格主义是一种历史现象，是伊朗人几个世纪以来社会心理和态度的一部分，同时影响了现代和传统伊朗。

人格主义表现在两个方面。首先，没有亲缘或友谊关系的伊朗人，彼此之间异常疏离：社会凝聚性和对其他陌生个体的考虑，总体上并不强烈。这是政党政治、社会志愿机构之类的集体行为在这个国家没有深厚根基的原因。这也是伊朗人更擅长个人体育项目如摔跤、举重，而非篮球、足球等集体项目的原因。也有极少数的例外，如革命时期伊朗人为了推翻政权——他们相信在这之后将获得永恒的幸福——的共同目标而热情地彼此联系，即使他们完全是陌生人。在这种环境下，他们表现得如同是一个大家庭。

伊朗人格主义的这方面，在伊朗人的开车习惯上表现得最清晰、最全面，每个开车的人都是匿名的，实际上每个司机都不关心交通法规和其他司机的权利。显然也没有任何司机关心步行者的权利，即使在设定的人行路口。这一特点在城市建筑中也能观察到，每栋建筑的模样都不同，风格各异，有时甚至可以说德黑兰的上百万建筑都互不相似。还能观察到一个事实：无论新旧的几乎所有建筑，似乎都有可能被主人或购买者拆除，建筑往往被描绘为“待拆建筑”（sakhteman-e kolangi）。这是反映社会短期性特征的一种明显又频繁发生的例子，因此“短期社会”还能被描述为“待拆社会”（jame’eh-ye kolangi）。

人格主义的第二个特征反映在相反的方向，往往导致对他人的非正常关心和依恋。伊朗人往往十分依恋其家庭、家族、氏族和亲近朋友们，帮助、保护他们甚至在他们需要时为他们牺牲。例如，如果需要他们做出巨大牺牲为他们的子女提供尽可能好的教育，尽管这个教育没什么实用性，但由于其本身的重要性得到高度重视，家族支持的程度和范围就可能超过所需。

与现代欧洲的个人主义相比，对陌生人的强烈疏离和对亲人朋友的强烈依附提供了另一个观察视角。伊朗人不很在意抽象意义上的社会利益，虽然他们会对身陷困境的陌生人表示同情和支持。然而，当他们互相关联、属于同一社群时，他们不仅关心，有时甚至干预彼此的生活。当一个伊朗人身处其亲戚朋友之中或身边时，便不会孤单。

在任何对伊朗社会的真实分析中，考虑到其深层次人格主义的所有表现形式是很重要的，因为它导致和反映了氏族和类似社群内部非同一般的安全感和保护程度，以及在这以外社会上陌生人之间相当程度上的不安全感和脆弱性。

作为一个民族，伊朗人聪明，有创造性和艺术细胞。他们多才多艺，善于适应不同环境。他们喜欢娱乐、庆祝活动和户外运动。他们几乎都是美食家，波斯烹饪是世界上最好的之一。他们喜欢小说、故事、逸闻、笑话和谣言。他们倾向于接受而非质疑反对政府的谣言和逸闻，他们是制造最有趣笑话的专家，擅长消遣权势人物和权威，尤其是揶揄政府。一位著名现代诗人写道："我们的生活是诗歌、传说和神话。"虽然伊朗人的生活不只有诗歌、传说、神话，神秘主义和宗教也构成了日常生活不可或缺的组成部分。在形成观点的过程中，情感在伊朗人身上占据优势，理智则占劣势。对于一件事的真实性，如果它能够通过一则逸闻、一篇诗文或非常规、非理性的解释，而不是靠完整的逻辑讨论或经验证据来证实，它更可能得到普通伊朗人的认可。

这就是伊朗社会和文化的框架，我将在下文加以详尽阐述。这是人类最多样、最无常和最迷人的文明之一的历史，还是一片土地及其见惯了风云变幻，眼下正面对着难以预卜的未来的人民的故事。

1　神话、传说和古代史

我耶和华所膏的古列，我搀扶他的右手，使列国降伏在他面前。我也要放松列王的腰带……

——《圣经·旧约·以赛亚书》45：1—3

伊朗历史比其文字记载早三千年。有证据表明，伊朗部分地区的文明在某些情况下可以上溯数千年。命名了这个国家的伊朗游牧民族进入伊朗，要比其中的一支波斯人在公元前550年建立第一波斯帝国早一千多年。在米底人建立起第一个伊朗帝国之前的古老时代，丰富、复杂和详尽的神话和传说就发展起来了，后来米底帝国被伊朗波斯人居鲁士大帝建立的第一个世界性帝国推翻和取代。

神话和传说

古代伊朗神话是庞杂、多样和丰富多彩的。它们起源于本身就由古印度—伊朗诸神信仰所代表的古印度—伊朗传统。波斯神话的晚期发展形成了神话传说和传奇历史的主体，它们被认为在萨珊帝国时期（224—651）被搜集归纳进《王统记》。这本书已经失传，但是基于此书的书面和口头记载包含了全部和部分前伊斯兰时期的神话和传说。其中最著名和最全面的新波斯语文献是《列王纪》，菲尔多西在此书中以波斯语韵文的形式渲染了这些神话和传说。

《列王纪》的内容由三部分组成：皮什达迪扬王朝、凯扬王朝和萨珊王朝。第一部分是纯粹的神话，始于人类的黎明和皮什达迪扬王朝。第二部分描写了伊朗凯扬王朝，英雄时代的长篇故事将神话和传说编制成了古老史诗。《列王纪》的前两部分围绕东波斯，而第三部分聚焦于南、西波斯。它将历史与传说相融，而且提供了阿拉伯人征服前最后的波斯王朝萨珊王朝的历史资料。

人类的黎明

《列王纪》的第一部分始于凯尤玛尔斯的诞生。据菲尔多西的记载，在伊朗成为一个独立国家之前，他是首位世界之王。他身披豹皮，统治着人类和野兽。其他资料将他描写为光明和善良之神阿胡拉·马兹达创造的原人，但凯尤玛尔斯被黑暗和邪恶之神阿赫里曼杀死。最早的男人和女人是凯尤玛尔斯的后代。根据菲尔多西的说法，下一位国王西亚玛克是凯尤玛尔斯的儿子，也有资料认为他是最早的凡人的后代。

西亚玛克的后代贾姆希德是伊朗神话中最著名的人物之一，以“贾姆希德之杯”闻名，在古典波斯诗歌中，“贾姆希德之杯”经常被用来当作宇宙观的诗意隐喻。贾姆希德拥有神佑，这是公正和合法统治者的证明（见导言）。他统治着一个欢乐无忧的社会，他是如此成功以至于得意忘形，要求臣民将其当作神明来崇拜。于是他失去了神佑——正如导言中所述，如果统治者“不公正”或自视为神明，将失去神佑。贾姆希德失去神佑给了佐哈克进攻、击败和取代他为世界之王的机会。最后佐哈克在贾姆希德避难的中国海找到贾姆希德，将其砍为两段。

佐哈克变得不公正，残酷地统治了一千年。他将许多年轻人杀死，用他们的脑子喂养他肩膀上长出来的两条蛇。法里东和铁匠卡维领导了反佐哈克的起义，卡维的儿子们除了一个之外都喂了佐哈克的蛇。“受祝福的法里东”生来就拥有神佑，命中注定将毁灭佐哈克，佐哈克曾在一天夜里梦见一个即将诞生的名叫法里东的英雄将推翻自己。佐哈克的手下找到这个新生儿的父亲阿贝廷并杀了他。但孩子的母亲，第一位波斯女英雄法兰纳克带着孩子逃脱了。希律王在耶稣出世时做了一个相似的梦，因此法里东的故事与婴儿耶稣在希律王下令屠杀所有新生儿的死亡阴影下出生的故事很相似。

终于法里东组建了一支军队，得到了卡维领导的起义军的援助，卡维扛着用他的皮革围裙捆在旗杆上做成的战旗，这面后来被称作卡维扬旗的旗帜广受欢迎，成了波斯帝国军旗。最终他们击败了那个不公正的统治者，法里东用锁链将佐哈克囚禁在达玛万德山。在前往与佐哈克作战的路上，法里东和他的军队上演了超自然壮举——骑马或徒步安全地渡过了叶尔万德河。这个故事的基本要素在伊朗和近东其他地区的许多神话中很常见，包括水上行走，后世许多传奇的苏菲派人士也号称能做到。需要强调的一点是神佑的角色和意义，神佑能让拥有它的人上演超自然奇迹。这在《列王纪》的神话和传说篇章中不断重现。神佑扮演着超自然的角色，甚至在关于阿尔达希尔·巴巴康崛起的记载中也是如此。阿尔达希尔是萨珊帝国的建立者，实际上是一位真实存在而非传说中的人物（见下文）。

萨勒姆、土尔和伊拉治

法里东在生前将他的世界帝国分给其三个儿子萨勒姆、土尔、伊拉治，以防他们在自己死后发生纠纷。他把西方给了萨勒姆，北方和东方给了土尔，位于世界中央的伊朗给了最小的儿子伊拉治。但这一举动没有带来和谐。萨勒姆和土尔嫉妒伊拉治获得了最肥美的土地，于是袭击并杀害了伊拉治。这导致了伊朗和图兰之间痛苦且漫长的世仇，在伊朗神话和传说中流传了很久。从凯尤玛尔斯到贾姆希德再到法里东，包括伊朗在内的整个世界都是由皮什达迪扬家族及其祖先统治的。但是此时起，神话中的历史开始聚焦于伊朗与其邻居们之间的关系。

伊朗人和图兰人之间有着长期的仇恨。伊拉治的孙子为他的死向图兰人复仇，后来图兰人统治者阿夫拉西亚伯进犯伊朗，迫使伊朗人后撤。双方同意议和，决定解决边境争议。他们让伟大的伊朗弓箭手阿尔希射一箭，以箭的落点作为两国边界。阿尔希在达玛万德山巅将毕生之力运于一射。箭向东射去，从黎明飞到中午，落在乌浒水岸边，从此乌浒水成了两国边界线。

大约同时，锡斯坦地方的统治者和骑士首领萨姆生了儿子扎尔。扎尔是白化病人，萨姆怕扎尔成为自己的笑柄，将其抛弃于荒郊野外。这孩子被神鸟西姆尔格发现，将他带走并与自己的孩子们一起抚养长大，当扎尔长大时，西姆尔格将扎尔还给了正在为抛弃儿子而懊悔，并且根据梦境的指引寻找儿子的萨姆。正如我们将看到的，后来在鲁斯塔姆的诞生和埃斯凡迪亚尔的悲剧中，西姆尔格扮演着重要角色。由于法里德丁·阿塔尔在其神话诗《百鸟朝凤》中对西姆尔格的标志性描述，西姆尔格的名气已经超出了伊朗文化圈的范围。

扎尔与另一位波斯女英雄鲁达贝相爱并结婚，她是喀布尔统治者——佐哈克的后代——的女儿。她为他生了一个儿子鲁斯塔姆，新生儿的身材巨大，只能剖腹接生。这是在西姆尔格的建议和指导下完成的第一次剖腹产事例。鲁斯塔姆是伊朗神话和传说中最伟大的英雄。他是《列王纪》中许多史诗和悲剧故事的男主角，多次挽救伊朗王权。他击杀了自己的儿子，在没有父亲的环境中出生、长大的苏赫拉布，父子俩相认时已经太迟。鲁斯塔姆还杀了英雄埃斯凡迪亚尔，尽管他原本是出于好的目的。鲁斯塔姆最著名的功绩是通过“七大考验”。以人的面目出现的魔鬼诱惑轻率的伊朗皇帝凯卡乌斯前往马赞德兰，在那里皇帝被白魔鬼擒获。鲁斯塔姆骑上他那无可匹敌的骏马拉卡什，出发解救皇帝。他沿途通过了七个足以致命的关隘，终于找到并杀死白魔鬼，解救了凯卡乌斯。

凯卡乌斯是凯扬王朝的建立者凯哥巴德的儿子——“凯”意为首领或国王——从他开始，《列王纪》开始了第二部分。

凯扬王朝

卡乌斯是伊朗神话历史上最著名的人物之一，在他漫长的统治期间，伊朗国内和伊朗与图兰之间发生了很多事。他远非“公正的统治者”，虽然他拥有可以让他坐上王座的神佑（见导言）。这是神佑的理论与现实相反的一个例子。

伊朗和图兰之间的世仇，在卡乌斯和阿夫拉西亚伯的统治下继续，双方各有胜败。在两个事例中，世仇以彻底的悲剧形式出现：鲁斯塔姆之子苏赫拉布的悲剧，以及卡乌斯的儿子西亚沃什的悲剧。伊朗神话历史中最后一个伟大悲剧是古什塔斯帕的儿子埃斯凡迪亚尔的悲剧。这三个伟大悲剧都以年轻而高贵的王子和英雄之死为结局。

鲁斯塔姆和苏赫拉布的悲剧

鲁斯塔姆和苏赫拉布的故事是《列王纪》中最动人的悲剧。菲尔多西在开篇中给出了个人评价：

> 这个故事令人泪眼婆娑。
> 心软的人都把鲁斯塔姆责备。
> 如同从恒河吹来的旋风
> 吹落未熟的柑橘……
> 难道注定年轻人在世上得意洋洋？
> 死亡毕竟不只是由于年老。

一天，鲁斯塔姆心绪不佳，跨上骏马拉卡什驰向平原打猎。抵达猎场后不久，他猎杀了一头野驴，吃饱了烤驴肉就睡了，拉卡什则在草场上自由漫步。一群图兰骑士发现了拉卡什，费了很大劲将其捕获并带走。鲁斯塔姆醒来，为没找到他的骏马而愤怒。他郁郁不乐、忧心如焚地步入图兰领土上的萨曼冈城，城主热情接待了他，向他保证拉卡什名声显赫所以不可能丢失。当夜，鲁斯塔姆与爱上他的城主女儿塔赫米娜结了婚。次日早晨，拉卡什被寻获，因此鲁斯塔姆在给了伊朗神话中第三位女英雄塔赫米娜一件信物后离去，这是他镶嵌着珠宝的臂环，他对她说，如果生了个女儿，就将它套在女儿的头发上，如果是儿子，就套在儿子的胳膊上。九个月后，儿子苏赫拉布诞生。闻听喜讯的鲁斯塔姆派人送来黄金和珠宝，作为儿子成长的礼物。苏赫拉布的身体发育迅速，很快就在智力、体格、意志、技击和统帅方面证实了他的超凡卓越。

苏赫拉布一长大就要母亲告诉他父亲的名字。她告诉他，他是世界闻名的英雄鲁斯塔姆的儿子，但是她强调说，绝对不能让图兰君主阿夫拉西亚伯知道此事，否则他会杀死鲁斯塔姆的儿子来向其父报仇。苏赫拉布说这事不可能永远不为人知，他决定率军进攻伊朗寻找父亲并推翻卡乌斯，然后再向图兰开战并消灭阿夫拉西亚伯："父亲鲁斯塔姆和儿子我，将毁灭所有王冠。"听说苏赫拉布正要跨过乌浒水前往伊朗，阿夫拉西亚伯派出一群他手下最勇猛的骑士相助，但告诉骑士们，绝对不能让这对父子相认，如果苏赫拉布杀了鲁斯塔姆，他们就能征服伊朗，如果鲁斯塔姆杀了儿子，他将在懊悔和悲痛中度过余生。

进军途中，苏赫拉布抵达白堡，当地生活着一位年迈的勇士及其女儿，《列王纪》中的另一位女英雄古尔德法里德。苏赫拉布迅速擒获老迈的守将哈吉尔，接着准备攻打城堡。古尔德法里德穿上铠甲，将头发掖在头盔里，驰马出城与苏赫拉布格斗。战斗中苏赫拉布摘下女孩的头盔，使她的长发落上双肩。苏赫拉布惊艳于她的美貌和勇气，请她停止抵抗。她同意了，但没有如他所愿将城堡交给他。次日早晨，苏赫拉布率军攻城，但发现城门大开，城防空虚。父女二人和守军已经连夜从密道离去。劳而无功的胜利和古尔德法里德的离去让苏赫拉布很伤心。

惊诧于苏赫拉布闪电般的胜利，卡乌斯派遣猛将格乌去锡斯坦召鲁斯塔姆勤王。鲁斯塔姆对此不以为然，认为将苏赫拉布与自己相比是夸大其词，并且告诉格乌说，他与萨曼冈城的公主生了个儿子，但那孩子还太小，不足以上战场。所以他并不着急，在救援卡乌斯之前，在宴饮和寻欢作乐中耽误了数日。国王对鲁斯塔姆的懒散行为大发雷霆并与之发生了冲突，但在贵族们的斡旋下君臣很快和解。

鲁斯塔姆、卡乌斯和伊朗军队与苏赫拉布率领的图兰军队遭遇。在被俘获的哈吉尔陪同下，苏赫拉布从战场上己方一侧观察伊朗兵士和英雄们。他挨个指着伊朗勇士和将军们询问哈吉尔，特别是要哈吉尔指出谁是鲁斯塔姆。哈吉尔担心指出鲁斯塔姆会危及自己的性命，于是说了谎。认识鲁斯塔姆的图兰骑士们和阿夫拉西亚伯派来的特使也根据阿夫拉西亚伯的命令向这位青年隐瞒了事实。

父子二人在战场上相逢，短兵相接。第一天，他们都没能战胜对方，但都感觉遇到了可以匹敌的对手。次日，长时间格斗之后，苏赫拉布设法占了上风并打算杀掉父亲，这时鲁斯塔姆耍了个诡计，告诉苏赫拉布说，根据他们的风俗，不能在将对手首次击倒时杀掉对手。在格斗中，青年人不断问其父关于鲁斯塔姆的事，却并没有向鲁斯塔姆亮明自己的身份，鲁斯塔姆也没有回应儿子的询问，但胜负已分。鲁斯塔姆知道自己无法击败苏赫拉布，就在第三场格斗之前祈祷神恢复他年轻时的力量。他的祈祷得到了回应，在第三天设法击倒了苏赫拉布："他迅速拔出腰间的匕首，剖开儿子的闪亮胸膛。"

苏赫拉布呻吟说这不是鲁斯塔姆的错，而是无常的命运将他送到伊朗寻找父亲，却在找到以前被杀：

纵然你变为水中的游鱼
或者如黑夜遁入黑暗
纵然你如星辰般升上天穹
放弃了我们的大地对你的爱抚
我的父亲也将为我的血向你复仇
当他看见我因你而被埋入坟墓
那些英雄和勇士之中
必定会有人告诉鲁斯塔姆
苏赫拉布被砍倒和毁灭的消息
他会在虚空中寻找你

鲁斯塔姆悲痛欲绝。卡乌斯有一颗能救苏赫拉布性命的灵丹，但以他狭隘的本性，卡乌斯担心苏赫拉布复活意味着他统治的终结，拒绝给鲁斯塔姆灵丹。得知儿子死讯时，鲁斯塔姆打算亲自向卡乌斯乞求灵丹。菲尔多西评论道："世界装满了每个人的命运，这般讽刺的角色它戏弄了许多。"

西亚沃什的悲剧

西亚沃什是卡乌斯的儿子，年轻、高贵、侠义。卡乌斯美丽的妻子苏达贝爱上并试图勾引她勇壮的继子。当这位青年拒绝了她的勾引时，她向卡乌斯控诉说西亚沃什企图勾引她，但国王并不相信她。于是苏达贝酝酿了一个阴谋，决定用神判法决定是非：西亚沃什同意骑马穿过火堆来证明自己的清白。一堆大火燃烧起来，年轻的王子骑着他的黑色战马，毫发无损地越过火堆。卡乌斯相信了儿子的清白，召苏达贝到他面前，宣布她有罪。但在西亚沃什的请求下，卡乌斯饶了她的性命，后来她再次受宠。

不久之后，阿夫拉西亚伯侵犯伊朗，西亚沃什自愿率军迎战。鲁斯塔姆作为王子的副手和监护人随军。此时图兰君主做了一个启示性的梦，陷入惊恐的他送给西亚沃什海量礼物来求和。西亚沃什接受了他的提议，并且让鲁斯塔姆带着谈判成功的消息回报其父。

卡乌斯震怒于西亚沃什的自行其是，告诉鲁斯塔姆说，西亚沃什必须将所得礼物付之一炬，将战俘交给自己斩首并向阿夫拉西亚伯宣战。鲁斯塔姆试图劝卡乌斯收回成命但没成功，于是闷闷不乐地回到老家锡斯坦。西亚沃什认为其父的命令不合理、不光彩，他打发军队回国，自我流亡去了图兰避难。阿夫拉西亚伯盛情接待了西亚沃什，还将女儿法兰吉丝嫁给了他。

阿夫拉西亚伯非常尊敬西亚沃什，但西亚沃什受到的礼遇引起阿夫拉西亚伯的弟弟格西乌的嫉妒，格西乌怂恿国王怀疑这位伊朗王子，声称他是伪装叛逃，是伊朗派来的卧底。阿夫拉西亚伯上当了，派兵逮捕西亚沃什，后者尝试逃跑，但被擒获。《列王纪》中的又一位女英雄法兰吉丝的哀求和泪水没能打动阿夫拉西亚伯。西亚沃什被斩首，他的血流过的地方长出一棵后来叫作“西亚沃什之血”的植物。闻知丈夫被处决的消息，法兰吉丝诅咒她的父亲，于是阿夫拉西亚伯下令处死她，但当得知她怀了西亚沃什的孩子时，国王饶她不死。

年轻、勇猛和无辜的西亚沃什的死讯，震动了伊朗的精英和贵族们，他们批评他的父亲卡乌斯迫使他前往图兰避难。每天早晨哀悼西亚沃什之死的仪式——萨瓦顺（Savashun）——一直延续到20世纪，它的形式和仪式有时很像对伊玛目侯赛因的哀悼（见第3章），人们认为，更古老传统的萨瓦顺可能影响了纪念侯赛因殉难的哀悼仪式。在一次对于西亚沃什悲剧的隐喻性引用中，哈菲兹写道：“突厥国王听信了诋毁者的谗言，愿西亚沃什所受的冤屈让他蒙羞。”在其著名小说《萨瓦顺》中，西明·达涅什瓦尔用这个主题讲述了一个关于政治殉难的现代故事。

时候到了，法兰吉丝生下霍斯鲁，这孩子命中注定将成为伊朗古代神话中最著名的国王之一。这位年轻的王子被送到中国边境。后来勇士格乌找到了霍斯鲁，并与其母法兰吉丝出发，渡过乌浒水来到伊朗。闻听此讯，阿夫拉西亚伯追杀他们，但他们骑马渡过了这条宽阔、湍急的大河，这是个神奇的壮举，可能因霍斯鲁拥有神佑而得以成功。因此霍斯鲁的祖父卡乌斯抛开儿子法里博尔兹，转而立他为继承人。

霍斯鲁成了一位非常成功的国王和公正统治者的缩影。他与他的图兰外祖父阿夫拉西亚伯作战，击败并最终杀死了阿夫拉西亚伯和他那个害死了西亚沃什的弟弟。此役终结了伊朗、图兰两大家族之间的漫长世仇。但是最终霍斯鲁也决定退位，让位给一位前国王的远支后裔卢赫拉斯帕。

琐罗亚斯德的降临

后来卢赫拉斯帕也让位给其子古什塔斯帕，退居神庙过着苦修生活。在后者统治期间，琐罗亚斯德开始传播他的新信仰，使国王及其宫廷皈依了他。图兰君主阿尔贾斯帕视这一皈依为对“旧信仰”的背叛，并进攻伊朗。旧信仰是什么并不明确。可能是琐罗亚斯德进行改革和发展之前的伊朗偶像崇拜，即承认光明和善良之神阿胡拉·马兹达以及黑暗和邪恶之神阿赫里曼。另一方面，如前文所述，《列王纪》的第二部分与第一部分相似，发生在东伊朗，紧挨着佛教繁荣的地区（见第2章）。卢赫拉斯帕本人似乎就进了佛寺修行，而谴责古什塔斯帕背弃“旧信仰”的图兰人是中亚民族。

无论如何，两国之间的长期战争导致卢赫拉斯帕身亡，直到古什塔斯帕的儿子和继承人埃斯凡迪亚尔击败、杀死阿尔贾斯帕。古什塔斯帕一度囚禁埃斯凡迪亚尔，但当古什塔斯帕释放埃斯凡迪亚尔，让后者率军对抗阿尔贾斯帕时，古什塔斯帕向儿子承诺，如果儿子能赢得战争就让位给他。

埃斯凡迪亚尔的悲剧

但是古什塔斯帕食言了。埃斯凡迪亚尔向其母抱怨，后者建议他接受其父掌权的决定。埃斯凡迪亚尔在其父面前提醒父王他在击败阿尔贾斯帕的战斗中历经的困苦，并根据国王的承诺索要王冠和宝座。狡诈和冷血的古什塔斯帕向一位圣贤寻求建议，圣贤研究了未来，告诉他说，埃斯凡迪亚尔命中注定要死于鲁斯塔姆之手。为了除掉自己的儿子，古什塔斯帕找来儿子，告诉后者说鲁斯塔姆不服王命，因此埃斯凡迪亚尔应该前往锡斯坦，将鲁斯塔姆戴上镣铐押回王庭，届时他将让位给埃斯凡迪亚尔。年轻的王子怀疑其父的动机，但他还是前往对付鲁斯塔姆。

进入鲁斯塔姆的领地之后，埃斯凡迪亚尔要求鲁斯塔姆臣服，戴上枷锁跟着自己去王庭。鲁斯塔姆答道，从来没人见过他活着戴上枷锁："让你去锁住鲁斯塔姆双手的是谁呢，即使高高在上的天神也做不到。"双方的冲突最终引发了一系列战斗。

冲突中鲁斯塔姆注意到，任何和解的努力都无法动摇埃斯凡迪亚尔。他向神鸟西姆尔格寻求建议，西姆尔格告诉他说，除了眼睛，埃斯凡迪亚尔是刀枪不入的。西姆尔格指导鲁斯塔姆制造了一种特殊的箭，在必要时使用。在接下来的战斗中，鲁斯塔姆对埃斯凡迪亚尔比从前更落下风，声称他准备给后者无数财宝和其他礼物，并随之前往王庭。但埃斯凡迪亚尔回应说，让鲁斯塔姆在镣铐与战争中选择。对此，鲁斯塔姆：

> 将柽柳木箭搭在弓上
> 就如西姆尔格告诉他的那样
> 他直射向埃斯凡迪亚尔的眼睛

把勇士眼中的世界变成一片黑暗

此后不久，鲁斯塔姆死于喀布尔之王的阴谋，他的异母兄弟沙卡德是阴谋的主要策划者。鲁斯塔姆临死前杀掉了沙卡德。后来古什塔斯帕去世，将王位传给埃斯凡迪亚尔的儿子巴赫曼。继位之后的巴赫曼讨伐锡斯坦为其父报血仇，蹂躏了锡斯坦并杀死了鲁斯塔姆的儿子和兄弟。巴赫曼与自己的女儿胡马伊结婚，生了一个儿子。不仅古代伊朗神话，古代伊朗社会也允许乱伦婚姻。胡马伊继承了其父亲兼丈夫的王位，后又由其子达拉布继任，此时她的兄弟萨珊出走了。达拉布死后其子达拉继承王位。达拉在位期间，亚历山大进犯并征服了伊朗。这场征服终结了以凯扬王朝为主要内容的《列王纪》第二部分。

对安息人进行了简短的叙述后，《列王纪》进入第三部分，始于王朝建立者阿尔达希尔·巴巴康的萨珊王朝传奇历史（见后文和第2章）。叙述皮什达迪扬王朝、凯扬王朝的前两部分，背景设定在伊朗高原的东部。萨珊王朝与之不同，活动集中在伊朗南部和西部。菲尔多西的《列王纪》没有提及希腊人统治伊朗时的塞琉古帝国。关于塞琉古的资料放在了安息人的名下，安息人的兴盛超过四个世纪，直到他们在224年被阿尔达希尔推翻，虽然在其他后世资料中关于他们的记载更广泛（见后文和第2章）。

然而最大的遗漏是关于阿契美尼德王朝的，他们建立了第一波斯帝国，王朝的末代君主大流士三世被亚历山大击败。在真实历史中，阿契美尼德王朝先建立，紧接着是希腊人的塞琉古王朝，他们被伊朗人（帕提亚人）的安息王朝取代，安息王朝又被波斯人的萨珊王朝接替。所以伊朗神话中的凯扬王朝占据了阿契美尼德王朝的位置。阿契美尼德王朝崛起于南方的帕尔斯，而非东方，如之后的萨珊王朝一样，阿契美尼德王朝从西、南方统治着他们的帝国。

古代史：阿契美尼德王朝

在古代历史上，伊朗是一片土地和一个民族的名字，直到萨珊时期似乎依然不是帝国的名字。雅利安部落在公元前3000年至2000年之间来到此地，移民波次大概不止一个。游牧的伊朗部落在公元前1000年定居在伊朗高原，米底人、波斯人、巴克特里亚人和帕提亚人居住在西部，而伊朗普什图人、俾路支人开始定居在现在叫俾路支斯坦的伊朗高原东缘，即崎岖的印度西北边境。还有些其他伊朗民族，诸如斯基泰人和阿兰人各部，后来斯基泰人以侵袭边境的方式骚扰了多个波斯地区的帝国。

古代波斯史始于阿契美尼德王朝的居鲁士大帝建立第一个世界帝国，距今约两千五百年。这个帝国没能像居鲁士及其隔代继承人大流士治下那样保持辉煌，但它在公元前330年被亚历山大大帝以具有伊朗特色的方式在短时间内击败和征服时，依然是最伟大的世界性帝国。亚历山大死后，塞琉古帝国向波斯大地传播了某些方面的希腊文化，但不足以使之深入文化根本而影响后续的文化发展。从公元前247年开始，东北方的帕提亚伊朗人开始建立政权，虽然距离建立完备自立的安息帝国还需要一个世纪。无论如何，一定程度的希腊化存续到安息帝国时期，该帝国在224年又被萨珊王朝的建立者阿尔达希尔·巴巴康再次以典型的伊朗式速度快速推翻。萨珊人在民族上属于波斯人，并且崛起于波西斯（即帕尔斯），他们试图重建传统的波斯帝国，虽然不像阿契美尼德王朝那样辽阔和强悍。超过四个世纪后，他们还是在相对较短的时间跨度内被阿拉伯穆斯林推翻。

这些帝国的快速兴起、衰亡的原因多种多样，但它们共有的专制政府系统在面对强敌时都起了加速灭亡的决定性作用。这一系统没有为政权提供社会基础，而社会对政权的忠诚和支持决定了政权防御和

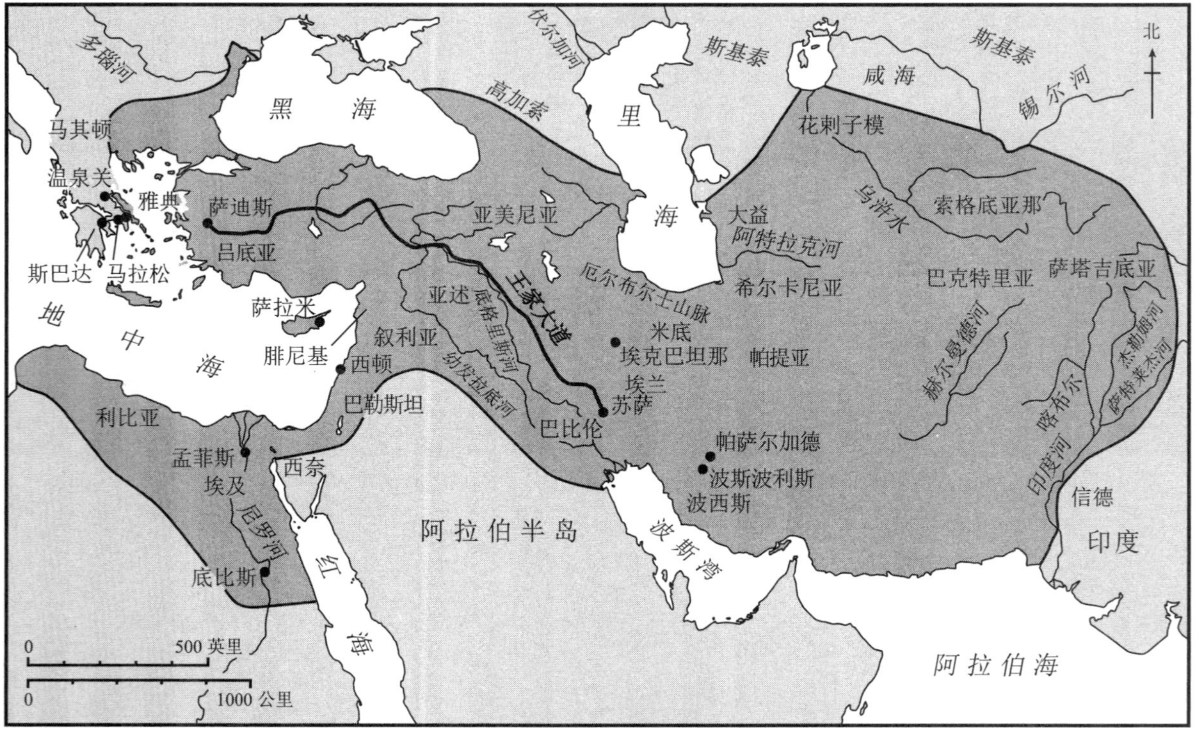

阿契美尼德帝国，公元前550—前330年

生存的时长。公元前4世纪末代阿契美尼德皇帝大流士三世的覆亡，以及20世纪穆罕默德·礼萨沙的下台，都是这样的案例。注意到这个现象的历史学家寥寥无几，大多数人往往将其归结为**普通**民众对政权的离心离德。然而这些政权迅速垮台，准确地说是因为在关键时刻它们没有得到任何社会阶级的支持，特别是上层阶级的支持。在欧洲式的阶级社会中，上层阶级通常会保卫政权，对抗国内纷争和外国入侵（见第3、第6、第8和第12章）。

米底人和波斯人

公元前2千纪左右，许多伊朗游牧部落从东北、西北方迁徙到伊朗大地上，米底人和波斯人命中注定要分别建立一个地方性的和一个世界性的帝国。公元前8世纪初，伊朗人中的米底部落在他们的一位首领的领导下联合起来，此人叫达尤库，希腊人称之为戴奥凯斯。他因此成为新生的米底国家的建立者，米底在与诸如亚述、乌拉尔图（后来的亚美尼亚）和斯基泰等强邻的斗争中存活下来，这些强邻也属于伊朗种族。米底的首都是埃克巴坦那，意为“聚会之地”，如今埋在哈马丹城址之下。达尤库的孙子库亚克萨列斯在位期间，米底一度臣服于斯基泰，但最终通过战胜斯基泰人和吞并现代阿塞拜疆境内的乌鲁米耶湖周边地区，巩固了国家的根基。

在此期间，公元前8世纪的某个时候，波斯部落从西北方南下，定居在西巴赫蒂亚尔山脉中段。他们是米底人的藩属，在安善国王铁伊斯佩斯的统治下，波斯人通过侵蚀古老的本地文明埃兰，将其统治进一步向东南方扩张。从埃兰人手中夺取的地盘以新来的占据者名字命名为波西斯。于是铁伊斯佩斯成了波西斯和安善的国王，但他在公元前640年去世前把他的王国分给了两个儿子——居鲁士和阿里亚纳姆涅斯。居鲁士成了安善国王，阿里亚纳姆涅斯成了波西斯东南部地区的统治者。居鲁士大帝（居鲁士二世）的父亲，安善国王冈比西斯一世在位时，这两个波斯人的小王国合并了。冈比西斯是米底国王库亚克萨列斯的藩属，当时库亚克萨列斯击败亚述并永远夷平了尼尼微，于是米底帝国的版图从里海沿岸延展到埃兰。

库亚克萨列斯治下的米底帝国辽阔而强大，寿命却不长。库亚克萨列斯的儿子阿司杜阿该斯（公元前584—前550年在位）的统治期是相对和平的，直到他的帝国被他的女儿芒达妮所生的外孙居鲁士大帝推翻，当年阿司杜阿该斯曾将芒达妮嫁给波斯王冈比西斯一世。居鲁士大帝的反叛和战胜阿司杜阿该斯，也是典型的简短而决定性的。

居鲁士大帝

公元前550年，居鲁士大帝（公元前559—前529年在位）合并了米底和波斯。希罗多德讲述了一个传说：居鲁士诞生后，阿司杜阿该斯做了一个梦，为他解梦的麻葛僧说这个梦预示着他的外孙最终将推翻他。于是他命令他的侍从长官处死这个婴儿。这名侍从长官认为自己不能动手，就让一个牧人干，但后者将这个婴儿藏了起来并当作自己的孩子抚养长大。居鲁士十岁时，他的仪态和行为都表明他不是寻常人家的孩子。阿司杜阿该斯起了疑心，质询已经年迈的侍从长官，后者承认他没杀那个孩子。国王雷霆震怒，设计让侍从长官吃了自己儿子的肉，却允许居鲁士回到生身父母冈比西斯和芒达妮身边。显然这是个传说，与其他历史人物身上的传说相似，但它也并非毫无历史依据。

公元前559年，居鲁士继承了其父的安善和波西斯王位。关于公元前553年居鲁士反抗其外祖父兼宗主的原因，有丰富多彩的传说。但事实上，各阶层的米底人都欢迎居鲁士，而且巴比伦与米底断交也是米底失败的关键原因。征服米底之后，居鲁士开始了征服生涯，公元前529年（一说前530年）他去世时，他已经建立了第一个世界性帝国。居鲁士的下一步是进攻和征服吕底亚及小亚细亚大部，小亚细亚的希腊城邦也落入其手。传统上吕底亚被征服的时间被定在公元前547年，但是更多的现代学者质疑此说。数年后，居鲁士将其注意力转向东方，保卫他的东部边疆抵御游牧民族侵扰，他征服了包括叙卡尼亚、帕提亚和索格底亚那在内的广大地区，抵达汇入咸海的药杀水（锡尔河）河畔。居鲁士向这些地区引入农业，兴建了一些驻防城镇——其中最著名的是乌兹别克斯坦境内的撒马尔罕——用来抵御帝国东北方向来的中亚游牧民族的入侵。

然而他皇冠上的宝石是公元前539年对巴比伦尼亚的征服，巴比伦是包括美索不达米亚、叙利亚、腓尼基和巴勒斯坦在内的地区内现存最古老的文明。居鲁士对被征服民众的公正和仁慈是传奇性的。现存于大英博物馆的“居鲁士文书”上记载了他的臣民拥有宗教和文化自由的宣言，有时它被称为第一部人权宣言。然而“人权”是个现代概念——从美国和法国革命提出人权至今仅仅两个世纪——在一个总体上极端和不宽容的时代，人权的称谓与最高君主展现的宽容和温和的程度相关。居鲁士对巴比伦人崇拜的贝尔（即马尔杜克）表达了尊敬，更以释放犹太囚徒并且允许犹太人重建耶路撒冷圣殿而闻名于世。

居鲁士开始征服时的首都是安善，他的统治扩展到米底时，埃克巴坦那成了他的第二个首都。在另一个首都巴比伦，他以隆重的仪式正式就任国王，他在不同时期在上述各城生活过。他为整个波斯帝国建造了自己的都城帕萨尔加德，意为“波斯人的帐幕”，位于现代设拉子城的东北方约150公里处。帕萨尔加德始建于公元前546年或晚些时候，公元前530年或前529年居鲁士去世时还未竣工，直到大流士开始建造另一个首都波斯波利斯之前，它始终是波斯帝国首都。

帕萨尔加德的遗址面积达1.6平方公里，包括居鲁士陵墓。它最大的现存遗迹是位于附近小山丘上的塔勒塔赫特要塞，以及两座皇家宫殿和花园的废墟。大门上用古波斯文、埃兰文和巴比伦文镌刻着一句话："我，居鲁士，国王，阿契美尼德人。"遗址中的花园是已知最早的四园广场，这是一种将一个整体分为四部分的设计。现已沦为废墟的帕萨尔加德代表着那个时代波斯艺术的最高成就。来自巴比伦尼亚、埃及和其他异族地域的建筑和装饰艺术融入伊朗本土艺术，产生了独特而复杂的效果，造就了艺术奇观，于是有些学者认为其成就远在波斯波利斯壮丽复杂的建筑群之上。

关于居鲁士的死亡说法各异。据希罗多德记载，他在前往东方抵抗属于伊朗种族的游牧民族入侵的战斗中阵亡，色诺芬相信他是自然死亡，然而根据其他说法，他是在对远东的征途中受了致命伤。他早已任命他的长子冈比西斯为巴比伦副王，并且责成他准备西征埃及，同时他的幼子巴尔迪亚负责打理东方各省。公元前525年，在启程前往埃及之前，冈比西斯将他的弟弟秘密处死，显然他怕弟弟在自己不在时造反。他征服了埃及，而且据信在宗教和文化上对埃及人并不宽容，虽然现代研究倾向于修改这种说法。在埃及期间，他听说在波斯有人假冒巴尔迪亚，图谋王位。冈比西斯在从埃及赶回的途中死去，或许是因为他不小心用剑刺伤了自己，这在某种程度上被认为是蓄意自杀。

帝国的全盛期

名叫高墨塔的谋反者来自米底人的麻葛部落，该部落成员通常投身宗教界，虽然还不清楚当时他们是否信仰琐罗亚斯德教。高墨塔统治了大约三年，直到公元前522年，大流士及其共谋者成功推翻了他。关于如何从这帮密谋者中选择国王，有个有趣的传说：他们同意在一个早晨聚会于王宫，谁骑的马先嘶鸣则谁为王。结果大流士采用他的马夫的诡计，让自己的马先嘶鸣起来。

关于高墨塔及其覆灭的记载，主要来自大流士自己刻写的贝希斯敦铭文，位于现代的克尔曼沙赫附近，还有更晚的希罗多德的记述。这些资料可能是真实的。另一方面，我们也有必要考虑其他可能的材料。例如，如果冈比西斯暗杀巴尔迪亚的故事是假的，或者巴尔迪亚逃出生天，那么所谓“谋反者”高墨塔或许就是巴尔迪亚。他可能在其兄不在国内时叛变、称王，导致冈比西斯愤而自杀或者在回国的途中被谋杀。在这种说法中有两场叛变：巴尔迪亚叛变冈比西斯，大流士叛变巴尔迪亚。

无论真相如何，我们应该注意到，兄弟相残、父杀子和子弑父都是伊朗历史的常见现象，根源在于权力的专制属性，而且成功的造反者有足够的证据宣称自己拥有神佑，因此他的统治是合法的（见导言）。如果相信高墨塔的整个故事是真实的，那么注意到他是宗教人士很重要，他显然是位很得民心的统治者，因为他废除了兵役并豁免了三年赋税。具有波斯历史特征的一系列叛乱在高墨塔覆灭后爆发，都被大流士成功平定。统治者去世几乎总会引发动荡，至少是短时间的动荡。

大流士（公元前522—前486年在位）属于阿契美尼德家族，是位能干的管理者，他把他庞大的帝国分为二十个行省，每个行省都有一位总督，波斯语叫萨特拉普，还有一位独立于总督的军事长官，他们二人的言行都在被称为“国王耳目”的秘密情报机构的监控下，以防他们叛变。这个系统在伊朗延续到近现代，至少延续到巴列维王朝。

这些举措没能阻止反抗和叛乱在各地、各省的爆发，以当时的交通和技术条件而言，不同民族组成的这么庞大的帝国发生地方变乱不足为奇。巴比伦尼亚和其他地区都发生了反叛，但从后世的史观来看，最重要的是发生在伊奥尼亚的叛乱，这导致了大流士去世前数年在马拉松战役中的失败。即便如此，大流士还是将帝国边界扩展到高加索山脉，跨越里海和乌浒水，那里生活着为数众多的伊朗和非伊朗游牧民族。

国王的权力是绝对和专制的，尽管总督们在其辖区里总体上是自治的，拥有的权力与统治者仆人的权力大体相同。公正意味着总督和其他政府官员不能行使国王允许的合法范围外的权力。大流士固定了币制，引入了大流克金币。税率得到了标准化，虽然富饶和贫瘠省份的税率不同。每个行省都被分配了金银税额，在某些情况下，例如在巴比伦尼亚，税收过重导致经济萧条。另一项举措即包税制，以不同的形式保留到了19世纪，某省的税收交给一位富有的包税人承包，他每年向国家缴纳固定的金额。包税制是满足国家财政的有效方法，但在实践中使人民落入任由包税人摆布的境地。

大流士不仅是富有才干的行政和军事领袖，还是位有着伟大远见的人物，他有意识地以他的名义兴建纪念性建筑物，将他对事物的观感留给后世。他在设拉子东北七十公里处着手兴建名为波斯波利斯的宫殿建筑群，这有助于巩固其权力和尊荣，并促进艺术的发展。波斯波利斯是全新的、帝国最重要的都城，在其他都城巴比伦、埃克巴坦那和苏萨，他都修建了壮观的宫殿，不幸的是它们都没能存留至今。大流士经常在各地巡行，这位国王及其廷臣在冬季会待在苏萨，春季待在波斯波利斯，夏季去往海拔较高的凉爽的埃克巴坦那。

考古证据告诉我们，波斯波利斯的早期建筑始于公元前518年左右，仅仅在大流士继位的四年后。有些学者认为是居鲁士选择了波斯波利斯城址，兴建廊柱和宫殿的却是大流士。他下令修建阿帕达纳宫和议事堂，其子薛西斯在位时修建了主要的皇家宝库和周边建筑。后续工程持续到阿契美尼德王朝覆灭。

波斯波利斯最伟大、辉煌的宫殿是阿帕达纳宫，诸王之王用它接见臣民。建筑工作始于公元前515年，三十年后竣工。这座宫殿中有个方形殿堂，它的72根廊柱还有13根依然矗立在该城遗址的巨大平台上。这些柱子承载着巨大而沉重的穹顶。这些廊柱大多用动物雕塑装饰，如双头牛、狮子和鹰。廊柱之间由橡木和雪松房梁连接。墙壁上饰以狮子、公牛和花卉图案。大流士的名字和帝国的详细情况用金银刻写在盘子上，这些盘子由密闭的石盒盛放，放在宫殿四角的地基下面。两个对称的台阶建在阿帕达纳宫的北侧和东侧。建筑的中部还有两条台阶。宫殿的前面外侧覆盖着不死军的图像，不死军是国王的精英卫队。

壮丽程度不逊于阿帕达纳宫的另一项工程壮举，可能是从苏萨到吕底亚首都萨迪斯的王家大道。这条路有111站，军队从这端到那头巡察一遍需要三个月，这在当时是极快的速度了，国王的廷臣使用这条路来接收信息和传达命令。另一同样使人印象深刻的工程是埃及运河（波斯征服前就开始建造了），从尼罗河通到红海，由此沟通了地中海和印度洋。

大流士在其铭文中尊奉琐罗亚斯德教最高神明阿胡拉·马兹达为最高主宰，将他的权威归功于阿胡拉·马兹达的保佑。这表明大流士可能是琐罗亚斯德教信徒，但其他证据又表明似乎不是。第一，琐罗亚斯德教不可能是国教，因为如果是这样的话，人流士就不会像居鲁士那样宽容，甚至有时会向其他民族的偶像和神明进献贡品。第二，在他的所有铭文中都没提到琐罗亚斯德的名字。第三，包括大流士在内的阿契美尼德国王们都埋葬在坟墓中，相反，琐罗亚斯德教严令死者应该暴露在元素中。第四，琐罗亚斯德教出现之前，阿胡拉·马兹达就是伊朗人崇拜的三位大神之一，这三位大神是阿胡拉·马兹达、密特拉和阿纳希塔。此外，对伊朗诸神的崇拜在这时兴盛起来，无法确定普通波斯人是否切实皈依了琐罗亚斯德教。

平定了伊奥尼亚起义和征服了若干爱琴海岛屿，以及镇压了雅典支持的小亚细亚希腊城邦的叛乱后，大流士向雅典开战。公元前490年，在马拉松发生了决定性的战役，波斯人战败。从波斯帝国的视角来看，这是个相对较小的挫折，但从是否有利于欧洲的角度来看，马拉松战役是个历史性事件。

扩张的结束

在其父大流士去世时，继承王位的薛西斯（公元前486—前465年在位）正担任巴比伦副王。他完全没有其父或居鲁士大帝的天赋。希腊人的胜利引发了小亚细亚和埃及的一系列反叛，一如伊朗历史上不断发生的，伟大君王的去世恶化了局势。薛西斯的第一个任务是平定叛乱。他并不愿意为扩张他强大的帝国而战，反倒更热衷于宫廷生活和修建宫殿，包括为波斯波利斯添砖加瓦。但他的臣下和来自雅典的流亡者向他施加压力，要求他教训雅典、荡平希腊人。

公元前480年，诸王之王薛西斯集结了世界上空前规模的大军——虽然希腊记载的百万数字有些夸张——跨过赫勒斯滂海峡，巩固了色萨利和马其顿，粉碎了斯巴达人在温泉关的英勇抵抗，占领雅典并把雅典卫城付之一炬。亚洲、非洲和欧洲的绝大多数希腊城邦落入其手。但希腊人没有放弃，在萨拉米斯集中了他们的舰队，当着诸王之王的面击败了他的舰队，当时他正在海岸边设置的宝座上观战。波斯人残存的获胜机会被国王自己的愤怒挥霍掉了，包括杀死他的腓尼基海军司令，这进一步导致他抛弃了他的军队而退回波斯本土。此役终结了将波斯帝国扩张到欧洲的野心。

薛西斯是个脾气暴烈的统治者，具有冲动和残暴的行为倾向。他在一场宫廷阴谋中遇刺身亡，如果不算高墨塔的噩运，这是伊朗历史上许多弑君行为中的首例。在本案中，凶手是国王的亲儿子。

逐渐衰落

从薛西斯死亡到亚历山大大帝征服，阿契美尼德帝国又存在了一百三十年。虽然帝国的辽阔和威势依然无与伦比，但它已经过了巅峰期，再也无法获得建国者们曾带给过它的荣耀。阿契美尼德王朝剩余统治的特色是宫廷阴谋、暗杀和继承权斗争，伴随着涉及几个省的频繁叛乱。流血成了宫廷和王族的本质和常见现象，而且有几个省份实质上脱离了国王的掌控。阿塔薛西斯三世时期帝国最后一次中兴，但帝国的根基已经虚弱到无法修复的程度。

阿塔薛西斯一世（公元前465—前424年在位）首先不得不平息他弟弟的叛乱，后者是巴克特里亚及以东的帝国全境总督，随后他杀光了剩下的所有兄弟。他又平息了埃及和叙利亚的反叛。他的希腊政策是用黄金为武器，挑拨希腊城邦内斗。因此他煽动斯巴达对抗雅典，但这两国间的敌意未能持久，它们联合起来以一场战争击败了波斯，导致后者损失了一些希腊城市和波斯人在希腊人中的影响力。帝国东部边疆也丧失了一些领土。这位国王的巴比伦政策是波斯化，这引起了巴比伦省的不满。但他维持了与犹太人的友善关系。

阿塔薛西斯死后一如既往地发生了继承权斗争，他的儿子薛西斯二世很快失去王位，权力由另一位以大流士二世为名号的王室成员获得。大流士二世的统治被阴谋和腐败搞得千疮百孔。在希腊政策方面，他继续使用波斯黄金做武器，成果喜忧参半。针对萨迪斯总督的反叛，他派遣大军并成功平定了该地，但那位总督的儿子延续了父亲的斗争。埃及的反抗此起彼伏，公元前411年埃及人再次起义，虽然起义在大流士二世去世那年的稍晚时候被平息。

阿塔薛西斯二世继承了父位，尽管他的母亲偏爱他的弟弟小居鲁士，设法让小居鲁士担任了吕底亚总督和小亚细亚驻军司令。事实上，早在其兄的加冕仪式上小居鲁士就试图弑君，但他的母亲使他免受惩罚，回到他的行省统帅小亚细亚驻军。小居鲁士是勇敢无畏的，他很快再度举兵反抗其兄，他带领一支强大的军队，在被击毙之前几乎赢得了战斗胜利。人们往往相信如果小居鲁士成为国王，他将终结王朝和帝国的颓势。由于无法阻止小居鲁士军中的一万名希腊雇佣军返回家乡，阿塔薛西斯二世以无能著称于世，相关的有趣记载由色诺芬记录并告诉后人。

但他依靠黄金而非军力，从希腊人手中夺回了伊奥尼亚各城。尽管取得了这样的胜利，帝国依然陷入纷扰之中。阿塔薛西斯二世继位后，埃及人便一直在造反，他的平乱之举没有成功。部分总督也纷纷谋反，一度幼发拉底河以西的全部地区，包括塞浦路斯在内，都反了。税负越发沉重。仅能糊口的农民和工匠的起义被镇压下去，但发展趋势很有典型性。国王本人被不断的宫廷阴谋折磨得很痛苦，终于在统治了很久之后去世。他以软弱、不可靠和嗜血的专制统治为后人铭记，受其母亲影响很深，是一个无法维持帝国版图的君王。

阿塔薛西斯三世（公元前359—前338年在位）一登上父亲的宝座，就处死了众多兄弟姐妹。他集冷酷和钢铁意志于一身，以此恢复帝国的权力和荣光。他以最冷酷的手段对付叛乱的总督们，包括叛乱了相当长时间的卡杜西亚人。两次尝试之后，埃及终于被收复，并遭到严酷惩罚。希腊感到了波斯复兴和扩张的压力，事实上复兴源于国王坚强的领导意志。统一希腊人和希腊化民族的战争没有什么进展。此时来自马其顿的新兴力量开始走上历史舞台，马其顿人不是希腊人，但属于希腊文化圈。马其顿国王腓力吞并了一些希腊土地，逐渐被希腊人认可为领袖，需要站出来对抗波斯人。他小心前行，首先与波斯国王缔结和约。不久之后，在公元前338年，腓力进攻希腊并且终结了希腊的独立。同年，那位强有力的波斯王被他的将军巴戈亚斯毒死。

这是强大的阿契美尼德帝国终结的起点。巴戈亚斯在阿塔薛西斯三世的儿子继位后又投毒弑君。毫不奇怪，这时帝国不存在明确的继位者，于是命运多舛的王族近亲大流士三世（公元前335—前330年在位）继承了王位。他也险些被巴戈亚斯毒死，好在他先下手为强，使这位将军喝下了自己准备的毒酒。

亚历山大和阿契美尼德王朝的终结

马其顿王腓力遇刺身亡时，已经集结了一支强大的军队。他的继承人，年轻的儿子亚历山大，率领四万人的大军，没有遇到抵抗就解放了波斯统治的希腊殖民地。双方首战于格拉尼卡斯，波斯人战败。起初大流士三世没把亚历山大放在眼里，但后来他率领庞大的军队在伊苏斯迎战时，亚历山大再次击败波斯军，从而占领叙利亚并且受到埃及人的欢迎。随着大流士的媾和请求被亚历山大拒绝，决战于公元前331年在高加米拉打响。在亚述群山脚下，波斯军队被粉碎，大流士逃往埃克巴坦那。败逃等于丧失王位，所以很快大流士就被他的两名总督杀死。苏萨和波斯波利斯的城门向亚历山大的队伍敞开，但我们不清楚波斯波利斯的被焚是故意而为还是偶然事故。亚历山大继而转向平定东方各省，穿越中亚来到印度，而且据说他娶了一个叫罗克珊娜的巴克特里亚贵族女孩。据记载，返回苏萨之后的亚历山大又娶了大流士三世的女儿斯妲特拉，他的部分将军和士兵同样娶了波斯女孩。然而，较早的认为亚历山大企图联合希腊和波斯的看法，遭到晚近学者的反对。

如此一来，强大的波斯帝国崩溃了，甚至比它建立时还要快。

波斯传说中的亚历山大

这些传说保留在菲尔多西的《列王纪》、尼扎米的《昔干答儿纳美》（意为“亚历山大传奇”）和其他资料中，显示了伊朗人如何将征服者纳入他们自己的民族，并将其奉为圣贤。鲁木（即希腊）国王腓尔古斯（腓力的讹写）是波斯王达拉布的同时代人，达拉布是胡马伊的儿子（见前文）。腓尔古斯与达拉布之间开战，腓尔古斯求和，将自己的女儿纳希德嫁给达拉布。达拉布娶纳希德并宠爱有加，但后来她失宠了，达拉布将其遣送回娘家，却不知道纳希德已经怀孕。纳希德生了一个叫昔干答儿（即亚历山大）的儿子。腓尔古斯假装这是自家孩子，立之为继承人。腓尔古斯死后，亚历山大成了鲁木国王。根据这个传说，亚历山大其实是半个波斯人，属于古什塔斯帕和巴赫曼家族，还是与他同时代的波斯王达拉的异母兄弟。

一位叫阿拉斯塔塔里斯（即亚里士多德）的哲学家，在所有领域都是昔干答儿的首席导师。达拉派使者到昔干答儿处索取贡品。昔干答儿拒而不从，首先进犯并征服了埃及，继而转向伊朗。两军会战于幼发拉底河畔。双方大战一星期后，一场沙尘暴吹瞎了波斯军的眼睛，波斯军退却不是因为孱弱而是因为神明降灾。昔干答儿的军队占领波斯首都波斯波利斯，达拉及其手下退往克尔曼。达拉的求和要求遭到轻蔑的拒绝，昔干答儿击溃了残余的波斯军队。因此，国王的两名辅臣觉得主子的末日到了，决定弑君，作为取悦昔干答儿的投名状。他们袭击并重伤了达拉，告知昔干答儿他们的所作所为。昔干答儿要求他们带他去达拉的藏身处，告诉达拉说他要把波斯王位还给对方，还要向那两个弑君者残酷复仇。达拉请昔干答儿照顾他的孩子和亲人，娶他的女儿萝莎娜可（即罗克珊娜），昔干答儿同意后达拉去世。尼扎米的诗篇《昔干答儿纳美》写道：“接纳者起身，请求者安眠。”

昔干答儿宣布自己是达拉的继承人，发誓将完成达拉的遗愿，为所有人提供安全保障。就这样，伊朗传说将失败美化成了胜利：昔干答儿是达拉布的儿子、达拉的异母兄弟，在波斯王位上播撒和平和繁荣的种子。但是，关于昔干答儿或称伊斯坎达尔的波斯传说并未到此为止。他领导了对印度和埃及的战争，访问了麦加的神圣黑石，他被关于安达卢西亚的报告打动，假冒自己的使者亲自访问了那个国度，虽然他被秘藏他的肖像的安达卢西亚女王认出。

波斯文学中的亚历山大浪漫故事形形色色且充满了冒险。其中最迷人和经久不衰的一个简化版今天还存在于儿童故事中，那是关于他追求不朽神药——生命之水——的传说。菲尔多西告诉我们，在一次探险中昔干答儿来到一座城市，这里的居民都是头发火红、面色苍白的巨人。在这里他被告知一个传说，在黑暗王国有个叫“生命之水”的泉水，饮用者将长生不死。昔干答儿从军中精选最优秀的部下，又找到了一位叫克孜尔（意为“绿人”）的先知做向导。他把自己两枚戒指中的一枚给了克孜尔，让他先行，这枚戒指靠近水时会像太阳一样闪耀，留下另一枚戒指能够在黑暗中引领他和队伍前进。出发后第三天，黑暗中出现了两条路径，昔干答儿消失在克孜尔的视线中。克孜尔独自来到生命之水，用水洗澡又喝了它，从而长生不死。关于亚历山大的波斯传说是由后世作家们创作的，注意到这一点是有趣的，故事包括对麦加、黑石和克孜尔的叙述。哈菲兹将亚历山人的神话改头换面：“昔干答儿的镜子是神圣的酒杯，看吧，它把达拉的王国像书本一样展现出来。”

阿契美尼德人建立了一个帝国，创造了一个世界性文明。此前，如此多种多样且相距遥远的民族和土地，他们的族属、宗教、语言和文化差异如此之大，从未共存于一个国家。波斯帝国对多样文化的广泛宽容态度，促进而非阻遏了帝国内部归属感的建立。社会和经济的发展导致农业和商业的兴盛，也得益于市场的扩大以及道路和通信的相对安全。帝国人民及其艺术的民族多样性，以及中央政府在建筑领域的庞大花销，加上上层阶级的奢侈品消费，造就了独特的波斯建筑、雕塑、装饰艺术和工艺品，其影响远及诸如印度那样的异域。

没有证据表明，同时代的希腊在科学（不包括天文学和占星术）发展、哲学思辨和史学成就方面优于波斯。但希腊的自由人是城邦公民，因而在一定限度下，能够对某些命题畅所欲言，不受政府的干预。极权专制政府本质上是波斯帝国所有臣民的遗产，尤其是那些古老且文明程度更高的民族的遗产，如巴比伦和亚述。这成了伊朗历史的永恒特征，尽管它没有抑制文化和科技，它们会在一个短时期内有所发展，直到下一个时期，尤其是因为波斯人极度擅长采纳其他文化的成果。

阿契美尼德王朝的覆灭和亚历山大的迅速死去，引领伊朗历史进入了希腊化时代，此时这个国度由塞琉古帝国统治，后来塞琉古人被帕提亚伊朗人驱逐。于是在第一（阿契美尼德）波斯帝国崩溃的五个世纪之后，第二（萨珊）波斯帝国取而代之，在这五个世纪中，希腊塞琉古人和帕提亚人统治着伊朗。

2　希腊人、帕提亚人和波斯人

琐罗亚斯德是……第一个传授个人审判、天堂和地狱、肉体未来复活、末日审判以及灵肉结合的永生等教义的人。

——玛丽·博伊斯

公元前323年，即亚历山大去世后的第二十年，他的庞大帝国一分为三：马其顿（包括希腊）、埃及的马其顿托勒密王朝以及伊朗的塞琉古王朝。起初塞琉古王朝拥有除了埃及、南叙利亚和部分小亚细亚之外的阿契美尼德帝国大部。王朝创建者塞琉古是亚历山大大帝的部将，他修建了两个都城，分别是位于美索不达米亚（现代伊拉克）底格里斯河畔的塞琉西亚和叙利亚奥伦特河畔的安条克。塞琉古王朝基本沿用了阿契美尼德王朝的行政体系，也作为阿契美尼德政权的继承者拥有其土地。但他们建设了新城市，并且用新名字重建了一些老城，这些城市按照希腊城邦的体制运作，包括公民大会、议事会以及官员的每年更换。

远东的巴克特里亚（今阿富汗）也兴建了希腊殖民城邦，某些希腊文化出现在伊朗土地上，包括希腊宗教，它与其他神明崇拜和宗教共存。阿拉姆语曾是阿契美尼德帝国的官方语言，如今被希腊语取而代之，后者现在是官方语言和上层阶级的通用语。在帕提亚人建立的安息帝国，希腊语依然在亚洲的希腊城市中使用，通过石刻和铸币存续了几个世纪之久。希腊人或马其顿人娶波斯女子和在波斯定居也是常见的，因此，希腊化的进行并非强制或由特定的官方政策推进。实际上，它是双向过程，因为民族间杂居和通婚也导致某些希腊人波斯化，甚至在宗教相关领域也是如此。

阿契美尼德文化的发展不可避免地被打断了，因为艺术赞助人转移到塞琉古王庭、波斯地区的希腊定居者和殖民城邦以及希腊化的波斯上层阶级之中。其结果既不是希腊艺术，也不是波斯艺术，而是二者的混合形态，这反映了一种有意或无意的艺术妥协。尽管如此，除了混合型艺术，还并存着纯希腊和纯伊朗艺术，然而我们从中不能知晓这个时期的希腊—伊朗混合艺术是否得到了更大程度的传播。

塞琉古帝国幅员辽阔，从地中海延展到锡尔河和信德河（即印度河），由多个伊朗和非伊朗民族构成。后来的事实证明，塞琉古人将土地和人民组成一个整体比阿契美尼德帝国更加困难，因为后者的权力植根于其帝国境内的各伊朗民族，塞琉古王朝却没有这样的伊朗根基。到了公元前3世纪中期，塞琉古人事实上丧失了对东方的巴克特里亚和帕提亚的掌控，同时罗马人从西方稳步东进。大约一个世纪后美索不达米亚被帕提亚人夺走，此后塞琉古帝国沦落为一个仅仅由若干公国组成的君主国，基本丧失了事实上的独立。与其他希腊君主国一样，不久后它被罗马帝国兼并。

安息帝国

公元前247年，巴克特里亚的希腊人宣布独立于塞琉古帝国之后不久，出身伊朗斯基泰族的两兄弟又将塞琉古帝国东北的塞琉古人驱逐出去。阿尔沙克是帕尼部落的酋长，帕尼部落是里海和咸海之间地区的斯基泰（萨卡）大益游牧民族的一支。阿尔沙克反叛，击败了当地塞琉古军队，继而征服了帕提亚。帕提亚人原本是伊朗游牧民族，袭扰过向东扩张的阿契美尼德帝国，直到他们定居在帕提亚地区并成为帝国臣民。大约同时，阿尔沙克的弟弟梯里达底从塞琉古帝国手中夺取了叙卡尼亚（今戈尔甘）。他建造了一座强大的防御性城垒和一座以王朝建立者的名字命名的新都城阿尔沙克，即现代土库曼斯坦首都阿什哈巴德。

公元前228年，塞琉古人没能战胜梯里达底，因为他们不得不撤军平定一场叙利亚的反叛。公元前211年梯里达底去世时，他已经通过进一步侵略塞琉古而大大扩展了他的王国，在此之后的公元前2世纪，安息王国光复了所有伊朗国土，虽然他们因为缺乏收复整个阿契美尼德波斯帝国版图的能力而停下了脚步。帕提亚帝国（安息帝国）的真正建立者是米特里达梯一世，他在公元前160年到前140年之间征服了米底、巴比伦和底格里斯河畔的塞琉西亚，而且他重新启用了阿契美尼德王朝的君主头衔——诸王之王。作为帕提亚帝国的建立者，他经常被与居鲁士大帝相比较。他在塞琉西亚城外安下庞大军帐，那里后来发展为帝国首都泰西封。

帕提亚人是来自东北方的半游牧民族，被他们征服的中、西部伊朗将其视为不速之客。因此，新近被他们战胜的希腊和波斯臣民对他们充满敌意，而非视之为解放者。这是塞琉古皇帝率领大军收复失地时受到许多西部省份居民欢迎的原因，虽然这位皇帝战败被俘。弗拉特斯二世在位时，希腊塞琉古人做了最后一次尝试，看起来可能会被帕提亚人打得全军覆没。但幸运的是，希腊军队收复地区的人民因不堪希腊占领者的索求无度而反抗，所以希腊人不仅无法在公元前129年发动反攻，还被赶回叙利亚。

此后数年，安息人走了厄运。正如伊朗历史上经常发生的，东方游牧民族不断入侵，此时是来自突厥斯坦东部的伊朗斯基泰（萨卡）人，不仅弗拉特斯在与他们的战争中阵亡，继承其位的叔叔的结局也相同，但依然无法阻止敌人前进。与此同时，西部各省也爆发了叛乱，包括阿拉伯的查拉塞尼（即撒拉森）王国。公元前123年米特里达梯二世接管帝国时，安息帝国似乎面临着亡国灭种的危险。米特里达梯二世巩固并重建了安息帝国，常被用来与大流士一世做比较。但是在报复萨卡人之前，他首先巩固了对帝国西部的管控，之后才挥师向东。他在东线将游牧民族赶回乌浒水彼岸远方，又将萨卡人新建立的萨卡斯坦王国（后世的锡斯坦）降为藩属国。在这个过程中，希腊—巴克特里亚王国被推翻，公元前1世纪初，萨卡王国取代了其地位。

米特里达梯二世时期，罗马人抵达幼发拉底河畔，首次与帕提亚人做了邻居。他向罗马人示好，谋求结盟来对付成功抵抗了罗马扩张的亚美尼亚和小亚细亚，但是著名的罗马政治、军事领袖苏拉对帕提亚人一无所知，报之以轻蔑的拒绝。因此米特里达梯二世非常不快，转而与那两个王国结盟。

前文已经着重阐述了伊朗的历史命运是如何从一个短期走向下一个的。能干又强悍的米特里达梯二世于公元前88年驾崩，随后又是几乎三十年的堕落和滑坡。亚美尼亚向南的征服远达埃克巴坦那（今哈马丹），亚美尼亚国王又受塞琉古人的邀请占领叙利亚，自称诸王之王。在短期内，亚美尼亚如旭日东升，完全掩盖了安息帝国的光辉，几乎将后者降低到藩属国地位。然而罗马人受到亚美尼亚向小亚细亚扩张的震动，提交——几乎是强加——和约给弗拉特斯三世，虽然罗马人没有改变对帕提亚人的蔑视，弗拉特斯三世却仍忠诚地遵守和约，但罗马人干涉帕提亚人与亚美尼亚人的纠纷时，却没有完全遵守和约。

公元前58年，弗拉特斯三世被他的儿子米特里达梯三世和奥罗德斯二世所弑，接着他们俩互相攻杀争夺王位。奥罗德斯二世赢得竞争并杀死了自己的兄弟。数年后的公元前53年，罗马三巨头之一、叙利亚执政官克拉苏，决定以一场击败并重创帕提亚人的辉煌胜利来压倒三巨头中的同袍（恺撒和庞培）。这引发了卡莱（即哈兰）之战，由杰出的伊朗将军苏雷纳统帅的帕提亚骑兵在卡莱击破了克拉苏的大军，俘获一万人，杀伤两万多人，克拉苏的首级被送到奥罗德斯二世的塞琉西亚宫廷。

伊朗的命运再次疾速转好。然而当奥罗德斯二世决定利用克拉苏之败从叙利亚向地中海进军时，运气又变坏了。帕提亚人在防御战中的表现确实优于进攻，但是此役的失败至少必须归于一件事：奥罗德斯二世出于畏惧和嫉妒而处死了苏雷纳，由自己年轻且缺少经验的儿子统兵。奥罗德斯二世旋即被儿子弗拉特斯四世所弑，尽管他已经指

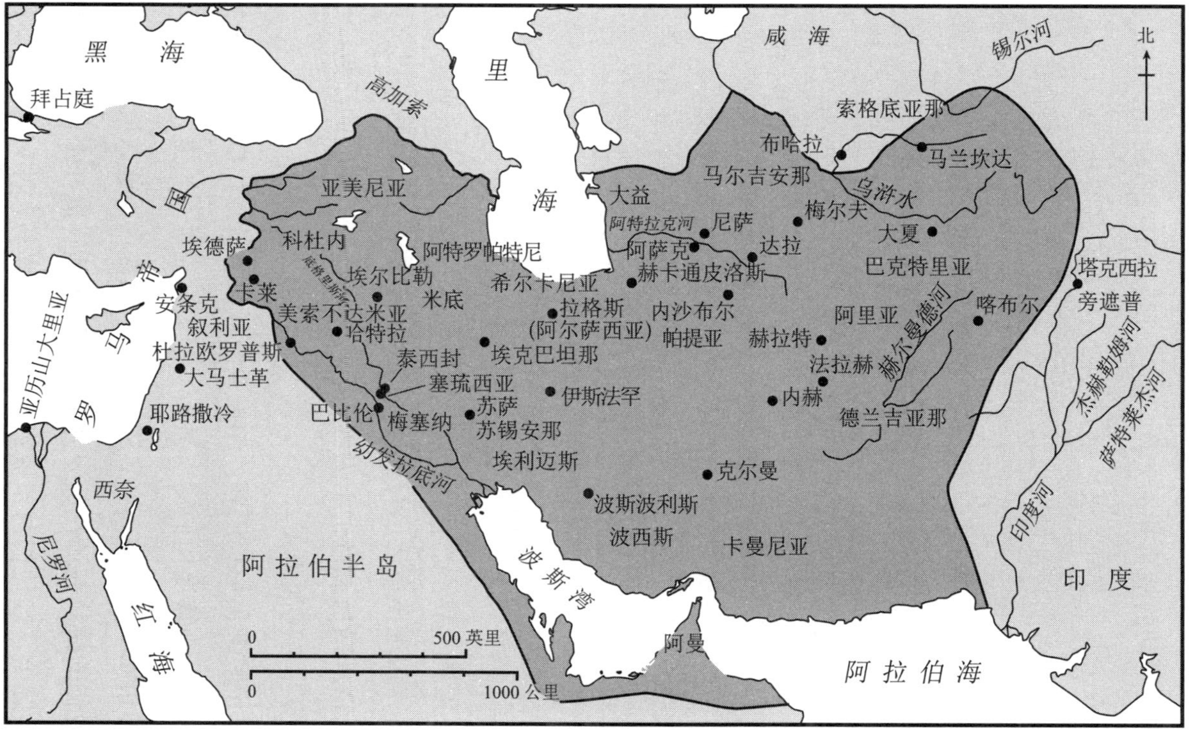

帕提亚帝国，公元前247—公元224年

定了后者为继承人。

从此，帕提亚人被迫要在面对西方的罗马人的同时，应对来自东方外伊朗地区的伊朗游牧民族的不断入侵。罗马后三巨头之一的马可·安东尼发动的战事并不如意，后来他输给了奥古斯都。但罗马人对帕提亚人采取了友好态度，意识到他们频繁的宫廷斗争、王室相残、氏族争端、各省的叛乱倾向以及来自东方的频繁入侵不会使他们成为罗马帝国的严重威胁。出于同样的原因，罗马干预帕提亚伊朗的内政并不困难。

罗马的首次大规模入侵是115年由图拉真皇帝发动的，导致了泰西封的陷落。这时的帕提亚看起来将彻底失败，但在下一个短周期内，来自东北方的压力迫使罗马人撤军。在帕提亚帝国被萨珊帝国取代前，泰西封又两次落入罗马之手。在沃洛加西斯三世治下，帕提亚人采取攻势，获得了些进展，但罗马打退了这波进攻，于165年再度进入泰西封。虽然这次胜利是暂时的，若干西部伊朗省份还是被迫割让给罗马，尤其是帕提亚帝国持续的王位继承之争弱化和分解了领导权威。这使塞普蒂米乌斯·塞维鲁能够在197年再次进攻并占领泰西封。另一方面，在217年，阿塔巴努斯五世大败罗马人，使其付出了沉重代价。但现在命运已经永远地抛弃了帕提亚人，当阿塔巴努斯及其兄弟沃洛加西斯五世忙于为王座而战时，波西斯地区的反叛导致了224年帕提亚帝国的覆灭。

相比于阿契美尼德王朝，帕提亚的行政系统是松散而非中央集权的。事实上，当藩属国们逐渐强大和基本自治时，帕提亚的体制与晚期塞琉古相比变化不大。安息王朝没有，或许也不能改变体制，这部分源于他们的游牧起源，部分源于古老的西部省份并不在文化上尊敬他们。实际上，当他们与塞琉古人和后来的罗马人冲突时，帝国的古老省份往往欢迎入侵者。这是每当安息王朝陷入悲惨的困境，他们总会设法从他们发祥的东北方和里海东岸的同种民族中争取支持的原因。

尽管如此，通常情况下，他们掌控着帝国，藩属国必须支付贡金、赋税，在发生外战时提供军队。因此在早期伊斯兰史学家的叙述中，安息统治者被称为“muluk al-tawa’if”，意为“各部落和群体的统治者”（见导言）。即使在中央政府中，帕提亚与阿契美尼德体制也有一些差异，尤其是它存在着两个议政会议，一个是大贵族的，一个是长者和麻葛僧的，他们向国王提供建议。然而这些议政会议的性质和权力并不明确，因为会议的主题是短期的，也缺乏连续性，但是除了国势孱弱、衰颓和动荡的时期，君主都拥有完全的权威。

虽然中央和藩属国都一直存在着武装力量，但并不存在中央军队，如前文所述，只在战争期间才从帝国各地征召军队。军队是轻、重骑兵的混合，轻骑兵由骑马的弓箭手组成，以机动性和易于调度著称。

可能因为他们继承了希腊塞琉古帝国在伊朗的统治，几个世纪以来，安息王朝继续在铸币上铭刻“爱希腊者”，以表明他们对希腊文化，实际上是希腊化伊朗文化的积极态度。20世纪的伊朗史学家对此倾向于诠释为缺少民族主义。但将现代理念套在古代是不合时宜和不恰当的。实际上，像帕提亚人这样浅薄、未开化的游牧民族，本身就受到伊朗内地的希腊化波斯文化影响。然而，新伊朗文化复兴的第一个信号出现在1世纪沃洛加西斯一世时期。他的铸币反面刻画着一个火坛和一个进献贡品的僧侣，而且这种货币使用安息巴列维字母，在帕提亚帝国，古波斯语发展成为安息巴列维语，后来发展成为萨珊中古波斯语或巴列维语。

关于安息帝国的宗教，学者们没有达成共识。此时，古代伊朗诸神依然受到崇拜，但不能轻易认定安息人是琐罗亚斯德教信徒，因为他们对希腊神明的崇拜一如对伊朗的，而对神明的血祭是琐罗亚斯德教信徒们所憎恶的。专门供奉古老的伊朗三大神，即阿胡拉·马兹达、密特拉、阿纳希塔（见下文）的巨大神庙香火旺盛。无论如何都必须强调的是，普通信众的宗教信仰很大程度上是混合和多样的。

这个时期的已知文学主要由宗教诗歌和传统故事构成，很可能主要靠口口相传。巴列维语短故事《亚述的树》叙述了一只山羊和椰枣树之间的争吵，它大约能追溯到帕提亚时代，虽然它起源于古老的苏美尔文化。在某些方面可以与欧洲的《特里斯坦与伊索尔德》相媲美的古老传奇《维斯与拉明》大约能回溯到安息帝国时期，虽然它的安息巴列维语版本已经失传，却由11世纪诗人法赫尔丁·阿萨德·戈尔甘尼用波斯韵文重塑为名著。

帕提亚艺术和建筑反映了这个时期的艺术折中主义。绝大多数建筑遗迹位于西部，受到阿契美尼德王朝、希腊和美索不达米亚风格影响，再由他们自己的游牧传统调和而成。萨珊和伊斯兰艺术的某些最重要特征，例如拱形门洞（“eyvan”或“ivan”，建筑入口处的巨大门洞）和灰泥装饰，都源于安息时期。

萨珊帝国

当被穆斯林阿拉伯人推翻时，萨珊帝国在公元224年到651年间已经统治波斯超过四个世纪。他们运作了一个版图最大时与阿契美尼德王朝相当的帝国，如果不包括埃及、叙利亚和小亚细亚的话。有证据表明，他们不了解阿契美尼德王朝的历史，尽管几个世纪的希腊化和帕提亚统治对伊朗的社会和文化产生了深远影响。尽管如此，波西斯或波斯地区保持了相当的传统伊朗特色，相比其他地方，琐罗亚斯德教更加繁荣，影响更广、更大。足够奇怪的是，萨珊时期结集的伊朗神话和传说完全没有提及阿契美尼德王朝（见第1章）。但是他们对安息帝国的忽视，很大程度上可以由他们击败并毁灭了后者来解释。这是撰写历史方面的常见特征，不仅仅存在于伊朗历史之中：都铎王朝对金雀花王朝，或者波旁王朝对瓦卢瓦王朝，都少有赞美之词。

萨珊帝国的国际问题来自三条边界——西、东和北方的周期性冲突。他们在西线面对拜占庭——以君士坦丁堡为首都的东罗马帝国，自395年罗马帝国分裂为东西两个帝国以来存在于世——两国冲突的目标是亚美尼亚和西美索不达米亚。在东线他们面对来自不同东方游牧民族的压力，有时候是彻头彻尾的强力对抗。其中尤以种族属于伊朗的贵霜帝国最为著名，其他著名的有起源于东—中亚的嚈哒人（或者叫白匈奴），他们在萨珊帝国东方的边境内外建立了一个半游牧政权。后来嚈哒人被突厥人取代，而突厥人注定要在未来的几个世纪中，在伊朗、西亚和东欧扮演具有划时代意义的角色。在北线，除了"亚美尼亚问题"，萨珊帝国不得不对抗游牧的匈奴人持续不断的袭扰，"亚美尼亚问题"是个单独的问题，而且是萨珊与罗马或拜占庭之间争夺的核心。

但是当萨珊帝国的国外问题和冲突得到充分叙述和讨论之后，其内部分裂和困难没有得到过多关注。事实上，历经沧桑的伊朗围绕王权继承的冲突和混乱造成了外交、内政领域中的脆弱性，这在萨珊帝国治下依然明显存在。因此从时间上看，近乎无政府或弱政府的状态，比稳定和强力统治的时间更长。而且作为其组成部分，任意杀戮、残害王族成员和资深官员的情况并不鲜见。

只有四位萨珊君主有能力守住或扩张帝国边境，并在国内维持强力和稳定的政府：公元3世纪的帝国建立者阿尔达希尔·巴巴康及其儿子沙普尔一世、4世纪的沙普尔二世、6世纪的被称作阿努细尔旺的霍斯劳一世。5世纪的巴赫拉姆五世（"野驴"）、6到7世纪的霍斯劳二世·帕尔维兹也很著名，但他们的名气主要源于根据他们的经历和时代改编的传奇故事，而非他们的能力和本事。

与先前的伊朗统治者相似，萨珊君主是无所不能的，正如一位这样的君主自我描述的："星宿的友伴和日月的兄弟。"他的话即是法律。大维齐尔或沃尔佐格·法曼达（意为大总管）是这片土地上第二有权的人，比血亲王子们更有权势，但总是处于丧失包括其生命、财产在

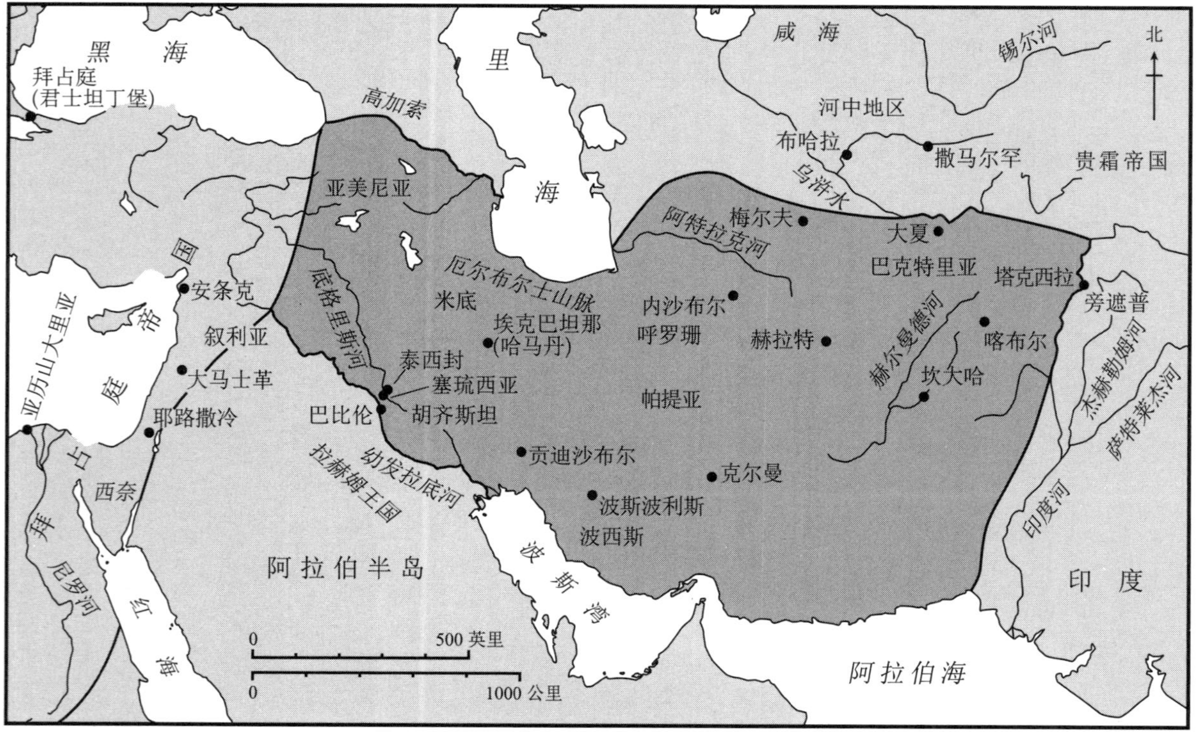

萨珊帝国，公元224—651年

内的一切的危险之中。这种模式同样覆盖了伊朗历史。

根据历史传统，萨珊社会主要分为四个阶级。这些阶级还可以继续细分，但最困难的问题在于相关记载稀少，而且考古史学家的解释并非总是可靠。传统上的四大阶级是教士、军人（可能仅限于高级军官）、管理者或文员，以及平民，平民又细分为农民和工匠。前三个阶级实际上是服务于政权的职业人群，他们的地位和组成取决于他们在政权架构中的位阶，而且他们肯定只代表了人口中的微小比例，而农民和工匠构成了人口数量的95%。

国家行政体系延续了阿契美尼德王朝，实行中央集权。一些藩属国依然存在，国家掌控的省份不再由总督，而由督军或马尔兹班打理，他们扮演着重要角色，尤其在边境省份，负责维护和平和管理他们的辖区。秘书、行政官或文员组成了官僚机构的顶端，运作着底万或各部门，处理有关财政、司法和战争的事务。当时存在着两种主要赋税。土地税或卡拉杰根据农业产量征收，因地区之间的收获量差异而不同。土地税占农获的三分之一，还可能提高到一半。

后来这个系统被取代他们的阿拉伯人接管，术语“卡拉杰”也被征服者采用。另一主要赋税是人头税，或者叫格兹特，每个人都有义务缴纳。后来阿拉伯人称之为吉济亚，仅由非穆斯林承担。其他岁入包括来自王家土地和采矿的收入，矿产与所有自然资源一样，最终所有权属于国家。战利品是岁入的另一来源，但战败也会相应地造成损失。国境线上征收的关税是岁入的另一重要来源。商路与从前大体一致，伊朗是连接东西方的商业纽带，这一角色在未来还会扮演几个世纪。

萨珊帝国的官方语言是帕西语或中古波斯语，后来叫作巴列维语。它使用阿拉姆语的一种形式拼写，因为频繁使用表意字符而相当复杂，只在小众尤其是文员中使用，大概用于书写他们的政令，例如，诸王之王用表意字符写作“马利坎-马利卡”，但读作“沙汗沙”。

除了宗教、神秘主义和神话文本，或它们的被后世文学改编的版本，存留至今的萨珊文学和史学著作不多。有些著作可能在阿拉伯征服之后散失。很少有安达尔兹文学（关于礼仪与道德的庄重忠告，后来叫作“君主的镜鉴”）以及民间传说留存到萨珊时期之后。有些文本如著名的《王统记》是史诗文学的主体，后来被译成阿拉伯语，虽然其最早的及翻译的版本现在都散失了。

被奉为萨珊文学光辉典范的是一个在6世纪从印度寓言《五卷书》翻译过来的文本，它以巴列维语的形式留存了相当久，后被译成阿拉伯语，又被翻译和吸纳入新波斯语，其诗体和散文体形式分别被称作《老人星之光》和《卡里莱和笛木乃》。萨珊诗歌主要靠重音，包括索路德（sorud），用于庆典和赞颂，茶卡梅（chekameh）是一种叙事诗歌，塔拉内（taraneh）是短诗体歌曲。《扎列拉的回忆》叙述了英雄扎列拉的功绩。它们与上文提及的《亚述的树》似乎都翻译自帕提亚文学。

目前鲜有萨珊哲学和思维科学的痕迹，而且事实上这个时期可能不存在这样的学科。基于古希腊知识的波斯医药在一些医药院校中被发展、传授和学习，最著名的学院在贡德沙普尔。萨珊时期一位著名医生和哲学家以医生博尔祖耶的大名流传至今，他是《卡里莱和笛木乃》的翻译者。他在译作中添加了一篇自传体文章，此文颇有魅力，但没有在任何广度和深度上反映出科学或哲学知识。

萨珊人组建了第一个拥有国教——琐罗亚斯德教——的政权，从此伊朗一直拥有某个国教。尽管如此，当时其他崇拜和信仰，包括犹太教、基督教和佛教，也都有着公开或秘密的信众。

琐罗亚斯德教

琐罗亚斯德教脱胎于古老的印度—伊朗诸神崇拜。印度—伊朗人属于印欧人，过着半游牧的田园生活，他们大概居住在南俄罗斯、伏尔加河东岸和中亚的大草原上。他们创造了强大的宗教信仰，其元素至今存在于琐罗亚斯德教和印度教之中。

他们认为火和水是神圣的，崇拜自然神为神明，如地神、天神、太阳神等。他们相信世界由七个区域组成，最大的那块居住着人类。阿沙是主要的自然法则，也是秩序和真理。阿沙的对立面是德鲁杰，代表无序和谎言。他们相信有三位主要神明：誓约神和水主伐楼拿，契约神和火主密特拉，名字在阿维斯陀文中意为“智慧主”的阿胡拉·马兹达。还有一些其他神明，包括卡瓦伦纳或神佑，他支持君王、英雄和先知，但如果他们抛弃了正路，神佑便会离他们而去。

琐罗亚斯德

琐罗亚斯德是先知查拉图斯特拉的英文拼法，他革新了古老的伊朗诸神崇拜，传授了世界上第一个天启宗教。他的出生时间和地点不详，可能生于花剌子模或锡斯坦。他的父亲来自米底，他的母亲可能来自中亚古城拉加。琐罗亚斯德在东方即巴克特里亚传教，位于现代阿富汗境内。传统上这位先知的生活时代被设定于公元前7到前6世纪，但更多的晚近研究已经将其回推到公元前15到前11世纪之间，即公元前1400年到前1100年。

根据《伽泰》，即他本人创作的十七篇有韵律的赞美诗，琐罗亚斯德受过教士教育，可能在十五岁成了教士。琐罗亚斯德教传统声称他在三十岁时受到召唤：他看见一位闪亮的神明站在河岸边，引领他来到两侧由六位光彩照人的神明陪伴的阿胡拉·马兹达面前。这六位神明被称作神圣的不死者或大天使，由最高存在阿胡拉·马兹达统领。琐罗亚斯德在那里接受了神的启示。

如上所述，印度—伊朗信仰认为马兹达与其他两位阿胡拉是平等的。琐罗亚斯德则宣称阿胡拉·马兹达或斯潘达·曼纽（意为神圣精神）是一位永恒存在的神和所有善和善神们的最高造主。与阿胡拉·马兹达并存着黑暗之主阿赫里曼或安格拉·曼纽（意为敌对精神），这位同样非创生的神明是一切恶或非生命事物的最高造主，与善和有生命事物的造主阿胡拉·马兹达相对立。因而在琐罗亚斯德教理论中，并存两种最高精神，所有恶事物都不能被视为琐罗亚斯德奉为最高神明的阿胡拉·马兹达的造物。黑暗之主阿赫里曼并非由阿胡拉·马兹达（后被称作奥尔马兹德）创生，于是琐罗亚斯德教似乎成了二元宗教。事实上，它是热诚的一元神教，因为它只承认和崇拜一位最高善神，它的二元主义只是神学或抽象的概念，而且以善对恶或阿胡拉·马兹达对阿赫里曼的不可阻挡的胜利而告终。

在琐罗亚斯德接受首次天启时出现的六大善神与阿胡拉·马兹达一起构成了琐罗亚斯德教崇尚的神圣的数字“七”。所有这些较小的神明衬托着阿胡拉·马兹达，并与之一道塑造了构成世间的七大造物。这些大天使或神圣的不死者又产生了其他善神，后者其实是琐罗亚斯德创教之前就已经存在的原生善神（与恶相对立），包括密特拉，因此密特拉从阿胡拉之一的高位上被降低下来。这些小神明被称作亚札塔，琐罗亚斯德经常在自己写的赞美诗中向他们祈祷。

琐罗亚斯德赋予人类个体性的责任，要求他们洁净地生活和照顾他人，这被归纳为道德规范“善思、善言、善行”。

宇宙史

以人类为代表的所有善良生命都是由阿胡拉·马兹达创生的，他分两个阶段创造了精神和物质世界。阿胡拉·马兹达完美、安静的作品遭到阿赫里曼的攻击，善与恶、光明与黑暗两大力量之间爆发了激烈战争，这开创了宇宙史的第二阶段，即善恶双方敌对共存的“混合状态”。人类已知历史中的世界或当前世界就处在这种状态。

一旦阿胡拉·马兹达、神圣的不死者们、亚札塔们和善良人类战胜阿赫里曼领导的黑暗势力，就开创了琐罗亚斯德教宇宙史的第三或最后阶段。“混合状态”终结，进入“分离状态”。这是永恒和无穷的状态，也是神圣精神和人类共同享有的极乐世界。因此琐罗亚斯德教的宇宙史由三个宇宙周期组成：创造、混合和分离。

全部有资格的人类，无论地位、性别，都将进入天堂（古波斯语意为花园）。死者会在分离桥上遇到三位天使，他们会用天平权衡他或她的生前言行，如果秤盘倒向善行一侧，则此人将被送入天堂，如果倒向恶则送入地狱，如果两侧恰好平衡，则进入纯洁界，那是一个中性境界，既非极乐也无折磨，直到世界末日。

当世界处于混合状态，善恶双方的斗争依然持续时，灵魂进入天堂并不能享受完美的极乐。只有在混合阶段结束，恶被完全、不可逆转地击败，所有肉体复活并与其灵魂在另一个世界结合时，完美极乐才会兴起。只有从这个第三或最后周期的开端，完美极乐才会向所有事物回归，就像它在第一周期，即创造周期那样。

救世主

琐罗亚斯德似乎曾教导说，他之后的未来会有位救世主，领导对恶的终极决战并恢复和平，和谐和极乐将降临世间。他的信徒相信绍希扬特会降临，此人由先知本人保留在一个湖底的神圣种子所萌发。届时，一位在湖中洗澡的处女会通过先知留下的种子怀孕，诞下一个将成为人类救世主的孩子。根据琐罗亚斯德教神学（虽然不是琐罗亚斯德亲口所说的），世界从诞生到终结只有六千年寿命。琐罗亚斯德的使命始于第三千年。在每个后续千年末，都会出现一位注定会被阿赫里曼击败的救世主，除了第三和最后一位救世主绍希扬特，他将获胜并拯救人类。

伊朗和其他地方的人普遍由于错误理解而相信琐罗亚斯德教信众崇拜火。事实上，琐罗亚斯德教信徒确实认为作为光明象征的火是神圣的。火的守护者密特拉（波斯文为米赫尔）是印度—伊朗诸神崇拜中的三大阿胡拉之一，他在琐罗亚斯德教中成了较低一级的神明亚札塔之一。最初的密特拉崇拜渗入西方世界，经过一定发展成了密特拉教，它流行于罗马军队中，影响远播于苏格兰。直到今天，伊朗人依然有意识地庆祝每年太阳历米赫尔月的米赫尔甘节，即每年秋分，并且更加积极地庆祝每年12月21日的雅尔达节，即冬至节（冬季的第一天），这是全年夜晚最长的一天。在阿拉姆语中，雅尔达意为诞生，虽然许多现代伊朗人不清楚，其实它是古代庆祝密特拉诞生的节日。人们普遍认为12月25日圣诞节是受到了雅尔达节的影响，因为在基督传教期间，密特拉教在叙利亚和巴勒斯坦是很流行的信仰。晚近的学者更是进一步追溯了密特拉教对基督教本身产生的影响。

作为象征“阿沙”和“神的最初光辉”的火，因在琐罗亚斯德教中占据了特殊位置而得到崇敬。祈祷者往往在火前祈祷，主要寺庙中的圣火恒燃不灭。萨珊帝国所有国土上都建有火坛，信众在长明火前做集体祈祷、歌唱圣歌。事实上在每个伊朗村庄中，都能看到什叶派小伊玛目圣地，信徒们在圣地前诵读祈祷文，并且请求墓中人向真主说情，这些圣地很可能是当年奉献给密特拉、水神阿纳希塔和其他亚札塔的火庙。

琐罗亚斯德教信徒既不埋葬也不火化他们的遗体，因为这种仪式会污染土和火。他们将遗体放在寂静塔中，暴露在元素中，让自然通过时间清理遗体。现在伊朗琐罗亚斯德教信徒已经放弃了这种丧葬习惯，代之以土葬。

伊斯兰教站稳脚跟后，允许他们和犹太人、基督徒作为“有经人”（这里的经是《阿维斯陀》）获得信仰自由，代价是缴纳特别税。许多琐罗亚斯德教信徒移民到印度，在那里他们在保留信仰的前提下获得避难权。这些琐罗亚斯德教信徒是现代印度等地的帕西人或帕尔西人群体的祖先。琐罗亚斯德教如今仍然存在于伊朗，信徒主要聚居于亚兹德、克尔曼和德黑兰等城市。

佐尔文派

佐尔文派异端出现于阿契美尼德王朝晚期，萨珊统治者和许多贵族信仰它这一事实，足以解释它的影响和长期存在。佐尔文在阿维斯陀文中意为“时间”。佐尔文派坚持认为，阿胡拉·马兹达（即奥尔马兹德）和阿赫里曼都是由佐尔文创生的，因此他们是永远在斗争的兄弟。代表黑暗力量的阿赫里曼生来就是一个孤傲的神明，他们解释说他是佐尔文在对自己能否有一个好儿子产生怀疑的时刻成形的。

所有的后续创造依然由阿胡拉·马兹达进行，他对世界的统治权是由其“父亲”——永恒时间——委托授权的，因此该派在崇拜方式和道德目标方面与琐罗亚斯德教相同。另一方面，阿胡拉·马兹达现在成了创生神，而且他还是阿赫里曼的兄弟，这就破坏了琐罗亚斯德教的善恶完全分离对立的基本原理。佐尔文派打开了反映和冥想时间之权力以及时间影响人类生活和世界的大门。后来的波斯神秘主义和非神秘主义的一些诗人和思想家，如海亚姆、巴巴·塔希尔、萨迪和哈菲兹，他们的一些彻底和顽固的宿命论，思想根源可能来自佐尔文派的信条。其影响通过诸如故事、时间和光阴等词汇依然存在于波斯语言和文学中，所有这些都表明了时间对人类命运的绝对支配。

琐罗亚斯德教的遗产

尽管它是抽象的二元主义，琐罗亚斯德教依然是最早的一神教和普世宗教。学者们曾讨论，直到犹太人沦为巴比伦之囚前，耶和华还只是一个部落神，直到接触了琐罗亚斯德教信条和被居鲁士大帝释放之后，犹太人在其较晚文本中才认定上帝是普世的、全能的。无论如何，琐罗亚斯德教教义中关于从创造到最终审判的世界历史，似乎是早于犹太人的，因此也早于基督徒和穆斯林。琐罗亚斯德教信徒似乎最早给予人类道德选择，并认为人类要对其善、恶行为负责。他们始创了关于救世主将降临和永远肃清世界之恶的概念。天堂和地狱、人死后受审、世界末日的普世审判等理念也是其首创。后来在牛津大学担任东方宗教研究会主席的策纳写道：

> 从犹太人首次接触到伊朗人的那个时刻起，他们接受了典型的琐罗亚斯德教教义：人在死后会享受奖赏和忍受惩罚。在新、旧约之间的时代，琐罗亚斯德教的这种希望获得了更加坚实的基础，到了耶稣时代，这些理念得到法利赛人的赞同，有些学者将这个名字的含义解读为波斯人，意味着这个教派受到波斯影响最大。

根据伦敦大学琐罗亚斯德教权威学者玛丽·博伊斯的看法：

> 琐罗亚斯德是……第一个传授个人审判、天堂和地狱、肉体未来复活、末日审判以及灵肉结合的永生等教义的人。这些信条通过犹太教、基督教和伊斯兰教的借用，为多数人所熟悉，然而在琐罗亚斯德教中它们才拥有最完满的逻辑结论，因为琐罗亚斯德坚持物质创造的善，以及由此衍生的神对肉体的不可动摇的公正审判。按琐罗亚斯德的说法，对个人的拯救取决于此人所思、所言和所行的总和，没有什么能干预拯救，即使神明的怜悯和任性都不能改变。根据这个信条，信仰末日审判有着令人敬畏的意义，每个人都不得不承担对世界命运的责任。

其他宗教的学者可能不完全同意上述论断和评价，但无人怀疑琐罗亚斯德教是一门独创的、革新的综合性世界宗教。

阿尔达希尔与萨珊帝国的兴起

如第1章所述，萨珊王朝构成了《列王纪》的第三也是最后一部分，但这部分不是神话，而是历史与传说的杂糅。在《列王纪》和其他传统资料中，阿尔达希尔是巴赫曼的直系后裔，巴赫曼是英雄王子埃斯凡迪亚尔的孙子，第一个真正意义上皈依琐罗亚斯德教的国王古什塔斯帕（见第1章）的曾孙。阿尔达希尔的祖先萨珊由于不幸成了牧羊人。他的祖父也叫萨珊，据菲尔多西记载也是牧羊人，萨珊娶了当地国王巴巴克的女儿，生下阿尔达希尔；但据历史学家塔巴里称，萨珊是法尔斯地区一座火庙的住持，娶了当地国王巴赞吉的女儿，生下阿尔达希尔的父亲巴巴克。

最重要的是，阿尔达希尔拥有神佑。当他从安息君主阿尔德旺（或称阿塔巴努斯）身边逃离时，君主命人追捕他。追捕者进了一个前者已经路过的城镇，问当地人是否见过阿尔达希尔，菲尔多西在诗篇中写道，他被告知他们看见：

> 一只公羊在骑士背后奔跑
> 是比惊艳的绘画更美的画面。

阿尔德旺的幕僚们告诉他，追捕阿尔达希尔是徒劳的，因为神佑以公羊的模样伴随着他。在纳克希·鲁斯塔姆石刻上有阿尔达希尔的刻像，描绘他从阿胡拉·马兹达手中接受王权。被赋予神佑时，人和神都骑在马背上。他们的马下分别践踏着黑暗与邪恶之神阿赫里曼以及败亡的安息君主。

在真实历史中，反叛其宗主阿塔巴努斯时，阿尔达希尔已经是法尔斯的统治者了。他是萨珊之子巴巴克的儿子，巴巴克生前已经是伊斯塔赫尔城琐罗亚斯德教庙宇的高级教士了。巴巴克死后，阿尔达希尔准备背叛其继承父位的长兄沙普尔，在兄弟之间爆发战争前沙普尔死了。阿尔达希尔统一了法尔斯，并且向周边省份扩张权威。阿塔巴努斯震惊之下，派他的另一个藩属国去镇压阿尔达希尔。阿尔达希尔击败了他，转而采取攻势，224年，在后续的第三次战斗中，他最终击败并击毙了阿塔巴努斯。

如伊朗历史上一再发生的，阿尔达希尔的胜利引发了其他藩属国和省份的叛乱，他们都想独立，或像亚美尼亚国王那样称帝。他们得到罗马人和北方斯基泰人（萨卡人）的支持。面对阿尔达希尔的坚持抵抗，他们退却了，但阿尔达希尔依然用了十年才完全敉平叛乱。这时候，与罗马的直接冲突不可避免，在罗马的一系列失败后，阿尔达希尔通过侵略罗马获得了一些领土。

沙普尔一世与摩尼教的兴起

关于沙普尔一世的诞生，《列王纪》中有个传说，其他资料也有些记载。其中一说是，沙普尔的母亲是阿尔德旺的女儿，她企图毒死杀害自己父亲并娶了自己的阿尔达希尔，事发被捕后，阿尔达希尔命令高级教士将其处死。根据其他资料，阿尔达希尔命令处死妻子，缘于他已发誓消灭整个安息家族，又发现自己不经意间娶了阿尔德旺的女儿。但是这个女孩已经怀孕，于是这位教士将其秘密藏在自己家里，她在那里生了一个儿子。多年以后，当阿尔达希尔为无子而郁闷时，教士透露秘密，他很高兴有了儿子和继承人。

240年，阿尔达希尔去世或退位，其子沙普尔登上王座。沙普尔首先进攻贵霜帝国，该国在波斯东部发展为富裕和强大的国家，沙普尔获得了相当多国土并将贵霜降为伊朗藩属国。没过多久，匈尼特嚈哒人（白匈奴）出现在东方同一地区，不仅造成了边境隐患，还一度成为整个伊朗的威胁。与罗马的持续战争增加了波斯北部和西部的国土。在这个阶段，罗马皇帝瓦勒良本人兵败被擒，作为俘虏死在伊朗。著名的纳克希·鲁斯塔姆石刻墙展现了沙普尔骑在马上，而瓦勒良屈膝跪在其马前的一幕。沙普尔还不得不处置来自北方和东北的绵延不绝的威胁。他在呼罗珊建设了尼夫·沙普尔，后来叫作尼沙普尔。

摩尼和摩尼教

沙普尔在位期间，摩尼教首次走上历史舞台。摩尼是伊朗人，帕提亚贵族的后裔，生于216年，即阿尔达希尔建立萨珊君主政权的八年前。他的父亲曾加入一个巴比伦苦修社团，摩尼在那里出生，能够说闪族语言。摩尼传授的教义是琐罗亚斯德教、基督教和佛教的混合体，既借用诺斯替教的理念，也受到其影响，还受到印度教和巴比伦地方信仰的影响。可能正是这种折中主义使摩尼教徒被各种宗教视作异端。

摩尼继承了琐罗亚斯德教的所有基本信条：相信神明与魔鬼、天堂与地狱、世界的三种状态（三际）、人死后的审判、末日审判等。但他传授了一套严格的精神—物质二元论。与琐罗亚斯德教的二元论相比，两者的根本区别在于，在琐罗亚斯德教中第一状态（初际），或世界的被创造周期，在恶神阿赫里曼进攻之前，精神和思想是完美地结合在一起的。而与琐罗亚斯德教不同，摩尼对处于混合状态的现实世界的看法是非常悲观的，将其描绘为精神被物质禁锢的状态，精神挣扎着要从物质中挣脱，回归充满纯洁之光的完美状态。他从根本上认定精神是光明的，而物质是黑暗的，二者的混合导致恶支配了善。不难看到这个观点与相关的诺斯替教理念的联系，受此影响，后来个别伊斯兰神秘主义者提倡解放精神，使精神与其幸福的原始状态再度聚合。因此鲁米写道："让我品尝聚合的美酒，好在醉后打破永恒监狱之门。"哈菲兹写道："我是天国花园中的小鸟，并非来自人间，他们把我囚禁在肉体的笼子里，只是短暂的时间。”

摩尼不认为自然、物质存在和个体生命中存在善，他教导苦行生活、独身和素食主义。起初摩尼受到沙普尔一世的盛情款待，但遭到琐罗亚斯德教教士们的诋毁，他们认为他是异端，并且威胁到他们的权力。沙普尔建议他远行，他在中亚和中国西部度过许多年，在那里赢得许多皈依者。272年沙普尔去世时，他回到伊朗并受到新王霍尔米兹德一世的欢迎，但后者很快去世，其继任者巴赫拉姆一世很不喜欢摩尼及其教义，于是将其酷刑处死。此后摩尼教徒扩展到非洲和欧洲，他们受到琐罗亚斯德教信徒和基督徒的迫害。他们以不同的伪装存在，甚至在西南欧的基督教异端清洁派中，直到17世纪才在东西方彻底绝传。

尽管摩尼教在精神上向往理想世界，它依然对政权的专制权力和作为政权组成部分的教会构成威胁，这可能是摩尼教受到镇压的最重要原因，虽然摩尼教的苦行和悲观厌世信条也使其从根本上不可能成为国家宗教。

混乱和复兴

沙普尔一世精明和强力的统治之后，一如既往迎来了一个充满衰弱、反叛、宫廷阴谋和短暂统治的时期。从沙普尔一世去世的272年，到沙普尔二世继位的309年，至少六位君主统治过伊朗。当权贵们同意幼童国王沙普尔二世继位时，伊朗正处于无政府状态。新王再次进行了强力和成功的统治。

沙普尔二世还是小孩子时，贵霜人利用伊朗的混乱再度提出领土要求，甚至吞并了一些波斯国土。沙普尔一成人亲政，便以此为机会首次率军征讨贵霜人，导致贵霜人的国家灭亡，仅残存一部分，作为藩属国由一位土王或从中央派来的总督统治。

此后沙普尔转头向西。在伊朗虚弱、不稳期间，罗马吞并了相当多的伊朗西部土地。首次战争对罗马有利，之后伊朗占了上风。匈尼特嚈哒人对东部边疆的骚扰打断了伊朗和罗马的战争，使双方都做了让步。罗马皇帝尤里安死后，沙普尔继续进行对罗马的战争，成功收复了包括亚美尼亚在内的争议土地。此后不久，作为对罗马阴谋的回应，他将亚美尼亚置于军事占领下，任命了一位总督治理。在另一条战线上，沙普尔亲率大军讨伐邻居阿拉伯人，阿拉伯人曾在伊朗动乱期间发动过入侵。阿拉伯人给沙普尔起了"穿肩者"的绰号，显然缘于他刺穿阿拉伯俘虏们的肩膀，再用绳子穿孔而把俘虏们串联起来的行为。

沙普尔二世时代的一个重要事件是罗马皇帝君士坦丁皈依基督教，后来基督教成了罗马国教。亚美尼亚也皈依了基督教，因此亚美尼亚问题与从前截然不同，从此萨珊帝国对待本国基督教臣民的态度和政策都经历了根本性变化。在沙普尔二世时代和之后，基督徒遭到的迫害绵延不绝，除了受到罗马帝国迫害而逃亡到伊朗的聂斯脱利派基督徒。出于同样的理由，基督徒与琐罗亚斯德教信徒一样反对摩尼教徒，他们的所作所为与后来萨珊政府和琐罗亚斯德教教会对马兹达克教徒所做的一样。

铁腕统治波斯近七十年后，沙普尔二世于379年驾崩。随之而来的又是一个世纪的混乱和平庸。其中包括阶段性的行省叛乱、宫廷阴谋和匈尼特嚈哒人对波斯内政的干预。波斯和罗马关于亚美尼亚的纷争导致398年对亚美尼亚的瓜分，最大最好的部分被置于波斯宗主统治下，429年其余部分落入罗马之手——现在应该叫它拜占庭。

野驴巴赫拉姆

在伊嗣俟一世执政时期（399—421），基督教问题迎来了非同寻常的转折。伊嗣俟对基督教相当友善，这令贵族们和琐罗亚斯德教教会不满，后来他们称他为罪人伊嗣俟。据《列王纪》记载的传说，他被一匹神秘的——可能是神圣的——马踢死，在某些人看来，这匹马或许是被用来除掉“罪恶的”统治者的。权贵们放弃伊嗣俟的儿子巴赫拉姆五世，转而拥立他人为王，但在希拉的阿拉伯君主的武力支持下，巴赫拉姆（421—438在位）设法挫败谋逆者，夺回了王位。希拉是萨珊帝国的藩属国，位于幼发拉底河以西，巴赫拉姆在那里长大成人。据传说，正是他从两头饥饿的狮子之间取走王冠。他被称作“野驴”，显然缘于他喜欢狩猎，尤其喜欢猎野驴，这个绰号反映了当时人对他的看法。他喜爱音乐、美酒、女人和狩猎，在伊朗古典文学中，他的事迹被高度浪漫化了，尤其在尼扎米·刚加维的浪漫传奇《七美图》中。根据传说，他在追逐一头野驴的过程中被流沙吞没，虽然事实很可能是他被阴谋废黜了。欧玛尔·海亚姆对gur一词玩弄了文字游戏，它同时意为“野驴”和“坟墓”，海亚姆在诗文中写道：“巴赫拉姆一生都在狩猎gur，你看到最终gur带走他的生命了吗？”

喀瓦德与马兹达克运动

巴赫拉姆五世阻遏了东方嚈哒人的入侵，但他未能在与罗马的战争中获胜，因此作为结果，伊朗基督徒获得了宗教自由。但好景不长，在巴赫拉姆的继任者伊嗣俟二世统治期间（438—459），犹太人和基督徒都再度受到迫害。继承伊嗣俟二世的是卑路斯（459—484在位）。在其统治期间，他败在嚈哒人手下，之后是为期数年的饥荒，嚈哒人向萨珊帝国索取巨额贡金，卑路斯之子喀瓦德作为索取贡金的人质，直到赎金缴清才被释放。数年和平之后，卑路斯试了试运气，但再度战败，在战争中被杀。于是嚈哒人变得如此强大，足以每年都向波斯强征贡金，并且开始干预波斯内政。喀瓦德的弟弟占据王座四年，之后在488年喀瓦德登基，其后的497年，喀瓦德被废黜和囚禁，正如我们将在下文看到的，这只能用他因改信马兹达克教义而遭到背叛来解释。

马兹达克与马兹达克派

在历时五十年却没有停止迹象的饥荒、失败和混乱之后，马兹达克派出现了。马兹达克派的主要内容与社会、经济改革相关，因此，它吸引了许多皈依者、支持者和活动家就不足为奇了。无论出于选择还是必须，喀瓦德都皈依了它，然而琐罗亚斯德教教会和贵族们则担心马兹达克派对他们的社会地位构成的威胁。

马兹达克原来是一名提倡改革的琐罗亚斯德教教士。因此马兹达克派的宇宙学和神学基础是琐罗亚斯德教的，虽然它也受到摩尼教理念的影响。它对现实持二元论观点，提倡禁欲生活，禁止吃肉，推崇私人和公共道德。但它的人生观不如摩尼教那样悲观厌世：它正视社会活动劝善惩恶的可能性。这些为马兹达克派注入了能量，将其提升为为社会公正和平等、削弱教会权力和简化宗教礼拜仪式而奋斗的社会运动。

我们所见的关于马兹达克及其运动的全部信息，基本上都来自敌视他们的一方，根据这些资料，他还提倡共享财富和女人，要求降低几乎承担了全部重担的普通民众的税负；他甚至打开国家谷仓赈济需要者。由这些措施获得的民意支持促使国王支持马兹达克。国王的行为引起部分贵族和教士的反弹，相应地导致喀瓦德在497年被废黜。后来当他在嚈哒人的支持下复辟时，他疏远了马兹达克，待时机成熟时，他让他的身为反马兹达克力量首领的三儿子做了继承人。

与其说提倡共享财产，事实可能是马兹达克派倾向于更加平均地分配财物，包括分割大庄园，绝大多数大庄园直接或间接属于国家。至于妇女，在法律上她们属于她们的男性近亲，富裕男子妻妾成群。菲尔多西在《列王纪》中记载，马兹达克身后数十年的霍斯劳二世，在其“黄金后宫”中有一万两千个嫔妃。即使这个数字的百分之一是真的，依然表明马兹达克在鼓吹解散后宫，解放其中的男主人所占有的囚犯方面，可能还有很长的路要走。

528年，在他去世前三年，喀瓦德向反对马兹达克的力量屈服，允许他的三儿子和继承人（未来的霍斯劳一世）假装邀请马兹达克参加专门为他举办的宴会：盛宴以屠杀马兹达克及其亲密追随者告终，包括国王的长子。马兹达克派信徒被宣布为不受法律保护，在全国各地遭到屠杀。喀瓦德任由事态发展，犹疑不定地坐视了一场比一千多年后的巴黎圣巴托罗缪屠杀更可怕、更具破坏性的大屠杀。此后马兹达克派并未存在多久，后来被吸收进中亚佛教。再后来，它的某些理念影响了后世的社会运动（见第3章）。

“公正与不朽”

531年喀瓦德驾崩时，他的三儿子霍斯劳一世继承了波斯王位，后来他被尊为阿努细尔旺，意为不朽的灵魂。他的完整头衔是公正的阿努细尔旺，在伊朗社会历史文化背景中，这个头衔不仅仅缘于他毁灭了马兹达克派，还在于他终结了将近一个世纪的混乱、动荡、外战失败、经济滑坡和政府虚弱。因此他被视为拥有神佑，根据“神佑力量”的理论或神话，他比绝大多数其他萨珊君王更明确地拥有神佑。除了敉平叛乱，他还从王庭向各省实施更强有力的管理，改革税收系统，重建了司法行政体系。

随着波斯逐渐变得强大而稳定，与拜占庭开战确实是不可避免的。在一个时期内，霍斯劳一世占领了安条克。但这是一场冗长的战争，双方互有胜负（通常是小胜小败），直到三十年后，双方回归战前状态，并约定基督徒在波斯获得与琐罗亚斯德教信徒同等的信仰权利，拜占庭帝国同等对待本国没有皈依基督教的人。558年到561年间，霍斯劳一世最终推翻了东方的嚈哒王国，此前伊朗已经向嚈哒缴纳贡金很久了。他能做到这一点，很大程度上缘于中亚的突厥人从嚈哒背后捅了刀子。突厥人取代嚈哒人成为波斯东方边境上的游牧和半游牧强权，在未来的多个世纪中，突厥人对伊朗和欧洲产生了深远影响。

霍斯劳一世的统治同时伴随着文化发展。从印度引进了国际象棋，《卡里莱和笛木乃》被翻译成萨珊巴列维语。作为公正的波斯国王的典范，古典波斯文学中充满了关于他的生活与时代的传说和逸闻趣事。他的传奇首相布祖尔米赫尔，在文学作品中被描绘为知识和智慧的宝库，虽然在已知史料中没有与之对应的人。菲尔多西、萨迪以及其他许多诗人和作家写了不少关于他的故事。根据一则逸闻，布祖尔米赫尔起床非常早，说："早起吧，你会走运。"一天，国王安排了若干窃贼在他早起离家后盗窃他家财物，以此证明他早起不一定会走运。他回答说，窃贼比他起床更早，因此他们比他更走运。

萨迪在他的《真境花园》中说，在一次狩猎中，霍斯劳一世派他的一个侍卫去附近村庄中找盐，强调他会按市场价购买。当这个侍卫指出盐不值这么多钱时，国王回答："世界上不公正的根源最初都很渺小，每个人在它上面增加一点，直到它变得很大。"在另一则逸闻中，萨迪写道，在一次与大臣们的会议上，众人对一个议题各抒己见，布祖尔米赫尔赞成国王的观点。后来当他被私下询问原因时，他回答："因为后果不可预料，每个人的观点都可能对或错，所以最好同意国王的观点，这样即使事后被证明是错的，我们紧跟国王也会免于处罚。"

衰落和灭亡

579年，霍尔米兹德（霍尔木兹）四世在其父驾崩后继位。这个国家的稳定性和威力一如既往地开始崩坏，衰落和混乱的潜在趋势开始运行，导致数十年后萨珊帝国在阿拉伯穆斯林打击下失败和崩溃。

据菲尔多西记载，霍尔米兹德继位时杀掉了其父的所有幕僚和秘书。萨迪写道，他把他们投入监狱，当有人问他原因时，他解释道，他怕他们，因为他能感受到他们怕他。

与东、西方的冲突还在延续，各方都没有获得胜利。国内的冲突和反对同时存在，当一位出色的将军巴赫拉姆·丘宾于590年造反时，在霍尔米兹德的儿子霍斯劳二世及其舅舅们的支持下，霍尔米兹德被废黜并被杀。此后不久，巴赫拉姆也废黜了霍斯劳二世，自称国王，虽然他的叛乱并未成功而他本人也丧了命。

霍斯劳二世，后来被称为帕尔维兹，意为胜利者，一度弥合了萨珊帝国正在崩溃的国家机制，虽然自从他的祖父驾崩以来国家已经开始腐朽。在所有古波斯统治者中，他与他的亚美尼亚妻子席琳的富有冒险色彩的爱情，他的其他妃嫔们，他的醇酒、音乐和骏马，在古典波斯文学中得到了最多的浪漫笔墨渲染，相关作品有《列王纪》和尼扎米·刚加维的长篇浪漫诗《霍斯劳与席琳》。他与拜占庭之间的漫长战争历时二十七年，虽然初期获胜，却以大败告终，如同当年一样，之后又发生了支持其子希鲁耶的叛乱，导致霍斯劳二世于624年被废黜，被刺瞎双眼并最终被害，此时国家在物质和精神上都化为乌有。

当希鲁耶神秘死去时，他在位仅仅六个月。随后的混乱中，一长串君主逐一登场，其中的绝大多数被杀死或刺瞎，直到632年霍斯劳二世的一个儿子被贵族们以伊嗣俟三世的名号拥上宝座，实际上他是贵族们的傀儡。由此，一个延续了四个世纪，挺过众多巨变和命运转折的伟大帝国，开始了迅速的崩溃。许多长期和短期因素要为它的覆灭负责，包括霍斯劳尤其是霍斯劳二世的长期战争、随后的混乱，以及在一个极为积极和信仰坚定的对手面前意志沉沦。但最突出的因素，或许是人民不把国家视作自己的国家。

3 阿拉伯人、伊斯兰教和波斯人

众所周知，所有著名法学家都是波斯人……只有波斯人热衷于保存知识和撰写成体系的学术著作。

——伊本·赫勒敦

萨珊帝国的衰亡

伊朗历史不时被具有不同意义的戏剧性事件打断，在过去的几个世纪中，不止一个重要的巨变几乎动摇了这片土地的根基。但是在这些“活剧”中最伟大的，即使按伊朗历史的标准也是重要的，是亚历山大征服阿契美尼德帝国，阿拉伯人征服萨珊帝国，以及13世纪时蒙古的侵略和征服。它们对伊朗的历史和文化产生了深远的影响。如果说这些事件有个共同的伊朗特征，就是它们都短暂、猛烈而决定性地在短短数年内发生，遭遇的反抗却很微弱。

穆罕默德

伊斯兰教先知穆罕默德约于公元570年出生在麦加的一个隶属于伟大的古莱什部落的分支哈希姆氏族的家庭中。作为一个青年，他成了来往于诸如叙利亚和巴勒斯坦各地的商人，赢得了“艾敏”（意为可信赖者）的头衔，25岁时与他的雇主赫蒂彻结婚，后者时年40岁。

根据伊斯兰教资料，大约在610年，时年40岁的穆罕默德在一个山洞中接受了第一次天启，天使吉卜利勒出现在他面前并告知他“你应当奉你的创造之主的名义而宣读”。麦加是一个贸易中心和朝觐目的地，每年虔诚的信徒在这里安静地交换货物和享受节日。克尔白是朝觐目标，当时存放着被绝大多数阿拉伯人崇拜的偶像。

穆罕默德的最早皈依者中，包括其妻子赫蒂彻，他的堂弟、女婿和被监护人阿里·伊本·阿比·塔利卜，还有艾布·伯克尔，后者日后由先知赐予“诚实者”的头衔。不断的皈依带来了迫害，穆罕默德的一个叔叔艾布·拉哈卜加入了他的敌对方，另一个叔叔哈姆扎皈依了。到622年，麦加对穆斯林的迫害到达了临界点，穆罕默德应耶斯里卜城（后来改名为麦地那）的同情者邀请，和他的追随者移居到该城。阿拉伯历法和以其为基础创建的伊斯兰历法称这一行动为希吉拉。

从此穆斯林和麦加人之间进入战争状态，所以穆斯林开始袭击与麦加有联系的驼队商旅。三场战斗接踵爆发。在624年的一天，穆斯林在白德尔赢得胜利。次年在伍侯德，麦加人进展顺利，但还不足以追杀穆斯林进入麦地那。两年之后，麦加人再次向麦地那武装进军，可是麦地那被防御者用挖掘环城堑壕的办法保卫起来，据说这一战术是由先知的一位叫萨勒曼的波斯友伴建议的。与此同时穆斯林的数量和自信心都在持续增长，在628年，穆罕默德感到已经强大得足以带领他们前往麦加朝觐。麦加人与他达成协议，于是他们能在次年继续朝圣。他们依此而行，可是麦加人在630年撕毁协议，于是穆罕默德带领穆斯林武装前往麦加，他们是如此强大和决绝，于是麦加人未经一战便投降了。穆罕默德宣布大赦，但是克尔白的偶像都被捣毁。在632年穆罕默德去世时，伊斯兰教成为阿拉伯半岛占主导地位的宗教。

穆斯林相信，穆罕默德在一个夜间来到耶路撒冷并升宵遇到一些早期先知。此夜被称为“登宵夜”。据信穆罕默德如此接近全能的真主，以至于陪伴他的天使吉卜利勒落在了后面。诗人萨迪在其不朽诗篇中吟诵道：

> 他在那夜里登攀，横贯宇宙
> 超越天使们的席位和身份，
> 他热烈地驰向紧邻［主宰］的原野。
> 在西德拉他把吉卜利勒抛在背后。

另据一些穆斯林学者的观点，“登霄”是一项精神而非肉体的体验。

伊斯兰教

伊斯兰意为服从真主的意志。《古兰经》，伊斯兰教的圣典，包含先知在山洞里首次得到真主授命到离世期间所有真主降给先知的启示。亚伯拉罕被看作有文字记载以来第一位穆斯林，第一位成为一神论信徒的人，阿拉伯人（也包括犹太人）的祖先，以及天房“克尔白”的建立者。伊斯兰教以亚伯拉罕的传统圣典的定位接纳了《旧约》和《新约》，还保留了那些与《古兰经》的部分内容有异的部分。例如，《古兰经》反对基督的神性，而将基督描写成一位伟大的先知，但是同意其为处女所生，解释为万能真主意志的体现：“他只对那件事说：‘有’，它就有了。”在从亚伯拉罕经摩西、约瑟、大卫、所罗门到耶稣的先知传承线脉上，穆罕默德是最后的（封印）先知。

所有穆斯林派别都公认的伊斯兰教三大支柱是一神论、承认先知和审判日复活，在此基础上，什叶派增加了神圣正义和社团领导（即伊玛目）。穆斯林的义务包括每天礼拜，在力所能及的前提下至少前往麦加朝觐（即“哈吉”）一次，劝善禁恶，给予需要者救济，等等。他们不许喝酒精饮料、吃猪肉及恶语中伤他人，严禁乱伦。

伊斯兰教鼓励婚姻。依照相关条件，男人可以娶四位妻子，《古兰经》严格规定男人必须给予妻子们及其子女公正平等的待遇（应该注意到，多妻是前伊斯兰时代典型的伊朗特征）。女人有权从父母和兄弟处继承财产，但继承的数量是男性继承人的一半。头巾是伊斯兰妇女的标志性穿着，并不覆盖脸和手。通过观察穆罕默德的女儿、阿里的妻子法蒂玛，先知的妻子、艾布·伯克尔的女儿阿伊莎，先知的外孙女、伊玛目阿里的女儿、在其兄侯赛因殉难后成为家族领袖的宰纳布的生平，会发现妇女在社会生活中其实很活跃。男人有权离婚，但是妇女只可以在特定背景下提出离婚。考虑到在波斯帝国，妇女被其近亲所有，且在其他社会中妇女无权拥有财产——例如晚至近几个世纪的基督教国家——早期的伊斯兰教不歧视妇女，虽然妇女与男人的地位并不相当。

伊斯兰教拥有与犹太教、基督教相同的天堂、火狱、天使、撒旦等概念，而且有着形式不同的琐罗亚斯德教传统。“真主曾在六日内创造天地万物”，亚当和夏娃因偷吃禁果而被赶出伊甸园。伊斯兰教视对他人不公为大罪，社团互助是被高度赞扬的行为。“穆斯林都是兄弟，兄弟之间分享和平。”信徒对自己、亲戚、社会和真主有道德义务。人类将在死后被审判，他们生前行的善恶将被称量以决定他们该上天堂或下地狱。当“坟墓里的人复活起来”时，将有一场全宇宙的审判。真主是至仁至慈至爱至赦的，同时，他也是终极判决者和正误的仲裁者，将回馈义人和惩罚恶人。

在伊斯兰教早期，《古兰经》是信仰、法律和传统的唯一来源。后来，圣训集（即穆罕默德的言行，什叶派又把伊玛目们的言行加了进去）被添加进来，还有以更晚时候的各教派、法学派的乌莱玛（伊斯兰神学家和法学博士）们的著述为基础的外延性法律、法学典籍。

阿拉伯人和伊斯兰教

早期伊斯兰教开疆拓土，很快引发了从印度河到西班牙的广大土地上的巨变。在先知穆罕默德于632年去世后的短时期内，不仅拜占庭帝国的一部分，整个波斯帝国也在其猛攻下屈服。636年，伊嗣俟三世继位的四年后，一小支由赛义德·伊本·瓦卡斯统帅的阿拉伯部队在卡迪西亚战胜了以法鲁克的儿子鲁斯塔姆为司令的强大波斯军队，鲁斯塔姆阵亡。泰西封在数年后陷落，接着在伊朗地区的纳哈万德，伊嗣俟的大军溃败。于是在数年内，强大的波斯帝国被阿拉伯穆斯林击败征服。

波斯人的抵抗精神没有随着636年在卡迪西亚的战败而失去，归根结底，那是一次地方性的战役。既然战败了，整个国家陷入持续的混乱——就像在伊朗历史上多次发生的那样——高贵和低微的人们都期待一位救世主带来千禧年。这场战争最初始于皈依了伊斯兰教的、萨珊治下的两河流域的阿拉伯臣民的起义，大概起因于伊斯兰教意识形态方面的吸引力和作为将自己从萨珊统治下解放的工具。然而，萨珊帝国镇压阿拉伯叛乱的尝试扩大了冲突规模并招来了整个穆斯林军事力量。正如我们所见，阿拉伯人以难以置信的轻松赢得了卡迪西亚之战，纳哈万德之战是顺势而来的结果。伊嗣俟甚至被他自己的军事、民政官员抛弃，被迫远远地向东逃亡到木鹿（位于现在的土库曼斯坦），在那结束了生命。根据《列王纪》的记载，他被迫向东远遁，是因为没有地方容留他停驻，更不要说提供帮助了。最后他向木鹿总督马胡伊·苏里寻求避难，但后者不给他帮助，当国王逃跑并被一个谋财害命的磨坊主杀死时，苏里正准备勾结突厥人抓捕这位国王。历史学家们怀疑，与传说不同，事实上苏里亲手杀害了伊嗣俟。

伊斯兰教的精神理念可能不仅在激励和鼓动征服者，也在使伊朗人服输方面发挥了很大作用。但是这个帝国的几乎无可理喻的迅速崩溃，一定有缺乏支持和维护这个正在解体和不得人心的政权意愿的因素。这在伊朗历史上多次出现，当政权由于内政、外交因素虚弱时，社会通常支持削弱政权或保持中立。这次发生在651年。波斯西部和中部省份很快被占领，阿拉伯军队和部落没费多长时间就东进至中亚的外呼罗珊。只有里海各省被证明坚不可摧，依靠自然屏障和拥有浓密森林的高耸山脉，抵抗侵略相当长时间，出于同样的原因，他们总是处于中央政权的力所能及之外。

如果说征服相对容易和迅速，那么使人皈依伊斯兰教却花了更长时间。占领并未自动导致皈依，因为皈依是自愿的，伊朗的土地和人民用了两个半世纪才皈依。事实上，最初阿拉伯人倾向于征收杰齐亚，即非穆斯林缴纳的人头税，而非鼓励皈依，因为那样会让皈依者得以豁免这一税种。但一段时间后，非穆斯林开始领会皈依带来的经济利益，包括免缴杰齐亚和保护其财产。

许多胡齐斯坦的伊朗基督徒较早皈依，可能主要出于宗教方面的原因，新宗教也有亚伯拉罕宗教的内涵和背景。但是波斯地区、萨珊帝国和琐罗亚斯德教的发祥地法尔斯省的居民过了很久才成为穆斯林，尽管该地区在征服早期就已被入侵。呼罗珊拥有更多皈依者，部分源于琐罗亚斯德教在东方没有强力影响，部分源于阿拉伯武士及其部落和仆从在当地城镇定居，以保护通往中亚和远东的道路。

吉巴勒地区大致介于哈马丹、伊斯法罕、雷伊之间，皈依相对较晚，阿塞拜疆、高加索亦然。但值得注意的是，由于受阿拉伯人无法轻易翻越的高山保护，里海各省皈依最晚。里海各省的各民族多在避难于德莱木和塔巴里斯坦的什叶派传教士和其他标新立异的穆斯林鼓动下皈依，9世纪晚期，他们中的一部分被其他成为穆斯林的伊朗人——如呼罗珊的塔希尔王朝君主——征服。农村地区皈依得更加缓慢，但是到了9世纪末，绝大多数伊朗人接受了伊斯兰教信仰。

那种认为波斯和伊朗的民族、文明，利用他们在行政、文化、艺术和历史想象力方面的优越地位，奠定了伊斯兰社会之基础的想法，自然是巨大的夸张。但是现代伊朗民族主义所认为的伊朗在伊斯兰教兴起以后的前两个世纪的“沉默”和安静，在事实面前同样令人大跌眼镜。确实，在这两个世纪中没有独立的伊朗政权，而且确实没有证据表明，在各种波斯和伊朗语言中存在着书面文学。可是这些语言被绝大多数伊朗人使用，而且如果说城市中的伊朗人学说了阿拉伯语，那么在伊朗的阿拉伯人也在学说波斯语。

在阿拉伯征服之初，伊朗人便涉足了新政权，例如成为皈依者的战士、地方管理者、文士或晚期的维齐尔、语言学家、诗人、文人、知识分子、叛乱者乃至新王朝的建立者。但是直到749年至750年，倭马亚王朝统治在基本由波斯人组成的军队打击下衰亡，波斯人的参与和影响才变得广泛起来。萨珊帝国的灭亡并非伊朗人消亡的同义词，他们甚至在被征服后的前两个世纪内、波斯人的王朝建立前，就在伊斯兰社会和文明的国际化进程中扮演了决定性的角色。

什叶派与逊尼派的对抗

先知一去世，围绕其继承问题就发生了冲突。“迁士”或迁徙者（那些从麦加迁居到麦地那的人），与“辅士”或辅助者（麦地那的皈依者），都认为他们中的元老应该继承穆罕默德的位置。他们在一间棚舍中集会，提名了赛义德·伊本·乌巴达。但是先知的一些亲近友伴提名艾布·伯克尔（632—634在位），他被选为继承人或“哈里发”，这是哈里发一词的起源。

哈希姆氏族不满这一选举。他们中有先知的叔叔阿拔斯（从他衍生出以后阿拔斯王朝哈里发漫长的法统），以及穆罕默德的堂弟、被保护人及女婿阿里，他们没有参与这次选举。阿里的追随者组成了“什叶阿里”（意为“阿里的追随者”），他们后来成了一个伊斯兰派别并成了伊朗国教。

继承艾布·伯克尔的哈里发位置的欧麦尔（634—644在位）也是先知友伴中的领军人物，在他的统治下，阿拉伯人开始征服萨珊帝国。后来欧麦尔被一个奴隶刺杀，据信刺客是个伊朗裔基督徒。下一位哈里发是奥斯曼，他娶了先知的两个女儿（在不同时间），因而获得“双光者”的称号。奥斯曼与两位前任不太相同，被怀疑任人唯亲。对其统治的反对酿成了夺命的混乱。

“什叶阿里”相信阿里理应成为先知的继承人，他们中的一些人参与了反对奥斯曼的活动，这是什叶派和逊尼派分裂的肇始，虽然后来的发展为他们的分歧之火添加了更多燃料。阿里继承奥斯曼做了第四任哈里发，656年到661年在位，但在此期间发生了很多内乱。圣妻阿伊莎，艾布·伯克尔的女儿，同两位重要的先知友伴起来反对阿里，指控他是刺杀奥斯曼的同谋，但他们在“骆驼之战”中战败。更严重的反对来自叙利亚总督穆阿维叶，他是奥斯曼的亲戚，又是强力而有影响的倭马亚家族的头领。他坐镇大马士革，而阿里在伊拉克的库法进行统治。

当战争未能解决纠纷而要诉诸仲裁时，由于穆阿维叶的代表比阿里的代表智胜一筹，穆阿维叶赢得了仲裁。这导致阿里阵营分裂出哈瓦利吉派（意为分离者），转而反对他们的前领导人。他们最初的目标是反对阿里接受仲裁一事（虽然他们最初显然坚持这一点），但接着他们提出更实质性的观点，认为任何人都可以当选哈里发，而且如果哈里发不能让社会满意，就该被废黜。于是他们变成了一个激进的反对派，并且给哈里发统治下的社会制造了很多麻烦，不仅限于伊朗。661年，仅仅当选哈里发五年后，阿里就被他们中的一个狂热分子行刺，至此，四位伟大的先知友伴，逊尼派所称的四大哈里发的统治宣告结束。

与逊尼派相反，什叶派坚持认为阿里是正统的继承者，因为他们相信继承人不是选举出来的，而是由真主预定并由先知生前在公众面前确认的。因此，令逊尼派惊恐的是，他们认为前三位哈里发都是篡位者，他们不仅尊称阿里为哈里发，而且认为他从一开始就是穆斯林的真实、正当的领袖，这位伊玛目是无罪、无谬和（根据一些分析家的说法）无所不晓的。

什叶派给伊朗穆斯林造成深刻影响，但直到16世纪，它才成为伊朗的主要教派和国教（见第5章）。

十二伊玛目派

逊尼派和什叶派在仪式和法律方面的众多区别当中，最根本的是伊玛目的概念。十二伊玛目派或伊玛目什叶派相信，十二位伊玛目是从阿里和法蒂玛逐一传承下来的，是正当、前定的伊斯兰社团领导人。除了阿里之外，没有任何伊玛目曾统治过整个伊斯兰世界，但这不会对伊玛目们在各自所处时代身为什叶派社会精神领袖地位的真正正义性造成任何疑问。其中影响最大的伊玛目有四位。首先是阿里，“真主之狮”“人们的国王”。其次是第三伊玛目侯赛因，阿里的次子，他在卡尔巴拉平原面对穆阿维叶之子叶齐德的军队时殉难（见下文）。第三是第六伊玛目贾法尔·萨迪格，伊玛目什叶派法学院和法律体系的创建者。第四为第十二伊玛目，穆罕默德的儿子哈桑，号称“马赫迪”（意为引路人）、隐遁伊玛目、“时间之主”和“时代守护者”，他在人类视野中消失，进入“大隐遁”，身为十二伊玛目什叶派领袖在所有时间内隐藏起来，最终他将以救世主的身份出现，并且肃清世界上的不公和腐败。

什叶派的伊玛目是无罪、无谬，可能全知的，还能在生前、死后创造奇迹。无条件服从他是所有信士的责任，所有信士必须以所有方式追随、“效仿”他。据传，除了阿里外的所有伊玛目，都是直接、间接死于倭马亚王朝、阿拔斯王朝哈里发们之手而殉教的。事实上，他们的殉教也是前定的。正如我们在下文中看到的，这在传统主义者与什叶派修正主义神学家和行动者之间产生了严重争议。据阿亚图拉霍梅尼在其名著《伊斯兰政府——法学家统治》中的记述：

我们什叶派的根本信仰之一是，没有人可以达到伊玛目们的精神状态，甚至包括智天使基路伯或先知们。实际上，根据传承

> 到我们的传统，最高贵的使者［指穆罕默德］和伊玛目们存在于真主创造世界之前，以光的形式位于真主的宝座之下；他们在所有方面都优越于其他人，甚至包括形成他们的精子和他们的物质构成。

什叶派伊玛目们无疑是什叶派理论和历史的产物，但很像波斯神话中基于拥有神佑进行统治的诸王之王，值得注意的是，神佑是神赐予的，也能被神独力剥夺，人们在统治者面前没有独立的权利，更没有独立的权力罢黜统治者。他是神在地上的代理人，被授权或废黜——如果他不再公正的话。菲尔多西提出了一个抽象的既公正又完美的统治者模型。完美公正的统治者不仅拥有神佑，也是纯洁的种子，能够学习并纠正自己的错误，拥有分辨对错的智慧——这与无谬性没多少区别（见导言）。

一些激进的什叶和苏菲派别走得更远，他们认为伊玛目们是神。有一些被称为阿里-安拉西斯的人，就把阿里当作主来崇敬。绝大多数什叶派乌莱玛并不如此，但在实践中，其理念与普通什叶派信众区别不大。

如前文所述，阿里和穆阿维叶还在为哈里发地位而争斗，阿里被曾经追随他的一个激进分子刺杀。他的长子哈桑与穆阿维叶言和，放弃了对穆斯林社群领导地位的诉求，但是哈桑死后，其弟弟侯赛因重提这一家族诉求。被什叶派描绘为殉难者之主的伊玛目侯赛因的殉难，是理解什叶派历史、整个什叶派信仰结构和宗教心理学的关键。殉难发生在卡尔巴拉平原（位于今天的伊拉克），680年，伊斯兰历穆哈兰月第十日（阿舒拉节）。因此谚语说："每天都是阿舒拉节，每地都是卡尔巴拉"，将延续殉难强调为通往救赎世界的终极道路。

穆阿维叶死后，其子叶齐德在大马士革接过对穆斯林的统治权。

阿里在库法的追随者邀请正在阿拉比亚的侯赛因前来实现诉求。但当他来到库法时，当地人却抛弃了他。他、他的家人和信徒，据信共七十二人，与叶齐德的军队交战。所有参加战斗的人都丧了命，除了侯赛因被称作宰因·阿比丁的次子阿里，他因患病而未参加战斗。妇女和儿童作为俘虏被押往大马士革，在那里他们由侯赛因勇敢的妹妹宰纳布领导。宰因·阿比丁后来成了第四伊玛目，有个被绝大多数什叶派相信的传说是，宰因·阿比丁的母亲叫沙尔巴努，是末代萨珊国王伊嗣俟三世的女儿。

在某些方面，侯赛因的殉难令人回想起波斯神话中的西亚沃什之死，以及如第1章所述的对西亚沃什的年度悼念。但根据什叶派的记述，侯赛因为伊斯兰教而牺牲了自己的生命。所以在重要性、烈度、功能以及殉难与其追随者的心理纽带方面，卡尔巴拉的殉难都令人联想到耶稣殉难，虽然什叶派乌莱玛不承认侯赛因的神性，侯赛因也不是令人期待的救世主。

直到20世纪的后半叶，什叶派乌莱玛和信徒都普遍相信侯赛因的殉难是前定的、不可避免的。但从1960年代至今，随着激进的什叶派教义的兴起，这一观点被积极地修正，侯赛因如同一位革命活动家，实践了为伊斯兰教战死的自由意志。这引起了乌莱玛之间尚未平息的争议，虽然这个修正在向以军事行动推翻不得人心的统治者提供合法性方面起到了关键性作用（见第12章）。

逊尼派与十二伊玛目什叶派之间的法学分歧还没有大到成为分裂基础的程度。二者在神学方面也有分歧，什叶派神学更加复杂和深奥，但在伊斯兰教中，宗教哲学很少成为宗派争议的前沿阵地。如前文所述，无法解决的基础和本质冲突是在穆罕默德的继承人问题上，更关键的是什叶派概念上的伊玛目和伊玛目统治，某些激进逊尼派据此认为，什叶派是偶像崇拜者，或者是泛神论者，指控他们视伊玛目为神明。

许多什叶派将对伊玛目及其近亲的埋葬地进行的朝拜，看作与哈吉具有几乎同等义务和回报的行为。他们向伊玛目祈祷来达成心愿，相信在他们的圣地祈祷具有最大功效。这令人联想起一些前伊斯兰时代的伊朗的行为，但是其在什叶派形式中叫作代祷，与罗马天主教对待圣徒的态度相似，请求伊玛目代表自己向真主说情。由于大型圣地太少，因此什叶派通常定期拜谒其他影响较小的圣人的小型圣地，他们被称作小伊玛目，据信为伊玛目的后裔。这样的圣地在大德黑兰有一些，在雷伊城周围有四座，后者中的两座的主人是大师而非伊玛目的后裔。然而，全国各地许多小村子也有自己的小伊玛目圣地，它们成了用来进行许愿的宗教仪式和典礼的中心，它们中的一部分似乎是前伊斯兰时代的琐罗亚斯德教火庙或密特拉和阿纳希塔的庙宇。

如同逊尼派一样，什叶派也过大型伊斯兰节日：开斋节、宰牲节（或称古尔邦节，在结束哈吉典礼之后）。什叶派还庆祝“盖德尔节”，据传穆罕默德在这一天指定阿里做他的继承人。但是他们最重大的两个节日，一个是在伊斯兰历元月，即穆哈兰月纪念侯赛因的卡尔巴拉殉难，一个是时间之主马赫迪的生日，在伊斯兰历八月——舍尔邦月——中旬。第十二伊玛目（生于868年）据信在小隐遁时期消失了一段时间，随即在大隐遁时期彻底不可见，直到“时间之末”才重现而与追随者们一同肃清世界上的一切邪恶。在马赫迪现世之前，伪马赫迪像敌基督一样出现，但最终伪马赫迪会失败并让位于真马赫迪。

穆哈兰月的前十天用来纪念和哀悼卡尔巴拉殉难。仪式在第九、第十天达到高潮，在殉难日前夜，通常在露天以塔基耶（ta’zieh）的戏剧性形式展现真实战斗。用手击打裸露的胸膛和用铁链抽打肩膀的男人组成长长的队列。还有在清真寺和私宅中的聚会，击打胸膛的游行后是公共的聚餐。悼念者有时会在头皮上割开浅浅的创口，让血向下流到脸上，看起来狰狞可怖，实则无害（现在伊朗禁止这种行为，但实际上它没有完全消失）。可以想象，整个氛围弥漫着个人和集体悲情。从心理学而言，是将个人等同于殉道者；从社会学而言，是每年信众作为演员参加这场最伟大的事件，包括击打胸膛的人，普通哀悼者，集体午餐、晚餐的慈善组织者，在每晚的聚集礼拜上，宗教导师们通过当众高声大哭唤醒群众对殉难的回忆。

时间之主隐遁期间，信徒们向穆智台希德们寻求宗教指导，他们是代行伊玛目责任的什叶派法学博士，但不是伊玛目的代表。信徒们从他们中选择用来“效仿”的穆智台希德，向他们提出问题，包括法律和财产处理。高级穆智台希德叫作玛尔加·塔格里德，即“效仿源泉”，一个在19世纪发展起来的教职。穆智台希德和玛尔加·塔格里德纳入教阶系统后，最早在20世纪中期，其中某些人被尊称为阿亚图拉和大阿亚图拉。什叶派没有有组织的教会，但有什叶派学院、清真寺和其他研究机构，它们在伊斯兰革命后经历了变革。逊尼派占伊朗人口的10%，主要集中在库尔德斯坦和俾路支斯坦。

伊斯玛仪派和栽德派

主要什叶派中，除了十二伊玛目什叶派，还有其他派别。目前，栽德派几乎不存在于伊朗，伊斯玛仪派则是小众派别，但在伊朗历史上，就像我们将在下文和第4章所看到的那样，他们扮演过重要角色。栽德派是阿里的儿子栽德的追随者，阿里则是侯赛因在卡尔巴拉遇难之日因病幸免于难的儿子。栽德起义反抗倭马亚王朝，被打败并在战斗中被杀，他的什叶派追随者们认为他才是真正的第五伊玛目，而非他的弟弟，后者是十二伊玛目和伊斯玛仪什叶派认定的第五伊玛目。栽德派不像流传至今的十二伊玛目派那样坚持认为其伊玛目是神圣且无谬的，他们对前三位哈里发的非议也较少。栽德派曾经统治过德莱木地区的里海省份，但现在大部分集中在也门，在伊朗事实上没有信徒。

伊斯玛仪派就是七伊玛目派。他们追随第六伊玛目的长子伊斯玛仪及其后裔，而十二伊玛目派的第七伊玛目是第六伊玛目的幼子穆萨·卡齐姆。第10至12世纪期间，伊斯玛仪派在埃及和北非成功建立了法蒂玛王朝。在他们的统治后期，发生了继承纷争。一派认为穆斯塔利是正宗伊玛目，然而另一派则认定其兄尼扎尔，当前的伊斯玛仪派首领阿迦汗就是后者的后裔。尼扎尔派的中心转移到了伊朗，他们在伊朗建造了许多山中城堡，并向信仰正统逊尼派的塞尔柱突厥人发动战争。现在的伊朗几乎没有伊斯玛仪派，他们绝大多数分布在中亚、巴基斯坦、东非和西方。

阿拉伯统治的前两个世纪（650—850）可以整齐地一分为二，前一世纪（650—750）始于阿拉伯征服的巩固，终于倭马亚王朝在750年的覆灭。后一世纪（750—850）始于阿拔斯王朝的建立，终于哈里发穆塔瓦基勒继位，后者结束了阿拔斯王朝的黄金时代，并见证了波斯人的塔希尔王朝在呼罗珊的建立。

阿拉伯哈里发国家

倭马亚王朝是由穆阿维叶建立的，他击败阿里，与阿里的长子伊玛目哈桑言和，后来命其子叶齐德继位。此举引发伊玛目侯赛因的卡尔巴拉殉难。倭马亚人从大马士革统治这个比阿契美尼德王朝更大的帝国，其版图从西班牙延伸到中亚和西部印度。他们的政府不像正统哈里发王朝那样得人心又平等，施行极权的蛮横统治，虽然它还保留着一些原始的部落制特征，但在某种程度上是萨珊和拜占庭式的君主专制。他们不像阿拔斯继任者那样亲伊朗，却很依赖波斯的行政官、文员、会计和税吏来运转他们的帝国，在帝国东部更是如此。臣民通常被分为阿拉伯穆斯林、被称为麦瓦里或依附民的非阿拉伯（包括波斯）穆斯林、非穆斯林或顺民，以及奴隶。

倭马亚王朝在历史上留有恶名，尤其是在通俗历史和宗教史之中。但不清楚他们比之后的王朝更不公正和不虔诚到了什么程度。然而可以确信的是，从一开始他们就没有稳固的合法性基础，除了欧麦尔二世短暂而仁慈的统治之外（717—720），他们的统治愈发不受欢迎。其他地方反抗他们的战事都没有像发生在波斯尤其是呼罗珊的那样猛烈和有效，呼罗珊的阿拔斯人的地下宣传家们宣扬“先知家族”——通常专指阿拔斯家族——的正义和合法性。

这个运动以先知的叔叔阿拔斯的曾孙穆罕默德为领袖，他死于倭马亚王朝之手后，其子易卜拉欣继任，745年，易卜拉欣派遣呼罗珊波斯人艾布·穆斯林作为私人代表前往呼罗珊。艾布·穆斯林成功地巩固了呼罗珊根据地，两年后在木鹿举起了反抗倭马亚王朝的阿拔斯战旗。748年易卜拉欣被捕并遇害，但这未能阻止艾布·穆斯林的强大军队西进。749年大军推进到伊拉克，拥戴易卜拉欣的弟弟阿布勒·阿拔斯为哈里发，号称萨法赫。终极决战在扎卜河河畔爆发，倭马亚王朝哈里发麦尔旺二世战败，750年在埃及被找到和处决。

波斯人

阿拔斯王朝

早期阿拉伯历史学家查希兹将阿拔斯人描绘成呼罗珊波斯人。当然阿拔斯人本身是阿拉伯人，而且无疑在阿拉伯人中拥有相当多追随者，尤其是什叶派阿拉伯人。查希兹的描述虽然是夸大，但依然指出了阿拔斯人的胜利依赖波斯人的程度，以及波斯文化和波斯人影响阿拔斯宫廷、文化和政府的程度。阿拔斯人被直接称为波斯人，是他们通过坚持说波斯语来维持伊朗身份这一事实的结果。

如我们所见，艾布·穆斯林是起义反对倭马亚王朝的英雄，他起义并领导阿拔斯军队的雏形赢得胜利。他与754年去世的首任阿拔斯哈里发萨法赫的关系不错，萨法赫由其兄弟曼苏尔接任。后者畏惧艾布·穆斯林的能力、权力和威望，还曾建议他那在某种程度上也忌惮艾布·穆斯林的兄弟将其干掉。为了让艾布·穆斯林远离伊朗的根据地和支持者，他将其派往埃及和叙利亚。但是他们的关系日渐恶化，曼苏尔骗艾布·穆斯林到巴格达来解决分歧。艾布·穆斯林在宫廷中觐见曼苏尔时遭到突袭，被曼苏尔在他到来前就早已选好的一帮刺客杀死。这场诛戮、谋杀和相关的背信弃义带来很大负面效应，尤其在呼罗珊，当地许多人相信这位英雄没死，并将作为救世主归来。之后也发生了一系列的起义。虽然对艾布·穆斯林的谋杀是忘恩负义和背信弃义的，但嫉妒和恐惧的统治者陷害成功的将军和维齐尔在伊朗历史上并不罕见：艾布·穆斯林自己就卷入了萨法赫对一位能干和忠诚的大臣的谋杀。

在曼苏尔统治期间（754—775），阿拔斯人的革命得到巩固，消除了这场运动的什叶派影响，并将哈里发国家转向正统的信徒们，这帮助他们巩固了对全体穆斯林社群的控制（虽然从更早时候开始，西班牙就拒绝承认其权威并自行其是）。政府中心从叙利亚迁移到伊拉克，那是个更加伊朗化的省份。萨珊帝国首都、古老的泰西封附近的巴格达（一个波斯语单词，意为“神赐”）得到扩建发展，变成伊斯兰文化、文明、政府和行政的最重要中心。阿拉伯人不再像过往的倭马亚王朝那样在政府和社会中占有特殊地位，而且重要性不断削弱。现在如萨珊帝国以来一以贯之的那样，某个人的重要性取决于他与统治者的关系，并将如此这般覆盖整个伊朗历史。

在曼苏尔的统治下，宫廷采用了波斯礼仪，一些伊朗官署和机构复活了。诺鲁孜节，即波斯新年，开始被庆祝。此外，最重要的波斯官署维齐尔得到重建，由伊朗人哈立德·巴尔马基担任维齐尔，他是一位来自巴尔赫的能干管理者，其父可能是个皈依伊斯兰教的佛教徒，因为巴尔马克或帕尔马克意为呼罗珊著名的瑙巴哈尔（意为新庙）佛寺的住持。在超过三十年的时间里，巴尔马基家族是政府的支柱。从曼苏尔开始，历经马赫迪（775—785）、哈迪（785—786）到黄金时代最著名的阿拔斯王朝哈里发哈伦·拉希德（786—809），哈立德、其子叶哈雅、叶哈雅之子贾法尔和法兹勒都为哈里发国家服务。后来哈伦下令屠杀巴尔马基家族，仅仅因为他们好像已经变得过于强势，并将整个国家置于他们的政令支配下。这是8世纪的事，出于同样原因，19世纪的法塔赫阿里沙·恺加也下令屠杀了他能干又忠诚的维齐尔及其家属（见第7章）。

早期阿拔斯王朝的波斯主义，在哈伦·拉希德的儿子马蒙统治期间达到巅峰。马蒙的母亲曾是个波斯女奴，因此哈伦选择了马蒙的虽然年轻却是嫡出的兄弟阿明继承自己。马蒙被任命为呼罗珊总督，哈伦希望他能成为阿明的继承人。阿明不遵守父命，让自己的儿子做继承人。此举引发了内战，马蒙的军队由波斯人塔希尔·伊本·侯赛因率领，此人用双手持剑，因此被称为“双手俱利者”或“拥有两只右手的人”。

很快，塔希尔创建了地方自治王朝塔希尔王朝。正是他战胜了阿明的军队、征服了巴格达并处死了阿明。马蒙倾向于从呼罗珊以木鹿为首都发号施令，直到数年后迫于引发阿拉伯人不满的风险，才返回巴格达。马蒙的维齐尔是波斯人法兹勒·伊本·萨赫尔。他和他的维齐尔都同情在伊朗有着许多追随者的什叶派，而且他任命了十二伊玛目什叶派的第八伊玛目里达为继承人。但是这位伊玛目死于818年，什叶派坚信他是被马蒙下令毒死的。

通过在其宫廷集合了一批科学家、思想家、波斯人、希腊人和其他民族的人，讨论和争议重要的文化命题，马蒙发动了一场文化复兴。但他由于鼓励穆尔太齐赖学派思想的发展而惹恼了正统的宗教团体。穆尔太齐赖学派以根植于亚里士多德思想的理性主义，主张对《古兰经》部分内容进行寓意式的分析和诠释，反对一般穆斯林相信的字面和表层意义。因此他们与什叶派，尤其是七伊玛目派相似，强调对《古兰经》的深奥评注和诠释。

穆尔太齐赖学派思想最重要的一条是，他们主张自由意志。按穆尔太齐赖学派的说法，绝对前定论就意味着真主并不公正，因为真主惩罚执行了前定行为的犯错者。为正统派所憎恶的穆尔太齐赖学派的另一重要信条是，他们相信《古兰经》是受造物。他们争论说，如果神圣的经典是古老且非受造的，那么就意味着神圣的经典等同于真主。在马蒙统治期间，官方施加压力迫使乌莱玛们向穆尔太齐赖学派屈服，但其中的某些人——著名的艾哈迈德·伊本·罕百勒，四大逊尼学派中的罕百里法学派的创始人——拒绝屈服。

阿拔斯宫廷中的宗教自由主义和文化波斯主义的兴盛，终结于马蒙的孙子瓦西格之死（847年）。其兄弟穆塔瓦基勒的继位，见证了阿拔斯王朝建立以来兴起的宗教解放、文化复兴和波斯优势的衰败。在正统派的浪潮中，什叶派和穆尔太齐赖学派都遭到取缔。波斯人的影响被哈里发穆阿台绥姆引入来加强军事机器的突厥军人快速取代。事实上，穆塔瓦基勒自己也被从此在哈里发王朝中央掌握实权的突厥人谋杀，公元9至11世纪东方波斯王朝的权力构成也有相似特征。

到伊斯兰征服以来的第二个世纪末，我们将看到波斯王朝的出现，以及与之相伴的波斯宫廷、行政和文学语言的回归。

波斯人的贡献

我们简略地看看阿拉伯人直接统治以来的两个世纪中，伊朗人在国际伊斯兰社会发展中的贡献。14世纪伟大的阿拉伯历史学家和社会学家伊本·赫勒敦在其名著《历史绪论》中说：

因此，语法学的建立者是西巴维，之后有法尔西和扎加济。

> 他们全部是波斯后裔……他们发明了［阿拉伯文］语法规则……而且众所周知，所有著名法学家都是波斯人……只有波斯人热衷于保存知识和撰写成体系的学术著作。因此，先知陈述的真理变成了现实："如果说知识悬挂在天堂的最高处，那么波斯人就是摘取者"……被阿拉伯人抛弃和没有获得栽培的智力科学，由波斯人保存……就像所有的工艺品一样……

这话可能有所夸大，但也表现了伊朗人在从阿拉伯语法到伊斯兰法学再到艺术和手艺等知识领域中的贡献。E. G. 布朗曾计算过，在这个时期的四十七位阿拉伯高等文学大师中，能找到十三位波斯裔。他们包括伊本·赫勒敦提到的伟大语法学家西巴维，不仅是最高行政官也是阿拉伯语和中古波斯语（巴列维语）大师的伊本·穆卡法。此人的波斯名字叫鲁兹贝赫，他或他的父亲从琐罗亚斯德教皈依了伊斯兰教。正是他把《列王纪》和《卡里莱和笛木乃》从巴列维语翻译成阿拉伯语，后者后来被从阿拉伯语翻译成新波斯语，但现在两书都散失了。巴沙尔·伊本·布尔德是一位著名阿拉伯语诗人，如伊本·穆卡法一样，以宗教偏差为名被处决了，虽然后者案子中的指控确实是伪造的。他陷入了一场司空见惯的、维齐尔和高级官员都被告发的宫廷阴谋之中。马蒙最宠爱的诗人是同为波斯后裔的艾布·努瓦斯。最伟大的波斯裔法学家是艾布·哈尼法·努耳曼·伊本·萨比特，他是四大逊尼派法学派之一、拥有大量逊尼派穆斯林信徒的哈乃斐派的创建者。阿里·伊本·哈姆扎·吉萨伊是波斯语法学家，哈伦·拉希德让他负责两位王子阿明和马蒙的教育。他的学生法拉也是波斯裔语法学家。名单太长，无法一一列举。

"多民族主义"运动在9世纪和之后引起了一场争议，争议的核心是关于阿拉伯人或非阿拉伯人，尤其特指波斯人，谁更优越的问题。这是一个局限在相对小的精英圈子中的文学和学术上的争论，参与者都是穆斯林。有趣的是，也有一些支持阿拉伯人的波斯作家反对波斯人的主张。波斯历史学家拜拉祖里、波斯语言学家扎马赫沙里，便是这场争议中高度评价阿拉伯人的伊朗人。

什叶派教义和其他伊斯兰宗教运动起源于阿拉伯人，虽然他们逐渐集中在伊拉克而非阿拉比亚或叙利亚，而伊拉克当年基本属于伊朗地区，还是阿拉伯征服前的萨珊帝国中心。伊朗什叶派大部分集中在雷伊、库姆和里海各省，但是绝大多数伊朗穆斯林，如在西方和东方一样，是正统逊尼派。他们中间出现了伟大的法学家和神学家，如来自遥远东方的布哈拉的穆罕默德·布哈里，他是高度权威的逊尼派经典《布哈里圣训实录》的编撰者。当时和未来的波斯作家用阿拉伯语写作神学、法学、哲学、医学和科学著作，因为它们可以在从河中地区到西班牙的广大地域内被阅读和讨论。

苏菲主义或伊斯兰神秘主义的兴起，最初可能更多地归功于诺斯替教、摩尼教和伊朗佛教而非正统伊斯兰教，波斯人对此做出了卓越贡献。众所周知，巴尔赫王子易卜拉欣·伊本·阿扎姆（死于777年）放弃世俗的权力和财富，成了神秘主义者，他和他的追随者的信仰和实践更加令人联想到佛陀本人的生平和事功。巴斯塔姆的拜齐德（死于875年）是最早信奉摩尼、诺斯替的精神—物质对抗路线——物质是一切邪恶之源，精神是善之源——的伊斯兰苏菲主义者之一，他提倡自我寂灭来寻求、获得与真主的神秘契合。易卜拉欣和拜齐德都是伊斯兰神秘主义的支柱，他们不仅被伟大的古典苏菲诗人和作家法里德丁·阿塔尔，甚至也被萨迪崇拜，萨迪景仰这些传说中的苏菲主义者，但他自己不是其中一员。他引用拜齐德的话说，在开斋节他离开浴室时，有人向他倒了一桶灰，他对此表示感谢，因为他觉得自己应该在火狱中煎熬，却只被淋了一身灰烬。

在医学方面，波斯人延续了萨珊传统，以贡德沙普尔的医学院和著名的伯赫帖舒医生家族为典范，该家族是伊朗基督徒，在几位阿拔斯哈里发宫廷中担任御医。沙普尔·伊本·赛海勒写了第一本关于医用解毒剂的专著。另一位医学作家是阿里·伊本·拉班·泰伯里，一位活跃于9世纪的皈依了伊斯兰教的前基督徒。早期还有一些杰出的阿拉伯医生，但随着时间流逝，波斯人在医学领域赶超上来，在这些伟大人物中居于顶峰的有穆罕默德·伊本·宰克里雅·拉齐和艾布·阿里·伊本·西那（即阿维森纳），他们活跃于10—11世纪。后面这两位还是伟大的理性主义哲学家，他们之后的艾布·纳斯尔·法拉比继承、发展了亚里士多德和新柏拉图主义哲学在伊斯兰知识和学术中的应用。

穆萨·花剌子密经常被看作中世纪历史上最伟大，至少是最早的代数学家。他的名著《代数学》首次系统提供了二次线性方程的解法。代数一词就源于此书名，算法（algorithm）一词则基于他的名字的拉丁文版本"Algoritmi"，花剌子密因其著作的译介而在西方世界为人所知。甚至在之后几个世纪代表成就巅峰的伟人如艾布·雷伊汗·比鲁尼、欧玛尔·海亚姆的作品出现之前，这个时期内的波斯科学家对伊斯兰科学的贡献也是可观的。翻译希腊语和巴列维语的巴努·穆萨兄弟，9世纪早期活跃于哈里发马蒙统治期间。更早时期还有许多其他名字应被提及，包括马汉尼和内里兹。

从纯粹的实践角度说，在政府和行政管理方面，伊朗人对早期伊斯兰文明的贡献，甚至比在艺术和科学方面更重要。几乎从最开始时，阿拉伯人的行政体系就不得不高度依赖萨珊模式来管理，由波斯管理者来运作国家。土地税，即卡拉杰被保留下来，由阿米勒，通常是被指派的波斯人德赫干*来征收。在某些地区，赋税被外包给亲自收租、向政府缴纳指定金额赋税的名义上的地主，远在阿契美尼德王朝时期就有了这种做法的先例。土地分配或不固定任期制度被用来奖赏

* 即地主。——译注

将军和其他政府高官的服务。原则上，所有土地最终属于国家。

波斯底万，即财政、军队、邮政等部门的出现时间比维齐尔职位早不少，虽然早期阿拔斯政府几乎完全采纳萨珊式的行政、政府和宫廷礼仪，并任命一位维齐尔负责管理，但底万的权限和影响依然变得越来越大。前文提到的巴尔马基家族的辉煌为这一趋势提供了范例，虽然它没有随着他们的消亡而消失。这个系统的基本特征一直沿用到20世纪。地卑，即文员或秘书，从一开始就在运作底万，继续或多或少地执行阿拉伯征服之前就在执行的任务。阿拉伯语用了不少时间才取代巴列维语成为行政语言。

萨珊波斯的王家艺术也对征服之后数世纪的艺术文化的发展产生了巨大影响。伊斯兰之前的阿拉比亚本质上没有建筑装饰艺术或手工艺，征服波斯、叙利亚和北非标志着伊斯兰艺术的开始。穆斯林并不热衷于图像和标识，按他们的观点，这些都意味或指向偶像崇拜，反对偶像的斗争构成了穆罕默德的战事的核心议题。但是与拜占庭艺术不同，萨珊艺术既不是宗教性的，也不显著地依赖图像。波斯艺术，尤其享受到宫廷的直接赞助的西波斯艺术，为伊斯兰艺术、工艺、建筑，包括繁复的织物图形、黄金等贵金属器物的设计、珠宝的发展，提供了模板。

波斯人花了两个世纪时间才建立起使用波斯语的王朝，并用新波斯语创作纸面文学（见第5章），但是他们也很热衷于创建崭新的国际伊斯兰文明。

波斯人的起义

在阿拉伯人稳步东进席卷萨珊帝国的过程中，虽然在纳哈万德战役后若干地方还有地方性的抵抗，但不再有为扭转命运而将阿拉伯人赶出伊朗的激烈尝试。抵抗最激烈的是伊嗣俟死后不久，由呼罗珊贵族卡伦率领的四万军队，震惊的阿拉伯人最终打败了这支队伍。

倭马亚王朝一经建立，就被迫面对不断的反抗。其中一些血统、宗教具有阿拉伯特征的反抗最为重要，诸如什叶派和哈瓦利吉派，最终艾布·穆斯林领导了打着“先知家族”，更确切地说是阿拔斯家族旗号的成功起义。实际上所有主要的伊朗起义都是从伊斯兰征服一百年后的8世纪中期开始爆发的。这些起义的本质、原因和动机都无法确定，尤其是后来记录它们的人，无论阿拉伯人、波斯人，都仇视它们。起义的动机主要来自宗教，然而在一些案例中，诸如在胡拉米或穆盖奈耳的信徒那里，政治和社会动机可能才是隐藏于其后的真正力量。然而没有任何一个起义是公开或隐蔽地以恢复萨珊帝国为目标的。

反政府起义有着伊朗历史的相似特征。倭马亚王朝和阿拔斯王朝面对的最危险和影响最广的叛乱，都是由伊斯兰教内分歧驱动的。倭马亚王朝经历了伊玛目侯赛因的起义，随后是若干带有宗教、政治内涵的叛乱，直到他们被阿拔斯人推翻。阿拔斯王朝面对着什叶派和哈瓦利吉派的反对，什叶派尤其感觉在战胜倭马亚王朝后被阿拔斯人欺骗了，为此极为愤懑。后来，由波斯裔的麦蒙·盖达哈的儿子阿卜杜拉领导的伊斯玛仪派什叶派运动，最终导致敌对的法蒂玛王朝在埃及和北非的建立。另一个伊斯玛仪派运动，以其创建者卡尔马特命名的卡尔马特派，在很长时期内为阿拔斯政权制造着麻烦。一段时期里，他们甚至夺走了麦加的黑石，虽然他们最终归还了它。

反政府起义远远不限于波斯人或非穆斯林。8世纪中期在尼沙普尔发生的贝哈法里德起义似乎是由琐罗亚斯德教的一个异端发起的。贝哈法里德不是被倭马亚王朝，而是由琐罗亚斯德教的宗教领袖们吁请来的呼罗珊强人艾布·穆斯林打败的。艾布·穆斯林不仅仅是阿拔斯人派遣来组织反倭马亚王朝起义的首席传教士，还是一位很有人望、很有魅力的领导人。他被哈里发曼苏尔谋害，这产生了恶劣影响，尤其在呼罗珊、东波斯激起了一系列起义。在早期起义中，起义者经常宣称艾布·穆斯林没死，而是在某地（比如雷伊城）躲藏了起来，将来会再度出山，其他说法声称他将以（琐罗亚斯德教信徒或穆斯林的）救世主身份再现，清理这个不公正和腐败的世界。

孙巴德是艾布·穆斯林死后在尼沙普尔最早举起义旗的人之一。他曾是那位已故领袖的亲信，他的追随者由琐罗亚斯德教信徒和穆斯林异端分子组成。有资料记载他的追随者中包括马兹达克信徒，但这一点令人难以置信，一些资料宣称，他公开宣布要入侵阿拉比亚并摧毁克尔白。最终755年在雷伊，孙巴德被哈里发的军队打败，他逃往北方，被塔巴里斯坦的波斯人土王擒获、杀死。几乎与此同时（755—757）另一个以艾布·穆斯林的继承者身份出现的人是突厥人伊斯哈格，他因为向河中地区传教而得此名。他宣称艾布·穆斯林还活着，隐藏在厄尔布尔士山区。他的追随者被称作穆斯林耶，如果资料可信的话，其中的很多人是琐罗亚斯德教信徒，虽然他自己的名字显示他是个穆斯林，而且他的起义是对杀害一位穆斯林领导人的回应。

更加强有力的还有766年的吴斯塔兹西斯起义，依然是在曼苏尔统治期间，发生在赫拉特、巴德吉斯和锡斯坦地区。吴斯塔兹西斯似乎得到了哈瓦利吉派的加盟，而哈瓦利吉派在锡斯坦是强有力的存在。他被认为是一位先知，统领着相当多的注定失败的反阿拔斯支持者。资料记载三十万武装人员与政府军作战，其中的上万人在战败后被处决。这些数字可能被夸大了，尤其是他们记载了即使不是更多，也是相似数量的战胜了他们的政府军。

更著名、更多彩和更危险的起义者是穆盖奈耳，“呼罗珊的蒙面先知”，基于他的生平，19世纪英国诗人托马斯·穆尔写下诗篇《拉拉·鲁赫》。正如其名号所指出的，穆盖奈耳永远戴着面纱——根据他的追随者的说法，他不想让他的灿烂发光的脸灼伤信众，但贬损他的人说他是为了遮丑。比鲁尼说他是一个叫哈希姆·伊本·哈基姆的木鹿人，自称是神，实行马兹达克主义统治。除了他的面纱，他最著名的事迹是设置了一个假月亮——一个闪光的球形物体，每夜都从纳赫沙布的一个山洞或井里升出来，人称“纳赫沙布的月亮”，后来成了古典波斯文学中最受喜爱的隐喻。最终在786年，他和他的追随者被政府军包围，无望逃脱，据说他和（可能全部）他的追随者自焚以免落入敌人之手，也由此诞生了他没死，只是暂时消失，将在某时重返的传说。有时穆盖奈耳的追随者被称为“白衣人”，说明他们穿白色制服。

还有一个起源、信仰更不能确定的运动，叫作胡拉米或胡拉米丁。他们在相对较长的时间内活跃和造反，可以上溯到前伊斯兰时代的波斯，在史学家们的笔下，他们似乎是由同一名称下的不同类型的异端组成的。尼扎姆·穆勒克宣称，他们最早是在马兹达克死后由其遗孀组建的，因为她叫胡拉姆，他们就以胡拉米为名。最著名、最强大、最具影响的胡拉米人是巴巴克，他在哈里发马蒙统治期间反叛，在从816年到838年的超过二十年间，盘踞在阿塞拜疆和西伊朗。他的运动在不同人的笔下被描写为马兹达克教徒和琐罗亚斯德教信徒的行动。早期伊斯兰教历史学家倾向于将这一运动描述为纯宗教范畴内的。在某些情况下，宗教或多或少可能是动机。但是人们不能忽略这样的事实：这些叛乱，尤其是巴巴克这样的叛乱，是反对政权的起义，当时的政权是哈里发国家。一份传统资料声称，巴巴克向胡拉米教派引入了谋杀、冲突和残暴。他击败了讨伐他的数支军队，直到他走了背运，被效力于哈里发穆阿台绥姆的杰出且狡诈的波斯将军阿夫辛击败。

大约与此同时，一位塔巴里斯坦的地方统治者马扎亚尔由于叛乱被擒。他的叛乱并不根植于宗教，也没有广泛的追随者，他有一个更直接的叛乱原因：反对呼罗珊地区的波斯人的塔希尔王朝统治者阿卜杜拉·伊本·塔希尔，后者继其父塔希尔担任名义上由哈里发任命的地方总督。马扎亚尔被押解到哈里发的宫廷，在那里被处决。阿夫辛被指控与马扎亚尔同谋，此后也很快被杀。

波斯人的王朝

9世纪早期到11世纪之间，兴起了一系列波斯王国和政权，主要在东部，以辽阔的大呼罗珊地区为中心，只有一个主要的波斯王朝例外：白益王朝统治西部、中部、南部波斯，有时候还包括伊拉克和巴格达。这一发展不是有计划或有意识设计的结果。事实上，这一时期的王朝经常在名义上承认巴格达的哈里发，虽然哈里发自己往往是突厥将军手中的傀儡。这一发展是哈里发中央政权虚弱化的自然后果，部分原因是东方地方势力崛起并进行事实上的自治，名义上的中央直接统治再也无法立足。随着波斯人在哈里发国家的军事、行政和文学领域的崛起，以及他们在地方政府中的参与，尤其在东方，在波斯人中间崛起自治或独立的强国只是个时间问题。

塔希尔王朝

如前文所述，侯赛因的儿子塔希尔，人称“双手俱利者”，领导马蒙的军队战胜其兄弟阿明，为马蒙取得哈里发宝座。塔希尔的祖父鲁扎伊格效力于锡斯坦的阿拉伯总督。鲁扎伊格的儿子参加了阿拔斯运动，得到担任哈里鲁德河畔布申格（在现代阿富汗境内）总督的机会做回报，他的职位由其子侯赛因继承。侯赛因之子塔希尔曾在马蒙统领的一支军队中服役，这支军队是由马蒙的父亲哈伦派去平定一场东方叛乱的。哈伦去世时，马蒙担任了以木鹿为首府的呼罗珊总督，但是当他和他的兄弟哈里发阿明之间爆发内战时，他任命塔希尔做他的军队司令。阿明战败被杀，马蒙命令塔希尔掌管北伊拉克的军队、警察和税收全权。

820年，马蒙给予塔希尔非常重要的呼罗珊总督位置，使他成了第一个担任此职的波斯人，他的儿子阿卜杜拉接任了其父此前的职务。在呼罗珊，出于不很清楚的原因，塔希尔与马蒙的关系冷淡下来。他铸造的钱币上没有哈里发的名字，据说还把马蒙的名字从星期五聚礼演讲中删除，这等同于叛变或宣布彻底独立。这样做的后果我们并不清楚，因为塔希尔在两年后就去世了；一些早期历史学家，如著名的塔巴里，相信塔希尔是被马蒙毒死的。

塔希尔的职位由他的另一个儿子泰勒哈继承，此人死于828年，由其兄弟阿卜杜拉继任为呼罗珊总督。阿卜杜拉还在伊拉克拥有地产，名义上担任着一些国家公职，包括巴格达的治安总监。穆阿台绥姆继承马蒙后，双方的关系较为冷淡，但还算正常，阿卜杜拉事实上独立，但形式上需要哈里发的承认来统治其领地。阿卜杜拉是个能干的将军，在担任呼罗珊总督之前，在远及埃及的地方展现过军事才华。从他的首都尼沙普尔，他统治着辽阔的地域，后来远及克尔曼，东至印度边境。他的藩属包括塔巴里斯坦土王马扎亚尔，如前文所述，后者叛变，被他平定。

在哈里发名义上的支持下，阿卜杜拉建立起强大的统治。他依然忠于哈里发国家，意识到他的王朝的利益与阿拔斯王朝紧密相连。他是艺术和文化的赞助人，但他没有发展波斯文学，为他服务的诗人都是阿拉伯人。他去世后的845年，新哈里发经过犹豫，还是认可了阿卜杜拉的儿子塔希尔继承父位。这个家族获得了很大发展，许多家族成员在帝国东方和东北方以外的地方担任次级总督或地方管理者，哈里发任命其中一个做了伊拉克和法尔斯总督。然而作为哈里发国家的忠心支持者，他们不得不面对国家北方的什叶派在例如加兹温、雷伊、戈尔甘等地阶段性发生的叛乱。曾经是塔希尔朝藩臣的塔巴里斯坦的阿拉维王朝君主哈桑·伊本·栽德事实上动摇了他们的统治，塔希尔三世的儿子穆罕默德无力阻止他的崛起。他同样无法平定锡斯坦的哈瓦利吉派叛乱。但是他很快将面对终结塔希尔王朝统治的敌人，他就是铜匠莱斯（萨法尔）的儿子叶耳孤卜。

萨法尔王朝

塔希尔王朝最初的权力来源于哈里发朝廷，后来以哈里发的名义代表和事实盟友的身份统治呼罗珊。因此事实是，他们本质上是独立的，但在实践层面上他们也并不威胁阿拔斯王朝在东方的利益。另一方面，崛起于锡斯坦并建立萨法尔王朝的叶耳孤卜及其兄弟们是普通的地方百姓，他们的成就完全来自他们自己的努力奋斗，而非哈里发的任命或支持。多数时间里，他们尝试与巴格达建立平静的关系，但是他们缺乏像塔希尔王朝那样的忠诚品质，在短时间内就取代了塔希尔王朝成了呼罗珊统治者。

叶耳孤卜是个铜匠，可能是个长期称雄锡斯坦的哈瓦利吉派成员。不清楚是什么原因让他放弃铜匠生意做了强盗头子，但是根据传说，他就像后来的侠盗罗宾汉，劫富济贫。他和他的两个兄弟在第尔汗·伊本·萨利赫麾下效力，此人驱逐了扎兰季的塔希尔王朝地方官并向哈瓦利吉派宣战。哈瓦利吉派被打败，他们的头领被叶耳孤卜亲手干掉，但是多数哈瓦利吉派加入叶耳孤卜麾下，叶耳孤卜取代萨利赫做了大头领。在其胜利的警报下，末代塔希尔王朝君主穆罕默德企图通过诱使叶耳孤卜担任克尔曼总督来使其远离自己。然而叶耳孤卜征服了设拉子，并与巴格达建立起良好的关系，因此哈里发——虽然实际上对他的征服不悦——任命他做远达东北边境地区的巴尔赫和吐火罗斯坦总督。872年，叶耳孤卜终于找到借口进攻尼沙普尔，推翻了塔希尔王朝的统治。由于塔希尔族人们名义上还是哈里发的总督，因此叶耳孤卜征服尼沙普尔是非法的，哈里发拒绝承认他的统治权。叶耳孤卜拒绝服从命令，在随之而来的长期斗争中，他终于率军征伐巴格达。正在对付伊拉克的埃塞俄比亚黑奴起义的哈里发试图与其和谈，而这位年迈的战士却在征途中去世了。

叶耳孤卜的弟弟阿慕尔一经继位，就立即向哈里发表示效忠，从而正式被任命为呼罗珊和法尔斯总督，但他耗费了很多时间和努力在呼罗珊树立权威。后来，出于不明的原因，阿慕尔与哈里发的关系恶化，他两次被哈里发的军队打败，虽然最终他再度被任命为呼罗珊总督。但是他并不满足于此，企图向河中扩张势力。在这里，他面对着能干、出色的萨曼王朝统治者伊斯玛仪，后者在900年最终击败了他，由此终结了萨法尔王朝昙花一现的荣耀，虽然萨法尔王朝作为一个小王国维持到了15世纪。相比声名显赫的哥哥，阿慕尔是一个并不逊色的将领，并且还是更公正、更能干的管理者。在他与伊斯玛仪的战争中，巴格达最初支持阿慕尔，后来随着气运逆转而支持伊斯玛仪。伊斯玛仪将擒获的阿慕尔押送到巴格达，他在那里被处死。

萨曼王朝

伊斯玛仪是艾哈迈德的儿子，已知的最早祖先叫萨曼·胡达，一位巴尔赫地区的德赫干，号称是巴赫拉姆·丘宾的后代，巴赫拉姆·丘宾是霍斯劳二世（见第2章）统治期间富有戏剧色彩的反叛将军。在哈里发任命伊斯玛仪做整个河中地区的总督之前，他曾被他的哥哥纳斯尔任命为布哈拉的地方长官。

据说最早的新波斯语诗歌对句或两行诗是由叶耳孤卜的秘书写的。然而不管怎样，波斯文学和文化是在萨曼王朝开始繁荣的，并奠定了古典波斯文学的基础，波斯科学也经历了辉煌时期。随着泛波斯民族主义意识形态在20世纪崛起，萨曼王朝成了现代伊朗民族主义的代表，他们有意识地试图通过提升波斯语言和文学的地位来摆脱阿拉伯统治和文化。此说忽略了萨曼王朝的一些事实，包括以河中地区为统治中心、虔信逊尼派、充当巴格达哈里发国家的忠实藩臣，以及同时发展阿拉伯和波斯文学。无疑，新波斯文学在萨曼王朝繁荣和发展起来，但是没有更多证据表明，相比之后的加兹尼王朝，他们是有意识的民族主义者，加兹尼王朝甚至是波斯文学更伟大的赞助者。

892年，其兄纳斯尔死后，伊斯玛仪继任为河中统治者。他只是名义上由哈里发委任，但他忠于哈里发。在呼罗珊击败萨法尔王朝之后，伊斯玛仪的征服扩张向西远及雷伊、加兹温。现在轮到他面对中亚突厥人和其他游牧民族的入侵了。他在一段时间内尽力抵御突厥入侵浪潮，但没过多久，突厥人就扫荡了河中、呼罗珊和更远的地域。

著名古典散文家和编年史家尼扎米·阿鲁兹将伊斯玛仪的孙子纳斯尔·伊本·艾哈迈德描绘为“萨曼王朝项链上最耀眼的坠饰”。他的统治超过三十年。在其治下的萨曼王朝达到了权力和荣耀的顶峰，他们的首都布哈拉是当时的艺术、文学和文化中心。古典波斯诗歌的真正奠基者艾布·阿卜杜拉·鲁达基以及其他诗人都接受着他的赞助。

根据尼扎米·阿鲁兹记录的一个传说，纳斯尔·伊本·艾哈迈德曾在布哈拉城外宿营，因乐在其中而无限延迟了归期。随从的官员们想家心切，请求鲁达基试着劝说埃米尔返回布哈拉。鲁达基写了一些关于布哈拉的简单却动人的怀乡诗篇，当着君主的面向众人吟唱。纳斯尔·伊本·艾哈迈德深受感动，于是“赤脚攀上马背”。

纳斯尔的儿子努哈被迫面对境内外的突厥人的威胁，呼罗珊和河中都动荡不安。正如之前在阿拔斯宫廷中发生过的，被买来做军人的突厥奴隶们在萨曼宫廷中取得了权力和影响，其中就有从奴隶士兵成长为军队司令的阿尔普特勤。努哈的儿子成了他手中的傀儡，博学的维齐尔艾布·阿里·巴尔阿米——他以将著名的《塔巴里史》的一部分翻译成波斯文而著名——在他身边无足轻重。努哈的次子曼苏尔取代其兄继承了王位，解除了这个专横的突厥人的呼罗珊总督职务。阿尔普特勤在巴尔赫击败了曼苏尔派来追杀他的军队，前往加兹尼奠定了加兹尼帝国的基础。

10世纪末，萨曼王朝的国运极速衰落。他们无法平定锡斯坦的叛乱，且一直处于伊列克汗国的突厥人的压力之下。事实上，上一位埃米尔便是被突厥人废黜和刺瞎的，他的继任者任命阿尔普特勤的女婿素卜克特勤为呼罗珊总督。这位埃米尔遭到素卜克特勤之子马哈茂德的抗拒，最后在999年被伊列克汗国杀害。这终结了辉煌的萨曼统治。

尼扎米·阿鲁兹记述了关于伟大医生、科学家和哲学家拉齐治疗一位名声不显的萨曼统治者的传说。这位埃米尔双腿麻痹，无数疗法都毫无效果。最后，他请住在遥远的雷伊的拉齐前来，拉齐同意前往。人们来到乌浒水河畔，从未见过这么大河流的拉齐拒绝登船，说如果他淹死了，智者们会指责他以身涉险。确认他不可能改变想法后，大家强行拖他上船。

当他们在河对岸离舟登陆时，官员们立即向他道歉，但他回答说他不介意，因为如果他淹死了，没人会为此指责他。然而，他的药方也毫无效果。最后他说他只剩下一个疗法，但疗法要求他和埃米尔必须单独待在浴池里。在浴池里，他脱掉埃米尔的衣服，给了他一些镇静药剂。然后他突然开始恶言批评埃米尔强迫他过河，继而拔剑做出刺杀埃米尔的姿态。在极度恐惧中，埃米尔起立，晕厥，后来完全康复。拉齐离开浴池，与等候他的奴隶奔回家。无论这个传说是真是假，都真切表明当时的伊朗人不仅懂得癔病式瘫痪是一种心理疾病，而且知道休克疗法是治疗所必需的。

新波斯语和古典文学的兴起

过去人们相信达利语或新波斯语——现代波斯语的古典形式——是在7—9世纪期间从萨珊时期的中古波斯语发展而来的。根据更晚近的学者的观点，实际上在萨珊帝国灭亡前，存在着不是一种而是三种主要语言：西北部（古代的米底）使用的巴列维语，南部使用的帕尔西语或中古波斯语，取代帕提亚语在东北部使用的达利语。最后这种语言在伊斯兰征服后流行开来，逐渐成了伊斯兰波斯的官方宫廷语言。

最早的波斯诗人中依然为人所知的一位是9世纪的艾布·哈夫斯·索吉迪，他是一个简单却迷人的对句的作者："山羚怎能在平地奔跑？它没有朋友，它怎能没有朋友活着？"波斯人在其文学作品中引入许多阿拉伯语格律，但又使其能够与阿拉伯文学区分开来。10世纪早期出现了其他更成熟的诗人，如沙希德·巴尔希和凯撒伊·马卫集，他们都来自大呼罗珊，通常写短歌词、挽歌、沉思录和教化诗。艾布·阿卜杜拉·鲁达基经常被称为古典波斯诗歌的奠基者，在他的带领之下，新波斯语诗歌达到了其早期青涩的成熟。另一个10世纪著名诗人是艾布·曼苏尔·达齐基，也活跃在萨曼王朝。他的名声主要源于一个事实：他是第一个将《列王纪》改为韵文的诗人。关于琐罗亚斯德降临到古什塔斯帕国王身边，他写了一千个对句，后来菲尔多西将他的作品融入自己的完整诗篇，并为之增色添彩（见第2章）。

白益王朝和席亚尔王朝

当萨曼王朝在东部和东北波斯繁荣昌盛时，另两个王朝在波斯其他地区建立起来。里海地区土王马尔达维季·伊本·席亚尔打败了背叛萨曼王朝的戈尔甘总督马坎。在这次战役中，雷伊总督阿里及其两个弟弟哈桑、艾哈迈德加入马尔达维季麾下。他们都是白益或布维希的儿子，来自北方的德莱木山区，表现出卓越的能力和勇气。马尔达维季任命长兄阿里为哈马丹附近一个城市的总督。由于过度的残暴，马尔达维季本人被突厥士兵刺杀，他的弟弟瓦昔木吉尔继承了他的位置，成为席亚尔王朝的君主。

此时白益兄弟来到了遥远的克尔曼和法尔斯，在这里阿里获得伊马德·道莱头衔并统治设拉子。二弟哈桑获得鲁克尼·道莱头衔，最终占领了伊斯法罕，后来打垮瓦昔木吉尔占据了库姆和雷伊，从此后者仅限于统治以戈尔甘为中心的里海地区西部。最伟大的席亚尔国王大概是瓦昔木吉儿的儿子加布斯，他有着超凡的学识和惊人的残暴性情。他在监狱中被囚十八年，夺回权力之后依然故我。最后他被废黜（死于体温过低），埋在至今依然耸立于戈尔甘的加布斯穹顶墓塔，它是伊斯兰教兴起以来建造的第一座同类建筑。1012年，加布斯的儿子曼努契黑尔继任，以向加兹尼王朝国王马哈茂德之子马苏德称臣而告终。他是伟大诗人曼努契黑里的第一个赞助人。席亚尔王朝的最后一个重要君主凯卡乌斯·伊本·伊斯坎德尔的名气，源于他是著名的《加布斯纳美》的作者，这本书是写给其子吉兰沙的，属于“君主的镜鉴”体裁。

在此之前，白益兄弟中最年轻的艾哈迈德，头衔为穆仪兹·道莱，开进巴格达并操纵哈里发于股掌之中。在那时共存着三位白益君主：白益长者阿里，以设拉子为首都；以伊斯法罕为基地的哈桑；坐镇巴格达的艾哈迈德。白益家族是什叶派，但并非不宽容，他们的兴趣不在压制逊尼派或废黜哈里发上。相反，在他们统治伊拉克的数十年中，实际上册立了数个哈里发。阿里死后哈桑成为白益家族族长，哈桑的儿子法纳·霍斯劳，头衔为阿杜德·道莱，在设拉子取代了伯父阿里的位置。父亲死后，阿杜德·道莱成了白益家族族长，掌控着白益王朝的所有土地，那是一个在他的漫长统治中繁荣强大的帝国。阿杜德·道莱的统治是白益王朝的顶点。他是伊斯兰教兴起以后第一个以“诸王之王”为称号的统治者，国家在他的治下变得富裕而辉煌。

阿杜德·道莱死于983年，围绕继承权而起的纷争打破了他取得的王朝团结，标志着白益王朝气运衰落的开始。他的弟弟法赫尔·道莱继续统治雷伊直到997年去世，此时正是10世纪的末尾和东方加兹尼帝国崛起的当口。法赫尔·道莱的儿子马吉德·道莱还是个小孩子，所以他的母亲赛耶德以他的名义执政。尼扎姆·穆勒克·图西讲了一个故事，当强大的加兹尼君主马哈茂德要求她臣服时，她拒绝了，告诉对方说，如果马哈茂德征服了她，那么人们会说强大的皇帝征服了一个老太婆，如果他未能获胜，人们会说他被一个老太婆击败。无论如何，赛耶德死后，马哈茂德进攻雷伊并废除了白益王朝君主，同时处决了两百名什叶派贵族。

加兹尼王朝

从萨曼王朝崛起到白益王朝衰落的一个半世纪，通常被看作阿拉伯人和突厥人统治波斯之间的插曲。然而更符合真实情况的是，这个波斯时代也包括早期加兹尼王朝——在他们丧失呼罗珊和其他波斯领土之前。加兹尼王朝的建立者是突厥人，但这些突厥人与服役于萨曼王朝并最终支配了萨曼王朝的突厥人相差无几。与后来带领土库曼游牧民族进入波斯和其他地区的塞尔柱人不同，他们本质上还是一个本土化的波斯王朝。

如上文所述，阿尔普特勤曾经是服役于萨曼王朝的奴隶士兵，他违抗萨曼朝廷而在呼罗珊建立起自己的统治。后来他的继任者靠萨曼王朝的帮助才恢复了在加兹尼的权威。阿尔普特勤于970年去世，引发了一段时期的动荡，直到素卜克特勤击败对手们，在加兹尼建立王权并将其统治扩展到一个相当大的疆域，虽然他名义上还是萨曼王朝的藩属。素卜克特勤原是阿尔普特勤的一个突厥奴隶，后来被擢升到高位并做了阿尔普特勤的女婿。素卜克特勤死于997年，一如既往地引发了继承权之争，他的小儿子马哈茂德赢得胜利，同年白益王朝的法赫尔·道莱死于雷伊。马哈茂德的权位得到巴格达的哈里发承认，被授予头衔亚明·道莱。

马哈茂德是能干的军事领导人，也是一个帝国的建立者。同时他还是一个正统逊尼派，热衷于迫害什叶派和破坏印度教寺庙。狭隘的宗教观和对财富的热爱是他征伐领地东方的印度地区、征服旁遮普、摧毁和掠夺远方的印度教庙宇的主要动力。他拒绝承认末代萨曼王朝王子，何况后者很快被伊列克汗国的突厥人推翻。他还颠覆了白益王朝，将统治向西扩张到伊斯法罕。于是他建立了一个南到印度、涵盖中北波斯大部、以呼罗珊为统治中心的帝国。突厥人施加在河中和呼罗珊东部边境的压力逐步增长，但在有生之年，马哈茂德还能对其进行有效管控。

马哈茂德不仅是一个穷兵黩武的战士，还是文学和科学的热心赞助者。在他的宫廷中有许多顶尖的诗人和科学家，包括昂所里、法鲁基、比鲁尼这样的大师。他还邀请阿维森纳来他的宫廷，但后者拒绝了他的要求，转而前往博学但不得人心的席亚尔君主加布斯的小宫廷，后来阿维森纳投奔了末代白益王朝的宫廷。虽然菲尔多西在马哈茂德之前就写下了那部伟大史诗，而且似乎没有在其宫廷中待很久，但他依然向马哈茂德呈上了他的《列王纪》，并将马哈茂德的名字写进颂词。

根据尼扎米·阿鲁兹讲述的一则有趣传说，菲尔多西曾住在马哈茂德的宫廷中，期望在《列王纪》写完时获得巨额报酬。但是马哈茂德没有给他金币，而是用银币给了他一笔数额较小的报酬。这位发怒的诗人拿到奖金后来到一家公共浴室的休息厅，“喝了一杯啤酒，将酬金分给酿酒师和浴池主”。担心国王因其无礼而惩处他，他逃跑了，最后在马赞德兰写下一篇针对马哈茂德的很长的讽刺作品《哈吉夫纳美》。从细节角度说，这个故事很大程度上不像是真的，但无疑菲尔多西对马哈茂德很失望，而且在穷困潦倒中度过了晚年。在其生命的最后阶段，菲尔多西在诗中写道：“别在世间停太久，贫老交加乃苦灾。”

马哈茂德死于1030年，在他的两个儿子之间同样发生了一场典型的继承权之争，一个是他的爱子穆罕默德，另一个是长子、伊斯法罕总督马苏德。贝哈奇关于这些事件的记载极具启发性：在一位伟大波斯帝王死后会发生什么样的混乱和纷争，不同党派会多么迅速地改变阵营到获胜方，失败者怎样失去一切——通常包括他们的性命。在这一案例中，失去一切的当局最高官是维齐尔哈桑纳克，贝哈奇在他的《历史》中详细记录了哈桑纳克败落和被杀的过程。

马哈茂德任命其幼子穆罕默德，而非马苏德为继承人，而哈桑纳克在其力所能及的范围内竭尽全力满足国王的愿望，无论在国王生前还是死后。以荣誉流放的形式被派去做伊斯法罕总督的马苏德起兵攻回首都，轻松废黜、刺瞎了他的弟弟，夺取了王国。他向很多人报复，尤其是哈桑纳克，此人不仅是维齐尔，还是最有力的反对派。哈桑纳克被指控为卡尔马特派伊斯玛仪分子，他的财产被没收，他本人被石头砸死，但目击了全过程的贝哈奇说哈桑纳克在被石头砸之前已经先被绳索绞死。

1035年，马苏德被塞尔柱人击败，但他与他们达成协议：塞尔柱人在他的认可下统治指定地区，代价是阻止塞尔柱人本身所属的其他乌古兹土库曼人的入侵浪潮。但是这一和平并不持久。在与塞尔柱人的第二次战争中，马苏德遭到惨重的、不可挽回的失败，从而退出呼罗珊。此后的加兹尼王朝仅保留了在印度的领地，但是他们使用波斯语做官方语言并赞助波斯文学，从而与波斯保持着联系。诸如萨纳伊·加兹尼、马苏德·赛义德·萨勒曼等伟大诗人就生活在加兹尼王朝晚期。

4 突厥人和蒙古人

说波斯语的突厥人是生命的施主。

——哈菲兹

突厥人是由多种部落群体组成的中亚民族，据说起源于阿尔泰山。他们在4—6世纪迁徙到河中，侵袭萨珊帝国的东方边境。他们从11世纪开始从中亚出发渡过乌浒水，向西进入波斯腹地，为首者是乌古兹或古兹部落的塞尔柱人，这个运动最终导致奥斯曼帝国和现代土耳其的创建。他们首先遭遇加兹尼王朝，后者被他们赶出呼罗珊，于是通往征服伊朗高原、伊拉克、叙利亚和安纳托利亚的门户洞开。

如前面章节所述，在萨珊帝国晚期，突厥人已经取代了绝大多数惹是生非的游牧民族，抵达帝国东部。早期阿拔斯王朝认可了突厥人的军事素质，使用个别突厥人做军事（或家务）奴隶。短期之内，这些人就开始支配哈里发并干预哈里发国家的国务。相似地，后来的诸如萨曼王朝之类的东方波斯政权也引入突厥奴隶来工作（主要用于军事）。这种做法迟早将导致某些突厥人崛起，例如建立加兹尼帝国的阿尔普特勤和素卜克特勤。然而这并不是突厥部落入侵或集体迁徙进入波斯和更远地区造成的。首先获得通行权的是塞尔柱突厥人，他们为后来的迁徙和入侵铺平了道路。于是在塞尔柱人之后的几个世纪中，突厥游牧民族稳步而不断地向波斯迁移，其语言和种族对伊朗文明造成了相当大的冲击。

塞尔柱人

西迁并皈依伊斯兰教之后，塞尔柱人首先与萨曼王朝，后来与马哈茂德的加兹尼王朝接触，但结局不佳。1030年代，他们迁入呼罗珊，并与加兹尼的马苏德言和，条件是由他们管控古兹。但他们在1040年击溃了马苏德的大军。于是加兹尼人被赶出呼罗珊，虽然他们依然控制了加兹尼城一些时日，但最终沦为西部印度的一个地方性政权。

阿布法齐·贝哈奇是加兹尼王朝的国务秘书和同时代的历史学家，他目睹了这些事件，在他的名著《历史》中记载道，呼罗珊的沦陷源于马苏德在该省的督军的掠夺和不公管理，此人将掠夺的财物半数送交加兹尼王庭。他记载了他和一名信使的对话，马苏德派这名信使去褒奖那名督军为“一名优秀的仆人”，他还说如果他多有几个像他那样的男仆，他的财政状况会很不错。这名信使告诉贝哈奇，说他赞同马苏德说的话，还说没有“勇气告诉马苏德，应该问问呼罗珊的民众，无论高低贵贱，他给他们带来了多大伤害……未来将表明他的行为会带来什么后果”。贝哈奇重申了这个观点，还说得到呼罗珊人民祝福和支持的塞尔柱人终将获得胜利。

早期塞尔柱人

塞尔柱入侵者由图赫里勒·贝格和恰格勒·贝格兄弟统帅。后者留在后方呼罗珊坐镇，图赫里勒则向西推进，占领雷伊作为首都，推翻了支离破碎的白益王朝的诸蕃属，于1055年进入巴格达终结了白益王朝在伊拉克的统治。如第3章所述，哈里发早已丧失大部分实权，先是落入个别突厥将军手中，后来又被占据巴格达的白益王朝把持。于是哈里发授予图赫里勒“苏丹”头衔，因为他是哈里发疆域的真正统治者，而且与之前哈里发国家的白益支配者相反，他属于正统逊尼派。直到当时，除了东方的加兹尼王朝属地，什叶派曾经是穆斯林中东的统治力量，白益王朝统治伊拉克和西波斯，同时埃及和北非在法蒂玛（伊斯玛仪派什叶派）王朝手中。

被后来的许多突厥统治者使用的“苏丹”头衔，在哈里发和苏丹之间的关系方面，其内涵从那时起就有很多疑问。甚至有人将其诠释为教会与政权或宗教与世俗的分割。哈里发授予图赫里勒苏丹头衔时，这方面的考虑是完全不可能的。哈里发国家无法与基督教会相比，哈里发没有教宗的教义权威。相对于哈里发，这位新苏丹拥有的权力与之前白益王朝和加兹尼王朝拥有的没多大区别。

1063年图赫里勒去世，埋在雷伊的那座以他的名字命名且至今耸立的高塔中。他那曾经统治呼罗珊的弟弟恰格勒死在他之前。因为图赫里勒自己没有男性后代，恰格勒的儿子阿尔普·阿尔斯兰便继承了他的位置。然而在图赫里勒死后，一如既往地发生了冲突和叛乱。阿尔普·阿尔斯兰的弟弟苏莱曼被图赫里勒任命为继承人，很能干且博学的维齐尔阿米德·穆勒克·孔杜里因坚持自己的主张而丢了性命，未来的维齐尔尼扎姆鼓动新苏丹将其杀害。

新苏丹被迫不断东奔西走来维护各个省份的和平。平定东方的喀喇汗朝突厥人的叛乱后，他率军前往东安纳托利亚，任性胡为的古兹人正在那里恣意破坏。拜占庭皇帝错以为这是对他的威胁，率领大军迎战阿尔普·阿尔斯兰，却被阿尔斯兰那规模小得多的军队在马拉兹吉尔特击败，皇帝本人被擒。拜占庭失去了中、西安纳托利亚，虽然后来西部被收复，但此后中安纳托利亚成了塞尔柱人的鲁姆苏丹国的基地，日后又成为奥斯曼帝国的发祥地。

回军向东再次镇压喀喇汗朝的叛乱途中，阿尔斯兰被一个带到他面前准备处决的战俘刺杀。这位统治者死后，如影随形般熟悉的叛乱产生，被继承其王位的儿子马利克沙荡平。马利克沙也被迫面对一个觊觎者的造反，那就是他的叔叔、首个塞尔柱人的克尔曼国王哥巴德·贝格，马利克沙击败并处死他，还把他的两个儿子刺瞎，其中之一继续统治克尔曼。

马利克沙的能干而博学的维齐尔尼扎姆·图西在其关于统治艺术的著作《政治论》中写道，人类违背真主将导致：

明君消失，则人们将拔剑、流血——拥有更多权力的人将为所欲为——直到罪人在叛乱和流血中被肃清……这些罪人制造的凶兆显示，许多无辜的人会在混乱的叛乱中随之毁灭。

这是这位维齐尔基于他观察自己的时代所做出的对伊朗历史上出现的“专制统治—混乱—专制统治”循环的抽象和一般性思考的一部分。

极盛时期的塞尔柱帝国

马利克沙治下的塞尔柱帝国达到了疆域（甚至大于萨珊帝国）、繁荣和荣耀的顶点：帝国从中亚延展到地中海。帝国的行政掌握在尼扎姆手中，他派遣他的十二个儿子到各省，来确保地方的忠诚和效率。在塞尔柱征服之初，政府管理就掌握在波斯人手中，运转着一个大致近似于加兹尼王朝和更早时代的系统，基于底万、秘书、穆斯塔菲（税务会计）等相似部门，这个系统在伊朗大体运作到19世纪中期，直到那时在欧洲影响下进行改革。

除了底万，还有苏丹的达鲁花，即经常在全国各地流动的帐篷中的宫廷，至少在理论上，任何蒙受冤屈的人都有权来到御前请愿，要求公正判决。军队由突厥人组成。除了从部落招募的士兵，还有一支精选的职业军队，由阿尔斯兰指挥，有一万至一万五千人。从本质上说，这个庞大的帝国是由游牧民族在很短的时间内不经意地建立的。其宫廷的流动性甚至超过了加兹尼王朝，部分原因在于帝国的广大和统治者的游牧文化。出于前述原因，各省长官和总督都是任命的，只要中央有强大的力量来控制地方，他们就听命于苏丹，而且能由苏丹随意撤职，这种局面持续到马利克沙去世。

伊克塔是阿拉伯征服以来就投入使用的土地分配形式，伊斯兰教兴起之前它是盛行的分配体系的模型。后来在蒙古人统治时期出现了一套

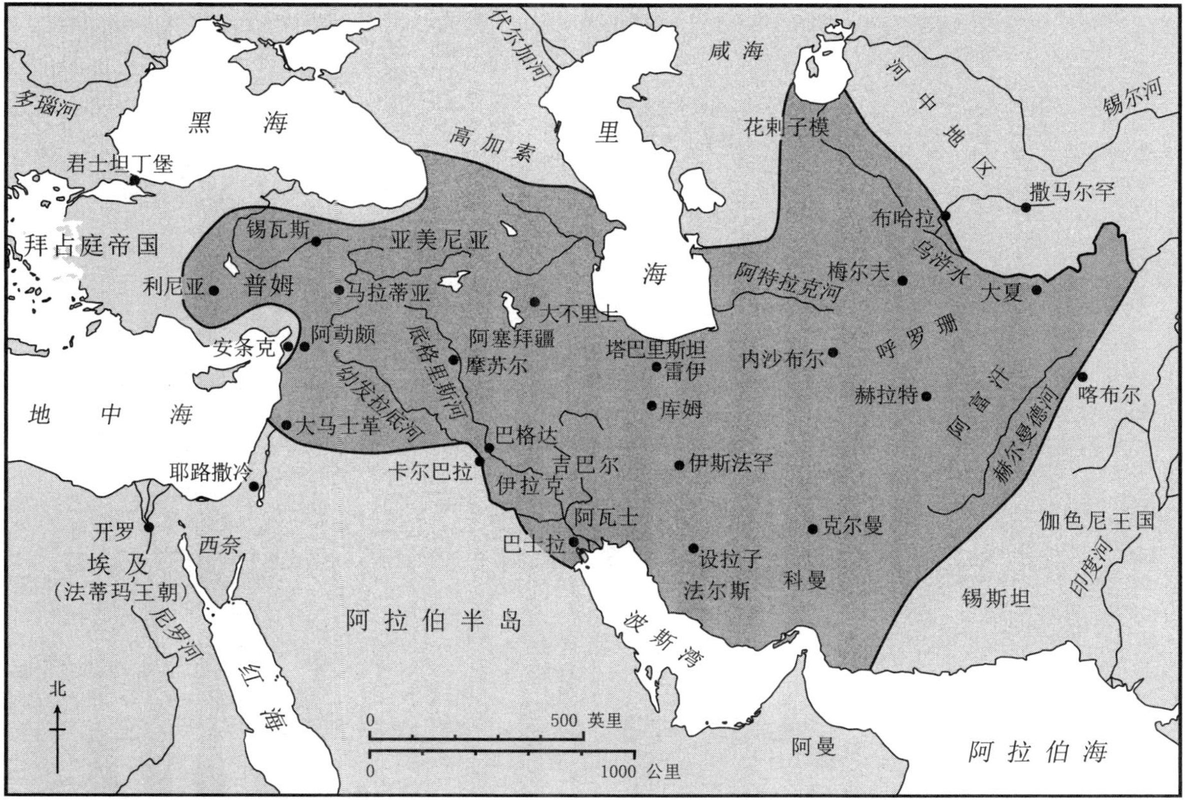

全盛时期的塞尔柱帝国，公元1072—1092年

叫作莎余儿合勒的相似体系，更晚期的还有萨非王朝和19世纪的恺加王朝的提优尔体系。塞尔柱帝国扩大了伊克塔体系的应用范围，把土地和行省分配给宗亲、宠臣、军事和行政官员，让他们从当地获得税收。

在这一体制下，受封土地并不世袭，其头衔的安全性也无保证，受封的人保留职位仅取决于苏丹的意志。如前面几章所述，伊朗不是封建社会，在伊朗的任何时代都不存在封建制。当中央权威削弱，即使有意也无法剥夺受封者土地时，受封者当然能够保持其地位，直到中央政府或更强者取代他。但是从长期看，这种受封地位是站不住脚的，除非他叛变并在他的省区宣布完全独立，成为拥有全权的统治者。

在塞尔柱帝国治下，这种非同一般的发展的极端例子是希瓦（位于花剌子模）事件。1077年马利克沙将东方省份的伊克塔授予他宠爱的持杯者阿努什的斤，此人不是贵族而是个卑微的奴仆。这个任命后来创建了此人的传承谱系，直到他的一个后裔在苏丹桑贾尔统治期间宣布独立。终于花剌子模沙们以他们自己的方式建立了一个短命的、在短时间后就被蒙古人摧毁的帝国。因此，他们并非贵族出身，却通过反叛其主人而建立了一个新国家，他们的独立仅仅持续了半个世纪。

尼扎姆在阿尔普·阿尔斯兰手下继续担任维齐尔，事实上一直到马利克沙统治的末期。他来自呼罗珊的图斯，与早于他的菲尔多西和伟大的神秘主义神学家艾布·哈米德·安萨里是同乡，安萨里是尼扎姆同时代的人，在巴格达的尼扎姆学院任教数年，该学院由这位维齐尔亲自资助并以其名字命名。尼扎姆建造了其他清真寺和宗教学校，他在首都伊斯法罕兴建的聚礼大清真寺被看作那个时代最著名的建筑。这位伟大维齐尔的另一位受资助人是欧玛尔·海亚姆，尼沙普尔人，伟大的诗人，在当时更以数学家和天文学家的身份而闻名。他和其他科学家受雇于马利克沙的天文台，编算出新的基于太阳历的哲拉里历，它始于公元1079年的诺鲁孜节，哲拉里是马利克沙的头衔札兰丁的形容词形式。

如果说马利克沙是传统伊朗历史上著名的明君典范，那么尼扎姆则是伊朗历史上最卓越的维齐尔之一。尼扎姆是个有成就的文人（就像伊朗历史上绝大多数波斯裔维齐尔一样），还是经典著作《政治论》的作者，如前文所述，这本书属于“君主的镜鉴”体裁，讲述怎样公正和成功地治理国家。正如其体裁的特征所决定的那样，他的建议的每一项都用过去的伊斯兰和前伊斯兰时代的君王身上的逸闻趣事做案例，这些案例的真实性和准确性各有不同。在关于法官、司法者和朝廷公正的一章，他阐述了不久前还很活跃的加兹尼王朝国王易卜拉欣（马苏德之子）的案例。

> 城里面包短缺，穷人向朝廷寻求公正，指控王家面包师囤积小麦和面粉。国王下令将此人用大象踩死，尸体挂在象牙上在城里游街，沿路高喊不开门营业的面包师都会受到同样对待。到了晚上，每间面包店都额外拿出五十曼面包，面包从而不再短缺。

统治者和总督们的这种司法或惩罚在伊朗历史上很普遍：在恺加王朝时期，相似情形下的最喜闻乐见的处置方式是将首席面包师扔进一个燃烧的面包炉。成文法的缺失，加上真实或可疑的不负责任的行为，酿成了如此极端和随意的处置方式。

然而尼扎姆没有逃脱降临在他之前和之后的绝大多数伊朗名臣身上的命运。苏丹将八十岁的他撤职，指控他有僭越君主并与其平起平坐的野心，也对他的亲戚们操弄权柄表示担忧。这位维齐尔的最大罪过是富可敌国和权势熏天，超过了苏丹的容忍限度。他被苏丹最受宠的妻子秃儿罕可敦*的被保护人塔杰·穆勒克取代。此后不久，受辱的维齐尔沦为伊斯玛仪派一次暗杀活动的牺牲品，虽然这很可能是在苏

---

*“秃儿罕”意为“一切向你臣服之人”，只有公主可用；“可敦”意为王后。此处马利克沙的妻子与下文摩诃末之母秃儿罕可敦不是同一人。——编注

丹的认可下，由塔杰·穆勒克策划的一场袭击。被撤职的维齐尔们通常无法活命，例如我们将要看到的晚至20世纪（见第9章）的阿卜杜勒侯赛因·帖木儿塔什。

马利克沙死于1092年，终年三十七岁，比那位屈辱的维齐尔之死晚三个星期，后者的支持者在四个月后刺杀了塔杰·穆勒克。围绕继承权的惯常的同室操戈和混乱接踵而至。秃儿罕可敦在伊斯法罕宣布她的小儿子马哈茂德为继承人。苏丹的长子巴尔基雅鲁格逃到雷伊自立为苏丹。他没有进攻伊斯法罕，而是来到哈马丹，但是很快他就遭到他舅舅的反叛，他平定了这场叛乱。前往巴格达自称苏丹后，他的叔叔叛变，抓住他押送到伊斯法罕，就在他要在这里被刺瞎时，他的弟弟马哈茂德死于天花，于是他继承了弟弟的位置。另一个叛变的叔叔被自己的奴隶杀掉，同时马哈茂德的母亲秃儿罕可敦被杀。1099年，巴尔基雅鲁格的弟弟穆罕默德起兵反抗他。1103年至1104年双方媾和，但同时穆罕默德杀了巴尔基雅鲁格的母亲，巴尔基雅鲁格杀了他的维齐尔穆阿亦德·穆勒克。此后不久，巴尔基雅鲁格去世，由他五岁的儿子马利克沙二世继任，后者被穆罕默德擒获、刺瞎，穆罕默德继承了苏丹宝座。

塞尔柱帝国的古典史学家苏莱曼·拉万迪随手记录的一个关于苏丹穆罕默德的故事值得一提。尼扎姆的儿子齐亚·穆勒克·艾哈迈德目前正担任苏丹的维齐尔，他给了苏丹一笔钱，要求苏丹将一个重要的人（也是一个赛义德，即先知穆罕默德后裔）“由他发落”，苏丹同意了。这位赛义德及时听到风声，急忙来见苏丹，给了苏丹更多钱，于是苏丹转而将齐亚·穆勒克交给此人发落。下面是他与苏丹讨价还价的经过，他告诉苏丹：

> 我听说和卓·艾哈迈德［即齐亚·穆勒克］用五十万第纳尔买了你的奴隶［指他自己］。我希望世界的主人［即苏丹］不要

认为出卖先知的后裔是合理的。我会把五十万第纳尔的价格提高到八十万，换取您将他交给我发落。

拉万迪继续说："苏丹爱财超过保护维齐尔的意愿。他同意了［这个请求］，将和卓·艾哈迈德交给这位赛义德，后者向其复仇，他［艾哈迈德］遭受了他要求苏丹对那个赛义德所做的一切。"甚至到了19世纪，我们也会看到高官权贵们之间的这种交易。

最后一个伟大的塞尔柱人

11世纪末，随着马利克沙的去世，塞尔柱帝国的荣光一去不复返，但是桑贾尔在东部的六十年明智和相对稳定的统治确保了伊朗的塞尔柱人在一个君主——"大苏丹"——的统治下维持霸主地位，直到12世纪中期。1096年，桑贾尔被他的哥哥巴尔基雅鲁格任命为呼罗珊总督，他远离塞尔柱宗亲们正在进行的纷争，直到年幼的马哈茂德在伊斯法罕继任其父穆罕默德为苏丹，并在1119年向他宣战。虽然击败了自己的侄子，桑贾尔还是宽恕了他并在他的首都恢复了其职位。从此之后，塞尔柱帝国不断分裂，桑贾尔被承认为伊朗塞尔柱的大苏丹（他在巴格达正式称王），更西方的塞尔柱突厥人则完全自行其是。桑贾尔的最大忧患来自难以控制的古兹人和叛变的阿即思，阿即思是持杯者阿努什的斤的后代，在1127年继任希瓦总督。了解到阿即思的野心，桑贾尔在1138年讨伐并驱逐了他，代之以一位新受封者或伊克塔持有人。但是当苏丹返回其首都木鹿之后，阿即思再度夺取希瓦。他煽动喀喇契丹（或称黑契丹，一个中国的王国）反对苏丹，喀喇契丹在1141年出征并大败桑贾尔，还俘虏了他的妻子。

更大的灾难发生在1153年，桑贾尔彻底失去了对古兹人的控制，后者击败并俘虏了他，还对呼罗珊进行了屠杀和洗劫。同时代的伟大诗人哈加尼·希尔凡尼在雷伊得到这灾难的消息，当时他正在前往呼罗珊的路上。他写了两首高亢又动人的诗篇，沉痛地悼念这些事件。其中一首的开头写道："你看到的埃及王国沦为废墟，你听到的尼罗河骑士变成幻影。"

被擒三年后，桑贾尔逃脱了，但他年迈又消沉，不久后便去世了，伟大的塞尔柱苏丹国也随他消逝。塞尔柱人创造了一种制度：任命由突厥监护人辅佐的年幼王子担任省督，这些监护人被称为阿塔贝格。此时正当塞尔柱中央权威松弛之时，这些阿塔贝格便取得独立，建立起他们自己的王朝。其中最著名的伊朗阿塔贝格王朝是法尔斯萨尔古尔王朝，他们大约在12世纪中期建立王统，持续到1260年代。他们的名气很大程度上在于王朝的最后两位阿塔贝格（其中之一叫萨德·伊本·赞吉，萨迪用他的名字做了笔名）是萨迪的赞助人。

伊斯玛仪派

伊斯玛仪派就是七伊玛目派，在第六伊玛目贾法尔·萨迪格死后，与十二伊玛目派相反，他们是依附于其长子伊斯玛仪的信徒，十二伊玛目派则认为萨迪格的次子穆萨·卡齐姆才是第七伊玛目。从那时起，伊斯玛仪派在思想意识和社会权力方面都积极进取。与逊尼派教义和十二伊玛目什叶派思想都有很大不同的是，他们相信一条深奥的教义——围绕数字七的历史神秘主义的周期论。从909年起，他们的主要分支在北非和埃及建立了统治，最后在1171年被萨拉丁推翻。他们被叫作法蒂玛王朝是因为他们自称先知女儿法蒂玛的后裔，他们的敌人则否认了这种说法。

法蒂玛王朝最辉煌的时代可能是在穆斯坦绥尔的长期统治下，几乎完全与塞尔柱人从崛起到马利克沙去世的这段时间重合。此时伟大的波斯诗人和思想家纳赛尔·霍斯劳访问开罗并皈依了伊斯玛仪派，随即作为高级传教士（胡加特）返回呼罗珊。穆斯坦绥尔死后，他的两个儿子穆斯台阿里、尼扎尔围绕继承权发生了宗派之争。穆斯台阿里赢得了斗争，但他的哥哥尼扎尔也有众多拥趸，他们在短时间内集中到伊朗。

传奇性的伊斯玛仪派领袖哈桑·萨巴赫在上述事件发生前就已经成了伊朗伊斯玛仪运动的精明而不知疲倦的领军人物。当尼扎姆的部下追杀他时，他已经以精彩的策略控制了加兹温附近的山中堡垒阿拉穆特。那是在1090年，但是在数年后穆斯台阿里—尼扎尔的斗争发生时，萨巴赫转而以尼扎尔派的名义，事实上为来自开罗的波斯伊斯玛仪派运动效力。这段时间内，波斯伊斯玛仪派征服并建造了其他山中要塞，如伊斯法罕附近的沙罕德兹，以及呼罗珊的忽希斯坦（意为“山区”）地区。从这些难以攻破的据点，他们以派出单个或小队行刺的方式，向统治者、总督和其他重要的正统逊尼派信徒的心脏里钉入恐惧。

这些刺客通常无望在执行任务之后逃离，他们往往以最可怕的方式被擒获和杀掉。他们对死亡漠不关心，有一个理论被用来解释他们无私献身的原因。据说在大麻的作用下，他们感受到了天堂的景象，他们被告知这是对他们被擒杀之后将去的地方的预示。因此这些波斯（后来还有叙利亚）伊斯玛仪派被称作阿萨辛（意为重度大麻服用者），这个词的变体创造了欧洲语言中的“刺客”一词。

几乎可以肯定，这种理论没有事实依据，虽然直到晚近时期还有许多穆斯林和欧洲人相信。要理解那些刺客的心理，只需要想想日本的神风特攻队和现在的自杀人肉炸弹就可以了。欧洲是通过叙利亚接触刺客的，那里建立了一个伊朗尼扎尔派的分支机构，过去欧洲人常常将他们的领袖描绘为山中老人，显然是对阿拉伯语词汇“山中的长老”的翻译。

虽然波斯伊斯玛仪派不是领土国家，但他们因为成功的袭击和暗杀而拥有很大权力和影响，事实上在伊朗各地都造成了震动。他们干掉了许多有势力的人物，包括著名的尼扎姆。除了个别刺客被擒获、处死，作为报复，正统当局经常周期性地处决或屠杀没有战斗力的伊斯玛仪派信众。晚期塞尔柱帝国不管做出多少努力，都不能迫使阿萨辛派就范，或者真正征服、摧毁他们的任何一座堡垒。这一任务留给了蒙古人，他们是新兴势力，而阿萨辛派正在走下坡路。

有个有趣但无法证实的传说，欧玛尔·海亚姆、哈桑·萨巴赫和尼扎姆是少年同学，相约长大后互相扶持。萨巴赫和尼扎姆进入政府工作，由于萨巴赫更加优秀，尼扎姆不公正地对待和羞辱了他。这导致哈桑·萨巴赫发誓报复，他加入伊斯玛仪派，肆意破坏塞尔柱帝国，并下令刺杀尼扎姆。

12世纪是波斯文学大发展的时期，无论是在诗歌还是散文方面。前面已经大略提过海亚姆、纳赛尔·霍斯劳与哈加尼，虽然后者与其同时代的伟大同行尼扎米·刚加维一样，并不服务于塞尔柱宫廷。呼罗珊的杰出诗人比比皆是，他们中的许多人，如安瓦里，成了大人物，其他主要诗人包括穆仪兹、萨纳伊、马苏德·萨德、阿迪卜·萨比尔、拉希德·瓦特瓦特。尼扎姆的《政治论》也作为重要的散文著作而闻名。这个时期还有其他重要的作品，例如凯卡乌斯·伊本·伊斯坎德尔的《加布斯纳美》和卡齐·哈米德丁的《木卡姆》。

尽管存在周期性的动乱和不稳定因素，艺术和建筑还是在塞尔柱时期繁荣起来。塞尔柱艺术以融合了波斯、伊斯兰和中亚的元素而闻名，因此在伊斯兰世界独树一帜。金属镶嵌制品艺术，包括铜、银和金器，繁盛于呼罗珊。这些器物经常用字母变形为人物、动物形象的活泼的阿拉伯文字装饰。陶器艺术反映了这个时期的创新，经常带有与金属器物相似的纹样。这个时期的书籍装帧艺术也很重要，但几乎没有留存下来。建筑繁荣起来，其中现存的最辉煌样例是归于尼扎姆及其对手兼继任者塔杰·穆勒克名下的伊斯法罕大聚礼清真寺。桑贾尔的陵墓现存于木鹿，即今天的土库曼斯坦。

花剌子模沙

我们已看到，马利克沙受宠的奴仆阿努什的斤被授予希瓦（即花剌子模）的伊克塔头衔，其后代阿即思在桑贾尔时代崛起，并最终以花剌子模沙的名号赢得独立。他死于1156年，比桑贾尔早一些，由伊尔·阿尔斯兰继承王位。从此花剌子模沙国由地方性强权迅速崛起为区域性政权，盖过支离破碎的塞尔柱宗主，甚至在克尔曼统治者之上。但花剌子模的多数扩张发生在最后一位有力的苏丹阿拉丁·摩诃末治下（1200—1220），此人在短时间内成为一个庞大帝国的统治者。他将古尔王朝赶出阿富汗，后者退居其印度领土。事实上他征服了整个中、东波斯。

然而建成这个帝国的基础太薄弱，苏丹本人也不是个能干和有力的统治者。花剌子模沙苏丹国扩张太快，而且被摩诃末征服的地区遭到削弱，尤其在东部，很易于遭到攻击。这位统治者的母亲秃儿罕可敦是一位能干而强大的阴谋家，本质上是其子的敌对力量，她并不喜欢他成为王位继承人。摩诃末与能干而野心勃勃的阿拔斯哈里发纳赛尔的关系远非和睦，这有损于他在国内外的地位。他甚至率部进军巴格达，而在严冬中行军通常是徒劳的。

此时成吉思汗统一了蒙古，并将其帝国扩展到花剌子模沙的邻国。与摩诃末不同，他是一位杰出的军事领袖，一位能干的组织者，还是精明的外交家。成吉思汗似乎早就谋划向西扩张，仅仅因为对东、中波斯的扩张不能满足他和他的后裔的扩张主义野心。但是这场灾难性的侵略何时、怎样发生，很大程度上是由摩诃末自己决定的。

蒙古人

蒙古人发动了两次对波斯土地的侵略。第一次由成吉思汗率领，始于1219年，1227年他死去时退潮。第二次在1253年，由成吉思汗的孙子旭烈兀统领，奠定了伊朗的蒙古伊利汗国的基础。在这两次侵略之间和之后，还有若干对波斯的侵袭。但是伊朗承受的最大灾难，远超伊朗历史上的任何单个事件，还是那两次重要侵略，尤其是第一次，除了死亡、破坏和掠夺，没有其他动机。阿拉伯征服对伊朗产生深远而持久影响主要由于伊斯兰统治和随后的改宗，但是其破坏水平不会超过当时大规模战争的预期，尤其阿拉伯人没有向平民拔剑，没有对城镇进行整体性破坏。塞尔柱突厥人的入侵甚至更少戏剧性，对当时的平民几乎没有产生影响，塞尔柱人的宗教文化早已经与伊朗人相同。

成吉思汗的动机可能是复仇、惩罚和征服，除此之外，蒙古人蔑视人命，尤其是他们的敌人的。大致同时代的对城市的全面破坏和对居民的屠杀的报告指出，在呼罗珊和更远地方的城市，某些屠杀消灭的人口超过百万。基于一些原因，有些现代历史学家质疑这些报告的准确性。例如，这些城市不会拥有这么多人口，当时的历史学家可能有些偏差。

关于这些事件，最权威的历史学家有《世界征服者史》（世界征服者指成吉思汗）的作者阿拉丁·志费尼、《史集》的作者拉施特·法兹卢拉。他们都是蒙古伊利汗国的杰出宰相，所以似乎不会夸大他们的记录使之超过包括他们的蒙古主人在内的普遍看法。一位历史学家将旭烈兀1258年在巴格达屠杀的人数设定为80万。旭烈兀本人在写给圣路易的信中写作20万，只有80万的25%。然而如果我们假定，当时历史学家引用的成吉思汗攻克的城市的被屠人口数字的25%是准确数字，那么我们依旧会看到，这是到那时为止前所未有的浩劫。难怪当时的一位历史学家说，这个国度甚至在一千年内都无法恢复。

成吉思汗

成吉思汗是一个有贵族血统的蒙古人，他统一蒙古各部在他的领导之下，被蒙古人“推举”为可汗。他发现自己成了花剌子模沙的帝国的邻居。他向阿拉丁·摩诃末传达和平和贸易的友好信息，虽然他傲慢地说他会像对待自己的亲儿子一样对待摩诃末，这个说法不大可能被这位脆弱而野心勃勃的国王接受。接下来，成吉思汗从他的穆斯林臣民中选出一些商人，派到两国边界的波斯一侧的讹答剌。该城的总督显然认为他们是间谍，便将他们杀死并劫走财物。然而，有一个商人逃脱了。成吉思汗听说发生的一切后勃然大怒，派了三名使者去见国王，要求将那位总督交给他们。国王杀掉一名使者，打发其他的两名空手而归。闻听此讯，成吉思汗调集所有可用之兵，率领他们侵入河中。摩诃末消极应对，显然以为蒙古人将在乌浒水边止步。但是当蒙古人潮水般拥入呼罗珊制造了无尽混乱时，他尽管取得了一个短暂和微小的胜利，还是撤军逃亡到远及加兹温的中北波斯，然后经马赞德兰回头，死在里海东岸附近的阿必思衮岛。

其子札兰丁·明布尔努是个与其父性格迥异、被认为拥有勇气和才智的人，但他某种程度上也是个轻率、盲目的人，在酗酒和享乐中荒废了光阴。他在国内的不同地方数次遭遇蒙古人，都能设法脱身而从未遭到惨败。在最后一次重要战斗中，他在印度河畔奋战，当战局无望时，他与他的一些军官纵马跃入印度河，在马背上安全渡河。根据传说，目睹这些充满勇气的壮举，成吉思汗告诉儿子们，他这样的军队需要一位像札兰丁这样的将军，他这样的父亲值得拥有一个这样的儿子。

在印度待了三年之后，札兰丁率部前往没有蒙古军队出没的克尔曼和法尔斯，娶了法尔斯的阿塔贝格的女儿为妻，继而前往阿塞拜疆和格鲁吉亚，与各处的次要敌人作战。他在伊斯法罕再度遭遇蒙古人，给对方造成了重大伤亡，但没有赢得战斗胜利。最后在1231年，他遭到蒙古军队的伏击，逃入库尔德斯坦，在那里被库尔德人杀害。然而在那个时期，他的英名犹在，在接下来的数十年间，伊朗人还在等待他归来并赶走蒙古人。

旭烈兀和蒙古帝国

1227年，成吉思汗去世。1251年，他的孙子蒙哥做了大汗，并且策划了两场重要远征。一是向中国南方的，由后来成为大汗的忽必烈汗统帅。二是向波斯的，由后来成为伊利汗的旭烈兀统帅。他们都是蒙哥的弟弟和成吉思汗的孙子。

旭烈兀率领他的军队侵入伊朗，目的是颠覆两个伊斯兰信仰的中心，伊朗的伊斯玛仪派和伊拉克的阿拔斯王朝，虽然他的动机是军事的而非宗教的。1256年，伊斯玛仪派的城堡尽数陷落，教派领袖尽管愿意投降和合作，依然被杀掉了。居住在阿拉穆特城堡的伟大波斯科学家和学者纳绥尔丁·图西陪同旭烈兀前往巴格达，该城在1258年陷落，哈里发战败身死。之后旭烈兀对叙利亚的攻略并未成功。他的军队被埃及统治者击败：这是开始其战役以来，蒙古人首次在前进中受挫。然而作为伊利汗，旭烈兀拥有一个由波斯、伊拉克和部分安纳托利亚组成的庞大帝国，以阿塞拜疆为中心，以马拉盖为首都，虽然后来其子阿八哈迁都到大不里士。

伊利汗们统治伊朗约八十年，从1260年到约1340年。萨迪和鲁米都与旭烈兀同时代，此时约五十岁，虽然从鲁米的作品中找不到明显证据。实际上鲁米住在安纳托利亚，在塞尔柱鲁穆苏丹国的安全保护下。萨迪在首次蒙古入侵前不久离开设拉子家乡。三十年后，约1255年，他返回故乡，在庆祝和平降临时写道："豹子放弃了豹子的行为"——他对旭烈兀大军沿途所为一无所知。当得知巴格达被劫掠时，他写了两首凄美的挽歌，分别用波斯文和阿拉伯文："天空肯定将洗净整个大地上的血迹，穆斯台耳绥木的王国啊，信士的长官。"他是舍木苏丁和阿塔·马利克·志费尼兄弟的朋友和仰慕者，这二位都是伊利汗国的维齐尔和伟大文人。根据一则似乎大体真实的记载，志费尼兄弟中的长兄舍木苏丁写信给萨迪，询问后者三个问题并提出一个请求。第一个问题是，阿拉维人和非阿拉维人谁更好——阿拉维人是先知的女儿法蒂玛及其女婿阿里的后裔。萨迪的答复很有外交辞令风范。他在一首短诗中写道，他从未见到一个饮酒和赌博的阿拉维人。因此他关心的是，在复活日，恐怕先知会忙于为阿拉维人的行为在真主面前说情，以至于没有时间保护“我们”这些非阿拉维人。如此他没有说阿拉维人更好，只说在他的经历中，没有阿拉维人犯过这两项伊斯兰罪行。

下一个问题是，哈吉是否比非哈吉更好。对此，萨迪给予哈吉尖刻的评价，而没有直接回答问题：

告诉那些伤人的哈吉
他恶毒地披着人皮
你不是一个哈吉；是骆驼
驮着负载吃着荆棘。

骆驼当然是被那些负担得起前往麦加朝觐的人用来当作驮畜的。

志费尼问的最后一个问题是该怎样对付他的一个敌人。这个回答与萨迪对这些问题的其他回答一样合理和现实，而且与为这些主题创作的诗格调相似：

第一是建议和告诫，
第二是班房和监狱，
第三是悔恨和遗憾，
第四是誓词和协议，
第五砍掉这个恶人的头，
他在为厄运而乞求。

这位宰相也提了个请求。他要这位诗人接受与书信同来的500第纳尔（银币）做礼物。出于礼貌，信中没提及钱款的数量，称之为“用来养鸡”的数额。从大不里士去往设拉子的信使决定将自己包含在这些鸡里，在伊斯法罕投资150第纳尔，就当萨迪拒绝了这笔不菲的礼物。萨迪察觉到这350第纳尔少于全额，接受了礼物并写下如下诗文表示感激：

我的主人你给我礼物和金钱
愿你的财富增长，你的敌人败落
愿你生命的每一年都对应一个第纳尔，
所以你将活三百五十年。

当信使带回萨迪的答复给舍木苏丁时，这位维齐尔问他是怎么处置钱款的。信使解释了他的行为的缘由。舍木苏丁的兄弟，另一位伟大的维齐尔阿塔·马利克·志费尼也在场。他写了一份信用凭证给设拉子的一位银行家（此人的名字写在了文中），让他向萨迪支付1万第纳尔。当信用凭证送达设拉子时，这位银行家死了。萨迪以诗文回信，极力感谢这位维齐尔，并告知银行家的死讯，说他不会从银行家的财产中索要那笔钱，而会将其送给银行家的家属。读了诗人的回信，维齐尔下令送给他5万德拉克马（金币），请求他收下这笔钱，并用这笔钱在设拉子为城市访客建造一所宾馆。萨迪接受并修建了宾馆。

神秘主义诗人法赫尔丁·阿拉奇也活跃于13世纪，哈菲兹则活跃于14世纪，与晚期伊利汗们同时代。在蒙古时代还有些其他著名诗人和作家，例如欧拜德·扎康尼、和卓·克尔曼尼和萨勒曼·萨瓦吉。晚期伊利汗们兴建了许多建筑工程甚至城市，其中远大于同类的现存例证是位于赞詹城附近苏丹尼耶城内的完者都陵墓。此外，书法、细密画和书籍装帧艺术继续发展，虽然它们在15世纪才达到顶峰。

国家行政一如既往地掌握在波斯维齐尔和官员手中，还是一如既往地，他们总是身处丢掉性命和财产的危险中。伊利汗国的九位大维齐尔中只有一位善终，其他的包括志费尼兄弟、拉施特·法兹卢拉这样的伟人，经常连同其族人、朋友和亲戚一起，被杀害和籍没家产。相反，军事事务则掌握在蒙古人手中。

维齐尔最重要的职能是通过收税改善财政。早期伊利汗既是外国人也是游牧民族，不关注定居人口，尤其是整个农民阶级的福利。他们对伊朗臣民的态度像占领军而非帝国政府——他们竭尽全力、竭尽所能地压榨他们的臣民。伊朗农民过去也常常背负沉重的税负，但早期伊利汗国的税收政策极尽剥削，几乎没有给人民留下任何生存余地。由于政府的政策是杀掉下金蛋的鹅，财政危机便频繁发生。农民一看到收税人、信使或其他官员便逃走或躲起来，本来农民们有义务招待他们，然而他们经常卷走农民剩下的一丁点财产。

有理由将伊利汗国的统治分为两部分：从旭烈兀到合赞时期（1258—1295），以及从合赞到不赛因时期（1295—1335）。在第一时期里，除了一小段时间，蒙古人没有皈依伊斯兰教，因此与他们的臣民融合得不好，统治态度更具掠夺性。但是他们执行宗教宽容政策，允许信仰自由，不对基督徒、犹太人和其他少数宗教征收人头税。虽然有些人皈依了佛教、基督教和伊斯兰教，但绝大多数蒙古人仍信奉他们原生的萨满信仰。

旭烈兀的长子阿八哈（1265—1282在位）死后，其弟贴古迭儿在一番权力之争后击败其侄子、阿八哈之子阿鲁浑，做了统治者。贴古迭儿皈依伊斯兰教，改自己的名字为艾哈迈德，向一直是伊利汗国传统敌人的埃及政府释放和平信号。这是个不得人心的动向，也是阿鲁浑及其支持者领导的政变的诱因。这场政变证明了伊朗专制统治的古老准则，就是任何有能力叛乱的人都必须被杀掉，以永远阻止他们有机会叛变和推翻统治者。吸取了其叔贴古迭儿的失败教训，阿鲁浑处死了他和他的支持者的头领。与绝大多数伊利汗国统治者不同，阿鲁浑并非酗酒而死，而是死于服毒，他认为那是长生不老药。此前不久，他处死了他的能干的犹太裔波斯维齐尔赛义德·道莱。

阿鲁浑由其弟乞合都（1291—1295在位）接任，此人面临着他无法解决的经济危机。税收负担加重、政府开支过高再加上牲畜瘟疫肆虐，导致国家财政濒临崩溃。乞合都的维齐尔尝试根据同时代的中国样板引进纸币，但该政策遭到悲惨的失败，因为商人们不接受纸币。作为一个无能和无效的统治者，乞合都沦为其堂兄弟拜都叛乱的牺牲品，还丧了命。但他的维齐尔保全了性命，后来被合赞杀掉。

在其叔叔乞合都统治期间，合赞曾是呼罗珊总督，作为那个庞大省份的统治者，他皈依了伊斯兰教。拜都发动反对其叔乞合都的政变后不久，合赞起来攻打、击败和杀死拜都，成了新任伊利汗。在合赞统治期间（1295—1304），伊斯兰教再度成为国教，于是蒙古人与他们统治的国度实现了文化整合，虽然早期皈依者们的虔诚程度值得怀疑。

合赞的统治时间虽然仅仅持续了九年，但通常被看作伊利汗国的鼎盛期。他从血腥清洗许多潜在觊觎者和敌人开始，以巩固和稳定其权力根基，但也推动了一系列重要的行政和财政改革。他清楚地意识到，对国家而言，掠夺农民将意味着长远的财政破产，他发起税收改革来缓解派出官员对民众的虐待。他更新了为供养军队而制定的传统土地分配政策，将游牧军人和定居农民的关系拉近。合赞的敕令和意图由他极为能干的维齐尔拉施特（他被后来的伊利汗处死）详细记录在其《史集》中。获知各项改革的实施情况更为困难，因为这些改革需要得到大量蒙古军官的支持。在对外关系方面，合赞的著名成就是从埃及人手中占领叙利亚，于是与贴古迭儿相反，尽管皈依了伊斯兰教，他仍延续了对埃及的敌对政策。但他的政策没能延续太久。

合赞的早亡和无嗣导致其弟完者都（1304—1316在位）继位。完者都以三件事为人所铭记：他亲身体验过不同宗教、占领吉兰以及建设合赞始建的赞詹附近的新首都苏丹尼耶。完者都在皈依伊斯兰教之前信仰过基督教和佛教，后来在逊尼派和什叶派之间摇摆。他的穆斯林名字叫穆罕默德·合儿班达（意为神的奴仆）。他是第一个曾经征服吉兰的人，因为以高山和浓密雨林为自然障碍，在绝大部分伊朗历史上，这个省份事实上坚不可摧。他从大不里士迁都到苏丹尼耶，在那建立起豪华的陵墓，它作为整个蒙古时期最伟大的建筑纪念碑至今犹存。他还打算将伊玛目阿里和伊玛目侯赛因的遗骸迁葬至此，但在伊玛目阿里向他托梦之后放弃了这个想法，代之以他自己的陵墓。

完者都一如既往地早亡，可能由于酗酒过度，其十一岁的儿子不赛因（1316—1335在位）继位。这位年轻伊利汗前十一年的统治是在强有力的蒙古埃米尔出班的监控下进行的，出班的势力遭到哈散·札剌亦儿反对，在伊利汗国解体后，这两大势力分别建立王国。1327年，不赛因杀掉出班的儿子并讨伐出班本人，出班在赫拉特被杀，不赛因完全掌控了他的王国。他进行有效统治直到英年早逝，可能是被毒死的，时年二十九岁。

有时我们相信，不赛因死后伊利汗国陷入宗派斗争和解体，很大程度上源于他没有男性后代。但又不尽然，因为一位兄弟或侄子也能取代直系男性继承人，很好地继承汗位。当然，伊利汗国解体符合伊朗的短期社会格局。在首次蒙古入侵前，花剌子模王国甚至没能存在超过半个世纪。随着第二次蒙古入侵和伊利汗国崛起，它的解体已不可逆转。伊利汗国也仅仅存在了不到八十年，且充满包括众多统治者、王子和维齐尔被杀的危机、混乱。这个模式是熟悉的。

我们很难在蒙古对波斯的统治期间找到很多正面的成就。萨迪、鲁米和哈菲兹的伟大成就是由于他们居住在帝国的边缘，无法归功于蒙古人对文学的赞助。细密画的发展没有他们也能推进。诸如苏丹尼耶和马拉盖的旭烈兀天文台等少数著名的建筑难以弥补他们强加给这个国度的损失。数十万计（或许百万计）的人民被杀，城镇被夷平，定居农业在掠夺、抢劫和沉重赋税下损失极大。任何为蒙古统治下的这些灾难寻找平衡的勇敢尝试，都将令人想起伏尔泰的讽刺诗：有人虔诚地认为，里斯本地震有一些有益的效果，诸如野狗得以放纵天性地大嚼死尸。

分　裂

随不赛因于1335年去世而来的派系斗争，最终导致在波斯各地出现了四个主要强国，直到它们被另一位东方征服者埃米尔·帖木儿征服或降为藩属国。札剌亦儿王朝击败出班王朝，在西部和西北部建国。穆巴里兹丁·穆罕默德领导的莫扎法尔王朝割据克尔曼、法尔斯和伊斯法罕，但最后被帖木儿推翻。穆巴里兹丁·穆罕默德是设拉子的并不虔诚的统治者，对此哈菲兹在诗中给予直言不讳的谴责："确定他们会推开酒馆的门，解开我们繁杂的生命之结吗？"最后他被其子、哈菲兹喜爱的赞助人沙舒贾推翻。在他们的四十年统治中，毫不奇怪地充斥着王族的流血纷争。

在伊利汗国衰落和帖木儿崛起之前，另两个强国支配着东方和东北方。在伊利汗国的宗主权治下，廓尔特王朝统治着赫拉特，它实质上是自治的。随着伊利汗国解体，他们在东北呼罗珊继续实施统治，直到他们被帖木儿废黜和吞并。另一个强国是谜一样的赛尔巴朵尔王朝，以今日呼罗珊西北的萨卜泽瓦尔为都城，他们是一个什叶派组织，通过民众起义建国，不是世袭王朝。他们的背景和权力基础不详，但他们肯定来源于一个革命运动。赛尔巴朵尔字面意思是"绞架上的头颅”，说明他们随时准备着为宗教殉难。他们最终沦为帖木儿的一个藩属国。

帖木儿及其后裔

埃米尔·帖木儿对波斯等地的摧残，堪比成吉思汗，有人则认为更加酷烈，除了可能杀害的人数少些。然而帖木儿展现的残忍程度超过了成吉思汗。

1336年，帖木儿生于撒马尔罕附近，生为穆斯林的他，在三十五岁时开始了连续不断的征服生涯。他在青年时成了跛子，因此被称作跛子帖木儿。他自称是成吉思汗的儿子察合台的后裔，这种说法的真实性很可疑。后来他娶了两名成吉思汗家族的女性，以古烈干或“女婿”闻名。1370年，他巩固了河中。1380年，他越过呼罗珊边境攻伐赫拉特，廓尔特王朝臣服，如前文所述，成了帖木儿的藩臣，在帖木儿推翻其君主结束廓尔特王朝之前，他们又存在了十年。夷平了若干呼罗珊和马赞德兰的城镇和堡垒，动摇其基础后，他返回撒马尔罕，但是在1383年他继续对伊朗的征服，再度攻伐马赞德兰，征服并屠戮萨卜泽瓦尔，随后是锡斯坦和坎大哈。次年他再返马赞德兰，继而在1385年向阿塞拜疆进军，再进军洛雷斯坦，之后又攻打阿塞拜疆以平定札剌亦儿王朝的君主，然而后者逃脱了。

帖木儿征战生涯中展现出来的模式是，他没有或可能也不想有征服计划，只是多次进攻、征服和再征服城镇和地区，在经过的每地都制造大规模屠杀和破坏。仅在起来反抗无法承担的赋税的伊斯法罕，大约七万人被屠杀。直到他死于1405年，他进攻、夷平或破坏的广大地区远达俄罗斯的蒙古金帐汗国、安纳托利亚的奥斯曼土耳其和德里苏丹国。1405年，他启程摘取最大的战利品——明朝统治下的中国，但是在到达边境城市讹答剌城时死去，葬在他最喜爱的撒马尔罕。他无疑是个军事天才，一个拥有伟大勇气和决心的人。他还是经常以最残忍的方式传播死亡和破坏的使者，显然除了为自己争取更大光荣和消灭所有可能的权力觊觎者之外，他没有别的目的。具有讽刺意味的是，他是苏菲和苏菲教团的热心朋友和赞助者。

有个关于帖木儿会见哈菲兹的传说，有趣但不像是真的。哈菲兹有一首著名的诗，很可能是写给他敬爱的沙舒贾的，诗以下面的对句开头：

> 如果设拉子的那个突厥人［浅色皮肤的男孩］满足了我的所有愿望
>
> 为了他的那颗印度［黑色］的痣，我愿意让出撒马尔罕和布哈拉。

根据这个传说，帖木儿进入设拉子的时候召来哈菲兹，告诉他："我奋战征服了这些伟大的城市，你这样的乞丐也配号称把它们送给心爱的黑痣？"机智的哈菲兹回答："陛下，准确地说是源于这样的慷慨，我才如此贫穷。"

帖木儿的主要建筑成就是用美丽的城郊和美好的建筑来装饰撒马尔罕，这里储存着他从击败的文明那里掠夺来的艺术品和其他财富。他的行政由波斯人打理，但他没有一位伟大的维齐尔，可能由于他倾向于在他的帝国中乾纲独断。

帖木儿之死一如既往地引发了内战，帖木儿家族成员同室操戈、互相残杀。他最年轻也是唯一活着的儿子沙哈鲁最终成了他的继承人，虽然沙哈鲁及其后继者都无法维持这位征服者的帝国的完整性。帖木儿本人曾指定其孙、沙哈鲁的侄子皮儿·马黑麻接替自己。但是，就如多数历史阶段中发生的那样，已故统治者的遗嘱对其身后的权力之争没有影响力。皮儿·马黑麻的王位诉求被他的堂兄弟、盘踞撒马尔罕的哈利勒·苏丹拒绝，虽然他的行为引发了一场叛乱，迫使其逃亡东方，但还是在数年后被沙哈鲁平息。在此期间，皮儿·马黑麻也被杀了，沙哈鲁从他的根据地赫拉特巩固了他的统治，在其父生前，沙哈鲁就在这里统治呼罗珊。

沙哈鲁远不像其父是个征服者，但他是一位优秀的军事领导人，设法重占了河中以及其父在波斯的绝大部分领地。他甚至统治了阿塞拜疆一段时间，但在西部，包括安纳托利亚，现在是土库曼部落联盟黑羊和白羊的竞争疆场，帖木儿曾压制但没有打垮他们。

从时间和空间而言，沙哈鲁在位期间是一段和平时期，当时的艺术和文化繁荣使得帖木儿时代可以被看作伊朗历史上著名的艺术时代。其中许多成就可以归因于沙哈鲁的妻子高哈尔绍德以及沙哈鲁的两个儿子兀鲁伯和伯升豁儿。兀鲁伯在撒马尔罕建了一座天文台，并且亲自参加观测活动。伯升豁儿是著名书法家和书籍装帧艺术的促进者。高哈尔绍德在赫拉特和马什哈德发展城市建筑，她在马什哈德的清真寺至今依然矗立，成了那个时代的丰碑。

可以预见沙哈鲁在1447年的死紧跟着一场权力斗争和王室流血冲突。这让他敏感的儿子兀鲁伯颇为沮丧，在他动身谋求宝座之前，其他人已经为此而战了。高哈尔绍德支持兀鲁伯的儿子阿不都·剌迪甫，但后者面对着三个堂兄弟——伯升豁儿的儿子们——的挑战，他们同样追求王位。最后兀鲁伯行动起来让他们安分守己，但叛乱没有完全停止。稍后不久，在撒马尔罕发生了一起反对兀鲁伯的幼子阿不都·阿齐兹的叛变，阿不都·剌迪甫在巴尔赫起来对抗其父，打败了兀鲁伯，兀鲁伯和阿不都·阿齐兹被杀。一年后，阿不都·剌迪甫本人被杀。

阿不都·剌迪甫由兀鲁伯的侄子阿卜杜拉继任，他的统治时间不长，在1451年被其得到乌兹别克人帮助的堂兄弟卜撒因推翻和杀掉。

从沙哈鲁统治时期开始，乌兹别克人就试图染指河中，兀鲁伯被迫抵挡他们在东部，以及黑羊土库曼人在西方的压力。最后乌兹别克人征服了整个河中，于是未来的现代乌兹别克斯坦共和国自相矛盾地承认埃米尔·帖木儿是其历史上最伟大的英雄。

在通过修建水坝、降低土地税以改善农业和作为艺术赞助者方面，卜撒因有着非同寻常的兴趣。他逐步而彻底地控制了赫拉特，在此过程中杀害了沙哈鲁年迈而著名的妻子高哈尔绍德。他的统治与黑羊土库曼人的崛起同步。在沙哈鲁统治期间，黑羊领袖贾汉沙曾被允许统治西部和西北波斯，但在沙哈鲁死后，贾汉沙击败帖木儿家族所有对西部领地的觊觎者，实现完全独立。他征服了伊斯法罕和呼罗珊，定都于大不里士。此时距离萨非运动，即13世纪的苏菲·谢赫·萨菲丁的热诚追随者开始兴起不久。

在此期间，以更西的迪亚巴克尔为基地的白羊土库曼人联盟逐渐在西部和西北部扩张其领地，与日后攻取君士坦丁堡而推翻残存的拜占庭帝国的奥斯曼土耳其人大打出手。在他们能干的酋长乌尊·哈桑的领导下，白羊联盟战败黑羊，后者在战斗中失去了君主。见黑羊衰亡，卜撒因轻敌冒进，企图在白羊取代伊朗的黑羊帝国之前消灭他们。但他遭到惨败并被俘，被交给高哈尔绍德的曾孙，后者将其处死以报其杀害高哈尔绍德之仇。

为了争夺帝国在东部的遗产，帖木儿家族成员之间再度爆发了混乱和内战。最后的帖木儿家族统治者忽辛·拜哈拉仅仅统治着赫拉特。1506年，乌兹别克人最终终结了他的统治。虽然只是个小君主，但在历史上他以艺术和在其身边服务的杰出人群的赞助人而著名。其中有阿卜杜拉赫曼·雅米，15世纪最伟大的波斯诗人和作家。其他人还包括他的首席行政官米尔·阿里希尔·纳瓦伊，他身兼文学家和文人的赞助人。伟大的细密画家侯赛因·贝赫扎德、杰出的历史学家密尔宽德和宽德密尔也在忽辛的宫廷中。因而忽辛·拜哈拉的统治对一个整体上建立在死亡和破坏基础上的国家而言，是个体面的墓志铭。

这是帖木儿家族在波斯统治的终点。但他们很快在印度建立起持续到1857年的所谓莫卧儿帝国。莫卧儿宫廷语言和文化都是波斯的，不少君主都是艺术尤其是波斯语诗歌的伟大赞助人。

土库曼联盟和萨非王朝的崛起

黑羊和白羊土库曼部落联盟，在伊利汗国崩溃后首先出现在西波斯、伊拉克和安纳托利亚。直到15世纪末被白羊击败之前，黑羊在这两个联盟中更为重要。黑羊最初是札剌亦儿蒙古人的藩臣，然而在15世纪初，黑羊击败了他们逐渐没落的前宗主。白羊联盟与帖木儿缔结和约，但黑羊却抗拒帖木儿而失败，虽然没有被消灭。1421年，沙哈鲁击败黑羊领袖贾汉沙，但立他为波斯西部和西北部的总督。沙哈鲁死后，贾汉沙宣布独立，并将黑羊的时运推到最高点。在此期间，白羊开始在他们的一个在内战中发迹的能干领袖乌尊·哈桑的领导下崛起，此人于1460年代晚期击败贾汉沙和帖木儿帝国的苏丹卜撒因。其间白羊帝国扩张到伊朗心脏地带、呼罗珊和依然在帖木儿家族掌控中的部分河中，此时乌兹别克人成了河中的新兴力量，并开始干预呼罗珊事务。

伟大的领袖乌尊·哈桑去世后，白羊王朝面临着萨非人的不断增加的威胁，萨非人将在不久的将来颠覆和取代他们。萨非人是阿尔达比勒的逊尼派苏菲领袖谢赫·萨菲丁的后裔，可能是库尔德裔，虽然在15世纪末萨非运动夺取了世俗权力，有着明确无误的土库曼人特征。由于萨非统治者的宣传，几个世纪以来人们都相信，谢赫·萨菲丁是一个什叶派领袖，还是什叶派第七伊玛目穆萨·卡齐姆的后裔。但20世纪的学者艾哈迈德·卡斯拉维指出，这些声明实际上都不符合事实。根据谢赫·萨菲丁留下的传记记载，他似乎是个受尊敬、有影响的苏菲领袖，据信曾展示过非同寻常的本领。

萨菲丁死后，这个教团稳步成长，扩张其财富和地产，但是在超过一个世纪的时间中，它本质上依然是个逊尼派苏菲教团。15世纪中期，教团的第四任首脑死去，如后来的宣传所言，由其弟而非其子祝奈德接任。祝奈德与其叔父之间发生冲突，导致祝奈德被逐出阿尔达比勒，他在安纳托利亚和叙利亚召集一群土库曼虔信者，他们声称他像伊玛目阿里一样拥有神的属性。于是他成了一个激进主义运动的首脑，并且与白羊王乌尊·哈桑结盟，后者将妹妹嫁给了他。为了展示宗教热情，祝奈德前去与高加索的基督徒作战，但他在穿过身为穆斯林的设里汪沙的地盘时在战斗中阵亡。

其子海达尔死法相似，他企图率军讨伐高加索的基督徒，并且在与设里汪沙的战斗中阵亡，这位设里汪沙是打败其父的那位设里汪沙的儿子。然而这次，设里汪沙得到了叶尔孤白的帮助，叶尔孤白是乌尊·哈桑死后接班的白羊君主，对海达尔的追随者的增多深感不安。海达尔不仅是乌尊·哈桑的外甥，还在其宫廷中长大，而且也娶了他的由拜占庭公主生的女儿。因此海达尔的儿子伊斯玛仪与白羊王朝有着双重血缘关系，还有个拜占庭公主祖母。据信，海达尔发明了著名的萨非头巾，一顶有十二个褶皱的红帽子，供其追随者佩戴，佩戴者因此以红头军著称。海达尔的长子苏丹·阿里接替其担任运动首脑，但被囚禁，最终在1494年被白羊王朝杀掉，这让其七岁的弟弟伊斯玛仪成了运动首脑。伊斯玛仪在吉兰避难，由什叶派教师培养成人，于是带有基本什叶派文化背景的他可能是第一位信奉什叶派的萨非领导人，虽然他和他的虔信者都更多地将其看作一位神明，而不仅仅是什叶派领袖。1499年，这位十二岁的斗士率领部队讨伐其父的敌人设里汪沙，继而占领大不里士。白羊王朝再度陷入内战，这是1501年伊斯玛仪在沙鲁尔击败他们的原因之一，他因此成了7世纪阿拉伯侵略伊朗以来的首位波斯国王。

5　波斯帝国的重建

当这位伟大君主［阿巴斯一世］的生命终结时，波斯的繁荣也随之结束了。

——让·夏尔丹

古代波斯帝国被萨非王朝重建为一个什叶派穆斯林国家。正如前面各章所述，波斯社会与文化从未灭亡。它在阿拉伯征服后存续下来，没有丧失其文化独特性，在文化和行政领域，即使在阿拉伯人统治下，波斯的影响依然相当大。几种波斯语言都在征服之后存活下来：随着伊朗土地上独立政权的崛起，新波斯语成了宫廷、政府和文学语言。甚至在突厥和蒙古统治下，波斯语也被保留下来，在西亚和中亚的很大区域内实际上都成了通用语言。

然而正是萨非王朝真正恢复了古老的波斯帝国，它将伊朗全部土地统一在一面旗帜之下，冠以“受保护的伊朗王国”的称谓，这面旗帜上是一头手握宝剑、背负太阳的狮子。这是个只信奉十二伊玛目什叶派的穆斯林帝国，它再次给予伊朗一个清晰的宗教认同。然而与某些观点相反，萨非帝国不是建立在席卷旧萨珊帝国的疆域、有意识地企图统一和重建古老波斯的现代波斯民族主义情绪浪潮之上的。萨非家族本身是有着遥远库尔德血统的土库曼人，自称（而且所有人都坚信这一点）什叶派第七伊玛目的后裔，因此也是伊玛目阿里和先知穆罕默德的后裔。伊斯玛仪是一个狂热的苏菲教团的领袖，他和他的信徒都将他视为神明，而非伊朗民族主义领袖。虽然文学和行政语言依然是波斯语，但萨非家族在宫廷和家庭中都说突厥语。

萨非王朝（1501—1722）统治波斯超过两个世纪，比阿拉伯征服以来的任何王朝都要长久，事实上也长于其后至今的王朝。但是和过去一样，即使这个明显的连续性也时常被中断，出现了重大的危机以及使王朝衰弱甚至崩溃的可能性。最后萨非王朝以1722年伊斯法罕的陷落和苏丹·侯赛因在吉尔查伊阿富汗人手中被废的结局而告终。对萨非长期统治中某段时期内发生的事情之模式的思考，可能比伊朗历史的其他时期都更能反映统治者的个性决定历史进程的程度，最终分析表明，政府和社会的稳定或混乱，恰恰完全来自专制统治系统中的一个人，他是生与死、赐予和剥夺、成功和失败的裁决者。

无法想象如果伊斯玛仪在1501年大不里士战役中被杀或在那之前死去，伊朗再度统一成为一个政治实体的可能性有多大。如果阿巴斯一世在1580年代企图谋求王座前夭折，萨非王朝能幸存或伊朗能够免于遭到肢解都是不太可能的。仅仅若干国内因素引发的事件，就足以导致萨非政权和帝国的崩溃。

新国家的诞生

大不里士加冕只是新政权建立的开端。1503年，伊斯玛仪在哈马丹击败白羊王穆拉德以后，至少摆脱了他的土库曼亲戚施加给他的危险，1507年他扩展疆域到迪亚巴克尔。他于1508年夺取巴格达，继而推翻了胡齐斯坦的穆沙沙伊亚，这是个统治了数十年的异端什叶派世袭家族领袖。于是伊斯玛仪继承了白羊帝国，表面上看他像他的外祖父乌尊·哈桑那样是一个土库曼帝国的统治者，但他无情地向他的许多臣民强加什叶派信仰。此时他还没在东波斯获得什么成就。

当扩张的乌兹别克帝国从帖木儿人手中夺取了呼罗珊的所有权时，其统治者穆罕默德·昔班尼汗开始侵扰克尔曼。获知乌兹别克酋长在其回信中对自己抗议侵略行为的无礼答复后，伊斯玛仪决定行动。他率军来到呼罗珊，在木鹿遭遇昔班尼汗，赢得一场伤亡惨重的激战的胜利。昔班尼汗阵亡，伊斯玛仪将其首级作为一件可怕的礼物，送给其逊尼派同宗、奥斯曼苏丹巴耶塞特，四年后他在查尔迪

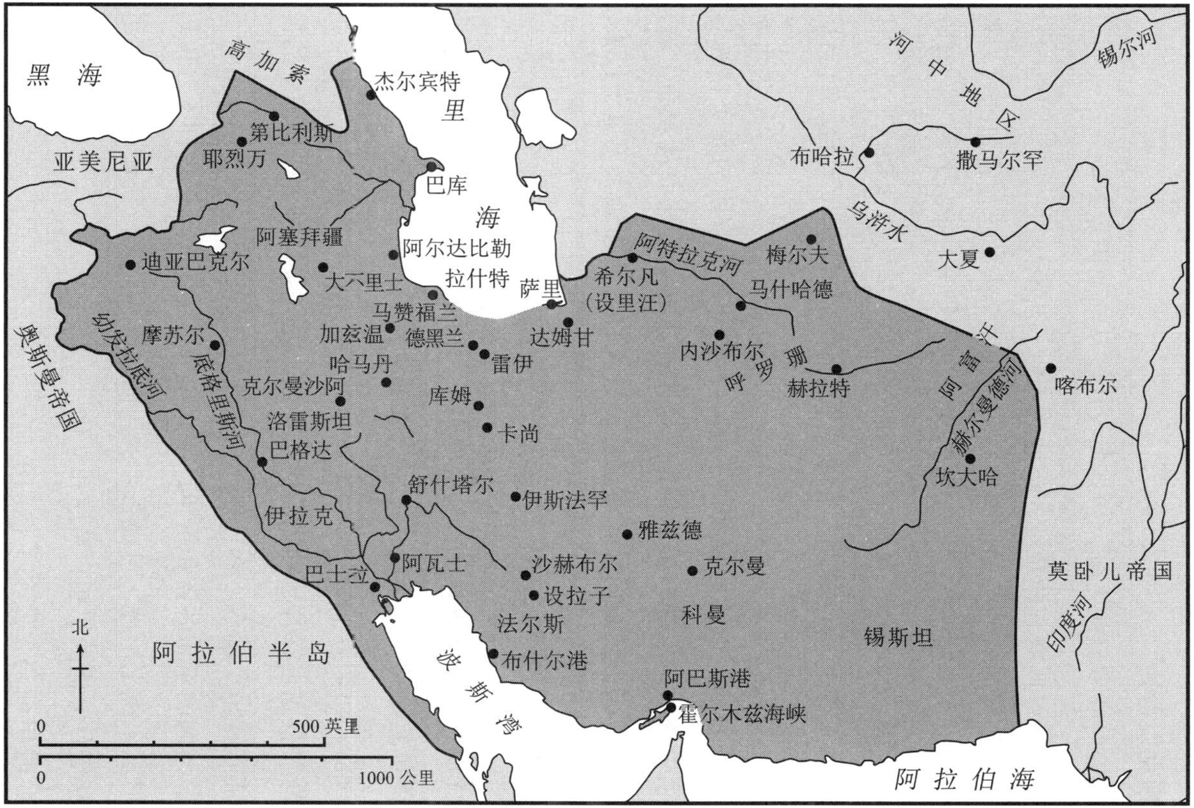

萨非帝国，公元1501—1722年

兰得到了对这一羞辱的充分答复。随后伊斯玛仪在河中冒险支持巴布尔——未来印度莫卧儿帝国的建立者——控制撒马尔罕的企图没能成功，因此伊斯玛仪帝国的东部边界止步于乌浒水，虽然后来巴尔赫被乌兹别克人占领。

随着对呼罗珊的占领，伊斯玛仪成了从迪亚巴克尔到乌浒水的帝国的统治者。他的一些西部和东部领土在几年后丧失，但他的帝国版图与伊斯兰征服前的萨珊帝国相当。对他的个人效忠使得他的权力基础十分牢固。伊斯玛仪的虔信者、司令官和士兵主要由七个土库曼红头部落组成：沙姆鲁、鲁姆鲁、乌斯塔吉鲁、阿夫沙尔和恺加等，他们把他本人奉为一位神明。伊斯玛仪自称是什叶派伊玛目的直系后裔，由此还是伊斯兰先知穆罕默德的后裔，这个可疑的说法在未来的几个世纪中都被他的朋友和敌人相信。他是苏菲教团的完美精神导师，领导着这个深深根植于伊斯兰逊尼派的运动。然而从表面上看，伊斯玛仪是一个狂热的什叶派信徒，自从1501年占领大不里士以来，他宣布什叶派为国教，以死亡的痛苦相威胁，将什叶派信仰强加给他的臣民。

波斯对于什叶派教义已经很熟悉了。白益王朝信奉什叶派，伊斯玛仪派虽然不是十二伊玛目派，却激进地高举阿里的战旗反对正统逊尼派统治。伊朗苏菲运动总体上倾向于什叶派，甚至那些基于逊尼派的伊斯兰教团也崇拜什叶派的伊玛目们，尤其崇拜阿里，他们中的很多人认为阿里是完人，或许就是一位神明。几个世纪以来，厄尔布尔士山脉两侧的里海各省和雷伊、库姆和卡善等地区早已信仰十二伊玛目什叶派。综上所述，可能古老的伊朗宗教和文化传统使这个国度更容易接受什叶派的思想、情感和文化。

此时伊斯玛仪发动了他的革命——这是个对伊朗传统的真正革命，当时多数人民属于逊尼派。1501年在大不里士，这位十四岁的萨非国王得知，这座城市的二十万市民中的三分之二是逊尼派，而且将抗拒强制改宗，他便说他会拔出他的剑，杀掉抗拒其改宗什叶派命令的任何人。他就是这样将什叶派教义强加给整个国度的，大体上是通过令人恐惧、严酷的惩罚和迫害实现的。结果是集体改宗，除了难以通行的库尔德斯坦和阿富汗山区，虽然在被迫改宗者变成真正的什叶派信徒之前用了一到两代人的时间。至少晚至1570年代，当他的孙子伊斯玛仪二世尝试改回逊尼派信仰的时候，仍然具有一定的基础，尽管伊斯玛仪二世活得不够长，无论如何都不足以看到他的改宗行为的成果。

改宗的最低正式要求是承认阿里是真主的“卧里”，包括见证和在祈唤礼中“起来做好事”。逊尼派将这些看作标新立异，因为他们从未在先知的时代看到这些要求。除此之外，皈依者必须公开诅咒前三位哈里发艾布·伯克尔、欧麦尔和奥斯曼，他们是逊尼派高度尊崇的对象。所有这些行为足以激怒伊斯玛仪的逊尼派邻居们，即西边的奥斯曼帝国和东边的乌兹别克人。什叶派信仰进一步将伊玛目提高到真主的代理人地位，并且崇拜他们和他们的后裔的圣地，从正统逊尼派信徒的宗教敏感性角度看，这是十分令人厌恶的。

包括艾哈迈德·卡斯拉维在内的一些波斯和欧洲历史学家，将伊斯玛仪强制推行什叶派教义的行为诠释为精明而偏激的政治算计，是其对抗奥斯曼土耳其人的意识形态武器。但这是个复杂的事情，将其简单归结为事先有目的的政治行为依然过于简单。

萨非教团的宗教宣传致使大批安纳托利亚的奥斯曼臣民改宗，这足以引发这两个大国之间的全面战争。早在1502年，奥斯曼统治者巴耶塞特二世便下令从安纳托利亚迁走大批什叶派土库曼人。1511年，在东地中海海岸的提基亚，发生了大范围的什叶派反叛。1512年，一支萨非军队向东安纳托利亚发动攻势。此后不久，当相对温和的苏丹巴耶塞特去世时，伊斯玛仪企图干预奥斯曼继承权之争，反对继承宝座的塞利姆（“冷酷者塞利姆”）。奥斯曼帝国对安纳托利亚的什叶派的迫害以一场屠杀告终，据说造成了四万人死亡。

1514年，塞利姆率领一支强大的军队东进，与伊斯玛仪相遇疆场。据传奥斯曼军队的数量有二十万，虽然某种程度上夸大了。这样一支军队移动一千英里，以当时的标准和环境，在后勤和战略上本身就是一项伟大成就。伊斯玛仪本人统帅的迎战军队据传有四万，虽然可能被低估了。然而完全可以肯定，奥斯曼军队的数量至少是伊朗的2.5倍。战斗在东安纳托利亚的查尔迪兰打响，尽管伊斯玛仪最大限度地展现了他的勇敢，他的军队还是溃散了。伊斯玛仪撤了军，但塞利姆认为这是对手的诡计，没有追击他。

战后不久，奥斯曼军队占领了萨非首都大不里士。塞利姆计划在这里过冬，第二年春继续其攻势。然而他的部队不愿在给养有限的环境下过冬，因此他被迫撤军。塞利姆离去后，伊斯玛仪重返大不里士，但是奥斯曼人占据了东安纳托利亚，危险地驻扎在萨非首都附近。后来萨非王朝的首都东迁到加兹温，后又进一步向东迁到伊斯法罕，但都不在伊斯玛仪的时代。

许多新、老历史学家相信，奥斯曼军队在查尔迪兰的胜利来自他们使用火器，不仅有火枪还有野战炮。一个流传很久的神话说萨非人不了解火器，他们直到17世纪早期阿巴斯一世率部战胜奥斯曼帝国时才获得火器。现在这个神话已经被历史证据推翻。火器，包括火炮，在伊斯玛仪之前就已应用于攻城战了，例如他自己的父亲海达尔曾用其围攻过设里汪。但是历史学家们转而暗示，红头军在野战中没有使用火器，因为相比他们的弓骑兵，他们认为使用火器是缺乏男子气概的懦夫所为。

虽然此说有些事实根据，但依然不很清楚为什么在攻城战中使用火器没有被同样认为没有骑士风度。无论如何，关于伊斯玛仪在查尔迪兰战役的失败是因为他的部下没有装备火器的争论可能还会继续。但是这个理论几乎完全忽略了伊斯玛仪的军队的数量，对手的数量至少是他的2.5倍。伊斯玛仪的确在之前的战役中击败过军队规模比他大的对手，但那些军队都远比奥斯曼军队规模小，相对数量的差距从来没有这么大，然而这次，他面对着伊斯兰世界前所未见的战争机器投入战场的庞大军队，甚至在西亚和整个欧洲这都可能是最强悍的军事力量。这才是伊斯玛仪在查尔迪兰战役中失败的主要原因。

伊斯玛仪的新君主国从一开始就面临着由他的革命和他创建的体制带来的问题。他自己不仅仅被看作国王，更重要的是，还被看作先知和伊玛目阿里的直系后裔，以及隐遁伊玛目马赫迪的代理人。不仅如此，直到败于查尔迪兰，红头军在信仰和思想都方面走得更远，认为他是一位神明。还是直到查尔迪兰，他一直是他的军队的总司令，亲自率领他们进入战场。也如上所述，作为他的父系祖先的继承人，他是萨非教团的完美精神导师，在大地上强制推行狂热的什叶派教义作为革命意识形态。于是他似乎将传统君主、拥有实权的哈里发和伊玛目、精神导师、革命领袖、意识形态战士和最高军事统帅的地位和职能同时集于一身。

欧洲历史学家和评论家有时用“神权国家”的术语和概念来定义他的体制的本质。名义上神权国家指一种以宗教领袖为首的政府系统，它将宗教和世俗权威结合起来，但与拥有国教并持有“承蒙神佑”神学观念或受此观念影响的政府相比依然不同。然而神权国家是一个欧洲历史和社会里出现的概念。很难将伊斯玛仪的统治与16世纪让·加尔文在日内瓦城的统治或者教皇在教皇国或后来的梵蒂冈的统治相比较。除了在伊斯兰初期不到三十年的正统哈里发时代之外，按欧洲意义将倭马亚王朝和阿拔斯王朝的统治描绘为欧洲语境下的神权统治是不恰当的，即使是在阿拔斯王朝沦为波斯、突厥统治者的傀儡之前也是如此。因此，对伊斯玛仪的定位挑战着按我们熟悉的术语所做的分类，也许与对阿尔达希尔·巴巴康的定位最有可比性，后者是萨珊帝国的建立者和波斯的早期革命领导人，集王权、精神和军事权力与力量于一身（见第2章）。无论如何，因为伊朗是个短期社会，这个所谓的神权统治没有超过阿尔达希尔和伊斯玛仪的寿命。

在主要依靠武力强制推行什叶派教义的时候，这个国度显然几乎没有什叶派组织和乌莱玛来推动改宗和传播这一新教义、仪式和文化的知识和实践。为了满足这个需求，什叶派地区的乌莱玛、教师和法官如溪流般源源不断地拥入伊朗，他们绝大多数来自叙利亚的阿米勒山区，现在属于黎巴嫩。萨非波斯最著名的神学家之一是伯哈义丁·穆罕默德·阿米里，更为人所知的名字叫谢赫·伯哈义，他甚至会用波斯文写诗，是这些精神领域的移民的后代。当今伊拉克和伊朗的萨德尔家族也属于这种精神领域移民的后裔，其成员中，以伊朗的伊玛目穆萨·萨德尔最为著名，伊拉克的穆克塔达·萨德尔现在是一位强大的什叶派领袖。许多波斯逊尼派乌莱玛改宗什叶派并为当局所用，其中既有保命也有维护自身社会和经济地位的考量。

如我们已经看到的，伊斯玛仪本人占有的位置，削弱了传统的十二伊玛目什叶派乌莱玛们所宣称的，在马赫迪隐遁到伊玛目复临的时期里，乌莱玛们领导穆斯林社团的宗教地位。这并不意味着伊斯玛仪在实践中担任宗教机构的首脑，而且无论如何，视他为伊玛目代理人的观念不会传给他的后代，即使查尔迪兰战败后他依然被视为伊玛目的代理人。然而由于他是伊朗什叶派革命领袖，便自然而然地成了伊朗上层建筑和机构的首席组织者。他任命了一个被称作萨德尔的精神领袖作为宗教组织架构的首脑，此人管理和监督宗教机构的事务，包括所有宗教机构的卧各夫（宗教基金）财产。萨德尔职务在萨非王朝建立之前就已经存在，但在萨非王朝，它被赋予了新的职能和重要性，特别是它来自国王直接的政治任命。

萨德尔的位置通常被交给波斯伊朗人，用以对抗红头土库曼人。最高民事长官起初由土库曼人担任，但后来波斯人也可以担任这一职位，它的全称叫瓦基勒·纳夫斯·纳菲斯·胡马雍，意为“陛下的完美代表”，后来简称为瓦基勒。正如其头衔和描述清楚表明的那样，这一职务位居帝国机构的最顶端，它的担任者（尤其在萨非王朝初期）是国王本人之下最有权的人。他集国王的精神和行政机构代表于一身。虽然维齐尔职位依然存在，但已不像之前那些世纪那么重要。

两个军队最高司令官都是红头军人，但是关于红头土库曼人管理军队、波斯人领导国家行政的说法过于简单。如前所述，首任瓦基勒是红头军人。在后来的岁月中，波斯人、行政官甚至法官偶尔也会担任军事职务。可以预知的是，在波斯人和土库曼人之间有着敌意乃至彼此反感。最初后者组成了伊斯玛仪的虔信者的绝大多数以及他的整个军队。他们嫉妒波斯伊朗人的地位，不希望后者与他们竞争权力、声望和权威。伊斯玛仪很清楚这一点，并且在某种程度上反感红头军头领们的野心，随着时间的推移，他倾向于提高波斯人的影响，并且采取措施限制土库曼头领的权力。在他的统治后期，红头军甚至暗杀了他的波斯人瓦基勒，因为他们不满瓦基勒的地位和影响很久了。

查尔迪兰战役发生十年后的1524年，伊斯玛仪去世，年仅三十七岁。他不可战胜的神话在查尔迪兰被打破，他不再拥有以前那么耀眼的神明光环以感召虔信者。据说在查尔迪兰战役后，他的脸上再无笑容。此说肯定不是真的，在余年之中，他在酗酒和与“玫瑰面容”的少年淫乱上花费了大量时间。但是这也透露出他的不快，以及用糜烂的生活掩盖他的悲痛的尝试。他确实再也没有率军征战沙场。

然而他从早年开始就领导了一场革命，并且建立了一个帝国，它经过时间的锤炼形成了现代伊朗的自然和文化边界。他十分聪明，却也残酷，他勇敢、迷人、富有魅力，却又同样暴虐无情，一位同时代的观察家将他的嗜杀与尼禄相比。他的埋体安眠在阿尔达比勒的萨非祖先墓地，直到今日还吸引着拜谒者。

混乱—极权与专制统治—混乱（1524—1588）

与伊朗历史的常规模式相符，随伊斯玛仪之死而来的混乱是不足为奇的。正如前文所述，所有伊朗统治者都热衷专制权力。其中一部分是强力而极权的统治者，并且能发号施令，经常采取严厉措施用恐惧震慑人心，尤其是军人、行政官员、部落和行省首脑。另一方面，弱势统治者则要面对半混乱局势并为此负责，这将导致更大的混乱或者一位强力统治者出现，为社会带回秩序、纪律和安全，社会和经济活动由此重归繁荣。这就是对“公正统治者”的定义，尽管他在统治期间并不受欢迎，但当他消失而诱发混乱时又被人们怀念和哀悼。伊斯兰教创建前的霍斯劳一世就曾经是“公正统治者”的缩影（见第2章）。

1524年塔赫马斯普一世继承父位时年仅十岁。这一事实本身就足以导致红头军内部的冲突和派系斗争乃至王朝的崩塌。塔赫马斯普用了九年才能够行使绝对权力来结束内乱。虽然直到其寿终，伊朗依然面临着外部战争和国内困难，但混乱不再是最大问题。1576年塔赫马斯普去世后，又是新一轮的动荡，直到他的孙子阿巴斯一世实施铁腕治国并施以“公正统治”。如果没有阿巴斯一世，萨非波斯可能在16世纪末就终结了。这再次说明，伊朗统治者个人在决定国事进程和国家命运中扮演着最重要的历史角色。

在塔赫马斯普继位一事中，一个来自鲁姆鲁部落的红头军头人迪夫·苏丹攫取了权力，并担任国王的监护人（阿塔贝格）和军队最高统帅。这导致红头军头人内部的权力斗争和三巨头的出现，三巨头以迪夫·苏丹为首，包括一个特卡鲁和一个乌斯塔吉鲁部落头领。然而这一架构未能长久，1526年内战爆发，乌斯塔吉鲁部落战败，其在三巨头中的成员被杀。内战削弱了呼罗珊的防御，给乌兹别克人入侵和占领该省部分领土以可乘之机。但是内部派系斗争还在继续，直到1526年国王亲手射伤了这位鲁姆鲁阿塔贝格，他随即被皇家禁卫军结果了性命。三巨头中仅存的出哈·苏丹·特卡鲁负责处理朝政。1528年的贾姆战役将乌兹别克人赶出了呼罗珊。年轻的国王在战斗中展现了勇气，而那位特卡鲁头领却很难说得上勇敢。赫拉特被敌人围攻，出哈·苏丹出于报复拒不派援兵支援其总督侯赛因汗·沙姆鲁。因此后者毫无胜算，只能献城投降乌兹别克人，虽然他通过谈判获得了最佳投降条件并得到国王的认可。

混乱持续了一些时日。特卡鲁—沙姆鲁的世仇引发了致命斗争，特卡鲁部获胜并杀掉数百沙姆鲁人，虽然出哈·苏丹本人也被杀死。这一切不仅发生在远离国王之地，也发生在御帐之内和周围，因此国王的王冠在一场厮杀中被射中两箭也就不足为奇了。最后，当一个特卡鲁人打算劫持国王时，后者命令对特卡鲁人进行无差别屠杀。这场屠杀发生于1530年至1531年间，国王时年十七岁。但甚至这也不是不稳和动荡的终结。特卡鲁人的败落导致以侯赛因汗为首的沙姆鲁部专权，没过多久，这位沙姆鲁头领兼国王表兄弟的头颅就落了地。1533年，他被怀疑谋反，意图废黜国王并改立国王的弟弟桑木·米尔扎，并且勾结外敌奥斯曼帝国。无论这些指控的真相如何，为了让塔赫马斯普成为其国家极权和专制的统治者，侯赛因汗必须“前往”朝见塔赫马斯普，这种形式下的“前往”意味着丢掉性命，有时候他的家族和氏族也要一同遭殃。

可以想象，这将近十年的无序、混乱和内战给这个国家的东西方敌人带来了可乘之机。从1524年到1538年，乌兹别克人向呼罗珊发动了五次大规模入侵，这还不包括他们几乎持续不断的短期骚扰。在塔赫马斯普统治期间，奥斯曼人四次入侵波斯，最后一次在1553年，两年后双方签订《阿马西亚和约》，由此带来了长期和平。不出所料，塔赫马斯普从大不里士迁都到加兹温，使得国王本人和边境上的奥斯曼军营之间保持了一定距离。

西方观察家和波斯的历史记载都对塔赫马斯普的品格和个性印象不佳。他们关于伊朗绝大多数以及实际上全部萨非国王的多数说法是正确的：国王们都放纵欲望、流连后宫和残暴行事，虽然塔赫马斯普至少没有杀掉或刺瞎他的两个被控叛国、造反的弟弟，而是仅仅囚禁了他们。当然他是个偏执的人，设法让他接触到的所有外国高官皈依了什叶派。他以宗教的名义率军讨伐格鲁吉亚和亚美尼亚，虽然对包括用来在皇宫和军队中服役的美女、青少年和其他奴隶等战利品的渴望，似乎在动机方面有着相同的分量。他还是个守财奴，不愿花费但热衷积累财货。他一点也不像其父那样有锐气和魅力，也不像其孙阿巴斯那样聪慧、能干和强力。但似乎他并不像对他的性格的传统描述那样无能，他结束了混乱，独断统治超过四十年，保证了国家统一，尽管丧失了部分领土——主要是被奥斯曼帝国夺走的。他也是艺术的赞助人，尤其是于15世纪帖木儿帝国晚期繁盛起来的细密画和书籍装帧艺术。

1540年至1553年间共有四次对高加索基督徒的远征。仅在1553年，抢来的格鲁吉亚、亚美尼亚、切尔克斯奴隶数量估计就有三万人。这对社会高层的构成产生了深远影响，而且不经意间向国内政治引入了新要素。许多奴隶加入了军队，最初作为即使不敌对也是独立于土库曼红头军的力量，打破了后者在军事事务中的事实垄断地位。王室奴隶中的一部分成了波斯官僚之外的行政官员。与此同时，加入国王后宫的妇女们以及由高加索少年阉割而来的新宦官，开始活跃于宫廷的阴谋斗争中，甚至到了拥立他们自己的候选人——高加索女奴生的王子们——继承王位的程度。于是，萨非社会高层现在由高加索人、波斯人和土库曼人共同组成。在阿巴斯统治期间，高加索人的影响越来越重要，尤其在他削弱红头军部落的军事重要性之后。

如果1576年塔赫马斯普死后没有爆发政局动荡，这将违反伊朗历史的逻辑和社会学理论。早在1574年，当他患病并被认为危在旦夕时，混乱就隐隐作现了，只是因为他的痊愈而中止了。他死后，继承权斗争爆发，两个觊觎者之一在斗争中被杀，塔赫马斯普之子伊斯玛仪·米尔扎登上王座，号伊斯玛仪二世。他的开局不错，1547年当上了设里汪总督，1556年担任呼罗珊督军，这是一个更显赫的位置。然而一如既往，他被怀疑谋逆推翻父亲，塔赫马斯普将其囚禁在关着他的弟弟们的同一监狱。在动荡和血泊中继承父位之前，他虚度了几乎二十年光阴。他处死了许多支持其他王位候选人的人，还杀掉了曾经服务其父的官员。此外，他公然杀害王族王子们，只因为他们身处继承谱系上。并不是行动本身，而是数月之内的流血事件的范围之广使之变得非比寻常，这可以用他的长期囚禁生涯来解释。五十多年后，他的曾侄孙、阿巴斯的孙子也做出了相似的举动，可能也因其被囚禁于后宫多年。

伊斯玛仪二世也曾尝试恢复逊尼派信仰，这进一步证明他严重缺乏判断力。最后，甚至那些帮助他夺取王位的人都转而反对他，尤其是他权势熏天的姐姐帕里汗·哈努姆。继位满一周年之前，他被发现驾崩了，可能是在他的姐姐的默认下被毒死的。半盲的穆罕默德·霍达班德是伊斯玛仪二世的八个兄弟中唯一没被刺瞎或杀害的。红头军将这位温顺和驯服的王子捧上王座，任由其强悍的妻子马赫迪·奥莉雅与其同样强悍的姐姐帕里汗·哈努姆在王座背后争夺权力。最终，后者输掉了牌局和脑袋，王后也丧了命，她因为刻薄和任性的统治死于红头军之手。她的丈夫以及她的爱子哈姆扎·米尔扎既救不了她，也无法惩罚行凶者。几年之后红头军又谋杀了维齐尔。1586年维齐尔被谋杀之后，太子哈姆扎·米尔扎着手处理朝政，在进军卡拉巴赫期间，太子本人被谋杀。

当波斯面临动荡和无序时，奥斯曼人和乌兹别克人蠢蠢欲动。乌兹别克人以不断增长的活力和胜利继续他们的侵袭。1578年，奥斯曼人终于撕毁了1555年签订的《阿马西亚和约》，入侵阿塞拜疆，1585年他们占领大不里士，盘踞长达二十年之久。赫拉特是国王最小的儿子、十几岁的阿巴斯·米尔扎的驻地，他在混乱中奇迹般地生存了下来。1587年，乌兹别克人对呼罗珊发动了一次大规模进攻，威胁要吞并整个省份。呼罗珊的乌斯塔吉鲁头领穆尔希德·戈利汗决定发动起义，将阿巴斯·米尔扎带到加兹温，迫使其父让位给他。这一计划成功了，1588年10月，国王让位给阿巴斯·米尔扎。这一大胆的计划成功了，如果没有这个刚继位的十五岁少年的非凡个性，这个国度或许就无法摆脱混乱。

极盛的萨非王朝

塔赫马斯普去世以来的十二年间的内乱、斗争、叛乱和内战使中央丧失了权威。自从王后遇刺以来，穆罕默德及其子哈姆扎·米尔扎只是互相冲突的红头军头领手中的人质。国家的对外软弱只是其内部无序和无政府状态的后果。奥斯曼人占领了波斯西部和西北部的大片土地，包括阿塞拜疆的绝大部分。乌兹别克人自行进入呼罗珊和锡斯坦的大片土地，顺势占领了整个省份。因此阿巴斯面临着平定内乱和收复波斯失地的繁重任务。他开始重申他的权威以对抗叛逆和不守规矩的红头军头领们，包括向对其兄哈姆扎·米尔扎之死负有责任的那些人复仇。最初他得到受封为瓦基勒的阿塔贝格穆尔希德·戈利汗的帮助，但正如伊朗历史一再重复的，他很快就将其处决，因为阿巴斯不愿意看到一个像穆尔希德·戈利汗那样的强人来执政，尤其是他已经通过拥立阿巴斯为王而被证明是个阴谋策划者。

赢得国内和平和稳定的长期任务要求大幅降低红头军头领们的权力和影响，这可以通过创建一支对抗性的武装力量来完美实现。这支军队将是永久常备军，并且直接在国王本人的统帅下。除了诸如王室近卫队这样的小规模武装，伊斯兰时代的伊朗没有常备军，军队的主体由行省部队组成。在萨非王朝时代，红头军头领在需要时从他们的部落和辖区招兵，但这种部队恰好能加强红头军头领们在中央的权力并稳固他们的权位。阿巴斯着手系统性地组建一支由高加索军事奴隶组成的常备军，它们是从高加索带来的或具有高加索血统的格鲁吉亚、亚美尼亚和切尔克斯军事奴隶。如前文所述，这一进程始于塔赫马斯普统治期间，当时还处于无计划和萌芽状态，但在阿巴斯统治期间得到了有意识和高度组织化的发展。

奴隶兵团装备有火枪和火炮，由他们自己的将军统领。其中之一是著名的阿拉瓦尔迪汗，他出自格鲁吉亚封建主昂狄拉德则家族，后被擢升至法尔斯总督和军队总司令，他的名字被用来命名他自己在伊斯法罕建造的迷人的“三十三孔桥”。在阿巴斯的继承人杀光其家族之前，他的儿子伊玛目戈利汗也富贵等身，担任法尔斯的总督。

维持一支常备军需要资金，但当时的王室和国家税收远不够用。直到当时，尽管做了一些修改，萨非王朝继续采用他们的伊利汗国和塞尔柱前辈的土地分配政策，除了这一分配体系被称为“提优尔”，而非之前的“莎余儿合勒”和“伊克塔”。在这一系统中，一个省会被分配给一名红头军头领。他是总督，且负责通过征收赋税维持省内政务，余款上缴国库。同时总督有义务在国王需要时提供军队。

我们从前面各章已知，伊朗从来没有封建体制。原则上，朝廷——最终是国王——独占土地。受封者——总督、地主或其他人——不是分配给他们的土地的独立所有者，朝廷有权收回他们的头衔转给他人，或者并入萨非王朝称为“卡萨”的朝廷和王室土地。当朝廷虚弱时，它会难以将其意志付诸实施，但只要朝廷拥有实权来执行其决定，其统治将无法被挑战。

阿巴斯既愿意也有能力将一些省份并入卡萨土地，因此行省税收的大部分会直接上缴国库，这相当程度地增加了朝廷收入，他也能够满足他的奴隶军队的财务需要。除此之外，该政策削弱了红头军的财富、权势和重要性，同时使他得以任命奴隶为收归中央的省份的总督，就像阿拉瓦尔迪汗的案例那样，于是随着他对这些奴隶施加恩惠，后者直接而独一地效忠国王本人。

国王采取了进一步措施来遏制红头军的传统权力。他将某些红头军部落拆散，使其迁徙、定居到不同地区，从历史发展来看，恺加部落的案例最为著名（见第6章）。有时他任命一个头领做另一个部落的头领。他还组建过一个混合部落沙舍旺，该部落只拥护和效忠国王本人。等到他完成所有内政改革时，他成了绝对、极权和专制的统治者，即“公正统治者”。他终结了混乱，粉碎了叛乱行为，将和平和安全带给这个国家，于是总督们和朝廷官员无法不公正地管理人民——就是说，他们不能以国王本人不认可的行为方式做事。

“公正统治者”还得维持国家的固有边界，即使不能开疆拓土，也得让敌人安分守己。阿巴斯足够明智，在内乱平息和军事力量成型之前，避免在边境方向上采取任何重要行动。在他继位时，萨非帝国的存在都成了问题，当时奥斯曼人和乌兹别克人占领了伊朗东西部的大部分国土，而且国家的其余领土上事实上爆发了内战，坎大哈城再次被莫卧儿帝国占领。阿巴斯知道他不能在两条战线上赢得战争，而他东方的敌人是较弱的对手。1590年，他与土耳其人签署了屈辱的和约，从而将他们已经占领的国土割让给他们，即阿塞拜疆和高加索大部，包括萨非前首都大不里士，还有伊拉克、巴格达和几个什叶派圣城、库尔德斯坦和部分洛雷斯坦。

西翼的暂时和平使向乌兹别克人开战成为可能，乌兹别克人在1590年代还侵扰着呼罗珊。乌兹别克首领阿卜杜拉汗于1598年的去世引发了酋长之间的内讧，为阿巴斯提供了第一个将乌兹别克人逐走并光复呼罗珊和锡斯坦的真正机会。同年赫拉特光复，1602年至1603

年，乌兹别克人被完全赶出波斯疆域，国王由此将其注意力转移到奥斯曼人身上。利用乌兹别克人的不团结，阿巴斯成功地与紧靠国境的乌兹别克酋长们建立了有效的联盟，保证了相当持久的和平。

1603年，阿巴斯西征大不里士，将其从奥斯曼驻军手中夺回。与奥斯曼人的间歇性冲突持续到1605年，当时奥斯曼人在大不里士附近的苏菲扬遭到惨败。前不久阿拉瓦尔迪汗指挥的凡湖战役取得了辉煌胜利，但在苏菲扬战场，国王本人以统帅的身份展现了其超凡的军事天才。截至1607年，伊朗夺回了1555年在《阿马西亚和约》中失去的所有土地。

出于各种原因，签订和约的尝试都未能成功，零星的冲突直到1623年才平息。得益于巴格达省的奥斯曼人内乱，阿巴斯入侵该地区并夺取了巴格达城。与此同时，阿巴斯于1622年从莫卧儿帝国手中夺回了坎大哈，并在英国帮助下从葡萄牙手中夺回了霍尔木兹岛。1629年阿巴斯去世时，波斯再次巩固了伊斯玛仪一世在其统治巅峰时创建的边境线。

阿巴斯直接鼓励国内、国际贸易，还修建大量基础设施比如道路和驼队客栈来促进贸易。织毯业在塔赫马斯普一世统治期间开始发展为一项主要工业，在阿巴斯统治期间得到进一步发展，于是波斯织毯业达到萨非时代的巅峰。作为其经济发展政策的一部分，国王将上千勤劳的亚美尼亚人从北方的焦勒法迁徙到新都伊斯法罕南郊，从此那里被称为“新焦勒法”或“伊斯法罕的焦勒法”。

欧亚各国的商人都来到波斯首都从事有利可图的贸易。虽然向外发出虔诚的信号，例如他去马什哈德等什叶派圣城朝圣，但阿巴斯没有他祖父那样偏执。他对逊尼派的不宽容可能至少部分来自他对奥斯曼帝国（和乌兹别克）的敌意，但总体而言，他对非穆斯林臣民表现了宽容态度，而且热衷与欧洲国家建立政治和贸易联系，发展反奥斯曼的潜在联盟。然而他派往或接待的欧洲使团没能取得多少成果，部分源于时空距离的遥远，部分源于这些使团成员之间爆发的争吵。

在来到阿巴斯宫廷的欧洲人中，有两名有趣的英国冒险家兄弟：安东尼·雪利爵士和罗伯特·雪利爵士，他们是二十六个欧洲人组成的群体中的首领。后来阿巴斯派安东尼爵士出使欧洲宫廷。此行远不算成功，因为他同他的波斯及其他同伴发生了一次又一次争吵，在威尼斯被捕，还被禁止返回英格兰。罗伯特爵士担任过军事顾问，后来也带领使团出访英格兰，但没有取得实质性的成功。尽管如此，在英国舰队的帮助下，这位国王在1622年从葡萄牙人手中光复了霍尔木兹岛，葡萄牙人从1515年起在伊斯玛仪的不情愿认可下占领了该岛屿。在此过程中，封锁霍尔木兹海峡的葡萄牙要塞被攻克，其名称从冈布龙改为阿巴斯港，成了波斯湾的主要伊朗港口。阿巴斯还将葡萄牙人从巴林驱逐出去。

从加兹温迁都到伊斯法罕，使阿巴斯需要耗费一番精力将他的王庭转变为世界性大都市。伊斯法罕是座古城，作为塞尔柱帝国首都繁荣起来，在马利克沙时代，聚礼清真寺得到修葺和相当程度的扩建。到今日，聚礼清真寺可能是全城最伟大的单体建筑，坐落在拥有一千两百多年历史的古城中心。阿巴斯没有像迄今伊朗历史上常见的那样拆除、重建老城，而是在旁边建造新城，新城经过四园广场一直延伸到扎因代河河畔。亚美尼亚人居住区建在河左岸。

阿巴斯的伊斯法罕后来大部分被毁，最先是在18世纪初叶被阿富汗人入侵和破坏。幸运的是，市中心大广场“世界影像广场”被完好保存下来，成为阿巴斯建造的城市的标志和那个时代建筑天才的体现。广场南面坐落着宏伟的国王大清真寺或王家清真寺，在西方有时被称作蓝色清真寺，指明了它的精致的装饰瓦片和穹顶的主色调。阿里卡普宫，意为崇高的宫廷，位于广场西侧，面对着小巧美丽的谢赫卢特法拉清真寺，谢赫卢特法拉是一位移民来的黎巴嫩神学家，其女儿进了国王的后宫。在北边，面对王家清真寺的稍远处，是大巴扎的入口。

除了建筑，在阿巴斯及其某些后裔统治期间，波斯的视觉艺术也繁荣起来，甚至比其祖父塔赫马斯普统治期间更繁荣。礼萨·阿巴西完善了手稿插图艺术，同时王家图书馆馆长萨迪克·贝格·阿夫沙尔在其绘画中引入了某种新现实主义，为后世日益增长的现实主义奠定了基础。除了传统的手稿插图，阿巴斯统治期间还制造了大量单页绘画，一种早期时代没有先例的类型。与文稿产品相关联的其他艺术，例如书法和装饰花纹也很繁荣，通过米尔·伊马德·哈桑尼的作品达到了艺术巅峰，此人是阿巴斯二世统治期间的伟大书法家。

尽管有着许多正面的成就，阿巴斯仍然是一个残忍而冷酷的统治者。在废黜其父后，他刺瞎了他半盲的父亲。他因怀疑儿子谋反而杀害了儿子，当证明其子无辜的证据姗姗来迟时，据说他由于太过痛苦，于是命令刽子手杀掉自己的儿子来体验同样的丧子之痛。他还因类似的疑虑刺瞎了其他两个儿子，结果其中之一自杀了。所有这些都源于前文所述的事实，即王家合法性在伊朗缺乏坚实的法律根基，所以实际上任何能够攫取和维持权力的人都可以成为正统统治者。国王不仅要时刻提防兄弟、叔伯、堂兄弟的谋杀，还得意识到自己造反并攫取父权的事实。于是他开创了将王家男性囚禁于后宫的政策和先例，这样他们将对外部世界一无所知，又切断了与潜在阴谋家的联系。不难想象这种做法对于被从后宫拥立出来的未来萨非国王的影响。

能够如此对待自己的孩子，那么他对大规模屠杀和强行迁徙的擅长也就不足为奇了，最残忍的案例可能是1615年的格鲁吉亚大屠杀，十万人被杀，六万人被强行迁徙，令他愤怒和怀疑的人会蒙受可怖的折磨和刑罚至死。

矛盾的是，根据波斯的历史逻辑，如果他不如此严酷和可怕，那么他就不是一位“公正统治者”。如果他对家族、仆从和臣民更仁慈些，他很可能不会活下来或如此成功。毕竟，其他同样严酷和残忍的国王未能取得和他一样的正面成就，因此就不是“公正统治者”。在伊朗待了数年、死于英格兰的法国珠宝匠让·夏尔丹是极少数理解伊朗国家和社会本质的欧洲人之一，他完全意识到阿巴斯的正反两面性，他写道：“当这位伟大君主的生命终结时，波斯的繁荣也随之结束了。”这是伊朗历史的铁律。

晚期萨非王朝

阿巴斯一世之后，萨非王朝又存在了一个世纪。习惯上这被波斯和西方历史学家描述为“衰落和灭亡”时期。萨非帝国的确再也没能重现阿巴斯统治下的权力和荣耀，然而这种模式对于整个伊朗历史来说是常见的。我们同样能说大流士一世、沙普尔一世、霍斯劳一世、加兹尼的马哈茂德、马利克沙等人之后伊朗开始“衰落和灭亡”。然而，阿巴斯一世的统治不仅比后人，也比前辈更加辉煌。

从1629年阿巴斯一世去世到1722年吉尔查伊阿富汗部落征服伊斯法罕之间，还有四位萨非国王。只有在1666年阿巴斯二世去世后，“衰落和灭亡”才成为恰当的描述。有人认为衰落的种子在前朝就已播下，但更有可能是在阿巴斯一世统治期间而不是紧随其后的时代。那时通过将一些国家省份并入王家省份，他成功增加了国家税收来供养他的奴隶军队，并且将政权中央集权化，与此同时他降低了红头军的军事潜力和他们的头领的影响。此外，建立囚禁王室男性成员于后宫的政策，使他几乎不可能培养出一位均衡的，更不要说能干和高效的统治者来坐上王座。阿巴斯二世是个例外，他继位时过于年幼，没有受到后宫女眷宦官的诱惑而沉迷享乐、变得腐朽无能。

按照伊朗历史的逻辑，“衰落和灭亡”主要源于统治者们的无能，这是个事实，特别是最后两位国王，苏莱曼和苏丹·侯赛因。如果有像阿巴斯一世这样的统治者出现，像他曾经做的那样拯救国家于危难之中，那国家就没有理由衰落。即使与他同名的孙子阿巴斯二世的统治不如他的辉煌，但如果鸦片、酒精和淫乱没有将阿巴斯二世的寿命终结在了三十三岁，他依然足以扭转衰落的趋势。

阿巴斯一世的孙子桑木·米尔扎在十八岁时被迎出后宫，以沙萨非的王号继承了其祖父的位置。不能指望一个在后宫中成长、目睹其父被祖父处决的人能有什么作为。他沉迷于暴行时经常是醉醺醺的。屠杀格鲁吉亚奴隶、"霍尔木兹征服者"阿拉瓦尔迪汗之子伊玛目戈利汗及其全家，在他的所有"决定"中是最为轰动和惊人的，但是屠戮有权势的大臣、军事长官及其子孙，在伊朗历史上都是家常便饭。杀害皇族成员同样常见，沙萨非就杀害了他仅存的叔叔，此人已经因为他祖父的命令被刺瞎。他的无能和对国务的漠不关心的程度超过了他的残忍和冷酷，这使他成了一个配不上他继承的伟大帝国的统治者。

根据他能干的首相萨鲁·塔基的建议，他延续了将国家省份转化为王家省份的政策，最重要的无疑是法尔斯省。这是阿巴斯政策的延续，并且导致了后来的军事衰弱。与奥斯曼帝国的零星冲突延续到1638年巴格达落入土耳其人之手，在1639年的和平条约签定之后，整个伊拉克都被割让给了奥斯曼。这个和平局面维持了将近九十年，使17世纪的波斯成为相对和平的国家。也是在1638年，坎大哈再次落入印度莫卧儿帝国之手，虽然它在后来被收复。在东方战线，乌兹别克的侵袭像往年一样凶猛，但乌兹别克人不再做征服呼罗珊的尝试，因此在东线不再有对乌兹别克人的全面战争。1642年沙萨非去世，享年三十二岁，当时这个国家看起来依然状态良好，除了一些领土的丧失。

阿巴斯二世继承父位时年仅九岁。如上文所述，这可能是件好事，因为与其父不同，他被囚禁后宫的时间不够长，不足以对其人格打上永久烙印。他治国二十四年，死于壮年是极度纵欲和吸食毒品的结果。他也同样擅长杀害和刺瞎王室男性成员和贵族，醉酒时经常这样做。另一方面，他的能力能与同名曾祖父相媲美。与奥斯曼帝国的和平在他的治下持续，但与莫卧儿印度因为坎大哈发生了多次冲突，阿巴斯二世在1648年夺回坎大哈，他又设法挫败了后来印度夺回此城的尝试。军队的状况依然没有改善，相比于沙萨非统治期间可能更糟糕，主要因为缺少重要的对外战争，也部分源于将国家省份转变为王家省份的政策的扩展和持续。如我们所见，这是萨鲁·塔基的政策，此人在阿巴斯继位后继续担任首相。于是位于不易受到攻击的边境上的部分阿塞拜疆、吉兰、马赞德兰、克尔曼、亚兹德和加兹温被并入王家省份。

此举似乎引起了丧失提优尔的人们和红头军头领的普遍不满，但没理由相信，如某些人所说的它对国家财政形势产生了负面影响。无论如何，萨鲁·塔基被一群军人和其他不满于他向手中揽权的贵族刺杀，他们不知道年轻的国王会有勇气为了报仇而将他们全部处决。

阿巴斯二世是一位相当有能力的统治者，他掌控朝政，统治臣民，大有其曾祖之遗风。他对农业发展十分感兴趣，试图从卡伦河引水来增加伊斯法罕地区的供水量，虽然受限于当时的技术，他的计划过于雄心勃勃以至于他的尝试受挫。总体上，他推行宗教宽容政策，欢迎欧洲访问者来他的宫廷，最著名的是法国神父和数学家拉斐尔·迪芒，他在1660年向路易十四的名臣科尔贝提供了一本关于波斯的手册。他接待过法国和俄国的外交使团，但都不很成功，接待俄国使团过程中发生的某些事件引起了俄国方面的不快：这个八百多人的俄国使团被怀疑是企图逃避关税的商人，他们回国之前发生的有关关税的争吵令使团中的一个人被杀。

在阿巴斯二世统治期间，绘画和书法繁荣起来。穆罕默德·扎曼在意大利的学习为波斯细密画引入了透视知识，但是史上最伟大的书法家之一米尔·伊马德·哈桑尼被杀害了，可能是国王下的令。

阿巴斯为伊斯法罕增建了纪念建筑，包括令人印象深刻的和卓桥和水坝，他还完成了小巧却迷人的四十柱宫的修建。

真正的衰落始于1666年继位的阿巴斯之子和继承人萨非的统治，他后来选了一个吉祥的日子再度为自己加冕，王号苏莱曼。他也来自后宫，在十八岁就要统治一个庞大帝国，而且和他的祖父一样，他表现出这种成长背景下所拥有的全部症状。在其统治初期，俄国虽然没有宣战，却在马赞德兰制造麻烦，理由是对阿巴斯二世统治期间那次失败的出使产生的恶感进行报复，俄国政府鼓励和帮助一个率领着五百名哥萨克人的臭名昭著的掠夺者占领了里海中的一个属于伊朗的岛屿。此事与他在统治初期所患的疾病一起，被他认定为不祥之兆，这能够解释为什么这位国王在继位三年后第二次加冕。根据一位萨非历史学家的说法："沙苏莱曼常常在酗酒和纵欲中耗费他的绝大多数精力，除此之外，就是杀害军队头领和政府高官。"如同沙萨非一样，他对处理朝政没有兴趣，在其统治期间，不是像萨鲁·塔基那样能干的大臣，而是宦官和其他宫廷官吏在掌管朝政，他们确实在使国家丧失能干和负责的官员。

沙苏莱曼继承了其父所有缺陷，却几乎没有继承任何优点，当时奥斯曼人忙于进攻欧洲，乌兹别克人放弃了征服呼罗珊的想法，对他而言是一件幸运的事。他确实收到了欧洲的信息，告诉他可以进攻土耳其人的东部边疆来收复失地，但他拒绝撕毁1639年的和约，这可能是明智之举，鉴于国家不断下降的军事实力，开战可能导致失败并丧失更多土地。

在他统治的后期，以毛拉·穆罕默德·巴吉尔·马吉里西为首的穆智台希德们开始崛起，并迫害宗教少数教派，不仅包括基督徒和犹太人，同样还有逊尼派穆斯林和苏菲们。

苏莱曼死后，他的儿子苏丹·侯赛因离开后宫坐上了萨非帝国的宝座。他统治期间几乎唯一值得称赞的事情是兴建伊斯法罕四园广场大道上的马达尔沙学院。他是个虔诚而和善的人，时年二十六岁，完全不适应波斯的局势，不仅无法成为“公正统治者”，甚至还不能守住底线：他既不能干也不冷酷。虽然常常乱交，不过他掌权前并不酗酒，但宫廷阴谋家们教给他这个嗜好，以确保他们自己能操控朝政。然而这时候，一股强大的新势力进入权力格局，即广义上的穆智台希德们，狭义上通常专指马吉里西一人。他们变得比从前更具影响力，尤其是与国王那乏力的虔诚相比。

对苏菲和弱势宗教的迫害日趋普遍，导致达吉斯坦、设里汪、俾路支斯坦和阿富汗的逊尼派民众中的不满日益增长。1698年，格鲁吉亚的格里高利十一世率领的政府军成功地平定了俾路支叛乱，并将他们清理出克尔曼。六年之后，格里高利或古尔金汗做了坎大哈总督，当地吉尔查伊阿富汗人遭受着不公正的统治和宗教迫害，正处于叛乱状态。他着手以铁腕手段处置局势，并将叛军首领即吉尔查伊部落酋长米尔瓦伊斯遣送到伊斯法罕，将其描述为一个危险分子。但是米尔瓦伊斯扭转形势，使自己在国王和显贵面前得宠，获准去麦加朝圣，他在麦加设法从逊尼派乌莱玛手中获得法特瓦*：逊尼派信徒有义务反抗什叶派统治。

回到坎大哈，米尔瓦伊斯发动了另一次令格里高利震惊的反叛，导致格里高利丧生和对他的格鲁吉亚军队的屠杀。数次镇压吉尔查伊叛军的围剿都失败了，于是叛军完全从帝国独立。在此期间，同样饱受迫害的赫拉特的逊尼派阿布达里部落从吉尔查伊叛乱中大受启发。他们也造反对抗朝廷，朝廷镇压他们的努力也没有成功。

在此期间，伊斯法罕接待了一个来自法国的商业使团后，又接待

---

* 法学家根据《古兰经》《圣训》做出的裁决。——译注

了一个俄国使团。后者引起了一定的关注：据说彼得大帝的真实意图是为向南进军伊朗国土获取情报，远期目标是获得波斯湾出海口。实际上这个使团的出发迟了七年，于1715年才怀揣搜集情报的秘密使命到来。此时伊朗局势日益恶化，这在邻国即俄国和奥斯曼看来越发明显。

1719年，拉兹基人叛乱，这是个主要居住在高加索达吉斯坦的族群的叛乱导致设里汪和部分格鲁吉亚失守。格鲁吉亚总督向国王申请率领一支强悍的军队讨伐叛军，但是国王拒绝了。当三年后阿富汗人围攻伊斯法罕时，这位总督出于报复心理拒绝了要他勤王的诏令。1722年，阿富汗人成功进入伊斯法罕，国王让位给他们的酋长。这事实上终结了萨非王朝对伊朗的统治，虽然到它正式被纳迪尔沙·阿夫沙尔推翻还有十四年。

萨非王朝并不以赞助诗歌著称。这个时代的诗歌被称为印度风格，部分因为这时的多数波斯语诗人是印度人，部分因为许多伊朗诗人曾长期访问过印度的莫卧儿宫廷（以及一些次级宫廷）——莫卧儿帝国是波斯诗歌的伟大赞助人。17世纪诗人赛义卜·大不里齐在其对印度的长期访问中写道：

我们的家乡伤害了我们幻灭的心
我们的琥珀有一颗来自也门的血淋淋的心

当时也门的琥珀石被公认为是最好的。还有：

不要叹息回忆你的家乡，因为
这个家乡甚至没给约瑟一件衣服

然而所谓的印度风格本身就是在伊朗产生并开始发展的。这个风格在14世纪的卡迈勒·忽毡迪以及（较小程度上的）和卓与哈菲兹等人的作品中具备了雏形。这种风格最著名的伊朗诗人有15世纪至16世纪的巴巴·费尔干纳尼·希尔兹，16世纪的奥尔菲·设拉子和瓦赫什·巴法基以及17世纪的卡里姆·卡善尼和赛义卜·大不里齐。有时巴巴·费尔干纳尼被看作印度风格运动的创始人，但这是夸张的说法，因为这个运动已发展了很长时间。瓦赫什更贴近巴巴·费尔干纳尼的风格，而赛义卜和卡里姆的风格更有个性，赛义卜是所有印度风格诗人中最伟大的。

6　解体和再统一

在夜里他思考劫掠和破坏

在黎明他没了脑袋，而且他的头上，没有王冠

深邃蓝天一旦变幻

就没有了纳迪尔沙和纳迪尔人

——纳迪尔沙遇刺后广为流传的诗

18世纪是伊朗历史上的黑暗时代。除了这个世纪末的二十年在卡里姆汗·赞德统治下的伊朗部分地区处于相对和平之下，这段时期内的很多时候，这个国家看起来都和以前一样四分五裂，特别是当奥斯曼帝国和俄国利用伊朗乱局占据了伊朗许多国土的时候。长期的死亡和破坏，即使比五个世纪前的蒙古侵略猛烈程度低些，依然意味着伊朗人民的生活不比13世纪好（见第4章）。一位杰出的历史学家曾观察到，定居者的生活很不安稳，导致游牧生活开始扩张。这个世纪以日益动荡和迅速衰败开始，以萨非王朝在灾难性混乱中覆灭告终。混乱以不同形式继续存在着，直到这个世纪末恺加王朝建立和平，带来一个即使不是伟大繁荣，也是相较以往更安全、更稳定的时代。

伊斯法罕的陷落

1717年叛乱的逊尼派阿富汗人头领米尔瓦伊斯去世后，他的儿子马哈茂德继承他的地位做了吉尔查伊部落酋长。次年马哈茂德进犯并占领了克尔曼，但他被迫撤军去平定他不在时后方坎大哈爆发的叛乱。利用一次俾路支人的叛乱，他再次占领克尔曼，并继续向亚兹德进军。他没能攻取亚兹德，便直接杀向伊斯法罕。一支四万两千人的伊朗大军，数量远超马哈茂德的部队，从首都伊斯法罕出发迎战，却被击败，接着首都遭到叛军围攻。国王向可能拯救危局的格鲁吉亚总督求援，但后者置若罔闻，作为对先前国王拒绝他平定拉兹基人叛乱的报复。饥馑和瘟疫最终迫使首都投降。马哈茂德胜利进城，国王宣布逊位，马哈茂德这个阿富汗酋长自立为波斯国王。这些事件颇具伊朗历史的典型性：软弱、无能、不公正的专制政府覆灭，这次是伊朗自己的部分人民起来造反的结果，正如一位19世纪首相观察到的，几乎没有臣民准备捍卫他们的政府。

与此同时，伊朗乱局为俄国和奥斯曼干涉提供了宝贵的机会，他们都打算向南和向东扩张版图。彼得大帝的军队在1722年8月进入达尔班德。如果不是奥斯曼帝国的最后通牒，他们本可以与格鲁吉亚人组成联军，征服整个高加索。即便如此，俄国人依然占领了巴库、部分吉兰和马赞德兰。此后不久奥斯曼人也占领了伊朗西部和西北部的广阔土地。

当伊斯法罕还在被围攻时，苏丹·侯赛因的三儿子塔赫马斯普·米尔扎突围去了故都加兹温，在那得到了其父逊位的消息以后，他自称国王，号塔赫马斯普二世，虽然他纵情于醇酒、妇人的时间比动员对阿富汗的抗战还多。于是吉尔查伊部队进犯并占领了加兹温，迫使他逃到大不里士，萨非王朝最早的都城。但1723年初，加兹温人起来反抗，杀死许多阿富汗人并将残余者赶出城去。

马哈茂德最初还尝试和平的统治，但加兹温起义的消息令他大为震恐，他下令屠杀伊斯法罕城中许多王族成员和贵族，还包括三千名红头军人。1724年夏季，设拉子落入马哈茂德之手。另一方面，从坎大哈前往伊斯法罕的阿富汗部队在亚兹德遭到惨败，当马哈茂德亲自前往教训亚兹德人民时，后者打败了阿富汗军队并几乎俘虏了马哈茂德。因感到自己的地位极度不稳，他返回伊斯法罕后下令屠杀了全部萨非王子，仅两位幸免于难。此后不久，他本人在他的堂兄弟阿什拉夫领导的政变中被杀。

1725年4月，阿什拉夫自称伊朗国王，相比马哈茂德，他更稳健、精明，更受军队欢迎。他派遣使团前往君士坦丁堡，劝说奥斯曼苏丹承认他为伊朗国王，撤走占据伊朗领土的军队。尽管他对逊尼派教友耍了心计，这次尝试却适得其反，使奥斯曼帝国对他宣战。阿什拉夫的部队最初战败，但当阿富汗人从哈马丹向伊斯法罕退却时，他们击败了土耳其军队。阿什拉夫与奥斯曼帝国缔结了附带条件的和约，但他把俄国人驱逐出吉兰的努力却失败了。在此期间，作为对土耳其军队司令的一封侮辱性书信的回应，阿什拉夫处决了不幸的苏丹·侯赛因，因为他害怕后者依然被视为伊朗的合法君主。

出于相同的动机，他派部队剿灭塔赫马斯普二世，后者在德黑兰附近战败，向北逃往阿斯特拉巴德。塔赫马斯普得到了恺加部落酋长法塔赫阿里汗的支持，此人一度成为他的军队事实上的最高统帅。与此同时，一个极度重要的人物走上历史舞台，即纳迪尔·戈利·阿夫沙尔，一位逊尼派军事天才，他带领两千名阿夫沙尔部落兵加入王军。这位阿夫沙尔武士和恺加酋长之间的斗争，以后者在1726年被塔赫马斯普下令处决告终。

完全取得塔赫马斯普的信任并且平定各种要他下台的反叛之后，纳迪尔进攻并击败了造反的阿布达里阿富汗人。得到这一消息的阿什拉夫意识到他不得不正视这个主要的强大对手，他火速出击，却在达姆甘附近的战斗中战败。第二次战败后，阿什拉夫屠杀了伊斯法罕的（实际上所有剩余的）三千名贵族，他本人在第三次战斗中战败后逃往设拉子。因此纳迪尔进入被死亡和破坏笼罩的伊斯法罕，塔赫马斯普紧随其后，萨非统治似乎复辟了。此后不久，在1729年至1730年的冬季，纳迪尔继续追杀阿什拉夫，在又两次战斗中击败了他，于是阿什拉夫向东逃跑，途中被马哈茂德的兄弟，坎大哈统治者派出的军队杀死。

纳迪尔的崛起

伊朗的大部分土地依然在奥斯曼和俄国的占领下，其他地区则在混乱和绝望中挣扎。纳迪尔进攻并击败了奥斯曼占领军，但为了挥师向东平定后来彻底臣服的赫拉特的阿布达里阿富汗人，他不得不推迟对奥斯曼的完全胜利。纳迪尔在呼罗珊时，塔赫马斯普可能企图与纳迪尔竞争，撕毁了波斯—奥斯曼停火协议，但被对手打败，被迫割让了大片纳迪尔先前光复的土地。1732年8月纳迪尔重返伊斯法罕，劝说军队头领们废黜塔赫马斯普，代之以其襁褓中的儿子阿巴斯，由纳迪尔本人以王冠代理人的名号担任摄政王。

与奥斯曼帝国的重新开战最终带来完全的胜利和1733年末的和约，奥斯曼人同意撤离所有占领的土地，数年后奥斯曼试图背弃协议，但他们再度战败，此后便一直维持和平。大约同时，纳迪尔通过1735年的《腊什特条约》将俄国人赶出了伊朗。

1736年，当伊朗彻底肃清国内混乱和外国占领军时，纳迪尔在木干草原召集全伊朗的头领、贵族开会，名义上是要决定国家的制度，但其实是要废黜萨非王朝，并推选纳迪尔本人为波斯王。与会者们确切知道自己的角色，但如果我们认为他们完全是在恐惧和贿赂作用下做出的决定，则就大错特错了。他们向纳迪尔奉上王冠，他接受了，条件是伊朗皈依逊尼派，若没有官方的许可，这是不可能实现的。

纳迪尔沙时年四十七岁，如果那时他能稳定下来专心重建国家，他本可以配得上20世纪伊朗政府和历史学家给予他的诸多颂扬。他被描绘为一位现代伊朗民族主义者，一位不仅解救伊朗于混乱和外国占领之中，还带给伊朗惊人财富和荣光的英雄。事实上纳迪尔沙是一个目不识丁的逊尼派部落民，他的母语是突厥语，以埃米尔·帖木儿那样的亚洲征服者自居。他的统治没有见证和平，他为伊朗国内外带去的只有暴行、奴役、劫掠和屠杀。他远不如另一位阿巴斯一世，虽然他曾不切实际地与之做过比较。

新王的第一个重要行动是1736年率军征伐坎大哈，尽管当地统治者已经承认他的宗主权。他奴役克尔曼农民驮运他的诸多行李和装备。他击败了坎大哈统治者派出迎战他的军队，但被迫扎营长久围城，直到1738年3月该城才陷落。之后纳迪尔沙以一些莫须有的借口进攻了莫卧儿印度。

他征伐印度有两个彼此关联的动机。首先，尽管征收重税，但他的战争早已耗尽了国库，他需要大量资金以维持其规模不断增长的大军。其次，正如直到他的征伐生涯结束时所显现的那样，他是一个狂热的征服者，事实上他一生都在行军打仗。首先是喀布尔，此后不久白沙瓦陷落，印度军队顽强抵抗后，在拉合尔战败。莫卧儿皇帝穆罕默德沙离开德里亲自迎战纳迪尔沙。1739年2月，双方在卡尔纳尔相遇，印度人战败，穆罕默德沙向纳迪尔沙投降。

纳迪尔沙胜利进入德里，随后因为一些印度士兵继续抵抗还杀死了一些他的士兵，他发动了一场对市民的无差别大屠杀。被杀害的据说有两万人，这场屠杀可与三个半世纪前帖木儿那次相提并论。纳迪尔沙将印度皇冠还给了穆罕默德沙，携带大量奇珍异宝返回伊朗，他的军队数量也增加了四万人。在此期间，纳迪尔沙的长子兼继承人礼萨·戈利·米尔扎得到其父在印度战场上被杀的假消息，因为害怕被押在萨卜泽瓦尔的塔赫马斯普及其两个儿子成为萨非王朝复辟的焦点，他便谋杀了他们。

返回波斯腹地之前，纳迪尔沙率军前往布哈拉和花剌子模，击败了突厥斯坦的统治者们，征服了整个河中，自阿契美尼德王朝以来，这里就不曾是统一波斯帝国的一部分。回国后他从伊斯法罕迁都到距离他的中亚帝国更近的马什哈德。

1741年3月，纳迪尔沙出发惩罚叛乱的达吉斯坦拉兹基人，他们曾击败并杀死了他的兄弟。途经马赞德兰时，有人向他射击。他相信这是由他的长子礼萨·戈利策划的，因此下令刺瞎儿子的双眼。对达吉斯坦的战役并不成功，持续两年的战斗没能收获胜利，纳迪尔沙未能平息叛乱，被迫撤军。

纳迪尔沙与奥斯曼帝国的关系时好时坏。1743年夏季，在达吉斯坦失败后不久，他围攻摩苏尔，却不得不放弃并派军回师伊朗平定国内叛乱，其间他亲自去朝觐伊拉克境内的伊玛目阿里圣墓。他向奥斯曼提出了一个宗教解决方案，这样伊朗将维持逊尼派信仰（他是这么认为的），奥斯曼则接纳什叶派第六伊玛目贾法尔·萨迪格的教派原则，如逊尼派追随的四大法学学派——哈乃斐、沙斐仪、马利克、罕百里——一样为合法学派。事实上，奥斯曼帝国对此无法接受，正如无法向伊朗人强加逊尼派信仰一样。

平息了国内叛乱，纳迪尔沙重启对奥斯曼的战争，但1746年底的和约重申了1639年和约对两国边界的安排（见第5章）。在此期间，纳迪尔沙的压迫和残暴与日俱增。在前往平定锡斯坦叛乱的路上，他在伊斯法罕显示出心理失衡的迹象。他在粉碎了锡斯坦的变乱之后去往马什哈德，他的脾气变得如此暴烈和无法预测，以至于他的家人和其他近臣都怕丢了性命。从那里他率军平定卡布山，他认定他的生命受到军中波斯将军们的威胁，于是命令他信任的阿布达里阿富汗人将他们杀光。不知什么原因这个命令在执行之前泄露了，一些波斯军事头领突袭他的军帐并杀害了他，就这样，这位受到广泛畏惧与憎恶的统治者在1747年死去了。

纳迪尔沙的侄子阿里·戈利汗迅速将王冠据为己有。他宣布他个人对谋杀叔叔负责，并且豁免了三年赋税，他知道这些举措将为他收揽人心。他下令处死纳迪尔沙瞎眼的儿子和其他纳迪尔沙的男性阿夫沙尔家族后裔，仅饶过纳迪尔沙年幼的孙子沙哈鲁。他以阿里沙·阿迪勒沙（意为公正的阿里沙）的称号为自己加冕，但他很快被他的兄弟易卜拉欣废黜和刺瞎，后者在1748年于大不里士自称为王。易卜拉欣甚至比他的兄弟更糟糕，他没能擒获和杀掉沙哈鲁，但他很快被自己的士兵杀掉，他的兄弟阿里沙也在此过程中死去。1749年，沙哈鲁在马什哈德称王，五个月后被怀疑企图恢复逊尼派信仰而遭到废黜和刺瞎，但他的支持者们很快又废黜、刺瞎了那个废黜、刺瞎了他的人，在1749年末拥戴他复辟。他统治呼罗珊直到阿加·穆罕默德汗·恺加于1795年占领马什哈德，并将其折磨至死。

卡里姆汗和赞德王朝

波斯从纳迪尔统治下有组织的混乱滑向法纪尽失、分崩离析的深渊。1750年6月，巴赫蒂亚尔部落的阿里·马尔丹汗占据伊斯法罕，拥戴苏丹·侯赛因的一个后裔做傀儡国王。他的军事头领中有个出身低微的卢尔人，曾在纳迪尔军中效力的卡里姆汗·赞德。很快阿里·马尔丹汗与卡里姆汗·赞德之间发生了争吵。这位巴赫蒂亚尔酋长被另一可汗杀死，因此卢尔头领成了西南伊朗无可争议的统治者。

纳迪尔手下的阿布达里部队头领艾哈迈德汗占据了坎大哈，采用杜兰尼为头衔，自称阿富汗国王。于是他成了阿富汗直到近年才被推翻的杜兰尼王朝的建立者。西北伊朗在阿富汗吉尔查伊部落的阿扎德汗手中，此人最后败给卡里姆汗并对其称臣。在北方和东北，卡里姆汗最危险的敌人是穆罕默德·哈桑汗·恺加，他是在1726年被塔赫马斯普二世处死的法塔赫阿里汗的儿子。

恺加人是一个高加索部落联盟，最早是中亚乌古兹或古兹土库曼人的一支（见第4章）。他们是萨非王朝军事精英——红头军联盟——的重要组成部分，阿巴斯一世将他们中的两支分开安置，一支前往木鹿，另一支迁徙到戈尔甘地区。去往木鹿的那支和留在高加索卡拉巴赫地区的恺加人一样，随着时间流逝逐渐被当地人同化。安置在戈尔甘地区的和聚居在阿斯特拉巴德的那支还保留着恺加人的身份认同。阿斯特拉巴德恺加人内部分为两个部落群：奥沙格·巴什，由于他们占据了低地草场而得名；尤豪里·巴什，定居在上游。奥沙格·巴什的主要部落名为科雍鲁（意为放羊人），恺加王室也来自该部落；尤豪里·巴什的主要部落叫杜瓦鲁（意为骆驼牧人）。两个部落及其主要家族之间存在着世仇。

其父死后，穆罕默德·哈桑汗成了科雍鲁族长和权力的争夺者，与纳迪尔及其阿夫沙尔王朝作战，随后与卡里姆汗为敌。1744年，他攻占了阿斯特拉巴德，但随后被纳迪尔派来的军队击败。纳迪尔沙死后，穆罕默德·哈桑汗再度尝试拿下阿斯特拉巴德，却被纳迪尔的侄子阿迪勒沙击败，阿迪勒沙俘获了他六岁的儿子穆罕默德，经人说情，阿迪勒沙没杀这孩子，但阉割了他。

然而穆罕默德·哈桑汗在一个时期内依然是个危险的权力觊觎者，1756年至1757年间，他统治着北部、西北部和中部波斯大部。但他从伊斯法罕向设拉子的攻势失败了，撤军途中，他被卡里姆汗手下最出色的将军之一追杀。回阿斯特拉巴德途中，他遭到他的将军们中的杜瓦鲁头领的背叛，在试图逃跑时被杀。他的一些儿子被囚禁在加兹温，其他儿子包括被阉割的阿加·穆罕默德汗及其亲弟弟侯赛因·戈利汗作为人质被拘押在设拉子。

卡里姆汗对阿加·穆罕默德汗及其弟弟们不错，有时还就国务问题听取阿加的见解，承认他评估问题和局面的智慧和精明。就阿加而言，他没有浪费他作为事实囚徒的二十年光阴，不仅获得了卡里姆汗的信任，也使自己熟悉了赞德酋长们以及他们之间公开和私下的矛盾，这部分归功于他的一个身居卡里姆汗后宫中的姑姑。做了十年人质之后，卡里姆汗派侯赛因·戈利汗做达姆甘总督。他开始向杀害其父的杜瓦鲁人复仇，因焚毁杜瓦鲁人的堡垒而得了绰号“世界焚毁者”，但他最终被杀，留下一个未来成为法塔赫阿里沙的年幼儿子。由于阿加·穆罕默德汗被阉割，如果侯赛因·戈利汗能活下来，他本可以有更大的优势获得恺加人的领导权。

穆罕默德·哈桑汗死后，卡里姆汗成了伊朗统治者，但其疆域不包括阿夫沙尔王朝的瞎眼统治者沙哈鲁治下的呼罗珊，以及事实上宣布独立了的阿富汗，虽然两国关于赫拉特所有权的冲突持续到了19世纪中期。然而卡里姆汗不得不处理恺加人时断时续的造反，他也不是里海各省无可争议的主人。从1759年统治到1779年去世，卡里姆自称瓦基勒或代理人，假装代表萨非王朝傀儡国王伊斯玛仪三世进行统治，后者死于1773年。众所周知卡里姆汗是一位温厚的统治者，他二十年的统治为他治下的伊朗地区带来了相对的和平和安全。并非所有管理都公正和不偏不倚，他的一些军事长官，尤其是他的异母兄弟扎基汗，对其征服和占领的地区表现出了令人记忆深刻的野蛮。

卡里姆在外交方面的表现乏善可陈。他授予了离开阿巴斯港的英国东印度公司对布什尔的贸易垄断权。荷兰人在巴士拉与奥斯曼帝国当局发生冲突时，他允许荷兰东印度公司从巴士拉搬到哈尔克岛，但因为有针对性的海盗活动，荷兰人在哈尔克岛没待多久就永远离开了波斯湾。法国东印度公司也获得了从巴士拉搬到哈尔克岛的许可，但也没能从中获益。

波斯与邻国奥斯曼的关系还不错，直到1774年两国边境上爆发冲突。奥斯曼帝国的巴格达总督试图削弱波斯对今属伊拉克的库尔德斯坦部分地区的影响，拒不受理波斯对伊朗朝圣者去伊拉克什叶派圣地朝圣过程中遭到不公正对待的不断控诉。卡里姆汗派了一支军队去库尔德斯坦，另一支由弟弟萨迪克汗率领讨伐巴士拉，他经过长期围攻拿下了这座城市。然而四年后，听到卡里姆汗去世的噩耗，萨迪克汗立刻放弃了巴士拉奔回设拉子。

卡里姆汗时代的一些建筑和纪念物还存留在设拉子，其中，壮观的王家城堡、瓦基勒清真寺和瓦基勒集市最为突出。他还修建了许多公用建筑如驼队旅馆，并翻新了一些建筑，包括重要的圣地和圣墓等。

紧随卡里姆汗的去世而来的是惯常的混乱、争夺继承权的斗争和第一顺位继承人中的骨肉相残。第一轮流血冲突之后，扎基汗上位，他的异母兄弟萨迪克汗率军兵临设拉子提出王位诉求，然而在扎基汗威胁要报复敌军在设拉子城中的家属之后，萨迪克汗的军队抛弃了他。在此期间，城中的恺加人质阿加·穆罕默德汗逃往北方，扎基汗派阿里·穆拉德汗前去追杀。然而阿里·穆拉德汗在伊斯法罕举起反旗，扎基汗率军镇压他，却在途中被自己的军队杀死。利用这个机会，萨迪克汗重返并占领设拉子，但八个月后该城被阿里·穆拉德汗攻陷，他下令处死了萨迪克汗及其除了贾法尔之外的所有儿子。

就这样，在1781年，阿里·穆拉德汗成为赞德王朝无可争议的统治者，他以伊斯法罕为基地，与阿加·穆罕默德·恺加作战，后者先后平定了北部、南部和东南部，成了赞德王朝的巨大威胁。截至1785年，他征服了波斯腹地大部分地区，但法尔斯、波斯湾沿岸、呼罗珊以及部分阿塞拜疆和高加索依然不在其掌控中。1786年，主要出于战略考虑，他定都德黑兰并最终征服了伊朗全境。

1785年，阿里·穆拉德汗向马赞德兰发动攻势，萨迪克汗幸存的儿子贾法尔汗造反，占据伊斯法罕。阿里·穆拉德汗火速赶回争夺他的都城，却死于途中。四年后，阿加·穆罕默德占领中、北波斯，贾法尔汗被他自己的一些支持者发动兵变杀死，作为对其背信弃义行为的回应。他的王位由年轻的卢图夫·阿里汗继承。

恺加政权的崛起

赞德王朝的末代国王卢图夫·阿里汗以其勇气和侠义闻名于世，但他缺乏那种对付那位能干、无畏、狡诈和无情的恺加领袖的能力和策略。在一系列典型的小规模对抗后，他迅速失去了支持者，于1794年以战败和惨死告终。其中关键因素是他的首要盟友的背叛，此人是设拉子“市长”哈吉·易卜拉欣·卡兰塔尔，后来得到“艾特茂德·道莱”头衔，此人将设拉子献给恺加领袖，可能缘于他看到墙上写的关于他主子的文字。

卢图夫·阿里汗的最后抵抗发生在古城克尔曼，当地居民为坚决抵抗阿加·穆罕默德的长期围攻付出了巨大的代价，尤其是因为他们经常在城头嘲笑阿加为“阉人阿加·穆罕默德汗”。该城由于叛卖而被攻破之后，被杀以及被刺瞎卖为奴隶的克尔曼人的数量在各种记载中虽有差别，但都数以万计。克尔曼城花了一个多世纪的时间才从阿加·穆罕默德汗的愤怒和暴行所造成的损失中恢复过来。

阿加·穆罕默德汗以高效、无情和残暴打败了恺加人内部和全国各地的对手们，并且因为他带来和平和稳定而广受欢迎，毕竟这是构成伊朗专制体制下“公正”和“公正统治者”概念的最重要的因素。他镇压了恺加内部的敌人和对手，甚至杀了他的弟弟和同袍贾法尔·戈利。但与此同时，他使用策略和外交手段试图将恺加头领们团结到崭新的王国之中，重赏他的支持者，鼓励科雍鲁和杜瓦鲁家族之间通婚。他让他的侄子和继承人巴巴汗·贾汉巴尼，即未来的法塔赫阿里沙迎娶强大的杜瓦鲁头人穆罕默德汗·贝勒贝伊的女儿，作为回应，贝勒贝伊让自己的继承人阿巴斯·米尔扎娶了阿加·穆罕默德汗的另一个女儿。阿加·穆罕默德汗发迹之前有个传说，贝勒贝伊推辞了他的部落要他做恺加首领的提议，让位给阿加·穆罕默德汗，因此他的后裔在20世纪采用“塔赤巴黑失”（意为王冠捐献者）作为姓氏。无论如何，这些举措并没有消除科雍鲁和杜瓦鲁家族之间的世仇，穆罕默德汗在位期间冲突再度爆发。

就这样，这位恺加可汗统一全国，终结了广泛存在的抢劫和破坏。他着手开始治理国家，让道路更加安全，使农民不再遭受时而发生的劫掠，使城镇免于混乱，降低常规生产和商业活动所面临的风险，这些举措由他的侄子和继承人延续下来。他镇压了所有企图独立的分裂势力，从瞎眼的阿夫沙尔统治者沙哈鲁手中夺回呼罗珊，他用酷刑折磨沙哈鲁，迫使其招供隐藏财宝的地点，沙哈鲁不堪折磨，在说出秘密后死去。

阿加·穆罕默德汗的最后一次重大战役发生在格鲁吉亚，该国在纳迪尔死后事实上脱离了波斯宗主统治。该战役以1795年第比利斯陷落后对其人民的大屠杀而告终，一万五千人沦为奴隶。阿加·穆罕默德汗于次年在德黑兰加冕。1797年，在对高加索的最后战役中，他被他发誓要在次日处决的三个奴隶刺杀。后来这三个奴隶被擒获并被剁成肉泥。

遭遇现代性

巴巴汗继位加冕，号称法塔赫阿里沙，他是前任国王的弟弟、上文提到的侯赛因·戈利汗的儿子。因为焚毁了一个还住着居民的敌对部落的堡垒，侯赛因被称为“贾汉苏兹”，后来他在一场战斗中阵亡。如果其父是“世界焚毁者”（“贾汉苏兹”的本意），那么巴巴汗就是“世界建立者”（“贾汉巴尼”）。可以预见的是，阿加·穆罕默德汗之死引发了他的军队和西北各省的动荡。阿加·穆罕默德汗的弟弟阿里·戈利造反自称为王，但在短期内落入法塔赫阿里沙之手并被刺瞎。沙卡基库尔德人曾占领部分阿塞拜疆，但是后来他们的头领投降了，在归还因前任国王遇刺身亡而被他带走的珠宝之后，他得到了宽恕。然而按传统的伊朗标准，这场围绕继承权产生的混乱和冲突规模相对有限，而且很快就被平息了。在这个阶段，哈吉·易卜拉欣·卡兰塔尔以其机敏和警惕扮演了重要角色，他被称为艾特茂德·道莱，意为“国王的信臣”，因为他在法塔赫阿里沙离开设拉子北伐时坚守住了设拉子的堡垒。不可避免地，哈吉·易卜拉欣及其家族后来沦为法塔赫阿里沙整肃的牺牲品，这或许要部分地归因于前者的精明，国王曾说过，当这位维齐尔在侧时，他自己的权威便受到漠视。

阿加·穆罕默德汗和法塔赫阿里沙在建设国家方面取得了自萨非王朝以来无可比拟的伟大成就。尽管那个恺加阉人是个暴烈无情的武士，但他像他的父亲一样，渴望建立一个可与萨非王朝相媲美的王国和王朝，他拥有远见和冷酷来肃清达成目标的潜在障碍。他死后，他的侄子法塔赫阿里沙复兴了古代宫廷的辉煌和礼仪。法塔赫阿里沙是个寻欢作乐、怯懦和贪婪的人，但这部分缘于世界和地区环境的重大改变，使得他的统治称不上光荣。当他足够害怕和愤怒时他会相当残酷，但按先前的历史标准，他还算不上是一个暴君。

法塔赫阿里沙事实上是个诗人（出版过一部诗集），他继承了前萨非时代君主和宫廷的传统，鼓励和赞助诗人和诗歌创作。根据一则逸事记载，在一次宫廷读诗会上，国王诵读了他自己写的一首诗，并且向首席宫廷诗人征求意见。这位宫廷诗人并没有给出很高的评价，国王震怒，下令将其囚禁到王家马厩中片刻。过了些时候，在另一次读诗会上，国王再次朗读了他的一首诗，问这个宫廷诗人的感受。后者无声地站起身来走向门口。当国王询问他要干什么时，他回答:“陛下，我要去王家马厩。”

有说法认为，法塔赫阿里沙继位后伊朗便进入现代时期，虽然距现代化运动逐步引起广泛关注还需要一个世纪之久。伊朗与现代性的相遇始于其与俄国的连绵不断的军事冲突，这也导致它与英国建立了更密切的联系，并在较低程度上与其他欧洲列强也建立了联系。于是伊朗引进了现代军事和科学技术，并尝试接受欧洲法律和政府体系，虽然没能获得实际成功，但在这一过程中伊朗不可避免地受到相关行动及其反应的影响。然而在19世纪前半叶，纳赛尔丁沙上台前，现代技术的冲击还是最集中地体现在军事技术和组织方面。当时的伊朗或非伊朗观察家认为，波斯与前几个世纪一样，依然是个极度传统的国家。

法塔赫阿里沙在统治期间见证了两个互相敌视的强大欧洲帝国的出现——英国和俄国。在伊朗和刚刚开始的帝国主义大国游戏中，俄、英以不同形式活跃了一个半世纪。俄伊战争首先在1804年打响。英国最初的接触则主要是想限制拿破仑在伊朗的影响。随着拿破仑的失败，英国势力逐渐出现在波斯湾，英国政策聚焦于维持现状。同时英国也很迫切地要遏制俄国在伊朗的扩张，这可能会引起伊朗国内的混乱，由于在英国看来，俄国向印度的推进可能得到了恺加宫廷的合作，所以他们还要终结恺加王朝对阿富汗的统治。人们很容易认为，如果伊朗人充分抓住机会，他们可能会有更好的外交表现来捍卫他们的利益，但是由于形势所迫，部分伊朗人逐渐增长的对于两大帝国的依赖是不可避免的。

根据一些20世纪伊朗史学家的看法，伊朗在19世纪的衰落仅仅缘于某些统治者缺少才能和智慧，还有腐败、任性和缺少爱国精神。这种观点忽视了古代以来伊朗社会的根本性问题。如上文所述，伊朗社会在结构上缺乏长期稳定性和可预见性，而这些是稳定和可靠的行政体系的必要条件。早在伊朗变成邻邦帝国的绝对不平等伙伴之前，国王的主要关注点便集中在面对地方叛乱的危险时维持他的权力和权威，维齐尔和总督们则专注于来自他们对手的致命阴谋的永久威胁。正是由于短期社会性质，这个国度现在面临着无法战胜、抗争和使之中立的外国强权，只能尝试挑拨列强的关系，以期弱化他们的权势和影响。

还有，他们对失去自己的生命、财产的传统恐惧，绝非后宪法时代意义上的缺少爱国情操或叛国，这驱使某些伊朗官员去寻求在伊朗的英、俄外交官的欢心和保护，其中某些人甚至将自己置于外国人的保护之下，以此确保他们的生命安全，虽然他们的财产安全依然无法保证。从古代起，这种对生命和财产的不安全感和不可预知性，也已经成为伊朗政治、其他社会事件和现象的阴谋论来源，凡事并不像其所表现的那样，每个现象背后都有隐秘的、“真正的”解释（见导言）。这种阴谋本能是生存的必需品，一旦起疑就通过先发制人来实现自我保护。从19世纪中期开始，伊朗阴谋论被最频繁地用来解释列强的行为和动机，主要因为他们是或被认为是伊朗牌桌上最强力的玩家。

如先前各章所述，暂且不提传统意义上的俄国和其他侵袭者对北方边境的入侵，自彼得大帝以来，伊朗与俄国就冲突不断。萨非王朝覆灭后，俄国人占领了西北省份的部分领土，有时甚至占领了正北方的里海各省。纳迪尔沙结束了这些占领。但向高加索扩张成了俄国的国策。格鲁吉亚是个有少量穆斯林居民的基督教公国，曾经是萨非王朝的藩属国。随着俄国的扩张，格鲁吉亚君主们更愿意接受俄国保护。

如果不是被其他两场境外冲突困住手脚，俄国女皇叶卡捷琳娜大帝一定会针对阿加·穆罕默德对第比利斯的进攻采取行动。虽然她不久后便驾崩，俄军还是在1799年进入第比利斯，废除格鲁吉亚公国，兼并其领土。伊朗人震惊之余开始寻求英国和法国的支持。两国由此被卷入冲突之中，与俄国时而联合时而对抗。各色法、英使团来到伊朗，但最后英国成了伊朗对抗俄国的力量，最初是因为拿破仑在法俄《提尔西特条约》后改弦更张，后来又因为他输掉了欧洲战争。

1802年，齐切扬诺夫亲王就任俄国高加索专员。他视波斯人为“亚洲人”、穆斯林和劣等民族，虽然他自己的行为即使按当时欧洲的标准也远非文明。高加索地区后来的俄国司令官们，叶莫洛夫和帕斯科维奇，或许不那么傲慢，但也十分具有攻击性。齐切扬诺夫对伊朗国土的故意侵犯引发了1804年的战争。战争一直拖延到伊朗人在英国斡旋下求和，并签署1813年的《古利斯坦条约》。高加索地区绝大多数土地被割让给俄国，而且只有俄国才能在里海拥有舰队。

《古利斯坦条约》羞辱了国王及其王储阿巴斯·米尔扎，他兼任摄政王和阿塞拜疆总督，当时负责统领波斯军队和领导谈判。条约也伤害了人民和乌莱玛的感情，因为高加索穆斯林受到基督教强权的压迫，他们受到俄国将军们粗暴对待的报告也传到国内。大概阿巴斯·米尔扎认为1813年和约只是停战协定。他的敌对兄弟们和其他对手试图将战败归罪于他。特别是国王的长子、西部各省的总督穆罕默德·阿里·米尔扎·道莱沙，此人的个性很像阿加·穆罕默德，勇猛无比又残暴无情，他不仅对奥斯曼帝国发动军事远征（甚至没得到德黑兰的批准）以证明自己的卓越超凡，还指控阿巴斯·米尔扎无能、怯懦。1821年，穆罕默德·阿里·米尔扎死于霍乱，但伊朗国内对阿巴斯·米尔扎的敌意随时都有可能卷土重来。

阿巴斯·米尔扎领导了1826年的战役。他对继续战争的态度似乎很矛盾，但他那能干和值得信赖的大臣米尔扎·阿布尔卡西姆·加伊姆-马卡姆反对这场冲突。另一方面，他的舅舅，国王的女婿，强有力的杜瓦鲁头领阿拉亚尔汗·阿西夫·道莱热衷战争，并率领一支军队进入高加索。俄国继续沿着未确定的边界蚕食，遭到迫害的穆斯林跨过国境线不断拥入，要求伊拉克和伊朗境内的阿特保特圣墓的乌莱玛们干预。乌莱玛们以极大的热情这么做了。在英国军官们的帮助下，阿巴斯·米尔扎按欧洲方式组织了一支新军，叫作“现代步兵团”。波斯人还基于1814年的《英波条约》，希望能得到英国的直接帮助，但未能实现。

波斯对俄国的战争以惨败告终。俄军顺势进入大不里士，大不里士市民发动了针对阿拉亚尔汗的起义，他被俄国击退后成了大不里士的总督：这是个人民会利用任何可能成功的机会起来反抗政府的例子。阿拉亚尔汗没有抵抗，在试图逃跑时被擒，这是他缺乏勇气的表现，加伊姆-马卡姆在一首刻薄的诗中称之为“和平的破坏者和临阵脱逃者”。和谈导致1828年《土库曼查伊条约》的签订，整个高加索被永远割让给俄国，这时还包括纳希切万汗国和埃里温汗国，另外支付一百万卢布作为赔款。该条约还授予俄国在伊朗的治外法权，包括俄罗斯帝国臣民和前臣民自愿遣返以及受到法律保护的权利。作为对阿拔斯·米尔扎的报偿，俄国保证他继承王位。条约进一步损害了波斯主权，但它也与伊朗统治者无法保证他指定的继承人继位的历史事实有着密切的关系。同时，条约中提到的权利也被授予了英国。作为一个独立国家的波斯于1828年开始衰败。

法塔赫阿里沙在1834年的驾崩，终结了伊朗首次遭遇和回应欧洲现代化和工业化成果的时代。这次体验格外不同寻常，因为伊朗传统中没有任何成分能够理解这些新现象的来历、起源和逻辑。之前也没有伊朗统治者曾面对这样一个看起来显然无法与之抗衡的强大力量，无论公开冲突还是通过和平外交都无济于事。最初他们从最浅显的层次来认识这个问题，即军事技术、结构和组织上的差异。由此，阿巴斯·米尔扎出于好意积极推动组建新军，新军的风格被他的父亲和两个敌对兄弟，克尔曼沙赫的穆罕默德·阿里·米尔扎和法尔斯的侯赛因·阿里·米尔扎，在更有限的程度上模仿。这些举措被证明是无效的，部分缘于资金不足，部分因为缺乏经验。除此之外，阿加·穆罕默德去世以后，这个国家的军事力量整体上就在衰落，这个颓势延续了整个19世纪。

甚至还有人指出，面对俄国人时，阿巴斯·米尔扎的现代新军还不如传统军队，因为传统的部落兵和各省民兵更加适应不那么正规、不那么纪律严明的战争策略及军事行动。无论如何，如果不能在社会的其他关键方面进行相应改进，这些局部改进就无法取得成功。简单地说，在一个功能混乱、无序、效率低下的体系中，难以获得一支秩序井然、纪律严明和高效运作的军队。恺加王朝中一些智慧和管理才能方面顶级的人物，花了半个世纪才看到了问题所在，开始倡导建立法治政府和有序社会方向上的变革。宪法革命掀起了一场高潮，随之而来的是长达一个世纪的现代化、改革和革命，但其核心的根本目标，即建立法治政府和有序社会，却从未实现。

1829年，俄国对波斯的羞辱遭到了同等的报复，亚历山大·格里博耶多夫的使团惨遭屠杀。格里博耶多夫是一位很有前途的作家，他卷入了1825年十二月党人的起义，但后来获赦免。在前往德黑兰担任全权公使之前，他曾经担任俄国在大不里士的代办和驻第比利斯外交顾问。他的首要任务是执行《土库曼查伊条约》，主要是收集战争赔款和遣返现已属于俄国的土地上的波斯人回国。从大不里士前往德黑兰的路上，使团的行为恶劣，向沿途村民勒索财货，对娶了基督徒妻子的波斯人任性胡为，有时试图强迫他们离婚并遣返嫁给伊朗穆斯林的亚美尼亚和格鲁吉亚妇女。

格里博耶多夫刚抵达德黑兰，一名皈依伊斯兰教的亚美尼亚裔宫廷太监米尔扎·叶尔孤白就要求被遣返。当两名被赶出阿拉亚尔汗·阿西夫·道莱家门的亚美尼亚妇女也要决定是否愿意被遣返时，问题更加复杂了。赶她们出门的人，正是当年在大不里士拘押和羞辱阿拉亚尔汗的人。然而，不是只有国王和阿拉亚尔汗的荣誉和骄傲遭到了严重损害。这个事件是签订《土库曼查伊条约》以来德黑兰遇到的第一个考验。在公众眼中，格里博耶多夫及其随员不仅侮辱了国王及其女婿的后宫，而且还侵犯了伊斯兰教和整个穆斯林群体。公众要求乌莱玛干预，后者最后做出了回应。但格里博耶多夫依然强硬，坚持条约条款必须得到遵守。

一大群暴民集结在俄国使馆门外，要求交出叶尔孤白和那两名妇女。叶尔孤白被交出，随即被砍死，两名妇女则被释放。若不是屋顶一个哥萨克射出的子弹击毙了一个十六岁少年，这场暴力或许会就此结束。乌莱玛宣布战斗，暴民发动袭击。超过四十个俄国人和八十个伊朗人在冲突中丧生，只有一个俄国使团成员逃生并讲述了事件经过。

实际上政府对于人民的暴动无能为力，但暴民开始攻击时，似乎政府才是幕后主使，或者说从一开始就对此表示了默许。伊朗统治者无论看起来多么强大，在市民暴乱面前都感到很无助，尤其是当暴乱受到强烈的宗教和民族情绪驱动的时候。类似场景在这个事件前后的伊朗历史上不断上演，至少在这个短周期内，暴乱者们会为了同样的目的同仇敌忾。

这场暴乱平息之后，部分行凶者遭到了惩罚，一些市民被处决，一名德黑兰的穆智台希德首领被流放。国王派遣一个高规格使团携带贵重礼品前往圣彼得堡，为这一事件表示诚挚的歉意。沙皇尼古拉一世开恩将此事降格定性为"永不追究"。后来格里博耶多夫成了俄国历史中的一位英雄，相当程度上是因为他很有可能取得却没来得及达成的伟大文学成就。许多俄国和苏联历史学家以及伊朗人都认为整个事件都是由英国人策划的，目的是给他们的俄国对手以沉重一击。但类似的逻辑在俄国和伊朗历史上都很常见。

伊朗还与其他稍弱的邻国发生了一些冲突，取得了更光荣的结果。1820年，在经历了一系列边境冲突和入侵之后，伊朗和奥斯曼的战争正式打响，国王的儿子阿巴斯·米尔扎和穆罕默德·阿里·米尔扎分别从大不里士、克尔曼沙赫出击，入侵奥斯曼领土。其间后者死于霍乱，但阿巴斯·米尔扎于1822年5月击退奥斯曼的反击，这时霍乱在他的军中蔓延，迫使他在两个月后求和并签订和约。1818年，国王的另一个儿子兼呼罗珊亲王总督在托普拉克卜勒赫击败了一支阿富汗军队。

如上所述，尽管在外战和外交中失败并蒙受耻辱，法塔赫阿里沙的统治却是萨非王朝覆灭以来最和平、稳定的时期之一。他的宫廷辉煌壮丽、礼仪严谨，甚至令许多习惯了高规格的伦敦和德里宫廷的英国访客印象深刻。他赞助诗歌和绘画的发展，部分缘于他欣赏文学和艺术，部分缘于谄媚他本人的肖像画、绘画和颂歌满足了他的虚荣心。他自己和儿子们的浮雕按照古代萨珊君主们的肖像风格被雕刻在德黑兰和波斯波利斯附近的岩石上。与18世纪相关联的诗歌和散文取得了重大发展。欧洲和波斯风格的细密画兴盛起来，虽然任何门类中都没有涌现出杰出大师。事实上，德黑兰的王家清真寺和许多其他城市的清真寺都是那个时代留下来的建筑，王家建筑群（古列斯坦宫）的大部分在巴列维时代被破坏了。

法塔赫阿里沙也赞助宗教研究机构、赛义德和穆智台希德们，他的统治见证了什叶派乌莱玛的自治权力首先在阿特保特，其后在伊斯法罕、德黑兰等地的崛起。乌莱玛经常受惠于国家，甚至与恺加贵族和高级政府官员通婚，他们中的一些人，特别是宣教者、谢赫伊斯兰们，拥有半官方的宗教身份。尽管如此，他们依然被人民视为国家的对抗力量，作为人民的领袖对抗国家高官，他们凭借权势成为人民和统治者之间的调解人。

乌莱玛认为国家在本质上是对真主之国的篡夺，国家只有在无罪伊玛目的统治下才是合法的。这是古老的什叶派理论，也与古代伊朗传统中人民认为国家权力不合法的观点相一致。他们与国家的矛盾关系并不像某些史学家所认为的那样是由于憎恶恺加王朝，也不是诸如乌莱玛的社会正义感之类的特殊原因。无论如何，他们与公众的关系是双面的：城市居民，尤其是商人和巴扎团体，提供了乌莱玛的社会基础，向他们缴纳宗教捐款，每当他们与政府为敌时都支持他们。新奇的是，19世纪的乌莱玛在某种程度和水平上享有过去从未体验过的自治权力。

乌莱玛权力崛起的起始并不容易搞清。在理论层面上，乌苏里学派对阿赫巴尔学派的胜利当然是有益的。阿赫巴尔学派坚持指导权的主要来源是无罪伊玛目并通过接受阿赫巴尔来传承的传统，阿赫巴尔即圣训，是关于伊玛目的思想和行为的传统知识体系。相反，乌苏里学派提倡乌莱玛和塔格里德创制（对法学的理性解释）的必要性，信徒们效仿穆智台希德发布的解释和判决，那是由他的学识和虔诚认可的法学。于是乌苏里学派认为乌莱玛处于中枢地位，给予他们合法发表观点的权威，尽管这些观点可能会与法律法规甚至政府决议相冲突。但人们也认识到一位穆智台希德的观点可能与另一位不同，甚至某些时候与另一位穆智台希德冲突，每一位穆智台希德的判决都要被他的什叶派信徒遵守。

乌苏里—阿赫巴尔学派的冲突在恺加王朝崛起前的几个世纪就出现了，但它在18世纪的尖锐化以及乌苏里派的最终胜利绝非完全偶然。萨非王朝曾授予什叶派的合法性地位，既因为他们相信自己是第七伊玛目的后代，还因为他们将什叶派立为国教和主体宗教。乌莱玛很大程度上依赖国家提供的经济支持和公共权威，因此他们没有事实上的，更不要说主动的宗教自治权力，虽然如前文所述，他们的影响在萨非王朝末期迅速增长。因此，乌苏里学派在后萨非过渡期逐步发展并非完全是偶发事件，他们迅速崛起，在18世纪末由阿加·穆罕默德·巴吉尔·贝赫贝罕尼及其子米尔扎·穆罕默德引领走上巅峰，这对父子的活动基地都在纳杰夫。

这在一定程度上是因为奥斯曼帝国治下的什叶派城市实际上实施自治，随着伊斯法罕的没落，纳杰夫的高等宗教院校越发强大起来，这本身就是18世纪伊朗长期混乱的结果，部分原因在于阿加·穆罕默德和法塔赫阿里沙对宗教学院和高级神职人员的尊重，因为他们需要得到后者的支持，他们没想到这会导致一个与国家为敌的权威的建立。从穆罕默德沙（法塔赫阿里沙的继承者）开始，乌莱玛的权力变得根深蒂固以至于无可动摇，所有后续统治者和政府能做的，只是通过恩宠以及最终使用暴力限制他们的权力。乌莱玛们通过领导1891至1892年的烟草抵抗运动攀上权力顶峰，此次运动的胜利将他们的权力和威望提升到了他们从未体验过的高度（见第7、第8章）。

法塔赫阿里沙缔造的行政系统是高度分权的。各省总督们在他们的辖区内事实上拥有自行决定权，只要他们遵守中央政府的各种明确和不明确的要求。中央和各省政府都是极权和专制的。区别在于所有权力归于中央，集中于国王个人，国王可以任意任命和撤换总督们，即使总督们受到国王恩宠时享有很大自由。有时亲王总督们彼此大打出手，有时又取悦他们的父王。其实他们都是国王本人的儿子（后来是孙子），他们的母亲是国王的不同妻妾，那些未成年的亲王总督由一位老师或总管帮助他们管理省政。因此分权体制不是权力而是行政管理上的分散，这有别于欧洲封建制度的情况，欧洲封建贵族在其领地内享有很大程度上独立于国王的权力。

国家官员及其职能与萨非王朝和之前的王朝相似。法塔赫阿里沙有过五位首相，第一位是哈吉·易卜拉欣，我们已经看到，他和他的家族被诛杀殆尽。其他四位中的两位，虽然都不算杰出，但大体上是颇具学识和能力的人。第三位是阿拉亚尔汗·阿西夫·道莱，对他的任命是不寻常的，因为他既是贵族还是军事将领。第四位是传奇、务实、孤僻、道德败坏的米尔扎·艾布·哈桑汗·伊尔奇，此人曾是派往伦敦的使节，为詹姆斯·莫里尔的小说《伊斯法罕的哈吉·巴巴》提供了原型。这个时代最杰出的公职人员是米尔扎·伊萨，他的儿子米尔扎·阿布尔卡西姆甚至更加出色，父子都被称作加伊姆-马卡姆，相继担任阿巴斯·米尔扎的总管。财税系统由稽核员们管理，他们的首领叫作首席稽核大臣。稽核员的职位比其他国家公职人员享有更加长久且稳定的任期，因为其特殊技能需要长时间的培训和经验。

必须指出，参照伊朗的状况，尤其是18世纪的混乱，法塔赫阿里沙治下赢得的和平和稳定是相对而言的。此外，很少有哪一年没发生过一次或多次反抗和叛乱，最后一次主要骚乱发生在东北部，被曾担任呼罗珊总督的阿巴斯·米尔扎残酷镇压下去，但在命令其子穆罕默德·米尔扎在马什哈德准备讨伐赫拉特之后不久，阿巴斯·米尔扎就死于德黑兰。国王三次前往伊斯法罕，以阻止南部和中部各省的叛乱，在那里担任法尔斯总督的侯赛因·阿里·米尔扎·法尔曼法玛亲王被怀疑是叛乱同谋。国王在1834年第三次巡视伊斯法罕时驾崩。

穆罕默德沙的过渡期

随法塔赫阿里沙之死而来的是熟悉的继承权纷争。早在1834年，他已经指定阿巴斯·米尔扎的长子穆罕默德·米尔扎为继承人，阿巴斯·米尔扎于此前去世，终年四十四岁。这个决定部分源于它与阿加·穆罕默德汗的最初设想一致，阿加要求王朝在阿巴斯·米尔扎家族中传承，阿巴斯·米尔扎的母亲和妻子都出自杜瓦鲁家族；部分是源于国王承认阿巴斯·米尔扎对国家的贡献和惋惜他的英年早逝，还有部分在于遵循《土库曼查伊条约》的需要。尽管如此，法塔赫阿里沙之死引发了穆罕默德的叔叔兼德黑兰总督阿里沙·扎尔·苏丹的叛乱，此人要求侄子与自己分割伊朗，但当他的侄子在英俄使节的支持下从大不里士向德黑兰进军时，他宣布投降了。同时法塔赫阿里沙的长子，即长期觊觎王位的法尔斯总督侯赛因·阿里·米尔扎·法尔曼法玛，在他的同父同母兄弟，伊斯法罕总督哈桑·阿里·米尔扎·舒贾·萨尔塔纳支持下，自称国王。他们在之后的内战中战败，前者很快在囚禁中死去（可能被杀），后者与新王的另一个叔叔，英俊的霍斯劳·米尔扎一同被刺瞎，与其他乱党和嫌疑犯一同被囚禁在阿尔达比勒城堡。除此之外，与往常一样，国王的死讯只在其埋体从伊斯法罕运往库姆安置时才宣布，这又导致了区域性暴动，其中最严重的一场一度波及了西部各地区。

在平息这些国王死后典型内乱的过程中，能干却不得人心的首相加伊姆-马卡姆扮演了非常重要的角色。但没过多久，穆罕默德沙就感受到这位维齐尔的威胁，将其处死了，尽管事实上他是个温和、谦逊的君主且倾向于苏菲主义。根据一个可怕却意味深长的传说，这位维齐尔是被勒死的，因为穆罕默德即位前，他们曾发誓谁都不能“让对方流血”。传说的意义首先在于需要这样的誓言，通常双方手持《古兰经》作为见证；其次在于誓言容易被打破的事实，虽然在这个案例中誓言得到了遵守。国王的妻子马拉克·贾汉·汗尼姆和辅臣哈吉·米尔扎·阿加西也在推动维齐尔倒台的过程中发挥了作用。

穆罕默德沙十四年的统治大体上可以被描述为过渡期。考虑到宫廷阴谋、外交关系和各省混乱，这个时期是动荡不定的，但其他方面几乎都十分平静。外交关系的重心转向更多的对俄国而非英国的依赖，现在俄国对伊朗的领土野心得到了满足，但英国十分坚决地阻挠伊朗对阿富汗的领土侵占。俄国鼓励伊朗与喀布尔和坎大哈达成协定，维护了其对赫拉特的传统宗主权。1837年，穆罕默德沙围攻赫拉特，但在英国的重压下于次年放弃。两大强国的使节往往卷入司空见惯的宫廷阴谋，尤其是关于继承权的斗争。

国王与其任性的原配妻子，出自科雍鲁家族的马拉克·贾汉·汗尼姆所生的长子纳赛尔丁·米尔扎，是他的指定继承人，兼任阿塞拜疆总督。在国王驾崩后，国王的亲弟弟卡赫里曼·米尔扎与巴赫曼·米尔扎都曾得到列强使节的支持而成为摄政王或王储的候选人。继加伊姆-马卡姆担任首相的哈吉·米尔扎·阿加西拥戴国王的爱子阿巴斯·米尔扎继承王位，国王用父亲的名字命名这个孩子，还授予其摄政亲王头衔。作为首相，哈吉注定是不得人心的。但他在宫廷最强有力的对手是马拉克·贾汉·汗尼姆，后者关心自己儿子的继承权，还有杜瓦鲁头领和国王的舅舅阿拉亚尔汗·阿西夫·道莱，他曾经担任首相，现在依然觊觎这个职位。作为呼罗珊总督，阿拉亚尔汗是桀骜不驯又不安分的，这导致他被荣誉流放到阿特保特，再也没有返回朝廷。后来其子哈桑汗·萨拉尔在国王驾崩前反叛，被埃米尔·卡比尔镇压下去（见上文和第7章）。

到穆罕默德沙继位时，乌莱玛已经取得了很大程度的自治权。但由于法塔赫阿里沙与他们的总体关系不错，没有引起乌莱玛和国家之间关系的持续紧张。另一方面，穆罕默德沙的思想倾向受到他的苏菲派信仰和辅臣兼首相哈吉·米尔扎·阿加西的强烈影响，后者可能也是苏菲派信徒。他们的信仰是一种苏菲主义的宗教和伊斯兰形式，不可避免地将部分国家对乌莱玛及其院校的赞助转移到苏菲们及其活动中心上去，这成了破坏乌莱玛与国家关系的一个重要因素。因此，尽管乌莱玛曾经怀疑穆罕默德沙的父亲阿巴斯·米尔扎对于欧洲行事风格的采纳，他们同样批评他的虔诚但追随苏菲主义的儿子。另一个影响乌莱玛态度的因素是不得人心的哈吉·米尔扎·阿加西，作为一名维齐尔，此人几乎注定是不受欢迎的。

国家—乌莱玛之间最强烈和持久的冲突集中体现在1830年代极度富有和权势熏天的穆智台希德，伊斯法罕的赛义德·穆罕默德·巴吉尔·沙夫提身上。他成了该省事实上的统治者，依靠流氓团体统治着伊斯法罕。这是这段专制统治中的混乱的一个明显例证。国王对伊斯法罕的亲征没有改变这种局面，在其返回后，这位赛义德的权势和自主权更加强大。直到国王任命了强悍又无情的曼努契黑尔汗，他的权势才受到削弱。曼努契黑尔汗也叫穆尔台米德·道莱，以“格鲁吉亚佬”的绰号著称，他是个亚美尼亚裔太监，曾在1834年以值得效仿的严酷镇压了法尔曼法玛及其兄弟的叛乱。这位赛义德本人平安无事，此事仍然可以证明伊朗国内乌莱玛的超脱地位。

穆罕默德沙的统治见证了巴布派运动的崛起。谢赫·艾哈迈德·艾哈萨伊是这个后来叫作谢赫派的什叶派学说和门派的创始人。他教导他的信徒们说，虽然十二伊玛目什叶派的第十二伊玛目，即救世主或马赫迪，从物质世界隐遁，其本质却一直寄存在某个活人身上。这也正如几个世纪前胡齐斯坦的穆沙阿沙尔王朝的建立者赛义德·穆罕默德·穆沙阿沙尔所自称的那样。艾哈萨伊进一步主张说，穆智台希德们除了拥有伊玛目常规意义上的代理身份，他们还有特殊代理身份，他们是伊玛目和什叶派信众之间的门（Bab）。赛义德·卡齐姆·拉西提继谢赫·艾哈迈德之后发展了类似主张。

赛义德·卡齐姆·拉西提死后，谢赫派运动分裂为三条发展路线。卡里姆汗·克尔曼尼是恺加家族的一位可汗（非王室血统），他追随赛义德·卡齐姆，建立了卡里姆·可汗尼派。米尔扎·沙斐仪·大不里齐领导了另一个运动，保留了谢赫派的名称。立宪运动领导人塞盖特·伊斯兰·大不里齐于1911年或1912年第二次国民大会覆灭之前在大不里士被俄国人绞死，他是米尔扎·沙斐仪的直系后裔，也是大不里士谢赫运动的最后一位杰出领导人。第三支是巴布派运动，在三个分支中流传最广。它在面对乌莱玛和国家联手镇压时瓦解，它的主流成为一个全新信仰：巴哈伊运动。

这是赛义德·阿里·穆罕默德·设拉齐发起的运动，他被称为巴布，因为他自称是隐遁伊玛目和什叶派信众之间的中介，后来他进一步称自己就是隐遁伊玛目本人。正是由于巴布对广大群众拥有相当大的号召力，因此一开始就受到乌莱玛和政府的关注，虽然这个运动也得到一些乌莱玛的同情和支持，但他们主要是低阶神职人员，也包括少数穆智台希德。最后，巴布在设拉子被捕并被押送到德黑兰，但当押送的人和巴布路过伊斯法罕时，“格鲁吉亚佬”曼努契黑尔汗将其拘押在伊斯法罕保护起来。大约六个月后，曼努契黑尔汗去世，应伊斯法罕的乌莱玛的请求和哈吉·米尔扎·阿加西的命令，巴布被送到德黑兰，后来又被送到年轻的王储纳赛尔丁·米尔扎坐镇的大不里士。根据王子寄给其父王的信件记载，巴布在大不里士当着三位顶级乌莱玛的面接受质询，并且遭到残酷鞭刑。他在1850年巴布起义前被处决。

昏沉而又神秘的穆罕默德沙过早驾崩，他那暮气沉沉的维齐尔也随之下野，年轻有魄力的纳赛尔丁·米尔扎在埃米尔·卡比尔的辅佐下继位，这都宣告了一个充满希望的新时代的到来，但这些希望很快就破碎了。

7 改革和现代化的困境

所有秩序和进步……在欧洲……都源于法律的存在。因此，我们也下定决心要引入法律并遵循法律行事。

——纳赛尔丁沙（1889）

体弱多病的穆罕默德沙在1848年的早亡再度让权力中枢陷入混乱。不得人心的首相哈吉·米尔扎·阿加西害怕丧命。他争取维护其权力的努力失败了，他的部队溃不成军，但他在最后关头逃脱，被允许安全前往阿特保特圣地，同时他的巨额财产被没收也就成了理所当然的事情。德黑兰的贵族们分裂为两派，一派支持王后马拉克·贾汗·汗尼姆，另一派则反对她。双方都自称执政委员会，但王储纳赛尔丁·米尔扎从大不里士返回首都，结束了这种不确定性。

纳赛尔丁·米尔扎从大不里士发起的胜利进军，是由他能干的大臣米尔扎·塔基汗·埃米尔·尼扎姆组织的，此人后来得到埃米尔·卡比尔的头衔，他还得到了俄国和英国使节的支持。纳赛尔丁的整个行动让人想起十四年前在加伊姆-马卡姆的领导下，其父向德黑兰的进军。这终结了德黑兰的混乱，开创了新王长期而又多事的新统治。新王九岁的异母弟弟阿巴斯·米尔扎是先王最宠爱的儿子，如果没有埃米尔·尼扎姆和列强使节的干预，他一定会被刺瞎双眼。然而这孩子的住所和财产还是被洗劫一空。

纳赛尔丁沙：第一阶段（1848—1858）

1848年至1852年间，最初叫作瓦齐尔·尼扎姆，后来叫埃米尔·尼扎姆的埃米尔·尼比尔以国王的名义统治伊朗。国王年轻、聪明，某种程度上性格内向且心怀希望。随着时光流逝，他变得虚荣，热衷寻欢作乐，但依然希望通过基本行政改革、建设相关机构和现代化让国家强大。虽然后来他失去了改革和前进的魄力，沉湎于狩猎、奢靡和女人，但他在国内外都是个能干、有权威和自尊的人。他以其父、其子都做不到的方式将国家整合在一起，就算其父、其子在19世纪后半叶那个时期掌权也不可能成功。在太平岁月，他或许会成为伊朗传统意义上的“公正统治者”，但眼下的时代对伊朗而言绝非太平。

埃米尔·卡比尔是一位出色的内政和军事管理者，在某些方面可以与20世纪的礼萨汗相媲美，尽管他受过高等教育，拥有更远大的愿景，但对建设国家和现代化的广泛支持的缺乏，相当程度上束缚了他的手脚。他几乎完全依赖自己的能力和国王的善意，却在精英、乌莱玛和多数公众中树立了许多强敌。他对国王的依靠是他唯一的权力基础，这与阿卜杜勒侯赛因·帖木儿塔什对礼萨沙的依赖相当，所以当国王反对他时，他也就没有别人可以依赖了（见第9章）。作为这片土地上最有权势的人，在他掌权时，伊朗社会对国家的习惯性反对就直接指向了他，虽然一如伊朗社会特色，在他被打倒下台之后他又开始受到欢迎，甚至被当作偶像来崇拜。

身为加伊姆-马卡姆一世即米尔扎·伊萨的宫廷厨师长的儿子，他还是孩童时就引起了主人的注意并在其关怀下接受教育，后来在王储的大不里士宫廷中担任官职。他首次引起公众注意，是担任穆罕默德沙的代表参加与奥斯曼帝国关于边境纠纷的谈判，最后签署了《埃尔祖鲁姆条约》。年轻国王继位时，埃米尔·卡比尔已经完全取得了国王的信任，担任首相和辅臣，兼管民政和军政。

他的志向可以从他的行动中看出来，即以铁腕镇压实际的和潜在的反叛，以及加强自地方至中央的集权。[1]1850年，他不仅平定了杜瓦鲁恺加头领哈桑汗·萨拉尔在呼罗珊的叛乱，无视了投降就宽恕他们的承诺，将哈桑汗及其兄弟处决，[2]还以严厉的手段镇压了马赞德兰、赞詹和法尔斯的巴布教信徒的反抗。[3]他还着手削弱各省豪强、乌莱玛、宫廷贵族、显要、高官的独立势力。后者以阿加汗·努里和哈吉·阿里·法拉什-巴希（又被称为哈吉不·道莱）为主，并集结了现在获得了“马哈德·奥莉雅”头衔的王太后的势力，太后不顾埃米尔·卡比尔与她的年轻女儿伊扎特·道莱的婚姻，依然发动了对他的攻击。根据一则被莫克比尔·萨尔塔纳当作事实讲述的传说，埃米尔·卡比尔也在试图怂恿国王以一场人为事故除掉太后。[4]还有个传说，在伊朗存在生命受到威胁的人（往往是失宠的高官）去圣寺避难的传统，当卡比尔决定破除这项传统时，有人建议他保留至少一所圣寺，也许有朝一日他自己也需要到那里避难。

埃米尔·卡比尔试图以更大的力度和强度延续阿巴斯·米尔扎的军事改革。除了重组部落民兵，他引入了军税体制，这样每个地区都有义务为募兵做出贡献。理工学院在他倒台后落成启用，该校效仿著名的法国巴黎综合理工学院，聘用欧洲教师（许多是奥地利人）教授军事、医药、其他科学以及现代语言。埃米尔·卡比尔的行政改革只是短期有效的，而且只是在他还掌权的时候。只要他的改革只应用于一个短期专制政府和社会，那就无法以一种根本性的方式产生长期和累积的效果。人们无法搞清楚他是否意识到改变权力的专制本性以及引进法治政府的必要性。他于1852年沦为宫廷阴谋的牺牲品，在那之前他也没有机会在这个方向上采取措施——这是个比他所有改革加在一起都更加艰巨和必要的任务。他死时在政府和人民中都没有朋友。后来他逐渐以一位传奇英雄的形象出现，而且被认为是外国阴谋的典型牺牲品。

埃米尔·卡比尔倒台被杀后不久，一群德黑兰巴布信徒发动了对国王的刺杀，但没有成功。这导致了可怕的报复行动，按艾哈迈德·卡斯拉维的说法，德黑兰从未发生过这样的暴行。众多领头的和活跃的巴布信徒被交给不同团体，之后被以各种极端残酷的方式处死，诸如在身体上穿孔，再插上点燃的蜡烛。[5]随之而来的是巴布运动的领袖和活动家被流放到奥斯曼帝国，在那里两位领袖人物，米尔扎·侯赛因阿里·巴哈乌拉和米尔扎·雅赫亚·苏贝赫·阿扎尔兄弟俩发生冲突，导致了对立和分裂，前者的信徒建立了一个全新的教派，并且成为这个运动的主体，后者的信徒沦为少数派，他们积极支持宪法革命，到了1920年代逐渐衰落无踪。

随着时间的流逝，英俄两国对伊朗事务的干预和介入在进一步加深，埃米尔·卡比尔试图抑制这一趋势，但收效甚微。俄国和英国都索取并且通常能得到各种贸易上的特许权，而且他们一直忙于一场政治棋局，尤其关注高官的任命，努力获得他们的合作。列强对伊朗事务的干预有时候深入宫廷和后宫。截至19世纪末，几乎所有重要的国家决策都不得不获得两大帝国之一的认可。有时一个决定得到一个强国的认可，却因另一国的压力而收回。可以肯定的是，列强之间的对立使伊朗免于沦为其中某个的直接殖民地；另一方面，伊朗也不再是一个完全独立的国家。

至少在改革专制统治的某些特性方面，俄国和英国的影响发挥了积极作用。例如，如果没有他们支持，穆罕默德沙的继位一定会引起更多冲突和混乱，纳赛尔丁沙的继位也不会如此顺利。他们对杀害埃米尔·卡比尔的强烈抗议（英国外交秘书将其描绘为不文明的行为[6]），为阻止国王随意杀害贵族和高官增加了新要素，虽然这还没有达到拯救他们的财产免于没收的程度。

国王十三岁的幼弟阿巴斯·米尔扎的故事是个不错的例子。如前文所述，国王继位时他年仅九岁，如果没有埃米尔·卡比尔和外国使节的干预，他一定会被刺瞎。由于害怕他会成为某些未知乱党谋反的中心人物，国王会考虑处死他。通常国王会执行他的决定，但在新形势下，他感到他应该试探一下英、俄两国使节的看法，以免在事后又遭到抗议。这次他派首相米尔扎·阿加汗·努里去探口风，两位使节告诉首相，除非这孩子受到犯罪指控，否则就不该被处死或刺瞎。在对英国大臣的答复里，努里阐述了专制统治下这么做的逻辑，即任何先下手为强的人都会赢得游戏，这也是因为合法性和继承权没有任何法律根基或根深蒂固的传统依据。他写道，他已经把英国大臣的信转给国王。国王同意英方是出于好意，但又补充道：

> 阁下一定要注意到伊朗某些特殊的风俗和传统，并且意识到，在伊朗，阁下关注的事情并不奏效，没有人能够避开谋反和叛乱者的邪恶企图。如果伊朗国家领导人打算在公平和公正的基础上为他的臣民们维持秩序和安全，那么他们别无选择，一旦产生即使是最细微的猜测、多虑或者对于谋反的疑心，不管他是谁，都要立即镇压，绝没有片刻犹豫。[7]

最后，这个男孩被流放到奥斯曼帝国的伊拉克。[8]

从此以后，欧洲人的看法成了做类似决策时的重要因素。例如数十年后，法尔斯总督鲁克尼·道莱鞭打了法尔斯最强势的富商和显贵之一盖瓦姆·穆勒克并将其投入监狱之后，又要求国王出价将盖瓦姆“卖给”他。根据新闻出版大臣和国王的私人秘书艾特茂德·萨尔塔纳的记载，他没有“买下盖瓦姆”，部分是因为欧洲人的反对：

> 进设拉子城之后，鲁克尼·道莱将其［盖瓦姆·穆勒克］鞭打、囚禁，之后写信给德黑兰，说他会支付10万图曼给国王，3万给［首相］阿明·苏丹，请求将盖瓦姆卖给他，也就是说他可以任意处置盖瓦姆的生命和财产。但他最终没有设法买下盖瓦姆，因为他是萨哈布·底万的外甥，此外现在已经不是法塔赫阿里沙统治的时代，可以购买和出售富商和贵族；欧洲人或许会说

三道四。他没有能够买下盖瓦姆……[9]

这里提及的法塔赫阿里沙买卖要人并非子虚乌有，因为阿明·道莱在其回忆录中单独写道：

> ［法塔赫阿里］国王甚至曾将宫廷官员和国家要人卖给对方……［因为］正如伊朗谄媚者们不断重复的那样，个人的生命和财产都是诸王之王的合法资产。[10]

为了钱而将贵族们卖给彼此，在伊朗历史上不乏先例（见第4章）。

取代埃米尔·卡比尔的米尔扎·阿加汗·努里在穆罕默德沙时期就是一名资深官员。他曾被哈吉·米尔扎·阿加西鞭打并放逐到卡善，后者倒台后才返回德黑兰。他在职时间更长，与绝大多数官僚一样尸位素餐，在他1858年倒台时，如果国王不是考虑到欧洲人的看法，他肯定会命丧黄泉。但他失去了所有财产，被放逐到大沙漠*边缘，直到去世前不久才获准前往库姆，那时库姆只是个建在沙漠中的小圣地。他曾经托人给国王捎去口信，说："如果你是屠夫就杀了我，如果你是［奴隶］商人就卖了我，如果你是君主就原谅我。"但他的请求石沉大海。

与埃米尔·卡比尔不同，米尔扎·阿加汗延续了常规的伊朗"政治"作风，就是说，竭尽全力保障自己的生命安全和大权在握。他公开将自己置于英国保护下，至少获得了生命保障，但他善于在国内外变故中见风使舵，正如国王的最后一任首相阿明·苏丹那样，阿明在19世纪80年代开始担任首相，直到后来在1907年被左翼立宪主义者

* 指伊朗两大沙漠之一的卢特沙漠。——译注

刺杀前一直在位。例如，尽管投靠了英国人，米尔扎·阿加汗在俄国支持而英国反对的夺取赫拉特的战事中保住了官位。同理，尽管他的得宠更大程度上应归功于王太后而非其他什么人，但当国王疯狂爱上一位美丽聪明的农家姑娘杰伊兰，并将其地位拔擢到所有后宫妇女，包括其敬畏的母亲之上，还指定其年幼的儿子埃米尔·卡西姆为王储时，努里很迅速地就望风转向了。然而这并没有给他带来什么好结果，埃米尔·卡西姆及其母亲很快死去，剩下王太后和其他密谋者对努里痛下死手。[11]这是个传统伊朗"政治"中的常见故事，表现了在短期社会中保命的重要性。

1857年赫拉特的丢失也是米尔扎·阿加汗倒台的一个间接原因。年轻的国王希望实现伊朗对赫拉特的长期领土主张，并且在此过程中赢得光荣。这次军事远征是成功的，赫拉特落入国王军队之手。英国人对此感到恐慌，因为他们相信这将会，或至少可能，为俄国打开通向印度的大门，鉴于赫拉特的战略位置使它成为一支大军穿越阿富汗进入南亚次大陆的唯一可行通道。英国在伊朗南部部署军队来迫使国王从赫拉特撤军。在拿破仑三世的斡旋下，法鲁克汗·阿明·道莱·卡什在巴黎谈判，签署和约后伊朗撤军，并放弃了对赫拉特和阿富汗其他地区的领土主张，这是阿富汗作为一个国际承认的独立国家的起点。[12]

第二阶段（1858—1873）

对纳赛尔丁沙而言，赫拉特战役是一场标志性失败，令人想起他的祖父和曾祖父的两场对俄战争的耻辱，以及二十年前其父对赫拉特不得已的撤围。这场失败没能让他成为他渴望成为的英雄，却终结了伊朗对那片不久以前还属于伊朗帝国的土地的所有权主张。此外，这场失败不是一场传统的地区战争，而是一场与数千英里外的似乎不可战胜的现代帝国野心的冲突，尽管伊朗在过去数十年为军事和技术现代化采取了许多杂乱无章的措施。

现在很清楚，采用欧洲技术和科学的局部性尝试远非有效。这能从1851年埃米尔·卡比尔在短时间内就倒台被杀看出来，这位权势熏天的伊朗首相和总司令的死亡悄无声息，却影响了之后数十年。他是一所伊朗版巴黎综合理工学院的创建者，迅速成为传奇人物，激励着这个国家许多最聪明、最有远见的人思考同一问题。他们在伊朗历史上首次抨击国家和社会最古老和根本性的问题，揭示了专制统治是伊朗和欧洲之间的最大差异：在欧洲，法治政府和有序社会是普遍情况而非例外。

年轻的马尔库姆汗是一个亚美尼亚穆斯林的儿子，在巴黎求学约十年，成为立宪和责任政府方面的权威理论家。对马尔库姆汗个人品行的看法各异，有人批评，有人颂扬，但无可争议的是，他的理念对上等和中等阶级改革推动者的心灵施加了最强大的影响。至于对马尔库姆汗个人品质的负面评价，11世纪伟大的历史学家贝哈奇曾通过对一位顶级大臣的严厉批判提醒我们，无论如何，“优秀知识分子总有他的位置”。

围攻赫拉特的失败和随后的巴黎和约，继俄伊战争后再次充分暴露了伊朗面对欧洲时的孱弱，战后不久，大约在1860年，马尔库姆汗向纳赛尔丁沙提交了他的长篇综合性立宪草案，显然这是国王自己的意思。这是伊朗历史上第一个成文的宪法草案。它最显著的特色是，马尔库姆汗区分了绝对君主制和专制统治。他在草案开篇写道，存在两种君主制：绝对君主制，如俄国和奥匈帝国；温和君主制，如英国和法国。他还区分了两种绝对君主制，他称一种为“有组织有秩序的绝对君主制”（即欧洲专制主义，如俄国和奥地利）。他将另一种绝对君主制描绘为“无组织无秩序的绝对君主制”。他没有提供例子，虽然很明显他心中的例子是伊朗体制。他说温和君主制——他指的是法治和代议制——与伊朗体制风马牛不相及。伊朗需要一个**有序**的绝对君主制，就是说，一个基于法律的政体：一个国王制定法律，由有组织、有纪律的责任政府遵守和执行的绝对君主制。[13]

这是个极为聪明的规划，意欲自上而下由专制君主进行立宪改革。它对专制政府和专制统治做了根本性区分，强调专制政府在实践上比专制统治更加强有力。在国家的立法和行政机构方面，他建议分别设立立法和行政委员会，它们代表国王行使立法和执法方面的专制权力。

随后的一份综合性宪法草案要求所有国家和宗教法律都由立法委员会组织编纂。大臣们独立负责。行政规范与法律一致。在没有法律允许的情况下，不可随意逮捕，不可没收私人财产或闯入住宅。税收基于法律。而且，在“有序绝对君主制”的可靠伪装下，他甚至设法要政府放松管制，使“伊朗人民享有思想自由”。这是个庞大、详尽的文件，本文没述及的部分也都符合这些基本理念和原理。[14]

还是在国王的认可下，马尔库姆汗和另几位著名进步人士，包括法塔赫阿里沙的儿子，现代伊朗民族主义先行者札兰丁·米尔扎，建立了“遗忘宫”。它以欧洲共济会为模板，模仿共济会的名字和神秘气氛，虽然它与公众信仰相反，也非官方共济会场所。它是第一个讨论时政的现代社团，它模仿共济会是因为后者在法国大革命期间发挥的重要作用，共济会即使在欧洲也保持着神秘感，在伊朗则不亚于真正的魔力。

在一个国家事务中充斥着怀疑与阴谋传统的国度，这些进步不免惊动了许多社会上的实权人物，至少某些乌莱玛特别注意到它们的外国和基督教特征。实际上，在一封写给国王的信中，富有且大权在握的德黑兰穆智台希德哈吉·毛拉·阿里·卡尼攻击这些主张散布“有害的自由概念”，故意将“自由”等同于传统意义上的放纵和混乱。国王本人似乎关注背后议论的放纵理念的危险，来自地下社会敌人的压力肯定也对他的命令起了作用，他下令解散了“遗忘宫”，并将马尔库姆汗荣誉流放，担任驻伊斯坦布尔的波斯大使，虽然他这样做更像是为了堵住反对马尔库姆汗的悠悠之口。马尔库姆汗在伊斯坦布尔做了哈吉·米尔扎·侯赛因汗·穆希鲁·道莱的幕僚，后者领导了埃米尔·卡比尔之后的第二次改革派内阁。

在此期间，电报在伊朗出现，它是19世纪最重要的技术进步，提高了中央政府掌控各省的能力，使得收、发信息更加廉价和快捷。后来，电报同样被证明是组织全国范围的抗议和革命的有效工具。

纳赛尔丁沙治下的行政体系如以往一样是相对分权的，国王依然是最高仲裁人和决策者，拥有通过总督们、财政稽核员们和其他官员来贯彻其意志的权力。这并不意味着国王可以强制推行他的任何决定。例如，除了财政限制，国王不可能干预各游牧部落的内政，地方各省还偶有反抗，虽然并不频繁，当然谢赫·欧贝杜拉在库尔德斯坦领导的叛乱是个例外。

军队的人员、装备、纪律和指挥能力在持续衰退。幸运的是伊朗此时没有经历重要战争，可能在赫拉特的战争是个例外，伊朗在此问题上迅速向英国让步，派遣大军教训雅穆特土库曼人的尝试被击溃。后来，唯一相对有纪律、有效率的军队是由俄国军官指挥和维持的哥萨克旅。波斯哥萨克是国王1878年第二次出访欧洲的成果，沙皇将其送给国王作为礼物，他们充当国王的私人卫队，有时成为俄国在伊朗的政治工具。

还有其他对国王权力的制约，诸如满足乌莱玛的需要，允许害怕丧命的人去圣寺避难，偶尔接受受宠贵族的说情而饶恕某人的性命。与整个伊朗历史上一样，王权不受任何法律和根深蒂固的传统的制约。

穆希鲁·道莱是伊朗派往奥斯曼帝国的使节，也是国王的表兄，虽然他的祖父曾是加兹温一间浴室的伙计。震惊于现代欧洲的发展和奥斯曼帝国的坦齐马特（意为行政机构改革和重组），穆希鲁·道莱希望促进伊朗的政治和技术革新。他曾陪同国王访问奥斯曼帝国的伊拉克，以其关于进步的见解和个人能力受到国王的关注。米尔扎·阿加汗·努里倒台后，国王还没任命过首相，保守的税务大臣米尔扎·优素福汗·穆斯塔菲·马马列克曾经总揽朝政。1871年，当国王最终同意组建一个由承担明确职责的大臣组成的内阁，且内阁拥有决策权并承担个人和集体责任时，马尔库姆汗的改革理论得到了一个温和、务实的检验机会。穆希鲁·道莱现在获得了“锡帕萨拉尔”（意为总司令）头衔，担任首相和军队最高司令，在纳塞尔丁沙统治期间只有他和埃米尔·卡比尔兼任这两个职务，于是他领导了伊朗的第一个内阁政府。马尔库姆汗则担任锡帕萨拉尔在行政改革和经济发展方面的主要顾问。

意味深长的是，此事发生在伊朗又一次丧失领土之后。1869年，伊朗默认了俄国对一些土库曼人土地的主权，长久以来伊朗对那些地方拥有领土主张。当锡帕萨拉尔在国王要求下推动改革进程时，国王写了如下文字：

> 我很认可这份你写的关于大臣委员会的报告。真主保佑，让必需的措施尽快付诸实施，因为任何拖延都意味着国家的损失。[15]

国王同意行政改革被证明是半心半意的，改革的反对者中有许多人纯粹出于个人动机，但有些人则表示原则性反对，且一如既往地有力。乌莱玛的不悦不仅出于对欧洲化的恐惧，还因为他们天生反对强大的中央政权，正如他们曾经反对埃米尔·卡比尔，未来在穆扎法尔丁沙统治初期反对米尔扎·阿里汗·阿明·道莱对政府的现代化改革一样。他们把这样的政府视为对自己权威的威胁，尤其是它以欧洲的模式构建，新内阁也公然将现代化作为自己的目标。还有其他政府官员和贵族感到了行政改革进程的威胁。伊朗历史上相当典型的是，各种互相冲突的要素有时会团结起来实现某个目标，正是这种情况导致了穆希鲁·道莱的倒台及其改革的破产。

穆希鲁·道莱希望通过大量长远的投资项目来发掘伊朗矿藏，包括煤炭、金属，并建造铁路网络来构建一个现代交通系统，在这个过程中可以动员国内空闲劳动力，由于人口过剩，大量劳动力在遭到浪费。胸怀这样雄心勃勃的计划，他说服国王授予德裔英国人尤利乌斯·路透男爵特许权，路透是一位著名欧洲企业家，同名通讯社创始人，他为伊朗提供了所需的资金、技术和技能。1872年路透的特许权最终得到落实时，遭到强烈和犀利的反对。出于前文提及过的原因，乌莱玛攻击这个决定。锡帕萨拉尔政府中的反对派以及事实上所有有钱有势但没能参与到这一进程中来的人群都是如此。俄国人反对这个计划，因为它给了路透在勘探、开发和建设方面的长期特许权，包括一个由英国人主导建设的铁路网。穆希鲁·道莱（锡帕萨拉尔）希望得到英国人对路透的支持来对抗俄国人的反对，但看起来很奇怪，英国政府对此无动于衷，这至少部分是因为他们想避免在一个他们没有卷入的项目上冒犯俄国人。由于没有对这个计划的有力支持，它最终破产，特许权被收回。

直到今天，路透特许权依然是个争议话题，甚至寇松爵士这样的老牌帝国主义者在评论此事时都对一家外国公司获得如此广泛的特许权表示惊讶，虽然如果英国政府支持这项计划，他不大可能持有这种观点。[16]

后来艾特茂德·萨尔塔纳书面指控路透贿赂了穆希鲁·道莱、马尔库姆汗和其他经手处理这项特许权的官员。[17]马尔库姆汗显然收取了佣金，但没有证据表明穆希鲁·道莱也因批准特许权而受贿。然而，当时在这种交易中收受佣金或许很常见，这种行为甚至持续到20世纪，虽然通常被掩盖了起来。

按照国内外反对路透特许权的活跃分子的看法，这份文书宣告了锡帕萨拉尔（穆希鲁·道莱）政府的厄运。但他和马尔库姆汗并未放弃。1873年，他们说服好奇的国王首次出访欧洲，希望现代社会的景象会坚定他继续现代化和改革的决心。这个主意劳而无功。国王从俄国巡游到英国，对欧洲工业的发展和社会的进步留下深刻印象，欧洲人同样陶醉于这位看起来来自中世纪，却又聪明和高度自信的君主。他由锡帕萨拉尔和大量随员陪同，但他们刚刚回国，国王就在腊什特解除了倒霉的首相的职务。为了他的所有合法改革的希望，他在恐惧之下不得不逃入马厩保命，后来国王表示他的决定源于各方面的压力。锡帕萨拉尔下台背后的直接原因是国王宠爱且富有影响力的妻子阿尼斯·道莱对他的攻击。最初她和后宫中的一些妇女随国王同行，但俄国难以接待这些完全被罩袍裹起来的妇女，于是她们被与男性随员分开，由男、女性东道主分别接待，最终国王决定将她们送回德黑兰。阿尼斯·道莱极度失望，谴责锡帕萨拉尔遣送她们回国，尽管后者拒绝承认是他提出的建议。[18]

无论如何，这是上述所有严肃改革的终结，虽然国王在第三次也是最后一次出游欧洲之后，又对法治政府的问题表示了一定的关注。在此期间，路透特许权被取消了，但他后来得到了另一项特许权作为补偿。锡帕萨拉尔获得了另外的职位，最后担任呼罗珊总督，他在那里履职后不久死去，广泛传播的谣言说他被国王下令毒死。无论这是不是谣言，但由于这是直到埃米尔·卡比尔为止的众多下台首相的命运，所以许多人相信它。米尔扎·阿加汗受到的处理稍好，特别是由于担心欧洲人的反对，现在公开处决下台的大臣不再是可选项。事实上，国王侵吞死者财产是惯例，而且与国王对死者的感情无关。

第三阶段（1873—1896）

于是纳赛尔丁沙统治的第二阶段结束了。在他生命剩余的二十三年中，他满足于在国内维持权威，尽可能与外国维系良好的邦交，并且继续享受狩猎和美女。为此他增加了对欧洲的出访，第二次在1878年，第三次在1889年。他如果不是坦然，也是玩世不恭地眼看着国家衰落，令人想起法国国王路易十五的名言“我死后哪管洪水滔天”，虽然他依然玩弄为伊朗引入法律和责任政府的把戏。他第三次从欧洲回国时，正如我们已经看到的，专注于用法治政府代替人治政府的问题——他与改革者们相似，相信这是欧洲成功的秘密——命令社会名流建立一个国务会议。他的弟弟阿巴斯·米尔扎·穆勒克·阿拉出席了这次无果而终的会议，甚至引用了他的话：

> 我们在近期出访中观察到，欧洲的所有命令和程序都基于现存法律。所以，我们也下定决心引入法律并依其行事。[19]

建立了各种委员会之后，他派遣阿明·道莱带信给国务会议，建议他做“让人民满意和让国家事务井然有序”的事情。他们异口同声地回答说，国王是“所有人类中最明智的”，任何变革都应出自“陛下的意愿”：如果他认为现状是好的则他会坚持，否则他就会改变它。[20]权力依然是专断的，即不受任何独立法律主体制约。但政府是分权的，国家对普通百姓生活的干预是有限的，许多决策是通过协商实现的。[21]

国王最后一位重要的维齐尔是年轻的米尔扎·阿里·阿斯加尔汗·阿明·苏丹，他首次担任首相时才二十六岁。他是拥有同样头衔*的阿加·易卜拉欣的长子，后者是个出身低微的半文盲，后来做了宫廷什役总管，他的机敏和狡诈使他得以对国王施加巨大的影响，进而干预国家事务。他是大商人和铸币厂主哈吉·穆罕默德·哈桑·阿

---

* 父子的头衔都是阿明·苏丹，意为苏丹信赖的人。——译注

明·扎尔布的朋友，后者被指控将劣质铸币投入市场，导致货币贬值，加剧了已经十分严重的通货膨胀。[22]后来获得阿塔贝格头衔的小阿明·苏丹是个聪明、能干、受过良好教育的人，国王越来越依靠他处理朝政和接待外国使节。

狡猾和奸诈是在专制社会取得成功的必要属性，小阿明·苏丹很善于从宫廷和贵族圈获取支持，靠自私自利和实用主义的方式对付俄国和英国。他不像当时和后来人们相信的那样，是俄国或英国（或两国共同）的代理人，但他在国内外事务中游刃有余的核心机密在于，无论在伦敦还是圣彼得堡，无论在德黑兰还是大不里士，他总能在关键时刻站对位置。[23]

他最伟大的求生表演，可能是在烟草抵抗运动前站在英国一方，其后又转投俄国。整个1880年代，各种贸易特许权被授予俄国公司，英国则获得了更多。1888年，国王启动只有英国获益的卡伦河航运项目，与俄国无关。次年，在国王第三次和最后一次出访欧洲期间，英国人积极游说并为波斯帝国银行获得了特许权，作为取消路透特许权的补偿。该银行获得发行钞票的专属权，在矿产开发方面也拥有广泛特权。此举损害并激怒了商人、交易者，这些人已经发行了自己的各种钞票，在有限的范围内流通。于是反过来俄国人也获得了创办俄国贴现银行的特许权。

1890年国王授予英国的塔尔博特公司生产、销售和出口伊朗烟叶的特许权时，特许权政策达到了顶峰，随之落入低谷。其涵盖范围小于之前命运多舛的路透特许权，但与前者不同，它对经济发展的影响微乎其微，只是用收税和佣金来填满国王和大臣们的口袋。此外，路透特许权包括铁路投资、开矿等，都是当时伊朗不存在或罕见的东西，相反，烟草特许权挤压了已有的国内生产和贸易。俄国人自然是要反对它的。烟草和其他行业的商人也反对。乌莱玛也被牵扯进来，因为他们扮演着“人民利益保护者”的角色，同时也惧怕日益增强的欧洲控制力。这次轮到乌莱玛的反对鼓励其他市民群体起来抗议了。

商人和交易者们的不满，除了缘于这些人直接涉及烟草工业的利益，还关系到他们集团的利益，因为这打开了授予外国人在其他有利可图的贸易领域内的特许权的大门。事实上，塔尔博特特许权染指国内贸易和生产的事实向伊朗人敲响了警钟。绝大多数乌莱玛接受了抗议者要求支持的呼吁，哈吉·米尔扎·哈桑·设拉齐发布的法特瓦更是将抗议推向高潮，设拉齐是一位资深马尔加，居住在伊拉克什叶派圣城萨迈拉，他将烟草消费等同于反对隐遁伊玛目。该法特瓦的内容简单明了：

> 从今天起，消费烟草和用水管吸烟是禁止的，因为那无异于对时间之主伊玛目发动战争。

这份法特瓦是否由这位马尔加本人颁发还不能确定。它的重要性首先在于它符合人民意愿，其次，它后来得到最受尊敬的神职人员们的好评。人民以饱满的热情回应，抵制使用烟草。这是对国王尤其是首相阿明·苏丹的沉重打击。国王试图通过收回这个国内贸易特许权来挽回部分人心，但收效甚微。

国王让步了，他在给高级穆智台希德，德黑兰运动领袖哈吉·米尔扎·哈桑·奥希梯扬尼的第一封信中写道：

> 就烟草问题而言，没有人是一贯正确的，而且——在所有人类中——完美知识属于我们纯洁的先知，愿他安宁。有时候做决策的人后来会后悔。对这桩烟草生意，我已经考虑收回国内专卖权……这样他们［塔尔博特］不会抱怨和要求巨额赔付，然而此时，人民要求摆脱欧洲人对国内贸易的垄断其实是有害的。我们打算采取行动时，米尔扎·设拉齐……的敕令在伊斯法罕颁布，并且逐步传播到德黑兰……无论以个人或集体的方式，如果你向

我们请愿，我们一定会收回专卖权，那不是比制造骚乱和禁吸水烟更好吗？[24]

然而，奥希梯扬尼和公众坚持取消全部特许权，人们在王宫外示威游行并引发了流血事件，这将冲突推向高潮。最终，国王取消了全部特许权。不仅期望中的税收没能实现，国王还不得不支付50万英镑违约金给波斯帝国银行。[25]

显然烟草特许权侵犯了商人和交易者们的利益，这些人在抵抗运动中远比其他社会阶层活跃。然而事态发展超越了特定环境，因为它为所有心怀不满的群体、改革者和其他人提供了重要发泄点。绝大多数乌莱玛支持抵抗，这在不经意间授予了它宗教光环，尤其因为它反对授予非穆斯林的外国人特许权。

这是伊朗历史上前所未见的事件。公众首次为了一个明确和清晰界定的目的和平反抗。还是第一次，专制政府向公众的要求让步，而非进行镇压或被暴力推翻。它可能是伊朗历史上所经历的最接近欧洲的政治实践。十五年后的宪法革命最初也是和平地开始并取得了一定成功的，虽然后来事态的发展导致了暴力对抗和内战（见第9章）。

国王的三儿子卡姆兰·米尔扎时任德黑兰总督、阿塔贝格，他竭尽全力也没能挽回巨大的反抗浪潮。电报帮助整合了这个国度，让中央政府更加高效，但也同样被证明有助于高效地动员全国性的反政府活动。这是个人民对抗政府的案例，这个政府熟悉伊朗社会史上的事件。巨大差异在于整个运动都是民事和城市的——而非军事和游牧的，目标集中在一个明确和特定的诉求，它的成功并未引起整个国家的崩溃或使国家陷入传统的混乱。因此它是伊朗历史上第一次**政治**斗争，这个术语是按照欧洲历史和经验来理解的。

除了设拉齐和奥希梯扬尼，还有两个人物在这场反对特许权的斗争中扮演了虽然不那么直接却很重要的角色，他们是马尔库姆汗和赛义德·贾迈勒丁·阿萨达巴迪，后者以阿富汗尼的称号为人所知。马尔库姆汗曾任大臣，在国王1889年访问伦敦时失宠，此后不久在其政敌阿塔贝格的煽动下被解职。他曾将波斯彩票特许权卖给伦敦一家公司，国王一开始表示赞同，但后来在阿塔贝格的煽动下收回了成命，后者对国王说马尔库姆汗侵吞了一大笔本应属于国王的税款。阿塔贝格还动员乌莱玛宣布彩票与赌博无异，违反伊斯兰教法。马尔库姆汗支付了价值4万英镑的版税，以公开对抗的姿态着手出版《法律报》。这份报纸鼓吹建立法治政府，反对专制统治，强调这与伊斯兰教教义一致，为了建立立宪政府，他试图赢得乌莱玛的支持。该报通过秘密传播在改革精英圈子中很受欢迎。[26]

贾迈勒丁以充满魅力又高深莫测的宗教人物形象出现在逊尼派国家，在西方则以逊尼派信徒的身份出现——因此他假装是一个来自喀布尔的阿富汗人。他周游广泛，深刻影响了改革派穆斯林思想家如埃及的穆罕默德·阿布都和欧洲知识精英如埃内斯特·勒南。[27]他出入各色宫廷，包括奥斯曼帝国，曾受纳赛尔丁沙的邀请前往德黑兰的敌对"哈里发国家"。他的首次访问没有取得成果，第二次访问期间，国王视之为一个颠覆分子，将其逮捕并屈辱地驱逐出境。[28]这一行动使国王付出了生命的代价（见第8章）。[29]从烟草抵抗运动到国王驾崩的约四年间，乌莱玛的权力发展到前所未有的程度。这个新兴权威中的某些人，为了扩张他们自己和信徒的财富以及不正当地干预国务，陷入私人纠纷之中。

与历史上的所有波斯统治者相似，纳赛尔丁沙是个专制君主，但绝不是其中最糟糕的。甚至可以说，鉴于这个国家在19世纪的江河日下，他个人是自卡里姆汗以来最好的君主。虽然他偶尔下令残酷处罚一些人，但按伊朗历史标准他也不能被描绘为一个暴君。他设法维护国内和平，除了赫拉特，他没有割让多少重要领土，而赫拉特超出了他所能收复的范围。

他进行了一些建设和开发，尤其在德黑兰，包括重新规划该城、建设多座城门、收集垃圾和竖立路灯。他为宫殿建筑群增建的两个最有趣的建筑，一个是至今犹存的太阳大厦；一个是国家剧院，主要用于官方宗教集会，它拥有完美的音响效果，1946年被推倒摧毁，原址上建造了伊朗国家银行的巴扎支行。

文学在19世纪繁盛起来，虽然这个领域没有涌现出真正杰出的人物。传统上，学者们将波斯诗歌分为三个时期。10到16世纪被称为古典文学时期；16到19世纪被称为衰落时期；19世纪到此时为复兴时期，就是说这个时期复兴了10至16世纪的风格。然而，从21世纪的角度来看，所有这些时期都是古典的，可以被分别称为古典、印度风格、新古典时期。衰落时期只能被设定在18世纪，19世纪的复兴是对它的反击和结果，这时的诗人，如劳雷阿特·萨巴、加伊姆-马卡姆、贾阿尼·设拉齐和法鲁基·巴斯塔米与其他许多诗人回归古典风格，他们用伟大的古典风格写下歌词、颂歌、史诗和神秘主义诗词。虽然远达不到古典风格的标准，但20世纪时认为他们的著作完全是模仿、缺少原创性的看法也有失公允，正如后者将萨非王朝的诗歌认定为衰落一样荒唐。

书法、漆器、细密画，尤其是西方风格的绘画，在数量和质量上都有发展。这个时期最伟大的画家是卡迈勒·穆勒克、萨尼·穆勒克和马哈茂德汗·马利克·舒阿拉（他们都来自卡善），其中的第一位尤其著名，但近期批评家更看重后两位的作品。米尔扎·古拉姆礼萨·伊斯法罕尼可能是这个时期最优秀的书法艺术家，兼具原创性和创新性。出版业依旧受限制，却比以往更加普及，报纸本质上都是官办和半官办的，也开始流行。

经 济

19世纪的伊朗经济可以分为三个阶段来研究：1800年至1850年、

1850年至1870年，以及1870年至1900年。如上所述，相比18世纪的混乱，19世纪的上半叶是一个相对稳定的时期。这个时代的沉重赋税和勒索——“剪羊毛”——与平常的专制统治时期没有区别。但是，相比之前伊朗混乱、无序和屡遭劫掠的状态，这个时期的经济得到了一定的发展。19世纪的后半叶按照经济发展情况可以分为两部分。1850年至1870年间可能是19世纪经济状况最乐观的时期。与之相反，经济情况在最后阶段（1870年至1900年）显著恶化，当时的政府负债累累，财政赤字不断上升，货币贬值呈加速趋势。

普遍认为，人口从19世纪初的600万至700万，增长到世纪末的800万至900万。游牧人口在整个世纪事实上保持稳定，大约250万人，因为再游牧化进程随着社会更加安定而中止了。这意味着定居人口在整个19世纪增长了大约200万，即30%左右，这意味着尽管平均年增长率十分平稳，对那个时代而言依然相当显著。人口增长可能是长期的、周期性的或者——通常——兼而有之。人口平缓增长可能是个长期趋势，虽然难以看到这背后的因素。但是，无疑存在着周期性人口增长和下滑的趋势，例如，混乱结束后导致出生率提高，随后的死亡率下降则应归因于卫生条件改善。丧失领土，尤其是在人口相对密集的伊朗西北地区，以及偶发的饥荒，导致了人口的减少。

税收大体上由土地税、人头税、各种对生产活动收取的杂税和关税组成，但土地税依然是中央和各省绝大部分岁入的来源，虽然还必须加上常规和非常规的勒索以及官方对生产活动和财产的劫掠。其他提高岁入的非财政方法——诸如向外国人出售贸易特许权，出售公职和直接向外国贷款——在19世纪最后数十年中对伊朗越来越重要，虽然这不代表减轻农业领域的税负。土地税税率根据各地土地的产出不同而有差异，总体上在本世纪的最后几十年增长了三分之一，这主要来自敲诈和剥削的进一步发展，因为土地税基本上是征收实物，考虑到严重的通货膨胀，税率已经无法提高。

整个19世纪伊朗都面临着通货膨胀的压力，1870年至1900年间这一压力越来越大。通胀的原因是官方和非官方的货币贬值，国际银价的戏剧性下跌——白银是伊朗货币的根基——以及结构性财政赤字。银价下跌和财政赤字的增长在最后三十年间最有戏剧性，因而推高了通胀率。不断增长的财政赤字源于贸易逆差的不断扩大。对欧洲列强商品征收不超过5%的优惠关税对增加进口起到了重要作用，进口的商品多是小众消费品。出口的增长远少于进口，于是贸易逆差持续扩大。

由于国内手工业商品，例如纺织品，相比欧洲机器制造的产品总体上价格昂贵且不够时尚，因此国内市场对它们的需求在相对减少，在国外市场上则绝对下滑。另一方面，伊朗出口的大部分产品从制成品转向原材料，尤其是两种主要的经济作物——鸦片和棉花。数据表明，在1850年代，原材料在全部出口中不过两成，但在1880年提高到六成，制成品在出口中所占比例相应地下降了。经济作物生产的增长主要以损害粮食生产为代价，这进一步推高了食品价格（此外还是通货膨胀的另一个因素），将绝大多数人民已经很低的生活水平拉到更低程度。

上面的分析很清楚地表明，贸易额的多数增长首先来自从欧洲进口商品的增加，其次，为了向欧洲国家出口，农业生产从粮食作物如谷物，转移到经济作物如鸦片和棉花。贸易增长不是来自伊朗的增长，更谈不上发展伊朗经济，而经济发展可能带来更多储蓄和投资以及就业率和收入的提高，虽然贸易增长会让从事国外贸易的商人致富，使阿明·扎尔布和马利克·托贾尔这样最成功的商人增加财富和权势。

就工业或农业领域的经济意义而言，除了电报，没有其他有价值的技术进步。人们甚至观察到经济退步，失去了几个世纪以来的“知道怎样”，却没有得到一个合适的替代品来取代经济方面可能是最有用和最古老的生产技术。政治史学家们提到的“技术进步”通常是指用欧洲技术生产的小众消费品。而且，在金融资本和实物资本积累方面，没有有价值的增长。

对外贸易增长是金融资本集中化背后的主要动力，它体现了资本在不同贸易部门和个别商人之间的转移。与欧洲的贸易让巨商获益，增加了他们的个人财产，以削弱国家为代价提高了他们的潜在政治权力。与欧洲的贸易也在以许多间接方式弱化专制体系方面扮演了重要角色。首先，列强作用的增长暴露了伊朗政府的软弱，剥夺了公众心中国家万能的传统信念，以至于纳赛尔丁沙告诉艾特茂德·萨尔塔纳说，在法塔赫阿里沙时代“人民的耳目尚未打开”。其次，他们为各种特许权和经营特权向国王和国家官员支付的钱财，有助于从内部腐蚀专制统治结构。再次，生产专业化的加强、原材料的出口、制造业的相对滑坡、作为一种现代通信手段的电报投入使用、日益恶化的地方性通货膨胀、外汇支付中的严重赤字及由此导致的外债积累，都引起结构性经济失衡，这些都是传统的国家机器不能理解的，更不要说应对了。随纳赛尔丁沙之死而来的动荡引发了进一步的经济恶化。[30]

8　法律革命

人民！如果没有服从法律，遵守法律，保护法律，尊重法律，实践法律，发展只是空谈。

——赛义德·贯迈勒丁·伊斯法罕尼（1906）

1896年，纳赛尔丁沙正在准备他的金禧庆典——根据阴历，当年是他继位五十周年，他在拜谒德黑兰附近的阿卜杜勒·阿齐姆圣墓时，遭到米尔扎·礼萨·克尔曼尼的枪击身亡。米尔扎·礼萨是赛义德·贾迈勒丁·阿富汗尼的虔诚信徒，无论他的弑君是否受到导师的指使，他行刺的强烈动机都是为了报复国王对其导师的侮辱性对待，他本人则被投入监狱，遭到酷刑折磨。由于害怕国王驾崩的消息会激起动荡，其埋体被秘密送到德黑兰，之后首相假称国王只受了轻伤。纳赛尔丁沙的遇刺是个现代现象。在伊朗，弑君是更换政府的古老方式，但米尔扎·礼萨这样的中产阶级商人兼知识分子，以法律、公正和政治改革的名义刺杀纳赛尔丁沙这样的君主，还没有先例。纳赛尔丁沙之死很快让这个国家陷入混乱。混乱不是来自继承权之争，自从纳赛尔丁·米尔扎本人的继位得到俄、英的承认和保证以来，继承权之争不再是混乱的主要动因（虽然纳赛尔丁沙曾考虑废黜王储穆扎法尔丁，代之以他活着的儿子中最年长且性格坚毅、野心勃勃的扎尔·苏丹）。[1]

在这种情况下，混乱本质上是权威君主的权力消失的结果，1890年代初君权的持续虚弱和衰落已经为之做了预告。新王穆扎法尔丁曾在阿塞拜疆亲王总督位置上失意地待了几十年，他是个弱势、单纯和无害的人。准确地说，因为这些原因，权力落入了大不里士和德黑兰宫廷中钩心斗角的官员和宫廷侍从们，以及各省总督和地方可汗、豪强手中。政府官员、豪强和游牧部落施加的未经授权的捐税和直接掠夺与日俱增。每周都有来自这个或那个省份的普通民众对遭受掠夺、强奸和奴役的控诉，特别是妇女和女孩子们，许多后来被卖为奴隶。

最初，阿明·苏丹仍然担任首相，但除了以往在中央的敌人，他现在不得不面对来自国王从大不里士带来的潜邸旧臣，这些新敌人由于等待主子接班多年和对钱财的无尽贪欲而被称作“饥渴者”，据莫克比尔·萨尔塔纳的书面记载，这帮人曾盗用国库。莫克比尔是一位非常资深的公职人员，后来成了温和立宪主义者领袖，再往后又做了礼萨沙的首相。[2]“饥渴者”之一马吉德·米尔扎·艾因·道莱是法塔赫阿里沙的孙子，在大不里士追随穆扎法尔丁·米尔扎多年。另一个是米尔扎·马哈茂德汗·哈基姆·穆勒克，据他说，大不里士帮等待新王继位四十年，只能在四年内拿到想拿到的做补偿。[3]第三个是埃米尔·巴哈杜尔·江，他是国王手下头脑简单、直率的反动官僚。新政权中还有一些其他“饥渴者”。

首相的其他敌人有忠诚的改革促进党，米尔扎·阿里汗·阿明·道莱是其首领和标志性人物，他是一位早期改革者的儿子，还是穆罕默德·礼萨沙手下忠诚的改革派首相阿里·阿明尼的祖父，后来阿里·阿明尼同样不受信任和失宠了（见第10至第12章）。阿明·道莱和其他改革者被认为亲英，就像阿塔贝格（阿明·苏丹）据信亲俄。于是国王继位时三个主要“党派”共存：在任首相阿明·苏丹及其支持者；阿明·道莱及其改革团体；国王的大不里士潜邸旧臣，其中以艾因·道莱最突出。阿塔贝格遭到改革者尤其是激进分子们的痛恨。阿明·道莱是个能干而博学的人，希望改革腐败而低效的政府。他在1897年取代阿塔贝格担任首相，但后者继续斗争并最终排挤了前者。继而阿塔贝格再次落败，被艾因·道莱及其大不里士帮取代。艾因·道莱在1903年9月上台，直到1906年8月才在获胜的立宪主义者的坚持下下野。

混 乱

为了展现混乱和动荡的程度，以及国家和政府本身在处理日常事务时的无能，我们将会在下文中提供一些例证，这些例证来自两份当时很重要的文献，作者是当时的一位著名历史学家。它们在1980年代晚期以一卷本的形式首次出版，记载了从穆扎法尔丁沙1896年继位到1906年伊朗人为建立立宪政府而斗争期间每天发生的事件。这两份文献是马利克·穆瓦雷金的《穆扎法尔朝统治史》和《日记》，作者绝非革命活动家，还将前一本书正式献给了国王本人。

> 阿齐兹·米尔扎是一位恺加贵族，还是“德黑兰最著名的暴徒之一”。他和他的党徒公开上演了一场大型闹剧，德黑兰总督下令用木棍狠抽他的脚底板。当总督大人观看行刑时，阿齐兹·米尔扎从兜里掏出一把“左轮手枪”射出一发子弹，却没有击中目标。总督向国王汇报此事，国王命令砍掉阿齐兹·米尔扎的手。此事在年轻的恺加贵族中引发了不安，国王撤了总督的职务，命令他向那个肢体不全的人赔偿600图曼。他还下令将参与抓捕的官员赶出德黑兰。[4]……
>
> 1899年初，大不里士面包短缺。地主们被怀疑囤积粮食，城内发生了骚动，人们打砸商店，许多人逃入圣寺避难。大地主和著名宗教人士尼扎姆·乌莱玛的敌人们宣称他是罪魁。一伙暴民袭击了他的住所，发生了一些伤亡。能干且受人尊敬的哈桑·阿里汗·加鲁西、埃米尔·尼扎姆两次介入，促使暴民和公众保持克制。尼扎姆·乌莱玛前往德黑兰。次日，“流氓和暴徒们”再次袭击他的住所，洗劫并纵火。他们还袭击、洗劫了他的兄弟和侄子的住所，后者是王储的幕僚和阿塞拜疆

总督。[5]……

1903年4月，德黑兰总督艾因·道莱每天收受面包师和屠夫们约1000图曼的贿赂。面包和肉既稀少又昂贵。一些妇女阻拦国王和总督的马车诉苦。总督下令毒打她们。首相阿明·苏丹和国王的私人“奴才”之间正在钩心斗角。

就在同一个月，王子萨拉尔·道莱在担任博鲁吉尔德和阿拉伯斯坦（后来叫胡齐斯坦）总督期间，对人民和百姓不公，还强奸妇女。国王的一个兄弟在卡善的统治很不公正，许多人逃入库姆的寺院避难。当阿塔贝格（阿明·苏丹）被告知国用不足、不公加剧、国之将亡时，他答道他正忙于保住自己的位置，没空关注这些问题。在接下来的一个月里，国王的土耳其奴才们［即阿塞拜疆潜邸旧臣］伙同艾因·道莱煽动反对阿塔贝格。呼罗珊和卡善的面包严重短缺。[6]……

1903年5月，马什哈德总督、法塔赫阿里沙的一个孙子，严重激怒了人民，于是他们横冲直撞到处打砸。总督逃之夭夭。国王派三百人的部队平乱却失败了。后来国王让步罢免了那位总督。这未能使民众满足，他们纵火焚烧了那位总督的父亲的坟墓。俄国人扬言，如果政府不能平息骚乱，他们会派兵保护自己的臣民。国王大惊，但阿塔贝格说如果他没有得到实权，就无法平息事态。国王同意了。这发生在国王的三十名亲信协力反对首相之时，后者的地位已经岌岌可危。在接下来的一个月，一个担任阿拉克、戈裴甘和汗萨尔总督的王子被撤职，因为他对民众不公正，掠夺钱财，强奸妇女，在短期内聚敛了10万图曼。[7]……

1903年6月，阿塞拜疆发生了暴乱。暴民们说大不里士不该有亚美尼亚人，邮局和海关长官应由穆斯林担任。大不里士的乌莱玛是暴民的后台。吉兰总督米尔扎·马哈茂德汗·哈基姆·穆勒克死了。有人说他是被毒死的。他是国王的宠臣，还是首相的敌人。短期内他聚敛了250万图曼。他死后政府下令封存他的房子，“借口他的账户必须接受调查”。[8]

还是在同一个月，法尔斯总督召喀什噶里人的酋长来议事。酋长们拒不前来，还说如果讨论税收，那么总督应该派人过来，他们将付清赋税。总督很生气，派兵讨伐酋长们。部落民击毙了四十名官军，政府对喀什噶里人束手无策。[9]巴赫蒂亚尔人拒绝纳税。从德黑兰派来的骑兵前去收税。巴赫蒂亚尔人杀掉了其中一部分，残兵败将逃跑了。[10]……

首相阿明·苏丹被解职（1903年9月），四个月后艾因·道莱取而代之。[11]……

1904年12月，关于法塔赫阿里沙的一个刚刚死去的孙子的记录。他担任阿斯特拉巴德总督（后来担任戈尔甘总督）期间，平定了土库曼人的叛乱，继而杀害、掠夺忠于政府的土库曼人，这些人刚刚帮他平定叛乱。担任哈姆塞总督期间，他杀害并掠夺了许多无辜民众。虽然国王已经获悉此事，但他依然受命担任武装部队司令并将大部分军饷贪污。他们说他的不动产价值500万图曼。[12]……

1905年7月，一个显要的恺加贵族为了财产与一名商人发生争吵，并向著名穆智台希德赛义德·阿卜杜拉·贝赫贝罕尼求助，后者的学生殴打了警察，这个贵族打断了一个警察的肋骨。当时国王正在欧洲旅行，由王储穆罕默德·阿里·米尔扎监国，王储将这个贵族带到面前，亲手打了他，又下令用木棍痛打他的脚底板并投入监狱。次日早晨，王储下令释放他，向他道歉还给了他一枚戒指。[13]这一年贝赫贝罕周围的卢尔游牧民洗劫市民的财产，强奸妇女，以不菲的价格将男人卖为奴隶。[14]

古昌的民众为摆脱不公正的地方统治者，跑到俄国境内的阿克哈尔，他们穷困潦倒，将女儿卖给土库曼人。[15][这成了著名丑闻，立宪主义者们将其当作重点抗议对象。[16]］……

1905年11月，政治煽动在清真寺中出现。赛义德·贾迈勒丁·伊斯法罕尼、赛义德·穆罕默德·塔巴塔巴伊和赛义德·阿卜杜拉·贝赫贝罕尼的布道引起关注。[17]俄国的1905年革命因沙皇决定授权组建立宪政府而同样引起关注。波斯语称之为“有条件的政府”。[18]……

1905年12月，维齐尔尼扎姆要他下属的每个士兵向他本人缴纳1图曼。士兵们联合躲了起来。国王撤了他的职，将他的部队交给别人管理。[19]伊玛目朱麦赫将一个已故妓女的房子给了一个祈祷师。死者的亲戚向德黑兰总督阿拉·道莱鸣冤。总督派人召来那个祈祷师，痛斥他和伊玛目朱麦赫，将死者财产还给了法定受益人。谢赫·法兹卢拉·努里出面调解，但总督痛骂了他一顿，说他无权干涉，国王、首相也是一样，即使后者不喜欢他的做法也不行。[20]……

德黑兰的面包供应短缺而昂贵。面包师行业主席被带到首相艾因·道莱和德黑兰总督阿拉·道莱面前。为了恐吓这位面包师，首相告诉刽子手“切开他的肚皮”，但总督假装为之说情。以痛打脚底板代替剖腹，他承诺他会解决面包问题。次日，面包价格进一步上涨。[21]［见第4章，面包短缺时对面包师的惩罚。］

三天之后的1905年12月11日，发生了对蔗糖商人的残酷鞭打（见下文）。[22]

马利克·穆瓦雷金的《日记》在记载1906年国王下令为建立一个独立司法机构而召开王家议政会议的地方戛然而止。这段记载中，一名非王室成员的恺加贵族和前驻柏林公使团首脑埃赫特沙姆·萨尔塔纳为反对法律正义而严厉攻击埃米尔·巴哈杜尔·江，因为这意味着国王的儿子和菜贩子将受到平等对待。[23]革命进程开始了。

革　命

1906年，一部宪法规定，政府的规则和程序都必须基于法律。这是伊朗历史上政府首次受到一套基本法的制约，法律规定了行政权力的范围，细化了国家和社会的权利和义务。欧洲没发生过这样的革命，因为作为一种统治方式，欧洲社会的权力实践都受到法律限制，无论政府多么强有力，也无论在界定国家与社会、社会各阶级之间关系的方面，法律的范围是多么狭窄、有限和不平等。在欧洲，法律曾经对多数人不平等，但即使在四个世纪的绝对或专制主义统治期间，从英格兰到俄国的地域上，国家行使权力依然受到诸多限制，俄国是极权主义唯一存在很久的国家，在俄国，权力受到的限制比西欧少得多。欧洲从来没有像这样为法律而战的起义和革命，却有为了改变现行法律、扩大法律适用范围、让法律更公平而战的。

如第7章所述，毫不奇怪的是，1889年马尔库姆汗被免去伊朗首相的职务，开始在伦敦出版极富影响力的报纸《法律报》时，他的学生米尔扎·优素福·穆斯塔沙尔·道莱写了一本名为《一个词》的书，这个词足以治疗这个国家的主要疾病，书中戏剧性地揭示的这个词就是法律。[24]当他被发现是《一个词》的作者时，他身陷囹圄，他的家被洗劫，他的财产被没收，他的津贴遭停发。[25]这表明纳赛尔丁沙清醒地意识到：在伊朗社会和历史语境中，“法律”一词意味着颠覆，尽管他本人偶尔也会表达建立法治政府的愿望（见第7章）。

在《法律报》第一期的一篇社论中，马尔库姆汗强调法律的本质需求是反对专制政府，如果想在伊朗取得任何进步的话：

> 伊朗充满神赐的礼物。其中还没用到的礼物就是法律。在伊朗，每个人都一无所有，因为没有法律。

我们未经法律指定统治者。我们未经法律撤销官员职务。我们未经法律就将应该属于政府的财产出卖了。我们未经法律囚禁了真主的臣民。我们未经法律剖开人的肚皮。

他继续补充道：

没人知道什么是罪行，什么是奉献。他们根据什么法律流放某位穆智台希德？他们根据什么法律停发某位官员的薪水？

他们基于什么法律撤换某位大臣？

他们基于什么法律授予某个白痴头衔？

没有哪位总督或亲王会感到性命无忧，就像外国［即欧洲］大使的奴隶一样。[26]

其他知识精英像讨论小说一样从理论上探讨法律和自由的应用。米尔扎·法塔赫阿里·阿昆札达（1878年去世）是社会、宗教和文学批评家，还是马尔库姆汗的密友，在当时颇有影响力，他的理念对现代民族主义者的崛起产生了深远影响。他既为反对专制政府，也为反对西化而奋斗。他晚期的学生米尔扎·阿加汗·克尔曼尼和谢赫·艾哈迈德·鲁希曾经是阿扎里巴布教徒，但后来成了自由思想家——比他调门更温和，虽然想法不像他那么多。宰因·阿比丁·马拉格希通过他颇具影响的小说《易卜拉欣·贝格的旅程》进一步发展了宪政和爱国思想。但他们中政治思考最为复杂精妙的可能是阿卜杜拉希姆·塔勒波夫·大不里齐，他是教育家兼小说家。[27]

正如我们已经看到的，穆扎法尔丁沙继位后，在中央和地方发生了许多混乱。新王是个善良但软弱的人，容易被他的侍从们操纵，特别是那些接近他的人。即使革命理念和议程已经发展了一段时间，但革命往往在国家虚弱时发生。在伊朗历史上，无论如何，国家的衰弱总会开启冒险叛乱之门。正如前几章解释的，传统伊朗叛乱的目标是推翻一位“不公正”统治者，代之以一位“公正”的，因为专制政府被视为理所当然，既是必需的也是不可避免的现象。[28]但此时，面向欧洲的窗户提供了很有吸引力的可选项：以**法治和责任政府**运作**一个有序社会**。国王的哥哥扎尔·苏丹亲王对民主观点无动于衷，但他在访问巴黎之后写道：

> 虽然他们说这里有自由和共和，也有严格的规则，但情况并非如此……在这个国家，看起来每个人——无论国王还是乞丐、富人、主人、奴仆——都在腋下夹着、眼前放着法典，他知道自己逃不脱法律的手掌心……警察的权力无所不在，权力之大不能通过别人的描写来评估。[29]

这是硬币的另一面。法治政府不只是专制统治的反面，还是混乱的反面。混乱一直被视为专制统治的天然替代品，正如极权和专制统治曾被视作混乱的唯一替代品一样。专制统治被等同于稳定，而混乱——内乱、争吵等——往往被视为无法无天。现在似乎有一把魔术棒——它也确实被视为魔术棒，除了寥寥几个渊博的知识精英——大多数人都确信轻轻挥动魔术棒就能肃清伊朗的传统习惯、专制统治和混乱。特别是因为当前混乱的普遍存在，知识分子中的改革派对消灭混乱和废除专制统治给予了同等关注。他们相信，一旦建立起法治政府，就会为社会带去秩序。

看一眼马利克·穆瓦雷金的《日记》，就能发现穆扎法尔丁沙统治期间普遍存在的无序状态。那是一部非正式的历史。在正式记载中，阿明·道莱倒台后，阿塔贝格（阿明·苏丹）在五年之内（1897年至1903年）向俄国人借了两笔巨额贷款来运作政府。这些贷款部分被用来支付国王挥霍无度的欧洲之行，但也有助于帮助政府免于破产，虽然很多人相信贷款完全被用于挥霍，阿塔贝格要为此承担主要责任。他也要为对他雇用比利时官员团队掌管伊朗海关的行为而引发的不满承担责任。反对他的斗争比比皆是，尤其在德黑兰、大不里士和伊斯法罕。

比利时海关官员以督导员约瑟·努斯为首，后来他担任了关税大臣。这些比利时人对关税的调整引起了对他们偏袒俄国人、排挤英国人和伊朗人的指控。这些指控很容易找到证据，虽然政府采取了行动来平息英国的不满，伊朗商人的不满却变成了愤怒，尤其针对阿塔贝格，他被视为俄国人的傀儡和走狗。在1905年革命的前夜，一张化装照片被公之于众，照片显示努斯和其他比利时人身穿毛拉的装束，虽然照片拍摄于两年前，但依然增添了起源于政治和经济问题的愤怒情绪。

一些重要的宗教人士开始支持商人，纳杰夫的大乌莱玛提供了进一步鼓励。在推翻阿塔贝格的持续斗争中，一封来自纳杰夫的马尔加的开除前者教籍的书信发挥了巨大作用。这份文件被证明是伪造的，虽然涉事乌莱玛确实在反对阿塔贝格。另一份来自纳杰夫但事实上是在大不里士伪造的法特瓦，导致了对海关大臣的驱逐，发现法特瓦是伪造的之后，一位被怀疑参与此事的著名穆智台希德被驱逐出城。伊斯法罕和亚兹德发生了反巴布教“屠杀”，仅在亚兹德一地就有120人被杀，屠杀部分地针对阿塔贝格，虽然背后也有宗教动机。1903年9月，阿塔贝格下台，艾因·道莱在数月后继任。[30]

艾因·道莱和阿明·道莱（阿塔贝格的头衔现在给了他的敌人和继任者）之间存在着你死我活的“竞争”。甚至在后者去职、环球旅行一圈之后，他的党徒依然在积极反对艾因·道莱。由于什叶派机构的高度分权本质，乌莱玛之间精力旺盛的竞争和毁灭性冲突是常态。最杰出的穆智台希德和德黑兰烟草抵抗运动领导人米尔扎·哈桑·奥希梯扬尼死后（见第7章），谢赫·法兹卢拉·努里和赛义德·阿卜杜拉·贝赫贝罕尼都希望被认可为该城的首席穆智台希德。努里、伊玛目朱麦赫和其他一些重要神职人员倾向于支持艾因·道莱，后者遭到贝赫贝罕尼圈子和某种程度上超凡脱俗的赛义德·穆罕默德·塔巴塔巴伊的反对。其中某些冲突的焦点在于控制部分院校，特别是德黑兰的马尔维学院。[31]

努里和贝赫贝罕尼之间的个人恩怨始于他们各自不同的政治路线，虽然努里在宪法运动结出硕果之前曾与其他一些乌莱玛合作。艾因·道莱与贝赫贝罕尼之间的第一次主要摩擦发生于1901年他担任德黑兰总督期间，当时贝赫贝罕尼要出手搭救一些承认反对他本人的神学院学生免于沦为罪犯。但总督轻蔑地回答说，这些人不是由于贝赫贝罕尼而被捕的，所以他们也不能因他的调解而获释。

两起国际事件在增强立宪主义者的信心以及鼓励其在伊朗的追随者方面发挥了重要作用，这里应给予其应有的重视。首先是俄国输掉1904至1905年间的日俄战争。伊朗立宪主义者们确信"日本击败俄国是因为前者是立宪体制，后者是专制体制"。被战败和耻辱激发起来的俄国革命于1905年爆发，这场革命的潜在影响更加深远，它通过传播自己的激进理念和斗争方法，为伊朗提供了模板——有时表现在来自高加索的活动家身上，尤其是现代知识分子中的许多人，如塔基扎德、道莱-阿巴迪和穆萨瓦特，他们依然穿着宗教服装。年轻的激进分子、民主分子和社会民主人士，尤其是在德黑兰、大不里士、吉兰和马什哈德的那些人，逐渐形成群体，开始推动激进的革命进程。[32]

如上所述，从伊朗各地不断传来总督们暴行的报告。最近，关于国王最重要的儿子之一法尔斯总督舒贾·萨尔塔纳以及克尔曼总督对人民不公正的报告不断传来。虽然在后一桩案件中，事态更加复杂，招来的指责更多，然而德黑兰的新闻界将全部责任推给了政府。另一方面，国王的次子舒贾·萨尔塔纳——艾因·道莱希望他能继承他那年老体衰的父王的位置——肯定在法尔斯没收了许多民众的财产。[33]

第一次爆发的导火索是糖价上涨。德黑兰总督阿拉·道莱怀疑糖商们囤积居奇，痛打了其中一些人的脚底板——包括一位年迈且德高望重的赛义德。次日，巴扎关门，大批商人、乌莱玛和其他人在王家清真寺加入一场集会，抗议政府的野蛮暴行。著名传道士和激进立宪主义者赛义德·贾迈勒丁·伊斯法罕尼站在讲坛上攻击政府，这时首相的朋友伊玛目朱麦赫谴责了他，这场集会分裂了，以困惑、恐惧和逃散告终。[34]

这一事件导致许多乌莱玛、学生、商人和店主逃往德黑兰城南的阿卜杜勒·阿齐姆圣墓避难，此举是一种对政府表示愤慨的传统方式。到圣寺避难或静坐，也叫“迁徙”，发生于1905年12月，由贝赫贝罕尼、塔巴塔巴伊和其他一些重要神职人员领导，数天后努里加入。圣寺避难得到了多种来源的财务资助，尤其是来自商人和交易者的资助，此外还有一些艾因·道莱的重要政敌，他们根本不关心法治政府。这些人包括王储穆罕默德·阿里·米尔扎，以及他那情绪不稳、不知怜悯为何物的兄弟萨拉尔·道莱，他们后来竭尽全力反对立宪主义。这以非常明晰和清楚的方式展现了专制国家不和谐和充满阴谋的天性，以欧洲传统视角来看，国家最坚实的支柱实际上与那些想推倒支柱的人联合起来了。奥尔良公爵菲利普在法国大革命中扮演了相似角色，但与这个案例中的扎尔·苏丹不同，菲利普曾经是王位觊觎者而非王储。除此之外，贵族阶层中最优秀的一些成员（如孔多塞侯爵，更不要说拉法耶特了）在早期阶段支持法国大革命，当时并没有发生对贵族的冲击，几乎全部法国贵族，无论身份高低都像奥尔良公爵一样背叛了。但伊朗不是法国波旁王朝那样的封建贵族体制。在伊朗古老的专制国家和社会中，相比于长期阶级利益，对短期个人利益的考虑更占优势。

这里似乎需要再次评价一下宪法革命是一场资产阶级革命的旧理

论。另一种理论认为，革命是由英国人谋划和组织的，仅仅是为了削弱俄国在伊朗的影响，这个理论已经过时，虽然某些伊斯兰主义历史学家依然相信。

马克思的资产阶级革命概念是他的（欧洲）历史理论或（欧洲）历史社会学的产物。马克思认为，社会现实概念意义上的人民，不仅受他们的个人历史观和个人利益的巨大影响，还显著地受到他们的社会历史观和阶级利益的巨大影响。在这里，马克思想到了欧洲社会的独立的、有功能的阶级，长期独立于国家的阶级，各阶级从内到外和从外到内的运动是罕见的和不寻常的，它们是坚固的、不易受影响的社会实体。马克思将欧洲历史看作社会阶级之间——奴隶主和奴隶、贵族和平民、封建主和农奴、贵族和资产阶级、工业资本家和无产阶级——以及其各部分之间斗争的过程。

马克思提出的“历史社会学”针对的是**欧洲历史和社会**中可信的、经验主义的和历史性的证据。他特意将亚洲社会从这个欧洲历史理论中排除，因为他意识到包括伊朗在内的亚洲社会的社会生态和历史变革模式都与欧洲不同，与欧洲经验有着根本性差异。当然，在他之前的许多人，从古希腊人到孟德斯鸠、亚当·斯密、詹姆斯·穆勒和黑格尔对此早已洞悉。

马克思主义者沿着下面这条线索分析宪法革命。19世纪经济发展导致城市资产阶级兴起，而现存的封建体制无法容纳他们的发展。最终引发的冲突证明，政治巨变使新政权构架得以建立。这是一个熟悉模式的信条和基本概况，其构想源于法国大革命提供的大量经验主义资料。有意或无意地，许多伊朗历史学家和社会学家使用这套理论，它在一些案例中确实适用。[35]

然而，与欧洲经验相反，伊朗宪法革命不是较少掌握特权的阶级策动来反对统治阶级的。它是一场按照伊朗自身的古老的社会抗拒国家的路线运作的抵抗运动，只是这回并非直接反对一位“不公正”统治者、指望代之以一位“公正”统治者。这是一场为了法律、反抗专制统治本身的革命。于是当赛义德·贾迈勒丁·伊斯法罕尼在一次布道中问他的听众，国家最需要什么时，有人回应“团结”“爱国主义”等。承认了这些事物的必要性之后，赛义德强调首要和优先的需要是法律。传统的教师会向小孩子传授波斯文字母，赛义德开始拼出每个字母，继而两个字母连起来写——Q，A，然后是QA（法律是QANUN），赛义德要全体听众跟着他重复Q，A。接着他要求重复QA，在宪法革命年谱中记载了这次以最强音唱出的法律颂歌：

> 人民！如果没有服从法律、遵守法律、保护法律、尊重法律、实践法律，发展只是空谈。孩子们必须从小就在学校诵读和学习：在宗教和法学中，没有什么罪恶比违法更坏——信奉宗教意味着法律，宗教意味着法律，伊斯兰教和《古兰经》是真主的法律。我亲爱的人们，法律、法律。孩子们必须理解，妇女必须理解，法律是唯一的尺度，除了法律没有任何人的统治是合法的。国会是法律的保护者……立法议会和立法机构是制定法律的大会，苏丹是法律的首席执行官。士兵和警察是法律的捍卫者，司法体现法律，财富实现法律，君主国的独立意味着依法治国。一言以蔽之，国家的发展、民族的自立和团结来自对法律的贯彻实施。[36]

任何革命的本质都必须通过考察它的目标、支持者、反对者和结果来理解。这里，核心目标——事实上是最迫切的愿望和关键词——是“制约”，即政府受法律制约。制约还是革命的主要成果。没有任何阶级反对它。事实上它得到了整个（市民）社会的支持，还包括住在城里的地主，他们作为市民阶级的成员，在这场革命中受益最大。

高级神职人员也全心全意地拥护这场运动，甚至包括地位崇高的哈吉·米尔扎·侯赛因·德黑兰尼、阿昆·毛拉·卡齐姆·呼罗珊尼和谢赫·阿卜杜拉·马赞德兰尼，他们的地位和影响甚至高于红衣主教。各省豪强和部落酋长，如赛帕达尔·托诺卡庞尼、法图拉汗·阿克巴尔、阿里·戈利汗·萨达尔·阿萨德、纳杰夫·戈利汗·桑木桑木·萨尔塔纳，他们在各自辖区的权威高于欧洲公爵、侯爵和伯爵的平均水平，他们领导革命武装，最终采用军事行动占领了德黑兰。维持政府运转的高级官员，如莫克比尔·萨尔塔纳、沃苏格·道莱加入了运动。革命的领导阶层中充斥着王族、王亲和其他恺加族人，如法尔曼法玛、埃赫特沙姆·萨尔塔纳、阿布勒哈桑·米尔扎等人，其中某些人公开谴责专制统治制度。[37]

到了1906年1月，抗议者从避难圣寺返回德黑兰，当时国王已经满足了他们的要求，包括同意组建备受关注的独立法庭。此前劝他们返回德黑兰的尝试中，最有戏剧性的是埃米尔·巴哈杜尔·江的行动，此人头脑简单，热情效忠国王及其专制统治，他受艾因·道莱的委派，一方面恳请抗议者们返回，另一方面又威胁他们自己将闯入圣寺，但如果说有什么结果的话，那就是适得其反。[38]

从圣寺凯旋加强了首相的敌人和宪法捍卫者们的信心。这时，波斯语汇中的宪法“qonstitusiyun”依然是个流行词，虽然自日俄战争以来，“制约”也被用来描述立宪政府。因为后来穆罕默德·阿里沙说他和他的父亲都不曾认可“制约”简单等同于“宪法”，所以有必要提一句。这是个文字游戏，莫克比尔·萨尔塔纳警告过他，宪法的内涵更加激进。[39]

艾因·道莱诉诸熟悉的伎俩：拖延、贿赂和恐吓。但当时这些伎俩都已经不起作用。6月份，“两位赛义德”，贝赫贝罕尼和塔巴塔巴伊，几乎每天夜里都在不同的清真寺召开集会，这成了这个运动中广受欢迎的重要集会。次月初，[40]艾因·道莱下令逮捕谢赫·穆罕默德·瓦伊斯，他是一名宪政主义传教士领袖，在讲坛上无情地攻击了首相。神学院学生们和其他人营救谢赫的尝试导致一名学生身亡，他被视为宪法运动第一个殉难者。商人继续罢市，人民和乌莱玛在礼拜五清真寺、王家清真寺后面的巴扎集会。军队被派去驱散他们，导致了更多流血，特别是运动领袖们答复艾因·道莱的信息中说，不仅必须建立“正义之家”，首相本人也必须下台。当乌莱玛获得离开的安全保证时，圣寺避难结束了。此后乌莱玛与许多追随者一起“迁移”到库姆，虽然艾因·道莱极力劝阻，几天后谢赫·法兹卢拉·努里还是在那里加入了他们。

德黑兰公众的骚动进一步扩散，导致大量民众在富裕商人的带领下前往英国使馆避难。与此同时，王储穆罕默德·阿里·米尔扎坐镇大不里士（如前文所述，他反对首相），鼓励那里的高级神职人员向国王呼吁，攻击“专断”和“卖国”的大臣们，同时声援德黑兰乌莱玛的行动。国王承受着巨大的压力，他对延长冲突毫无兴趣，明确表示同意了两项诉求：建立独立的立法和司法机构，以及让艾因·道莱下台，后者在不断加大的公众压力下被派往呼罗珊。

1906年8月，伊朗开始仓促编写宪法，以确保它能够按时完成再由国王和王储签字认可（传言国王身体有恙），12月，宪法得到签署。五天后，国王驾崩，由其子继任，新王十分年轻，立宪运动中的激进人士和现代主义知识分子都不喜欢、不信任他。[41]

第一次国民大会后来被认为代表了要求立宪的六个阶级：乌莱玛、王族、贵族、商人、普通商贩、工匠，但不包括农民和妇女，后者当时在几乎所有西方国家都没有投票权。国民大会的第一个也是最重要的任务是准备和批准后来得到国王和穆罕默德·阿里·米尔扎认可的宪法。许多未来的伊朗政治家在国民大会中找到了他们的位置，包括沃苏格·道莱、塔基扎德、海达亚家族的若干成员、阿明·扎尔布等。注定要在几十年后的石油国有化运动中担任领袖的摩萨台此时也当选了，但他没达到最低法定年龄。

这届国民大会很快陷入与新王、努里及其党徒之间的毁灭性斗争之中，努里等人批评他们所看到的都是欧化政策和立法。温和和激进主义者之间也有着严重冲突，但直到国王和努里失败之前，这些矛盾都还没有完全明面化。[42]

1906年的胜利可能来得太容易，进一步冲突和敌对变得不可避免。除此之外，主要的反对者们都缺少人格魅力，而且从客观上看，他们对局势发展的逻辑、国家与社会之间的冲突和随专制政府倒台而来的混乱趋势缺少足够的认知。

宪法革命期间，穆罕默德·阿里沙及其心腹们，如果没有指望彻底扭转时局的话，也希望尽可能保住更多的行政权。国民大会总体上不信任国王，同样坚持履行尽可能多的行政职能。它自视为人民议会，对抗国家。另一方面，虽然宪法名义上消灭了传统的人民和社会与国家之间的对立，实际上这种对立态度和关系依然存在。从历史的角度来看，当国家失败时，社会占据优势，正如前文多次叙述的，混乱的后果自然产生。现在，第一次，法律建立起来限制和规范国家和人民的关系。但国家、社会都没有充分吸纳当前局势下的全新事物。因此，社会和国家依然试图将对方作为一股政治力量肃清出局，由自己独掌权力的缰绳。

除此之外，宪法本身赋予了立法机构过多权力。事实上，它比俄国、德意志和奥地利帝国的版本更加民主，在某些方面甚至超过了当时的英国，例如，后来它无条件给予所有男性选举权，也不存在基于世袭特权的上议院。然而当时并不存在真正的议会政党，可以彼此磋商并对国王进行制衡，以平息纷争。最终，革命派中的激进分子——他们在某些官方和非官方协会中很有影响——并不愿意妥协。他们不仅坚持人民要在事实上拥有不受限制的权力，而且对欧洲式的现代化缺乏耐心，希望尽可能快地实现目标。

在宗教传统主义者们看来，这是这场冲突最激烈的结局。确实，努里自认为是德黑兰最博学的穆智台希德——可能在阿特保特之外任何地方都是——感觉受到这场革命的宗教领袖贝赫贝罕尼的压制。努里和其他一些穆智台希德，尤其是谢赫·穆罕默德·阿模里、米尔扎·哈桑·大不里齐、赛义德·艾哈迈德·塔巴塔巴伊（大塔巴塔巴伊的弟弟）、德黑兰和大不里士的教首哈吉·阿加·穆赫森·阿拉齐的恐惧和不祥预感，不仅局限于个人利益。而且无论如何，他们试图公开表示反对，正如我们将看到的，他们最终站在国王一方，反对立宪政府。

第一个考验来自阿明·苏丹当局。我们已经看到，作为首相，他在纳赛尔丁沙生前死后都很不得人心，于1903年下台后出国。现在看来，只有与像他这样能干、务实和狡猾的人才能达成妥协。贝赫贝罕尼和其他温和的立宪主义者曾对他表示支持，但激进派和国王不信任他，除了纯粹出于个人考虑认为他上台会降低国王或激进派获胜的机会之外，更在于他似乎得到了俄国和英国的支持。阿明·苏丹在1907年8月末遇刺身亡，便是这些反对势力的这种恐惧的结果。冗长的讨论和争吵聚焦于国王或民主派谁要为行刺负责。最终的结论是来自大不里士的年轻的激进活动家阿巴斯·阿加射出了这枚致命的子弹。毫无疑问，王党得知消息后感到如释重负，即便他们自己当时正忙于酝酿刺杀阴谋。

纳赛尔·穆勒克内阁的命运或许以一种相对明晰的方式展示了温和、寻求妥协的党派们的问题。阿塔贝格遇刺之后，来自王党的米尔扎·艾哈迈德汗·穆希鲁·萨尔塔纳领衔组阁。可以预见的是，他的内阁注定短命，很快就会为纳赛尔·穆勒克内阁让路，该内阁主要由政治上温和、老于世故、经济上清廉的立宪党人组成，包括米尔扎·哈桑汗·穆希鲁·道莱和米尔扎·侯赛因汗·穆塔门·穆勒克兄弟。这种局面只持续了几个星期，当时国王正在筹备他对国民大会的首次公开攻讦，而两份激进派报纸也丝毫没有停止对国王本人和太后的抨击。[43]

12月中旬，王党组织了大批暴徒，在街上高呼反对立宪政府的口号："我们追随《古兰经》，我们不要'制约'；我们渴求先知的信条，我们不要'制约'。"我们对犹太社团是否被迫加入示威一无所知，但——犹太社团的服装很容易鉴别——他们解释说犹太人高呼"我们渴求先知的信条"是很滑稽的事情。所以犹太人被告知要跟在穆斯林人群的后面高喊："为了穆斯林的利益，我们不要'制约'。"与此同时，暴民在炮兵广场（距离国会广场不远）建立营帐，国王号召他们殴打、驱逐并逮捕他的大臣们，威胁要处死纳赛尔·穆勒克（第一个在牛津大学接受教育的伊朗人），在英国使团的干预下，他及时获救，于次日早晨离开了伊朗。这清楚地表明了温和派在左、右两派激进势力夹击下的困境。[44]

随着局势发生变化，国王还没准备好与国民大会进行全面对抗。他的犹豫事实上有助于扭转局面，其本人也不得不寻求和解，然而局势依然十分严峻。但回顾过去，很清楚的是，在这种所有关注局势的人都不打算妥协的情况下，如果还有可能达成妥协，那么纳赛尔·穆勒克的内阁是最后的机会。

国王的决心越来越坚定，并为下一轮斗争做了更充分的准备，但在一场对他的未遂刺杀后，他采取了行动：一枚炸弹被扔进他的马车，一个激进分子头目海达尔汗·阿慕库里因涉嫌组织了这次行动而被捕，但国民大会使他免于被起诉。1908年6月，又发生了一起政变，国王的哥萨克旅在俄国军官的指挥下炮击国民大会，攻击并洗劫了立宪派人士及其同情者的住宅，拘捕了一大批青年运动领袖和活动家，其中包括一些恺加贵族。他们中的赛义德·哈桑·塔基扎德、阿里·阿克巴·德赫胡大向英国使团寻求庇护，后来得到安全保证出国了。其他人，如《天使的号角》杂志的兼职编辑贾汗吉尔汗、广受欢迎的传教士马利克·穆特卡勒敏，则被国王下令处死。赛义德·贾迈勒丁·伊斯法罕尼在逃跑途中被捕。这些都是虚伪的专制君主的可耻行为。但部分帮助国王造成这种局面的激进立宪主义者并没有盲从，如阿卜杜拉希姆·塔勒波夫·大不里齐这样无可挑剔的老牌领袖，后者在写给流亡中的德赫胡大的信中同时谴责了理想主义者和暴民的过激行为。[45]人们对这场政变的第一反应是麻木，但大不里士民众起来占领了他们的城市，在传奇英雄萨塔尔汗的领导下，英勇地捍卫了这个革命堡垒，直到其他省份——吉兰、伊斯法罕，尤其是法尔斯——也开始反对国王的非法政府。政府军包围了大不里士，通过断绝食物供应几乎使其屈服。人们一度害怕俄军会以拯救欧洲侨民为名帮助政府军。这个威胁始终存在，但到了1909年4月，俄军撤退，使大不里士免受饥饿之苦，政府军也不得不解除围困。

在此期间，英国和俄国已经改变了他们对伊朗的半殖民政策。1907年8月31日，双方在圣彼得堡签署了《英俄条约》（后来被称为《1907年协议》），结束了两大帝国在伊朗漫长而紧张的敌对关系。法国人在英、俄之间积极游说、斡旋，此举早于第一次世界大战爆发时三国之间组建的“三国协约”。条约将伊朗分为三部分：英、俄势力范围和中立区，但与往常一样，在很大程度上只是虚伪地宣称尊重伊朗的独立和领土完整。这是在每个人都预期会发生的欧洲大战之前，英国经过深思熟虑后在伊朗问题上做的让步。然而该条约却显著降低了英国官方对立宪主义者的同情程度，后来人们知道，英国外交大臣爱德华·格雷爵士竭力劝阻俄国不要公然染指伊朗国王的利益。这主要来自以寇松勋爵为首的英国政府内部的压力，这些人反对《1907年协议》。[46]

国王继续其笨拙和言行不一的表演，因此越来越不得人心，甚至俄国也逐渐对他失去了信心，最后两大列强公开要求他恢复立宪政府并寻求与各方和解。[47]两国并不打算推翻他的政府，但他们的联合声明有助于振奋革命者们的士气，之前革命者们相信俄国人会始终站在国王一边。

奇怪的是，事态的转折点与1979年革命时的颇有些相似，国王总是跟不上事态的发展，不能在合适的时机采取正确的行动，他的优柔寡断不但鼓励了激进的反对派势力，还让西方列强失去了信心，后者固然不希望他倒台，可也不鼓励他采取“铁腕政策”（见第12章）。我们难以知晓反对派是否可能使人民接受与国王的和平解决方案，即便可能，从国王一直以来的两面三刀和难以信赖的性格的角度来看，这个解决方案也会令人想起英国的查理一世。但对全体人民及塔基扎德来说，它依然是有益的，作为支持革命的激进知识分子，塔基扎德在晚年向一位密友表达了深切的遗憾，因为他当年一口拒绝了国王的提议，后者提出在自己不退位的前提下可以重建立宪制度。[48]

然而，如果恢复宪政能带来相对和平和团结的体制，进而逐步推动政治、社会和经济的发展，那么只有死硬的反动分子才会企图回归旧制度。由于政治没有向理想的方向发展，希望让位于绝望，比起当前的混乱，高压政府似乎更具价值，这样的态度转变在类似局面下都很常见（见下文和第9章）。

1909年7月，拥有赛帕达尔头衔（后来获得更高的锡帕萨拉尔头衔）的穆罕默德·瓦利汗·托诺卡庞尼、拥有萨尔达·曼苏尔头衔（后来是赛帕达尔）的法图拉汗·阿克巴尔统领着吉兰部队。他们都不是激进分子，虽然前者与萨尔达·曼苏尔不同，脾气十分火暴。但他们的军队包括一支来自南高加索——尤其是来自巴库——的著名民兵部队，其成员几乎都是激进民主分子和社会民主分子。吉兰最出色的军事领导人是穆智台希德耶普兰汗，他是一位来自亚美尼亚的波斯化了的革命领导人，或许还是个军事天才。摩根·舒斯特写道，耶普兰“是这支来自腊什特［吉兰首府］的远征军真正的头脑和臂膀”。[49]

伊斯法罕部队的成员多是巴赫蒂亚尔族的火枪手，由阿里·戈利汗·萨达尔·阿萨德二世为首的可汗们率领。早前他在欧洲期间，他的兄弟纳杰夫·戈利汗·桑木桑木·萨尔塔纳已经占领了伊斯法罕。

拥有军队之后，革命战士们向德黑兰进军，在城门外与国王的哥萨克旅激战后，迅速进入并控制了城市。在一封最近披露的国王的叔叔和岳父卡姆兰·米尔扎写给国王的信中，后者提到革命军至少有一万人，这解释了为何王军会丧失斗志并撤离，而作为对其请求援助的回应，俄国全权代表告诉他，俄军距离德黑兰有三天路程，而且他们的干涉将会损害伊朗的利益。[50]

国王和他的廷臣前往位于德黑兰城北的俄国公使馆避难，他们得到安全保证后横渡里海去了俄国。在英国和俄国的协调下，德黑兰城内外的战斗持续时间不长，伤亡也不大，对王党的报复也不算残酷。但依然执行了一些死刑，包括处决谢赫·法兹卢拉·努里。如果没有德黑兰的贝赫贝罕尼、塔巴塔巴伊、呼罗珊尼以及纳杰夫的马赞德兰尼的许可，不可能执行这个死刑，此事表明他们并不反对杀戮。至于努里，他的行为比他的信仰更深刻地伤害了立宪主义者们的感情——尤其是那些领袖人物，因此，在冲突过程中，纳杰夫的三位立宪派乌莱玛公开谴责他是穆夫希德，这是个源自《古兰经》的词汇，在伊斯兰教法中指犯了重罪的人。[51]

1907年第一次国民大会召开后，努里感到贝赫贝罕尼的地位超过了自己，但他和他圈子里的人对立宪政府的批评透露出了对欧洲模式的世俗化和现代化道路的恐惧，他们认为这会摧毁伊斯兰教的权威。他们攻击捐献给宗教团体的私人捐款应该转用来投资建设现代工业的观点，并且反对在节庆场合鼓掌、欢呼，因为这些是欧洲人的习惯。努里和他的支持者认为自由不过是放纵而已。他们在第一次国民大会召开后逃到阿卜杜勒·阿齐姆圣墓避难，他们在那里发放的传单将立宪主义者描绘为自由思想家、巴布教徒、虚无主义者、无政府主义者和社会主义者，提倡淫乱和非宗教生活。[52]此后他们坚持自己不反对

"制约"，但前提是"制约"也要受到制约，即与他们解释的伊斯兰法学一致。但是在国王发动政变之后，他们的领导人，包括努里、伊玛目朱麦赫，在写给国王的一封信中谴责立宪派没有资格制约王权，进而支持国王恢复专制统治，这段时期日后被称为"次级专制统治"。然而必须指出，"制约"的拥趸们并非铁板一块，尤其是来自伊斯法罕的那些人，他们遵循自己独特的路线。[53]

为了反驳努里及其党徒，纳杰夫的乌莱玛呼罗珊尼、马赞德兰尼和德黑兰尼（死于1908年）支持国民大会，反对国王和努里的声明，政变之后，他们全力投身于这一事业当中。如果纳杰夫的乌莱玛们有所动摇，或者在事实上质疑宪政的合法性，我们便很难想象这项事业能取得如此的成功。相反，他们也加入到理论斗争之中，认为在伊斯兰教体系下，专制统治不合法，立宪政府不是放纵和混乱的政府，而是一个基于法律的政府，这个政府对公众负责，人民在法律面前一律平等。[54]他们对立宪政府的解释是合理的，但这并非这个国家，甚至它的绝大多数领袖面对新体制时的态度。20世纪的第二个十年，是一个放纵而非自由在增长的时期。

尽管如此，在1908年，当穆罕默德·阿里沙的哥萨克旅在努里的公开支持下袭击国民大会时，一位将自己描绘为"并非宗教的朋友"的欧洲观察家（年轻的英国外交官沃尔特·斯马特，虽然他在这份材料中并未表明身份），记述了立宪派宗教领袖和社团所扮演的角色：

> 在波斯，宗教界受环境所迫，或许发现自己站在自由一方，而其不足之处却被忽略了。在革命的阵痛中，对于教会来说，很少有比领导民主运动更光荣或陌生的责任了。因此［宗教领袖］将其全部权威和学识都用于推动自由和进步，使一代波斯人走上宪政自由之路成为可能。[55]

从欧洲历史优越论的角度来看，斯马特的惊诧是可以理解的，欧洲革命是由下层和非特权阶级领导的，反对包括现有宗教集团在内的上层和特权阶级，宗教界往往站在后者一方。从这个立场来看，很难想象高级僧侣会代表人民向政府开战，虽然这在伊朗的国家—社会冲突史上并不罕见。

立宪运动期间，可以用哈贝马斯的特定公民社会理论阐释的现代公共领域在伊朗出现。根据哈贝马斯的观点，相对于政府和私人领域，作为批判性社团和议论场所的公共领域是相对独立的，它出现于18世纪的欧洲，但其起源可以追溯到17世纪末的英国。从这个意义上说，现代公共领域或类似的其他东西，在伊朗出现于20世纪初，形式包括独立的批判性报纸和期刊，以及快速增长的自发性协会和社团。[56]事实上，我们可以认为国民大会就组成了公共领域的一部分，而非国家政权的一部分，因为它以人民的保护者自居并反对政府。

现代革命出版物、诗歌、报刊极大地促进了散文、文学和新闻学的发展，但它们在煽动毁灭性冲突和肆无忌惮的演讲方面也扮演了重要角色。在那些以诽谤、狭隘闻名的报纸中，《圣灵》《平等》名列前茅。《天使的号角》是一份更审慎的报纸，虽然它有时候也会越界。[57]政变之后被国王下令处决的米尔扎·贾汗吉尔汗便是该报的兼职编辑，前文提到的德赫胡大则是其助理，如果他不在政变后设法逃脱，也会遭遇相似的命运。

德赫胡大的散文，尤其是他的讽刺性专栏，成了现代波斯散文的参考范例和起源，在其对简洁语言和通俗表达方式的运用上都是如此。自然还有先行者，从法塔赫阿里·阿昆札达到塔勒波夫、米尔扎·哈比卜·伊斯法罕尼、谢赫·艾哈迈德·鲁西、米尔扎·阿加汗·克尔曼尼等人。但所有读过马尔库姆汗写于1850年之前著作的人，都会注意到他的散文相对于他的时代是多么前卫，以及他对后世散文包括德赫胡大的作品发展的影响有多么深刻。诗歌依然在继续变革，无论形式还是内容。《北方的微风》的主编赛义德·阿什拉夫丁的散文风趣幽默，在新闻出版行业、革命诗歌领域可与德赫胡大比肩，其作品甚至比德赫胡大的散文更加口语化，他偶尔也会写诗，尤其是他为纪念被谋杀的朋友和同事贾汗吉尔汗而作的动人的《穆萨马特》。另一位在革命期间成长的文学天才是诗人劳雷阿特·巴哈。

然而1909年的胜利没有也不可能如许多人期望的那样，在一夜之间将这个国家变成人间天堂。革命没有产生民主或独裁的资产阶级政府。革命让这片土地上的私有财产和资本更加合法、安全，但地主和商人领导的革命政府很快陷入混乱之中（见下文）。[58]这可能引发渐进式的改革和发展，进而获得长期成就，但不和的陈规陋习、社会凝聚力和协作的缺乏，以及胜者通吃负者全失的态度——简单地说，淘汰型政治——过于根深蒂固以至于使上述愿景难以实现。作为一次社会对国家的反抗运动，这场革命显然体现了传统伊朗起义的所有特征。唯一不同以往的是它试图建立法治，反对专制统治而非仅仅反对不公，并试图用现代欧洲的形式和手段来实现自己的目标。

幻　灭

没用多长时间，立宪主义就失去了广泛的民意支持。许多人将关于杀戮和劫掠的报告归咎于“立宪主义的存在”；通过欺诈、谎言捞好处的人被称为“践行他的宪政”。

随革命胜利而来的日益严重的混乱，其逻辑与我们在本书中已经讨论过的、曾多次发生的当国家由于其自身的虚弱与叛乱势力的攻击而崩溃的模式相似。其形式当然有所不同，至少表面上不同，因为这次起义是以自由、法律、立宪政府以及世俗民族主义和现代主义的名义发动的。按照宪政理论，议会和政府之间缺乏合作或许会被描述为对权力分立与制衡的混淆，尤其是在伊朗，过去与现在一样，人们都将孟德斯鸠的分权理论奉为圭臬。20世纪30年代的首相和司法大臣艾哈迈德·马丁·达夫塔里在反省后礼萨沙时代时，回忆起了后立宪革命时代的混乱。他在1945年写道：

> 我对那些年残留的记忆是，在社会生活方面，我们是不成熟的，还没有从小学毕业。我不能忘记在那个民主时期，革命的参与者们播下许多分裂的种子，他们表现得如此激进和幼稚，而且，一言以蔽之，我们动摇自由的根基到了如此程度，以至于若干偶发事件引发的旋风就能够将其突然连根拔起。[59]

另一个重要诱因是传统的地方自治趋势，各省和边境地区的叛乱和劫掠往往在中央政府虚弱和陷入动荡时发生。这个进程，如前文所述，始于穆扎法尔丁沙统治期间虚弱的政府。然而混乱的根本原因是中央的对立而非竞争，以通过政治暗杀的方式清晰地表现出来。正如整个伊朗历史的特征那样，在这个漫长的混乱期内，统一和坚定的权威会在一个不可思议的短时间内突然建立秩序。礼萨汗在两年内做了似乎几年甚至几十年都做不到的事情。这是伊朗历史的典型范式：任何拥有中央权威的人，都能够掌控地方。

混乱的开始

德黑兰落入立宪派军队手中数月后，一个稳定的政府才组建起来。最初，一个高级委员会被指派负责处理诸如废黜国王、由王储艾哈迈德·米尔扎取而代之、第二次国民大会选举之类的事务。后来这个高级委员会由“督政府”或管理委员会取代（参考法国大革命期间热月政变后的督政府），但是其后不久，赛帕达尔·托诺卡庞尼（现在的头衔是锡帕萨拉尔，即总司令）在1909年10月初组建了第一个常务内阁。

1910年7月中旬，由于遭到巴赫蒂亚尔人强力支持的民主派的反对，这届内阁垮台了，巴赫蒂亚尔领袖们拥有组织更好的军队。米尔扎·哈桑汗·穆斯塔菲·马马列克出任首相。他相当年轻，非常富有，支持民主派，在公众间颇具政治声望，他能力平平但在所有方面都很坦诚。9月底，国民大会选举纳赛尔·穆勒克担任摄政，这个职位在阿里·礼萨汗·恺加（即阿杜德·穆勒克）死后一直空缺。纳赛尔·穆勒克是一位立场温和的立宪主义者，对伊朗的生产力和资源有着较为客观的认知，他相信渐近式的政治革新，因此属于少数派。

穆斯塔菲·马马列克的政府从1910年夏季持续到1911年3月，此后赛帕达尔（锡帕萨拉尔）再次返回政坛。他被看作保守派候选人，7月中旬，他因被怀疑与被废黜的国王相勾结而倒台，后者企图回到伊朗，通过一场绝望的政治冒险进行复辟。这次，巴赫蒂亚尔人领袖桑木桑木·萨尔塔纳在民主派的强力支持下亲自出任首相，虽然在即将到来的政治危机期间，后者将其视为吃人魔王。

1910年，在锡帕萨拉尔的首届内阁执政期间，已经出现了毁灭性的冲突。1911年夏季，在弟弟马利克·曼苏尔·舒贾·萨尔塔纳的支持下，穆罕默德·阿里沙决定再度进行复辟尝试。大约与此同时，他们反复无常的异母兄弟萨拉尔·道莱从西部进入伊朗库尔德人的领土。

正如年轻的美国人摩根·舒斯特所见证的那样，摄政（纳赛尔·穆勒克）和首相（桑木桑木·萨尔塔纳）都忠诚且坚定地组织防御，来对抗前国王的入侵。俄国人早已对国民大会任命舒斯特担任拥有超越内阁的广泛权力的财政总监极为不满。早在《英俄条约》签署前，立宪主义者已经着手寻求英国的同情和支持。1909年上台之后，他们又进一步寻求其他国家的援手。伊朗新政府经常从实力稍逊的欧洲国家，尤其是瑞典和比利时招募军事和文职人员。这次他们寻求年轻、高效而鲁莽的美国的支持。在其著作《扼杀波斯》中，舒斯特明确指出他遭到老牌帝国主义国家的反对，在伊朗与其两个帝国主义邻居的关系方面，他对前者表示了充分的同情。很明显，作为一个年轻的美国自由主义者，他无法理解讨价还价和交换利益的传统方式，但无论如何，这些方式在伊朗十分有用。他企图在这片历经了革命风暴却依然处在英俄实际支配下的传统汪洋大海中创造一个效率和规则之岛。在国民大会的授权下，他组建了财政宪兵，作为征收未缴税款和其他收入的工具。

可以预见的是，他受到许多强大的伊朗势力以及俄国的反对，但他依然得到国民大会和公众的支持。例如，他为了收缴拖欠的税款而与阿拉·道莱发生冲突。后者殴打并赶走了舒斯特的手下。在遭到公众强烈抗议后，阿拉·道莱在他的住宅外被身份不明的凶手枪杀。[60]

舒斯特决心没收舒贾·萨尔塔纳的财产，用来弥补未缴纳的税款和作为对其叛乱的惩罚，国民大会对此表示支持，这使得局势紧张起来。此事导致伊朗与俄国发生冲突，俄国人宣称舒贾的财产是他欠俄国贴现银行的债务的抵押品。舒斯特相信，一开始俄国领事是在按自己的想法行事，但后来圣彼得堡决定支持他的政策。[61]这或许是事实，但俄国人并不喜欢舒斯特，而且无疑因被废黜的国王复辟失败而蒙羞。

国民大会和人民的必胜信念使极度傲慢的帝国主义列强颜面尽失。无论如何，舒斯特和国民大会忽视了俄国的声明和内阁提出的让步建议。当俄国在北方调动军队，向伊朗提交罢免舒斯特否则将占领德黑兰、承诺未经英俄政府同意伊朗不得雇用外国顾问的最后通牒时，这场意志的较量达到了顶点。

国民大会以压倒性多数拒绝了俄国的最后通牒，[62]人们喊着“不独立毋宁死”的口号走上街头。这使体面的妥协成为不可能，最后导致了彻底的投降。原本亲民主派的桑木桑木·萨尔塔纳政府如今派革命英雄耶普兰汗率部清洗国民大会，此举与强行解散国民大会无异。伊朗接受了最后通牒，舒斯特被解职。俄国人占领了大不里士，屠杀了一些备受尊敬的社会名流，其中包括谢赫派的领袖，并且扶植了一位冷酷无情的伊朗总督作为其在该省的代理人。当时是1911年12月，这个时间现在通常被视为宪法革命的终结。[63]

在为国民大会选举而奋斗的民主派，以及新推出一名首相候选人的保守派的共同压力下，桑木桑木的政府最终在1912年12月倒台。对激进派和民主派来说，阿拉·萨尔塔纳是一位更能让人接受的保守派候选人，虽然他的内阁仅仅维持到1913年8月中旬，他本人则被穆斯塔菲取代。1914年第一次世界大战爆发时，阿拉取代了穆斯塔菲，而后又再次被他取代。就这样，在不到五年的时间里，伊朗先后更换了九届内阁。

第一次世界大战及战后

1914年夏，年幼的国王达到了亲政的年龄，第三届国民大会也到了选举的时间。这时第一次世界大战爆发了。由于存在许多长期、短期因素，这场战争被预期将持续至少十年。随着土耳其人对协约国（英法俄）宣战，战争蔓延到伊朗边境。伊朗人总体上亲德，因此也支持土耳其。穆斯塔菲的政府宣布中立，但俄军还占领着伊朗西北与土耳其接壤的阿塞拜疆省，因此土耳其并不承认伊朗中立。

俄军驻扎在伊朗，俄国也一如既往地傲慢和喜怒无常。英国为了应对土耳其的威胁，派兵在巴林和阿巴丹登陆，并且更加重视与俄国的联盟。德国人设法联系阿富汗人，并利用后者对抗英属印度，与此同时，德国人在伊朗、印度和该地区其他地方煽动宗教和民族情绪。

因此他们还帮助塔基扎德在柏林组建民族委员会，[64]联络其他伊朗民族主义者和民主派人士，并且派人造访游牧部落的酋长们和伊朗南部其他地区的要人。[65]

3月份，阿特保特的乌莱玛向国王送交了一份反对协约国的正式法特瓦，[66]然而，将德国外交官从俄国势力范围内驱逐出去一事却在伊朗的中立政策上造成了隐患。[67]穆斯塔菲政府在协约国的压力下倒台，处事更灵活的穆希鲁·道莱组建了新一届内阁，但依然无法让英国、俄国、亲德的第三届国民大会中的任何一方满意。随后在政治中心出现了一如既往的分裂，直到穆斯塔菲在几位担任或被提名担任首相的人下台之后重新担任首相，情况才有所好转。

布什尔是伊朗阿巴丹油田附近的主要港口，作为对当地部落袭扰的报复，英军已将其占领，这些袭扰显然是由富有传奇色彩的德国领事瓦思穆斯策动的，导致了两位英国官员身亡。[68]设拉子——法尔斯省总督驻地——陷入了动荡，英国和德国领事都卷入其中，但德国人得到了公众的广泛支持。参战的四国都破坏了伊朗的中立，但是总体上，伊朗人视俄国人和英国人为侵略者，而德国人和土耳其人即使不被视为解放者，其行动也不过是在对英俄的干预做出回应。

1915年11月，俄国人将他们在加兹温的大批驻军派往德黑兰。恐慌蔓延开来，有传言称首都将迁往伊斯法罕，协约国在伊斯法罕的影响较弱，该城也不在俄国的势力范围内。大约一半国民大会代表迁往库姆，导致国民大会的职能瘫痪，与此同时，以民主派领袖苏莱曼·米尔扎（后来由伊斯坎达里接任）为首的国防委员会建立起来。年轻的国王决心迁都但被劝阻了，12月，在英国的支持下，法尔曼法玛就任首相。[69]

显然，俄国秀肌肉的举动使德黑兰牢牢掌握在协约国手中。俄军占领库姆，国民军退往卡善，继而退往伊斯法罕，西南各省的总督尼扎姆·萨尔塔纳（即礼萨·戈利汗·马菲）将自己的命运押注在他们身上。他攻取克尔曼沙赫，组建了临时政府，这个政府与德黑兰的政府不同，它与苏莱曼·米尔扎和赛义德·哈桑·莫达里斯主导的中央政权联起了手。[70]

在此期间，英国在法尔斯组建了南波斯步枪队，库切克汗及其支持者在吉兰领导了江格尔运动，宣布加入由土耳其人发起、在穆斯林国家广受欢迎的伊斯兰统一运动。[71]法尔曼法玛的政府后来被赛帕达尔的取代，后者又被沃苏格·道莱取代（他被视为英国代理人），但协约国未能设法从这个政府取得任何实质性的让步。

1917年俄国先后爆发了二月革命和十月革命，对伊朗人来说这不亚于一个奇迹。俄国压在伊朗独立上的沉重枷锁突然解除了，但这时伊朗已陷入分裂状态。1918年以前又更换了几届内阁，当中央政府倒台指日可待时，得到英国强有力支持的沃苏格组建了一个充满变数的政府。这样，在1914年到1918年之间共有十二位首相，在1910年到1918年间共有二十届内阁，每届平均只存在了五个月。这一情况在1941年到1951年间礼萨沙倒台后的混乱中将再度出现。

在1906年到1926年间，除了1923年至1925年间的礼萨汗内阁，1918年的沃苏格政府是持续时间最长的一届。回顾往事会发现，这是1906年立宪以来，伊朗实现可行的政治和解的最后机会。其他选项包括国家分裂或建立独裁体制，后者很容易且很快就会演变成专制政府。事实上这也确实发生了。

伊朗民族主义的兴起

宪法革命之后数十年在伊朗发生的许多事情的根源，在于1909年以来国家和社会的两个截然不同又紧密关联的因素：国内混乱和外国干涉。与两大因素纠葛在一起的第三因素是围绕现代化产生的冲突，尤其是在有关实现现代化的观念和进程方面。20世纪几乎所有的伊朗政治派别——保守派、立宪派、民主派、民族主义者、马克思列宁主义者和伊斯兰主义者——关于上述问题都有着自己的立场，这导致了混乱倾向和专制政府。

宪法革命之前的伊朗不存在“民族”，正如在文艺复兴、宗教改革和1848年欧洲革命期间，民族的概念才开始在欧洲形成，虽然在世界任何地方总是存在着属于不同人群的身份认同。

在纳赛尔丁沙统治后期，关于民族和民族主义的现代概念开始在很小的精英群体内萌芽。从其中走出的米尔扎·法塔赫阿里·阿昆札达和米尔扎·阿加汗·克尔曼尼或许是连续两代人中最典型的例子。[72]有时我们认为在伊斯兰征服之前就存在伊朗民族主义，《列王纪》就是例证之一。实际上，这种说法与纳粹党宣称的在异教或条顿时代找到日耳曼思想和感情的起源一样，几乎没有实质意义。波斯人、希腊人、罗马人当然为他们的文化自豪，也经常轻视其他民族；但无论如何也不能按照现代话语体系的表述将他们描述为民族主义者。

新兴的现代民族主义者相信伊朗的优越性，不仅仅基于真实和想象的古代荣光，还在于伊朗人是雅利安人，属于创造了现代欧洲伟大社会和科学文明的西欧种族。而且激进民族主义知识分子的挫折感——并不是沮丧——更加炽盛，因为他们看到伊朗的落后和欧洲的繁荣之间的巨大差距，他们相信他们的国家之所以无法意识到这些差距，主要——如果不是唯一原因的话——是因为阿拉伯人（还包括后来的突厥人）入侵和伊斯兰教。[73]

诗人阿里夫·加兹温尼直言不讳且充满热情地阐释了伊朗民族主义的意识形态，他的诗歌感情热烈，充满讽刺性，体裁和风格中蕴含着传统的对宗教悲剧和殉教者的哀悼，反映了它们在文化和精神层面潜在的密切关系。他的作品中充满了突然和神奇的孕育，以及彻底的毁灭和死亡：

只有虚无和死亡才能缓解我的痛楚，
啊，能缓解我痛楚的东西还没来到
我为亚历山大在伊朗的冒险哀伤，
你会怀疑为什么他没有找到生命之泉……
阿拉伯人循着他们的路来到伊朗以来，
萨珊国土上的欢乐没有来到……
那是阿里夫惊奇的原因
为何德黑兰彻底毁灭的消息还没来到。[74]

很快，受阿里夫的民族主义诗歌影响，突厥人走上了同样的道路，虽然突厥族作家和记者们宣称绝大多数伊朗人是突厥人，而且伊朗文化中包含一个“突厥灵魂”，但他们自己的圈子中也时常传来反对之声。同时作为回应，阿里夫愤怒地写道：

最好拔掉突厥人的舌头，
这个国家应该被碎尸万段。[75]

这一崭新的现代伊朗民族主义意识形态深远地影响了巴列维时代的官方立场和政策，甚至占据了许多反对巴列维王朝的伊朗知识分子的心灵。[76]

积极成就

宪法革命确实造成了混乱和无序，但也并非一无所获。革命有两个在某种程度上互相关联的主要目标。首先和最要紧的是推翻专制统治，建立基于法治而非人治的政府，这个目标不出意料地得到了所有支持革命的力量的拥护。其次是国家的中央集权化，行政机构的现代化和引入现代教育、交通设施等。一小群现代主义精英则更加雄心勃勃，他们热切地期望在短期内将整个国家转变为一个现代的西欧社会。

关于宪法革命的第一个目标，我们已经在上文做了阐述：创建立宪政府的努力收效甚微，因为在立宪主义者内部存在着难以调和的矛盾，这让建立一个稳定的政府变得非常困难。如果没有这样的不信任和冲突，或许能在政治上取得缓慢但长足的进展。尽管如此，编纂宪法和组建代议制政府，尤其是成立国民大会，本身就是值得肯定的成就，尽管它们在20世纪晚些时候经常遭遇挑战。

至于革命的第二个主要目标，即政权建设和现代化，可能是个更加可持续的进程，这部分是因为它更符合政治核心和居于领导地位的政治精英们的共识。公职人员群体及相应的机构开始出现，并学习以现代方法治理国家。警察和宪兵——它们都是由瑞典官员组织和领导的——都比此前有了明显的进步。法庭变得更有组织，更多地向大多数人民开放。现代法律行业得到了快速和持续发展，包括法官、律师和公证人。革命之前主要通过私人和民间运作的现代学校，在数量和质量上都得到了大幅提高，中产阶级家庭的数量不断增加，他们对女孩教育给予像男孩一样的严肃关注。

这些成就为礼萨汗和礼萨沙时代更深远、更迅速的发展奠定了基础，后者部分源于（和从前一样）他们的愿望几乎没有冲突，但更主要的原因在于权力的集中和中央集权化，使得以更快速度实现这些目标变得容易得多。

《英伊协定》的破产

沃苏格组建内阁时，不仅存在着混乱和对解体的恐惧，还有蔓延全国的严重饥荒和世界性的大流感，后者造成了大量人口死亡。[77]俄国的两场革命将伊朗从俄国帝国主义的暴虐下解放出来，否则协约国获胜后伊朗可能会被俄英两国瓜分。在民族—现代主义者中，布尔什维主义广受欢迎，因此阿里夫也在他的诗歌中为之大唱赞歌。[78]

眼下英国是该地区唯一的大国，不得不面对当前形势，而且伊朗政府正深陷财政危机，难以解决日常开支，英国每月向伊朗发放津贴来维持其国内行政机构的运转和哥萨克部队的稳定。有证据表明，直到1919年《英伊协定》签署后的某个时候，英国的主要动机依然不是包围革命的俄国，因为英国相信俄国很快会“从眼下的疯狂中康复”。[79]

不久后担任外交大臣的英国外交政策制定者寇松勋爵看到了将伊朗纳入英国在中东势力范围的机会。有证据表明，他不打算将伊朗变成英国的保护国，因为这样违反了全世界都相信的《英伊协定》，而且即使他想这么做也要获得国际联盟的授权，虽然他不需要得到伊朗政府的同意。寇松希望伊朗变成英国而非其他列强的保护国和附庸国，正如伊朗曾是沙皇俄国的保护国和附庸国一样，毋庸置疑的是，其他列强对其计划的反对会强化伊朗对其企图的恐惧。[80]

英属印度政府同样觉察到了现代伊朗民族主义的高涨。他们提出的替代方案几乎完全符合声望很高的立宪派领导人的观点，[81]但是遭到了寇松的拒绝。谣言和后来被发现的钱财输送——尽管寇松极不情愿承认——在伊朗公众心目中留下了小小的疑问，他们怀疑自己的国家被“出卖”给了英国。[82]米尔扎德·艾思奇在一首诗中宣称：“啊，沃苏格·道莱，伊朗并非乃父之私产”——当然还有更严厉的抨击。[83]

《英伊协定》的主要条款如下：英国提供顾问负责重组伊朗支离破碎的财政和军事组织，给予伊朗一笔200万英镑的长期贷款，利息为7%。更长期的内容包括英国协助伊朗发展交通系统、其他相关基础设施和现代制造业。[84]这些条款让美国、法国和俄国都敌视这个协定，他们相信这使伊朗丧失了独立的地位，进而让伊朗民族主义者、激进分子和亲布尔什维克分子没有进行讨论的余地。寇松和沃苏格当局越是着重重申情况并非如此，伊朗国内外的反对派越是坚信事实就是如此。[85]

由库切克汗及其江格尔组织在吉兰领导的革命活动也日渐高涨，尽管沃苏格老练圆滑，但政府官员和哥萨克部队的不公、贪婪和无能丝毫无助于缓解局势。[86]1920年3月，谢赫·穆罕默德·契亚班尼领导大不里士民主派发起暴动，在几个月内就成了阿塞拜疆实际上的统治者。抛开长期以来的观点不谈，最近的证据表明，契亚班尼的暴动既不是分离主义行动，也不是对布尔什维主义的支持，亦非对《英伊协定》做出的反应。他同样理解事态发展的逻辑，憎恶混乱带来的后果，他希望带来秩序，至少是在他自己统治下的阿塞拜疆。然而人们普遍相信（包括当时和此后）这场暴动是对《英伊协定》的反抗。[87]

第一场抗议协定的主要行动，起源于1920年5月苏俄军队在恩泽利（里海海岸上的港口城市）登陆，如果寇松勋爵不曾阻止沃苏格直接和莫斯科对话，这或许是可以避免的。显然，苏俄军队的目的是接收恩泽利港的白俄海军战舰。英国战争部和内阁都希望避免与苏俄在伊朗发生长期且耗时费力的战争。英国驻扎在加兹温的北波斯部队以及在恩泽利、腊什特的驻军接到命令，如果遭到苏俄军队进攻就撤离恩泽利。[88]当1920年5月战斗发生时，远在腊什特的驻军撤退了——似乎完全没有必要，这宣告了《英伊协定》的命运。英国的威望一落千丈，对他们和协定的反对进一步削弱了沃苏格的地位，导致库切克和伊朗布尔什维主义者在苏俄盟友的强有力支持下建立了吉兰苏维埃共和国。这个共和国没有维持多久，但直到1921年政变发生前，德黑兰始终处在对吉兰苏俄军队进军首都，以及弱小的英国北波斯部队撤离伊朗的恐惧之下。

1920年6月，沃苏格内阁倒台。穆希鲁·道莱的政府取而代之，后者面临着许多几乎不可克服的困难，但是公众对他们表示支持，这是他能顺利分裂库切克与吉兰布尔什维主义者的联盟，以及平定契亚班尼暴动的原因。然而，寇松勋爵更感兴趣的是国民大会应该尽快召开，以及决定他所珍视的协定的命运。[89]

1921年政变

战争部对寇松要求在伊朗保持驻军的压力感到厌倦。他们派少将埃德蒙·艾恩塞德爵士去指挥北波斯部队，此人是一个坚毅的战士和处置紧急状况的专家。当时赫伯特·诺曼是英国驻德黑兰公使，后来“公使”成了两国之间不存在完整外交关系时的使节和外交使团首脑的专用头衔，比大使的级别低。艾恩塞德很快就在诺曼的支持和国王的默许下撤换了哥萨克部队的俄籍指挥官。这导致反对将哥萨克部队置于英国军官领导下的穆希鲁·道莱政府在1920年10月末集体辞职。[90]

伊朗哥萨克部队创建于19世纪晚期。如前文所述，1878年沙皇应纳赛尔丁沙的个人要求，为其组建了一支与自己的哥萨克部队相似的部队，该部队由俄国提供财政支持，受俄国军官领导，是伊朗国王最信任的部队，还是俄国在伊朗施加影响的得力工具。当苏俄拒绝承认沙俄在伊朗的利益和特权后，英国开始按月向他们支付津贴以维持这支部队。就在穆希鲁的政府垮台前，哥萨克部队在与吉兰叛军交战中蒙受了耻辱性的失败（就在最初的胜利之后），此后他们被安置在加兹温附近的阿卡巴巴村，由英国北波斯部队及其新任司令艾恩塞德严密监控。[91]

艾恩塞德认为，在英国的支持下，军事独裁统治能够将伊朗从混乱和布尔什维主义中拯救出来。[92]另一方面，赛义德·齐亚（一位著名记者和政治活动家，与英国驻德黑兰的外交官们关系密切）和他的钢铁协会正在寻找机会建立一个强有力的政府，他们倾向于由自己来完成此事。[93]他们共同决定，在北波斯部队于1921年4月撤离之前，将哥萨克部队调入德黑兰发动政变。

他们寻找一位指挥官来发动政变，最终选定了埃米尔·穆瓦萨格（后来的穆罕默德·纳希切万将军），此人是最资深的哥萨克军官，但他拒绝了他们。[94]后来他们说服了礼萨汗上校。[95]2月，艾恩塞德突然受命去开罗参加一个会议，他感到自己必须在离开前行动。他与诺曼面见国王，要求后者将礼萨汗安置在“掌权的位置”上，但国王拒绝接受。[96]于是他将自己的计划告知诺曼，诺曼也不认可。然而，当事态清晰起来，哥萨克部队确定会来到时，诺曼被他在德黑兰的外交官和军队同事说服而决定合作。这就是政变未经战斗就取得成功和齐亚得以出任首相的原因。[97]

几周内，既不知晓也不认可这场政变的英国外交部，便对已经发生的事有了相当清晰的认识，即使在他的信件中，诺曼也否认艾恩塞德、他自己或任何其他英国军官或外交官扮演了政变组织者的角色。[98]但是寇松对新政府毫无兴趣，因为它是通过他不知情的政变建立起来的，而且齐亚犯下了不可饶恕的错误——废除《英伊协定》。寇松确实没给他们任何支持。[99]

当1921年4月北波斯部队撤离时，诺曼手中没有任何名义上或实质性的权力，无法保卫齐亚的政府。礼萨汗很清楚这一点，齐亚的傲慢和笨拙让他失去了国内的支持，只拥有民族主义知识精英的好感，而这些好感无助于维持他的权力。另一方面，精明而狡猾的礼萨汗在国王和国家面前摆出毫无政治野心的忠心仆人的模样。他劝说国王罢免齐亚，诺曼虽然做了尝试，却无法阻止齐亚下台。

于是形势再度逆转，从混乱转向专制统治，这是一种在这个国家的古老历史中屡见不鲜的模式。

9 现代专制统治

每个国家都有其特定体制。个人独裁是我们的体制。

——礼萨沙

1921至1941年间，礼萨汗巩固了他的权力，建立起武装力量，终结了各省和中央的混乱局面，进而在国内建立了秩序和稳定。他推翻恺加王朝并取而代之，推动了已经在民族—现代主义精英中间广泛传播的泛波斯民族主义意识形态，还按精英们制定的路线实行现代化政策。值得注意但与历史惊人相似的是，他迅速平息混乱并将临时的独裁政府转变为专制体制，这项工作在后宪政的框架下靠现代技术而开启。然而这又被证明是一次短周期体验，一俟他逊位出国，形势又迅速反转。

礼萨汗是一名聪慧、勤奋、直率和无情的军人，有着惊人的强大记忆力和高度的自信心，但成功使他变得傲慢自大。他是一个泛波斯民族主义者，还是纯粹的实用主义者，他会使用任何他认为必要的方法来实现个人和国家的目标。

既得利益者们描绘了礼萨汗的背景，一方面他家境贫寒没受过教育，另一方面，他的背景又与当时欣欣向荣的中产阶级家庭相似。[1]无论其家庭背景如何，有证据表明，甚至在担任哥萨克部队高级军官时，他也与多数伊朗哥萨克军官一样，只是粗通文墨。[2]他的文化水平和对世界的认知，随着其地位的上升而显著提高，成为国王之后更是表现出王家气派。但是文化上根深蒂固的缺陷伴随了他的一生。他的官方诞辰在1878年3月，但他似乎在那之前便已降生。[3]当他还是一名士官时，为了使自己显得与众不同，他用马克沁重机枪来为自己命名，自称为礼萨·马克沁。起初他作为哥萨克军人与立宪主义者作战，后来又与立宪主义者的军队联手抗击叛军，再后来在第一次世界大战期间，他与哥萨克部队一起站在俄国人一方，打击颇受欢迎的亲德临时政府。[4]

礼萨汗的学习和适应能力极强，还是一个体格健壮、充满勇气的人。1941年，当他相信除了逊位别无选择时，他便凭借勇气和决心这么做了，即使生活在对他的恐惧下的公众认为逊位是懦弱之举。[5]起初，他的自信让他受益良多，但轻易取得的胜利——统治者的绝对权力、对其统治异乎寻常的谄媚和奉承——后来将他的自信变成了自欺。

礼萨汗属于新生的民族主义者，深受第一次世界大战结束以来迅速吸引现代伊朗人的雅利安主义和泛波斯意识形态的鼓舞。他身边的新生代政治家和知识分子们，尤其是他的首席顾问，后来被他解职流放的法拉卓拉汗·巴赫拉米将这个意识形态灌输给了他。他改革的主要原则——现代化、中央集权和世俗化——自立宪主义兴起以来，特别是在第一次世界大战结束时，已经由持泛波斯民族主义立场的精英们制定出来。他们相信使用独裁权力能建立一支统一的军队，敉平混乱，建立一个现代民族国家，重申国家主权，实现政教分离，推广现代世俗教育，发展现代工业，实行统一的着装规定，在少数民族语言地区强推波斯语，以及提高妇女地位，所有他们希望的这些将在短期内把伊朗转变为一个西欧类型的社会，这是一种已被认为是伪现代主义的态度。[6]他们没想到的是，这种近乎独裁的体制会演变成专制极权统治，进而反过来对付他们自己。

混乱的终结

至少在赛义德·齐亚下台和被赶出国时，礼萨汗就已经以军事独裁者的面目出现了。尽管如此，在挫败各种反对力量和建立自己的王朝之前，他花了五年时光用于权力斗争。库切克汗再次加入的吉兰地区的布尔什维克运动依然活跃，但礼萨汗没用多少时间就镇压了他们。[7]这使1921年政变后赛义德·齐亚很快签署全新的《苏俄波斯友好条约》在政治上成为可能，政变前伊苏双方已经讨价还价了几个月，最终苏俄放弃支持吉兰的布尔什维克。年轻的现代知识分子们见证了赛义德·齐亚被盖瓦姆·萨尔塔纳取代，作为前者的反对者，新首相是个保守的立宪主义者。盖瓦姆是沃苏格的兄弟，是一个富有的地主和有原则但现实且不很谨慎的政客，就坚强、冷静和不受欢迎的程度而言，他在伊朗政客中属于极为罕见的类型。年轻的民族主义者穆罕默德·塔基汗·佩斯扬上校发动起义，他是呼罗珊宪兵司令，颇受欢迎，支持齐亚而反对盖瓦姆，但在礼萨汗采取具体行动对付他之前，他就被杀了。[8]

最初国王信任礼萨汗，但没过多久国王就开始怀疑后者的野心。通过将老哥萨克部队和宪兵部队合并起来，礼萨汗组建了统一的新军，他扩充了武装力量，改革了军队的等级制度、指挥系统和军装，同时为他们提供了更多更加精良的武器装备，[9]在这些方面他实际上完全可以按照自己的意愿行事。在此期间发生了以阿布尔卡西姆·拉忽提为首的小规模叛乱，拉忽提是个激进的宪兵少校和诗人，叛乱被迅速平定，拉忽提越过边境逃往苏联。[10]甚至在礼萨汗成为礼萨沙之前，大多数省份的骚乱就已经被肃清了，这再次表明旷口持久的混乱状态在中央政府的坚强意志面前有多么不堪一击。之后发生的其他叛乱——其中最重要的是1929年南部地区的部落起义——通常是由压迫性的反游牧政策，以及当地军事、民政长官们的粗暴态度和行为激起的。1921年后的最初几年中，不仅叛乱遭到无情镇压，地方豪强和贵族们也受到约束，这些行动受到城市民众的热烈欢迎，现代—民族主义精英们对此也欢呼雀跃。

强制推行秩序和纪律是极端紧迫的工作。伊朗长久以来变乱丛生，导致社会动荡、经济凋敝，甚至连国家的存在都成了问题，礼萨沙得到所有支持者和反对者一致好评的唯一成就就是平息了变乱。1925年10月，在国民大会上发表反对由礼萨汗担任国家元首的提议的演讲中，塔基扎德和摩萨台也都称赞他成功地结束了半无政府状态。[11]

如第8章所述，纳赛尔丁沙一死，混乱趋势几乎立即出现，所以改革者们和后来的革命者们的主要目标之一就是建立秩序和中央集权政府。立宪主义者们曾经希望法治的建立会带来秩序，然而在实践中，“法律”被视为来自专制权力的自由，也被看作国家赋予的自由，于是紧随立宪主义者的胜利而来的是更严重的混乱局面。因此在礼萨汗上台初期，虽然某些批评者认为他试图用军队控制各省，他们中的绝大多数依然保持沉默，而且罕有批评之声。埃米尔·艾哈迈迪将军在西部、西南部频繁地对卢尔部落采取行动，且由于其残忍而臭名昭著。埃米尔·艾哈迈迪在其回忆录中说，他的继任者侯赛因·阿加·卡扎伊处决了十二名洛雷斯坦地区的无辜酋长，虽然在当地资料中遇难者仅有九人。[12]

如前文所述，这些，甚至包括那些滥用武力的残暴措施，在最早的几年间都广受统治精英和城市中产阶级的欢迎，并被视作为国家带来秩序的必要手段。

从礼萨汗到礼萨沙

礼萨汗最初似乎没打算取代恺加王朝建立自己的王朝，但从1921年5月起，当他撤换赛义德·齐亚时，就有人怀疑他企图成为独裁者。他的策略包括组织和扩充由其本人指挥的武装力量，结交并安抚英国和苏联，赢得国民大会中多数人的支持，以及获得民族主义者、现代主义精英和知识分子们的支持。

从1921年6月到1923年11月，礼萨汗用了两年零几个月的时间，摇身一变成了首相，而且保住了那段时间他一直担任的战争部长和军队总司令的职位。保守而庸常的老派政客们对此类过渡性事件已经习以为常，即使他们中的不少人越来越警惕礼萨汗及其军队不断扩大的自主权——现在他拥有“军队总司令”头衔：在那段时期里至少更换了五届内阁，基本上涵盖了第四届国民大会的任期。

盖瓦姆·萨尔塔纳（后来的艾哈迈德·盖瓦姆）在1921年6月到1922年2月间执政。之后是穆希鲁·道莱，他的政府仅仅维持到1922年5月，也就是说不到四个月。而后盖瓦姆再度出任首相，从1922年6月执政到1923年1月。他再次下台后，穆斯塔菲·马马列克取而代之，领导政府直到1923年6月，恰好在第四届国民大会解散和第五届国民大会选举之前。在这个时间点上，莫达里斯企图为盖瓦姆组建一个获得多数支持的内阁，让盖瓦姆强大到足以制衡礼萨汗不断增长的权力。为此，作为妥协的结果，穆希鲁组建了一届内阁。

在这两年间，政客们和国民大会代表们中间存在四种主要趋势。莫达里斯即便不够老练也是位精明的穆智台希德兼政客，他经常领导着国民大会中的多数派，很快，因畏惧礼萨汗的独裁意愿，他设法增强了盖瓦姆的势力，将其作为礼萨汗的替代品。公众欢迎的立宪主义者支持穆希鲁和穆斯塔菲，但他们赞赏礼萨汗为国家带来的秩序。民主派和社会主义者对礼萨汗的作为深感敬佩，特别是礼萨汗成功的军事和行政集权化尝试，以及他的世俗化和现代化抱负。激进的民族主义者认为莫达里斯、盖瓦姆和保守人士是反动派、英国走狗，而且受公众欢迎的政客们完全没有处理国家问题的能力。因此后两群人越来越把礼萨汗视为自己人和国家的拯救者。这时候，一些年轻的保守人士，尤其是菲鲁兹·米尔扎·努斯拉特·道莱打破常规，开始积极与礼萨汗改善关系。

礼萨汗与英国和苏联使节都建立了良好的关系。珀西·洛兰爵士对其为国家带来秩序和纪律的尝试印象最为深刻，并向英国外交部宣称他是“夺冠的赛马”，然而英国外交部并未对礼萨汗表现出更高的关注度：它只是不再进行干涉，实际上是在犹豫观望。苏联使节也对礼萨汗印象深刻，罗特施泰因和舒米雅茨基认为他是一位资产阶级民族主义领袖，正在努力与反动的封建势力和帝国主义的代理人战斗。实际上，英国、苏联和伊朗民族主义者对他的评价之间没有本质区别，除了英国政府（与他们驻德黑兰的使节不同）不像其他二者那样对礼萨汗充满热情。而且当礼萨汗在1925年夺取王位时，英国、苏联使节以及伊朗现代主义者们依然希望他会宣布建立一个共和国。[13]

1923年10月，萨达尔·恩特萨（后来的穆扎法尔·阿拉姆）显然是自愿地为两年前盖瓦姆的政策以及他们二人阴谋刺杀礼萨汗的行为做了长篇坦白。[14]这项指控似乎不是真的，不仅仅因为恩特萨被宽恕，还在于他在礼萨沙在位期间始终担任要职。

此时在国民大会中，依然存在着莫达里斯派系的反对势力，但多数代表已经转而支持礼萨汗。礼萨汗担任首相前不久，一群还在台上的政客，包括得到青年知识分子和记者们支持的赛义德·穆罕默德·塔达雍——支持者中包括宰因·阿比丁·拉尼玛——成立了一个叫作伊朗独立民主党的政治团体。他们是礼萨汗的坚定支持者，甚至对其百般谄媚，他们还向苏莱曼·米尔扎领导的社会主义者们示好，以寻求结盟。与此同时，未来的司法部长和财政部长阿里·阿克巴·达瓦尔正在将年轻的民族主义激进分子们——如阿里·阿克巴·希亚希和马哈茂德·阿夫沙尔——组织起来，这些人与达瓦尔本人一样，最近刚刚从欧洲回国，他们怀着坚定的民族主义信念，企图在伊朗推行激进变革。这些年轻人建立了青年伊朗俱乐部，用来推广他们的理念和支持礼萨汗，但后者建议他们关闭俱乐部，承诺他本人将实现他们的抱负。[15]

独立民主党人的势力更为强大。他们在议会中的团体现代派[16]很快就成了组织礼萨汗在国民大会中的支持者的得力工具。他们越来越多地争取到了老民主派和社会主义者的合作。在第五届国民大会开幕并选举礼萨汗为首相之后，越来越多的青年记者和知识分子开始公开鼓吹独裁的优点。实际上独裁成了在德黑兰和欧洲的伊朗知识分子中间时髦的理念。在一段时期内，礼萨汗的内阁首席顾问法拉卓拉·巴赫拉米以作家和知识分子的身份邀请他的知识分子朋友们在报纸上公开陈述他们的理想，很明显他期待看到的是对现代民族主义独裁体制的鼓吹。杰出的知识分子中唯一公开让他失望的是民族主义诗人米尔扎德·艾思奇，后者不久之后就成了官方策划的刺杀的牺牲品，虽然不是出于这个原因。[17]混乱局面的苦果在立宪主义的名义下成熟，变得如此苦涩，以至于公开为建立独裁统治而奋斗成了一种潮流。达瓦尔是一名在瑞士接受教育的诚实、直率的律师和民族主义者，他在自己的报纸《自由人》上骄傲地鼓吹独裁制度。还有其他一些报刊也是如此，包括由一群身处柏林的伊朗学生和知识分子出版的《法兰克斯坦》。

提倡独裁制度的人们心中的独裁者是谁？在这一点上并不存在异议。因此，在礼萨汗就任首相仅仅几个月后，一场由首都的现代知识分子、民主派和社会主义者、各省部队组织的要求废除君主制、建立共和国的运动便开始了。新闻宣传活动、集会、公开讲话和请愿书都提供了帮助。

到了1924年3月，当运动发起时，礼萨汗拥有军队、国民大会、现代中产阶级和年轻的民族主义者的支持，同时根本不存在阻碍他们成功废除君主制的因素。国王依然滞留欧洲，渴望与他的兄弟，身处德黑兰的摄政王取得联系。除了宫廷和日益稀少的保守派支持者，在更大的政治圈子中鲜有恺加王朝的同情者。宗教界没有采取任何能够察觉的行动来反对共和运动，然而某些宗教人士对新共和国可能沿着土耳其阿塔图尔克*倡导的世俗化路线前进而感到焦虑。但是反对派担心这是礼萨汗成为国王和专制统治者的第一步。例如诗人劳雷阿特·巴哈，他是国民大会中莫达里斯支持者的领袖之一，曾写诗反对共和运动：

他披着共和的外衣，敲响了君主制的大门。

我们无知而贪婪的敌人甚是狡诈。[18]

然而这场运动却在此时失败了。运动领导人准备并不充分，他们过于心急，作为国民大会中的反对派领袖，莫达里斯的手段更加高明。一天，正在讨论这项提案时，一大群人聚集在国民大会会场外，但他们并非如礼萨汗所期望的那样支持自己，而是支持莫达里斯。因此他命令国民大会的卫兵攻击人群，结果遭到深受欢迎的议长穆塔门·穆勒克的严厉批评。整个事件是礼萨汗遭遇的一次失败，流亡欧洲的艾哈迈德沙受到鼓舞，解除了礼萨汗的职务。但在各省驻军司令官发出进军德黑兰的威胁后，国民大会中的多数代表很快再度将礼萨汗推上首相的位置。[19]

只有礼萨汗意识到宗教界支持的价值。他造访圣城库姆，在那里会晤了哈吉·谢赫·阿卜杜勒卡里姆·哈伊里·亚兹迪（此人很快就在库姆建立了宗教学院，还成了伊朗唯一的马尔加）、赛义德·阿布勒哈桑·伊斯法罕尼和哈吉·米尔扎·侯赛因·纳以尼，后者是伊拉克圣城纳杰夫的宗教领袖，当时访问完库姆正打算返回纳杰夫。这些乌莱玛建议礼萨汗不要建立共和体制，这实际上是告诉他，他们不会反对他成为一位立宪君主。[20]礼萨汗又用了一年半时间才推翻恺加王朝坐上宝座。在此期间，他以实际行动向宗教界表达了感谢，尤其是

---

* 指土耳其国父阿塔图尔克·凯末尔，阿塔图尔克（Ataturk）是凯末尔的头衔，意为土耳其之父。——译注

组织并率领军队前往圣城卡尔巴拉朝圣。作为回报，他得到了宗教界的公开拥护，后者从阿特保特圣殿的宝库中挑选了礼物进献给他。[21]

1924年3月，共和运动崩溃，7月，德黑兰发生了反礼萨汗的示威（其间还有反对巴布教的抗议活动），导致美国副领事罗伯特·英布里被一群暴民以私刑处死，随后礼萨汗颁布了戒严令。王室似乎也卷入其中，虽然杀害副领事应当不在他们的计划之中。[22]之后在10月份，穆罕默拉部落的长老哈兹阿尔汗在南方领导了一个运动，成立（国家）幸福发展委员会并通电国民大会，公开发表声明反对独裁和捍卫立宪政府。哈兹阿尔汗拥有两万五千人的部队，控制着胡齐斯坦，他还可能从卢尔和阿拉伯部落得到了可观的支持。事实上他是胡齐斯坦的独立统治者，自第一次世界大战以来就得到了英国的支持。但德黑兰的恺加王室没有勇气公开支持他，而他希望得到英国支持的愿望也落了空。礼萨汗率军前往胡齐斯坦，哈兹阿尔汗不战而降。后来他被捕，作为囚徒被押解到德黑兰，于20世纪30年代在那里被谋杀。[23]

1925年10月底，得到官方鼓励的请愿书被送到国民大会，要求废黜恺加王室。此前不久，德黑兰发生了一场似乎是由礼萨汗的支持者们组织的面包骚乱，示威者们高呼口号："我们要面包，我们不要国王。"由于国王不在国内，王室实质上孤立无援，尤其是国王长期滞留欧洲本身就是他不得人心的主要原因。他设法打探英国政府的看法，但后者保持中立。[24]这坚定了国王没有根据的疑虑，即英国抛弃了他而支持共和运动，这足以决定他的命运。莫达里斯及日渐式微的反对派试图奋起抗争，但回天乏术。

在此期间，国民大会计划提出一项议案，要求废除恺加王朝，任命礼萨汗为临时国家元首，直到由一个制宪会议决定建立新的政体。向国民大会提交议案的前夜，达瓦尔邀请大多数代表去礼萨汗的住所开会，在那里他们签署了一份支持提案的书面保证。[25]次日，即1925年10月31日，莫达里斯试图采用拖延战术，当拖延失败时他愤然离开国民大会，并怒斥整件事都不合法。包括摩萨台、塔基扎德在内的四位独立派人士发言反对这项提案。他们都未能保住恺加王朝或阻止礼萨汗，但他们争辩道，适当的宪法流程必须得到遵守，摩萨台尤其警告道，选举礼萨汗为最高行政长官将意味着立宪政府的终结。然而最终国民大会还是以压倒性多数通过了该提案。[26]

随后同意建立巴列维王朝的制宪会议不是自由选举而成的，但它代表了社会顶层。其成员包括许多可汗和各省豪强，某些杰出的宗教领袖，宪法革命的前领导人，重要的巴扎商人，少数宗教派别的代表，甚至某些后来投靠礼萨汗的前国民大会反对派成员。这个会议的审议公开进行，组织了多次讨论，只有社会主义者的领袖苏莱曼·米尔扎拒绝支持提案，但仅仅是因为他更倾向于让礼萨汗在有生之年担任国王，而非建立一个新王朝。[27]提案得到的支持的广泛程度，可以与一百九十年前纳迪尔沙在木干草原亲自组织的大会上获得的支持相媲美（见第6章）。在许多方面，礼萨汗在他的时代是一个可以与纳迪尔沙相提并论的人物，在他取得的成功和遭遇的失败上皆是如此。

专制统治、世俗化和现代化

礼萨汗相信，甚至告诉他的顾问团们，他是由英国政府扶植上台的。[28]这使他更相信一个许多伊朗人都相信的阴谋论，即外国势力，尤其是英国势力，有时在幕后操纵着这个国家发生的事情。因此，他把任何与英国人接触的人，后来还包括与其他欧洲使节接触的人，都视为犯有叛国罪，以投入监狱作为惩罚。根据担任他的首相时间最长的莫克比尔·萨尔塔纳（即马赫迪·戈利·希达亚特）的说法，礼萨汗没过多久就希望“被人顶礼膜拜”。[29]国王本人曾对他的内阁阁僚们说：“每个国家都有其特定体制。个人独裁是我们的体制。”[30]这些个性加上专制和极权权力的影响，后来导致他不仅迫害他的敌人和批评者，还打击那些曾帮助他获得权力和效忠于他的人。

与老派政客们不同，他的态度似乎是开放、直率的，这部分是因为他不打算遵守老旧的社会和政治文化规则，也因为他足够成功而不必受规则限制。另外，他在外国人和伊朗人面前似乎都是个很喜怒无常的人。例如，他个人的亲密朋友贾法尔·戈利汗·萨达尔·阿萨德时任战争部长，在他们一起兴致勃勃打牌的次日，被他下令逮捕，后来在狱中被杀。[31]菲鲁兹是他的财政部长，一次他陪同国王参加了一个公共集会，但在离开时突然被捕。[32]

礼萨沙经常被人拿来与穆斯塔法·凯末尔·阿塔图尔克做比较，他也崇敬并设法模仿后者。这种比较可以理解，但也是一种误导，因为这二人之间和他们在伊朗和土耳其分别扮演的角色有些根本性的区别。[33]阿塔图尔克是一位现代独裁者，试图沿着普遍的民族主义和现代主义路线实现土耳其的政治现代化，在进行政治决策时允许有限的社会参与和咨议。他不像传统的奥斯曼苏丹、哈里发们那样是个专制统治者，他在经济上并不腐败，他、他的军队和官僚机构都不能随意剥夺别人的生命和财产。

礼萨汗起初是个现代独裁者，如果他一直如此，那么伊朗或许会走上完全不同的道路。但在他继位后的数年内，他变成了极权和专制统治者，与宪法革命之前传统的伊朗统治者们一样，越来越将他的臣民及其财产乃至整个国家都看作他自己的私产。在20世纪之前，礼萨沙还可以被看作是一位“公正的统治者”，即一位为国家带来稳定、和平和相对繁荣的强势的改革派专制君主。在先前的时代，这样的一位专制统治者被视为理所当然，他在经济方面的腐化堕落同样不受指责。事实是，他的王朝建立在一场针对专制统治的革命之后，这是后来他广受憎恶以及被错误地指控为英国代理人的最重要原因，直到晚近时代伊朗人还认为他是英国代理人。如果礼萨沙成为像阿塔图尔克一样的独裁者，他在他的时代以及晚近时代或许会更受欢迎。

因此，礼萨沙身上最根本的矛盾不在于他是一个阿塔图尔克或墨索里尼那样的独裁者，事实上他是一个后宪法革命时代的统治者，他强烈声称自己试图推行民族主义和现代主义的改革计划，然而只要符合他的利益，他随时会废除保护生命、财产的政策和法律。早在1929年，美国驻德黑兰使馆秘书在其提交给国务院的报告中，就指出了礼萨沙统治的根本性特征：

> 通过未经审判囚禁显赫人物，以及绕开法律程序让麻烦制造者永远噤声，这位国王的反动倾向越来越明显……国家是否能从如此罔顾法律和司法的行为中获益是个问题……既然军队由国王掌控，他便能够巩固其权力和压制异议；但是通过武装力量推行改革总是昙花一现。如果人民对其国家的法治建设没有信心，他们也不会对他们的国王及其改革有信心，任何持续性的成就都将难以实现。[34]

因此阿塔图尔克为他的国家建立了广受尊重的长远的社会—政治范式，正如他本人一样，受到后世不同社会政治信仰的土耳其人的尊敬。但是，虽然礼萨沙的某些成就也产生了深远的影响，但他统治的时代与其他短周期别无二致，以他的逊位和随之而来的混乱而告终。

1926年，礼萨汗的声望达到顶峰，拥有其军政生涯中最庞大的社会基础，尽管此时他的声望主要限于伊朗的精英圈子之内。他直接控制着由他本人一手缔造、对其忠心耿耿的军队。他拥有国民大会多数代表的支持，绝大多数报纸也站在他这边，许多报纸对他的支持是由衷的。许多中产阶级和上流社会人士渴望一个和平、繁荣和现代化的时代。他几乎被年轻的民族主义者们神化了。高级恺加贵族要么确实支持他乃至为其效力，要么则被动服从。许多德黑兰和来自各省的其他乌莱玛都支持这一变革。受欢迎的政客们如穆斯塔菲和穆希鲁为日益强大的独裁权力感到忧虑，但他们个人并不反对礼萨汗。实际上，在穆罕默德·阿里·法鲁基的看守内阁下课后，穆斯塔菲组建了新王朝的第一个内阁。但礼萨汗于1941年逊位出国时，由于他的专制，尤其是在20世纪30年代进行的恐怖统治，他在国内几乎没有任何朋友。

如果礼萨沙能维持他在1926年的权力基础，作为一位强势统治者（即使是独裁者），他依然能为这个国家带来长期政治发展的好机会。第六届国民大会依然在运转，有时甚至还很活跃，反对派代表尤其是摩萨台仍能自由地反对政府议案。新王朝建立之后，莫达里斯及其支持者们决定尝试一条新的政治妥协路线。他与国王的协商促成了穆斯塔菲政府的组建。巴哈后来写道，莫达里斯曾告诉他们说，他们现在应该接受新体制并设法与之合作。[35]因此他希望国王保留军权，在内政事务上享有巨大发言权，但国王要将某些角色让渡给国民大会和独立政客们。然而国王的行为表明，他最初的反应是策略性的，他希望拥有绝对权力。一场针对莫达里斯的刺杀发生了，人们相信此举得到了国王的认可，但后者继续支持政府，直到穆斯塔菲在他自己的坚持下于1927年辞职，因为他感到自己无法与国王合作，马赫迪·戈利·希达亚特（即莫克比尔·萨尔塔纳）取代了他的位置。不久之后，莫达里斯被捕，随后被囚禁在东部沙漠中的一座监狱中，九年后被来自首都的一支特别警察行刑队处决。[36]

礼萨沙下台前，从第七届到第十三届国民大会的选举都受到彻底控制，从第八届起，国民大会已沦为橡皮图章。1927年，宫廷总管阿卜杜勒侯赛因·帖木儿塔什企图组建一个民族—现代主义政党（新伊朗党），为新体制提供政治基础，但是甚至连这一计划也被搁置了，因为这位新国王不喜欢党派政治。[37]

莫达里斯被捕后，不是新首相希达亚特，而是精明强干并充满活力的帖木儿塔什获得了真正的政治权力。这时国王将他的多数时间花在军事组织和行动上，在他的认可和同意下，帖木儿塔什几乎自行其是地打理内政和外交事务。在此期间，许多曾经为新国王上台和国家、经济现代化效力过的民政和军事官员被捕、受辱或被解除公职。1929年，财政部长菲鲁兹·米尔扎遭到莫须有的贪腐指控，被判有罪并入狱服刑，但出狱后他再次被捕，于1937年在一个省级警察厅被勒死。司法和财政部长阿里·阿克巴·达瓦尔能力出众且为人诚实，是新司法体系和（国家主导的）政治经济体系的构建者，在菲鲁兹被捕后不久，他结束了自己的生命，但在他死亡之前，没有像其他人一样遭受羞辱和谋杀。1932年，帖木儿塔什本人下台，后来在狱中被杀。

希达亚特担任首相六年，后在1933年被忠诚而博学的法鲁基取代。1935年，当希达亚特与国王交涉，试图拯救亲家的性命但失败时，轮到他自己被解职和受辱。其亲家穆罕默德·瓦利·阿萨迪是国王亲自任命的马什哈德圣寺的监管人，也是国王忠实的仆人，他被怀疑鼓动了一场针对强制推广欧式帽子的抗议活动（见下文）。在1935年到1941年盟军入侵之间，还有另三位首相，其中一位是相对年轻的艾哈迈德·马丁·达夫塔里（1939—1940在任），他没有受到任何指控就被捕了（后来有谣言说抓他是为了取悦英国，因为达夫塔里亲德，但这是不可能的，因为国王本人也亲德，对英国的态度远非友好）。马丁·达夫塔里被捕后，他的岳父，自1928年就远离政治住在乡下庄园里的穆罕默德·摩萨台也未经指控就遭逮捕，被囚禁在呼罗珊的监狱中。

礼萨沙的专制统治在三个方面与伊朗的传统不同。第一个重要区别是与传统专制统治——即使是纳赛尔丁沙那样的强势统治者——不同，国家有意愿和能力——来源于欧洲理念、现代技术和官僚机构——干预普通大众的生活，并且扩展了对国家所有角落的直接控制。现代常备军和宪兵、迅速膨胀的官僚机构和现代警察力量都在国王的掌控之中。第二个重要区别是他的专制统治是在宪法革命后重建的，因此有着表面上的宪法框架，甚至还存在议会机构，政府经常通过它们来实施统治，虽然议会没有独立的权力，政府任意决断，只要愿意就能废除任何法律。第三个重要区别是不再存在任何得到普遍认可的用来斡旋、缓解冲突的场所，例如可以避难的圣寺或是王家马厩（见导言）。1935年，马什哈德手无寸铁的抗议者到紧临圣墓的古老清真寺避难时，当局直接下令将他们击毙。

在这种氛围中，在推行现代化、世俗化和民族国家建设的二十年间，伊朗的面貌发生了改变，虽然如前文所述，第一个十年间崛起的是独裁体制而非苏丹式的统治，[38]因此被打上了特定标签，即使民众的乐观和参与程度在下降。社会、经济和文化领域迅速发生了变化，包括现代教育、工业、服务业的发展，公路和铁路的修筑，军队、官僚机构的中央集权化，司法体系以及行政、民事和刑法典的改革，对出生、死亡、婚姻和房地契的集中登记，妇女得以更广泛地参与到社会事务中去，并被严禁穿戴罩袍和围巾，以及引入现代金融业等等。上述许多措施仅仅对少数人和经济文化活动产生了影响，但其历史重要性在于即使后来发生了社会、政治巨变，改革也已然为发展开辟了道路，而且还在继续向前发展。

军　队

重组和迅速扩充军队是礼萨汗的第一要务。早在1921年12月，他就将哥萨克部队与国家宪兵合并。宪兵部队中的瑞典军官被伊朗人取代，哥萨克军官在新组建的军队中占据主导地位。到了1926年，礼萨沙拥有四万名士兵以及一小支空军力量。1941年，这支军队扩充了三倍，总兵力超过十二万人。为了在财政上满足他雄心勃勃的扩军计划，礼萨汗开始使用任何合法和非法手段，包括挪用本来用于支付文职官员薪水的款项，这一做法一直持续到1922年，而后美国财政顾问亚瑟·米尔萨普博士接管了伊朗的财政管理，开始通过预算制度为他提供资金。1928年米尔萨普的使命结束时，战争部的预算为1.22亿里亚尔，到了1941年，这一数字增长了将近五倍，达到5.93亿里亚尔。[39]在1928年至1941年间，战争部索要了全部常规预算的三分之一。[40]除此之外，几乎全部的石油收入（占政府全部收入的13%）都被用来购买军事装备。[41]国王和军队还采用其他手段，包括没收私人财产来加强军队财力。甚至当礼萨汗担任战争部长时，他“一直拒绝提交用于检查的战争部账目……虽然他被指责积累了大量超出军事预算的个人财产”。[42]

在20世纪20年代早期，军队的征召多基于传统的兵役系统，即由定居农业人口和各部落贡献兵员。现代主义者和民族主义者们的基本愿景之一就是引入普遍的征兵制度。礼萨汗在1923年提出的征兵法案没有遭到第四届国民大会的任何反对，甚至得到了莫达里斯（相比于传统的宗教领袖身份，他更是一个政治家）的支持，但直到两年后礼萨汗亲自担任首相时，征兵法案才最终被第五届国民大会通过。[43]地主们、宗教界和商界都不喜欢这个措施，虽然宗教人士和神学院学生从一开始就被豁免服役。1928年，全面推广普遍征兵制的法案遭到来自乌莱玛的抗拒，其中某些人聚集在库姆要求废除这个法案。[44]大不里士也发生了反对法案的骚动。[45]对此国王持谨慎态度，帖木儿塔什却在谈论轰炸库姆。[46]

作为虔诚的信徒，首相希达亚特以《古兰经》为立足点捍卫这个法案。有组织的抗议消失了，但反对征兵制的强烈情绪弥漫全国，尤其是在农民和游牧民中间，因为这一措施夺走了他们家庭中的年轻劳动力（有时是永远夺走），回家的退役兵则会为村庄和部落带来现代的思想和观念。“征兵委员们对农村和部落地区的年度造访往往是可怕的时刻”，[47]“对征兵委员会的恐惧是1929年大多数部落暴动的重要原因”。[48]每个军官家庭都被分配了一个或更多的义务兵，他们被用来充当无偿的普通家仆。

一些军官曾在法国军事院校受训，尤其是在圣西尔军校。20世纪20年代，政府派遣了更多留学生，虽然由于资深军官们的保守，归国军官们起初并没能在很大程度上影响军事组织。后期多数军官在新式高等军事院校和军事学院受训，这些院校的教员大多是曾在法国受训的军官。军队越来越成为特权阶级。军官们可以根据军衔高低违反法律，许多资深军官通过合法和非法手段致富。另一方面，怀疑和不安的气氛甚嚣尘上，尤其是在军队高层和认识国王的军官中间。许多将军被解职和囚禁，例如时任工业总监的阿曼努拉·米尔扎·贾汉巴尼将军，他在1937年被解职并入狱，这显然是因为他与法国大使共进午餐。[49]

早在1926年，国王的副官马哈茂德·普拉丁上校与其他一些军官因受控策划政变而被捕。事实上此事是无中生有，最初他被宣判入狱，但之后在1928年，他在国王的坚持下被判处死刑。尽管陆军参谋长哈比布拉·昔班尼宁可辞职也不在死刑判决书上签字，普拉丁依然被处决了。三年后，早已回到现役的昔班尼被撤职，受到军事法庭审判并入狱。最终他“疯了”，离开伊朗再也没有回来。[50]军衔最高的埃米尔·艾哈迈迪将军参加了这个军事法庭，他告诉昔班尼说，这个法庭没有任何权力可言。他本人则频繁遭到解职、警察骚扰和官方侮辱。[51]

部落政策

武装力量的首要任务是为部落地区和各省带去秩序。与其他社会经济和文化政策一样，礼萨沙部落政策的制定与推行取决于宪法革命，尤其是第一次世界大战以来的泛波斯民族主义意识形态和中央集权考虑。这种意识形态并不仅仅试图在部落地区强制推行法律和建立秩序，还旨在摧毁部落生活和文化。20世纪20年代早期，首要任务是终结混乱局面。巴赫蒂亚尔人的抵抗很快就被镇压。在洛雷斯坦的沙里勒附近，许多政府军被杀，此事被归咎于巴赫蒂亚尔人，他们的可汗们拒绝承认参与了此事，但仍向受害者家属提供了赔偿。[52]事实上，在结束叛乱和反抗方面，大可汗们的合作（以及他们之间的纷争）远比军事力量更有效。喀什噶里人的最高统治者索莱特·道莱和哈姆塞人各部落名义上的首领盖瓦姆·穆勒克（他们都在法尔斯省）也都服从甚至支持礼萨汗。20世纪20年代早期在洛雷斯坦和库尔德斯坦的战役颇有成效，因为卢尔和库尔德游牧民没有组织成为大的部落联盟。[53]西北地区的沙舍万人平静地屈服了，虽然后来他们对政府粗暴的强制定居政策深感痛苦。[54]

在南部、西部、西北部和东北部部落地区强行建立秩序的军事政治行动的一个重要组成部分是解除部落的武装——这在伊朗历史上从未发生过。昔日的政权也希望做同样的事情，但他们没有现代化的军事和技术手段作为支撑。除了解除武装，还推行了针对游牧民的强行安置或定居化政策，这在很大程度上是伪现代主义心理的产物。因为很多民族主义和伪现代主义政策和观念受到欧洲人看法的影响，民族主义思想家们将游牧生活和文化视为落后的表现，因此在与欧洲人打交道时会感到非常尴尬。礼萨沙本人对欧洲人的看法很敏感，虽然这没有缓和他的政府的行事风格。从理性的角度看，定居化永远不可能是正当的，因为那导致大规模的死亡、毁灭和暴行，与此同时还造成了经济损失，比如导致国家的畜牧产品产量锐减，这可以与同一时期斯大林强制推行的农业集体化政策所造成的后果相提并论。

1929年南方部落发动了起义，定居化政策造成的怨恨，没收部落财产，强制征兵，由国家垄断茶叶、糖和烟草贸易而来的惩罚性税费，强行推广欧式服饰，以及军队的镇压行为和态度都是引发起义的原因。最终，更多地通过政治而非军事手段，在居住在首都的部落可汗们的支持下，起义被镇压了。[55]

1932年，负责强制推行部落定居化政策的民事部门建立起来了。该部门系统地实施定居化政策，手段十分残忍。"这个强制定居化计划……采取了一种非常残忍的方式，在某些情况下采用了种族灭绝手段。短期之内，伊朗的部落生活就发生了巨变……虽然强制和暴力方式事实上清除了大量的伊朗部落人口。"[56]1941年国王逊位后，所有已定居的游牧民都回归了游牧生活，但他们在那个时期的痛苦经历，对日后他们与政府的关系产生了不良的影响。

行政和法制改革

在中央政府对各省建立掌控的同时，行政改革使官僚机构在横向和纵向上都大为膨胀。横向上与以前一样，各省由德黑兰任命的总督治理，但官员的数量大增，他们对当地事务的影响程度也持续增长。每个省都有一支军事力量（通常是一个师），由一位国王直接任命并对国王负责的将军统领。省长、市长、镇长也是由德黑兰的内政部任命的。事实上他们中的许多人都是被从首都派到各省来的，并且几乎都是说波斯语的，即使派驻到突厥语、库尔德语和阿拉伯语省份的官员也是如此。到了20世纪30年代晚期，传统的行政体系被废除了，全国被分为十个省，按1到10号排序。[57]在某些情况下，各省的边界被重新划定，用来改变此前基于族群的强烈身份认同，官方一律使用数字来代替传统省名（如吉兰、马赞德兰等）。所有省份都对德黑兰的统治怨声载道，但少数族裔聚居的省份尤其感到受到歧视和屈辱。

官僚体系的纵向扩张是政权建设的结果，快速扩张和膨胀的政府部门全面掌控民政、警务、公共财政、教育和文化、关税、法庭、个人事务登记（出生、死亡等）、地契和地方政府。行政体系现代化始于宪法革命后的1910年，但其在20世纪20年代得到迅速发展。新的文职部门为城市社会的各个阶层，特别是传统和现代中产阶级增加了工作机会，他们越来越多地占据着官僚机构的高层。与传统官僚相比，他们受过更好的训练，也更加负责。人事任命领域的裙带关系比先前扩大到更多的社会群体，虽然依然存在许多腐败行为，却比先前隐秘得多。

法律改革以各种形式出现。现代行政、民事和刑事法律被引进，主要以法国法律为蓝本，虽然刑事以及民事法律尤其受到伊斯兰教法的强烈影响。与此同时，达瓦尔进行了他的司法改革，几乎完全照搬了法国的司法系统，包括地方治安法庭以及初审、复审和终审法院。新系统中的许多法官与处理私人合同注册、结婚和离婚的公证人一样，是神职人员或前神职人员（现在被强制要求执行新的欧式着装规定），但是新法律与新法庭都将司法体系世俗化了，在很大程度上终结了乌莱玛在司法过程中的作用。最初有一个法庭得到保留，但在20世纪30年代晚期也被废除了。

从如下角度来看，司法改革在一定程度上是合理的：如果不改革，欧洲列强会拒绝废除有关其公民免受伊朗法庭制裁的协议。在1927年和1928年，这些治外法权协议几乎同时被废除了，但事实上司法世俗化本身就是一个坚定的政策目标。[58]新的法庭和司法系统是这个时期最重要的改革之一。然而与该时期绝大多数改革和发展相似，它们只能影响到极少数人。这个系统昂贵而复杂，可能只能为仅占人口5%的上层和中产阶级服务。

教　育

除了埃米尔·卡比尔建于19世纪中期的理工学院，在宪法革命以前，引入现代世俗教育的工作已经开始了，尤其是教会学校和“进步”学校的建立。[59]早期立宪政府已经设法加快开办新式学校的进程，并派学生出国留学，但这个进程是缓慢的，还被第一次世界大战打断。更多的现代学校在战后沃苏格政府时期建立起来，但受到财政困难的制约。[60]现代教育是民族主义者们的优先任务，从20世纪20年代起就成了一项重要的政府政策。1928年到1941年间，教育预算占预算总额的6.2%，这个数字高于绝大多数二手资料中引用的4%。[61]在20世纪二三十年代，招收男孩和女孩的中小学数量都增加了，但是能拿到的统计数据间存在差异。例如，巴里尔认为1940年的学校总数少于2700所，然而巴纳尼给出的数字却超过8200所。[62]不同的数据来源有时还会得出差别相当大的学生总数。[63]根据最近的一项研究，学生总数从1922年至1923年间的44819人增加到1941年至1942年间的315355人，增长了7倍。在1922年至1923年间，83.1%的学生是男孩，女生只占16.9%；到了1941年至1942年，这两个数字分别变成了72%和28%。因此，虽然女生数量依然低于男生，但她们依然保持着更高的入学增长率，她们在学生总数中的比例也在提高。[64]

在其他层面上，现代教育也在发展和普及。派遣学生留学欧洲的做法始于19世纪。绝大多数这种留学是由学生自己的家庭出资的，但在宪法革命之后，国家公费派遣了许多留学生。[65]公派留学生在20世纪20年代早期仍在进行，留学生中还包括许多士官生，他们全部被派往法国的军事院校。1928年，一部法律要求政府每年派遣100名学生出国接受大学教育。他们绝大多数被派往法国，其他人去了比利时和德国（后来还包括美国）。回国之后，留学生们进入政府部门和国有工业机构工作，他们中的部分人则开始在德黑兰大学任教。

德黑兰大学建于1934年，它由一些已经存在的高等教育院校，如医学院、法政科学学院，与一些新建院系合并而成，坐落在全新的校园之内。它同时招收男生和女生。两所师范学院同样按法国师范学院的模式建立起来，分别为小学和中学培训教师，取代了已存在的只培训男性教师的穆阿勒敏学院。[66]到了20世纪30年代晚期，其他培训小学教师的学校也在各省建立起来了。[67]与此同时还建立了一所农学院，成人教育方案也开始施行。[68]一所招收十几岁男孩的士官学校和一所培训军官的军事学院也建立起来。

如前文所述，教育领域的世俗化早在宪法革命前就开始了，虽然在礼萨沙时代发展、普及的速度更快。但无论如何，这些学校只占了教育机构的一小部分，尤其是农村地区仍然处在乡村毛拉们的支配下。鉴于教育政策的伪现代化本质，巴纳尼总结了他对该时期教育改革的另一个合理解释，他指出："狂热的民族主义者试图捍卫的文化认同，由于对西方文明肤浅而盲目的模仿而逐渐受到削弱。"[69]

教育改革推出的是一项向上流社会和中产阶级家庭孩子倾斜的精英教育政策，[70]虽然新建立的现代学校面向所有人开放。在各类学校中，历史和文学都以布道式的风格传授，对古代波斯大肆吹捧，同时还诋毁和谩骂阿拉伯人和突厥人，不顾伊朗多族群（包括突厥、阿拉伯、库尔德和其他族群）的事实，伪称波斯语是伊朗使用的唯一语言。与实用和职业教育相比，学院教育更受关注。考试与记忆力测试相差无几。批判性诠释和分析几乎不被鼓励。教育政策的总体思路延续到后来的穆罕默德·礼萨沙执政时期，但某种程度上变得更复杂，它反映了教师和教育机构比任何国家意识形态的变化都更富竞争力。

礼萨沙时期的许多问题可能是难以避免的，这说明教育改革依然处在试验阶段，在军政精英阶层，包括受教育程度最高的人们和教育学家中间，泛波斯主义情绪相当普遍。对教育政策的最大批评是指责其创造了一个成本非常高昂的体系，无视了这个国家对识字和基础知识日益增长的需要。到1941年礼萨沙逊位时，90%的伊朗人，事实上包括所有农村居民，都是文盲。[71]

社会—文化变革

社会—文化变革也受到了盛行的民族主义情绪，以及欧洲人的或者说想象中的欧洲人的看法的影响。早在1922年礼萨汗还是战争部长时，一些著名的政治和文化人物，如帖木儿塔什、法鲁基和菲鲁兹，成立了国家遗产协会。[72]西方学者如美国人亚瑟·波普、德国人恩斯特·赫茨菲尔德和法国人安德烈·戈达尔都各尽所能地投身到保护和复活古代艺术、建筑、历史和文化的工作之中。为菲尔多西建造一座现代陵墓是他们的优先工作。陵墓以帕萨加迪的居鲁士陵为模板，1934年，时任首相法鲁基将其完工。最终，国王在马什哈德附近的图斯城为之剪彩，两百名伊朗人以及西方学者和政治家在参加了于德黑兰举办的“菲尔多西千年庆典”之后前往瞻仰陵墓。[73]途中他们拜访了欧玛尔·海亚姆位于尼沙普尔的陵墓，在西方访客们到来之前，这座陵墓已经得到特别迅速的修缮和重建，以免访客们对现存陵墓感到失望。[74]

伊朗学院成立于1935年，主要工作是净化波斯语，肃清来自阿拉伯语的词汇。它庞杂的目标注定要失败，正如难以从英语中肃清来自拉丁语和法语的词汇一样。在某些情况下，合理的替代词汇被创造出来，但总体而言，这个想法伤害了受过教育的人们的文化情感，包括他们自己的若干成员，他们杜撰新词并提交给国王审批。塔基扎德从柏林发来一篇文章，批评“带着笔的剑”的干预。塔基扎德原是伊朗驻巴黎大使，被解职后居住在柏林。面对国王的愤怒和怀疑，他决定不再回国。[75]

同年，伊朗政府要求欧洲各国用“伊朗”取代历史名词“波斯”作为其国家的正式名称。“伊朗”旨在强调这个国家起源于雅利安人，但完全没有人考虑到更名会导致在未来至少数十年中，这个国家名字的历史、文化和文学内涵在西方社会中丧失殆尽。相反，伊朗政府相信这么做会提高伊朗在西方国家眼中的地位。这个主意是由亲纳粹的德国官员提给伊朗驻柏林的外交官们的，后者将其转达给了德黑兰。法鲁基说，当时“此举将一个明确的名词变成了一个不明确的名词”。另一位政权的忠实拥护者伊萨·萨迪格于数十年后写道，官方用“伊朗”取代“波斯”造成了西方对伊朗的困惑，以为“伊朗是一个在奥斯曼帝国废墟上建立的新国家（似乎指伊拉克）”。[76]

政府强行推广新的着装规定，甚至强行禁戴头巾，这全都基于另一项重要的民族—现代主义政策。根据1928年12月颁布的一项法律，所有伊朗男人必须穿着欧式服装（短夹克和长裤），[77]佩戴“巴列维帽”，后者是法国平顶帽的变形。“看起来像欧洲人”或许是这部法律背后最强烈的动机，虽然它也是国家建设、中央集权化和世俗化的组成部分。[78]总体而言，乌莱玛、教士、神学院学生得到许可，可以保持其服装和头饰不变，讽刺的是，此举帮助他们变成了一个独特的职业阶层：许多非专业人士在强制推行欧式着装规定之前穿上了传统的宗教服装。[79]事实上，因为每个拿政府薪水的人都必须遵守新的着装规定，某些宗教人士（主要从事法律和学术工作）不得不放弃他们的头巾和斗篷。另一些人放弃了他们的公职，少数人宁愿闭门不出，也不肯更改其着装习惯。

强制推行新的着装规定背后强大的心理动机的证据是1935年的法令，它规定所有男人都必须将巴列维帽换成欧式沙波帽或圆顶礼帽。很明显，这不是规范化、世俗化和国家建设所必需的，因为已经存在了一种统一的制服和帽子。该法令是国王最近访问土耳其后推出的，国王返回德黑兰之后下定决心，要让伊朗男人看起来与欧洲人无异。事实上，在血腥镇压躲到马什哈德伊玛目礼萨圣墓旁边的高哈尔绍德清真寺的民众后不久，国王就告诉持怀疑态度的前首相莫克比尔·萨尔塔纳，他企图通过这一行动来阻止欧洲人的嘲笑：

在一次觐见中，国王摘下我的帽子［圆顶礼帽］，说道："现在你怎么看这东西？"我说它当然能为戴者遮阳挡雨，但我们之前用的帽子［巴列维帽］更好用。陛下激动地踱来踱去："我所做的是为了让我们看起来更像他们［欧洲人］，这样他们就不会嘲笑我们了。"[80]

强制推行新的着装规定得到现代—民族主义精英的欢迎，但受到乌莱玛和普通百姓的憎恨，如上文所述，也是游牧部落不满的一个重要来源。然而，当马什哈德的和平示威遭到武力镇压时，公众的抗拒集中在强制推广欧式圆顶礼帽上（绝大多数民众从来没见过这种东西）。[81]如前文所述，阿萨迪被处决，法鲁基随之下台。[82]

马什哈德礼帽事件发生几个月后的1936年1月，国王突然下令禁止妇女佩戴头巾（包括面纱、盖头和围巾），此举没遭到公开抗拒，但它造成的创伤甚至比礼萨沙的部落政策更深。[83]对头巾的批判能够追溯到20世纪初，而且至少自第一次世界大战以来，已经在中产阶级和上流社会中得到了更广泛的公开讨论。艾思奇写了一首题为《黑色裹尸布》（影射黑头巾）的长诗，其中最后一句为"鉴于妇女生活在裹尸布中，一半伊朗人并非活人"。[84]著名的讽刺诗人伊拉治也写诗反对头巾和盲目婚姻*，而且强调遮盖妇女的脸和手违反《古兰经》的教导。[85]

妇女活动家和互助活动组织者，如朵拉·马阿里和赛蒂姬·道莱特-阿巴迪，开始为女权而战。女性刊物《妇女世界》（1920—1934）是这个时期发行时间最长的刊物。它的主编是娜瓦贝·汗农·萨法维，她在1921年9月发表了题为《除了我自己的指甲没有人会挠我的背》的社论，指出妇女不应该只寄希望于男人的帮助，而是应该自己

* 丈夫婚前看不到女方的长相，故名盲目婚姻。——译注

采取行动。[86]

然而，尽管该刊物强烈且热忱地支持礼萨汗的改革，但甚至早在禁戴头巾之前，当局就查禁了它。其他女性刊物此前已经被查禁，原因在于国王不能容忍任何独立的刊物和组织，即便它完全支持他的政权。它们都被官方的《淑女中心》取代。[87]

所有为反头巾而奋斗的人们都反对佩戴面纱，有些妇女早在1920年就不再戴了。其中更激进的人还反对罩袍，以及覆盖妇女身体和头部的长袍。但他们不反对围巾，认为相对罩袍而言，围巾已经是伟大的进步，他们中几乎无人认为应该强迫所有妇女抛弃面纱。他们主张，那些愿意摘掉面纱的妇女有自愿摘掉面纱的权利，这一权利应得到承认和保护。因此，当国王下令所有妇女都必须摘掉罩袍否则警察将处理和逮捕她们时，广大城市妇女受到极大触动。甚至佩戴头巾也不被允许。莫克比尔·萨尔塔纳在其回忆录中以典型的电报风格写道："警察受命拽下妇女们头上的围巾。围巾被撕裂，价值不菲的则会被没收。妇女和警察之间的斗争持续了些时日。"[88]国王对土耳其的访问经常被视为他决心加快伊朗现代化步伐的直接原因，然而阿塔图尔克并没有强迫土耳其妇女摘掉面纱。[89]

大多数妇女对强迫摘掉面纱非常抵触。此举无异于在当时的欧洲下令强迫妇女在公共场合裸露上身。有些妇女在国王掌权和强制推行该政策期间闭门不出，如果一定要去公共澡堂，她们会从连接自己家和澡堂的邻居的房顶上走过去。1936年，政府各部门和市政当局接到命令，强迫其成员、雇员和本地中产阶级居民携妻子参加社区派对。[90]有些男人带着临时"借"来的妻子参加派对。少数人选择了自杀。[91]

这一政策只对城市妇女产生了影响，因为在乡村（大约80%甚至更多的女性人口居住在乡下）不存在面纱：乡村妇女穿着包括围巾在内的农民服装，在田间和地毯作坊中工作。礼萨沙强调摘下面纱是允许妇女进入劳动力市场的必要条件的演说和公开宣传充其量只与城市社区有关。不仅如此，有些普通的城市妇女已经在纺织作坊中工作，或者以女仆、女裁缝为职业。这个时期的现代化政策对中上层阶级妇女就业的直接影响相对较小。尽管如此，在这个时期内，更多的妇女加入了劳动力大军，她们有更多的机会受训成为教师、护士和助产士。到了1941年，甚至有几位女性大学教授，主要教授外国语言。无疑，20世纪20年代为日后妇女解放事业的发展和妇女社会参与程度的增加铺就了道路。如果在这个过程中没有使用专制力量，那么无论从长期还是短期来看都将取得更加积极的成就。

经济发展及政策

《英伊协定》中曾提出要改革和重组伊朗军队、行政和财政系统。政变后协定被取消，英国财政顾问们也随之离去。1922年，伊朗驻华盛顿公使侯赛因·阿拉雇用了以亚瑟·米尔萨普为首的美国顾问团队。我们已经看到，他获得了额外的权力，实际上得以独揽伊朗的财政大权。他与礼萨汗建立了工作关系，为战争部提供资金，作为交换，他得以放手改革濒临崩溃的财政系统。尽管如此，他的任期还是于1927年终结，因为礼萨沙不能继续容忍另一个拥有独立权力的人物（尤其是外国人）存在。[92]米尔萨普的部分职权由德国顾问库尔特·林登布拉特博士接替，此人于1927年协助开办了伊朗国家银行，它既是商业银行也是中央银行。自宪法革命以来，现代伊朗人就梦想建立国家银行，那时候英国控制的波斯帝国银行拥有发行钞票的垄断权，俄国贴现银行则是这个国家仅有的另一家银行。1933年，林登布拉特以贪污罪被判刑，但这时发行钞票的垄断权已经从波斯帝国银行转入伊朗国家银行之手。[93]

除了石油，政府的财政收入由传统的土地税、关税和直接税组成。20世纪20年代的赋税结构没什么变化，虽然在20世纪30年代颁布了一部所得税税法。米尔萨普的改革主要关注提高税收效率，比利时顾问们则为改革和增加关税做出了贡献。征收关税几乎完全是为了国库增收，很少是出于保护贸易的目的。直接税负担沉重且易于收取，最糟糕的例子是为了建造铁路而收取的税费导致了茶叶和食糖贸易的瘫痪，而茶、糖是多数百姓主食的一部分。[94]

整个时期内除石油之外的贸易都是逆差，但从1922年起包括石油在内的对外贸易一直处于盈利状态。[95]1929年的大萧条导致世界范围内的经济和贸易严重衰退，同样对伊朗造成了负面影响，因为波斯货币依然实行银本位，国际市场上白银价格的下跌使局面进一步恶化。这些事件可能推动和强化了1930年和1931年的贸易垄断法案，这些法案将某些重要的国内产品（如小麦）和整个外汇交易置于政府的垄断下，这些措施本身与国家一直以来对社会的控制政策完全一致。[96]在操作层面，政府有责任向从事外贸的商人发行许可证，但管控极为严格，政府垄断的企业增加了事情的复杂性，降低了效率。甚至国内贸易也得缴纳关税，由当局在城镇外面收取。要离开城镇的人，必须从警察局领取外出通行证。

穆扎法尔丁沙于1901年授予达西进行石油勘探、开发的特许权，于是在1908年发现石油后成立了盎格鲁—波斯石油公司（简称APOC）。在这一时期，石油产业是这个国家规模最庞大的现代工业，最大的工人雇主，最大的出口工业，还是最大的外汇赚取者，它是伊朗领土上一块由盎格鲁—波斯石油公司（后来改名为英伊石油公司）拥有和经营的工业飞地。该公司51%的股份属于英国政府。20世纪20年代早期让几家美国石油公司参与伊朗北部石油勘探的尝试失败了，这至少部分缘于APOC的反对。[97]政府与APOC的关系远非友好，因为伊朗在公司收入中拿到的份额较小，后者向英国政府缴税（通常数倍于伊朗所得的石油收入），且不向伊朗政府公布账目，公司在事实上控制着胡齐斯坦省，但它支付给当地劳动力的薪酬却十分微薄。

礼萨沙希望提高伊朗的石油收入，本质上是为了向他的军事和工业项目提供资金。与APOC关于达西特许权的冗长谈判从20世纪20年代晚期一直持续到20世纪30年代初，但没有达成任何共识。[98]1932年，公司突然宣布伊朗所获收入将仅为上一年的25%。国王将如此巨大的财产和外汇损失同时视为对他个人的侮辱，命令内阁取消达西特许权。[99]英国将此事提交国际联盟，两国之间的后续谈判以1933年签署的石油协议而告终。伊朗获得了比以前更好的条件，但将特许权又延期了30年。塔基扎德作为伊朗财政大臣签署了协议，后来他解释道，这是他在国王的命令下违心所为，但他指出国王也曾设法抵制延长特许权。[100]延期30年的决定极其不得人心。它给伊朗人造成了一种错觉：整个事情都是阴谋，国王甘愿如此。这种认知为1951年的石油国有化奠定了基础。[101]

从20世纪20年代中期开始，伊朗的现代制造业有所发展，1926年到1941年间，新建的工厂中雇工超过10人的有92家。政府是现代工业的主要投资者和所有者，主要集中在轻工业领域，如制糖、纺织、火柴、水泥和肥皂。国家投资是必要的，因为地主们对投资现代制造业缺乏兴趣，商人们总体上青睐商业和传统工业。新产业并不是在理性经济的基础上产生的，因此其中某些失败了，其他一些则陷入亏损。工业化的目的是现代化或自给自足，而非盈利或创造就业机会，[102]虽然在工业发展最快的1934年到1938年间，工人数量保持着高速增长。相对每星期60小时甚至更长的工作时间而言，工人薪资低得可怜。例如棉纺织业，工人薪资仅为印度的四分之一。[103]

道路建设的发展（以及道路安全状况的改善）导致交通运输成本明显下降，继而降低了生产成本。[104]1923年到1938年间，伊朗铺设了将近13500英里公路。这是礼萨沙完成的收益最多、浪费最少的现代化工程。纵贯伊朗的铁路将里海和波斯湾连接起来，另一方面，它也是一项得不偿失的投资项目。它耗费了1.5亿英镑的巨额投资，但在之后多年中取得的经济和社会效益都微乎其微。美国、斯堪的纳维亚国家和德国公司分别在各个阶段参加了设计和施工。修建铁路曾经是19世纪以来现代伊朗人梦寐以求的工程，国王本人也热切地参与进来。国王和现代—民族主义精英相信它将是伊朗走向“文明”的确切标志。但是正如我们所看到的，由于害怕向外国借款会让伊朗依附于欧洲列强，这个工程由向茶叶和食糖征收的重税提供资金，羊毛出在广大民众身上，而他们可能是从中获益最少的人群。如果如此巨额的资金能用于有用的经济和社会工程，包括铺设更多耗资较少而且使用外汇较少的公路，或许能为经济和社会发展带来更多效益。

农业发展毫无起色，尽管辛勤劳作的无地农民在总人口中所占比例高达85%。农业技术依然落后，多数农民在贫困中挣扎，任由地主和宪兵摆布，后者是新近出现的剥削代理人。国家对农民缺少保护，同时没有任何有效的规范地主—农民关系的政策，这都使地主得以从中获益。从20世纪20年代中期起，国家开始出售国有农业土地来筹集现金，这一政策在下个十年中得到进一步发展。这些土地不是卖给农民或当地佃农，而是基本上专供大地主、军官、高级官员和大商人们。[105]地主们也从更廉价、更安全的公路运输中获益。但是他们（和农民）因国家对贸易的垄断而蒙受损失，政府压低了国内农产品价格，而且伊朗货币价值过高，严重降低了出口农产品的竞争力。国王的没收及强行低价收购政策，以及军事和行政部门侵占他们财产（包括商人财产）的行为，都让地主们忐忑不安。

城市重建和现代化有两种形式：乡镇和城市的扩张，尤其是德黑兰；拆除老城区的旧建筑，以建设更宽的街道。新街区外观时尚，街道由电灯照明，两侧栽种树木。到了1941年，许多伊朗城市看起来比以前更现代、更洁净，环境也更加宜人。然而现代化政策也有些重要缺点。国王和他任命的德黑兰市长（卡尔米·阿加·布祖尔朱麦赫里将军）相信欧洲的街道不仅更宽，还是完美的直线。因此他们下令拆除任何挡路的建筑物，摧毁历史遗迹而非绕行。他们还相信，欧洲人认为保留城墙和老城门是落后的标志。这是拆除德黑兰的十八座古老城门和伊斯法罕城墙的原因所在。在德黑兰，多数恺加王朝的王家建筑被拆除，在某种程度上，这可能是为了消灭恺加王朝的痕迹，但也可能是因为那些建筑是传统式样的。

这个时期的公共卫生状况得到显著改善，医生、护士和医院的数量增加了，乡镇、城市的环境更洁净，预防诸如天花、疟疾以及其他容易导致儿童早夭的传染疾病的方法在不久后也被研究出来。卫生保健水平的提高，本质上与其他所有改革相似，受益者多是城市中上层，但是尽管如此，它们依然是重要的，因为它们为未来的发展进步奠定了基础。[106]

内外政策

从上述情况来看，伊朗国内的政治轮廓已经十分清晰。20世纪20年代的独裁体制迅速演变成极权和专制统治，因此到了1937年早期，当达瓦尔自杀时（菲鲁兹也在警方监禁中被杀），十二年前为国王热情和积极地服务，而且为到目前为止的改革和发展做贡献的人中，没有一个还在。于是当盟军入侵伊朗时，国王事实上是在孤军奋战。

首先开始的是政治与社会的完全脱离。任何独立政党或其他社团（例如亲国王的妇女和青年组织）都被取缔了。1931年时颁布了一部法律，裁定任何持“集体主义意识形态”的组织均与宪法相悖，因此伊朗共产党和工会事实上被取缔了。以这部法律为依据，在1937年，一群后来以“五十三人”（他们不属于任何组织，其中的绝大多数人在入狱之前对马克思主义一无所知）而为人所知的年轻人被逮捕，分别被判处三到十年监禁。到了1930年，所有的独立报纸都被查禁，即便它们中的绝大多数都对新政权表示支持。自宪法运动以来出现的公共领域也销声匿迹了。被囚禁并放逐到伊斯法罕之后，除了偶尔为了免遭横祸而为国王唱赞歌，诗人劳雷阿特·巴哈不再公开露面，他只能在国王逊位之后出版的诗集中表达自己的真实感想。[107]20世纪伊朗最伟大的作家萨迪克·希达亚特不得不承诺不再发表作品，1936年在孟买发表其著名作品《盲目的猫头鹰》时，他发表声明，称此书不会在伊朗发行和出售，即便此书是在国外出版的，他依然担心可能遭到迫害。[108]他的朋友和重要作家博佐格·阿拉维作为“五十三人”之一被捕入狱，后者在各种纸片上秘密写下短故事，后来将它们整理出版，名为《狱中片语》。[109]尼马·玉什赤是现代波斯语诗歌奠基人，他没有出版任何作品，这在当时是普遍现象。现代波斯语小说奠基人贾迈勒扎德（居住在柏林和日内瓦）在1921年发表其代表作《从前》之后的几乎二十年中，没再发表任何作品。[110]

对许多人而言，政治已不复存在，但事态发展远比那更加严重，即使是出于好意，任何发表批评观点和意见的人，都可能会被捕和没收财产。臭名昭著的警察头子艾罗姆将军（后来欺骗国王并流亡国外）和穆赫塔里热衷于采取镇压手段，用阿里·达什提的话说，每当国王要一顶帽子，他们都会上缴一颗头颅。担任首相达六年之久的莫克比尔·萨尔塔纳写道:“只要有人提及国王的名字，他们都会抓住他，问他意欲何为。”[111]

从1928年的第七届国民大会选举开始，事实上所有国民大会代表都是政府指派的，到了1931年，代表们已无法参与任何政治辩论。任何被怀疑哪怕有一丝不忠的代表都会被解除豁免权并遭逮捕，甚至会死于狱中。与从前一样，许多国民大会代表是地主，但作为一个阶级，他们不再拥有自己的意志和政治权力。地主们，尤其是大地主们，受益于混乱的结束，同时还继续享有对农民的支配权，但他们因丧失政治权力，以及政府用行政手段低价采购他们的产品而心怀不满（见上文）。

在他们看来，国王更恶劣的政策，如上文所述，是没收财产或强迫他们在生前、死后以象征性的价格将他们最好的地产卖给国王。国王的行径在一定程度上为军事和官僚机构树立了榜样，有时候资深军官也这么做。商人们尽管从和平和安全中受益，但也对缺少政治权力、政府垄断经营和威胁没收他们的财产心怀不满。礼萨沙逊位时，没有任何一个社会阶级对他的离去表示遗憾，虽然他下台后混乱局面的出现和持续使得其中某些人改变了想法。[112]

一位礼萨沙和巴列维王朝的热心崇拜者和拥护者总结道：

> 不幸的是，礼萨沙个人对伊朗进步所做的贡献，因为他不愿大权旁落以及越来越热衷积攒巨额个人财富而变得复杂化了。巨额金钱、村庄地契、农业土地和森林落入他的手中。他牢牢地控制着行政体系，国会丧失了主动精神，放任政府为所欲为。在他的指挥下，军队残酷地镇压游牧部落中的动乱。政府官员逃避责任，消极懈怠，仅仅提供关于国内局势和对外关系中乐观和形势大好的报告……不存在言论和出版自由，政府建立了一个引导公共舆论的部门［思想教育部］。在新兴的受过教育的一代中培养有能力的行政官员和公众领袖的机会遭到漠视。总体而言，道德的力量减弱了，到处弥漫着顺从和无助的气氛。[113]

那些支持过礼萨汗的现代—民族主义者们，以及为他提供了官方意识形态的人们，是以法国为模板的世俗化政策的热情支持者，从这方面而言，他们主张将宗教和政治完全分开。礼萨沙的教育政策、崭新的教育系统和强制推广的新式着装规定——任何穿传统长袍的人都不可能担任法官、学校教师、国民大会代表或官员——都被用于肃清重要的社会和政治圈子中的宗教和社团领袖。政府掌控公众捐献给宗教界的财产，这进一步限制了宗教界的活动范围。

宗教团体对征兵法、欧式服饰和资金方面的约束尤其恼火，但没有采取任何行动来挽救反对征兵的抗议活动，在马什哈德举行的和平、非暴力的反对强迫佩戴欧式帽子的示威活动仅仅是地方性行为。库姆和德黑兰的宗教界闭口不言，甚至在礼萨汗不能掌控的纳杰夫也同样风平浪静。于是，对宗教仪式和崇拜的攻击，既不是世俗化所必需，也不是对反抗的反击。因此，禁止举行纪念卡尔巴拉殉道者的游行和纪念集会，仅仅是为了迎合想象中的欧洲人的批判视角，以表明伊朗不是个落后国家。

与此同时，欧洲人向国王和现代—民族主义者的心理施加了“其他”的巨大影响，使他们与欧洲人、美国人之间的关系发生了重大改变。总体而言，国王与更大范围的公众之间，对西方列强的态度和情绪并无二致。他们畏惧英国，以深切的疑虑审视英国。因为俄国人过去的傲慢和对伊朗的压迫行径，他们不喜欢俄国人，而且对人民大众而言，这个信奉无神论的新兴苏维埃国家不比其前身好多少，伊朗人甚至还相信后者强迫丈夫们与其他男人共享妻子。伊朗人热爱法国，因为法国与伊朗有着历史悠久的文化联系，而且在该地区也不是一个殖民列强。他们认为美国是个反帝国主义强国，以无私的仁慈对待其他国家。他们仰慕德国，曾经热切地期望着德国赢得第一次世界大战，从20世纪30年代中期起，德国再度展示肌肉，因此越来越成为伊朗国家和社会共同关注的焦点。

1921年政变宣告了寇松爵士波斯政策的破产，新任英国公使珀西·洛兰耗时费力地设法让英国政府接受现状，即礼萨汗是唯一能够终结无序状态的人。于是英国在导致恺加王朝垮台的权力斗争中保持中立，而且在礼萨汗即位为王时，除了关注胡齐斯坦的巨大石油利益之外，英国实际上将伊朗视为缓冲国。[114]

另一方面，国王本人相信是英国人于1921年“扶植（他）上台”，[115]人民越来越将他看作英国人的走狗，在1933年石油协议签署之后，国

鲁斯塔姆哀悼其子苏赫拉布

居鲁士大帝释放“巴比伦之囚”

波斯波利斯城中的大流士浮雕

阿契美尼德王朝军队中的各民族战士

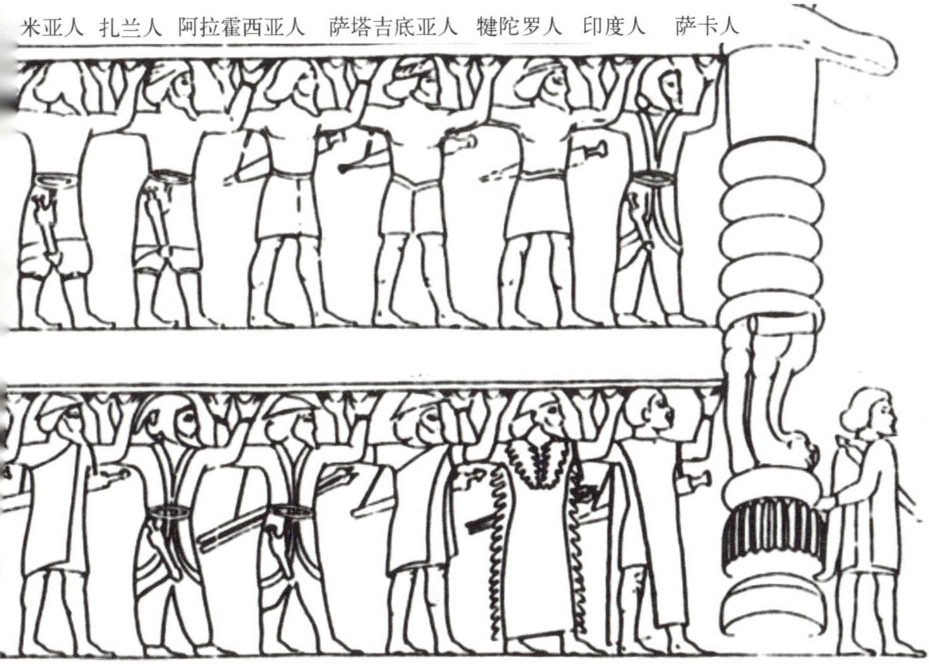
米亚人
扎兰人
阿拉霍西亚人
萨塔吉底亚人
犍陀罗人
印度人
萨卡人
亚人
爱奥尼亚人
萨卡人
斯库德拉人
爱奥尼亚人
利比亚人
埃塞俄比亚人
卡里亚人

波斯波利斯古城遗址

苏萨古城中的波斯不死军浮雕

哈里发马蒙遣使拜见拜占庭皇帝

伊利汗国创建者旭烈兀及其信仰基督教的王后脱古思可敦

旭烈兀的军队进攻巴格达

帖木儿在撒马尔罕的花园中宴饮

查兰迪尔战役

沙阿巴斯的宫廷

法塔赫阿里沙与其22个儿子一同狩猎

穆罕默德沙与其维齐尔哈吉·米尔扎·阿加西

纳赛尔丁沙

埃米尔·卡比尔

德黑兰大学，前身为1851年埃米尔·卡比尔创办的达拉弗农学院，是伊朗历史上第一所现代大学

恺加王朝后期的王室军官

穆扎法鲁丁沙

宪法革命期间在英国使馆避难的伊朗民众

穆罕默德·阿里沙

哥萨克旅军官1909年在大不里士的合影，正是他们袭击了国民大会

加冕礼上的礼萨沙

礼萨沙在统治期间修建了贯穿伊朗的铁路，第二次世界大战中，盟国的大量物资由此源源不断地运往苏联

参加“菲尔多西千年庆典”的各国代表

菲尔多西墓

成立于1927年的国家银行是伊朗第一家全国性银行，其将纸币发行权收回伊朗人自己手中

礼萨沙统治期间发行的纸币

穆罕默德·礼萨沙

穆罕默德·礼萨沙的首位王后法齐娅·福阿德

穆罕默德·摩萨台

石油危机期间，阿巴丹炼油厂的工人更换伊朗国旗

在穆罕默德·礼萨沙发起的“白色革命”期间，伊朗妇女首次获得了选举权

纪念波斯帝国建立2500周年庆典上的阅兵式

首相霍维达及其内阁成员

伊斯兰革命期间德黑兰街头的示威人群

位于德黑兰的古列斯坦王宫，伊斯兰革命胜利后成为博物馆

今日德黑兰

王成了反英分子，认为几乎在所有不利事件中都能看到英国的魔爪。例如在1936年，他命令在欧洲的伊朗官员不得将王储从瑞士途经贝鲁特和巴格达（两国政府都受制于英国）送回伊朗，他说道："你不知道我的敌人是谁，将他途经俄国带回。"[116]此外，当财政大臣塔基扎德购入大量金条，准备经马赛装船运回国时，国王一口咬定英国会在运输船安全进入波斯水域之前将黄金没收。[117]据塔基扎德说，国王甚至怀疑他的儿子穆罕默德·礼萨勾结英国人。[118]他迫害手下军衔最高的将军埃米尔·艾哈迈迪，将其贬谪为无足轻重的人物，仅仅是因为此人曾与英国公使珀西·洛兰会晤。[119]在20世纪20年代早期，英国还是伊朗的主要贸易伙伴，到了20世纪30年代末，英国的位置被德国取代，而后苏联又取代了德国的位置。[120]

如上文所述，苏维埃俄国向礼萨汗发出积极信号，对其即位表示了欢迎，称赞他是一位反封建、反帝国主义的资产阶级民主主义领袖。礼萨汗称王后，双方的蜜月期并没有持续太久，然而双边关系还是诚挚的。伊朗第二号实权人物帖木儿塔什充分考虑到英伊两国的石油争议，采取了利用苏联制衡英国的策略。帖木儿塔什倒台之后，有谣言称他是俄国人用来取代国王的候选人，此说注定无凭无据，但它很可能激起国王的疑虑，成为帖木儿塔什毁灭的主要因素。据说苏联人曾与国王交涉，企图救帖木儿塔什一命，但如果此说属实，便足以决定帖木儿塔什的命运。显然苏联人并不认为国王迫害伊朗共产党、社会主义者和工会人士是好事，但他们满足于英国在伊朗影响力的衰退、诸如世俗化和管制经济（政府高度管控经济）之类的现代化政策，在某些方面，这些政策与苏联自己的体制相似。但直到1941年6月德国进攻苏联前，伊朗和苏联都在小心翼翼地维持着彼此间的关系。

法国和美国广受欢迎，虽然它们都不被伊朗国家和社会视为在该地区有影响力的强国。1911年摩根·舒斯特的传奇让伊朗人对美国和美国人留下了良好印象，这是伊朗邀请米尔萨普顾问团的背后动机。

1927年米尔萨普离去之后，伊朗对美国的良好印象又进一步加深。然而，伊朗获得美国实质性援助或投资的希望未能落实，这至少部分缘于美国在两次世界大战之间采取的孤立主义政策。1937年，国王对西方媒体批评的极端敏感导致他与美国断绝了外交关系。[121]

在涉及一家讽刺性期刊的案件中，同样是这种对媒体批评的敏感，导致伊朗与法国的外交关系于1938年底破裂，甚至连伊朗留学生都被召回国内。[122]直到当时，绝大多数在西方的伊朗留学生都在法国留学，无论公派或是自费。在20世纪20年代，伊朗军官只在法国军事院校受训。甚至在德黑兰还有一家法式的巴斯德研究所，最初由一名法国人领导。1938年的断交曾有个先兆，虽然当时国王感觉事态还没有严重到断绝外交关系的程度。1934年，塔基扎德担任伊朗驻巴黎公使，当时国王受到法国新闻界的批评，因而要求涉事报纸应该受到惩罚。塔基扎德提了一些官方抗议，但对德黑兰解释说那些报纸无法被审查。此举让他遭到解职，而后他一直在伦敦大学担任讲师。[123]

正如我们已经看到的，德国受到伊朗人的高度赞赏，因此在魏玛共和国时期，伊朗与德国的贸易和其他关系逐渐改善，并雇用了德国的银行专家。随着纳粹上台，两国的政治和经济关系越来越紧密。1933年发生了两件大事：伊朗被迫与英国签署令人憎恨的石油协议，希特勒当选为德国总理。几年之间，德国再度成为欧洲最强大的国家，英国试图通过绥靖政策增强在东方国家中的威信。伊朗人心中充斥着英、俄帝国主义压迫的传说和事实，再度视德国为自己的潜在保护人和救世主。国王和泛伊朗主义精英们自认为是雅利安种族的一分子，对纳粹宣传的雅利安种族优越论心驰神往。各种因素使国王在对外关系和国际贸易上向德国靠拢，这为1941年盟军的入侵埋下了伏笔，一场巨变已经不可避免，随之而来的，将是持续多年的混乱局面。

10　外国占领、石油国有化和独裁统治

文明的本质在于人民的成熟，人民成熟的最明确标志是他们遵守法律。

——法鲁基（1941 年广播讲话）

外国占领及礼萨沙逊位

第二次世界大战的最初几年中，伊朗表面上保持中立，但在感情上支持德国。对于英国而言，其皇家海军要依赖伊朗的石油供应，因此伊朗的亲德情绪是其焦虑的重要来源，但是，鉴于苏联与德国相互勾连，英国也无可奈何。

1941年6月22日，德国入侵苏联，彻底改变了局面。在当时看来，德军向高加索方向进军会得到国王和伊朗人的欢迎，此举将使苏联脆弱的后方门户洞开，更不要说威胁石油供应了。现在英国和苏联成了盟友，横贯伊朗的铁路和公路为英国提供了最好的潜在运输线，用来为深陷泥潭的苏联提供战争物资，但出于这个原因后来将伊朗描绘为“胜利的桥梁”也是夸大其词。盟军还反对滞留伊朗的数百名德国技术顾问和商人（称他们是德国战争机器的代理人，其中的某些人确实是），要求伊朗驱逐他们。

1941年7月和8月间，英、苏两国都向伊朗施加压力，要求驱逐德国人并允许盟国使用伊朗铁路。但是礼萨沙拒绝了盟国的所有要求，他完全没有理解当前局势的严重性。而且即使有人预见到了英、苏入侵的可能性，他们也不敢在政治局势如此不安全和不自由的情况下向国王指出，作为上流社会作家的塔基扎德后来写道，甚至上层社会也“害怕见到他们自己的亲戚”。[1]

8月25日凌晨，当首相阿里·曼苏尔唤醒他，通知他英、苏军队侵入伊朗时，礼萨沙被彻底震惊了。所有记载都说他一直保持着勇气和镇静，但令他惊恐的是，他引以为傲的、耗费大量金钱打造的、享有大量特权的军队，会表现得如此不堪一击，以至于很多人相信军官们在听说侵略者逼近时，在军装外面裹上女人的黑袍望风而逃。[2]国王暴跳如雷，亲手痛打战争部长和总参谋长，甚至因此伤了自己的手。[3]最初，国王组建了一个直接指导国防的战争内阁，但形势很快表明，抵抗的代价远远高于投降。到了9月中旬国王逊位时，他已经将曼苏尔撤职，任命忠实、可敬的法鲁基为首相。

现在，人们普遍相信是盟国强迫礼萨沙逊位的。从某种陈腐的角度来看，此说似乎是真实的，但还需要满足两个重要条件。根据英国驻德黑兰公使瑞德·布拉德爵士的说法，盟军从没正式提出过逊位要求，但也不存在与之相反的证据，虽然布拉德承认苏军从加兹温向德黑兰推进的消息让国王焦虑不安。[4]据财政大臣阿巴斯戈利·古尔沙希扬的说法，苏联大使否认了这个消息。1921年政变期间，英国外交官和军官们曾陪同伊朗官员前往梅赫拉巴德，名义上是劝阻礼萨汗不要让哥萨克部队进军德黑兰，但无果而终（见第8章）。历史的讽刺之处在于，此时苏联和英国武官都前往加兹温，名义上是去劝阻这一行动，但稍后消息传来，苏军正在逼近卡拉季。[5]然而，古尔沙希扬清楚，正是内阁要求法鲁基告诉国王应该逊位，而法鲁基本人相信这是盟军的愿望，于是他觐见国王并请他照做。[6]

相信盟军迫使国王逊位说法的另一个原因是，国王不得不逊位仅仅是因为他已没有什么可以倚仗。事实上整个社会都在反对他。如果他有一定的社会基础，至少上层社会支持他的话，他就不会被迫逊位，既然他已经同意与盟军合作，盟军就不会坚持这样的行动。[7]甚至在他逊位之前，那些事实上是由他任命的国民大会代表们就已暗示他侵吞了一些王家珠宝，[8]而且当他逊位时，他们尖刻地攻击他草菅人命，侵吞私人财产和其他东西。[9]礼萨沙逊位后不久，那些有家属在狱中被杀或家产被没收的人们开始向法庭提起针对他的诉讼。[10]古尔沙希扬在他当时的日记中写道，因为国王如此不得人心，以至于那些在政府当官的人们，为万一国王死亡或遇刺的话他们会有什么样的遭遇而提心吊胆（这是公众反抗的结果）。实际上人们几乎在欢庆盟军占领伊朗和他的逊位，伊朗的总体形势是平静的。[11]

礼萨沙逊位之后，盟国，尤其是英国，对保留巴列维王朝并不热心。他们建议法鲁基担任临时国家元首，[12]由穆罕默德·赛义德（一位资深外交官和驻苏联大使）担任总统。[13]但这二人都拒绝了这一提议。英国甚至一度动过复辟恺加王朝的念头，但他们未能找到合适人选，于是便放弃了。[14]法鲁基迅速行动，将王储穆罕默德·礼萨带到国民大会，请后者授权王储即位，对此盟国没有反对。

历史学家们经常把穆罕默德·礼萨沙的统治分为两个时期：1941年至1953年，动荡和民主实验期，结束于1953年政变；1953年至1979年，穆罕默德·礼萨沙的独裁时期，以1979年二月革命为终点。实际上，第二个时期也可以以1963年为分界点一分为二。在穆罕默德·礼萨沙统治的前十二年（1941年至1953年）间，他是一位立宪君主；在之后的十年间，他是个独裁者；而在直到革命前的剩余十六年间，他是极权和专制统治者。

登基之际，这位国王是个只有二十二岁的年轻人，毫无政治经验，腼腆害羞，为国家和他的王位焦虑不安。还是个孩童时，他曾就读于罗实学院，这是一家瑞士寄宿学校，但他十六岁时，他的父亲要他回国。后来他进入德黑兰的军事学院，于1939年毕业。他饱受缺乏自信的困扰，情况坏时他会麻痹无力，情况好时他有一种虚假的安全感和至高无上的信心（见下文和第11、第12章）。他是个现代主义者，还是雅利安民族主义者，对伊朗的欠发达状态极为不安，抱有迅速在伊朗实现现代化的崇高梦想，拥有一支由他直接指挥的强大军队也是他的梦想的组成部分。他和绝大多数伊朗人一样，在情感上亲德，但很快就转而对美国充满向往与赞美，憧憬着美国会成为伊朗的经济赞助人和军事伙伴，以制衡英国和苏联。在某些方面他很出色，记忆力超群，但缺乏知识和经验，智力也十分平庸。尽管当时受制于年长的政治家和政治巨头们，但他在政治阴谋和策略方面颇有手段，希望能对文官政府和军队施加强大的影响力，而且他有效地控制着军队。

20世纪40年代：混乱的政局

甚至在礼萨汗踏上流亡之路前，伊朗政局就已经出现了混乱的苗头。他首先去了毛里求斯，之后去了约翰内斯堡，并于1944年死在那里。他的逊位意味着他建立的强大体制的崩溃，这引发了新一轮的混乱，因此早在1941年10月，一位驻德黑兰的英国外交官就评论道："在这种混乱的情况下，从纯粹的专制政体到所谓的宪政和民主政权的突然转变，不可避免地会引发一种对利益果实的普遍争夺，但不是要争夺权力和职务背后所背负的责任。"[15]无疑，"纯粹专制"阶段是用来描述极权和专制统治的，在欧洲历史上没有对应的术语和概念。

有些负责任的政治家和观察家从伊朗长久的专制统治和社会的动荡中看到了伊朗的痼疾。法鲁基经历过宪法革命后的混乱局面、礼萨沙时代的极权和专制统治，这些经验给了他敏锐的洞察力，从他在礼萨沙逊位三星期后发表的长篇广播讲话中可以清楚地看到这一点。他以定义自由和自由存在的条件为开场白：

> 我希望你们会从你们在过去数十年间承受过的痛苦和经历过的苦难中学到和认识到，如何珍惜自由的祝福。因此你们要知道，自由并不意味着人民应该放纵和为所欲为，而是有着特定的限制，因为如果没有约束，那么就没有谁是自由的，有的只会是强者奴役弱者。

接着他直指议题核心，即法治的意义和内涵：

> 对为所欲为的制约正是法律所规定的，所以每个人都要知道自己的权利，不要越界。由此可见，在一个没有法律的国家，或者一个不遵守法律的国家，人民是不会自由的，也不会享有安全……因此，首先一点……我要告诉你们的是，一个自由的民族是一个一切事务基于法律的民族，所以任何无视或亵渎法律的人都是自由的敌人……

接下来，他仔细区分了现代化和伪现代化。法鲁基质问“文明”和“不文明”国家的区别：

> 我怀疑，你们中的某些人会说“一个文明国家是一个拥有铁路、现代工业、组织严密的军队、坦克、飞机等的国家，而不文明国家则是没有这些的国家”。或者，你们会说“一个文明国家是其城市……有着宽阔和硬化路面的街道、高层建筑等的国家”。文明国家当然有这些东西，但我认为这些是文明的产物，而非文明的实质。文明的本质在于人民的成熟，人民成熟的最明确标志是他们遵守法律。[16]

上述论述对伪现代主义对社会经济发展的态度不能更明确了。但是在那个时候，最直接的问题是毁灭性的冲突和混乱。这就是为什么法鲁基强调现代化最重要的——事实上，他是指文明——就是国家和社会应该遵守法律。

新一轮的混乱自然在某些特定方面根植于当时的社会现象。如果礼萨沙的下台不是源于外国的直接干涉，公众的反应或许会更加强烈，影响会更加深远，正如我们在其子的政权于1979年垮台时所看到的那样。维持和平符合盟国自己的利益。因此，英国使团直接与伊朗政府、各种政治势力和团体建立联系，利用他们的权势和影响力来保证盟国的基本需求能够得到满足。此外，这个舞台向伊朗政客、国民大会代表、记者、部落首领、各省豪强以及各种群众运动敞开了破坏性冲突而非建设性竞争的大门。在1941年到1946年间，在第十三和第十四届国民大会的争吵声中，伊朗先后更换了多达九届政府。

1942年1月，年轻的国王与英国和苏联签订了三方协议，伊朗据此同意为盟国提供非军事援助，盟国——强调伊朗的独立和领土完整——承诺他们将在战争结束后的六个月内撤军，但苏联并未遵守这个承诺。1943年9月，伊朗对德国宣战（后来又对日本宣战），因此成了联合国成员。在接下来的11月份，盟国首脑们——约瑟夫·斯大林、富兰克林·罗斯福和温斯顿·丘吉尔——在德黑兰会议上重申了他们对伊朗独立和领土完整的承认。于是，几乎从一开始，盟国就没把伊朗视为一个由他们治理的被占领国，虽然他们间接地干预伊朗内政，为盟国整体或某个成员国的利益服务。除此之外，英国和美国实际上控制了伊朗的交通、通信系统乃至更多领域。正如英国公使在向英国外交部提交的报告中所说的那样，“节约运力的强烈需要迫使我们必须在相当程度上干涉当地事务”。[17]

除了确保石油供应，伊朗为盟国进行战争所提供的最大帮助是所谓的“波斯走廊”，通过公路和横贯伊朗的铁路，大约500万吨战争物资被运送给深陷战争泥潭的苏联，另外还有200万吨物资被运送给中东的英军。尽管宣布不干预伊朗内政，盟国还是对伊朗提出了许多重要要求，鉴于盟军在伊朗有驻军，伊朗政府对此别无选择，只能曲意逢迎。里亚尔的汇率被降低了一半。这意味着以黄金和外汇来衡量，盟国购买伊朗货物和服务的成本下降到原先的一半，而伊朗进口盟国货物的成本则上涨为从前的两倍。伊朗纸币被大量增发，以便为盟国在伊朗的消费提供信贷，并留到战后偿还。在1941年到1944年间，货币供应量增长了超过三倍。[18]这些政策加上他们纵容的囤积居奇，导致了严重的通货膨胀，商品（尤其是面包）短缺和贫困肆虐全国。[19]1941年的批发价格指数是20.7，到了1944年上升到61.9。在同一时期，整体生活成本指数从16上升到67.9，食品价格指数从18.5上升到75.8。[20]

在同一时期，盟国驻伊朗外交官和代表迫使伊朗的当权者们进行了旨在为多数民众谋福利的改革，但他们取得的成绩寥寥无几。可以预见的是，礼萨沙逊位之后，少数地主精英的社会和政治权力大为提高。在礼萨沙掌权时期，地主们对农民的支配权原封不动地保留了下来，但另一方面，这个社会群体也不得不屈从于专制统治，作为一个阶级，地主们没有政治权力，他们的财产权任由强势的政府摆布。现在他们填补了由礼萨沙下台造就的权力真空，享受着财富和政治权力带来的特权，然而总体上他们没有对农民和社会表现出任何责任感。1943年，英国公使布拉德认为人民党的改革规划“与贫困阶级的处境相比仍然过于温和”。[21]

政党和团体

人民党成立于礼萨沙逊位后不久。后来的发展让它变成了一个真正的共产主义政党，但在开始阶段和20世纪40年代的多数时间里，它与20世纪三四十年代欧洲的人民阵线、反法西斯运动相似，由各种左翼人士和总体上赞成改革的亲民主人士组成。它主要由被称为“五十三人”的马克思主义知识分子领导，他们在礼萨沙逊位后走出监牢，它的标志性领袖和名义创立者是苏莱曼·米尔扎·伊斯坎达里，此人是一位年迈的民主人士，后来成了社会主义运动领袖，以严格遵守宗教义务而闻名于世。

人民党保证服从立宪君主制和基于议会的政府，提出了一个政策框架（它过于大而化之，因此不能叫作计划）以指导广泛的社会改革。这个党明显倾向于苏联，但这在1946年之前并不罕见，当时苏联在伊朗乃至西方世界都广受欢迎，反纳粹同盟依然牢固。在20世纪40年代早期，许多低于四十岁的受过教育的人，要么是该党党员，要么是其同情者或追随者。1943年第十四届国民大会选举期间——这是礼萨沙逊位后进行的第一次选举——人民党向国会送进了八十位代表，他们主要来自苏联占领下的北方选区，虽然人民党本身在北部、中部、西南部各地都广受爱戴。在当时，人民党是唯一有着明确政治目标、享有广泛民众支持且组织良好的政党。[22]

人民党以知识分子和受过现代教育的精英分子们的代言人的身份出现，与此同时，一个宗教运动开始发展和扩大影响，虽然它事实上被现代伊朗社团忽视，但它是20世纪六七十年代宗教和伊斯兰主义运动的预演，在伊斯兰革命之前的关键几年中，深刻影响了现代伊朗人。除了“伊斯兰敢死队”组织——一个规模不大但十分高调、激进好斗的政治团体，将在下文中进一步论述——还有其他成立于20世纪40年代的伊斯兰主义组织，它们热衷于反对巴哈教团体、“唯物主义”和艾哈迈德·卡斯拉维，后者是一位针对什叶派和巴哈教的著名批评家，然而他对巴哈教新宗教观的形成颇有帮助（见第12章）。

所有这些组织都不打算推翻现政权并代之以一个伊斯兰国家。实际上，其中某些组织尝试并在某种程度上成功地利用了王室和政治、宗教界的帮助来实现其目标，促进了学校中的宗教研习，肃清了政府雇员中的巴哈教徒，强化了宗教仪式和义务。这些新组织中最活跃的是伊斯兰布道协会，其建立者阿亚图拉沙哈普尔在20世纪30年代是一位雅利安主义者和反闪米特分子，此时成了新伊斯兰运动的鼓吹者。[23]从更宏观的角度来看，除了20世纪50年代和之后的不关心政治的伊斯兰胡加提耶社团，相比后来出现的伊斯兰政治团体，这个社团在反巴哈教运动开始前就在关注巴哈教了。

伊斯兰指导协会建立于1943年，致力于传播正式的宗教教育，

“不干预现实政治”，到了1947年，该协会开办了61所伊斯兰学校、16所日校和45所夜校。其他宗教社团也在首都和各省会城市出现了。在这些宗教组织出现的同时，也出现了一些宗教刊物，包括《伊斯兰的旗帜》、《伊斯兰世界》和伊斯兰敢死队组织的《人民的战斗》，它们在不同程度上推动了宗教思想和政治观点的传播。如前文所述，伊斯兰敢死队组织好斗且狂热，但是其他社团、运动和活动家们，以不那么公开的方式有效地推进着零散的伊斯兰主义目标。[24]

在老国王逊位后出现的各种政治团体和势力中——其中许多成员少、寿命短——有三个最重要的：伊朗党、赛义德·齐亚的民族意志党和盖瓦姆的民主党。伊朗党倾向于自由和社会民主，由一些相对年轻的伊朗技术专家组成，其中许多人曾留学欧洲。伊朗党信仰社会民主，反对外国控制，而且（与当时许多个人和团体一样）同情人民党。就组织、活动和出版物而言，伊朗党规模相对较小，但是它的最高级成员们许多都是伊朗最好的技术专家和大学教授，掌握着大量特权，拥有显赫的地位，这些足以弥补其弱点。该党的三位党员在20世纪的伊朗历史上声名显赫：党魁阿拉亚尔·萨利赫，后来与人民党一起加入盖瓦姆的联合政府，担任司法部长，在摩萨台担任首相期间任内政部长、驻美国大使，还是第二国民阵线的著名人物；卡里姆·桑贾比，在摩萨台在任期间担任教育部长和国民大会代表，最后在1979年二月革命期间担任第四国民阵线领导人；沙普尔·巴赫蒂亚尔，在摩萨台在任期间担任劳工部副部长，革命期间成为伊朗党党魁，但当他接受国王的首相任命后被开除出党。在摩萨台推行石油国有化运动期间，该党成了主要的政治组织之一。[25]

民族意志党由赛义德·齐亚组建和领导，赛义德·齐亚与礼萨汗联手策划了1921年政变，但在那之后不久他被解除首相职务并流亡国外（见第8、第9章）。在巴勒斯坦流亡多年之后，他于1943年9月份返回伊朗，作为首相候选人受到英国大使的青睐。[26]最初国王怀疑他的动机，担心他可能企图推翻或架空自己，但赛义德的积极态度和他们一致反对人民党的立场改善了二人的关系，但国王从未认真地将其视为首相人选，因为齐亚拥有英国的支持，可能过于强势而自行其是，国王对此感到不安。

虽然在1921年短暂担任首相期间，赛义德·齐亚曾经是年轻气盛的浪漫民族主义和激进社会改革先驱，但此时已经不是了。现在他是一个保守主义政客，着重强调“民众传统”，他公开佩戴传统的波斯式卡拉库尔羔羊皮帽作为其标志性服饰。人们普遍相信他是“英国的代理人”，这是一项不实的指控，但在他的批评者们眼中，这个指控可以从他公开的亲英观点和倾向性中得到确认。他的民族意志党在很大程度上是他的个人事业：该党不是一个群众运动，除了英国大使，党的领导层中也不存在其他知名人物，该党得到一些地主、大商人、其他宗教和传统主义团体的支持。从他回国的那一刻开始，人民党就给他贴上反动头子和首要敌人的标签，当时对他的敌对程度甚至超过对国王的。

赛义德当选亚兹德城的第十四届国民大会代表，摩萨台当选为德黑兰首席代表，由于前者在1921年政变中扮演的角色，摩萨台未能阻止他当选议员。[27]直到20世纪50年代中期，虽然1946年盖瓦姆将赛义德·齐亚投入大牢之后他的党已土崩瓦解，赛义德·齐亚依然有希望担任首相，但后来他放弃了努力，把精力放在了他的养鸡场生意上。

除了人民党和摩萨台，齐亚的主要敌人和对手是艾哈迈德·盖瓦姆，1921年政变之后，齐亚曾将盖瓦姆关进监狱，但齐亚被解职并流亡国外之后，盖瓦姆担任了首相。齐亚从巴勒斯坦返回伊朗之前，盖瓦姆又在20世纪40年代再度出任首相。盖瓦姆是个个性很强的独立政治家，现实而缺乏原则性。在20世纪20年代初以来的两个首相任期内，他曾打算吸引美国投资和外国援助，他准备与列强做交易，但不愿意做它们的附庸。在不同时期内，他先后被指控为美国、俄国和英国的代理人，但是这些指控都缺乏根据。[28]正是他在1922年邀请亚瑟·米尔萨普首次来伊朗改革财政系统，又于1942年第二次邀请米尔萨普来伊朗。米尔萨普的第二次伊朗之行远不如上一次成功，一个重要原因是伊朗政治家和公职人员们拥有更强的能力和自信，例如，他打算把伊朗国家银行出色的行长阿布勒哈桑·艾伯特哈吉赶下台，但未能如愿。[29]由诺曼·施瓦茨科普夫上校领导的美国军队取得了更富成效且影响更加深远的成就，他掌管伊朗宪兵，改革并重组了准军事化的乡村警察部队。

与宪法革命之后一样，国民大会再度成为最高权力机关，然而内阁却是孱弱和摇摆不定的，每几个月就会更换一届。如第8章所述，立宪主义下的权力分立原则被诠释为权力对抗。甚至国民大会也只在对抗首相时才会作为一个整体行动，此外议会中的派系团体和个别代表会设法直接与首相打交道，用提供支持做交易，乃至影响最基本的政府决策。据说，在1941年到1952年间，没有任何一届政府以议会审议的方式通过年度预算。资深外交官、时任外交部长的穆罕默德·赛义德在给礼萨沙倒台之后担任驻伦敦使团首脑的塔基扎德的信中写道：

> 除了卷入内部冲突和每隔几个月任命一位新首相之外，国民大会毫无作为。完全没有当前所需要的那种协作和诚挚精神。为了能够长时间执政，首相不得不将其大部分时间耗费在与代表们谈判和讨价还价上，因此我可以说，政府首脑只有很少的时间来考虑国家事务。[30]

这封信写于1943年6月，大致在老国王逊位两年后。1948年，美国大使乔治·艾伦在其关于国民大会角色的叙述中写道，它几乎完全是个无所作为的机构，显然不具备采取积极行动的能力。“在其六个月的任期中，这届国民大会只通过了两部法律……它在一星期内召开了两或三次短会议，绝大部分时间都耗费在议员资格的争吵上……如果伊朗想发展，国民大会需要采取许多积极行动，因为在现行宪法框架下，伊朗的行政机关几乎没有权威做任何事情。”[31]

这种模式持续到1951年石油国有化运动和摩萨台掌控政府期间，但即使在那以后，正如我们将在下文看到的，动荡和混乱依然没有平息。

次年，塔基扎德从伦敦写了许多书信寄给内阁成员们，他在信中讨论了伊朗的源于专制统治、混乱、动荡、官方宣传的（浪漫）民族主义和政治阴谋论的基本问题。[32]关于伊朗面临的最严峻的问题——混乱，他写道：

> 如果以民主的名义允许放纵……每个人都能对任何事物表示反感和反对，可怜的政府官员就会像被狗或狮子逼入角落的猫，永远在忙于应对批评和中伤，无暇处理任何公务……如此一来这个国家肯定会面临毁灭……或许在一位不公正和高压统治者的统治下，这个国家能存活下来，但混乱、放纵或“极端的自由主义”必将导致国家的衰落。[33]

在第十四届国民大会（1943年至1945年）的一场演讲中，摩萨台探讨了专制统治结束后的动荡：

> 没有任何国家能在专制统治下取得建树。将当前局势——我们刚刚听到“自由”一词——与那个［礼萨沙］时期比较会是一个错误。人们还需要再花几年时间才能摆脱这些针对那个时期的事件的［具有破坏性但不可避免的］反应……[34]

伊朗全国各地的动荡和叛乱事件几乎持续不断。其中某些影响广泛、深远，例如发生在阿塞拜疆、库尔德斯坦和南部的大规模起义。

有些事件不太引人注意，但不断反复，如果不是每天都重复发生，也是每月、每星期地重复着。礼萨沙下台之后，在某些特定省份出现一定规模的无序状态是不可避免的，这既是对前国王的中央集权和泛波斯政策的反抗，也吸引着某些地方上的高官显贵从中牟利。然而如果中央本身的冲突不像实际情况那样有毁灭性和混乱，那么这些动荡也不会如此剧烈、频繁，迅速和令人满意地平息它们也不会如此困难。中央持续发生的毁灭性冲突和政治最高层冲突的一个著名例子，是1942年8月到1943年3月间国王与艾哈迈德·盖瓦姆之间发生的冲突。这场冲突原因很多，包括盖瓦姆是个骄傲、坚强和狡诈的人这一事实，国王没有足够自信，害怕被边缘化，急切地想尽可能地掌控局面。但他当时最害怕的可能是盖瓦姆提出的一个观点：首相应该对军队和战争部负总责。十年之后，同一问题成了国王与摩萨台之间冲突的主要原因。

这场激烈的冲突最终引发了1942年9月8日和9日的面包暴乱，当时暴民们占领了国民大会会场，抢劫商店，洗劫盖瓦姆的住宅并付之一炬。暴乱期间，一位接近国王的将军询问苏联大使，如果国王和军队接管政府一段时间的话，大使会作何反应。后来此事泄露时，国王说那位将军是无意中问的，没有得到他的同意。但是，正如英国大使后来向英国外交大臣汇报时所说的那样，国王的说法并不可信。相反，绝大多数民主派政客和外国大使都相信国王直接插手了这些暴乱。[35]

阿塞拜疆起义和石油冲突

第二次世界大战结束时，伊朗面临着上述各种困难，现在还得加上阿塞拜疆爆发的起义。阿塞拜疆的起义者有许多分支。礼萨沙在位时，阿塞拜疆人饱受压迫和羞辱。像伊朗北方省份的其他民族一样，他们渴望有尊严的地位，他们受到左翼思想的影响，渴求社会和经济改革。苏联（特别是苏联阿塞拜疆共和国的共产党领袖）支持由老共产党员贾法尔·皮谢瓦里重组的阿塞拜疆民主党，企图从中渔利。苏军依然占领着阿塞拜疆省和毗邻地区（此举违反了他们将在战后撤军的正式承诺），因此伊朗政府军不可能进驻该省，1945年12月民主党宣布自治，当地驻军无力镇压。[36]

皮谢瓦里递交的国书，在1943年被第十四届国民大会及第一届人民党大会拒收。人民党对皮谢瓦里没多少好感，人民党领袖们与皮谢瓦里一同在礼萨沙的监狱里服刑时，就瞧不起后者。[37]尽管如此，在苏联的压力下，人民党不仅积极支持阿塞拜疆起义，甚至允许自己在大不里士的党组织与皮谢瓦里领导下的民主党合并。在1946年的德黑兰，多数先前同情阿塞拜疆民主党的人开始转变立场，他们害怕阿塞拜疆民主党脱离伊朗并入苏联。库尔德斯坦的起义和1946年元月在马哈巴德成立的库尔德斯坦“共和国”也是苏联支持的，这些都让德黑兰感到害怕，甚至包括那些同情库尔德人和阿塞拜疆人合法诉求的人。

1946年1月，阿塞拜疆起义爆发前不久，盖瓦姆在苏联的支持下组建了他在20世纪40年代的第二个内阁。国王不情愿地同意了由盖瓦姆就任首相，因为盖瓦姆有能力处置目前局势，苏联也认可他。虽然盖瓦姆并不热心，伊朗政府还是向联合国安理会抗议苏联拒绝从伊朗撤军的行为，指出此举违反了三国协议中苏联的坚定承诺。此举得到美国的强力支持。1946年3月，美国向苏联发出措辞严厉的抗议照会（杜鲁门总统后来声称他就这个问题向苏联发布了最后通牒，历史学家们对此表示质疑）。盖瓦姆与莫斯科的谈判没有取得直接成果，但与苏联驻德黑兰大使萨奇科夫的后续谈判最终达成了协议：苏联将撤军；伊朗政府将通过与皮谢瓦里的自治政府进行谈判来解决阿塞拜疆危机；伊朗政府将开发伊朗北部石油资源的特许权授予苏联，这一决定将由当时休会的国民大会通过。

盖瓦姆与皮谢瓦里在德黑兰的谈判达成了不少协议。与此同时，他组建了自己的民主党，准备与人民党（包括阿塞拜疆民主党）一较高下，他提交了一份与对手相比激进程度有过之而无不及的社会改革规划：阿塞拜疆民主党已经将国有土地和流亡在外的地主的财产分配给农民，在大不里士开办了一所大学，小学不传授波斯语，代之以阿塞拜疆语。组建一个有着激进改革规划的政党，是狡猾的盖瓦姆邀请人民党参加短命的联合政府的序幕。这个联合政府仅仅维持了三个月，其间发生了由纳赛尔汗·喀什噶里领导的南方部落起义，后者试图借此向人民党和阿塞拜疆民主党发起反击。没有证据表明英国策划或支持了这场起义，但是鉴于北方各省亲苏力量的显著崛起，英国人保留着选择的余地。甚至有人暗示，南方的起义得到了盖瓦姆的暗中支持，因为这让他能够动摇与人民党的联合政府，并且废除阿塞拜疆与库尔德人的自治权。此说不大可能，但他当然会尽可能地将局面扭转到对自己有利的方向。[38]

与人民党的联合政府瓦解前不久，政府与南方的起义者达成了和解协议，之后盖瓦姆派遣军队到阿塞拜疆地区，名义上是为了确保即将到来的国民大会选举可以自由进行。随着苏联抛弃皮谢瓦里的政府和苏军撤离，阿塞拜疆的抵抗于1946年12月瓦解，此时距离起义爆发仅过去了一年，绝大部分军政领导人和官员穿越国境去了苏联。政府军对战斗和非战斗人员、阿塞拜疆和库尔德人施加了可怕的报复，后者的“共和国”同样被粉碎。这样，截至1952年10月，英国已成了留在伊朗的最强大的力量。

随后的第十五届国民大会选举是由盖瓦姆的党操纵的——人民党对盖瓦姆的抵制主要源于他们在阿塞拜疆的彻底失败——结果取得了压倒性的胜利，他重返首相宝座。但议会力量的表象具有欺骗性：因为叛乱和国家解体所带来的威胁退居次要地位，于是政局重回混乱常态，民主党代表们分裂为亲盖瓦姆派和反盖瓦姆派，这得到了国王的支持，他本人也忙于设法让英国和美国大使反对一位强势、独立和趾高气扬的首相。例如，国王为民主党中央委员会主席礼萨·希克马特付清了赌债账单，[39]于是得到后者的支持以反对盖瓦姆。国王那意志坚强、不甘寂寞的双胞胎姐姐阿什拉芙公主也在颠覆盖瓦姆政府的过程中扮演了重要角色。盖瓦姆的政府于1947年12月倒台前，他在10月将授予苏联开采石油特许权的协议提交国民大会表决，不出意料，协议遭到了国民大会的否决，这加深了苏联和人民党的愤怒，取悦了英美两国。

苏联对伊朗北方石油资源的觊觎要追溯到1944年，紧随英、美石油公司之后，苏联也要求获得在伊朗北方各省的特许权。然而，苏联人打着索取石油特许权的幌子——正如苏联代表、大使谢尔盖·卡夫塔拉泽向首相穆罕默德·赛义德所暗示的——实际上是要求承认北伊朗为苏联的势力范围。[40]赛义德和保守派拒绝了苏联的要求，人民党则叫嚷着支持它，这引发了一些国内党派的批评。[41]最终，摩萨台向国民大会提交了一份议案，禁止在没有获得国民大会同意的情况下向外国授予任何特许权，尽管人民党代表反对，该提案依然以压倒性优势通过。这是盖瓦姆的后续计划不得不被提交给国民大会表决的原因。在提交议案的演说中，摩萨台捎带攻击了一下1933年与英伊石油公司达成的协议，以及该公司在伊朗的所作所为。[42]

英伊石油公司甚至没有遵守1933年签署的协议。它在胡齐斯坦产油区的行径如同一个殖民政府，饱受恶劣劳资关系的困扰。1944年，当地发生的一场工人罢工在政府的干预下平息，但在1946年6月，一场全面罢工以流血冲突告终。为了维护与英国的关系，盖瓦姆派遣两位部长和两位准备加入他的联合政府的人民党领袖前往事发地破坏罢工。[43]人民党在石油工人、伊斯法罕的纺织工人工会和德黑兰的工会中颇有影响（后来该党的影响被摩萨台取而代之）。[44]从1946年1月到

1947年12月，盖瓦姆连续组建的两届内阁——以20世纪40年代的标准而言是持续时间较长的——为结束政治混乱和建立长期的立宪政府提供了机会。如上文所述，国家分裂的直接威胁消失后，政局混乱的倾向更加强烈。易卜拉欣·哈基米和阿卜杜勒侯赛因·哈只尔的政府（1947年12月到1948年11月）下台后——后者是一位能干但不得人心的政客、阿什拉芙公主的心腹——穆罕默德·赛义德第二次出任首相（1948年11月到1950年3月）并设法与英伊石油公司就1933年协议重启谈判。

国王急切地想抑制人民党的影响，扩张自己的权力并摆脱议会的制约。1949年2月4日的一场对他的刺杀行动流产了，这给了他取缔人民党和修改宪法的机会，他还得以借此解散国民大会。一位人民党领袖、后来在伊朗伊斯兰共和国时期担任该党第一书记的努尔丁·基亚努里卷入了刺杀计划，但作为一个党，人民党总体上对此并不知情。[45]许多人，包括赛义德，都相信总参谋长阿里·拉兹马拉将军参与了这场阴谋，尽管他亲自安排逮捕了许多嫌疑犯，并将德黑兰的穆智台希德和政治活动家阿亚图拉赛义德·阿布尔卡西姆·卡善尼流放到黎巴嫩。[46]

随着人民党变得越来越激进和日益倒向苏联，许多早期党员分三个阶段脱党：1945年至1946年的阿塞拜疆起义期间；1948年1月人民党分裂后；1949年2月解除党禁之后。最后这个事件之后，人民党转入地下，除了名字之外，该党在其他所有方面都迅速转变为一个坚定和纯粹的共产主义政党。

随后在4月份，制宪会议开幕了。它为建立一个上议院或参议院创造了条件，后者的一半议员直接由国王任命，另一半则由选举人团选举产生，更重要的是，它授予国王解散议会的权力。但这并非没有遇到挑战，少数议员批评这届政府；盖瓦姆给国王写信，严厉谴责这一举措，令国王恼怒不已；卡善尼从他所在的流放地发来反对信；摩萨台（于几个月后）也批判此举。[47]然而这个修正案丝毫未能改善局面，正如1953年政变之后所发生的那样，只能动用军事力量来扭转局面。

1949年，一份由赛义德起草的七年经济发展规划得到了国民大会的批准。规划主要由石油收入和从国际复兴开发银行即后来的世界银行获得的贷款提供资金支持；[48]因此，由于1951年至1953年的石油危机及其引发的对伊朗石油的抵制，该规划总体上不具备可行性。七年计划是改革和发展的宏伟抱负的一部分，是提高人民总体生活水平和改善广大民众生活条件的必需品，虽然就20世纪40年代的环境而言，计划的目标难以实现。多数农民还是无地佃户，勉强能维持生计都是幸运的。在1947年，盖瓦姆通过了一部法律，旨在提高农民获得收成的比例，幅度为15%，但成了一纸空文，尤其是因为他的政府没有足够长的任期来实现这部法律的目标。[49]自从20世纪40年代初以来，城市贫民和无产阶级的生活条件有了少许改善，这主要源于通货膨胀的放缓，以及食品短缺状况有所缓解，但在绝大多数情况下他们依然十分可怜。越来越多的希望开始被寄托在与英伊石油公司达成一个更好的协议上，以此从石油收入中获得更多份额。

当国民大会拒绝了苏联对北伊朗石油特许权的要求，并指令政府与英伊石油公司开启谈判时，盖瓦姆依然担任着首相。后来在赛义德任首相时双方终于达成协议，协议被称为《加斯—古尔沙希扬协议》或《追加协议》，其中最重要的条款是提高伊朗的分成比例，从每吨原油4先令提高到6先令。如果不是遭到强烈抗议，以及受到一个得到公众和媒体强力支持的反对派小团体的阻挠，国民大会将在1949年7月第十五届国民大会任期结束前几天通过这项议案。[50]与此同时，作为礼萨沙的财政部长签署了1933年石油协议的塔基扎德，在国民大会上的一次演讲中说他当年是在威胁下才被迫签字的，他的发言对协议的合法性提出了强烈质疑（见第9章）。[51]

1949年10月份，国民阵线成立了。第十六届国民大会在地方上的选举很大程度上受到非法操纵，而德黑兰的选战也已开始。穆扎法尔·巴卡伊和侯赛因·马吉带头反对上届国民大会签署的追加协议，将摩萨台从他自称的“政治退休”状态中请出来，推举他领导自由选举、反对追加协议。

他们指控拉兹马拉将军操纵选举，以摩萨台为首的二十名在王宫外抗议的抗议者获许进入王宫避难。数天后，他们结束避难，在摩萨台的家中聚会，宣布成立国民阵线。[52]

穆罕默德·摩萨台出身于一个特权家庭，其父是一位政府高官，母亲是一位恺加公主。他在1907年当选为第一届国民大会代表，但未达到规定年龄，后来他去了法国和瑞士，并在瑞士获得法学博士学位。第一次世界大战前不久，他返回伊朗教授法律，相继担任财政部副部长、部长和行省总督，当选第五届国民大会代表前曾担任外交部长，当时他反对礼萨沙即位。礼萨沙掌权期间他远离政治，但还是以莫须有的罪名于1940年被捕，后来在穆罕默德·礼萨王子的干预下获释，直到1941年国王逊位前，他一直被软禁在家。作为第十四届国民大会的首席代表，他重返政坛，但在第十五届国民大会选举中败落后，他宣布“政治退休”，直到1949年在马吉和巴卡伊的鼓励下重返政坛。他是个诚实、直率的爱国民主人士，倾向于社会民主主义，但某种程度上他行事生硬粗暴，与同时代的绝大多数人相似，他相信政治阴谋论。他的一生都受到神经衰弱的折磨，这种病以各种形式表现出来，例如晕厥。[53]

10月23日，国民阵线宣布成立。[54]同日，人民党的官方机构将其领导人描绘为帝国主义和王室的代理人。十天后，一名伊斯兰敢死队成员枪杀了王室总管哈只尔，后者涉嫌参与操纵选举和充当“英国代理人”。刺杀哈只尔的刺客曾在1946年刺杀杰出学者、什叶派和什叶派乌莱玛的批判者艾哈迈德·卡斯拉维（见第12章），但在哈只尔的帮助下卡斯拉维逃过一劫。哈只尔遇刺后，政府采取了一些措施以打击摩萨台和其他一些国民阵线领导人，但此举没能持续太久。[55]

摩萨台和国民阵线的声望与日俱增，加上国王认为美国对选举结果不满，导致以摩萨台为首的六名国民阵线领导人在德黑兰的第二轮选举中胜出，当选为第十六届国民大会代表，摩萨台再度成为首席代表，连远在黎巴嫩的阿亚图拉卡善尼也当选了。于是国民阵线成了与英伊石油公司的石油争端期间国民大会自由选举的一个丰硕成果，国民阵线很快就领导了一个民主和独立的运动，此外，整个国家都聚焦于石油问题。他们将赛义德视为不可救药的亲英首相，只要他在位就不可能达成任何协议。

另一方面，拉兹马拉正在等待机会，虽然国王有更多理由害怕他甚于害怕摩萨台。因此，赛义德的新内阁在组建后不久就倒台了，由阿里·曼苏尔取而代之，在被拉兹马拉内阁取代前，曼苏尔内阁仅仅存在了四个月。在此期间，国民大会成立了一个以摩萨台为主席的特别石油委员会，专门处理石油问题。国民阵线在国民大会中势力较弱，但享有崇高的权威，因为摩萨台是一位极具个人魅力的领袖，其领导的“伊朗国民运动”影响遍及全国，正是这一运动引发了与拉兹马拉的尖锐对抗。

拉兹马拉是一位极富才干的将军、一位狡黠的政客，身强体壮，意志坚定，在军队中颇受欢迎。英国、美国和苏联都站在他一边——这是国王同意他出任首相的原因，尽管国王畏惧和嫉妒他：在这位将军沦为刺客牺牲品之前的短暂任期内，国王曾秘密劝说摩萨台出任首相，因为当时国王认为拉兹马拉更加危险，但摩萨台拒绝了国王的建议。[56]

拉兹马拉支持追加协议，他与英国大使关系不错，也得到了美国的支持，美国强力支持他成为一位将伊朗从苏联控制中拯救出来的强人领袖；他与苏联签订了一个商贸条约，还与被取缔的人民党有秘密关系。在他与摩萨台长期、尖锐的对峙过程中，英伊石油公司在认定国民大会不会通过追加协议后，最终提出双方平分石油收入的提议。[57]出于未知原因，1951年3月7日在王家清真寺遇刺之前，拉兹马拉没有将这个提议公之于众，有人猜测他正在策划一场政变，并且把这个提议作为平息众怒的筹码。刺杀拉兹马拉的刺客承认自己是伊斯兰敢死队的成员；然而几乎在这个新闻公布的同时，人们就相信国王参与了这场刺杀。[58]无论怎样，国王肯定不会对将军之死怀有遗憾之情，因为国王坚信拉兹马拉正在策划一场军事政变。[59]

拉兹马拉遇刺后不久，国民大会全体代表一致通过了摩萨台的石油国有化提案，当时伊朗国内唯一公开反对这个提案的政治力量是人民党，他们相信这个提案是一个将伊朗石油献给美国的阴谋，而且对国有化法案涵盖伊朗北部感到不满，因为苏联依然对那里的石油特许权抱有期待。[60]侯赛因·阿拉的看守内阁仅仅维持了两个月，在这种不同寻常的局面下，摩萨台于1951年4月29日就任首相。

摩萨台和国民运动（1950—1953）

摩萨台和国民运动宣布他们的目标是强化立宪和民主的政府。政党和社团活动是自由的：包括人民党，因为1949年国民大会颁布的一部法案禁止人民党活动。媒体也是相当自由的，部分媒体的行径被描绘为猖狂放肆的。王室是独立的，各种军事和特别法庭都被废除。然而混乱局面和种族灭绝还在继续：其他主要政治力量既不相信民主也不遵守游戏规则，政府无法使用法律让他们照章办事。事实上，因为国内外风险都比从前高出很多，政局的动荡日益严重。

左翼和右翼之间的斗争十分激烈，双方都想将摩萨台的政府赶下台，并将对方作为一个政治力量加以消灭。最终，在美、英的必不可少的支持下，右翼实现了自己的目标。1951年至1953年的经历让建立一个稳定的民主或独裁政府成为可能。由于下文将阐述的原因，独裁体制最终获胜并不令人惊奇。

当时，国王和保守派自视为英美的天然附庸和盟友，人民党则是苏联的附庸，摩萨台自20世纪40年代初以来就奉行不结盟的外交政策，他将之描绘为“被动平衡”政策。摩萨台将石油国有化看作伊朗实现完全独立和民主的必经之路。因此，石油国有化背后最强烈的动机是政治，而非经济，当然给予政治发展优先权并不意味着忽略石油工业在经济上的重要性。

石油之争和国内权力斗争

摩萨台和国民运动的领导人认为，如果任由一个庞大有力的外国公司掌控着本国最大的现代工业，而且实质上是控制着一个省份，并通过干预内政来维护和谋求自己的利益，那么伊朗建立自主的民主政府便是不可能完成的任务。他们同意按照欧洲国家国有化私人企业的相似标准向英伊石油公司提供补偿，例如最近被英国工党政府国有化了的煤炭工业。但他们并不考虑提供新的特许权，他们认为那意味着把石油资源以另一种方式重新交到英伊石油公司手中。

从一开始英国就对摩萨台政府心怀不满。早在1951年5月摩萨台出任首相时，英国就积极游说摩萨台的保守派政敌，试图通过国民大会投不信任票的方式将他赶下台。英国文件显示，国王和保守派接受了英国人的建议，提交了一份削弱摩萨台政府的方案：他们甚至说应该立即中止石油出口，这样就没有得到石油收入的指望了；他们坚持决不让摩萨台看上去好像赢了。[61]最初，由于保守派拥有国民大会和参议院的多数席位，他们认为取代摩萨台似乎轻而易举，但事实证明此举几乎是不可能的，主要是因为摩萨台声望极高——尤其是在利害攸关的问题上与帝国主义势力针锋相对，动摇了许多保守派国民大会代表将其赶下台的决心。此外，由于缺乏有组织的议会政党，使得控制各党派极为困难。

1951年夏季，英国派了一位政府部长理查德·斯托克斯前往德黑兰，试图通过谈判谋求解决方案。斯托克斯的提案可能导致缔结一个与1953年政变之后签署的1954年联营协议相似但条件更好的协议。但在石油国有化运动发展如火如荼的背景下，授予另一项特许权是很难实现的事情。

在随后的1951年9月，在高度紧张的政治气氛和公众的狂热情绪中，伊朗采取了收回石油产业的行动。军队被派往石油之都阿巴丹，石油工人们满腔热情地前进，将伊朗国旗插到当时世界上最大的阿巴丹炼油厂的顶端。收回行动导致了主要的国际石油公司（以“七姐妹”著称）对伊朗石油的联合抵制，抵制行动得到波斯湾和其他地区的英国皇家海军的强力支持。于是，伊朗的公共财政收入和主要外汇来源被切断，伊朗政府还要支付事实上处于瘫痪状态的石油工业的劳工薪资和维护成本。

英国从位于海牙的国际法庭获得一份禁令，用于阻止伊朗收回石油工业。伊朗对这份文件置之不理，因为1933年协议是在伊朗政府和一家私有企业（盎格鲁—波斯石油公司，即后来的英伊石油公司）之间签署的，只有伊朗法庭对此事有管辖权，国际法庭最终在1952年7月对此表示认可。接着英国政府将此事提交联合国安理会讨论，但没得到支持。1951年10月，作为派驻安理会的伊朗代表团团长，摩萨台正在美国，美国人给了他一个解决石油争端的方案，他接受了。但当他们将其提交给英国政府时，后者拒绝接受。[62]

与此同时，世界银行出面调停，建议恢复伊朗的石油生产，并且出口两年。此举将极大地降低英国与伊朗对抗的激烈程度，或许还能永久地解决争端。最初摩萨台接受了，但他的某些顾问坚持应该在协议中将世界银行描绘为伊朗政府的代表，以此反驳人民党和其他敌对党派关于政府向西方列强出卖国家利益的指控。调停至此宣告失败，因为很显然，如果世界银行作为伊朗政府代表出面的话，英国不会接受这个调停。

人民党和右翼势力都声称，石油国有化是将伊朗石油资源转送给美国的手段，并将世界银行的干预视为证据。另一方面，世界银行的提案是摩萨台政府能够维持下去的最佳保证，尤其是当时——1951年冬季——正值其团结和力量的巅峰，在国内外都拥有很高的威信。除此之外，接受这个方案会维持美国的好感。当世界银行的尝试失败时，政府着手实施“非石油经济”政策，在这种情况下，它采取了现实的，尽管不受欢迎的措施。很显然，非石油经济不能改善社会福利和促进经济发展。相反，它被视为短期措施，摩萨台希望能找到迅速终结争端的方案。[63]

国内外的斗争，加上石油收入的损失，使得政府事实上不可能下定改革的决心，而这是许多政府支持者，尤其是哈利勒·马利基和第三力量党所期待的，这些改革包括土地改革和妇女解放。宗教界的公开反对导致授予妇女投票权的计划搁浅。关于农村改革颁布了一部法律，规定地主应将收获物中他们所得部分的10%给予农民，另外10%交给农村发展基金，这届政府的寿命不够长，因而看不到其贯彻的结果。摩萨台的法律和财政改革更为成功，包括重组司法体系，废除特别（尤其是军事）法庭，改革武装力量和税法。[64]

摩萨台依然希望通过直接谈判与英国达成一份协议。但是1951年10月上台的英国保守党政府拒绝直接谈判，他们不打算与前者达成协议，而是试图寻找一位合适的继任者来取代摩萨台。于是英国大使继续其反摩萨台的活动，甚至在1951年夏季摩萨台忙着与斯托克斯使团谈判寻求妥协时也是如此。[65]后来，在确信赛义德·齐亚因过于不得人心而无法担此重任之后，他们企图以艾哈迈德·盖瓦姆替代摩萨台。

英国政府仍然不打算与摩萨台解决石油争端，但并不意味着英国打算或者可能拒绝任何解决方案。更具体地说，如果在1952年双方找到了一个在美国政府看来公平合理的解决方案，英国将别无选择地接受。如果伊朗人准备接受一个不那么理想的方案，即支付不超过英伊石油公司财产价值的赔偿，这是可能实现的。在此期间，第十六届国民大会结束了任期，第十七届国民大会选举正在进行，由于政治流氓火并造成冲突和流血，某些地方的选举工作被迫停止。政府指定的代表数量从七人增加到约三十人，这让他们成了新国民大会中最强有力的少数派，摩萨台也获得了国民大会中各派系的信任票，得以继续掌权。但是，国王、英国、伊朗保守派还在寻找新的机会，试图以和平手段让摩萨台及其政府下台。

正如我们所看到的，最初集结国民大会中的保守派来推翻政府的尝试失败了，艾哈迈德·盖瓦姆逐渐浮出水面，成了取代摩萨台的可行人选。第十七届国民大会开幕后不久，在摩萨台开始组建新内阁的时候，机会出现了。当时他刚刚从海牙回国，那里的国际法庭正在审理英国起诉伊朗的案子。摩萨台确信法庭会做出有利于英国的判决，因此他决定辞职，在国外度过余生。[66]摩萨台在与国王讨论新内阁的时候十分悲观，以至于二人在讨论战争部（后来被摩萨台改名为“国防部”）部长人选的时候发生了冲突。

由国王任命一位将军担任战争部长已经是惯例，虽然这不符合宪法规定。当时国王坚持由自己任命，摩萨台无声地辞职了，并从公众视野中消失了。国王任命盖瓦姆为首相，盖瓦姆一反常态地在一场演讲中威胁镇压国民运动，因此犯了一个重大战术错误。1952年7月21日，由阿亚图拉卡善尼、国民大会中的国民运动党和亲摩萨台的各政党领导的民众起义爆发了。[67]

当国际法庭的判决有利于伊朗时，摩萨台再度上台。法庭驳回了英国的诉讼，坚称只有伊朗法庭才有权处理英伊石油公司与伊朗的争端，除非伊朗人也要求国际法庭进行仲裁。随后的杜鲁门—丘吉尔提案依然回避直接谈判。其底线在于伊朗应该同意接受国际法庭的仲裁。伊朗的底线则是如果对英伊石油公司的赔偿金额是基于国有化时其财产的市场价值，那么他们便同意接受仲裁。英国拒绝这个提案，鉴于1933年特许权的截止时间是1990年，英国声称公司应得的赔偿是该公司在1990年以前所损失的全部利润。

英国的立场可以扼要地总结为，他们要求下列两个解决方案中的一个：要么伊朗按照理查德·斯托克斯提出的方案给予英国另一项石油特许权（比政变后联营协议给予英国的条件更优惠）；要么按照假定没有进行国有化，直到1990年公司出口石油应获利润的全额进行补偿。最终的英美提案是以其制定者、美国驻伊朗大使的名字命名的亨德森提案，实质上要求赔偿英伊石油公司直到1990年应得的所有利润，该提案未获通过。亨德森提案是杜鲁门—丘吉尔提案的改进版，但它依然要求赔偿直到1990年的所有损失。摩萨台向前迈了一步，同意以此为基础接受国际法庭仲裁，条件是英国得从一开始就宣布赔偿的最大金额。这是对他先前只按照英伊石油公司财产的市场价值进行赔偿的立场的重大让步。英国对此表示拒绝，因此该提案也宣告失败。

如果争端的另一方是荷兰、瑞典或其他欧洲小国，英国的两个可选要求——另一项特许权或赔偿直到1990年的开采损失——都不可能被提出，更不要说成功了。很显然，伊朗的立场是软弱的，不在于法律层面，而是相对于世界强国而言。正是由于这个原因，如果不能在英美能接受的前提下解决石油争端，那么国民运动就不会取得成功。摩萨台那些不那么理想主义的顾问，如穆罕默德·索鲁里、哈利勒·马利基，相信他应该寻求一个不那么理想的解决方案，以挽救他的政府和国民运动。另一方面，在开始达成这样一个和解协议的时候，摩萨台的多数顾问都害怕听到“卖国”的指责。他们对伊朗人民的喜怒无常的畏惧也许被夸大了，但并非毫无根据。[68]

国民运动中的裂痕和对立

具有讽刺意味的是，1952年7月的起义也是国民运动的转折点。之后不久，卡善尼与三位国民运动在议会中的领导人巴卡伊、马吉和阿布勒哈桑·哈耶利扎德，与摩萨台和其他运动领导人陷入了争吵。他们之间冲突的根源在于他们之间的个人恩怨，他们不睦已久，虽然他们的矛盾没有暴露在公众面前。[69]早期的公开派系冲突始于1952年10月劳动党的分裂，导致分裂的原因是以哈利勒·马利基为首的多数派不接受巴卡伊的对抗摩萨台的提案。[70]

10月13日劳动党分裂后不久，扎赫迪将军和希贾齐被怀疑在英国大使及其在伊朗的代理人拉希迪安兄弟的支持下密谋推翻政府（正如最近公布的中情局关于1953年政变的历史资料所显示的，这是事实）。希贾齐遭到逮捕，但很快便被释放。凭借与巴卡伊建立联系而为人所知的扎赫迪正担任参议员，因享有豁免权而免于被捕。三天之后，因为英国干涉伊朗内政，摩萨台与英国断绝了外交关系。

七月起义之后，摩萨台着手组建他的第二届政府，这时他得到了国民大会和参议院授予的一些权力，也得到了国王的正式认可。这使他能够制定一些法令，特别是财政、司法和社会改革方面的法令。这些法令将在提交国民大会审议之前试行六个月。如果没有这些权力，摩萨台不可能在当时的形势下治理这个国家——他很清楚这一点而且他将会辞职。但是国民大会还在运作，议员们还在为政治利益而争吵不休，而每当摩萨台需要时，国民大会总能给他投信任票。

这些授权法案得到了巴卡伊和卡善尼的支持，国会两院也几乎未加反对地便予以通过。国民大会内部的争吵日益激烈，最重要的是，不但在国民运动的领导层中间，甚至在国民大会中的党派里，裂痕也开始浮现。1953年1月，授权法案到期，需要延期，这时候是否给摩萨台授权便成为争论的焦点。身为国民大会议长但几乎从不参加讨论的阿亚图拉卡善尼，与巴卡伊、马吉和哈耶利扎德都费尽心机反对延期。

从一开始，宗教界领导人和活动家们就对国民运动表现出泾渭分明的三种态度。保守派在库姆、德黑兰和其他地方的宗教界占统治地位，他们对石油国有化没多少热情，对国民运动和摩萨台的首相地位更加漠不关心。他们经常被描绘为“沉默者”，虽然这可能是误导：如果说他们看起来不关心政治，那是因为当时他们的政见总体上与保守派政客们一致。因此，随着摩萨台与国王关系的恶化，同时英伊石油争端陷入僵局，他们对摩萨台及其运动的冷淡态度变成更为积极的反对态度，虽然他们的态度通常是通过非正式渠道表达的。总的来说，阿亚图拉赛义德·穆罕默德·贝赫贝罕尼是他们在首都的代表，而他在主要传教师中的代表是穆罕默德·塔基·法尔萨菲。

宗教领袖和社团中的第二股力量是支持宪政和反帝国主义派。阿亚图拉卡善尼坚定支持石油国有化和由摩萨台出任首相，直到此时他都是主要的领导人，尤其是在1953年2月28日事件之后，当时他公开加入了摩萨台的反对阵营。但直到最后，在国民大会内外依然有许多忠诚支持摩萨台（虽然身份地位远不如他）及其运动的人士。

激进好斗的伊斯兰敢死队是第三股独特的力量，虽然他们的身份地位、人数和群众基础都不能与前两股力量相提并论，他们的声望源于他们采取的激进主义行动，包括政治刺杀。如前文所述，他们是一群年轻人，致力于建立一个伊斯兰国家，他们一直支持国民运动，直到摩萨台就任首相。但几乎在摩萨台上台的同时，他们就与摩萨台、卡善尼和整个国民运动陷入了争吵，因为他们希望这两位领导人如之前承诺的那样建立一个伊斯兰政府。短时间内，他们就成了国民运动及其领导人的死敌，1952年他们枪击了侯赛因·法特米并使其终身残疾，后者是一位著名记者和国民大会代表，后来当上了外交部长。伊斯兰敢死队支持1953年政变，但又与政变后的政府不睦，这导致他们的领袖们被处决。[71]

1953年2月28日的事件，第一次将所有宗教团体团结了起来，不是以任何公开或私下里结盟的方式，而是走得更远，他们全部明确且积极反对摩萨台及其政府。几天前，国王曾给摩萨台捎去口信，说他和索拉雅王后要去欧洲治疗疑似不育症，强调这件事在他出国前必须保密，以避免引起公众关注。摩萨台建议国王不要出国，但同意配合。摩萨台在国王出国的日子——1953年2月28日——深感困惑，因为尽管国王最初坚持保密，但眼下此事却尽人皆知。阿亚图拉贝赫贝罕尼是第一个让摩萨台知道这件事的人。之后，这位阿亚图拉拜访国王劝阻其出国，还在王宫门外向一群反摩萨台的民众发表讲话。卡善尼呼吁公众阻止国王出国，他说："如果国王走了，我们所拥有的一切都将随之而去。"

另一方面，摩萨台确信，国王的出行计划正是将自己赶下台或在此期间将自己杀掉的暴乱的开始。他设法从王宫后门逃跑之后，暴民们仍然继续攻击他的住宅。这时候，他幸运地翻越围墙逃到国民大会会场里，那里正在召开紧急会议。[72]

1953年政变

在接下来的4月里，伊朗警察总长马哈茂德·阿夫沙图斯将军遭到绑架和谋杀，很显然，这些阴谋分子企图通过绑架若干高官显贵迫使摩萨台辞职。仅仅因为阿夫沙图斯是整个国家警察和安全机构的首脑，就位列名单之首。在这个事件中，警方迅速查明了犯罪嫌疑人，后者立即在他们囚禁阿夫沙图斯的山洞中将其杀害。四位将军和一些资深军官承认参与了这场阴谋，而且他们牵连到巴卡伊。国王本人是否涉案则不为人知。[73]

于是事态清晰起来，反政府的右翼分子现在准备采取暴力和和平两种手段来推翻政府。他们受到美国和英国政府的外交官、间谍和在伊朗代理人的鼓励——程度不同但日益强烈。[74]然而国王依然怀疑英国支持摩萨台，他在5月份将疑虑告诉了美国大使。[75]

此前，他曾告知参议员阿里·达什提，说在他看来是英国自己让摩萨台在伊朗推行石油国有化政策。当达什提（他绝非摩萨台的朋友）表示异议时，国王告诉他说这是显而易见的，因为摩萨台的外交部长，侯赛因·法特米的一个兄弟，曾在伊斯法罕的英国教会学校就读。[76]

现在，对于1953年8月政变的研究已经相当详尽。[77]然而要强调的重点是，这场政变是摩萨台在国内外的敌人们密切合作的产物，外国政府尤其是美国政府在组织、资助政变方面扮演着不可或缺的角色。整个政变最终是由摩萨台在伊朗的反对者们来执行的，但他们互不统属，内部和彼此之间过于缺乏信任，所以无法组织起来和协调行动。如上文所述，他们中的某些人，包括国王，甚至怀疑英国人暗中支持摩萨台，因此对采取行动犹豫不决。[78]

7月，摩萨台害怕国民大会对他投不信任票，因此决定以全民公投的方式解散第十七届国民大会，并操纵新选举。中情局最近公布的证据表明，在1953年6月，美国人已经谋划收买一些国民大会代表来推翻政府。[79]另一方面，通过一场引起争议的全民公投来解散国民大会，公投之后，美国人最终从国王手中拿到了一份解除摩萨台职务的声明，这或许会让通过武力推翻政府变得易如反掌。许多人——即使不是摩萨台最密切的战友也是其支持者——因为害怕事态会恶化而反对全民公决。正如实际发生的那样，获悉摩萨台建议进行全民公投后，绝大多数国民大会代表都辞职了。

中情局在第一个计划中——早在决定策动全民公投前很久，就已经列出了提纲，写在“伦敦草案”中——设想国王任命扎赫迪将军为军队总司令，由扎赫迪在宗教团体和某些国民大会代表的帮助下继续完成政变。在这个事实上实现了的计划中——全民公投后和国民大会解散期间——在英国代理人阿萨多拉·拉希迪安的帮助下，中情局团队成功地从犹豫的国王手中拿到一份解除摩萨台职务的谕旨，以及一份任命扎赫迪为首相的谕旨。这正是摩萨台的顾问们所害怕的。随后发生在1953年8月16日和19日的政变推翻了摩萨台政府。

国王刚在里海岸边的狩猎别墅中签署完谕旨，中情局团队就向禁卫军司令内马托拉·纳西里上校分派任务，要他传达解除摩萨台职务的谕旨并逮捕他。这件事莫名其妙地被耽搁了一天：纳西里于8月15日至16日夜间传达了谕旨。同一天，摩萨台政府从各种渠道获知了这个巨大的阴谋，并采取措施以阻止它。当时参与政变的军方人士逮捕了摩萨台的许多助手和盟友（包括总参谋长里亚希，但此人逃脱了，还有外交部长法特米），还控制了电话局等部门，但纳西里在摩萨台的家中被捕，德黑兰忠于摩萨台的部队占领了司令部，解除了禁卫军的武装。拂晓时分，政变失败的消息被广播了出去。国王逃亡巴格达，不久后抵达罗马，显然打算前往美国。

随后的两天内，日益严重的骚乱和动荡困扰着首都和一些地方城市。中情局总部建议在伊朗的团队停止行动并离开伊朗，但他们和当地的英国代理人决心坚持到底。

8月16日，举行了谴责国王的集会和示威，第二天局势进一步失控。主要由政变策划者及其同党雇用、以“黑色人群”为首的反国王暴徒们大肆纵火劫掠。为了在普通民众心中制造恐慌，他们散布谣言，宣称要建立一个“民主共和国”，捣毁并推倒国王及其父亲的塑像。人民党和其他活动家也参加了示威，直到8月18日摩萨台命令安全部队攻击暴徒们，并建议忠于他的政党号召自己的成员不要在决定命运的8月19日走上街头。19日，一群受雇的示威者改变了他们的口号，宣布支持国王并反对摩萨台，他们开始攻击公共建筑以及人民党和亲摩萨台政党的党部。他们得到了依然忠于国王的军警的支持。暴民们以惊人的速度控制了广播电台，摩萨台的卫队抵抗了几个小时，然后他的家遭到攻击和洗劫。到了8月19日晚上，一切都结束了。[80]

摩萨台政府的倒台是不可避免的。如果摩萨台能解决石油争端，与此同时用法律来制约无法无天、不受惩罚地积极对抗政府的左、右翼力量，摩萨台政府依然有很大的机会能维持下去。[81]

独裁（1953—1963）

1953年政变之后实行独裁统治的十年，可以与1921年礼萨汗政变后的十年相提并论。正是政变迅速造成了个人和专制的统治，几年之内——尤其是在他罢免扎赫迪之后——国王就成了这个国家最强势的人物。除了外国势力的支持，这场政变是社会和政治力量协作的成果。因此，国王的所有盟友都分享了权力——虽然份额在降低，直到1963年暴乱发生，那时是国王统治最后阶段的起点。1953年至1955年是巩固权力以及将国民运动和人民党肃清出政坛的阶段。1955年至1960年见证了权力集中和欣欣向荣的经济发展。随后是1960年到1963年间的经济萧条和权力斗争。

扎赫迪领导了政变后的第一届内阁。他是一位颇具影响力的军队领袖、政坛老将，曾短期担任过摩萨台的首届内阁的内政部长。强势、忠诚但独立的政客阿里·阿明尼曾是摩萨台内阁的成员，如今担任财政部长。广受尊敬的政治家阿卜杜拉·恩特扎姆政见与阿明尼相似，他出任外交部长。他们都忠于国王，但并非对他唯命是从。第十八届国民大会（1954—1956）的选举并不自由，但也比第十九届国民大会的选举（1956—1960）自由些。尽管如此，代表们主要由地主或他们的代理人、其他既得利益者或独立政客组成。他们不是由中央政府指定的，其中的少数人是独立的，例如教师领袖穆罕默德·德拉科设什拥有自己的选区。

于是，有影响力的各社会阶层在国家权力蛋糕中都得到了自己的一份。宪法革命曾大大提高了地主们的政治和经济权力，商人们获得的份额较小。礼萨沙统治时期，这些阶级失去了他们的独立权力，但在其逊位后再次获得，20世纪40年代的混乱和20世纪50年代初的权力斗争检验了他们掌控政权的潜在能力。这可以解释这些阶级在1953年政变后相对强势的地位，以及十年之后对国王发动的白色革命和牟取全部权力的企图采取了比较有力的反抗。

在1953年到1955年间，摩萨台受到军事法庭的审判并被定罪，他被判处三年单独监禁，获释之后被迫住在德黑兰西边他自己的庄园中，直到1967年去世。参与国民运动的各党派被取缔，其领导人和活动家被捕入狱，外交部长法特米被处决。人民党遭到攻击，许多活动家被囚禁，另一些人则被迫公开悔罪；其由超过450名军官组成的军事网络被发现和摧毁，其中超过20名成员被处决。许多隶属于国民阵线和人民党，以及已知同情这两党的政府雇员和记者被解职或被迫悔罪，媒体被置于政府的控制之下。

与英国的外交关系于1954年恢复，随后开启的关于石油争端的谈判以达成联营协议而告终。英国分得40%的份额，因此失去了对伊朗石油的垄断地位，美国公司分得40%，剩下的20%由法国和荷兰公司获得。这是一个为期25年的平均分配协议，比从前英伊石油公司给予拉兹马拉的方案条件好，但比斯托克斯给予摩萨台的差。正如时任伊朗财政部长和首席谈判代表当时和后来承认的那样，这个协议有许多值得期待改进的地方，却是在政变后的局势下唯一可能达成的协议。[82]在联营协议达成和英国解除对伊朗石油的抵制之前，美国提供了大量援助以保证扎赫迪政府的运转。在20世纪50年代期间，美国始终在为伊朗提供援助，甚至在后者重新取得石油收入之后也是如此。

作为掌控权力的第一步，国王在1955年4月撤了扎赫迪的职，并在事实上将他打发到他在瑞士的别墅养老，后者于20世纪60年代死在那里。国王任命了温和、谦恭又忠诚的宫廷总管侯赛因·阿拉为首相，后者在任职一年后被曼努契黑尔·埃克巴尔取代。埃克巴尔忠于也完全听命于国王，甚至谦卑地称自己为国王的“家生奴才”。他的政府维持到1960年8月，当时的经济和政治危机使国王必须寻找一头替罪羊。从解散扎赫迪政府时开始，权力向国王手中集中的趋势便已有目共睹。但支配国民大会的地主们依然可以独立发声，虽然发出的未必是进步的声音。第十八届国民大会（1954—1956）在事实上废除了摩萨台的一部法律，该法律强迫地主们将农作物收成的20%分配给农民和投入农村发展基金；1960年，一个由埃克巴尔提交并得到国王强力支持的限制占有农业地产规模的法案在第十九届国民大会上被勉强通过，但却成了一纸空文。[83]

国王与阿布勒哈桑·艾伯特哈吉之间的冲突是集权趋势中的标志性事件。艾伯特哈吉是个极富才干、诚实和忠于国王的技术官僚，在20世纪40年代曾担任伊朗国家银行行长，后来成了世界银行的资深官员，1954年他同意返回伊朗，组建和领导了计划院，作为发展经济的主导机构。在短时间内，他就与扎赫迪发生了激烈冲突，后者对政治的态度与旧官僚机构很一致。扎赫迪下台之后，尤其是在艾伯特哈吉的老朋友侯赛因·阿拉让位给埃克巴尔之后，艾伯特哈吉与国王的关系开始经受考验，因为他坚定地致力于建立金融信用，把石油收入用在发展项目上而不是扩充军备上。当所有决策都与技术经济考虑相悖时，事态就发展到了临界点，当时政府决心建设伊朗第一家化肥厂，由工矿部负责，厂址设在设拉子而非波斯湾的港口。这一决定的背后是高层之间的交易和腐败，国王支持工矿部部长而非艾伯特哈吉。[84]

1959年，艾伯特哈吉愤怒地辞职了，之后不久他开办了自己的伊朗银行。但是在1961年于旧金山召开的一次世界发展会议上，他抨击向一个腐败政府提供援助的行为，因而惹恼了国王，在铁窗中度过了些日子。[85]与此同时，国王提倡“积极的民族主义”，还建立了两党体制。国家党以首相埃克巴尔为首；人民之党以国王的心腹和内政部长阿萨杜拉·阿拉姆为首。这么做无非是为了装点门面。

宗教界曾经支持新政权，正如他们曾经在政变及使其合法化的过程中扮演了重要角色。卡善尼最初支持新政权，但后来转而反对它，这主要是因为他反对与英国恢复外交关系和达成联营协议。但是直到1963年暴乱发生前，宗教界始终保持沉默，虽然从20世纪50年代末开始他们就对局势越来越不满意。国王与宗教界的良好关系在1955年扎赫迪下台后不久的反巴哈教行动期间达到顶点。著名传教师穆罕默德·塔基·法尔萨菲的一系列反巴哈教布道开启了官方认可的行动，如前文所述，行动时间是斋月。这些布道由国家广播电台进行现场直播，导致了对巴哈教位于德黑兰的宗教和管理中心“圣地”的占领和没收。它的屋顶被总参谋长象征性地拆除，变成了军事管制机构的办公大楼。阿亚图拉贝赫贝罕尼拜谒国王并感谢国王的举动，[86]大阿亚图拉布鲁杰迪也向国王表达了感激之情。[87]伊斯兰敢死队组织的报纸也表示了支持，将这个崭新的军事管制机构描绘为“伊斯兰传道会”。

然而在之后的11月，伊斯兰敢死队组织了一次对侯赛因·阿拉的暗杀，但没有成功。五名成员遭到逮捕、审判和处决，包括其首领纳瓦卜·萨法维，但宗教界没有团结起来支持他们。[88]

1953年政变之后，英国在伊朗的影响逐渐让位于美国而退居第二位。在较短时间内，伊朗和美国之间就建立起附庸—庇护关系。在石油收入再度成为国家财政收入和外汇重大来源之前的两年中，美国的援助至关重要。这些援助贯穿整个20世纪50年代，形式包括财政、军事拨款，后来还有公共贷款。在1955年到1959年间，平均每年伊朗公共开支的31%都来源于美国的援助，[89]在1955年到1962年间，外国援助占了伊朗可用外汇资本的37.5%。[90]

伊朗抛弃了中立和不结盟的外交政策。1955年，在美国的强力支持下，伊朗与英国、土耳其、巴基斯坦加入了一个军事公约，最初叫作《巴格达公约》，1958年伊拉克发生政变并退出公约之后，改名为中央条约组织（简称CENTO）。美国的军事拨款和顾问帮助使伊朗得以扩充和重组其军队。这既加强了国王的政府对抗国内反对势力的能力，如果爆发地区或世界战争，伊朗也能成为抵抗苏联的第一道力量。1957年，美国中情局派出一个五人代表团来到德黑兰，在未来四年间，他们帮助伊朗组建和训练出一个被称为萨瓦克的国内安全机构。这个机构——一段时间后大为扩充并声名狼藉——的主要职责是甄别、控制和迫害任何类型的政治反对派。在20世纪60年代末和70年代，萨瓦克扩展了其职能，以便镇压任何异议人士，即使此人是温和、无组织乃至忠于国王的。它还承担了反情报职能，虽然军队的情报和反情报机构依然作为关注军事情报的并行组织继续存在。

对于这场美国支持的政变、对人民党的镇压和伊朗与西方结盟的事实，苏联没有像外界预期的那样在第一时间做出反应。事实上，苏联甚至还向伊朗偿还了在长期战争中欠伊朗的债务（被称为“伊朗黄金”），在摩萨台政府掌权并渴望财政和外汇支持的时候，苏联曾拒绝还债。苏联邀请国王和阿什拉芙公主进行国事访问，并隆重地接待了他们。但苏联人越来越对美国的影响力和其使用伊朗军事设施来搜集苏联情报的行为感到忧虑，伊朗在两国边境上修建空军基地的行动也让苏联十分警惕。

然而到了1959年，国王与美国签署了一项共同防御条约，这时苏联人的关注转移到民众的愤怒和反国王的宣传上来。在与美国谈判期间，国王也曾试图与苏联签订互不侵犯条约。但这最终没能成功，部分是因为双方在军事基地的问题上依然存在分歧，但主要是因为美国人承诺给予伊朗更多的援助。[91]从1963年起，随着冷战有所缓和以及国王在1960年至1963年间的国内权力斗争中取得胜利，苏伊关系开始解冻（见第11章）。

源源不断的石油收入和外国援助使经济摆脱了非石油经济下的停滞状态，消费和进口都增加了，主要惠及社会上层和中产阶级。如上文所述，1949年成立了一个特别计划部门，负责起草一个名为“七年计划”的国家投资项目清单，但由于随后的石油争端而一事无成。1955年，计划院成了一个庞大的永久性机构，负责准备和实施第二个七年计划（1955—1962）。

最初，每年石油收入的80%被指定用于发展经济，但这个比例在计划的后期下降了，这主要是因为军事开支分流了资金，如前文所述，这是国王和计划院院长艾伯特哈吉的分歧的主要来源，埃克巴尔指控艾伯特哈吉“建立国中之国”。这个时期的全部开支约为700亿里亚尔。其中约48%被用于基础设施建设，包括交通运输、通信、公共事业等，22%被用于农业工程，14%被用于地区发展，8%被用于工矿产业，7.7%被用于计划外开支。[92]由此可见，与当时第三世界国家对工业发展的高度关注相比，伊朗对工业的关注度非常低。

与此同时，埃克巴尔的政府推行高消费和自由贸易政策。上层阶级和投机商手中掌握着低息借款，由此导致了城市土地投机的兴旺繁荣，抬高了城市土地和不动产价格，对房地产市场造成了压力，以至于政府感到必须正视这一问题的存在并宣布一项对抗它（被称为“食土者”）的政策，然而该政策收效甚微。尽管石油收入和外国援助越来越多，但即便将石油收入算在内，财政赤字也在不断增加。1955年，包含石油收入的支付余额为1100万美元，去掉石油为−3700万美元；1960年，这些数字分别下降到−21900万和−58300万美元。[93]随后伊朗经历了近三年的经济萧条和政治权力斗争，最终国王赢得了胜利。

1960年，国王在国内外都面临着许多严峻的问题。通货膨胀和前些年的消费泡沫即将破碎。对他的独裁的批评增加了，不仅来源于民主人士和左翼反对派，还来自既得利益集团：1958年他挫败了以军事情报长官卡兰尼将军为首的疑似政变，此人曾与既得利益集团内外的批评者们建立了广泛联系。[94]美国大使知晓卡兰尼的活动，伊朗驻华盛顿大使阿里·阿明尼因被怀疑卷入这一阴谋而被解职。1960年，参议员约翰·菲茨杰拉德·肯尼迪当选为美国总统，他曾尖锐批评伊朗等国的腐败和对美国给予这些国家的援助的挥霍浪费。苏联也很恼火，发动了一场针对国王和王室的措辞严厉的广播宣传战。

国王宣布即将到来的第二十届国民大会选举将是自由选举，这在很大程度上是为了讨好肯尼迪，正如他在1977年推行的自由化主要是为了呼应吉米·卡特总统的当选。反对派将这视作美国开给他们的绿灯，并开始组织起来。阿明尼宣布他将参选，并发表了一个包括土地改革在内的声明。第二国民阵线、哈利勒·马利基的社会主义者同盟，以及后来由马赫迪·巴扎尔甘领导的自由运动应运而生。萨瓦克的头子帖木儿·巴赫蒂亚尔将军逐渐意识到自由的优势，因此被国王撤职。选举实际上受到操纵，重压之下的国王将责任推给埃克巴尔并罢免了他，建议那些当选者辞去他们的代表职务（他们照做了），并任命贾法尔·谢里夫-伊玛米为首相，此人是一位善于阿谀奉承的部长，当时名气不大，人望也不高。

1961年冬季举行的第二次国民大会选举也受到了操纵，但一些民主人士和改革者，尤其是第二国民阵线的阿拉亚尔·萨利赫得以进入议会。大学生们开始反抗，传统的商业团体——巴扎——不知疲倦地为选举自由而斗争。压垮骆驼的最后一根稻草是4月爆发的教师罢工，当时在一场大规模但和平的示威活动中，一位教师被警察开枪打死。国王免去了谢里夫-伊玛米的职务，请阿明尼担任首相，据信阿明尼是美国心仪的首相人选。阿明尼接受了任命，条件是国王动用1949年宪法修正案赋予的权力解散议会，阿明尼知道国民大会中充斥着地主和国王任命的议员，这些人随时会将自己赶下台，而且肯定不会支持他的土地改革政策。[95]

国王不喜欢阿明尼，与不喜欢盖瓦姆和摩萨台几乎别无二致，因为他虽然忠诚，但也独立而富有才干，并企图削弱国王的独裁权力。国王也担心阿明尼的温和自由主义倾向，他的土地改革政策可能会帮他在民众和美国人面前抢走自己的风头。拉希迪安兄弟（他们曾帮助推翻摩萨台）和其他亲国王和反改革分子着手对抗阿明尼。令阿明尼难过的是，第二国民阵线也无情地反对他，并尽他们的全部努力来推翻他的政府。1962年1月，国民阵线卷入了一起同时涉及国王、巴赫蒂亚尔将军的强迫阿明尼辞职的阴谋。[96]

1962年1月，一部被认为是改革第一阶段的《土地改革法》获得通过，最终让1.4万个村庄，或者全国全部村庄（不包括小村子）的30%，或者52万个农民家庭受益。[97]阿明尼的土地改革背后的逻辑是为王国创造一个更广大、更稳定的社会基础，促进和鼓励公众参与经济和社会发展。富有才干的农业部长哈桑·阿尔桑贾尼负责计划和推进土地改革。他和阿明尼相信，通过综合性土地改革和对地主们的赔偿，将建立一种小农所有制，进而赢得农民的支持，让农业发展成为可能，能够促进前地主们投资（或借钱给别人投资）城市建设，还能鼓励城市资产阶级投资现代工业（见第11章）。

通过这种方式，阿明尼和他的顾问们相信，现政权会转变为一个温和的立宪（虽然不必是民主的）政体，并获得城市中产阶级和独立农场主的广泛支持。虽然国王并不太喜欢自1941年开始就谋求分享权力的地主们，但也不希望让其他人，包括更大、更现代的社会阶层取代地主们并分享政治权力。国王也对阿尔桑贾尼在农民中享有的威望甚感怨恨，因为农民们以越来越高涨的热情在每日广播中聆听着阿尔桑贾尼的声音。

到了1962年7月下台时，阿明尼没有可以依靠的政治力量：国王、地主们、国民阵线（城市中产阶级依然支持他们）和人民党的支持者们（他们相信他是美国代理人）都反对他。在最近对美国的一次访问中，国王获得保证，只要他愿意可以随时罢免阿明尼。此行之后，国王与阿明尼就军事预算的规模发生争执，阿明尼辞职[98]并几乎被捕。[99]他的相位被国王的心腹阿萨杜拉·阿拉姆取代。这标志着国王直接和个人统治的开始。

到了1963年1月，国王将一个被称为"白色革命"的六点改革规划付诸全民公决，让众多包括民主派、左翼人士在内的反对派大吃一惊，规划不出预料地获得了99%的"赞成"票。规划包括土地改革，森林和树林国有化，女性选举权，成立扫盲队以扫除文盲，分享工业利润，将某些国有工业私有化（用来资助土地改革）。尽管方式不同，这六点中最重要和最具争议的是土地改革（一年前阿明尼在任时已经开始了）和妇女选举权。[100]如前文所述，摩萨台给予妇女选举权的努力因遭到宗教界的反对而受挫，这次再度遭到多数（如果不是绝大多数）宗教领袖的反对。实际上，选举结果是由政府决定的，包括男性和妇女在内的选民都对投票没有兴趣，因此发挥不了任何作用。尽管如此，赋予妇女投票权并将她们中的少数人送进国民大会和参议院，依然具有重要的象征意义，可以进一步推动妇女解放和鼓励妇女在更大程度上进行社会参与——事实上只有上层社会和中产阶级的妇女才有这样的机会。

土地改革成为"白色革命"中最具争议的项目有许多原因。众所周知，国王反感阿明尼，因此地主们和宗教界构成了1953年政变后王国政府最强大的社会基础，他们热切期待着阿明尼下台之后其土地改革政策会发生反转。高级乌莱玛中的许多人（如果不是全部的话）以捍卫私有财产的名义反对土地改革，这不仅是对地主们向他们求助的反馈，还在于他们对宗教捐款未来命运的焦虑，后者是宗教机构的一个重要资金来源。当土地分配规划推进到新的"第二阶段"时，它实际上已经"缩水"，但这一点在国王发起的全民公决中并不明显。

至少同样让地主们和宗教界担心的是，在漫长的议会休会期间，国王已经实行了个人统治，并在事实上抛弃了他的老盟友们。他对当权派人士的个人主张不屑一顾，后者包括阿亚图拉贝赫贝罕尼、加伊姆-马卡姆·穆勒克、阿卜杜拉·恩特扎姆、萨尔达·法赫尔以及忠心耿耿的前首相、现任宫廷总管侯赛因·阿拉，后者仅仅因为向他提出了不同意见就遭到解职。[101]

在这个时期，塔基扎德的观点很有启发性，他强烈支持土地改革和妇女投票权，在过去的十多年里，他都没有在政治上发出值得关注的声音，眼下他草拟了一封给国王的信，抱怨议会休会和违宪行为。他希望一些老牌政治家在这封信上签名，但这封信最终没有发出。关于土地改革和妇女投票权的议会会议也没有召开。这表明统治集团对国王动用专制权力深感关切，这与他们自1953年以来对国王独裁统治的默许态度完全不同。信在措辞上谦恭有礼，但在内容上却进行了公开的批评。它的开头写道：

> 作为署名者，基于我们维护国家利益的爱国主义义务，我们向崇高的王室和神圣的您献上最大的忠诚，与此同时向伊朗宪法——人民权利的根基，保护我们和陛下您的王冠——效忠，为此我们已经反复向全能的真主和《古兰经》发誓。
>
> 因此，（我们觉得有必要）请受真主祝福的您留意当前不正当的事，这些事不符合基本原则，也违反了宪法。我们还想指出，搁置宪法和停开议会，禁止言论和出版自由，强制推行违反宪法的特别审查制度，监禁未被法律证明有罪的民众……非法支配掌控伊朗人民生命财产的安全力量，都不符合国家元首自己的

利益，并将导致民众失去信心。[102]

下文沿用了同样的语气和措辞，最后极度礼貌地要求进行“完全自由的议会选举”和“彻底恢复法律许可的自由，这样我们的国家才能从被指控为警察国家的处境中走出来，这个指控已经被用来针对我国了”。[103]

现代中产阶级同样并不反对土地改革的各原则。然而他们反对独裁，怀念在摩萨台时代享有的自由，这时候摩萨台在绝大多数民众中间享有神话般的地位。第二国民阵线不是一个真正的政治组织，没有明确的社会规划。尽管如此，它表达了自己支持摩萨台的态度，在一份针对国王发起的全民公投的声明中，他们建议他们的支持者对土地改革说“是”，但对独裁说“不”，此举导致他们身陷囹圄。

最有力的挑战通常来自乌莱玛和宗教团体。阿亚图拉霍梅尼崭露头角，首次参加公众活动就引起了注意，并迅速成为举国瞩目的人物，虽然他此前已经在库姆的宗教学者圈子里颇负盛名。20世纪50年代末以来，在一片鼓励现代主义以及与美国和以色列改善关系的气氛中，某些乌莱玛和宗教团体中已经表现出对中央政府越来越尖锐的批评趋势。这些批评越来越多，尤其是在1961年3月阿亚图拉布鲁杰迪死后，批评的声浪越来越高，布鲁杰迪生前是乌莱玛政治“沉默主义”的标志性人物，也是伊朗唯一的马尔加·塔格里德。国王发起的全民公投为宗教界反对势力提供了一个焦点目标，在一份措辞严厉的声明中，霍梅尼反对和谴责公决。国王以率军访问库姆的方式做出激烈回应，他发表了言辞激烈的挑衅性演说，谴责“一小撮蓄须的白痴”。煽动还在持续，官方开始抓人，最终酿成了1963年6月的起义。

6月3日（伊斯兰历穆哈兰月第十日，阿舒拉节）是伊玛目侯赛因及其追随者殉难的日子，示威者们抬着霍梅尼的画像，高喊支持霍梅尼和反国王的口号。政府禁止在库姆发表演说和布道，德黑兰处于严格的安全警戒之下。霍梅尼不顾政府的严令，在库姆的一所神学院发表了措辞强硬的布道，激烈地攻击国王本人。次日早晨，霍梅尼的被捕引发了起义，次日即公历6月5日，波斯历3月15日，起义达到顶点。[104]起义遭到暴力镇压，人员死伤惨重，政府宣称死了九十人，反对派则宣称死了几千人。随后政府取缔了宗教团体，尤其是库姆和德黑兰的。后来霍梅尼被软禁在家，八个月后获释。此后，霍梅尼被捕并流放到土耳其，最终获许居住在伊拉克圣城纳杰夫。与此同时，国王颁布了一部法律，授予在伊朗的美国技术和军事顾问和个人免受伊朗法庭审判的特权，它极度不得人心，令人想起恺加王朝（见第7章）签署的投降协议。对此霍梅尼在布道中说道：

> 如果某些美国人的仆人，某些美国人的厨师，在市场中刺杀或撞倒了你的大阿亚图拉，伊朗警察无权逮捕他。相关案卷必须移送到美国，只有我们的主子才能决定怎么做……他们将伊朗人民贬低到连美国的狗都不如的地位。如果某人撞死了一条美国人的狗，他将被起诉。甚至国王本人如果撞死了一条属于美国人的狗也要被起诉。但是如果一个美国厨师撞死了国家元首，国王，却无人有权处置他。
>
> 绅士们，我提醒你们身处险境！
>
> 伊朗军队，我提醒你们身处险境！
>
> 伊朗政治家们，我提醒你们身处险境！
>
> 伊朗商人们，我提醒你们身处险境！
>
> 伊朗乌莱玛，伊斯兰教的马尔加，我提醒你们身处险境！

1963年的六月起义是社会和国家关系的一道分水岭，开启了一个以1979年二月革命告终的新时代。

11 白色革命

现在我们正在奔向的那个伟大文明，不仅仅是这片土地历史的一章，还是其中最伟大的篇章。

——国王，《奔向伟大文明》，1975年，第252页

在1963年到1978年间，国王亲自统治着伊朗。他试图将传统的专制统治者的角色与现代革命领袖的角色合二为一。国王的亲密朋友哈桑·阿克巴尔参议员对此进行了细致的观察，早在1964年他就评论道："陛下正在试图变成薛西斯和菲德尔·卡斯特罗的结合体，但这是不可能的。"他的悲剧在于最终他的两个野心都失败了：既没有成功地成为一个强势的专制统治者，也没有成为一个深孚民望的革命现代化主义者。1979年革命是一场整个伊朗社会针对国王的专制统治及其现代西方化主义的反抗（见第12、第13章）。

与他的父亲相似，这位国王是一个现代教育培养出来的雅利安主义民族主义者，他不像他的全部臣民所相信的那样是西方帝国主义的傀儡。像许多在第一次世界大战后成长起来的现代伊朗人一样，他对伊朗历史和社会持雅利安主义和泛波斯主义观点（见导言、第8和第9章）。而且与许多伊朗人一样，他将社会和经济发展看作尽快让伊朗变得与西欧和稍晚的美国相似的手段，而不是根本性的、长期的变革——那将是一场深刻的、不可逆转的进步。他对伊朗贫穷、不发达国家的地位感到不安，试图为他本人和伊朗谋求威势与荣耀，但同时却不希望伊朗人民参与到这一进程之中。他没有将自己看作另一个薛西斯，而是自视为现代的居鲁士大帝。1971年，在居鲁士墓前纪念波斯帝国建立2500周年的辉煌庆典上，他向墓中的居鲁士说了一句名言："安息吧，居鲁士，因为我们醒着。"

石油、国家和专制政府

从20世纪60年代中期开始，伊朗开始了快速的经济和社会变革。决定伊朗经济变革和工业化速度和模式的最重要的因素是石油收入。几乎在1963年至1964年镇压反对分子的同时，作为出口持续增长的结果，石油收入开始大幅增加。从20世纪70年代初开始，石油收入的增长是爆炸性的，原因既在于出口量的增加，更在于原油价格的大幅上涨。石油收入本质上是租金的一种形式：与来自原油的收入相比，生产原油的成本很低，就像流行歌手的收入一样，与他们付出的工作量没有多少关系，这也很像通过继承而来的房屋收取租金。这些收入归国家所有，如何使用它们事实上决定着工业化和社会变革的方向、模式、速度和全部特征。[1]

因此，石油和国家的组合，在决定各个事件发展进程方面扮演着关键角色。然而，如果没有一个既不受法律限制，也不接受独立咨询和仲裁的专制政府，就不会产生同样的发展模式，也不会造成同样的结果。

在此期间，长期发展规划的失败，既不是因为缺少经济资源，也不是因为政治上的独裁。事实上，在我们所知的历史上，在民主环境下实现社会、经济发展的案例寥寥无几，甚至在英格兰——民主传统的开创者和第一次工业革命的发源地——也是如此。乔治时代的英格兰和一个世纪后明治天皇统治下的日本，按照19世纪中期的标准来看，都不能被认为是民主国家。

这位国王的发展模式的失败，经常被归咎于“独裁统治”。独裁统治在政治上是被允许的。独裁统治也建立在法律的基础之上，即使法律可能不公正和有歧视性。与某些法西斯和民粹主义政权一样，独裁政权都有一个社会基础，要么是特权阶层，要么是“大众”的一部分，或者两者兼而有之。伊朗政府并不民主，但也并不受某个个人的心血来潮和意志支配。如前一章所述，从1953年开始伊朗就已经成了独裁国家。但从1964年起，与其说在政治方面没有任何进展，不如说政治本身已经从公共领域消失了。

这个政权丧失了原来由地主、各省要人和宗教界组成的权力基础，却没有用另一个已经存在或新近出现的社会阶级来取而代之。事实上，正在崛起和成长的社会群体感受到了无以复加的撕裂和社会疏离感（见第12章）。1964年时，政府已经挫败了所有反对势力，从根本上改善了对外关系，期待着实现经济增长和繁荣，但它的根本性失败没有逃过某些敏锐的观察家的眼睛——虽然这种人寥寥无几，其中的马丁·赫茨有机会为他的子孙后代留下他睿智的分析。

当时赫茨担任美国驻德黑兰大使馆的政治秘书，早在1964年时他就将一封篇幅很长、高瞻远瞩的电报——由美国大使会签——发给了美国国务院。最有意义的是，这封电报被命名为《伊朗政治中的无形因素》。赫茨指出，国王在最近与第二国民阵线、阿明尼集团和宗教领袖们的权力斗争中大获全胜，然而他也注意到，国王的统治不仅缺乏社会基础，而且更重要的是，即便在既得利益集团中也缺少国王的坚定支持者。

> 鉴于反对力量的薄弱、分裂和士气低落，当局应该感到高兴和安全，尤其是它还拥有对它有利的重要政治资产。但是在当前局势下，最不寻常的无形因素是这个政权的坚定支持者寥寥无几。

赫茨继续列举既得利益集团中的所有社会和职业团体，包括那些处理国务，却被当局疏远并感到困惑的官员们：

> 每一轮调研都能找到这方面的证据：新伊朗党的高级成员们私下里表达了这样的信念，即他们的政党是虚假和骗人的，一旦国王强势介入决策过程，任何政党都难以有所作为；国王选择的国民大会代表们谴责美国对这个在他们看来歪曲了民主的政权的支持；国王的文职助手们是他最忠实的支持者，但连这些人也认为，鉴于没有言论自由，没有权力的下放，没有多少人才可供择优选择，伊朗不可能解决其自身存在的问题；一些知名的法官以惊人的勇气宣称，反腐斗争不可能取得任何成绩，因为大家都知道某些人会免于被起诉；军官们向［第二］国民阵线通风报信，告知他们军方镇压其示威活动的行动计划；私下更强烈反对镇压行动的外交部官员们，正式敦促美国礼貌对待反对派在美国的发言人。

接着他继续强调说，他所说的这些人都是该政权的忠实成员：

> 这些人不是反对派成员。他们是既得利益集团成员，但即使是其中那些忠于国王的人，也正被深深的不安所困扰，他们对自己所做的事情缺乏信心，怀疑现政权是否应该继续存在。

然后，他简明扼要地总结了他对这个他正在观察和分析的政治框架的结论：

> 这个政权的真正弱点就在这里，而非在反对派的活动中，因为即使是掌控政府机构的少数激进分子，也能在这个国家的其他地方得到尊重……甚至当政府提供足够的津贴用于压制伊朗中产阶级难以驾驭的天性时……国王的独裁政权非常不得人心，不仅对它的敌人来说如此，更意味深长的是，它的支持者也不喜欢它。[2]

很显然，赫茨所说的“非常不得人心的独裁”其实是指专制政府，但对此他没有概念，也没有使用相关术语。“即使是掌控政府机构的少数激进分子”——例如拉丁美洲的军政府——“也能在这个国家的其他地方得到尊重”。然而这个政权得不到这种尊重，这是他写作这封信的原因。

这在1964年是正确的，但到了1977年大概就并非如此了，1977年政府在一定程度上开放了政治领域，很快引发了起义和革命，如果当时公职人员、法官、大学教授、教师、广播电台、电视台、报社记者、作家和诗人们——几乎所有其他社会团体——不积极支持革命运动，那么革命就不会发生（见第12章）。

阿拉姆日记的证据

国王最忠心的仆人、宫廷总管、心腹阿萨杜拉·阿拉姆的日记的大部分内容，即便不出人意料，也是相当惊悚的。阿拉姆的秘密日记在时间上横跨1969年至1977年，提供了关于王国政权的本质、成功统治表面下的真正弱点、完全掌管伊朗内外政策的那个人的心理状态的第一手资料。

1991年该日记出版（当时阿拉姆和国王都已去世很久），披露了许多国王的言行，伊朗人——包括敌人和朋友——都对伊朗独立于列强尤其是美国和英国的程度感到震惊。这是不足为奇的，不仅因为所有反对国王的人相信国王其实是西方（尤其是美国）的傀儡，而且即使是他为数不多的朋友——其数量在20世纪80年代有所增加——也认为他这样做是因为别无选择。简单地说，几乎所有伊朗人都相信，阻碍伊朗政治进步的根本因素是西方帝国主义，而阿拉姆日记表明，关键因素是专制政府与肤浅的现代主义的结合，在这两方面，国王本人都扮演了重要的，事实上是决定性的角色。

国王并非一直像20世纪60年代末和70年代那样独立于列强。正是因为石油财富的快速和大量增长，让他越来越不依赖外国援助，而外国援助曾是影响他的内外政策的一个因素；伊朗的石油收入让他成了世界性强人，这不仅表现在这个国家在外国（西方和东方）市场的消费能力，还在于伊朗对外国投资商的吸引力。

国王当然是亲美的（虽然他总是怀疑英国人的动机），不仅在世界政治领域如此，而且他还向往美国的工业、军事模式，甚至可能还有美国的优秀文化。[3]然而阿拉姆日记充分表明，他将美国看作命中注定的伟大（也是令人崇拜的）伙伴，而不是以金钱和权力奴役自己的主人。例如，他在1969年3月的一则日记中写道：

> 我做了汇报，提到我从美国大使那里收到的抱怨。国王陛下已经与《纽约时报》做了一次访谈，他在访谈中宣布他决心阻止在巴林拥有一个临时基地的美国海军取代英国的巴林保护者的地位。不仅如此，他宣布如果美国不能满足他的军火需要，伊朗将向苏联求助。当我提及美国大使对这些话的异议时，国王陛下表示，他明确知道他的话的真正含义，美国人会因我们反对外国干涉海湾地区事务的态度而小心行事。美国必须意识到，我们是一个独立主权强国，不会为任何人让路。[4]

1972年7月，阿拉姆暗示，美国大使、尼克松的一位幕僚通过阿拉姆请国王资助尼克松的竞选。此事没有写在阿拉姆日记的正文里，但无疑意味着“虽然我不敢用白纸黑字把他的请求写下来，但我能说它表明了尼克松对国王陛下的依赖程度”。[5]阿拉姆的报告进一步传达了尼克松关于此事的信息。[6]

早在1973年国王与石油财团发生冲突的时候，尼克松便用亲切的言辞写了一封信给国王，以此干涉冲突，尼克松说：“希望在我研究这个问题并拿出我的方案之前，你能推迟任何单方面的行动。”国王用友好的措辞予以回答但没有让步。他还指示阿拉姆质询美国大使：“是什么让我们如此特殊的关系，会仅仅因一个石油公司的抱怨就受到损害？”后来他告诉阿拉姆：“尼克松鲁莽地告诉我不许为我的国家的利益做任何事情，直到他决定利益何在。同时他威胁我，拒绝接受他的所谓建议将损害我们两国的关系。我说让这特殊关系见鬼去吧。”次日听到尼克松发表就职演说时，他引用了后者重申的不干涉他国内政的原则，加了一句：“然而这个该死的家伙竟厚颜无耻地写了这样一封信。”[7]

事实上，在20世纪70年代上调石油价格时，这位国王远没有考虑西方的利益。在1973年10月阿以战争爆发前，他已经在推高石油价格方面扮演了鹰派角色。他指出了一个事实，即伊朗从西方国家进口货物的价格已经因西方的通货膨胀而上涨，这意味着如果油价不上涨，那么伊朗资源将蒙受损失。[8]阿以战争爆发后，他没有参加阿拉伯国家对西方国家和日本的石油禁运，反而以现行价格五倍多的价格拍卖联营协议范围之外的石油，此举在随后油价应声翻了两番的事件中发挥了决定性作用。在1973年12月石油危机爆发前夕，尼克松给国王写了另一封言辞更迫切的信，敦促国王保持克制。1973年12月22日，国王就任石油输出国组织（简称OPEC，音译为“欧佩克”）主席，该组织成立于1960年，伊朗是其创始会员国之一。次日，石油价格被宣布提高四倍。一星期后，美国大使将尼克松的一封信递交给国王，表达了对德黑兰提高油价的“高度关注”，并且“强烈敦促”：

德黑兰应重新考虑最近做出的决定；

我们相信，应在绝大多数石油消费和生产国进行磋商之后再采取行动。[9]

对此国王拒绝接受。关于尼克松的信，美国大使向阿拉姆透露说，欧佩克中的一些阿拉伯国家代表——尤其是沙特阿拉伯的代表扎基·亚曼尼——曾经说过，如果不是为了国王，他们会以较低的价格达成协议。阿拉姆回答说："如果阿拉伯人说的是真话，我们就没有必要感到羞愧。价格革命是个简单的常识。"[10]

于是我们应该抛弃那个由来已久的理论，即国王完全按照美国或英国的意愿行事，现在应该重新检视他的政策背后的真实动机。在这么做之前，探讨一下国王对国际政治阴谋论的相信程度是有用的，因为这个问题在他与忠诚的阿拉姆的谈话中表现得淋漓尽致。具有讽刺意味的是，他的人民也认同这种阴谋论，将他看作国际政治中的棋子。

国王相信是英国一手缔造了由复兴党执政的伊拉克。阿拉姆在1972年9月19日的日记中写道：

> ［国王］依然倾向于相信，虽然伊拉克人做足了表面文章，而且越来越依附于莫斯科，他们暗地里还是受英国操纵的。他的所有关于英国人的怀疑都站不住脚，他往往认为在每个国际事件背后都有英国人的黑手。[11]

次日，国王再次对阿拉姆说："伊拉克总统贝克尔是英国代理人。"[12]两年之前，伊朗曾密谋组织一场政变企图推翻伊拉克政府，但失败了。国王曾告诉阿拉姆说："正是英国人背叛了我们。他们获悉了我们的计划，并向伊拉克总统通风报信。哈桑·贝克尔表面上是反英分子，其实是英国人的奴才。"[13]

然而国王对国际政治的阴谋论的看法没能阻止英国和其他列强的渗透。他甚至曾对他的宫廷总管说过，美国是由"无形的力量"操纵的："我可以肯定，这个国家由无形的力量指引着；那是个秘密活动的组织，强大到足以干掉肯尼迪和其他任何挡路的人；到目前为止，它已经干掉了超过三十个在某种程度上猜到它存在的人。”[14]

1971年，当国王支持欧佩克适度提高油价时，他觉得英国和美国“会妄想动用几百万美元来颠覆我和我的政府”。但他还说：“能实现这种事的日子一去不复返了。”[15]他当然也考虑到军事政变的可能性，但他认为军队忠于他，而且在某些情况下，将军们“过于热衷自相残杀以至于不构成威胁”。[16]到了1973年12月份，他认为美国似乎是阿拉伯国家进行石油禁运的幕后推手，因为美国在禁运中蒙受的损失远比西欧国家和日本少得多。[17]讽刺的是，大多相信国王是在美国的命令下提高石油价格的伊朗人也持同样的观点。

国王一度感觉美国和苏联可能在酝酿一个瓜分世界的计划。[18] BBC的某些报道和评论尤其令他愤怒，他坚持认为，他们背后隐藏着在某种程度上源于英国上层集团的邪恶动机。[19]有一次阿拉姆听到BBC说了他的家庭的一些好话，不禁目瞪口呆。最后他决定将此事汇报给国王本人，暗示他要调查“那个负责广播的白痴”。“我一点也不肯定，”他在日记中写道，“这减轻了国王陛下的疑虑。”[20]

1965年，国王授予自己“雅利安·米赫尔”头衔，意为“雅利安的太阳”或“雅利安人之光”，正如他的父亲曾在其极权、专制统治期间自封为“主宰命运的陛下”一样。与其父亲在20世纪30年代时一样，国王强烈的泛波斯主义情感受到他所理解的这片土地及其文明和历史所造就的个人身份认同的影响。国王父子将伊朗看作他们的私人财产。宪法革命前，这个国家曾被普遍看作统治者的私产。但这仅仅是对土地和人民的实际占有。现在，现代民族主义者增加了一个庞大、抽象和无法衡量的维度，将强烈的主观和情感意识与客体糅合在一起。此后国王不仅对其本人的形象，而且对伊朗国家的形象及其对世界的重要性都极为敏感。这方面能列举出无数例子。他曾经流放了一位在边远省份工作的《世界报》英文版的编辑，因为他针对德黑兰的生活问题写了一篇批评文章。阿拉姆曾向国王提交基什岛新建的宫殿的地契，国王没有接受，抗议道："整个国家都是我的，我不必理会那些鸡毛蒜皮的小事。一切都在我的控制下，地契和类似的琐事对我毫无意义。"阿拉姆对此事深有感触。[21]

在此之前，这位国王的泛波斯主义感情和抱负最清晰的证据，在1971年10月著名的波斯帝国建立2500周年庆典上显现出来。国王为了组织一系列庆祝活动不惜耗费巨资，庆典高潮是在波斯波利斯举行的国际顶级盛会，他在波斯波利斯建造了一座巨大的帐篷城市，用来容纳来自69个国家的显赫宾客。国王为英国女王伊丽莎白本人没有出席，只派菲利普亲王和安妮公主做代表而感到恼火；法国总统乔治·蓬皮杜因遭到国内人权组织的激烈批评而收回了参加庆典的决定，由法国总理代替自己出席，国王对此怒火中烧。绝大多数伊朗人对此咬牙切齿，将此举视为巨大的资源浪费，尤其是考虑到伊朗当时依然是个相对贫穷的国家，认为这些事件象征着帝国主义卷土重来。阿拉姆的日记表明，享有沙布努头衔的王后法拉赫是与国王关系最为亲密的批评者之一：

> 我在机场问王后，我是否可以带王储去参加关于去年王国庆典的电影的首映式……"看在真主的分上，别管我，"她说，"我希望我们的名字能完全脱离那些可怕的庆典……"但让我惊讶的是，她还说："他和我在任何情况下意见都不一致。我几乎总是不同意他的见解。"[22]

1973年末，在石油价格上涨了四倍之后不久，阿拉姆告诉国王说他的梦想似乎都成真了，"国王陛下现在成了中东无可匹敌的政治家"。"但是我还有许多更宏伟的抱负，"他回答道，"成为中东第一还不够，我们必须使自己跻身世界强国之列。这样的目标绝非遥不可及。”[23]

这是国王愿景的重要证据，自从他成了这个国家唯一的决策者，他的愿景就影响着国家和社会。这个愿景后来在国王于1979年革命前写的最后一本书《奔向伟大文明》中得到系统阐述。这本书似乎是一个广泛的宣言，由三部分组成。第一部分探讨“当前世界的根本性问题”，“文明危机”和最后的“前进之路”。第二部分叫“[白色]革命时代的伊朗”，涵盖多个主题，包括土地改革、教育、卫生、“民主的拓展”和“伊朗的国家复兴党”。第三部分叫“通往伟大文明之路”，详细阐述了本书的意识形态内涵。国王写道：

> 将伊朗带入“伟大文明”时代是我的最大心愿……我下定决心为我的国家制定的这个目标，无疑是相当雄心勃勃和崇高的，但鉴于我国充分的物质和精神潜力以及丰富的智慧和道德资源，这完全是可以实现的。如果这样的目标看起来有些好高骛远，那是因为一个难度较低的目标在本质上是配不上我们国家的。[24]

后来国王争辩道，2500年前出现的波斯帝国为人类文明发展的新纪元开辟了道路，因此没有理由不去创造未来的伟大文明，作为我们应对这个深陷焦虑的世界的必要方案。[25]

一个半世纪前，夏多布里昂曾写道：“当世界历史步入波斯时代的时候，我们感到登上了伟大历史的舞台。”那么为什么我们不设法在第三个千年降临之际，让同一国家和同一民族步入“伟大文明”？

国王看到了这个目标，他相信这个国家将在之后的一二十年内实现它，不仅仅是重获古代的荣耀，还要达到这个国家历史的顶峰：

> 现在我们正在奔向的那个伟大文明，不仅仅是这片土地历史的一章，还是其中最伟大的篇章。伊朗几千年以来的理想注定将

要实现，并成为我们国家生活步入新时代的开端。[26]

针对“伟大文明是什么”的问题，他用熟悉的乌托邦式措辞描绘道：

在这样一种文明中，人类知识和思想中最精华的成分被用来确保每个社会成员都享有最高水平的物质和精神生活。这是一种建立在创造力和人性基础上的文明，其中的每个人都将享有完全的物质福利，也将享有最大化的社会保障，以及丰富的精神和道德财富。[27]

1974年4月，在国王告诉阿拉姆伊朗应该成为世界强国后的几天以及撰写《奔向伟大文明》的一年前，忠心的阿拉姆在他的日记中写道，在主持了“农村文化中心”理事会会议之后，

令我沮丧的是，会议宣布到目前为止，我们的村庄中只有1%才有洁净的自来水供应，虽然这个问题不像看起来的那么严重，因为绝大部分其他村庄能从它们的水井或坎儿井获得清洁用水。更令人羞愧的是，每25个村庄中只有一个通了电，考虑到国家的发展，这真是一个可笑的数字。[28]

如前一章所述，随着白色革命的发起和1963年六月暴乱被镇压，国王实际上剥夺了自1953年政变以来上层和有影响力的阶层曾经享有的有限的权力、影响和政治参与。他个人垄断了一切权力。于是，正如礼萨沙统治晚期一样，政治与民众无缘，但区别在于现在满怀参与政治进程抱负的人远远多于从前，伊朗进一步融入了历经了非殖民化、社会政治发展和革命斗争的世界（见第12章）。

1963年国王召开的第二十一届国民大会被描绘为“超阶级”的。现在政府能够按其意愿选择属于任何阶级的任何人，并宣布他或她当选为国民大会代表，从这个意义上说这届国民大会确实是“超阶级”的，代表们知道他们只能讨论国王和政府允许的事情。这种模式一直持续到1978年。

如第10章所述，在阿里·阿明尼于1962年下台之后，国王任命阿拉姆为首相。1964年，第二十一届国民大会开幕之后，国王任命相对年轻的哈桑·阿里·曼苏尔为首相，阿拉姆出任宫廷总管。这是一个相对年轻的内阁，几乎没有哪位阁员担任过部长。这与国王的新革命阶段理念一致，国王彻底与老派政客决裂，由多数受过西方教育的热衷建功立业的年轻人取而代之，这个用人策略持续到国王倒台之前不久。新内阁是崭新的“超阶级”构想的组成部分。此举为实际或潜在批评者和持不同政见者进入体制内提供了机会，国王启用他们担任行政管理者和技术官僚，但不给他们任何决策权。

1965年，作为对授予在伊朗的美国人治外法权的报复，曼苏尔被一名年轻的伊斯兰主义者刺杀。埃米尔·阿巴斯·霍维达继任首相，他是一位受过西方教育的知识分子，年轻时曾同情左翼思想，担任过外交官，在担任曼苏尔内阁的财政部长之前，曾在伊朗国家石油公司任职。他为人正直，但能容忍别人的腐败，对国王唯命是从。霍维达任首相直到1977年8月，而后面对日渐恶化的动荡局面，国王将他撤职改任宫廷总管。在革命运动风起云涌的1978年，国王逮捕了他与其他一些高官，试图以此平息公众的愤怒。革命之后不久，他遭到一个革命法庭的“审判”并被枪决（见第14章）。[29]

国王的许多下属对他们缺乏独立性感到不满，甚至在最寻常的政府事务上他们都无法决策，但是阿拉姆是唯一在必要时有洞察力和有勇气发声的人，但他不是为了民众而是为了国王的政治利益。例如在1972年，他与国王进行了一次谈话，他告诉国王“群众参与政治游戏的必要性”：

例如，为什么政府要继续插手地方［市政］选举呢？让公众为了他们自己的政治利益而争斗，选择他们喜欢的政治代表好了。议会选举可能仍然需要一定程度的管理，但干涉市政当局的选举肯定是不正当的。为什么不让人民自由讨论他们当地的事务？那有什么害处呢？

国王认为那将是有害的，因为人民会希望讨论诸如通货膨胀之类的事情：

“你所讨论的东西当然是无害的……他们会开始抱怨通货膨胀或诸如此类的事情。”“悲哀的是，”我回答，“他们所说的通货膨胀完全是真实的。但即使假设这是无稽之谈，为什么不打开一个安全阀，让他们畅所欲言呢？”“这正是我允许反对党继续存在的真正原因。”他回答。“是的，”我说，“但是被剥夺了讨论自由的反对派确实没有反对意见吗？”关于这一点，他问为什么人民毫不关心我们的发展进步。“因为，”我告诉他，“我们的宣传方向错了。我们的许多自我美化显然是不真实的，其余的宣传则夹杂了对陛下本人的奉承，公众对此越来越感到厌倦。”[30]

国王说的“反对党”是指人民之党以及他在20世纪50年代创建的、主要用来应付西方批评的国家党（见第10章）。这就是当他们激烈辩论时，两党的领袖们往往并不指责对方执行了错误的政策，而是强调对方没有充分执行“国王陛下的真实意图”的原因。“白色革命”之后，国家党彻底让位于新伊朗党。这个党也是在国王的暗示下建立起来的，但它的创始人是青年技术官僚，他们被视为国王全新的改革计划的中坚力量。在1964年和1965年担任首相的哈桑·阿里·曼苏尔遇刺之后，学识渊博但驯服的埃米尔·阿巴斯·霍维达继任首相，在此期间这个党没能发挥任何政治作用。绝大多数部长、国民大会代表和高级政府官员都被迫加入该党，但它从来没有吸引到任何公众参与其中。它最重要的功能可能是选择国民大会的代表。[31]如上文所述，人民之党依然是“反对党”，但它很快被指责在极少情况下试图真正扮演一个反对党的角色。

例如在1972年，这个党的领袖阿里纳吉·卡尼批评霍维达的政府，说如果选举没有被操纵的话，他的党会赢得选举。这令国王大发雷霆。他对阿拉姆咆哮道:“这个混蛋到底在说什么……他赢得选举的希望就像让猪飞上天！”[32]后来，在北方城市沙萨瓦尔（今托诺卡庞）举行了补选。在新任总书记纳赛尔·阿米里的支持下，人民党候选人像一位真正的反对派候选人一样，严厉批评了霍维达的政府，并以压倒性优势当选。但政府宣布它自己的候选人是胜利者。阿米里公开谴责这是欺诈，没过多久就辞职了，不久后死于一场车祸。[33]

国内统治

1974年3月，油价翻两番之后不久，政府主导的党派政治发生了戏剧性的反转。在一场突然召集的新闻发布会上，曾经宣称绝不会只保留一个政党的国王解散了人民之党和新伊朗党，代之以单一的国家复兴党。[34]这个新党实际上强迫所有伊朗人成为其党员。在一次著名的演讲中，国王将他的臣民分为三个群体：作为政权根基的绝大多数，“对我们不抱希望”的消极和中立者，以及异议和批评者，对这些人而言这个国家没有容身之地，他们可以自由领取护照并离开伊朗。

党员证被发给所有政府部门包括大学，其成员被要求签字加入，否则将面临惩罚。之前辞去了计划院院长职务并开办了自己的私人银行的阿布勒哈桑·艾伯特哈吉是伊朗最杰出的技术专家，他后来回忆道：

> 国王成立了单一政党，警告所有异议者必须离开［伊朗］……我打电话给这个党的总书记霍维达，我说："这意味着我不得不加入这个党，因为我不能离开伊朗。""是的。"他说。我说："我应该怎么办？"他说他会发给我一张纸让我签名。他们送给我一张纸，我签了字，这意味着我已经成了党员。仅仅是一个签名……这个警告是官方性质的，这意味着任何留［在伊朗］但没入党的人，如果在他身上发生什么的话，不能指望得到任何帮助。如果有人在街上狠揍了我一顿并让我受伤，我叫喊的话，对方会告诉我："我们早告诉过你了。"这就是伊朗，一个享有两大西方民主国家支持的伊朗。难道这不可耻吗？[35]

作为一位训练有素的军官，相比于民政机关，国王越来越紧地掌控着武装力量和安全系统。军官们的权力和特权远远不局限于丰厚的薪资和生活条件。他们穿着的军服被赋予了异乎寻常的权威，使他们可以威吓普通百姓。军方也可以随时根据他们的需要而没收财产（尤其是城市土地）。所有这些都使得公众对军官们和军方恨之入骨。

然而军官和军方在公众面前的权势有多大，他们在执行自己的军事任务和行动时拥有的权力就有多小。国王亲自把控军备采购，任命和提拔资深和普通军官、机构和部门领导人，所有行动都得向他直接汇报。

正直且老于世故的总参谋长、国王的前姐夫法里东·贾姆将军，发现在这种环境中他事实上无法行使职权：

> 没有任何指挥官拥有他职责范围内的权力；也就是说，他

们要承担责任但却没有相应的权力……甚至连军队司令也无权在他的驻地动用超过一个连的兵力。在德黑兰进行夜间行动前，他们必须首先征得国王的许可……很显然，这样一支在平时都需要获取许可才能喘气的军队，在危机来临时必将群龙无首并土崩瓦解……事实也正是如此。[36]

贾姆将军、哈桑·图法尼安将军、埃米尔·阿巴斯·拉姆齐·阿泰海军上将都强调，各军事机构之间缺少协作，所有机构长官在做出哪怕最微小的决策前都必须直接向国王汇报，并征得他的许可。因此，贾姆说，相互矛盾的报告经常被送交给国王，同样，“前后矛盾、不合逻辑、准备不周的命令被传达下来”。[37]据图法尼安说，国王“组建了一个效率低下的战争部和总参谋部……后者甚至更加低效，而我们都是它的成员”。[38]拉姆齐·阿泰回忆道，他曾两次问霍维达他为什么不滥用职权，这位首相两次都“尴尬地”回答说，他实际上“只是首席顾问”。他接着说：“你看到了，部长们直接面见国王。作为海军长官，我直接向国王陛下负责。结果，首相被架空了；总参谋长也被架空了——没人遵守上下级制度。”[39]

贾姆抱怨说，军备采购由国王决策，图法尼安执行，过程中不存在协作或逻辑性，于是“每天他们都会订购一些［军事］装备，然后说，‘用它们做点什么’。总参谋长根本不知道采购的种类和目的”。[40]图法尼安抱怨国王插手每个细微环节：“毕竟我们习惯于称呼国王为最高统帅，甚至军官们离职也得［向他］汇报——人事任命、所有的一切一切。因此，军官们习惯于一种特定的体系，当这个体系的大脑离开时，我相信它几乎注定要瓦解。”[41]

1969年伊拉克就阿拉伯河航道使用问题向伊朗发出最后通牒，贾姆讲述了一个与此有关的惊人故事。这条大河是伊朗和伊拉克的领土分界线，双方在航道问题上的争端由来已久，但现在伊拉克人要求拥有对直到伊朗一侧河岸的整条阿拉伯河的完全控制权，还威胁要攻击未经他们允许通行的伊朗船只。总参谋长贾姆听到谣言说外交部已经收到这个最后通牒。外交部向他确认了此事，但似乎首相还没获知这个几天前就已收到的最后通牒，因为外交部长（阿尔达希尔·扎赫迪，此人凭借与国王的私人关系，比首相霍维达更有权势）与首相不睦。这时候国王正在对突尼斯进行国事访问，贾姆不得不提高战备水平，他与首相采取了必要措施来应对局势。然而当国王返回伊朗时，首相问贾姆，他们俩是不是得准备蹲监狱，因为他们自作主张。[42] 1979年国王政权的迅速崩溃有着许多长期和短期原因，其中之一实际上就是在格外复杂和庞大的社会中，每个决策都依赖于一个人。

成立于1957年的萨瓦克是国王的秘密警察组织。还有些其他安全和情报搜集机构，它们彼此监视，而且都在国王的直接掌控之下：特别行动局、军事情报局、军事反情报局、帝国监察局、帝国委员会等。他们之间关系紧张，彼此间经常发生严重的冲突。萨瓦克首脑哈桑·阿拉维-基亚将军说他曾向国王开玩笑，说安全机构之间的竞争可能是国王“分而治之”政策的产物。[43]国王曾告诉阿拉姆说他的将军们“过于热衷自相残杀以至于不构成威胁”。贾姆证实，军队与总参谋部之间没有任何联系，直接与国王接触，并将时间和精力消耗在与其他准军事和安全机构斗争上了。

萨瓦克是一个庞大而无情的安全机构，它的权力、影响和行动范围随着20世纪60年代中期以来国王专制权力的增长而同步扩张，后来又随着石油收入的增加而急剧拓展。它不仅镇压政治异议人士和城市游击运动，还将恐怖广泛散播到高层和下层民众心中，他们抹掉任何批评话语，即使是无害甚至私下的批评。因为它制造的恐惧和耻辱，在相当程度上导致了对政府的愤怒和不满。表面上萨瓦克在阻止多数民众谈论政治，但实际上却以这种方式让民众关心起政治来。这足以解释在革命爆发前，官方公布的政治犯人数和国际人权组织的数字之间的巨大差异。官方数字（约2500人）指那些被军事法庭审判和定罪的人，而国际特赦组织和其他相似组织引用的数字（7万或更多）是基于政治原因而被拘捕的犯人，其中许多人会因轻罪而未经审判便蹲几个月监狱，然后就被释放出狱。

对外政策

从1963年开始，国王的统治总体上是成功的，他在制定对外政策时得到了一些供职于外交部的能力出众、经验丰富的外交官的帮助。在1965年到1969年间担任美国驻伊朗大使的阿明·迈耶回忆起在他参见国王之后，外交部长会“劈开我的脑袋来获知国王在想什么”。[44]在一个温和的政治规划中，第二国民阵线将其对外政策描绘为“独立的国家政策”，用来代替其曾经奉行的不结盟政策。在新的国内外政治气氛中，国王将这个口号纳入他的对外政策之中。

在伊朗对外关系中最重要的是与美国（和英国）、苏联（和东欧各国）、阿拉伯世界（和伊斯兰世界）的关系。在极权统治时期，这位国王维持并进一步获得了来自美英的支持，与苏联和东欧各国建立了友好关系，与阿拉伯各王国相安无事，与以色列维持了友好关系，还与中国达成了一项协议。

如第10章所述，在伊朗和美国都出现了针对伊朗缺少自由、腐败、经济管理不善的抱怨之后，肯尼迪当局在某种程度上对国王的政府表现出批评态度。而后，约翰逊当局（1963—1969）也同样对伊朗表达了保留意见。但是从1963年起，这样的批评便无足轻重了，虽然偶尔会让国王不快。[45]不过肯尼迪和约翰逊都支持国王的白色革命，他们认为这将有效遏制共产主义在伊朗的影响，但他们也关注他的大笔军购开销。1962年，肯尼迪总统削减了对伊朗的财政援助，到了1964年，约翰逊当局认定，随着石油收入的增长，伊朗不再需要来自美国的军事拨款，因而将所有拨款转为信贷，伊朗则凭此从美国购买军事装备。

随着理查德·尼克松就任总统（1969—1974），国王进一步获得了来自美国的支持，因为他曾为前者参加竞选提供了资助。尼克松几乎允许他自由订购美国军火，公开请他代表美国维护波斯湾的和平。如前文所述，国王与尼克松的关系远非主仆关系。这种关系在杰拉德·福特担任总统期间（1974—1976）维持不变，但在卡特当选总统后发生了变化，卡特奉行更自由化的国际政策，公开推崇国王所畏惧的人权。最后国王开始相信美国（可能伙同英国）策划了伊朗革命；至少他公开宣称如此。[46]

在20世纪六七十年代，伊朗与苏联的关系改善和正常化了。虽然还没到干扰伊朗与西方盟友关系的程度。在20世纪60年代，美苏关系相对于20世纪50年代冷战高峰期时有所改善，中苏两国爆发论战，中国越来越成为第三世界革命运动的领导者。在国王于1959年3月签订了《美伊防卫条约》后，苏联开始对国王持敌视立场。这是苏联在伊朗的受欢迎程度显著提高的原因。1962年9月，国王向苏联重申，伊朗不会允许其他国家在伊朗国土上建设任何军事基地。苏联人接受了他的保证，部分是因为他们新的和平共存的对外政策，部分在于国王是伊朗权力斗争中的唯一赢家。通过努力改善对苏关系，国王打算提高其对外政策独立性，现在苏联已经抛弃了鼓励外国革命运动的一贯政策，并且鼓吹与西方“和平共处”。

鉴于肯尼迪和约翰逊当局对他的政权采取的温和批评态度，国王颇受鼓舞。他也希望遏制因苏联的敌视而让他在国内不得人心的负面影响，虽然此举的后果是降低了苏联在伊朗的受欢迎程度，以及提高了伊朗人对中国日益增长的热情，直到两国在20世纪70年代建立了外交关系。与苏联关系的正常化，造就了两国之间更好的经济和贸易关系。例如，几个协议让苏联在伊斯法罕援建了伊朗第一家现代钢铁企业，在阿拉克兴建机床厂，以及铺设用于将伊朗天然气出口到苏联的天然气管道，此外伊朗还从苏联和东欧国家购买了武器和军事装备。[47]

从20世纪50年代起，大约在埃及的贾迈勒·阿卜杜勒·纳赛尔逐渐崛起成为阿拉伯民族运动领袖的同时，伊朗对地区事务的介入日益加深。苏伊士运河危机之后，纳赛尔不仅在阿拉伯国家广受欢迎，在包括伊朗在内的第三世界国家也是如此，他被视为受到摩萨台启发的不结盟运动领袖。于是，国王的伊朗和纳赛尔的埃及几乎不可避免地发生了冲突，1960年国王重申在事实上承认以色列后，埃及断绝了与伊朗的外交关系。后来埃及在1967年6月爆发的六日战争中失败之后，两国关系有所改善，20世纪70年代萨达特总统在任期间双方成了友好国家。

如第10章所述，1955年伊朗与伊拉克、土耳其、巴基斯坦和英国签署了《巴格达公约》。1958年伊拉克发生政变后退出《巴格达公约》，伊朗与伊拉克的关系随之恶化。20世纪60年代伊拉克政策的激进化以及伊拉克复兴社会党的崛起，使两国之间的紧张关系进一步恶化。然而，两国冲突的特殊原因是由来已久的阿拉伯河航道使用权争端。伊拉克支持萨瓦克的建立者帖木儿·巴赫蒂亚尔将军，此人早年与国王决裂并领导了反对国王的斗争，但在1970年被一名伊朗特工暗杀。

与此同时，伊朗成功地揭穿了伊拉克在最后通牒中的虚张声势。在1971年至1972年间，伊拉克迫害并大规模驱逐伊朗血统的伊拉克什叶派信徒。在这种局面下，伊拉克境内高涨的库尔德人起义浪潮为国王提供了一个报复和遏制伊拉克的绝佳机会，因此他向库尔德起义者提供了有效的支持。这一策略奏效了，在1975年于阿尔及尔举行的伊斯兰国家首脑峰会上，萨达姆·侯赛因做出让步并与国王缔结和约。[48]独裁的伊拉克政府很受伊朗人民欢迎——不仅限于知识分子，仅仅因为它对抗国王的政权，这是伊朗国家和社会之间根本性冲突的进一步证据，尤其是当国家强大且具有压迫性的时候。

在国王与英国和波斯湾（在20世纪60年代由埃及牵头，阿拉伯人开始称之为“阿拉伯湾”）的阿拉伯邻国之间的关系中最敏感的问题，是英国撤离之后的巴林独立问题。伊朗一直强调自己对巴林、阿布穆萨岛和大、小通布岛的所有权，大、小通布岛事实上无人居住，但位于霍尔木兹海峡的战略要道上，波斯湾南岸的阿拉伯联合酋长国也对它们有领土野心。国王不愿意为了巴林而与英国或阿拉伯国家开战，巴林绝大多数居民是阿拉伯人。但是此前伊朗已经宣布巴林为自己的第十四个省，因此国王必须考虑伊朗的民族主义情绪，不愿意被人认为是在割让伊朗领土。

最后，根据一个联合国代表团报告的说法，巴林人民希望在英国人撤走之后，他们的国家完全独立，伊朗与巴林漫长而拖沓的谈判以伊朗于1971年承认巴林独立告终。作为对伊朗与巴林合作的回报，英国人虽然没有正式同意将其他三个岛交给伊朗，但通过非正式渠道让伊朗人知道，在他们撤离波斯湾之后，如果伊朗占领这些岛屿，他们不会采取任何行动。英国撤出波斯湾，尼克松当选为美国总统，伊拉克不再与伊朗为敌，这些都意味着截至20世纪70年代中期，伊朗已经成为波斯湾地区最重要的力量。[49]

所以在1977年抗议运动开始出现时——尽管他相信这场针对他的革命是由美国和英国策划的——国王的地区和国际政策都是相当成功的，当时他唯一的对手是利比亚的卡扎菲上校。[50]

白色革命

1979年的伊朗比十五年前不知要富裕多少倍，更不要说更早以前了。自1955年以来，伊朗人口几乎翻了一倍，但多数增长发生在1963

年之后。大量人口从农村拥向城市，到1977年，工农业的就业人数几乎持平。政府和私人对工业和服务业的投资都在增加。建筑、制造业和服务业高速增长，新技术与其载体——机器和装备——都被大量进口。所有层级的教育都在快速发展，在国外——主要是在西欧和美国——接受教育的人数众多而且还在增加，他们中的绝大多数都回到伊朗来填补政府和企业中越来越多的空缺职位。在近现代之前，伊朗从来没有如此富裕过，城市化、工业化和民众受教育程度也从未达到过如此高的水平。

如果没有石油收入的稳定增长和后来的价格暴涨，这一切都绝不可能发生。1963年伊朗的石油收入为3亿美元，1977年增加到240亿美元，就是说在这个时期内增长了80倍。石油是伊朗经济体系中的独立变量。如前文所述，因为开采原油的成本微乎其微，所以它在很大程度上被视为上天赐予伊朗的产物：在1978年，石油收入占全国总产出的35%，而石油产业雇用的人数只占总人数的0.6%。因此石油是经济增长和大幅度提高总体生活水平的引擎；但由于其自然赐予的性质，以及石油收入直接归入国库，它对政治、经济和社会发展也有负面影响。[51]

在恢复专制统治后的关键几年中，正是不断增加的石油收入维系和增强着国家权力。它让国家越来越不需要外国援助和信贷，而这正是西方向伊朗内外政策施加影响的重要手段。这些收入同时也让政府在很大程度上独立于国内经济，到了1977年，石油贡献了国库收入的将近77%，这笔钱是以外汇形式收取的。正是政府开支决定了社会和经济变革的进程和战略，国有经济远比私有经济发展得迅速，虽然后者本身的增长主要与政府开支相关联。在1962年到1977年间，私人消费开支增加了6倍，但同期政府消费增长了超过24倍。[52]

这样，社会上所有阶级都直接或间接地依赖于国家：上层阶级从国家受益更多，因此更依赖国家。这是专制统治下的常见模式，上层阶级享受着由国家授予或确认的特权和利益而得来的收入和地位。但是现在大量石油收入汹涌而入，人口迅速增长，城镇高速扩张。一个庞大且人数还在增加的城市阶级出现了，它被完美地描绘为国家的“客户”，他们的福利越来越依赖于政府开支，用他们自己的话说，他们视自己的特权为“石油收入的分成”。但这没能阻止他们参加1978年的群众示威活动。不仅如此，他们中涌现出的现代中产阶级在革命中扮演了关键角色（见第12、第13章）。

白色革命的原则后来逐步拓展，增加了其他若干措施，但没有再次举行全民公投。例如，一个由医学院毕业生组成的医疗团队将向农村和各省提供医疗援助，作为他们为国家提供的服务的一部分。在20世纪60年代末，“教育革命”原则被加入这个清单。在这个时期内，所有层次的教育都在高速发展，但是教育革命主要通过让许多教职员退休来重整现有的大学，以及将它们的结构由法式改为美式来实现。另一些要点，例如“行政改革”，后来才被加入白色革命的原则之中，其中某些收效甚微。与那些最初付诸全民公投（名义上而已）的原则相反，这些新原则是通过行政命令加入清单的。它们是独裁和缺乏预见性的产物，只能增加公众的不安全感，以至于1977年时许多人相信白色革命的下个原则将是宣布将个人居所之外的所有城市地产收归国有（见第12章）。

如第11章所述，在阿明尼政府推行的土地改革的第一阶段完成后，全国三分之一的乡村（不含小村子）土地被分给了农民或所谓的耕种者。耕种者被定义为拥有实际耕作权的人。这将无地农民排除在外，他们仅有一双种地的手、从事小生意等其他服务业，或者拥有并出租一两头牛。因此35%的农民被这项改革排除在外。此举可能是打算将农场的平均规模维持在一个合理的水平上，但它让乡村和城镇的雇佣和福利问题更复杂了。

在白色革命之后进行的第二阶段的土地改革，在土地分配方面比第一阶段缩水很多。地主被允许从五个选项中选择一个：租赁；向农民出售；根据地主与农民之间已有的分成协议在他们之间分割土地；组建“一个农业单位”，由地主和农民共同经营；由地主收购农民的权利。[53]这次的改革不涉及机械化农场，它由地主保留，但机械化农场的定义相当宽松，根据一位敏锐的观察家的说法，“无良的地主只需用拖拉机犁一遍他们的土地，并且宣称农民是农业工人，就能让他们的土地置身土地改革之外”。[54]相比第一阶段，第二阶段触及了更多的村庄和农民。与第一阶段不同，绝大多数农民没有得到土地，只有长期的租赁协议。[55]

土地改革第一阶段的设计师哈桑·阿尔桑贾尼坚信农村合作组织对土地改革的成功至关重要。从土地改革中受益的农民被强制加入合作社。阿尔桑贾尼想要一个由农民自发推动的相对自治的合作运动，但后来国王选择了一个由官方控制的模式。[56]此外，由于对土地改革的第三、第四阶段存在新想法，以及对农民经营的小农场的反感，国家没有给予合作社他们维持运作所必需的贷款。

第三和第四阶段不能被描绘为真正的土地改革。它们在本质上是一种推动农业和农村社会彻底变革的战略，对农民和农业的伤害远大于帮助。国王的愿景是在短期内将伊朗转变为一个现代工业社会。这是20世纪70年代中期官方宣传伊朗将成为“中东的日本”并会很快成为“世界第五大工业化国家”的原因。出于下文将述及的原因，伊朗还不能被认为是发达国家，更不要说工业化了。然而，快速增加和后来爆炸性增长的石油收入使它出现了一个大型农业部门，这个农业部门不再需要为城市发展和换取用于进口机器和消费品所需的外汇而提供食物和原材料，石油收入能够满足所有需要。这是一个有关“石油与食品”的案例，将会对这两种资源都造成浪费。[57]这个农业政策的后果更为可怕，因为小农生产不仅是经济的一个组成部分，还是整个乡村社会赖以为生的基础。1973年，乡村人口超过1700万，占全部人口的56%，国王宣布1980年伊朗的乡村人口将降低到200万。[58]很明显，无论追求降低农业和乡村人口的政策会有多么激进，它都已经完全超出了可行的范围。但这为第三和第四阶段的官方农业政策埋下了伏笔。

第三阶段是组建由许多村庄组成的大型农业合作社。此举将农民的土地变成了大型合作社的股份，按照预期，小股份持有者将把他们的股份卖给大业主，随着时间的推移，他们会成为为农场工作的普通劳力。它还能让政府机构介入对合作社和农民生活的管理，以及清除自古以来就是农业生产单元的乡村边界。[59]从1968年到1975年，向合作庄园投入的国家信贷比投入农民合作社的多二十倍，然而普通农业家庭的人口占全部乡村人口的98.8%，而合作农场的人口仅占1.2%。[60]不仅如此，给合作社的信贷是短期的，而给予合作农场的却是长期信贷。对这两类农业组织的详细研究表明，小农农场比合作农场经营得更好。[61]

农业政策的第四阶段甚至比第三阶段更具破坏性，而且更加混乱。它的目标是在某些最肥沃、产出最多的土地上建立巨型农业综合企业，它们被描绘为“土地和水资源的两极”。农民们被迫以政府规定的价格出售他们的土地、房屋，成为没有土地的领取日薪的农场劳动力，居住在环境不合格、缺少乡村公共环境的住宅区里。在一个案例中，为了给一个农业综合企业让路，胡齐斯坦省的五十八个村庄被摧毁。然而正如合作农庄的案例一样，农业综合企业的运营效率要比现有的农业体系低下。[62]

1962年到1977年的十五年涵盖了农业政策的四个阶段，在此期间石油和城市部门发展迅速，农业产出也在增长，但比其他经济部门的增速慢很多。而且虽然整体上农业福利在这个时期提高了，乡村和城市社会的各项物质福利指标的差距却大大扩大了。1962年，城市居民人均消费额不到乡村居民的两倍，而到1977年时，已经达到五倍多。换句话说，每个乡村居民的消费额从1962年城市居民的一半降低到1977年的五分之一。[63]

这个时期还见证了游牧人口和畜牧业产品的持续减少。在镇压了法尔斯省喀什噶里人的叛乱之后，随着国家军事、安全网络的快速发展，游牧部落受到沉重打击，政府延续了它的强制定居政策。游牧民被视作政府的耻辱，因为政府觉得在西方人的眼中，游牧民是国家落后的象征。政府也不再容忍游牧民的相对自治权。这些政策沉重打击了游牧民的信心，也对主要由游牧民从事的畜牧业生产造成了不利影响。[64]

教育政策远比其他政策成功得多。教育在伊朗历来受到高度重视，这在某种程度上是因为伊朗没有将持续的地位和收入赋予特权阶级并在同时制约社会流动性的欧洲式阶级制度。于是教育成了聪明能干的非特权社会成员的主要上升渠道。剑和笔比生在特权家庭更加重要，成了促进社会流动性的专业工具，虽然剑、笔、出身的结合更有助于确保成功。长久以来，文化和教育由于自身以及被赋予的社会声望和所能带来的物质利益而受到高度重视和尊敬。但是现在石油收入滚滚而来，经济迅速发展、收入暴增，因此受过教育的男女拥有更多的工作机会。对更高层次教育的需求在提高和迅速扩大，越来越多的社会阶级期望他们的孩子接受最高层次的教育。从纯粹物质的角度来说，教育尤其是中小学教育的大发展，源于人口的迅速增加和石油收入的快速增长。

全国各地的新学校纷纷成立，虽然德黑兰远比绝大多数省份做得更好，而且城市远比乡村受国家重视。1962年到1977年间，小学生人数增加了超过三倍。[65]中学教育的发展更令人印象深刻，中学生人数在1962年到1978年间增长超过八倍。[66]1960年伊朗的中小学生人数还少于土耳其和埃及，但是到了1975年，伊朗的人数已经远超两国。例如，1960年土耳其只有46%的适龄儿童入学，1974年达到66%。伊朗的数字则从1960年的29%提高到1975年的70%。[67]

男女学生的数量都在迅速增长，虽然男孩入学率依然比女孩高不少：1960年时有39%的适龄男童入学，1975年提高到87%；相应的女童入学率则从1960年的18%提高到1975年的53%。[68]但是到了1975年，伊朗的中小学女生人数几乎追上了土耳其。[69]

然而中学教育的思想、风格、质量和结果被证明是令人难堪的，因为按照传统它更热衷于宽泛的人文教育，提供的理科、工科教育尤其是应用科学教育不够充分，它强调死记硬背而非批判能力。国内外观察家对这些问题的批评相当多。正如一个研究这个课题的学者所报道的："所有经验丰富的教授断言，自20世纪60年代初以来，在他们所在院系中就读的大学新生的学术水平有持续下降的趋势。"[70]

境内外高等教育也在迅速发展。20世纪60年代末的"教育革命"之后，政府决定快速发展大学和专科学院，尽管最初他们因为大学生们热衷于参与政治而不愿这么做。在1962年到1967年间，大学生的数量从21000人增加到27000人，到了1975年已经增加了超过一倍，达到58000人，1977年末时已达到近69000人。[71]然而由于人口的高增长率和中学毕业生的现象级增长，大学新生与中学毕业生的比例，从1962年的36%下跌到1979年的12%。[72]

这个时期成立了许多新大学，一些继续教育学院被提高到大学的地位。但大学的学术水平下降了，学术研究和出版也较弱。一位备受赞誉的伊朗学者说："大学和社会各界对科研成果的理解能力仍然有限，他的同事们不愿意费力在学术刊物上发表文章或参加国际会议。"[73]

许多专科学院，其中某些——与大学不同——是由私人资助的，发展得甚至更快。这些学校提供人文科学、通识或技术和职业教育领域的初等学位。由于需求量太大，它们的入学门槛比大学低很多，这些院校和在校学生的数量都在迅速增长。1962年，大专学生有1700

人；到了1977年增加到85000人。这意味着随着专科学院的学生数量增长速度远远快于大学，大学生在全部受高等教育的学生中所占的比例，在这两年间从92.4%下降到44.4%。[74]

因此，尽管高等教育的质量总体上在不可避免地下降，但受教育者的人数却在以很高的速度增长，至少相对而言，国家的教育政策被证明是成功的。然而在极权和专制统治时期，由于社会与国家之间存在着尖锐的冲突，不仅高等院校和中学的学生，而且最终连小学生们也参加了1978年和1979年的示威活动（见第12、第13章）。

石油收入的增长，中产阶级收入的增加，对高等教育需求的扩大，对西方教育背景所能带来的社会地位和收入的更高预期——所有这些都导致留学西欧和美国的学生数量快速增长。1962年的留学生可能只有15000人，到了1977年增加到约40000人，增长超过250%，绝大多数增长发生在20世纪70年代，尤其是在1973年石油收入翻两番之后。[75]从20世纪60年代末开始，西方大学成了滋生伊朗学生反抗国王和伊朗政权活动的温床，伊朗学生联合会及其后来的分支机构领导了这些活动（见第12章）。

正如中小学女生数量的增加，就读于大学和专科学院的女生数量也相应地增加了，甚至有女生出国留学。伴随着国家和社会对女性雇员的越来越开放的态度和现代生育控制手段的引进，现代经济部门和行业中的女性雇员也增加了。到了1977年，已经有许多女性国民大会代表、参议员、部长和高级公职人员。法律依然歧视妇女，然而就离婚、继承、子女抚养等方面而言，妇女从她们的婚姻契约中争取离婚权利的趋势在增长。不仅如此，1967年的《家庭保护法》让妇女在特定情况下通过适用此法的法庭离婚成为可能；虽然它没有废除一夫多妻制，却对多妻制进行了一定程度的限制。[76]总体而言，20世纪六七十年代见证了（主要是上层和中产阶级）妇女地位的重大进步。

正如我们已经看到的，经济的迅速增长归功于国家获得并使用的石油收入：1975年，石油贡献了超过84%的政府收入，仅有16%来自其他方面，包括直接和间接税、关税、来自国有资产的收入等。[77]这一时期人口迅速增长，年均增长率约为2.7%，原因在于死亡率的降低和出生率的提高，两者都直接或间接地受到日渐提高的生活水平的影响。

日益增长的石油收入和同步增长的外汇，使得引进现代技术和机器成为可能，因此现代制造业、服务业和建筑业的投资水平也很高。现代经济部门虽然在发展，但没有遵循长期规划和自给自足的原则。石油收入增长本身显然对经济增长和发展有裨益；事实上，对实现高速发展和增长而言，石油收入几乎是不可或缺的。但国家采取的发展战略对实现长期经济发展目标没有帮助。

尤其是工业发展方面的进口替代战略，阻止了现代工业和部门的发展，而它们本应逐步补充并最终代替石油成为主要的外汇来源。因此，如果某个时刻伊朗石油部门带来的外汇收入出于种种原因而突然下降，例如石油耗尽和油价暴跌，现代工业活动也会面临重大困难。换句话说，伊朗经济总是依赖石油，而石油是不可再生资源，不能用某种方式生产出来，石油收入也会起伏不定。农业的衰退令形势更趋恶化。由于上文提到的问题，农业不再是净出口部门，伊朗的货币被估值过高，令伊朗的农业产品在国际市场上价格较高：在这个时期内，汇率维持在70到75里亚尔兑换1美元的水平上，因为国王喜欢高汇率带来的国际声望。

任何国家和地区要想实现经济的可持续发展，都要依赖出口部门换来的外汇的支持，以进口重要技术和必要的消费品。这种事在伊朗没有发生，因此尽管经济高速增长，经济规模扩大许多，但直到革命前这个国家依然没能实现独立自主，甚至到几乎三十年后的2008年也没能实现。另一个长期发展的基本需求是一定的储蓄率——不少于国民收入的12%——以便为国内生产部门提供投资和资本积累。此外，并非来自石油的储蓄率——就是说，并非来自石油产出的储蓄率——经常是负数，石油收入是国内投资的唯一来源：1962年的数字是-1.3%，1967年是-4.2%，1977年是2%。[78]这意味着总消费通常高于国内经济部门的（非石油）产出。

虽然经济发展速度快，但发展并不均衡。除了石油，是服务业而不是制造业在国家产出中的占比更高。1977年工业产值（即现代和传统制造业，建筑、水利和能源建设）占非石油产出的29.7%，而服务业则占到了55.6%；近半人口赖以为生的农业，据称只占产出的14.7%。石油和服务业在整个国家产出中的总占比将近70%。[79]

所有经济部门的国民收入都在增长，但分配很不公平。部分缘于各经济部门的增长速度不同，部分缘于国家的开支政策。尤其是农业的相对衰退和国家的城镇化政策，意味着相对于城镇，乡村社会的收入和福利一直在流失。1977年时乡村人口占全国人口的55%，但其在总消费中所占的比重大约只有城市消费的三分之一。[80]这进一步导致了乡村人口向城市的迁移，增加了城镇的就业、住房等问题。[81]

国王的经济发展战略带来了制约、瓶颈和通胀压力，最重要的是希望受挫而产生的挫败感，尽管在1963年至1977年间，按绝对价值计算，几乎所有民众都获得了福利。于是这些带来了社会不满和革命趋势。但这绝不意味着经济因素是导致1979年二月革命的唯一乃至根本原因，因为那时候整个社会，无论富人、穷人、上等人、下等人全都突然加入那场反抗政权的历史性起义中去了。[82]

12　1979年二月革命

我也听到了伊朗人民革命的消息……我保证，将来，伊朗政府将建立在宪法、社会正义和民众意愿的基础之上，抛弃专制统治、不公和腐败。

——国王（1978年11月）

国王相信他深受人民的爱戴，[1]这个幻想来自生活水平的快速提高和他的政府不允许任何批评的事实，尤其是他的政策是由一个高踞社会顶端的人制定的。因此他依靠满纸谀辞的报告和对某些特定事件的表演性质的游行来衡量他和人民的关系。因此他最大的悲剧，就是沦为他自己操纵的宣传的牺牲品。

政治清洗

政治清洗始于1953年政变。政变后的两年间，人民党和国民阵线被肃清出伊朗政坛。20世纪50年代针对某些忠诚但独立思考的国务大臣——例如扎赫迪、阿明尼、艾伯特哈吉——相对温和的清洗，虽然展现了权力进一步集中的趋势，但并不意味着政权本质发生了重大变化。自20世纪50年代末以来，国王与宗教界的关系越来越冷淡也是事实。1960年至1963年的权力斗争可能会导致两个结果，在现行体制下（如果阿明尼或第二国民阵线占据优势）发展出不那么专制的政府，或者形成极权和专制政府（如果国王能战胜他们，事实也是如此）。就这样，国王肃清了任何独立的，即使是忠于他的势力的残余，如阿拉、恩特扎姆、加伊姆-马卡姆·穆勒克，在1953年政变期间及之后，他们组成了支持国王的保守势力，同时与库姆、德黑兰、马什哈德等地的宗教界保持着密切的联系。由阿明尼的土地改革法推动的土地改革第一阶段并非造成这些群体与国王之间深刻隔阂的唯一因素，尽管土地改革第一阶段比第二阶段更令地主们不满，但并没有引发地主们的公开对抗。在白色革命前夕，国王大权独揽和清洗所有政治势力的行为远比土地改革更具挑衅性。

巴扎和城市民众在1963年六月起义中扮演的角色远比地主阶级更重要，即便土地改革从未对他们的利益构成任何威胁。甚至学生们也加入了示威活动。事实上，绝非地主们的朋友的阿里·阿明尼在一份出版物中谴责了对1963年六月起义的镇压：此举导致政府下令将其关押在德黑兰。

第二国民阵线已经不再是一个有影响力的群众运动，尽管它曾在20世纪60年代中期成立时享有广泛的民众支持，这在很大程度上源于公众对摩萨台的好感。到了1964年，它完全丧失了活力，还受到自身成员的激烈批评，包括大学生运动和其他群众运动组织，尤其是马赫迪·巴扎尔甘领导的自由运动，以及哈利勒·马利基领导的社会主义者同盟。致命一击来自摩萨台本人，他被批评家们拉入了争议的旋涡：从政府软禁他的乡村住宅中，他发出了几封严厉批评国民阵线无能的信件。阵线领导人阿拉亚尔·萨利赫、卡里姆·桑贾比、沙普尔·巴赫蒂亚尔曾是规模不大但颇具影响的伊朗党的领导人，现在集体辞职了，摩萨台为他们组建第三国民阵线开了绿灯。1965年，这个新组织终于成立了，它由巴扎尔甘的自由运动、马利基的社会主义者同盟、大流士·福鲁哈的伊朗人、卡齐姆·萨米的伊朗人民党组成。[2]然而时代变了，国王不再容忍这些温和、开放且和平的组织，从此以后，除了印刷批判性传单和在家组织私人聚会之外，他们无所作为。从这时起，不再存在任何类型的反政府言论。

自由运动可以被最恰当地描绘为穆斯林的民主党，按照摩萨台和国民运动的传统，他们的主要目标是建立议会民主。他们是虔诚的穆斯林，认为现代化和伊斯兰教之间并不存在根本性冲突，而且他们的终极目标并不是建立一个伊斯兰国家。他们以马赫迪·巴扎尔甘、亚杜拉·萨哈比、赛义德·马哈茂德·塔勒汗尼（后来成为阿亚图拉）

为首，巴扎尔甘是德黑兰大学工程学院的前院长，还曾在摩萨台时期担任伊朗国家石油公司的临时董事会主席；亚杜拉·萨哈比是一位广受尊敬的科学家和德黑兰大学教授；塔勒汗尼注定将成为1979年革命中著名的温和派人物。他们与少数活动家一起遭到军事法庭审判，以熟悉的“反叛君主立宪制”的罪名受到指控，被判处数年监禁。他们在法庭上预言般地说道，他们将是最后一批试图与政府和平对话的人，很快政府将面临武装斗争的考验。[3]

哈利勒·马利基和其他社会主义者同盟的领导人遭遇了同样的命运。自从人民党在1948年分裂后，马利基为人民党提供了最高效、最聪明的替代方案（见第10章）。1953年政变以来，因为主张与政权进行批判性对话，他受到了反对派内部的朋友和敌人的猛烈批评。然而在逮捕他的官方报告中，他被指控为“传播马克思主义和集体主义意识形态，毒化人民思想和采取危害国家安全的行动”。[4]他和他的同事们被军事法庭判处有罪。大流士·福鲁哈、卡齐姆·萨米和其他国民运动领导人也同样被囚禁，第三国民运动在兴起之前就崩溃了。

因此，政治清洗为公开、自由和民主的运动判了死刑，摩萨台时代以来扮演政治反对派角色的人民党也遭遇了同样的命运。游击战的大门由此打开了，对民主党派的攻击一经结束后，游击战几乎立即出现。事实上，暴躁且理想主义的年轻人——绝大多数是大学在校生和毕业生——开始转向暴力解决方案，他们将民主的失败归咎于民主党领导人在政治斗争中选择和平而非暴力的策略。例如，自由运动的三个年轻成员组成了“人民圣战者”组织的领导核心，他们中的一位写道：

> 六月（1963年）起义是伊朗历史的转折点。它不仅体现了民众的政治觉悟，还宣告了试图以非暴力手段反抗国王政权及其帝国主义主子的旧组织的政治破产……1963年6月之后，激进派人士——无论其意识形态——都意识到个人无法赤手空拳地与坦克

大炮作战。于是我们问自己："下一步要做什么？"我们直截了当地回答："武装斗争。"[5]

社会与国家的对抗

政治清洗是把双刃剑。它从政坛中肃清了保守派、自由派和民主人士，同时也促进了其对立面，即反政权信仰、意识形态和运动的发展，他们的形态多样，都以推翻政权和废黜国王本人为目标。早在1965年，就有一小群从英国大学毕业的工科学生——他们曾是人民党的同情者，后来转向毛泽东思想——因受控阴谋刺杀国王而被捕。他们被指控与那位在大理石宫刺杀国王未遂而被处决的年轻人是同谋。这个指控是不实的，但在以帕尔维兹·尼卡哈为首的这些年轻人的物品中找到了一些文件，证明他们曾组建了一个地下政治组织。很明显，这位失败的刺客曾是第二国民阵线的成员，尼卡哈和他的同党们曾是伊朗学生（以留欧美学生为主）联合会成员，直到当时伊朗学生联合会还在从事合法的反政府活动，还没开始其推翻政权的斗争。

在庭审中，尼卡哈进行了勇敢而不妥协的辩护，而且突然发现自己成了年迈和年轻、传统和现代人士的偶像，这些人受惠于石油红利和经济增长，却越来越与国家疏离。因此，历史悠久的国家—社会对抗达到了它的顶峰，自相矛盾的是，由于收入增加、白色革命、伊朗作为地区大国的国际地位和受到国际社会更多承认的事实，国王相信他深受欢迎。一如既往的，笑话、逸闻和谣言汹涌而来，以不同的方式和程度猛烈地抨击国王、王室和整个政权。

最初的谣言是年幼的王储生来又聋又瞎。当王储与朋友们玩耍的画面出现在电视屏幕上时，民间有传言说他的声音是由别人配的。1967年国王迟到的豪华加冕礼引来了新的谣言，说王太后已经去世了，为了不打断庆典，她的尸体已经进了太平间。加冕仪式当晚，王太后在电视上出现在欢迎王室成员和其他人的晚宴上，造谣者们宣称那只不过是一个机械玩偶，用以欺骗公众。在为庆祝波斯帝国建立2500周年而举行的不得人心和铺张浪费的国际庆典上，国王在居鲁士墓前发表了演说，国王说了一句名言："安息吧，居鲁士，因为我们醒着。"次日笑话就传开了，说一个男人发现另一个男人与他的老婆同床，他问道："你这混蛋是谁？"对方回答说："我是居鲁士。""啊，"他回应道，"既然如此就安息吧，因为我们醒着。"

如此负面和充满敌意的谣言和逸闻，在任何冲突激烈的社会中都是十分常见的。它们的频率、持续性和烈度——最重要的是——所有社会阶级都对此喜闻乐见，揭示了此时伊朗社会对国家的敌意到了何种程度。到了20世纪70年代，敌意已达到了如此的程度，以至于社会片面地否定国家做出的任何贡献。非但如此，他们有组织地认定国家取得的每个成就都是失败。因此，国家被认为天生就不能为社会做任何好事。日益增长的福利、更高的消费、更多的就业机会和教育的迅速发展，几乎都完全来自国家的直接和间接开支，这不仅被视为理所当然，还被斥责为微不足道，不过是让一小撮人发财和腐败的阴谋措施而已。

这些无端指控在两个特别的事件中达到了顶峰。如前一章所述，一个联合国代表团在报告中说巴林人民希望他们的国家在英国撤离之后完全独立，冗长的对英谈判导致伊朗于1971年承认巴林独立。此后，伊朗海军占领了伊朗声称拥有主权的三个岛屿——大、小通布岛和阿布穆萨岛。在当时的形势下，占领三岛是了不起的成就。然而伊朗人民简单地视之为政府与其"英国主子"的阴谋。不仅如此，他们甚至为国王安了个侮辱性的头衔——"内裤的征服者"，因为通布岛的波斯文复数形式也有"内裤"的意思。

另一起事件在前文中也提到过，即历史性的"油价革命"，国王在使石油价格翻两番的过程中扮演了重要角色。从纯物质的角度看来，这是一个卓越的成就。但伊朗人总体上对此不以为然，认为此举无非是国王按照其“美国主子”的命令行事而已。

几十年来，伊朗知识界和知识分子一直因社会和经济的欠发达状态谴责国家，严厉批评政府与宗教界的联系，要求实现更大程度的世俗化。对国家的常见嘲笑包括“这个国度甚至得进口针”，指责伊朗缺乏现代钢铁工业。他们要求实现现代化、工业化、社会和经济发展，达到西方标准的物质和文化消费水平。但是，一旦国家开始切断其与宗教和传统势力的联系，投资现代工业和鼓励西方文化，知识分子们就开始改变立场，投身于相反的阵营之中。他们认为这不是自己希望看到的发展，而是对西方帝国主义的依赖，由“买办资产阶级”操作，其他资本家则依附于西方，为西方利益服务。土地改革按照美帝国主义的指令行事，这既预示了社会革命的危险，也为西方消费品提供了更好的市场环境。

最彻底的世俗派知识分子中的许多人——事实上包括所有左翼分子，其中绝大多数是马克思列宁主义者——开始意识到伊朗的宗教文化和传统的优点，公开谴责西方的冲击，提倡文化本真性和“本土主义”。[6]术语gharbzadegi和gharbzadeh（译法各异，分别指西方化和西方的冲击）被贾拉勒·艾哈迈德用来攻击西方的文化和政治经济影响，事实上它们成了所有阶级成员的日常用语，被用来谴责国家的工程和决策，也包括他们不喜欢的任何人和事物。在1970年的巴黎，一位伊朗经济学家与一位伊朗物理学家发生争执，后者争辩说英国的经济问题表明，英国正在变成欠发达国家，前者吼着回应道:“不要受西方的影响！”现代主义作家和知识分子萨迪克·希达亚特在20世纪70年代几乎被人遗忘，这是个极具象征性的事件；直到20世纪60年代初期，对他的话语的正确或不正确的引用都能终结任何辩论。他被贾拉勒·艾哈迈德——或者如所有人称呼的，叫他“贾拉勒”——取代，直到革命之后他依然如希达亚特那样被视为一贯正确的人。

下文将阐述这些发展的历史。上文简要介绍的目的是强调社会与国家在各方面越来越紧张的关系，以及国家和知识分子在欧洲主义、现代化、传统和现实这些问题上立场的转换。由于与国家的对抗还在继续——在独裁体制转变为极权和专制统治期间甚至加剧了——知识分子不得不从鼓吹现代化和发展，转变为鼓吹现实性、宗教和回归自我，他们认为这些和他们支持的左派意识形态诉求之间并没有真正的冲突。[7]

由于上层阶级和国家机关中伪现代主义思潮的泛滥，探索本真性和对盲目追求欧洲主义的批判，至少能够追溯到20世纪二三十年代。到了20世纪60年代，主要由于国王在其统治末期的高度专制统治，以及盛行的美国精神和雅利安民族主义，这些探索和批判开始对知识分子和现代中产阶级造成严重影响。但是这也受到地区和国际因素的推波助澜。最近美苏两大国的和平共存政策让第三世界国家大失所望，尤其是那些被苏联"拯救"的中东国家，当时甚至叙利亚和伊拉克的独裁政权都是苏联的客户。

虽然在第三世界的左翼精英中，毛泽东思想颇有影响，但还并不足以代替许多人对苏联解放的憧憬。在存在伊斯兰运动的阿拉伯国家中，例如埃及的穆斯林兄弟会，共产主义和民族主义——本质上都是现代欧洲历史的产物——悄无声息却越来越多地让位于伊斯兰教的政策，以至于到了20世纪60年代末，巴勒斯坦问题已成了一个至少与阿拉伯问题同等重要的伊斯兰问题。当然多数伊朗人是这么认为的。到了1968年，当伊朗国家足球队在亚洲杯决赛中击败了以色列队后，不仅德黑兰街道上出现了自发的游行和欢庆，许多出租车和私家车都打开了车灯，而且更重要的是，人们喊出了许多政治性和反以色列的口号。在伊朗，这样的地区和国际因素，不仅塑造了虔诚穆斯林的态度，而且塑造了知识分子和现代主义者的态度，他们与国家的立场发生转换，开始抗拒西方主义，寻找他们自己文化的本真性，当然绝大多数本真性都来自伊斯兰教。

本真性，回归本源和自我

早期发展

现代化和西方化运动在20世纪初期甫一开始就遭到了各种现代和传统的中产阶级作家、学者、知识分子和活动家的批评。谢赫·法兹卢拉·努里几乎完全反对现代理念和机构，甚至反对出版报纸，他的反对没能产生广泛影响，虽然他对西方文明崛起的预言，不仅在传统的宗教人士和来自其自己教派的批评者中存在，也在现代评论家之间流传，不管这些人戴不戴头巾。

艾哈迈德·卡斯拉维曾是著名的宗教学者和传教者，后来改行做了律师，成了什叶派和什叶派教会的激烈批评者，他还是对正在伊朗兴起的欧洲主义和现代主义的第一个现代批评家。他是一位坚定的立宪主义者、反教会斗士，尽管如此他依然受到赛义德·贾迈勒丁·阿萨达巴迪（即阿富汗尼）、马尔库姆汗、米尔扎·阿加汗·克尔曼尼（见第7、第8章）、他的朋友和同时代知识分子侯赛因·卡齐姆扎德的影响，在1922年到1927年间，后者在柏林出版了知识刊物《伊朗帝国》。他的观点简单而明确：现代技术和世俗化将导致各地无视宗教和道德堕落，伊朗应该获得免受现代欧洲腐蚀、抗拒"欧洲主义"的必需品。他的观点与让-雅克·卢梭相似，简单地说，卢梭相信物质进步和科学发展将导致道德堕落，而非实现人类的更大幸福。

卡斯拉维写于20世纪30年代初的文章具有全球视野：东西方没有根本性的道德差异，除了欧洲的机器时代曾引发道德沦丧和不幸生活。"现代欧洲的发明增加了人类的福祉吗？"卡斯拉维问道，"很不幸并没有！"他回答道：

实际上，他们带来的这些发明和必然的变革，给人类带来了越来越多的烦恼……我们自己清楚地记得二十年前我们曾享受过的安宁生活，那时我们还过着自己的东方式生活，并且知道我们面对的困难，即我们受到西式生活的毒害。而这仅仅是开端。[8]

他继续说道：

欧洲宣称机器减轻了人类的痛苦……机器的这种好处是不可否认的。但是它们为世界带来的损害同样不可胜数。必须承认，如果机器能解放双手一百次，它为心灵带来的伤害就有一千次。[9]

他继续争辩说，自从欧洲开始发明机器，反对宗教的浪潮就兴起了："现在，信仰缺失是东方各国从欧洲带回给同胞的礼物之一。"[10]

他们会问："该怎么办？"我们说："我们必须将目光从欧洲转回我们古老的东方生活。政府必须警惕欧洲，并意识到欧洲人对东方的企图，这样政府才能保护自己的国家。政府应该获得新近发明的战争物资以及对政府和行政机构有益的一切，制定必需的法律。但是人民必须将目光从欧洲移开。"[11]

在20世纪30年代，卡斯拉维开始公开他的批判性观点。赛义德·法赫尔丁·沙德曼是一位在欧洲受教育的知识分子和持有温和宗教观点的政治家，在其一篇发表于20世纪40年代的针对伊朗欧洲主义的批判性文章中，他谴责伊朗被欧洲文明"征服"，但此文更是一份"自我更新"的计划，其中涉及了"与当下欧洲文明进行对话"。[12]

卡斯拉维对世俗主义和现代主义的批评基于他自己的道德规范和革新后的宗教信仰，什叶派改革者和活动家们——这些人攻击卡斯拉维但也受其观点的影响——坚定地奉行传统什叶派教义并接受其领导。在礼萨沙逊位后的20世纪40年代，库姆、德黑兰和其他地方的新生宗教改革者们曾发表文章，认为伊斯兰教能够完全符合现代化、科学和技术发展的需求，因此穆斯林没有必要以现代化和发展为由，模仿欧式的道德标准和社会习俗（见第10章）。他们强调伊斯兰和基督教教会的区别在于，只有后者才必须为西方世俗模式的信仰和实践让路。不仅如此，他们还强调，伊斯兰教能提供组建和运作一个现代政府和行政系统所必需的全部方法。但他们没有提出一个伊斯兰政府应该由什叶派教士本身来维持。正在库姆神学院教书的阿亚图拉霍梅尼参与了这个过程——尤其是与卡斯拉维的论战——但他当时也没鼓吹要建立一个伊斯兰政府。

马赫迪·巴扎尔甘是一位呼吁伊斯兰教能够适应现代科学成就的重要人物，他是巴黎综合理工学院的杰出毕业生、德黑兰大学教授，他不仅相信现代伊斯兰政府的可行性和必要性，还进一步认为伊斯兰教完全适应于民主。如我们已经看到的，他是穆罕默德·摩萨台的一位著名支持者，还是宗教界、摩萨台自由运动和第三国民阵线的领袖，他的最后一个身份使其在20世纪60年代被军事法庭审判并投入监狱。

艾哈迈德

正是在这种背景下，贾拉勒·艾哈迈德的《西方病》于1962年出版，其作者身份、创作时间和具体构思都很新颖，并且在几年间开始对知识分子和公众的心理造成某种前文已经大致论述过的影响。艾哈迈德出身于一个宗教家庭。他在二十岁时曾造访过圣城纳杰夫，并几乎成了一位宗教学者，但在返回德黑兰后不久就成了一位伊斯兰教活动家，加入了艾哈迈德·卡斯拉维的圈子，后来又在二十三岁时加入了人民党。1948年人民党分裂时，他已经是一位著名活动家，后来加入了支持摩萨台的工人党和哈利勒·马利基领导的第三力量党，但在1953年政变后放弃了政治激进主义。他是一位职业教师，在四十岁那年出版《西方病》一书时，也已是一位著名作家和记者。[13]

《西方病》出版于1963年六月暴乱之前，当时（特别是1961年大阿亚图拉布鲁杰迪去世以后）宗教界出现了更多针对社会和政治形势的批评。因此无论是该书的出版时间，还是作者身为一位精通欧洲文化的左翼知识分子的身份——他翻译过阿尔贝·加缪、让-保罗·萨特和安德烈·纪德的作品——都让这本书在宗教界和世俗界均获得了异乎寻常的成功。

在书的开始，艾哈迈德把西方冲击比作一种病，这是宗教和世俗界批评者都已经很熟悉的论调，被穆罕默德·塔瓦库里-塔尔基称为批判性文章的医学化[14]:"我认为西方病就像霍乱……它有两个头。一个是西方，另一个是受到西方冲击的我们自己。"[15]艾哈迈德准确区分了社会文化背景和倾向，导致在其论述中出现了不同的，有时相反的论调，这在社会和政治领域具有广泛的吸引力。他对伊朗受到的西方冲击进行了攻击，还引用了纳博科夫的《洛丽塔》和英格玛·伯格曼的《第七封印》——它们都于最近出版和上映——作为西方本身也存在相似问题的证据，给具有批判思维的读者（他们的人数并不多）留以空间，让他们思考这是伊朗特有的苦难还是现代社会普遍存在的异化问题。1962年他访问伦敦期间，我向他指出，他在这本书中攻击现代技术或"机器"的统治，他完全否定我的说法，说他几乎爱上了希尔曼·明克斯汽车。我回答说，在这种情况下他必须带着他的每一本书向读者陈述他刚刚向我解释的话。确实在其论述中的某些地方，他对"机器"的批判看起来像是反帝国主义的老生常谈，即第三世界国家作为现代技术的消费者而非生产者受到了伤害：

因此，西方病是一个时代的特征，那时我们还没有得到机器，也不理解它们的结构和制造方法。西方病是一个时期的特征，那时我们还没熟悉机器产生的先决条件——新的科学和技术。当我们被迫使用机器的时候，西方病是我们这个历史时期的特征，因为市场和经济以及进出口石油产品要求我们使用机器。是什么造就了这个时代呢？[16]

艾哈迈德与卡斯拉维不同，他不探讨宗教或道德问题。也不像巴扎尔甘、沙里亚提和霍梅尼，他并不赞成这种或那种形式的伊斯兰化或受伊斯兰教影响的政府。但他争论说，知识分子和其他现代持不同政见者不得不积极支持宗教领袖和团体，以此引发激进的政治变革，他相信这是宪法革命和摩萨台的国民运动成功的奥秘所在。但他既批评了知识分子中的世俗主义（如果不是反教权主义）倾向，也批判了主流宗教团体中的“寂静主义”倾向，他预言如果他们齐心协力，就一定会促成根本性的变革。在他的下一本书中，他探讨了“知识分子的效忠和背叛”，他为阿亚图拉霍梅尼在1963年起义中的领导角色及其后继活动鼓掌喝彩，那时霍梅尼已经流亡出国——虽然他温和地驳斥了这位阿亚图拉对戴头巾的歌颂。[17]

1968年，艾哈迈德死于严重的心脏病，终年四十五岁。尽管他的妻子、著名女作家西明·达涅什瓦尔亲眼见证了他的死亡，人们依然坚信并广泛宣传说他是被萨瓦克杀害的。这样的谣言十分常见，在革命之后也不断出现。深受欢迎但持不同政见的摔跤冠军古拉姆礼萨·塔赫提也同样被误认为是死于萨瓦克之手，而且公众对此深信不疑。[18]

沙里亚提

阿里·沙里亚提也对年轻的活动家们产生了深远的影响，他不像艾哈迈德那样笃信宗教的领导地位。事实上，他更相信没有教会的伊斯兰教和什叶派教义。虽然他带来的影响是根本性的——这一点不太准确，有时他被描绘为伊朗革命的理论家，但与艾哈迈德不同，他对世俗主义者的吸引力远远小于对传统主义者的。沙里亚提的社会和知识背景与艾哈迈德有些共同点。他的祖父是一位教士，他（极为尊敬）的父亲是一位宗教观点和道德品质都备受尊敬的教师，他和他的父亲都是支持摩萨台的活动家。另一方面，他对参与左翼政治活动毫无兴趣，他并非世俗化知识分子，他拥有文学和新闻学文凭，还是虔诚的穆斯林。

1933年，他生于呼罗珊的马兹南村。年轻时他参与了支持摩萨台的政治活动，政变之后因若干案件而一度被囚禁。1955年在马什哈德大学获得学士学位之后，他用政府提供的奖学金前往巴黎大学深造，获得波斯文学博士学位。数年的巴黎生活让他受益匪浅，他广泛阅读了宗教哲学和社会科学书籍，并学习了这些科目的课程。他尤其受到路易·马西尼翁（伊斯兰研究）、乔治·古尔维奇（社会学、反殖民主义和人权）、弗朗斯·法农（第三世界主义和寻根）和让-保罗·萨特（存在主义）的影响。旅欧期间，他曾一度参加了伊朗学生联合会、第二国民阵线的欧洲分支和伊朗学生们发起的自由运动。

1963年他返回伊朗后在大学任教，成为深受欢迎、富有魅力的演说家，尤其是在他加入“侯赛因指南”之后。后者是德黑兰一个颇受欢迎的论坛，主要进行革新和非正统的宗教研究和崇拜，它的赞助者包括马赫迪·巴扎尔甘和阿亚图拉穆塔哈里（霍梅尼的一位著名学生和支持者）。在20世纪70年代，沙里亚提曾几度入狱，最终于1976年设法去了英国，他的朋友、家人都在那里，1977年6月他在南安普敦因严重的心脏病去世。公众一如既往地普遍相信他死于萨瓦克的谋杀。[19]

沙里亚提的著作主要是他的谈话和演讲记录，多达数十卷。他是一位多产的、带有先知风格的折中主义思想家和宗教改革者。他强调，为了给伊斯兰社会带来彻底的改变，伊斯兰教能够并应该变成足以与现代意识形态做斗争并获胜的意识形态武器。20世纪六七十年代以来，各种类型的马克思主义在伊朗和其他国家的年轻人中广泛传播，因此在试图提供除此之外的另一种选择时，沙里亚提借用前者的概念和范畴并表达从其中产生的政治情绪便不足为奇了，虽然他使用了自己的方式。他走得如此之远，以至于声称“伊斯兰教的社会经济秩序是基于崇信真主的科学社会主义”。[20]他在道德和精神框架内，使用辩证法来解释人类历史的进程。据一位他的著作的批评者的说法，这或许是沙里亚提受到马克思的社会科学而非哲学和政治学的影响的原因。[21]然而，正如他的传记作家所说：

> 尽管提出了一种当代的、进步的、社会主义的伊斯兰教教义，沙里亚提还在与一种完备的意识形态进行斗争，并且介入武装斗争之中……沙里亚提相信，关于激进伊斯兰意识形态的构想，是通往社会变革的第一步和最重要的一步。[22]

正如某些评论家愿意相信的那样，沙里亚提在前往英格兰前不久在德黑兰以他的名字出版针对马克思主义的读物似乎是权宜之计，但它们的本质几乎与他的思想或政治观点没有冲突。[23]按照他的观点，“伊斯兰教，尤其是什叶派伊斯兰教是激进的意识形态，在革命斗争、阶级斗争，反对封建主义、资本主义和帝国主义方面都更有竞争力”。[24]

比起沙里亚提的意识形态分析，他关于伊斯兰教、社会和社会变革的简短论述在吸引青年男女成为其拥趸方面更为有效。后者大多出身于传统的宗教家庭，他们在伊朗和其他地方受到现代世俗环境影响，正在试图保持他们的宗教情感，然而与此同时还在探索现代、进步的思想和行动路线。他严厉批评保守派宗教领袖，提出“两种不同的伊斯兰教”，并且对阿里的什叶派教义和萨非王朝的什叶派教义进行了区分，认定后者就是当时存在的什叶派教义，他还认为后者是虚假和反动的。[25]

由此他对比了他对革命的伊斯兰教教义和什叶派的伊斯兰教教义的看法。另一方面，与当时盛行的，强调伊斯兰征服前的伊朗历史的官方民族主义相反，“回归自我”意味着重返纯粹的什叶派和伊斯兰教根基：

> 当我们说“追根溯源”时，我们其实是指追溯我们的文化起源，在伊朗，这并不是指追溯到前伊斯兰时代，那时伊朗多数人还没受到感召。因此对我们而言，追寻起源并不意味着重新发现前伊斯兰时代的伊朗，而是追寻伊斯兰的起源。[26]

总而言之，沙里亚提提倡一种具有现代面貌的革命的伊斯兰教，希望回归一个理想化的早期什叶派文化和传统——一种事实上不存在乌莱玛的什叶派教义，但这也受到当时欧洲知识和政治发展的影响。他这种辩证、对抗和实践导向风格，在很大程度上影响了其年轻的追随者们。例如在他的不计其数的演说之一中，他说：

> 我……正在期待……一场我必须参与的革命；一场没有宗教仪式的革命……只有一面旗帜和一把剑，一场所有有责任感的信徒都参与的战斗。我相信这场运动一定会获胜。[27]

霍梅尼

在20世纪60年代晚期和70年代时，宗教和伊斯兰主义观点和情绪开始出现，当时阿亚图拉鲁霍拉·霍梅尼已经成为一位闻名全国的反对国王政权的人物（见第10章）。1900年，霍梅尼生于一个中产阶级教士家庭，自幼父母双亡，在其家乡霍梅因（位于德黑兰以南约300公里）的一所传统学校就读，后来又前往阿拉克和库姆求学，成为一位穆智台希德和库姆神学院的教师。他是一位严肃、刚正但灵活的人，时代和环境将他塑造为一位质朴的家长式人物，但他总是按照他认为合适的方式讲话和行动。时间会证明他将发表自认为符合伊斯兰教利益的言论并采取相应的行动，无论他自己和其他人将为此付出什么样的代价。

他所思考的不仅涉及伊斯兰法律、法学等传统领域，还包括伊斯兰哲学和神秘主义，他对后者的讲授没有获得更正统的神学院学生的认可。[28]当库姆神学院处在“寂静主义者”玛尔加哈吉·谢赫·阿布杜勒卡里姆·哈耶里和大阿亚图拉布鲁杰迪的领导下时，他并未公然积极参与政治。但有证据表明，即便在20世纪40年代时，他本人也不是“寂静主义者”，而且他还充分地意识到宗教领导和社团在政治领域的重要性。与20世纪40年代的某些宗教改革家相似（上文和第10章已述及），他对世俗主义的批判带有现代性的光环。这在其撰写的《揭秘》（1943）一文中可以得到明显的印证，此文是对艾哈迈德·卡斯拉维的一位门徒的批判，虽然在文中并没有鼓吹直接由乌莱玛进行统治，但他坚持认为伊斯兰教完全能够治理一个现代国家。[29]

从流亡纳杰夫时起，霍梅尼与他虔诚的前学生们，如莫尔塔扎·穆塔哈里（后来成为阿亚图拉）和侯赛因阿里·蒙塔泽里（现在是大阿亚图拉）以及越来越多的信徒和追随者们保持着密切的联系，霍梅尼回复他们的书信，回答有关宗教和政治的问题，鼓励他们尽其所能地与政府进行斗争。

早在1967年4月，霍梅尼给首相霍维达写了一份措辞严厉的信，此信在他的追随者手中广为传播。他指控霍维达缔造了“最暴虐和专制的政府”，采取行动反对伊斯兰教并让伊朗停留在“落后状态”。“你否认你在准备［波斯帝国］2500周年庆典中可憎和不文明的行为吗？”他问道。这封信以向联合国和人道主义团体的呼吁告终，他在结尾处警告道：“或许……统治阶级和专制政权能在为时过晚之前醒悟。”[30]

这样的信件、联系和信息在伊朗的霍梅尼门徒和追随者中产生了强烈影响，对伊朗政治和什叶派教义产生最深远的长期影响的是霍梅尼的“法学家统治”理论，这个理论是在流亡纳杰夫期间成型的。传统的什叶派国家理论坚持认为，真正和合法的政府仅仅属于伊玛目，所有世俗政府都是不公正的，并且都建立在篡权的基础之上。不仅是“寂静主义者”，连活动家们——如谢赫·法兹卢拉·努里和20世纪40年代鼓吹建立伊斯兰政府的人——都相信乌莱玛应该避免直接参加政府。最终拯救在于马赫迪的降临，马赫迪是当代的伊玛目和时代的守护者，在其不在时，乌莱玛必须教化和引领信众们，整个什叶派社团必须等待和祈祷马赫迪来肃清世界上的腐败和不公。

在这样的背景下，阿亚图拉霍梅尼的新理论与政治、宗教革命无异。他强调说，伊玛目不在期间，能够也应该有个由乌莱玛领导的伊斯兰政府，正如先知穆罕默德在他的时代统治伊斯兰社团一样。[31]很显然这不是现有政治框架下的伊斯兰政府，而是一种全新的体制：

> 伊斯兰政府并非任何现有的政府形态。例如，它不是一个国家首脑能任意处置人民生命和财产的残暴政府……不是一个只要他愿意就能处死任何人，只要他愿意就能赐予土地、分配人民的财产和财物的政府……伊斯兰政府既不暴虐也不极权，而是立宪政府。

然而他强调，伊斯兰政府“不是当前字面意义上的立宪政府，那是基于由多数人认可的法律的政府。伊斯兰政府的立宪是指统治者应服从一套特定的条件，后者以《古兰经》和最尊贵的使者的《圣训》为出发点”。[32]

他将君主政权和“万王之王的秩序”等同于专制统治，并继续阐述道：

伊斯兰政府并非君主制的某种形式，尤其不是一种帝国体系。在那种政府中，统治者高踞被他们统治的人们及其财产之上，只要愿意就可以完全支配他们。伊斯兰教与这种政府形式和统治方法没有任何关联。[33]

另一方面，伊斯兰国家的主权源于真主，伊斯兰律法居于人民和政府之上：

伊斯兰政府是一个法治政府。在这种形式的政府中，主权唯属真主，律法是真主的判令。伊斯兰律法、圣谕对所有个人和伊斯兰政府都拥有绝对的权威。[34]

霍梅尼进一步强调说，认为先知和伊玛目的政治权力远大于法学家的想法是错误的。他们在精神事务方面的优势地位并没有赋予他们更多政治上的权力，在政府事务中，法学家拥有与他们同样的权威和权力：[35]

现在我们身处伊玛目隐遁的时代……保留和维护与政府相关的伊斯兰法令、避免无政府状态是必要的。因此，建立［伊斯兰］政府也是必需的。[36]

至于乌莱玛，他说他们最重要的职责是捍卫伊斯兰教，这远比祈祷和斋戒重要。为了完成这一职责，“有时必须流血”。要想成为先知真正的继承者，仅仅向人民宣传伊斯兰教是不够的：“不要说‘我们要等待，直到现世的伊玛目降临’。你认为可以将祈祷推迟到伊玛目降临的时候吗？”[37]

伊斯兰政府只能通过采取直接行动来实现。这里的信息远远超出了什叶派世界，并延伸到整个伊斯兰世界：

> 为了使伊斯兰人民赢得团结和自由，我们必须推翻由帝国主义者们建立的压迫性政府，建立一个为人民服务的公正的伊斯兰政府。[38]

在伊斯兰革命之前，这位阿亚图拉的小范围之外的人们对这份宣言一无所知。然而如前文所述，它既大胆地鼓吹革命和建立伊斯兰政府，也鼓吹以公开和明确的方式行动。

霍梅尼在伊朗的追随者们活跃在神学院、清真寺、伊斯兰社团、古兰经学习团体，扩大范围的话，还存在于巴扎和其他传统商业团体之中。伊斯兰组织联盟是早期的伊斯兰主义政治团体之一，它的部分成员和活动家后来成了伊斯兰共和国的显赫人物。霍梅尼在宗教团体中的某些追随者，如阿亚图拉穆塔哈里，致力于教学和出版，参与前文提及的"侯赛因指南"论坛活动——这是一个集会和讨论的创新场所，虽然它不完全是伊斯兰主义者的聚集地，它的观点更接近巴扎尔甘的自由运动。包括阿亚图拉蒙塔泽里、阿里·阿克巴·哈希米·拉夫桑贾尼和赛义德·阿里·哈梅内伊在内的其他追随者则边教学边传教，也常因激进身陷囹圄。

两位下级乌莱玛以完全不同的方式，在20世纪70年代先后产生了深远影响。其中赛义德·穆罕默德·礼萨·赛义迪是霍梅尼的一位热心追随者，还是德黑兰一个传统地区的激进传教师。他和他的教众在某些时候遭到萨瓦克的监控。但是，正是他在萨瓦克的监狱中的死亡，对政权的反对者们产生了巨大的政治冲击，大大提高了伊斯兰运动的声威。伊朗和西方的反对派和人权活动家们，都确信他死于酷刑折磨，尽管萨瓦克的对外报告坚称他是自杀身亡。[39]

宗教学者萨利希·纳杰菲巴迪是另一位造成了巨大宗教和政治冲

击的低级神职人员，这主要体现在其激进思想而非行为上。左翼人士和宗教反对派不仅在实践中，而且在他们的一些口号和术语中已经表现出一些相同的特点，作为其标志的一句被认为是伊玛目侯赛因的名言“人生的全部意义在于拥有原则并为之而战”已经广泛出现在宗教和左翼斗士的文章和公开讲话中。纳杰菲巴迪强调说，在世界各地革命思想和事件涌现的背景下，伊斯兰主义者和左翼人士的抗争并非独立事件，侯赛因在卡尔巴拉的历史性殉难是这位伊玛目决心反抗一个非法和不公正的政权的结果。他写了一份摘要：

> 抛开殉难的神性和宗教方面，这位殉难者之主——愿真主赐予他安宁——的行为从理性传统和社会法律的视角来看，也是必要和不可避免的，即使抛开他的伊玛目身份，作为一位老练和明智的政治家，他的行为也会被看作是最明智和最现实的……作为伊玛目，侯赛因本人说：“我在这场斗争中的行为将为你们树立典范。”因此，穆斯林们必须理解和追随他的行动。[40]

这个对卡尔巴拉殉难的诠释冒犯了保守的乌莱玛，这主要是出于职业方面的原因，虽然针对它的反驳文章的出版可能也受到保守的政治动机的推动。这是对革命行动的邀请，包括左翼人士和反对派在内的激进分子并没有忽视其意义。勇敢且激进的马克思列宁主义记者和诗人霍斯劳·古莱索尔希在1974年的一次军事审判后被行刑队枪决，此前他曾在法庭上宣称：

> 毛拉侯赛因是我们今天的榜样，我们冒着生命危险为这个国家的受剥削者奋斗，因而受到这个法庭审判。他属于少数人，而叶齐德拥有王家法庭、军队……［侯赛因］反抗后殉难了……许多民族追随毛拉侯赛因的路线前进，而且还在继续追随。正是在

> 这条路线上，在一个马克思主义社会中，真正的伊斯兰教可以被证明是一种上层建筑，我们都支持这样的伊斯兰教——毛拉侯赛因和毛拉阿里的伊斯兰教。[41]

因此在革命后双方事实上不可避免的冲突爆发之前，马克思列宁主义者和伊斯兰主义者联合起来反抗巴列维政权也就不足为奇了。

左翼运动和思想

不满、反抗和冲突主要都源于国内因素，即使对那些认为国王不过是美国代理人并按照美国指令行事的人来说也是如此。尽管如此，国际革命运动和思想产生了深远影响，不仅传播政治革命的希望和理想，还激化了他们对革命的态度，影响了革命的形式和程度。20世纪50年代末，纳赛尔主义曾成功挑战了英、法强权。1962年，阿尔及利亚人从法国手中赢得了独立。1959年，古巴革命通过广泛的游击战争获胜，并且迅速与美国进入对峙状态。大约同时，美国开始在越南陷入漫长和痛苦的战争，并最终在1975年失败。1967年，以色列与其阿拉伯邻国之间的“六日战争”导致巴勒斯坦人掀起了新一轮的斗争浪潮，并极大地提高了其事业在伊朗民众心中的声望。与此同时，游击战争在拉丁美洲持续进行，埃内斯托·切·格瓦拉在1967年阵亡之后，成了全世界激进青年的图腾，以至于伊朗一位年轻的穆斯林革命者将其与伊玛目侯赛因相提并论。所有这一切对西欧和美国的战后一代产生了深远影响，引发了1968年5月的法国学生运动，以及20世纪六七十年代美国青年的反抗，所有这些反过来都激励着伊朗青年们寻求和支持革命思想和实践。

另一方面，1956年苏联对匈牙利革命的镇压，以及1968年华沙条约组织入侵捷克斯洛伐克推翻其合法和受欢迎的政府的行为，在伊朗几乎没有受到任何普通人乃至激进人士的批评。苏联等国个人自由权利的缺失和相对较低的生活水平被认为是西方的宣传，遭到马克思列宁主义者和多数政治群体的驳斥。原因很简单，作为上文已述及的原因的另一个事例，美国必须为国王政权负责。如果伊朗属于苏联阵营，公众的反应则会相反。20世纪60年代苏联与伊朗建立正常外交关系后，失去了大部分伊朗民众的好感。但美国并未从中获益，它依然必须为伊朗的极权和专制政府负全责。

在20世纪60年代以及70年代的大部分时间里，包括左派穆斯林激进主义者在内的伊朗左翼人士身处公开对抗伊朗政权的最前线。但是至少从事后看来，伊朗的左翼运动与其西方同侪有着明显区别：西方的这个分散的运动是由毛泽东思想和第三世界主义支配的，而伊朗国内的组织基本上坚持经典的马克思列宁主义的方法和态度。尽管如此，他们都反对国王，支持无产阶级专政。

这时候，除了在若干死硬分子中，人民党已经失去了公信力，他们中的一些人甚至为萨瓦克效劳，然而他们在感情上依然忠于这个党和苏联。最直接的原因是苏联与伊朗之间外交关系的建立，对此他们除了热烈欢呼外别无选择。与此同时，中苏论战公开爆发，为人民党成员——多数是在西方的伊朗学生——提供了另一种选择，为了保持革命的马克思列宁主义，他们不支持伊朗和苏联的新友谊。1962年，人民党党内就东欧问题产生了严重分歧，一些著名人物如艾哈迈德·卡齐米表现出斯大林思想倾向，而当时赫鲁晓夫仍然是苏联的最高领导人。与此同时，西欧的许多年轻党员及其支持者，由能力出众的学生活动家如帕尔维兹·尼卡哈领导，开始质疑党的领导层，并联系中国共产党。在这样的背景下，尼卡哈在德黑兰被捕并在军事法庭上进行了挑衅性的自我辩护，通过这桩标志性的政治事件，人民党中的毛泽东思想支持者们另起炉灶，组建了伊朗人民党的革命组织。

时值1965年初，当时第二国民阵线正在垂死挣扎并试图改组为第三国民阵线，但是如前文所述，它在伊朗境内被国王政权迅速镇压。它在西方也不再广受欢迎，部分源于绝大多数前阵线支持者不再属于这个党，部分源于——考虑到前文已述及的当时的世界革命思潮——马克思主义的流行。正在崛起的国际运动又促进了马克思主义的发展：它使人们能够在成为马克思列宁主义者的同时反对人民党和苏联并支持摩萨台。国民阵线和人民党中都出现了毛泽东思想的支持者，虽然它们不属于同一组织，却在伊朗学生联合会中找到了共同的活动基地。

随着伊朗学生社团于20世纪50年代在欧洲兴起，伊朗学生联合会于1959年在欧洲成立。在1961年于巴黎召开的第二次年会上，在美国的伊朗学生社团也加入了这个组织，并将其改名为世界伊朗学生联合会。与此同时，这个组织内部产生了裂痕，因为人民党的学生党员感到，与国民阵线和其他亲摩萨台的组织相比，他们将成为明显的少数派。在1962年的洛桑会议上，这一裂痕得到了弥补。到了1963年12月在伦敦召开第四届年会时，由于发生了白色革命和1963年六月起义，伊朗国内外的政治气氛变得非常激进。于是从1964年起，这个曾经只是对政治事务感兴趣的学生联合会几乎彻底成了一个政治组织。此后不久，由于人民党的分裂和第二国民阵线的解体，国民阵线中的毛泽东思想的支持者开始出现，正如我们所看见的，联合会成了他们的主要基地。很快这个联合会成了一个意识形态组织：到了20世纪70年代初，它遭到伊朗政府的取缔，事实上，除了公开自称成为马克思列宁主义者的人，任何人都不可能成为联合会的成员。在20世纪70年代该组织发生分裂，但其成员在意识形态方面都是马克思列宁主义者。[42]

联合会相当活跃且组织完善。它的活动包括组织演讲和会议、发行报告和访谈记录、公开游行示威、静坐，甚至偶尔还会占领设在西方国家的伊朗使领馆。他们在所在的欧美国家接触各政党、学生会、人权组织，为后者提供政治活动新闻、军事审判、酷刑折磨以及其他侵犯人权行径的消息，恳请他们的物质、社会和组织支持。他们的宣传斗争促进了人权团体的关注以及对伊朗政治自由缺位和侵犯人权行径的干预，这些团体包括大赦国际、伯特兰·罗素和平基金会、让-保罗·萨特的人权团体等。除此之外，他们向西方媒体提供不利于国王政权的宣传材料，相比之下，包括奥丽娅娜·法拉奇、《世界报》的埃里克·鲁洛和英国广播公司的菲利普·肖特在内的一些著名记者对国王本人进行的采访根本没有助益，一旦伊朗民众在1977年走上街头发动起义，这些现成的材料将产生巨大影响：1976年国王对法拉奇说，妇女不具备与男人同等的能力，她们“什么成就都没有，什么都没有！”[43]他还在1968年与鲁洛进行的一次访谈中攻击萨特本人，因为萨特反对举办波斯帝国成立2500周年的庆典。他在BBC最重要的节目《全景》的访谈中告诉菲利普·肖特，当一个人被“当场抓住”时，他就证明了自己有罪。[44]

大约同时，伊朗国内出现了两支武装游击队：“人民圣战者组织”和“人民敢死队”。“人民圣战者组织”最早出现于20世纪60年代中期，其最初的建立者是三名大学毕业生，他们曾是穆罕默德·哈尼夫内兹哈德领导的巴扎尔甘自由运动中的活跃学生。在领袖们遭到逮捕并被军事法庭判刑之后，尤其是在1963年六月起义遭到暴力镇压之后，与其他在伊朗和西方的年轻的异议者相似，他们认定武装斗争是唯一可行的路线。

然而在1971年，在采取任何实际行动之前，他们就遭到萨瓦克的打击，其领导和成员几乎全部被捕。在前五年的秘密活动中，他们主要进行了理论和组织上的准备，试图让他们的穆斯林和亲摩萨台背景适应现代革命理念、方法，后者几乎总是涉及某种意识形态分析。国王政权将他们描绘为伊斯兰马克思主义者，这当然是一种不实之词，但他们的愿景是将伊斯兰信仰与意识形态工具结合起来。只是在他们于1971年遭到大规模逮捕，随后又有许多主要领导人遭到处决之后，残存组织才开始进行游击斗争，主要是开展暗杀行动。实际上，在1971年席亚哈尔行动发生和“人民敢死队”出现之后，“人民圣战者组织”宣布他们“被迫采取行动……此举违背他们的意愿，而且他们还没有做好准备”。[45]1975年，意识形态冲突引发了其内部的争吵和暗杀行动，当时许多没有入狱的组织成员，后来将组织改名为“为自由而奋斗的伊朗工人阶级”。1979年，早年被捕但未被处决的马苏德·拉贾维获释出狱，继续领导这个组织。[46]

“人民敢死队”成立于1971年，是20世纪70年代主要的武装斗争组织。1971年2月，“江格尔”游击队袭击了位于森林密布的北方吉兰省的席亚哈尔的宪兵驻地，参与此事的绝大多数人被逮捕、审判和处决。之后不久，马苏德·艾哈迈德扎德和埃米尔·帕尔维兹·普扬领导的“人民敢死队”成立了。其中包括已经入狱三年的比詹·贾扎尼的残存部下。他们的基本意识形态框架与人民党相似。他们亲苏联，但是独立的，虽然对人民党曾经的领导持批评态度，但仍然认为人民党是伊朗最早的马克思列宁主义组织。[47]这在很大程度上正是贾扎尼的思想产生的背景，尽管在若干理论细节上存在区别，贾扎尼成了“人民敢死队”的主要理论家，并在去世后成为其最重要的意识形态导师。

回顾过往，比詹·贾扎尼可能是他的时代中伊朗最具影响力的理论家，其思想成熟于左翼第三世界主义在伊朗境外的伊朗学生和活动家群体中生根之前。穆斯塔法·舒阿延是当时另一位重要理论家，对苏联和列宁都持反对立场，但1976年在与萨瓦克的巷战中身亡之前，他的思想并没有得到广泛支持。[48]

贾扎尼生于1937年。他的父亲是一名宪兵军官，曾在阿塞拜疆自治政府的军队中作战，1946年自治政府垮台之后逃亡到苏联。他的母亲、舅舅们都是人民党党员，他本人在十岁时加入了人民党的青年组织。在20世纪60年代初，还是学生的他成了第二国民阵线的活动家，其间他曾数次入狱。以优异成绩完成哲学学业之后，他和亲友们建立了一家成功的广告公司，与此同时还组建了一个旨在从事武装斗争的秘密组织。1968年，在采取行动之前，他与他的一些战友被捕，后者中包括著名的哈桑·齐亚-扎里菲，在进行了大胆而雄辩的自我辩护后，贾扎尼被军事法庭定罪，判处十五年监禁。[49]1975年，贾扎尼、齐亚-扎里菲和另外七名囚犯——其中五人来自“人民敢死队”，两人来自“人民圣战者”——在狱中被萨瓦克军官处决，当局试图以此恐吓其他游击队员。[50]1977年，“人民敢死队”宣布，今后其活动将遵循贾扎尼的教导。[51]

贾扎尼亲苏联但坚持独立自主。虽然他对人民党多有怨言，但依然宣称哈利勒·马利基等苏联和人民党的主要批评者只不过是希望以“买办资产阶级”和美帝国主义代替封建主义和英帝国主义而已。[52]据贾扎尼的说法，在1953年到1963年间，封建和买办阶级结成联盟并掌权，后者吸收并压倒了民族资产阶级。白色革命之后，买办们压倒了封建阶级，伊朗政权变成了一个“附庸资本主义系统”，只有依靠美帝国主义的支持才能维持下去。他认定伊朗有五个不同的买办集团：商业、工业、金融、土地和官僚。[53]

尽管这种阶级分析十分牵强，但贾扎尼本质上依然是个左翼活动家，他认为鉴于政治活动缺乏可选路径，武装斗争是必要的。然而，与其主要理论敌人艾哈迈德扎德不同，他并不认为国王完全是美国的傀儡，也不相信20世纪70年代初的伊朗存在需要发动一场全面武装起义的革命形势。

在这部分的结尾，不妨提一下萨马德·贝朗吉。贝朗吉是一名左翼文学作家，还是所有年轻革命者——尤其是马克思列宁主义者——的偶像，他是散文家和将波斯文译作阿塞拜疆突厥文的翻译家，但他本质上是一位童话故事作家。他在死后被奉为伊朗的汉斯·克里斯蒂安·安徒生，其最负盛名的作品是精彩的童话《小黑鱼》，这是一个关于勇敢和坚定的小鱼的故事，它历经千难万险，从它所在的溪流中闯入大海，贝朗吉英年早逝后，这个故事获得了革命性的解读。他是阿塞拜疆人，1967年他的尸体被冲上阿拉斯河的河岸时，每个人都认定他是被萨瓦克淹死的，虽然事实并非如此。他因此成了20世纪六七十年代里最受欢迎的四个人中的第二位，其他三人分别是摔跤冠军古拉姆礼萨·塔赫提、贾拉勒·艾哈迈德和阿里·沙里亚提，人们普遍相信他们为了自由而被当局害死，成了殉道者。注意到以下几点很重要：塔赫提支持摩萨台；艾哈迈德是著名的世俗派知识分子和哈利勒·马利基的密友；贝朗吉是马克思主义作家；沙里亚提是伊斯兰革命理论家——这四人代表了不同社会阶级对政府的反对。

普遍的不满

这场革命有许多长期和短期原因，但如果政府拥有相当的合法性并在某些（至少是在有产阶级和现代的世俗阶层）社会阶级中拥有根基的话，社会不满都不会发展为整个社会对国家的反抗。

石油收入的增加带来了高速、持续、稳定的经济增长，在由此带来的高人口增长率中，一个新的社会阶级开始出现。这些新阶级脱胎于社会底层和传统阶层。如果没有生活标准的持续、普遍提高，他们的数量和社会重要性都不会提高得如此之快。他们由小商人、交易者、下层城市中产阶级、从小城镇来到首都和其他大城市的移民、富裕起来的农民组成，后者中有的依然居住在乡村里，有的已经移民到城镇。除了人口的增长，他们中的绝大多数人开始参与之前他们从未参与过的社会现代化进程。他们将自己的孩子送入中学，后者中有越来越多的人努力进入大学，有时还能获得国家奖学金前往西方深造。

然而他们不仅缺乏对国家的义务感和感恩之情，还出于许多原因心怀不满且难以驾驭。他们与包括受益于国家政权的阶级在内的其他社会阶级相似，相信他们生活水平的提高仅仅源于石油收入的增长，而并非归功于国家。相反，他们指出因国家受益的人们的财富增加得更多，国家和少数既得利益者的财富与多数民众之间的差距越来越大，绝对贫困依然存在，贫困线下的人数不断增加，这都是社会不公和腐败的证据。

在文化和宗教背景方面，他们也对国家和现代伊朗社会有疏离感。与礼萨沙统治晚期时不同，政府并不镇压宗教活动，如为卡尔巴拉的殉难者们举行受难表演和集会，也不禁止妇女戴面纱。另一方面，酒吧、夜店、夜总会的出现，以及越来越多的现代女性穿着迷你裙等服饰的习惯，都挑战着宗教人士和传统阶级的男男女女的敏感神经。绝大多数现代酒店、餐馆不接待佩戴头巾的妇女。此外，多数民众如今都买得起的电视机，正在通过其节目和演出在最大限度上宣扬西方的价值观、标准和习惯。这导致越来越多的宗教人士向他们的追随者宣告，看电视是一种罪恶。

于是在生活优越、受过现代教育、拥有社会信心的各个传统阶级中，发展出了一个庞大的共同体，他们认为国家是外来者和压迫者。他们中的年轻人多数持有革命态度，参加、支持或至少认同游击战和其他反政府活动。他们与其他所有反对派团体事实上都相信，现政权是西方的傀儡，因此将他们对政权的怒火扩展到西方国家尤其是美国，后者正是伊朗政府最强有力的盟友，在伊朗的影响相当广泛。

然而从自身利益的角度看，国王政权最大的失败之处在于它疏远了各个现代社会阶级，至少其中某些阶级应该成为政权的社会基础。如果该政权是一个专政政权而非由国王大权独揽，事实将会如此，因为随着一个政治团体参与到国家管理之中，政府会受益于批判性的讨论和建议，而反对派则无法统一起来并广泛存在。除此之外，反对派将会面对的并非国王一人，而是整个统治阶级，当形势不利时，后者会团结起来为自己的利益而捍卫政府。

不仅是传统的有产阶级或正在崛起的中产阶级职业者和中等收入群体，还包括其财富大多源于石油和国家的现代有产阶级，都越来越与政府疏离。他们没有任何独立的经济和政治权力，对国家的某些经济政策颇有微词，却没有任何渠道来表达他们的观点。对政权的批评，即使是温和和出于好意的，也是不可容忍的，私下的批评也不被允许。这是知识分子、作家、诗人、记者们反对政府的首要原因。不仅新闻审查制度很强大，即使是口头批评，只要遭到举报，也会迅速受到惩罚。

具有讽刺意味的是，1973年至1974年石油收入的暴增对国王政权非常不利。因为此举极大地提升了国王政权的自信，使其对公众的态度和行为更加傲慢且带有压迫性。更有甚者，新石油矿藏造成的经济后果和由此引发的政治决策引起了公众的广泛愤慨。油价翻两番几乎立即引发公众消费的大规模增加，包括第五个经济计划的开支预算几乎翻倍。国家和私人的收入直线上升，消费、投资也是如此，需求刺激推高了通货膨胀。与此同时，由于对许多产品的需求增加——从鲜肉到水泥——而国内供应无法满足，在财政充裕的情况下，供应短缺开始出现。进口未能充分缓解短缺，部分源于供货需要时间，部分源于在某些情况下，例如本地鲜肉供应问题，进口是不可能的，但主要是因为储存和运输设施的限制，这只能通过长期发展来解决。

不断发展的通货膨胀对房地产领域产生了深远影响，尤其是在德黑兰和各省会城市。尽管程度不同，但快速上涨的物价实际上影响了几乎所有人，只有极少数人得以幸免。许多流动性资产相对过剩的人将资金投入城市土地和房地产市场，这增大了对市场的压力，推高了房地产价格。另一方面，更高的收入增加了对房屋的需求，进一步推高了房价和租金，对年轻中产阶级的打击尤其沉重。为了缓和局势，政府发布指令，空置房屋必须出租，否则将被没收；这实际上是一纸空文，但它却引发了房地产所有者的恐惧和愤怒。到了1977年，谣言四起，说白色革命的下一步将是实现城市房地产的国有化。此说或许是编造的，但许多中产阶级民众却担心这将成为现实，因此感到十分不安。

然而，房地产困境中最大的问题是迅速增加的棚户区和“界外”住宅区。与众多第三世界国家一样，棚户区挤满了最底层的城市居民，其中许多人是刚刚从乡下进城的新移民。但从政治角度来看，“界外”住宅区的破坏性更大。这些贫穷卑微的民众的住宅建在官方划定的城市边界之外，用以容纳城市中快速扩张的贫民区。它们的居民通常是有稳定工作的百姓，如出租车司机，他们无力在已有的贫民区购房。在城市边缘之外意味着水、电和其他服务无法扩展到这些居住区。然而许多人仍设法在那里驻足，这导致政府派遣拆迁工人去将他们的居所夷为平地，于是这些边缘区域就成了战场。[54]

物价的普遍上涨还产生了其他后果，在包括商人在内的重要社会阶级之中，弥漫着愤怒的气氛。然而如前文所述，过度的政府开支是通货膨胀恶化的主要原因，而政府却将通胀归咎于部分生产者、批发商和零售商囤积居奇以牟取暴利。按照政府指令，许多商品降价了。一场反对“投机倒把”的公共运动开始了，上千名青年作为官方的复兴党的密探，被派往巴扎、商店和其他商业场所寻找投机者，并迅速对他们采取行政措施。上百名商人和交易者，包括一两位著名商人被捕。另一些人则被罚款。商店关张，贸易许可证被吊销。这些举措对缓解通胀压力收效甚微，但引发了传统和现代商人群体的愤怒。普通民众同样感到不满，他们将商人看作政府独裁政策的替罪羊。[55]

鉴于前文所述的各个社会阶级和团体中的不满的程度和范围，即将到来的革命拥有如此广泛的社会基础就不足为奇了。尽管如此，如果当局能够对早期的社会不满分别做出回应的话，抗议运动依然未必会引发一场全面的革命。

抗议运动

找到革命的确切起源总是很难的。1979年二月革命的起源，有时可以远远追溯到1953年的八月政变。但事实上，1953年到1979年间发生的许多事都能够阻止这场革命，其中比较重要的有1963年的起义、国王的专制统治以及1973年至1974年间油价的翻两番，后者进一步强化了政府的专制权力，并且误导了经济政策。因此，革命的长期起因可以回溯到20世纪60年代，当时上层和现代中产阶级被赶出政治体系；短期因素主要是石油收入的暴涨，导致整个社会事实上都疏远了国家政权。

讽刺的是，正是吉米·卡特于1976年11月当选美国总统，以及伊朗当局做出的迅速反应，助推了这场抗议运动。正如我们已经看到的，几十年来严重侵犯人权的证据——尤其是萨瓦克监狱中的酷刑折磨、任意逮捕和囚禁，军事法庭的不公正审判本质——逐渐由大赦国际之类的西方人权组织、出版物和媒体提供的报告揭露出来。1975年贾扎尼在狱中遇害，引发了针对当局的激烈负面宣传。对杰出知识精英的逮捕和折磨——例如著名作家和剧作家古拉姆侯赛因·赛义迪——在西方早已尽人皆知，严重损害了伊朗政权在西方自由团体中的声誉。[56]

大赦国际针对伊朗的第一个报告于吉米·卡特当选总统的同月出版，该报告密切关注着普遍存在的亵渎法律和侵犯人权的行径。[57] 1976年2月，一份关于伊朗酷刑的详尽报告出现在伦敦的审查索引目录上。通过复制《纽约时报》的摘录，这篇文章对美国的政治圈子造成了巨大冲击。卡特的一项重要外国政策是关注人权。它的主要针对目标是苏联和其他社会主义国家，也包括某些拉丁美洲国家如尼加拉瓜，这些拉美国家的独裁政权过去一直得到美国政府的支持。然而卡特没有对伊朗的人权状况发布任何公开评论，无论在他当选总统之前还是之后。另一方面，国王对民主党总统没有什么好印象，例如肯尼迪和恶感稍差的约翰逊，总体上他认为民主党当局是其政权的批评者。

1961年肯尼迪就任总统，促使国王容许一定程度的自由：随后经过1960年至1963年的权力斗争，他最终彻底掌控了权力（见第10章）。他对卡特采取了相似的直接反应。早在1977年，他就宣布结束伊朗的酷刑，到了这年8月，他又赦免了357名政治犯，允许国际红十字委员会探访伊朗监狱，还下令修改军事法庭的审判流程，包括使民事被告人获得选择民事律师的权利。[58]虽然出版审查依然很严格，却有可能出版某些主题的书籍，例如讨论伊朗农业面临的困难。

反对派们将这些视为国王软弱的一个信号，他们甚至相信国王是在卡特的严令下放松了高压统治的，虽然他们对潜在原因的分析多种多样，但通常都是异想天开的。他们高谈阔论着“国际形势的变化”，即美国对国王政权态度的变化。于是在1977年6月13日，从来没有过充分活动权利的作家协会，大胆地发布了一封要求基本权利的公开信。这封有四十位作家、诗人和评论家署名的公开信被提交给首相霍维达，要求官方授予他们公开活动的许可。随后在7月19日，99位作家联名发布了另一封主题相同的公开信。八天之前，一群著名的律师签署了一份公开声明，要求当局归还司法权并恢复法庭的地位。

几个月内，许多政治和职业协会得以建立或重组。其中包括马赫迪·巴扎尔甘领导的自由运动、卡里姆·桑贾比领导的新国民阵线、伊朗自由和人权保卫委员会和全国大学教师组织等。这些组织几乎都有自由—民主倾向，要求言论自由、实施宪法和恢复司法程序等。他们中既包括左翼分子（例如作家协会），也有持伊斯兰主义观点者（如自由运动），但是直到1977年11月的“诗歌之夜”后，极左翼分子和伊斯兰运动——后来致力于推翻政权——依然并肩战斗。

国王感受到了国内外的压力，于8月罢免了霍维达，改命贾姆希德·阿穆泽加尔为首相，后者是霍维达内阁中最出色的部长，还是石油部门代表，霍维达则取代最后死于癌症的阿拉姆，改任宫廷总管。看起来这是个老伎俩：1960年时，国王似乎遇到了相似的麻烦，国王撤掉埃克巴尔，代之以谢里夫·伊马米，以此平息国内外的风暴。事实上此举没能奏效，国王被迫违背本意，任命独立人士阿里·阿米尼为首相。从那时起时代变了，眼下的1977年是1963年以来进程的终点而非起点。尽管如此，如果国王用某个类似阿里·阿米尼的人物取代霍维达，可能还不至于爆发导致政权崩溃的全面革命。但与此相反，获得官方支持的文章将抗议运动归咎为美国的阴谋，而阿米尼则是美国的首席代理人。

与此同时，全国各地发生了一系列示威活动和大学罢课，随着抗议运动的持续，抗议的范围和频率都在提高。这些争取自由和人权的斗争依然没有号召彻底推翻现政权。11月，德国文学中心、歌德学院、雅利安·米赫尔科技大学举办的历时十个晚上的诗歌朗读会，将抗议运动推上了顶峰。在作家协会的组织下，上千人参加了这次被称为“诗歌之夜”的活动，直到第十个晚上，他们的活动才被警方驱散。[59]

还是在11月，国王对美国进行了国事访问，在白宫南草坪上受到卡特总统的欢迎，反对国王的伊朗学生与一小群对国王抱有好感的人发生了冲突，警察施放了催泪弹，使国王、卡特及其随员们在直播的电视前被呛得流下了眼泪。观众们还第一次听到白宫外抗议者喊出“国王去死”的口号，在不到一年的时间内，它将成为伊朗城市街道上最常听见的口号。国王回到热烈但正式组织的欢迎会上，几个星期后，卡特作为国王的客人在德黑兰庆祝了新年。在华盛顿和德黑兰，总统都完全支持国王，强调美伊之间的友谊与合作。国王回国后不久，大约一千名国民阵线的支持者在德黑兰城外的一所大花园里举行旨在联合世俗民主反对派的和平集会，集会遭到萨瓦克派遣的暴徒的袭击。[60]许多人在袭击中受伤，其中包括阵线领袖沙普尔·巴赫蒂亚尔，他注定将成为国王的最后一任首相。

革　命

如前文所述，直到此时，这场斗争依然类似一场抗议或改革运动，虽然确实有革命力量准备在合适的时机采取行动。第一个机会是当局创造的，他们利用媒体诋毁阿亚图拉霍梅尼。稍早时候，这位阿亚图拉在他的流放地纳杰夫（位于伊拉克）发表声明攻击国王，声称国王是美国的仆人，并号召伊朗人民不要停止对抗国王政权的斗争。攻讦霍梅尼的文章出自国王的命令，由信息和旅游部部长霍维达组织人撰写。1978年1月7日，文章在著名的半官方日报《信息报》上发表，署名是一个笔名，报纸编辑害怕公众的强烈反应，因为文章不符合他们的愿望。文章将霍梅尼描绘为黑（指英国）、红（指苏联）帝国主义的代理人，“一位冒险的教士，屈从于殖民主义中心”：

> 一个历史不清不楚的人，依附于最顽固和最反动的殖民主义代理人，他没能……获得伊朗最高宗教学位，正在不惜代价寻找机会从事政治冒险，以求扬名立万。鲁霍拉·霍梅尼是实现这个目标的合适人选，红、黑反动派发现他是最适合对抗伊朗［白色］革命的人……

由于霍梅尼曾“旅居印度且与英国殖民主义中心建立联系”，文章将其描绘为一个“印度赛义德”，并继续指出这位阿亚图拉

> 是［1963年］6月5日暴乱的煽动者，怀着实现红、黑两大帝国反动计划的目的，起来对抗伊朗［白色］革命……这表明，仍有人愿意让自己成为阴谋者和反爱国主义分子。[61]

圣城库姆的反应是迅速和愤怒的。刊载这篇文章的报纸被撕碎和焚烧。宗教院校和巴扎关门闭市。公众与国家安全力量发生了冲突，1月9日，官方的复兴党总部遭到袭击，造成人员伤亡，官方称有两人死亡，反对派称有七十人死亡，五百人受伤。

这是一个重要转折点。霍梅尼对国王的直接和公开攻击让他备受欢迎，不仅是宗教追随者，各色百姓也都仰慕他，仅仅是因为人们想听到，而霍梅尼是唯一有能力且愿意发出反对国王声音的人。库姆的反应表明，他在宗教阶层中拥有很高的声望，而且他们也愿意为他而冒生命危险。同样重要的是，焦点同样聚集在其他著名的阿亚图拉身上，他们认为有必要与其他反对派团体和党派一样，发表声明谴责对霍梅尼的攻击。库姆城发生的流血事件为抗议运动书写了新篇章，强化了公众态度，使得公众情绪激进化了，破坏了温和派及改革派的声誉，鼓励了起义和与军警对抗。这让阿亚图拉霍梅尼成了革命无可争议的领袖，而且——至少部分如此——宗教及其（后来的）宗教诠释，成了抗议运动中接受程度最高的意识形态。

1978年2月19日是悼念库姆城遇害者罹难四十天的纪念日，大不里士发生了大规模示威游行，绝大多数游行参与者是库姆的资深马尔加，温和的大阿亚图拉沙里亚马达里的信徒。游行者再次与安全部队发生流血冲突：政府和反对派给出的伤亡数字大相径庭。紧接着，哀悼大不里士死难者罹难四十天的纪念日在其他城市引发了游行和流血事件，于是在革命进程中，四十日循环成了人们熟悉的事件。

这时候，库姆成了第一个主要转折点。随后又有两个主要转折点：8月，一场大火烧毁了阿巴丹的一家电影院，军队向一群示威者发射实弹。与此同时，阿穆泽加尔领导的技术官僚政府采取的措施，进一步强化了公众的反政府怒火。几年来，伊朗经济在高速增长——即使按当时的伊朗标准也是巨大进步，许多有影响的中产阶级得以轻易获得低廉的信贷来做生意。小生意投资得以迅猛增长，然而这只能在政府维持同样水平的货币政策的前提下持续。出于对经济政策的长远考虑，新内阁决定压制这一基于石油的经济繁荣，尤其是与往年相比，国库收入有所下降。但是内阁“用力”过猛，结果导致许多新投资者破产，加入了革命者的行列。不仅如此，新内阁决定削减或降低各种形式的资助，例如很多记者在各个政府部门领取薪水。这些措施虽然就经济政策而言的确是正确的，却也使支持革命的现代中产阶级变得更多，促使革命队伍更加壮大——如果这些人转而选择支持政府，至少能阻止政府按我们已看到的轨迹灭亡。

1978年8月19日，革命的第二个转折点出现了。伊朗石油之都阿巴丹的雷克斯电影院遭到不明身份者纵火，导致电影院中超过四百人丧生。这桩罪行从未被调查清楚，无论在革命之前还是之后，罪犯的身份始终不明。但政府遭到谴责，部分源于调查过程，部分源于政府一直宣传说反对派是十足的反动派，反对包括电影在内的一切现代事物。公众相信，纵火是由政府煽动的，旨在谴责反对派和证实自己的观点。后来，至少某些人逐渐相信纵火是由一伙革命者策划的，目的是栽赃政府。

几天之后，国王解散了阿穆泽加尔内阁，任命贾法尔·谢里夫·伊马米为首相。正如我们看到的，谢里夫·伊马米曾在1960年担任国王的看守内阁首相，当时国王被迫罢免埃克巴尔，又希望避免任命像阿米尼那样的独立人士为首相。与那时相比，现在的事态大有不同，事实上整个社会都在反抗。谢里夫·伊马米先前的职务是参议院主席和国王的商务负责人，掌管着巴列维基金会，多年以来，无论对错，他都因经济腐败而声名狼藉，这意味着事实上他在任何民众群体中都毫无信用可言。难怪他在他的第一次新闻发布会上说，他不再是二十天之前的那个谢里夫·伊马米了。他甚至催促媒体如实地进行报道，或者如他所说，BBC将替他们做这件事。这足以表明国王对反抗发展的范围、严重性和紧迫性不了解到了何种程度，拯救时局的最后机会是任命一个独立内阁，虽然此举将让他丧失手中的部分权力。

第三个主要转折点于9月8日到来，这一天后来被称为“黑色星期五”。四天前是重要的伊斯兰教节日，结束斋月的“开斋节”，在一名革命派僧侣带领下，上万人走上德黑兰街头庆祝和祈祷。之后数日，超过十万人上街游行，最初他们高喊“国王去死”。9月8日星期五，大量人群集结在德黑兰的扎勒广场，但是在前一夜，德黑兰和其他十二个城市宣布实行军事管制，禁止举行一切公共集会。很可能正如当时所说的那样，公众没有及时获悉这一新措施的相关新闻，无论如何，大量人群按照预定时间聚集在扎勒广场，执行军事管制的将军要求他们解散离去。人群拒绝了，一轮对空鸣枪警告之后，士兵们向人群射击。德黑兰的其他地方和其他城市也发生了冲突。政府和反对派估测的伤亡数字不可避免地大相径庭，少则不到一百，多则超过四千。但伤亡无疑是惨重的，这进一步点燃了公众的怒火，尤其是直接针对国王本人的。

平静持续了数日，但通常酿成流血事件的街头冲突很快再度爆发，大规模的游行示威（参与者有时多达一两百万人）被组织起来，工厂工人、石油公司工人和雇员、新闻媒体、国家银行和其他政府雇员发动了政治罢工，最终事实上所有行业都参加了罢工。法官们和整个司法部一度也参加了罢工。作为处境不错的政府雇员参与革命活动的例子，伊朗中央银行的职员开列了一个显赫人物的名单，他们宣布最近这些人将20亿美元资产转移到了国外。[62]

在此期间，阿亚图拉霍梅尼发布了书面和口头声明，与绝大多数民众意愿一致，他坚持要求推翻国王政权。面对官方审查制度，在整个革命进程中传播政治新闻、声明和宣传方面，被广泛使用的照片拷贝设备和卡式磁带扮演了关键角色。[63]

伊朗政府敏锐地意识到了居住在没有政治制约的伊拉克的霍梅尼扮演的毫不妥协的角色，伊朗政府向伊拉克政府施加压力，要求后者限制霍梅尼的活动。这位阿亚图拉决定迁居科威特，但科威特政府拒绝他入境。10月6日，他响应在法国的支持者的呼吁，决定飞往巴黎。随着事态发展，这个决定在振奋革命士气以及让他成为这场革命的无可争议的领袖和充满魅力的导师方面，发挥了重要作用。

还是在巴黎，他成了西方新闻媒体关注的焦点，还是旅居欧美和伊朗境内成千上万伊朗人崇拜的对象。他被授予伊玛目头衔，这是十分不同寻常的，对于除十二位纯洁的伊玛目外的什叶派领袖来说，这是极高的荣誉。此后不久，关于能在月亮上看到霍梅尼影像的传言广为传播，绝大多数伊朗人都相信这个传言，包括某些受过教育的现代派伊朗人，其中不乏以亲眼目睹来证明此说者。

11月5日，德黑兰民众起来暴动，袭击了公共建筑，火烧银行、卖酒的商店和电影院，显然是为了表明事态的严重性，军队对此袖手旁观。一名BBC的电视记者对看到的一幕感到大惑不解：一名身着昂贵西装、系着皮尔·卡丹领带的男人，围着燃烧的轮胎跳舞并高喊革命口号。

与此同时，在与霍梅尼见面之后，国民阵线领袖卡里姆·桑贾比在巴黎发表了一个声明，指斥“不合法的君主政权”，宣布组建“伊朗伊斯兰国民运动”组织。虽然国民阵线不再是一个群众运动组织，但其领袖、摩萨台的前战友所扮演的角色，无疑向伊朗的现代中产阶级和站在国王一方的西方决策者，以及与伊朗社会主体站在一起的霍梅尼，发出了一个强烈信号。这被视为摩萨台的追随者们服从霍梅尼领导地位的标志。[64]

直到现在，国王才充分意识到事态的严重性，希望由一个桑贾比领导的自由国民政府取代谢里夫·伊马米的内阁，但是桑贾比在巴黎发表的声明清楚地表示，他不会来就职。[65]于是国王任命了一个由总参谋长、鸽派的爱资哈里将军领导的军政府，虽然他的许多阁僚是平民。大量世俗和宗教人士开始夜晚在自家房顶上呼喊口号。在一次记者招待会上，爱资哈里说这些口号源于卡式磁带，而非由民众喊出。次日，民众在一次大型示威中高呼："卑鄙的爱资哈里！四星毛驴！继续说是磁带啊，但磁带没有腿。"[66]

11月6日，爱资哈里就职当日，伊朗革命进程中最值得注意的事件之一发生了：国王在电视广播中以最谦卑的姿态向"亲爱的伊朗人民"承认他们的革命，承诺将进行全面和根本性的改革，肃清不公和腐败，推行自由选举并建立民主政府；他乞求人民为了让这些改革成为可能而恢复和平：

> 在过去两年逐步形成的开放的政治氛围中，伊朗人民起来反抗不公和腐败。伊朗人民的革命不能被我否定，无论我是以伊朗国王还是我个人的身份。不幸的是，伴随着这场革命，你们滥用愤怒、感情和阴谋，造成了混乱、无序和叛乱。还有，罢工——许多是非法的，近来改变了趋势，以至于国民经济和人民日常生活将陷入停滞，甚至国家的命脉——石油——都被切断了……昨天发生的让首都陷入火海的不幸事件不能再持续下去了，也不能为国家和人民所容忍。

他继续解释，因为组建一个"联合政府"的希望破灭了，除了任命一个"临时政府"外别无选择。但这并不意味着呼吁和平和秩序是回归不公、腐败和"窒息"的前奏：

> 我意识到某些人或许会感觉，以国家利益和进步为借口，通过施加压力，仍然存在着金融政治腐败的邪恶联盟可能重现的危险。但是我以你们君主的名义，发誓捍卫国家的领土完整、民族团结和十二伊玛目的宗教，我再次在伊朗人民面前重申我的誓言，发誓不再重复过往的错误。我进一步宣誓，过往的错误也将

以各种手段进行修正。我发誓，恢复秩序及和平之后，为了建立根本性的自由和进行自由选举，将尽快成立一个受人民欢迎的政府，在宪法革命中以流血为代价换来的宪法将充分发挥作用。我也听到了伊朗人民革命的消息……我保证，将来，伊朗政府将建立在宪法、社会正义和民众意愿的基础之上，抛弃专制统治、不公和腐败。

他还恳求宗教领袖和知识分子——公众舆论的两大支柱——与自己合作以实现和平和秩序：

值此关头，我请求社会的宗教和精神领袖，伊斯兰教尤其是什叶派的捍卫者们，即尊贵的阿亚图拉和博学的乌莱玛，通过引导和敦促人民维护和平和秩序，来保护这个国家。

我请领导年轻人的知识精英们，通过呼吁年轻人维护和平和秩序，帮助我铺平通往真正民主的道路。

他以下面的恳求，结束了这个完全出人意料而且显然是不同寻常的演讲：

让我们共同为伊朗考虑，明白在伊朗人民反对殖民主义、不公和腐败的革命中，我站在你们一边，并将与你们一道保护这个国家的领土完整、民族团结和伊斯兰信仰，建立根本性自由，实现伊朗人民的要求和理想。[67]

如果国王能在半年前做出并实施眼下誓言的哪怕十分之一，也将大大有助于缓和局势。但是如今此举被看作软弱的标志、欺骗公众的伎俩以及争取时间翻盘的勾当。此外，公众情绪异常高涨，相比妥协的思想，潜藏的报复心理更加普遍，正如在革命军队征服德黑兰之前的1909年，穆罕默德·阿里沙吁请妥协及和解失败一样（见第8章）。宗教和左翼之外的政治领袖和活动家们，希望即使不进行对话和妥协，至少也要实现有序的移交过渡，这些人越来越被公众的怒火边缘化：最流行的口号是“让他［国王］滚蛋，再让洪水荡涤。”

国王的政策缺少连贯性，有时被归咎于他身染疾病。几年前，他被诊断出患了一种癌症，只有王后知道此事，他本人似乎还不清楚他得了什么病。当时他的癌症还在可控范围内，如果没有这场革命和后来的流亡，他似乎不至于早早地死于1980年7月。[68]他的病可能是他迷茫的原因，但是正如1953年政变之前和政变期间旁人所目睹的他的态度和行为，他在危机来临时总是犹豫和缺乏决断力（见第10章）。鉴于他的个性，如果他能够允许在伊朗存在一个政治派系，那么他或许能从中获得坚定和稳固的支持。但是如果存在这样一个社会政治势力，伊朗或许不至于发生这场全面的革命。

12月10日，为悼念卡尔巴拉殉难者，全国上百万人参加了大规模的游行示威，要求国王下台并确定霍梅尼的领导地位。试图劝说桑贾比组阁失败后，[69]国王转向著名社会学教授古拉姆侯赛因·萨迪吉，此人曾在摩萨台当权时担任副首相，1953年政变以来曾多次被判入狱。萨迪吉面临着巨大的压力，尤其是来自他的摩萨台派同袍们，他们要求他拒绝国王要他出任首相的邀请。尽管如此，他还是同意接受相位，条件是国王得留在国内，并远离政府和军队。国王或许会同意出国旅行，但他拒绝留在国内且不干预民政和军务。[70]萨迪吉做出了让步。与此同时，为了安抚民意，一些不受欢迎的人被捕了，包括前首相霍维达和萨瓦克长官纳西里将军。后来，其中某些人在国王政权崩溃前夕设法逃脱了，当时人民闯入监狱和军营，里面的许多人，包括霍维达本人，都被新的革命政权逮捕和处决了。

自始至终，美国和英国这两个在伊朗最具影响力的西方强国都在密切关注着伊朗发生的各个事件，尤其是在各种罢工开始和蔓延之后。国王并不信任英国，而且相信英国在反对他。他将BBC波斯分社的真实报道当作英国反对他的证据，但鉴于他对英国根深蒂固的怀疑，他无论如何也不可能有别的想法（见第10章）。虽然他不断会见英国大使并寻求后者的建议，但后来他在回忆录中表示他并不信任这位大使，尽管事实上每次这位大使都强调他只是在陈述他的个人观点。同时这位大使也在其回忆录中解释道，英国政府授权他在迅速变化的时局下按其个人判断行事，且从未驳斥其关于伊朗时局的报告。[71]

最有影响力的西方强国还是美国，国王视美国为他最重要的外国朋友和导师，也在心理上深深地依赖美国。虽然在人权问题和军火销售方面，卡特政府不会为国王提供全面、公开的支持，但他们也并不希望国王倒台。美国曾不断向国王表达善意和提供公开、私下的支持，但国王希望美国提供这些之外的东西。他需要美国下达坚定、清晰和明确的指令，告诉他应该做什么。如果美国告诉他，这是美国想让他这么做的话，他可以采取“铁腕”政策——对大规模军事镇压的委婉说法。美国大使向他解释说，作为伊朗国王，他可以自由地做出任何他认为需要的决定，美国不准备为之负责。[72]但美国人的意见是存在分歧的，尤其是总统的国家安全事务顾问兹比格涅夫·布热津斯基准备走得更远，[73]而国务卿塞鲁斯·万斯倾向于大使的观点，[74]卡特总统试图维持中间路线。[75]到了这时候，街头示威者喊出了两个流行口号：“骗人的君主政体可耻”，[76]“只有国王穿上裹尸布祖国才能太平”。[77]

这部大戏的终章是由国民阵线代理领导人沙普尔·巴赫蒂亚尔上演的，他接受了国王的邀请组阁。他是一位被礼萨沙处决的巴赫蒂亚尔人酋长的儿子，在法国接受了中学和大学教育。巴赫蒂亚尔曾是伊朗党领导人，在摩萨台的最后一届内阁中担任劳工部副部长，1953年政变后曾几度入狱（见第11章）。国王同意出国旅行，巴赫蒂亚尔于

1979年1月6日组阁。他强调了过去与摩萨台的关系，承诺实行议会民主、初步选举和放松出版审查，后者结束了长达两个月的记者联合会的罢工。依然留在巴黎附近的霍梅尼宣布巴赫蒂亚尔的政府非法，建议记者之外的罢工者不要返回工作岗位。[78]与此同时，霍梅尼指定了一个秘密的革命委员会，成员有阿亚图拉贝赫什提、塔勒克尼、穆塔哈里和马赫达维·卡尼、胡加特伊斯兰巴霍纳尔、拉夫桑贾尼和哈梅内伊，还有自由运动组织的巴扎尔甘、萨哈比。

巴赫蒂亚尔政府遭到所有反对党和广大民众的彻底否定，尤其是他自己的国民阵线也否定他，甚至将他赶出领导层，这部分源于他没有得到内部同意就接受了首相职务。[79]于是，尽管他希望将部分革命力量吸引到自己一方，但他唯一能依靠的只有军队，而事态表明，当作为军队首领的国王出国时，军队就无法独立行动。出国之前，国王建立了一个王室委员会，在他出国期间代行王权，但是他离开伊朗后不久，委员会主席就飞往巴黎，向霍梅尼递交了辞呈。[80]

1月16日，在王后法拉赫的陪同下，眼含热泪的国王（在德黑兰机场被抓拍到）离开祖国，事实证明他将一去不返。十天之后，霍梅尼返回德黑兰，受到热烈欢迎。此后不久，他让马赫迪·巴扎尔甘组建临时政府。巴扎尔甘是一个穆斯林民主派，自由运动组织领导人，常常系着领带，曾在国民阵线与巴赫蒂亚尔共事，后与之保持着日常联系，他还是温和的阿亚图拉塔勒汗尼的密友——塔勒汗尼是一名老派摩萨台主义者，与巴扎尔甘同为自由运动组织领导人，后者是除霍梅尼以外最受尊敬的革命领袖。巴扎尔甘冷淡地接受了这个职位，条件是他能自由行事（后来这个条件被证明不具有约束力，见第13章）。[81]示威人群立即开始高呼口号“巴赫蒂亚尔，没权的奴才”[82]和“巴扎尔甘，伊朗首相”，但是巴扎尔甘本人对巴赫蒂亚尔的态度并不咄咄逼人。在霍梅尼返回德黑兰之前，巴赫蒂亚尔决定去巴黎见霍梅尼，但霍梅尼宣布自己只会在巴赫蒂亚尔辞职之后见他。[83]

这时候，不仅法官和高级公职人员，甚至某些前部长、王室官员乃至其他与王室有关联的人都开始支持革命，于是依然支持国王政权的只有军队。但军队本身并非铁板一块。总参谋部分裂为占多数的“鸽派”和占少数的“鹰派”。面对街道上的士兵，人们高呼“士兵兄弟，为什么要杀害你的兄弟”，[84]还把鲜花插入他们的枪管里。军中有对不服从命令的现实恐惧，尤其是因为这场革命中存在宗教因素。空军的下层公开支持革命，其中一些人全身戎装地出现在街头的示威人群之中。早在1月份，美国总统卡特就派遣罗伯特·哈伊泽将军前往伊朗，试图确保军队团结并支持巴赫蒂亚尔政府。[85]但正如在这种形势下经常发生的那样，一个没有预兆的事件导致了军队的崩溃。

帝国禁卫军和万人不死军依然忠于国王。2月5日，一队禁卫军决定教训一下空军军人——后者正在观看阿亚图拉霍梅尼返回伊朗的录像带，而直播报道已经被政府禁播了——还袭击了空军在德黑兰的军营。空军飞行员进行反抗并开始战斗，与此同时呼吁人民伸出援手。在年轻的游击队员的带领下，大量民众前来帮忙，并从后方袭击禁卫军。很快，革命领袖和政府都失去了对局势的控制。由于害怕发生内战，2月11日军队宣布中立并撤回军营。于是政府倒台了，巴赫蒂亚尔躲了起来，一段时间后现身巴黎。但尽管临时政府呼吁各方保持克制，人民依然继续袭击主要的监狱和军营，几乎所有监狱和军营都未经战斗就投降了。

现在轮到革命者们互相敌对了，这最终促成了伊斯兰革命的彻底胜利。

13　共和国

已经融入我们全部生活、文化和灵魂的2500年的专制统治……本身就是革命进程中最强大的推动因素。

——马赫迪·巴扎尔甘，《分两阶段进行的伊朗革命》（1984）

“不该发生的”革命

伊朗革命的某些基本特征，与西方革命的常见模式尤其是法国、俄国革命的模式大相径庭。这成了一个谜，导致革命胜利后最初几年里西方评论家们的失望和幻灭。对他们而言，数量与日俱增的现代伊朗人在大街上高呼“我亲爱的霍梅尼，让我流血吧”，[1]使这场革命变得“迷幻”、“怪诞”和“不可理喻”。按一位西方学者的说法，这场革命是“怪异的”，因为它建立了一个神权的共和国，而且“根据对革命的社会科学解释，它根本不该发生，或者不该在它发生的时候发生”。[2]这就是大多数幻灭的伊朗人开始为国王辩护以及少数国王政权残余势力提出阴谋论的原因，他们直接指出美国（或英国）是革命的幕后推手，目的是阻止国王进一步提高油价。尽管听起来不可思议，传言还说西方害怕国王统治下的伊朗经济发展将很快抢走西方的市场。

革命成功之前，革命之“谜”在某种程度上还隐藏在西方自由主义者和左翼人士的视野之外，当时这些人对西方政府、社会和媒体有着相当大的影响。但即使西方保守派也不怀疑革命的结果不过如此。所有迹象都摆在那里，但在很大程度上被大规模和平游行、整个社会在希望推翻政权方面的团结一致、流血牺牲和阿亚图拉霍梅尼现象所掩盖。在西方媒体警惕的注目下，霍梅尼被描绘为坐在巴黎附近的一棵苹果树下，脸上挂满微笑，他说的每个字都被绝大多数伊朗人——包括世俗和宗教界——认定得到了神圣的启示，他还是被膜拜的对象，这些都成了他在全世界电视屏幕上的永恒特征。

这时候，根据观察者思想倾向的不同，革命被不同的人分别视为争取自由、独立、民主和社会公正的大规模起义，以及反抗压迫、腐败、社会不平等和外国支配的普遍抗争。这个运动的反西方论调完全被归因于“反帝国主义”和“民族主义”（这两个词几乎可以互换）倾向，并因1953年政变存在西方背景而被证明是正确的，并无视了一些参与了那场政变的伊朗国内力量在革命中表现突出。由于广泛和深刻的反西方情绪，传统和现代的、无知识和有知识的绝大多数伊朗人，都对西方的一切事物嗤之以鼻，每个人都使用“西方毒素”来谴责他们不喜欢的任何人和物，这些被轻率地认为是民族主义和反帝国主义的表现。

当然，这场革命不能完全“根据社会科学”进行解释，原因很简单，这些解释都是基于西方革命特征的，而西方有其自己的社会、历史和传统背景。应用相同的社会科学工具和方法或许能讲清楚伊朗革命，但这些基于西方历史的解释不可避免地会导致歧义和混乱。最明显的矛盾在于，在西方革命中，社会是分裂的：在西方，底层民众起来反抗特权阶级，而国家是特权阶级的代表；然而伊朗革命是社会作为一个整体起来反抗，却没有任何社会阶级和政治组织反对革命，因为国家除了自己的强力机构外别无依靠。[3]伊朗革命完全不符合普世主义者的欧洲中心论。正如卡尔·波普尔所观察到的，历史上还没有这样的先例，这就是历史。[4]

从西方视角来看，社会上某些最富裕的阶级（主要是传统人士）没理由资助和组织这场运动，少数其他人（主要是现代人士）也不应保持中立。同样按西方标准无法理解的是，所有国家机构（除了军队，最后他们并未采取行动）都参与了无限期的大罢工，为革命胜利提供了最有力的武器。整个知识界和受过现代教育的人群团结在霍梅尼的周围，响应霍梅尼建立伊斯兰共和国的号召也是讲不通的。这不是一场资产阶级和资本主义革命，不是一场自由主义民主革命，也不是一场社会主义革命。各种意识形态都出现了，其中最重要的是具有伊斯兰主义倾向的。

宗教和左翼这两种思潮内部冲突的激烈程度，总体上可能不亚于两种思潮之间发生冲突的程度。然而他们都为了实现推翻国王及其政权的目标而团结起来。更重要的是，在意识形态方面不属于任何思潮的广大民众——其中最重要的是中产阶级——为了实现推翻国王的目标紧密团结起来。任何妥协的意见都会被当作背叛而被驳回。不仅如此，如果能实现任何和解，无论这个和解是多么地和平和民主，只要没有推翻国王，那么“自由派资产阶级”受命于“外国主子”（即美英）从背后破坏革命的说法就将流传开来。

著名知识分子、作家、剧作家和精神病专家古拉姆侯赛因·赛义迪参加了这场革命，但后来与共和国政权发生争吵，于1985年在流亡巴黎期间英年早逝，1984年时他曾在巴黎写道：

> 这场旋风……在1977年至1979年间席卷了伊朗，并最终颠覆了一切，这最初是全体人民的大起义，团结一致共同对抗一个多年来一直侮辱他们的政权。在那些日子里，如果一个陌生人在城里闲逛，只要看一眼城墙，就会知道正在发生的一切。所有村镇和城市的围墙都贴满了宣传材料，这些材料只有一个动机和目标，那就是推翻国王政权。[5]

因此，这是一场社会对抗国家的革命。革命者决心不惜一切代价推翻国王的独裁统治。无论党派及其纲领，团结各种革命党及其支持者最广泛的口号是：“让他［国王］滚蛋，再让洪水荡涤。”革命后数年间，许多人改变了想法，但当时似乎没有什么能让他们以别的方式看待事物。三十年后，曾在阿亚图拉霍梅尼流亡巴黎期间担任其高级助手，革命后担任临时政府外交部长的易卜拉欣·亚兹迪

据报道曾说过："坦率地说，他那代革命者没能审视推翻国王的短期目标。" [6]

整个革命期间，那些在各个城市和乡镇失去生命的人们在革命进程中发挥了主要作用。但是如果从石油资源中获得巨大利益的商业和金融阶级不资助革命，尤其是如果伊朗国家石油公司的雇员、公职人员、法官、律师、大学教授、知识分子、记者、学校教师和学生们没有参加普遍的罢工罢课，或者如果年轻和年迈的、现代的和传统的男人和妇女没有加入抗议人群，或者如果军队能团结起来镇压这个运动，结果可能会大为不同。[7]

1977年至1979年和1906年至1909年的两场革命，在很多方面看起来截然相反。然而它们的基本特征相当相似，这或许也有助于解释为何它们之间有许多不同。两者都是社会对抗国家的暴动，但都难以按西方传统的标准来解释。商人、交易者、知识分子和城市大众在宪法革命期间扮演了至关重要的角色。但著名的乌莱玛和强大的地主们也很重要，没有他们的积极支持，1909年宪法革命的成功是难以想象的，似乎"教会"和"封建贵族阶级"在领导一场"资产阶级民主革命"！在那场革命中，各种政治运动和纲领都出现了，但是他们都为了推翻代表传统主义的专制国家（最终指向了穆罕默德·阿里沙）而团结起来，因此无论是否愿意，绝大多数宗教势力也支持现代主义的事业。[8]重复沃尔特·斯玛特对这种貌似奇怪的行为的评价是值得的，前文第8章也曾引用过这个评价：

> 在波斯，宗教界受环境所迫，或许发现自己站在自由一方，而其不足之处却被忽略了。在革命的阵痛中，对于教会来说很少有比领导民主运动更光荣或陌生的责任了。因此［宗教领袖］将其全部权威和学识都用于推动自由和进步，使一代波斯人走上宪政自由之路成为可能。

BBC的记者同样感到困惑，如第12章所述，在1978年的德黑兰，他看到一个身着昂贵西装、系着皮尔·卡丹领带的男人围着燃烧的轮胎跳舞，高喊反国王和支持霍梅尼的口号。当革命的后续发展与参与者们的憧憬相悖时，许多支持宪法革命的传统势力事后后悔了，许多参加了1979年二月革命的现代人士日后也是如此。但是在当时的政权崩溃之前，没有什么能让他们改变想法。在这两场革命中，那些看到革命的彻底胜利将使革命者中的一些人，也许很多人，对革命的后果感到遗憾的人中间，敢于停下前进脚步的寥寥无几。第一场革命中的代表人物是谢赫·法兹卢拉，另一场革命中则是沙普尔·巴赫蒂亚尔。然而，由于他们都没有社会基础，或者换个说法，他们都被视为站到了国家一方，无论他们多么努力地抗议说他们有着最好的愿景，他们也都倒台了。在反抗专制政府的行动中有一条规则，就是任何不想推翻专制政府的人都会被视为叛徒。这正是口号“让他［国王］滚蛋，再让洪水荡涤”的逻辑所在。[9]

伊斯兰革命

1979年2月之后，伊朗革命进程并未止步，这与法国革命于1789年7月或1792年8月后，俄国革命于1917年2月或10月后止步不同。推翻国王及其政权的共同目标已经实现，这时候每个党派都不是在试图分享权力，而是在尽可能多地攫取革命果实。除了以巴扎尔甘临时政府为首的事实上没有权力的自由派团体，绝大多数人都在互相猜疑，希望最好能把对手赶出政治权力之外。除了自由派，没有谁对妥协感兴趣，在伊朗的政治语境中，妥协是个肮脏的词汇。

阿亚图拉霍梅尼及其战友首先考虑的是正式宣布成立一个伊斯兰共和国。在巴黎期间，他向无数来自几乎所有社会阶级的信徒发表讲话，也在西方媒体上发表公开声明和接受采访，霍梅尼经常说，有足够的空间容纳各种观点，但他从来都不知疲倦地强调他的目标是建立一个伊斯兰政府，并且指出该共和国是基于伊斯兰律法的。

3月31日举行了一次全民公投，绝大多数伊朗人，包括男人和女人，传统派和现代派，穷人和富人，都投票赞成成立一个伊斯兰共和国，官方给出的98.2%的支持率大概接近于事实。有少许异议声音，因为这个共和国的本质还没有被清晰界定，而且给予投票者的唯一替代选项是人民早已弃如敝屣的君主制。公投期间，巴扎尔甘强调他投票支持的是一个民主的伊斯兰共和国，此举遭到伊斯兰主义者的激烈批评。[10]

伊斯兰共和国

最初令自由派之外的所有革命派及其支持者团结起来的只有一件事，就是系统地惩办那些与前政权有关联的人，如果可能的话，他们还打算进一步清洗前政权的军事和民政机构。很少有人反对针对前政权官员、与前政权有关联的人宣泄革命怒火。人们都喜欢用“塔古提”（恶神，指埃及法老）来描绘与可憎的前政权有关的一切。霍梅尼也使用“塔古提”这一出自《古兰经》的术语来嘲讽前国王，而且如今任何被认为与前政权有关的人和事都被归入“塔古提”的范畴之内。与前政权没有关联的富翁不是“塔古提”，他或她的人身和财产会受到尊重和保护。但是中高级公职人员，无论他多么小心谨慎，甚至收入相对微薄，都会面临着被称为“塔古提”的危险，正如最后发生在许多人身上的那样，他会被解除职务、没收财产。

总的来说，除却少数高级将军和官员，有罪或无辜、财产和收入与这些人的命运没有太大关联。被处决的纳迪尔·贾汉巴尼将军的“罪行”是他长着蓝眼睛（他的母亲是俄罗斯人），以及他有四匹披着地毯的马。许多人不知道的是，他的弟弟霍斯劳娶了与国王疏远的公主沙赫纳兹（国王与第一任妻子，埃及公主法齐娅的女儿），这对夫妻在瑞士安全地定居多年。但是当时的首席革命法官胡加特伊斯兰萨迪克·哈勒哈利在一次访谈中解释为何要下令处决贾汉巴尼时，暗示了这一点：

> ［贾汉巴尼将军］位居权力顶峰，而且可能反对［国王政权的不公］，因为他几乎就是国王的亲戚，还是其近臣之一，但是为了维持其寄生生活［他没有反对国王］。[11]

包括萨瓦克长官纳西里在内的四位将军首先被最简化的司法程序判处死刑。随后包括首相霍维达、参议院主席阿卜杜拉·里亚齐、国民大会议长贾瓦德·赛义德在内的许多军事和民政官员都被处决。[12]罪名通常包括“与真主为敌”和“攻击隐遁伊玛目”。司法程序所使用的标准从对当时的法官萨迪克·哈勒哈利的访谈中可见一斑：

> 我们没有让任何人为自己指定律师［的规则］，除非他是哑巴。［但是，］我们审判的那些人不是哑巴，他们的理性能力也使他们足以回答我们的问题，因为在所有案子中，我们没有问任何他们无法回答的问题。[13]

在接下来一段时间里，反美主义是各种激进派别及其支持者们都认可的，其中有些人没有想到现在轮到他们被指控为反革命分子和外国代理人了。言语和肢体冲突，对新闻界不够忠于伊斯兰教或革命的攻击，几乎每天都在街巷上发生的左翼激进分子与被称为真主党的伊斯兰势力之间的冲突，都还在持续着。真主党手持棍棒、沉重的铁索袭击对手，同时高呼口号。[14]“鲁霍拉”是霍梅尼的名字，意为“真主的精神”。后来，真主党与胡加提耶社团支持者之间的街头冲突成了司空见惯的事，后者的产生可以追溯到革命之前，曾是一个反巴哈伊运动的组织，他们专注于为隐遁伊玛目复临而祈祷，因此认为教会统治是对伊玛目政府的篡夺。胡加提耶团体在街头对真主党高呼“降临吧马赫迪，降临吧马赫迪，埋葬这帮殉道者”，[15]真主党则回应：“啊真主，啊真主，保佑霍梅尼，直到马赫迪的革命，站在马赫迪一边。”[16]

第一批革命者内部的刺杀是由行动隐秘的“弗尔干”组织发动的。其中最重要的遇难者有霍梅尼的前学生、亲密战友和最高革命会议主席阿亚图拉穆塔哈里，新生的伊斯兰共和党领袖胡加特伊斯兰穆法塔赫，巴扎尔甘任命的军队总参谋长卡兰尼将军，对后者的任命后来在伊斯兰主义者和左翼激进分子的压力下被撤销。“弗尔干”得名于《古兰经》，这个信仰“没有教士的伊斯兰教”的激进伊斯兰组织用它命名自己，[17]由于没有继续从事恐怖活动，所以他们没有在“弗尔干”组织的名义下被发现过。最重要的遇害者还是穆塔哈里，此人对霍梅尼和其他伊斯兰主义领袖有很大影响，他的相对温和审慎的态度或许能对缓解伊斯兰主义者与其对手之间的敌意和争吵起到积极作用。

前政权的崩溃让旧有的各省政府陷入困境，最初是贡巴德、里海东侧的土库曼地区、库尔德地区，后来波及阿塞拜疆和法尔斯的喀什噶里酋长统治区。土库曼地区的冲突得到了一群来自德黑兰的“人民敢死队”游击队的支持，持续时间较短。另一方面，有着更深远的历史、种族和宗教根基（绝大多数伊朗库尔德人是逊尼派穆斯林）的库尔德人要求立即自治，这引发了持续数年之久的武装冲突，直到库尔德民主党（简称KDP）和（重要性较低的）科马拉集团被镇压下去才告终。20世纪80年代末，KDP的老牌领导人阿卜杜拉赫曼·卡西姆卢在维也纳被不明身份的凶手刺杀身亡，KDP和其他反对派团体将刺杀归咎于伊斯兰共和国的特工。1992年，四名库尔德人领袖在柏林的米科诺斯餐厅遇刺，后来德国法庭发现伊斯兰共和国特工对此负有责任。在当时和之后，阿塞拜疆的自治诉求没有引起严重后果，大多数阿塞拜疆民众是圣城库姆的资深马尔加，大阿亚图拉沙里亚特马达里的追随者，后续冲突中有他支持的大不里士起义，后来在他的建议下，这场起义结束了。法尔斯的喀什噶里游牧部落没有暴动，但在1981年，他们的酋长霍斯劳汗（他在国王统治期间长期流亡在外）企图对抗政府，因而被逮捕和处决了。[18]

土库曼人以及更加重要的库尔德人起义，除了“人民敢死队”组织之外，他们还得到了各种左翼组织和运动的支持。人民党是个例外，他们在竭力证明对霍梅尼领导地位的忠诚。人民党的领导人在国王时代流亡海外，现在返回伊朗，由于种种原因，人民党可能是当时声望最低的革命团体。他们不受欢迎不在于他们的意识形态，因为马克思列宁主义及其许多变种在其他左翼组织及其支持者中颇受欢迎。某些左翼和非左翼人士认为，人民党即使不是彻头彻尾的苏联代理人，也过于依赖苏联。其他人对于当年人民党对摩萨台政府采取的态度和行为也记忆犹新，还有些人仍然记着他们对阿亚图拉卡善尼的冷嘲热讽，更多人则抨击他们在1953年政变后的所作所为以及国王政权与苏联和解之后他们对国王的审慎态度。另一方面，他们拥有完善的组织和高效的宣传机器，利用与苏联的关系带来的优势，他们在知识分子和作家组织以及妇女和青年运动中颇有影响，而且在当时，他们渗入了武装力量，组建了秘密军事网络。

随着前政权的衰亡，宗教和左翼团体都着手武装自己。他们都对对方深感不安，王家军队虽然士气低落，但依然颇有实力。短期之内，一个官方的准军事组织建立起来了，用于保护新政权免受来自各个方面的进犯：通常被称为帕斯达兰的伊斯兰革命卫队。革命卫队最初只有五千名青年，但它的规模和组织迅速发展，成了为共和国服务的最强大、最具影响力的军事力量。一个名叫“伊斯兰革命圣战者组织”

的激进政治组织在组建革命卫队的过程中起到了积极作用，他们的领袖人物贝赫扎德·纳巴维是革命卫队的早期指挥官之一。这个组织和贝赫扎德·纳巴维后来在20世纪90年代以降的改革运动中表现活跃。革命卫队的另一名早期指挥官穆罕默德·穆赫辛·萨兹加拉同样成了改革派，但后来与共和国决裂，加入了在美国的共和国反对派。

“人民敢死队”游击队是到目前为止最受欢迎的左翼组织，吸引了许多主要来自现代中产阶级的左翼人士和青年活跃分子。革命之前，他们勇敢的游击活动和传奇故事在某种程度上弥补了他们理论知识和政治经验的匮乏。他们中的少数人相信二月革命胜利后不久将爆发“终极革命”，但由于其内部在意识形态和战略方向上存在严重分歧，大多数成员决定与新政权合作，而且很快就受到人民党领袖们的影响，如努尔丁·基亚努里和伊赫桑·塔巴里，少数人后来恢复了针对政府的武装斗争，以流亡海外告终。

另一个激进的左翼武装力量是“人民圣战者”。他们由于内部的意识形态争吵而受到严重削弱，其中的斗争派分裂了出去，并受到萨瓦克的打击（见第12章），他们在1979年2月之后开始招募和建立他们的组织。他们主要对来自传统的中产和中下阶级家庭的青年革命者有吸引力，这些青年被该组织内在的革命愿景和外在的宗教义务所吸引。在许多方面，它在实质和风格上都表现出独特的一面，事后看来，“人民圣战者”成为共和国的主要武装反对派并不值得大惊小怪。

前政权衰亡以来，大量政治（主要是左翼）团体如雨后春笋般出现了，但几乎都是昙花一现。作为投身伊斯兰主义运动的主要摩萨台派政党，巴扎尔甘的自由运动并无广泛的群众基础，对传统和现代人士都缺乏吸引力，因为对传统人士而言它不信仰伊斯兰主义，对现代人士而言，虽然它的年轻党员中有强烈的左翼倾向，但它又不够世俗或激进。它与社会基础更狭小的桑贾比的国民阵线一道，都被蔑称为“自由派”，而“自由主义”曾经是人民党的一个属性，后来成了贬义的政治术语，并扣到了其他左翼和宗教人士头上。国民民主阵线是一个与先前的国民阵线有关联的新组织，由比较年轻的左翼人士组成。它一度深受欢迎，但很快失去了支持并最终流亡国外。

最早的伊斯兰主义运动的主角是伊斯兰共和国党（简称IRP）和穆斯林人民共和党（简称MPRP）。IRP是一个出类拔萃的伊斯兰主义政党，由阿亚图拉霍梅尼的亲信领导，尤其是阿亚图拉赛义德·穆罕默德·贝赫什提和胡加特伊斯兰阿里·阿克巴·拉夫桑贾尼、穆罕默德·贾瓦德·巴霍纳尔和赛义德·阿里·哈梅内伊。它吸引了大量不同年龄的伊斯兰主义者，他们特别热爱霍梅尼。在几年内，这个党相当活跃，在政坛上扮演着核心角色，1987年，它在事实上与政府合为一体的时候解散了。[19]另一个具有影响力的团体是伊斯兰社团联盟，它的起源可以上溯到20世纪60年代初。它是个保守派组织，主要社会基础是顶级的商业巨子。

在宗教政治组织中，MPRP是IRP的主要对手。它拥有阿亚图拉沙里亚特马达里的坚定支持，其子哈桑·沙里亚特马达里是该党领导人之一，从更广阔的政治视野来看，作为一个有着民主倾向的穆斯林组织，它与自由联盟没有很大区别。它在与沙里亚特马达里同族的阿塞拜疆人中间拥有最强大的影响力，它的命运也与他的地位紧密相连。

戈特布扎德、阿布尔哈桑·巴尼·萨德尔和易卜拉欣·亚兹迪当时都四十多岁，都有自由运动背景。早在革命前他们就成了霍梅尼主义者，在这位阿亚图拉驻留巴黎期间，他们在不同领域为霍梅尼本人效力。亚兹迪在巴扎尔甘的临时政府中担任外交部长，而且我们将在下文看到，巴尼·萨德尔做了共和国首任总统。革命之后戈特布扎德担任了广播电视网络的首脑，当时他被描绘为革命的喉舌和门面，由于态度强硬，他在媒体和知识分子圈子中树敌众多。

事实上，胜利的革命者之间爆发冲突最早源于新闻出版自由问题。广播电视网络很快就成了伊斯兰机构。绝大多数音乐和娱乐节目被伊斯兰主义宣讲和节目替代，女性员工们被要求穿戴头巾。主要冲突集中在出版自由领域，而那里是记者、知识分子和作家协会的天下。戈特布扎德与新闻出版界之间冲突不断，但事态发展超过了原有范围，很快各种力量和个人就直接卷入其中，包括霍梅尼本人。在国王统治末期通过罢工活动获得新闻自由之后，有些记者坚持着乌托邦式的想法，“言论和笔享有无限自由”，然而他们中更现实的人仅仅要求多元化，这样各种意见都有机会被民众听到。有两个宽泛的标准定义了可接受的新闻自由。一个是意识形态，或者更确切地说是革命，这要求作家们不要从事“反革命”写作。对此，不仅伊斯兰主义者，几乎全部有着激进思想趋向的人也都同意，只是对一个党派来说是“反革命”的事物，对另外的党派来说可能是“革命的”。在革命胜利后仅仅一个半月的3月，霍梅尼本人就加入了争论，他说，尽管言论自由是被允许的，但没有“阴谋”的空间，尽管有些报纸假装在为革命服务，但实际上是在印刷一些反革命材料。[20]

另一个标准是对新闻自由的法律限制，霍梅尼本人指出，世界所有地方的新闻媒体都要服从法律，而伊朗的法律是伊斯兰法。然而，虽然早在用清晰的意识形态术语确定详细的规则主体之前就已经颁布了一部新闻法，用伊斯兰法限制新闻自由的成效却并不显著，因为除了一些明显的情况外，难以清晰界定一份报纸报道或特刊是反伊斯兰教的。这是一场从3月持续到8月的战斗“自由之春”，许多报纸都参与其中，特别是著名的《世界报》和《未来人民报》，这件事在后者上闹得沸沸扬扬，它也因此遭到查禁。后来其他六十多份报纸也遭受了相同的命运。霍梅尼本人对此表示认可：

> 每场革命之后都有上千腐败分子被公开处决或烧死，这种事情结束了。他们不允许出版报纸。十月革命后不久，没有报纸存

在［除了那些官方认可的］……我们都错了。我们以为在与人类打交道。很明显我们不是。我们在与野兽打交道。我们不会再容忍它们了。[21]

妇 女

妇女，包括现代和传统妇女，都在革命中扮演了积极的角色，现代妇女的身影肯定更容易被看到，在前政权统治末期，为了表示反对国王政权，她们开始佩戴较轻薄的头巾。但是她们并不认为她们将被要求，最终被强迫穿着传统服装。与妇女有关的问题远远不止服装，最后涵盖了生活的诸多方面，例如婚姻、离婚、子女抚养、法律地位，最终法律规定妇女的证词乃至生命只相当于男人的一半。共和国用了几年时间才明确了妇女地位的完整外延和内涵，她们的社会和政治地位也始终处在变化之中。首先，1967年的《家庭保护法》被废止了，该法律曾与其他规定一道限制了一夫多妻制，并使妇女在特定条件下离婚成为可能。但是由于妇女们的持久抗争，该法的规定很快就被恢复了，虽然男女地位依然不平等。[22]在这些早期斗争中，著名女性律师如希琳·伊巴迪和迈赫兰基兹·卡尔及其追随者们，不得不面对以扎赫拉·汗农·切拉吉为首的传统女性卫道士的挑战，讽刺的是，后者本人就是从先前家庭妇女的地位中获得了解放的。

保守的传统主义者，包括宗教和世俗人士，男人和女人，都相信妇女应该佩戴头巾，而且应该至少离开政府中的行政和管理层，并且回归家庭。某种程度上这种看法与意识形态上的伊斯兰主义者的观点相左，后者打算领导穿着黑色长袍的成年伊斯兰妇女，在街头游行队伍中按下胸前冲锋枪的扳机来支持革命和霍梅尼。与其他领域一样，伊斯兰主义者们在传统什叶派伊斯兰教的要求和现代意识形态解读之间挣扎，后者在宪法中清晰可见。这种分裂也可见于阿亚图拉霍梅尼本人的声明之中，例如早在1979年3月，他要求政府办公室里的妇女在工作时佩戴传统头巾，[23]而且在谈到妇女时他说：

> 你们可以确信自己身处前线。你们已经证明自己拥有与男人一样的地位。男人们已经从你们身上获得了教训……你们是伊斯兰教的荣耀……伊斯兰教要求你们成为完美之人，以便抚养他人完美。[24]

强制要求佩戴头巾是分阶段实行的，巴尼·萨德尔倒台和革命完成时，戴头巾成了强制要求。当时，手持棍棒和铁链的真主党成员高喊的口号是："盖上你们的脑袋，否则砸脑袋。"讽刺的是，此举令人想起礼萨沙时代对戴面纱的禁止，那时候警察经常扯下妇女的头巾并将其撕碎（见第9章）。然而这种着装要求并非完全统一：女性公务员、学生和其他与政府机构相关的妇女必须穿马克纳赫，这是一种看起来像制服的衣着，而其他人可以穿长裤、长上衣，但得用头巾盖住脑袋。对所有女性来说，只有脸和双手不需要覆盖，虽然自20世纪90年代末以来，暴露部分头发也成为可能。

无论在理论还是实践方面，理想的伊斯兰妇女是一位虔诚的穆斯林和受过教育的家庭妇女，同时她得参与社会进程。与意识形态的理论、实践的诸多方面相似，妇女地位的基础是由阿亚图拉霍梅尼奠定的，它是传统和现代元素的混合。一言以蔽之，在某些基本方面，革命之前的传统妇女在变得现代化，同时革命前的现代妇女，至少在公开场合被迫接受了某些特定的传统主义元素。随着时间流逝，这让妇女在总体上取得重大社会进步成为可能，尽管存在歧视妇女、偏向男性的法律。这远不是宪法革命期间谢赫·法兹卢拉和其他鼓吹伊斯兰政府的人们所能容忍的局面（见第14章）。

宪 法

在1979年11月中旬最终通过并在稍后付诸全民公投的《伊斯兰共和国宪法》中，这种形式上的分裂最为显著。新宪法包含了许多与王国宪法相似的特征和原则，而王国宪法是宪法革命的产物，而新宪法的原则和规定完全是伊斯兰主义的，再度表露了霍梅尼及其信徒们拥护和使用的现代伊斯兰意识形态创新和折中的特色。将其描绘为神权统治是不完全准确的，虽然它包含了宗教统治的强烈元素；将其视为世俗或民主政权同样不准确，尽管它们在某些方面很相似。[25]

建立伊斯兰共和国的事实并不一定是自相矛盾的，因为没有伊斯兰法律要求政府实行君主制。与孟德斯鸠的三权分立理论相矛盾的是，声明和规定将最高统治权同时赋予真主和人民，它包括民选总统和代议制议会，同时建立霍梅尼在其关于伊斯兰政府的论文中期待的法学家监护委员会（见第12章）。后来这个系统的代表性受到进一步限制，被并非由选举产生的宪法监护委员会认定没有坚定伊斯兰信仰的任何人，都没有资格担任总统和议员。

这项规定最初仅适用于世俗团体和个人，后来推广到所有穆斯林政党或信徒身上，例如巴扎尔甘的自由运动，因为巴扎尔甘没有明确认同法学家的治国理念，尽管该理念也受到许多著名马尔加和法学家的质疑。最终，它也应用在大多数改革派伊斯兰主义者身上，例如基本上支持哈塔米总统政府的伊斯兰参与阵线（见第14章）。因此，事实上这一系统在伊朗和其他地方都是前所未有的，虽然它的某些世俗特征与种族隔离制度下的南非政权相似，后者坚持它的民选政府只为其人口中的一部分服务。

这是当时革命冲突的特征，涵盖各种政见的革命其实代表了不同的意识形态、规划和进程，宪法历经几稿才最终确定并付诸表决。官方的初稿颁布于1979年6月，除了设想建立一个由人民公投选择的共和国，它很像之前的王国宪法。除了某种程度上更崇高、更强调精神性和更理想主义的论调，实质上它提供了相同的原则和结构，包括建立一个由议会和马尔加选出的六位律师和五位法学家组成的宪法监护委员会，该委员会不会自行判断议会通过的法律是否符合伊斯兰法学，只有在收到申请时才会那么做。[26]

霍梅尼认可了宪法草案，草案连同他写在草案边缘的批注被付诸全民公决。但是非伊斯兰激进分子和革命者开始大声疾呼，要求选举制宪会议，因为巴扎尔甘在职期间曾承诺如此。这反映了许多主要现代政治力量的严重不信任和天真乐观情绪。马克思列宁主义者们关心的是，一部资产阶级自由宪法会未经全面讨论就颁行，他们和其他世俗势力对宪法的宗教内涵持谨慎态度，事实上如前文所述，宪法的宗教内涵十分有限。但是，他们在自己的乐观情绪下忽略了一个事实，即是霍梅尼而不是他们自己将在公投中获胜。事实上，当时哈希米·拉夫桑贾尼向巴尼·萨德尔和伊扎图拉·萨哈比指明了这一点，告诉他们选举产生的国民大会将充斥着来自伊朗边远地区的落后和无知的代表。[27]

反对召开制宪会议的正式原因是说选举会迁延时日，而且选出的制宪会议会花费过长时间讨论，以至于无法在当前急需一个宪法框架来治理国家的形势下拿出宪法来。然而民众热情高涨并最终达成共识——在自由派和威望颇高的阿亚图拉塔勒汗尼的斡旋下，建立一个由选举产生的“专家委员会”来审查和审定宪法草案。[28]可以预见的是，专家委员会（由72人组成）由霍梅尼的紧密支持者主导，事实上抛弃了草案并且按照前文提到的形式重写了草案，其核心和根本理念是“法学家治国”，将宗教和政府合二为一，建立了一个意识形态国家。

震惊于他们的行为超出了授权范围和最后期限，巴扎尔甘政府决定解散专家委员会，但被霍梅尼阻止。非伊斯兰主义者曾有机会参与讨论宪法草案，并且通过坚持召集立宪会议来破坏草案。这样的立宪会议不太可能编写出一部比专家委员会编写的宪法更少宗教和意识形态色彩的宪法。事实是霍梅尼拥有压倒性多数的人民支持，因此如果其他人拿着最初的官方草案付诸公投，那么它在霍梅尼的支持下会得到通过。在伊朗历史上，妥协（这是个令人憎恨的词汇）的失败会导致极端的后果。

从一开始，巴扎尔甘政府就试图让伊朗经济和行政按巴扎尔甘称为“步步为营”的政策返回正常状态。但是事态发展很快就表明，他的政府是一个承担了过多责任，却没有权力和权威且缺乏霍梅尼信任的政府。巴扎尔甘既不反西方，也不相信彻底的伊斯兰（或左翼）革命。革命法庭完全是独立的，任意处决、囚禁和没收财产。革命委员会拥有独立的权力。革命期间存在的“伊玛目委员会”组织和协调诸如食品供应的行动，因而成了一个行政机构，经常能够凌驾于政府决策之上。绝大多数左翼人士视巴扎尔甘为“美国的朋友”“富裕资产阶级的代表”，他们要求获得无限制的自由，同时进行阶级斗争和反帝国主义斗争。虽然在他们和伊斯兰主义者的压力下，许多工厂、银行和保险公司被国有化了，他们还要求拥有对经济更强的干预力度。大约同时，那些开始对革命失去信心的现代人士同样攻击巴扎尔甘，因为巴扎尔甘没能颠覆革命。历史上很少有哪位首相像巴扎尔甘这样，被赋予了如此毫无希望又吃力不讨好的任务。[29]

人质危机

1979年2月13日，前政权倒台两天后，一伙武装分子袭击了美国大使馆，但很快就被忠于政府的部队赶了出去。[30]

1979年11月4日，一伙自称“伊玛目［即霍梅尼］路线追随者”

的穆斯林学生袭击并占领了美国大使馆，将馆内外交官们劫持为人质。此前不久，巴扎尔甘在阿尔及尔会晤了美国国家安全顾问兹比格涅夫·布热津斯基，此举进一步加深了多数民众尤其是现代人士的疑虑，他们怀疑“自由派”不仅希望与美国言归于好，甚至从一开始就将革命出卖给了美国，阿亚图拉霍梅尼本人及其追随者们可能在巴黎接待了一个以美国前司法部长拉姆齐·克拉克为首的代表团。10月22日，美国允许前国王入境接受癌症治疗，霍梅尼随即谴责美国为“大撒旦”。

在美国大使馆，学生从一开始就释放了妇女和非洲裔人质，留下43名白人，后来有一名白人获释。学生们要求美国将国王遣送回伊朗“接受审判和处决”，并为1953年的反摩萨台政变道歉，尽管他们和想法相似的人谴责摩萨台的支持者如巴扎尔甘为“自由派”和“美国的朋友”。由于人质危机迁延日久并导致美国没收了伊朗80亿美元的在美资产，学生们增加了释放人质的条件：归还在美资产。

许多劫持者后来宣称他们本打算占领大使馆几个小时或几天，进行最大限度的国际宣传。然而几天之后霍梅尼认可了他们的行动，在人质们获释之前，巴扎尔甘政府已经辞职了，人质危机最终持续了444天。在此期间，许多人包括亚兹迪和戈特布扎德都为释放人质付出了努力，却都失败了，美国采取了秘密军事行动以解救人质，但美军的运气太差，在伊朗东北部遇到沙漠风暴，损失了8名士兵。

由于霍梅尼的认可，人质没有被迅速释放，这引发了可与革命胜利之初相比的新一轮公众狂热。每个人，现代和传统人士，马克思列宁主义者和伊斯兰主义者，富人和穷人（除了寥寥无几的“自由派”）聚集在一起发出反美的战斗呐喊。其中许多随着集体狂热降温和政治冲突的蔓延而理想逐渐幻灭的人们，发现了宣泄新一轮革命热情的渠道。革命口号“既不西方也不东方”——令人想起哈利勒·马利基的旧理念“第三力量”——意味着重申主权和独立已经转向与美国的对抗：这个国度再次为不喜欢的事物团结起来——这次是因为美国。这可能不是劫持人质的初衷，但它后来却得到了霍梅尼的认可。

学生们不仅仅是劫持人质，还开始把在他们称为“间谍的老巢”的美国使馆找到的文件碎片拼接起来，揭露了“叛国者”、“自由派”和“美国的朋友”以这种或那种方式与美国大使馆的接触。后者中最重要的受害者或许是阿巴斯·埃米尔·恩特扎姆，此人是巴扎尔甘政府的副总理和政府发言人（后来担任驻斯堪的纳维亚国家的大使），针对他的最严厉指控是美国外交官在一封信中称他为“亲爱的埃米尔·恩特扎姆先生”，显然对他的敌人来说，这证明他与美帝国主义保持着亲密的私人关系。他遭到审判并被判定为间谍，在多所监狱中被囚禁多年。

在这种愤怒和狂热气氛中弥漫着对迫害的恐惧，另一方面宪法则被付诸公决，让“法学家治国”的反对者们不可能如他们所希望的那样表达意见和批评。即使反对这个最根本的宪法原则，眼下反美帝国主义斗争依然处于压倒性优势地位。人民党、敢死队和宗教激进主义者组织都完全支持劫持人质，作家和知识分子们则忙于为劫持辩护而搜集签名。许多身处西方国家的伊朗学生、专业人士和驻外公职人员在做同样的事情，在包括伦敦、曼彻斯特在内的各个西方城市，伊朗人举行游行示威支持劫持人质。最近的作家们注意到，“许多伊朗人，包括一些劫持者，今天认为这个事件是一个巨大错误，它把伊朗变成一个西方眼中的无赖国家，阻碍了伊朗未来多年的发展”。[31]迅速体面释放人质的各种努力都失败了，美国断绝了与伊朗的外交关系。

无论如何，在人质危机发生八天后的1979年11月12日，出现了一个反对劫持的孤独声音。设在伦敦的捍卫和改善伊朗人权委员会在英文版的新闻稿中谴责道，美国外交官们“在违背自身意愿的情况下被扣留……他们作为筹码和人质陷入无法自控的旋涡之中。这是官方对最基本人权以及外交豁免权的彻底侵犯”。这个声明总结道：

> 我们强烈抗议这种行径，不仅为了保护那些屈从于伤害和侮辱的人们，还因为这种行径完全无法无天，很容易为进一步侵害伊朗人民自己最基本的权利而开创一个先例，而伊朗人民甚至无法在自己土地上申请外交豁免权。[32]

1981年1月20日，在伊朗与美国签署《阿尔及尔协议》的次日，罗纳德·里根就任总统的当天，人质最终获释。危机持续这么久，部分源于国内局势的需要，部分在于双方在释放人质条件方面的分歧。伊朗政府的敌人和批评者中开始盛传，称劫持人质是在卡特总统的亲自命令下进行的，还有些人已经随着时间推移而对人质危机的热情逐渐淡化，同时对没有发生什么巨变而感到厌倦。根据这个阴谋论，卡特策划了劫持人质事件，而在1980年11月总统选举之前人质将获释，这将大大增加他的支持率。这则传言极有可能在推迟释放人质，直到卡特在总统选举中落败方面起到了很大作用。

人质危机期间，伊拉克在1979年9月进攻伊朗，引发了一场耗时将近八年之久的战争，并造成了难以计数的死亡和破坏。

巴尼·萨德尔的垮台

在人质危机初期的紧张气氛中，新的伊斯兰宪法被付诸公投。之后举行了总统和议会选举。由于IRP党内对候选人的争论，已经在自由运动中扎下根的阿布勒哈桑·巴尼·萨德尔当选为总统，据信他很受霍梅尼的信任。尽管霍梅尼在巴黎和德黑兰期间都与他过从甚密，巴尼·萨德尔的政治态度和感情却都更倾向巴扎尔甘而非霍梅尼，这是他与以IRP为代表的伊斯兰主义者们和IRP强势领袖阿亚图拉贝赫什提的冲突越来越激烈的原因。[33]巴尼·萨德尔是一位地方阿亚图拉的儿子，拥有德黑兰大学的学位，他曾在巴黎居住多年，更像一位穆斯林民主人士而非伊斯兰主义者。IRP赢得了议会多数，根据宪法获得了限制总统决策的自由。一场漫长的斗争之后，国民大会强加给巴尼·萨德尔一位伊斯兰主义者总理穆罕默德·阿里·拉贾伊。冲突还在持续，仿佛双方之间的互相谩骂，参与者包括巴扎尔甘和他为数不多的进入了国民大会的支持者。

当时最重要的一场争论是，忠诚和技术专长哪个才是决定一个人能否成为公职人员的基本条件，或者说，是应该优先考虑伊斯兰主义者（即使他的技术能力不足）还是受过现代教育的人（即使他不是一个优秀的伊斯兰主义者，例如他们刮胡子系领带）。巴尼·萨德尔开始争取受过现代教育的人士的支持，同时现代人士中的另一些人认为他应该为这场他们开始感到后悔的革命承担部分责任。但是萨德尔不像霍梅尼和IRP，他没有强大的民意基础，那些不赞成法学家治国的大乌莱玛也不是很支持他。伊拉克进攻伊朗之后，他在前线花费了许多时间，部分是为了争取民心，部分是为了回避德黑兰的日常冲突。人民党和其他左翼团体认为他和巴扎尔甘没什么区别，无论如何，人民党是霍梅尼和IRP的坚定支持者。巴尼·萨德尔越来越倒向“人民圣战者”，后者组织完备且武装良好，拥有众多忠诚的成员，但他们没有强大的民意支持。直到目前为止，他们都公然无视霍梅尼要他们自行解除武装的要求。

霍梅尼最初似乎在旁观，要求双方妥协。在稍后的阶段，其女婿阿亚图拉埃什拉齐的仲裁没能解决冲突。霍梅尼当然偏向贝赫什提和IRP，巴尼·萨德尔倒向“人民圣战者”让霍梅尼既疑虑又愤怒，最终决定抛弃他。1981年6月20日，巴尼·萨德尔受到议会弹劾，“人民圣战者”发起了一场公开暴乱，引发的武装冲突造成多人死伤。一些左翼团体如“人民敢死队”中的少数派和斗争派加入了“人民圣战者”一方，虽然人民党和“人民敢死队”的多数派没有这么做。6月28日，IRP总部发生了剧烈爆炸，超过70名著名人物遇难，包括贝赫什提。两个月之后，总统府发生爆炸，已经取代巴尼·萨德尔任总统的拉贾伊、总理巴霍纳尔遇难。两起爆炸都被强烈怀疑是“人民圣战者”所为，虽然后者并不承认。伊斯兰主义者以实施恐怖统治作为回应，“人民圣战者”则通过对伊斯兰主义政治家和宗教人士进行刺杀作为反击。有段时间，国家仿佛陷入一场城市内战，同时与伊拉克的战争还在前线激烈进行着。大约同时，巴尼·萨德尔和马苏德·拉贾维（“人民圣战者”领袖）乘飞机逃到巴黎，他们在那里建立了一个联盟，后来当“人民圣战者”与伊拉克达成协议的时候，这个联盟解体了。[34]

巴尼·萨德尔倒台之后，社会和政治生活的伊斯兰化迅速完成了。标志性事件是国民协商大会（即国民大会）改名为伊斯兰协商大会。此后所有妇女（不局限于公共雇员）不得不穿着传统服装。一场对政府各部门的清洗开始了，解雇、驱逐了许多非伊斯兰雇员和高级公职人员，在某些情况下，还没收了他们的财产。这些行动主要是由政府办公室中的伊斯兰主义青年进行的，他们通常只是以公职人员的名义打印出被驱逐者的表格，将其在政府中的职位描绘为“可憎的巴列维政权的代理人”，犯下“强夺公共财产罪”。没有起诉，没有听证，没有辩护。随后是文化革命委员会对大学的彻底清洗，因为绝大多数学生和教授，无论他是左派、自由主义者还是非政治人士，都不符合宗教意识形态下的政治和教育需要。[35]

与此同时，许多政党被宣布为非法，但不包括人民党和“人民敢死队”的少数派。1982年，苏联驻德黑兰大使馆的克格勃特工弗拉基米尔·库济奇金叛逃到了英国，揭露了人民党的军事组织，此后在1983年，人民党的命运发生了转折。[36]绝大多数人民党领袖和骨干以叛国罪名被捕，有些人被处决，另一些人被判处监禁。在一次电视访谈中，一位人民党著名党员承认做了四十年苏联特工，虽然他们明显是在逼迫下发表这些声明的。[37]与此同时，许多人民党和“人民敢死队”中多数派的成员逃离伊朗，大多前往苏联和苏联控制下的阿富汗。

随着伊斯兰革命的兴起和国内外形势的激进化，首先是1979年11月的人质危机和后来巴尼·萨德尔的倒台，温和派组织如MPRP无可挽回地衰落了。1982年，萨迪克·戈特布扎德承认策划军事政变，计划炸毁霍梅尼的住处，沙里亚特马达里被牵涉进了这桩阴谋。[38]戈特布扎德被枪决，沙里亚特马达里被软禁在家，失去了全部政治权力。

1979年11月人质危机以来，伊斯兰革命就是这样发展和完成的。于是对革命感到幻灭、恐惧和失去产业的伊朗人（主要但不全是现代人士）掀起了第一波移民浪潮，他们多数前往西方国家，现代伊朗人的移民社群由此兴盛起来。

为什么伊斯兰主义者会战胜其他革命团体呢？各种自由主义者没有机会凭自己的力量赢得权力，是因为他们的社会基础狭小（绝大多数中产阶级倒向了霍梅尼，直到为时已晚）和组织羸弱。但最重要的原因是，他们没有武装起来，也不曾打算将其他政治力量逐出政坛。这让伊斯兰主义者、包括“人民圣战者”在内的左翼人士有机可乘。伊斯兰主义者们组织完备，充分利用了清真寺和巴扎网络。但是绝大多数左翼人士也有这些优势，他们之间的根本区别在于伊斯兰主义者拥有群众号召力，他们能号召民众参与政治行动，包括选举。在能动员起来的民众数量（无论主动或被动）上，没有任何左翼团体和党派能与伊斯兰主义者相比。除此之外，两个最大、组织最完备的左翼党派——人民党和“人民敢死队”多数派——都因为把反美帝国主义当作最神圣的革命目标而支持伊斯兰主义，直到他们自己被整肃出局。“人民圣战者”发动的暴动很快便被平息。伊斯兰主义胜利的最大秘密在于霍梅尼本人至高无上的声望和合法性。

战 争

这场由伊拉克于1980年9月发动的残酷战争持续了将近八年，直到伊朗在1988年7月接受联合国停火决议。战争开始时，它进一步巩固和改善了激进伊斯兰主义者的地位，否则他们或许不会如事实发展那样轻松地赢得与巴尼·萨德尔的争执。伊朗革命在几乎全世界的穆斯林民众心目中留下了深刻印象，尤其是在什叶派人口居多却被当作二等公民看待的伊拉克。受到国内革命成功和革命在国外获得民意支持的鼓励，伊朗人——尤其是霍梅尼本人，长久以来怀有世界伊斯兰秩序的愿景——首先公开宣布向其他国家输出革命，虽然与法国和俄国相似，输出革命的艰辛历程打破了这个迷梦。[39]

伊拉克总统萨达姆·侯赛因曾因在1975年向伊朗国王屈膝投降而威望严重受损（见第11章），现在他相信自己既有借口也有实力撕毁《阿尔及尔协议》，越过阿拉伯河航道，吞并伊朗胡齐斯坦省部分领土，而且他希望推翻这个伊斯兰政权。考虑这些目标的时候，他可能受到一些从伊朗流亡出来的顾问一厢情愿的想法的怂恿，这些人低估了革命政权的力量和伊朗人民的爱国情绪。萨达姆也畏惧伊拉克国内曾被其严厉镇压的激进什叶派运动，超过十万伊朗血统和对霍梅尼表达同情的伊拉克人被他驱逐到伊朗。[40]

萨达姆的不宣而战最初令伊朗人大吃一惊，后者的边境城镇霍拉姆沙赫尔失守并沦为废墟，迟至1982年5月，该城才被伊朗人解放，迫使萨达姆求和。许多志愿者参加了革命卫队，一个新建的、事实上是自我牺牲的准军事组织成立了，它叫“动员”——也由志愿者组成，绝大多数成员都刚刚超过或低于征兵年龄，包括许多十几岁的男孩，正规部队也通过积极参战向革命政权表达了忠诚。“动员”部队的男孩子们频繁表现出英雄主义和对殉难的渴望。二十年后一位西方记者将他们与乔治·奥威尔笔下的西班牙内战期间的共和国战士相提并论：

> 宗教和政治在他们瘦弱身躯里的汇流，是个人和普世利益

的融合。他们也在为尘世回报而战，但这绝非全部……每当一位“动员”战士飞身挡住一枚飞向满是战友的战壕的火箭弹时——这样的英雄主义行为很普遍——他正在为他的同志们做出最崇高的奉献。然而他也是在为自己奉献。他微笑着死去，因为他认定自己正在沿着一条特定道路前进，同样的话语挂在他的唇边，他求仁得仁、死得其所。[41]

1982年6月，共和国拒绝了萨达姆的和平提议和一个由沙特阿拉伯主导的向伊朗提供大量赔偿的计划。愤怒、革命狂热和用伊斯兰共和国取代萨达姆政权的希望，促使霍梅尼及其战友们将战争推进到敌国领土。“战争直至胜利”成了整场战争期间常见的官方口号。甚至迟至1988年7月，战争将近结束时，霍梅尼还宣布：

我们反复不断地宣布这个真理：我们的外交和国际伊斯兰政策是将伊斯兰主义的影响推广到全世界，削弱“吞噬世界者”们（即帝国主义列强）的力量。现在如果美国的走狗想把我们的政策抹黑为扩张主义和建立世界帝国的理念，我们也不能被他们阻止，甚至还得欢迎它。[42]

到了1984年，萨达姆的军事目标从占领伊朗领土，变成了阻止德黑兰当局在伊拉克境内获得任何重要领土。他试图通过购买更多、更好的武器来提高伊朗的战争成本，武器主要来自苏联和法国，还针对伊朗部队集结地使用化学武器。化学武器的破坏力很强，造成上千人伤亡，但对伊朗人的士气影响甚微。1984年3月，伊朗人占领了部分马吉努岛，岛上的油田兼具经济和战略价值。除了使用化学武器，伊拉克人还对德黑兰和其他伊朗城市发起了空袭，伊朗人则针锋相对地如法炮制。在此期间，伊拉克在进犯伊朗的哈尔克岛时，发起了席卷波斯湾的油轮战和对船只的袭击，后来美国站到了伊拉克一边。

伊朗孤立的国际地位是革命以来对外政策激进化的产物，革命在第三世界国家尤其是穆斯林民众中间赢得了巨大声望，但是严重恶化了与世界和地区强国的关系。伊朗与以色列断交，停止向南非供应石油，与联合国中的不结盟国家一道，鼓吹世界人民的解放，这些行为与此前其他革命所做的很相似，在对外关系中则坚持彻底独立。然而如上文所述，由于扣押美国人质过久（虽然主要出于国内原因），伊朗的人质危机过于严重，又以对财政不利的解决方式结束，为革命政策付出了沉重的外交代价。伊朗反对苏联的阿富汗政策，却在某种程度上试图操纵苏联反对美国。但是从20世纪80年代中期开始，由于美苏关系发生了友好的变化，这个政策逐渐难以为继。[43]

1984年开始的消耗战又进行了四年，伊拉克主要依靠阿拉伯和西方国家的武器和财政支持，伊朗则把民族主义情绪、革命热情和牺牲狂热推到极致，以弥补其彻底孤立的国际地位。战区和其他地方发生了大规模人口迁徙，越来越多的人暂时离开大城市以躲避空袭，其中一些人回来后看到他们的房屋沦为废墟，至亲之人丧生、残疾或患上了炮弹休克症。最近几个世纪中，这个国家还没有经历过如此可怖的事情。很快伊朗就成了名副其实的“牺牲者的玫瑰园”，死于地雷和芥子气的青年则是园中之花。

战时伊斯兰主义

尽管有革命热情，但由于战争还在进行，伊斯兰共和国面临着严峻的现实，包括经济发展的衰退和20世纪80年代初石油价格的崩溃，对国内反对派武装和一直对抗政府的非暴力对手的镇压，以及几乎所有地区和世界性强国的敌意或冷漠。这是一个新生政权需要面对的后果，通过类比1918年到1921年期间俄国政权在面对内战和外国干涉时实行的战时共产主义政策，将当时伊朗的政策形容为“战时伊斯兰主义”再恰当不过了。[44]国民经济主要用来配合战争机器，消费品短缺因此不可避免，定额分配系统建立起来了，虽然从公众的角度来看，它远非理想，但总体而言它实行得很不错。人民的平均生活水平在持续下降：仅仅在1988年，即战争的最后一年，GDP就下降了约8%。[45]通货膨胀和失业率高企，货币里亚尔的汇率持续下降。[46]总的来说，整体经济表现趋于恶化，尽管革命之后社会的某些方面似乎变得更好了。[47]

这是一个政治上强势、经济上国家干预的政权。所有反对派都在事实上被查禁了，所有批评都被说成是“帮助敌人”。1985年选举产生的第二届国民大会中大多是伊斯兰主义者，甚至像巴扎尔甘这样的非伊斯兰主义穆斯林都不再是议员。尽管如此，议员们也被官方或非官方地禁止提出敏感问题，尤其是1986年末曝光的被称为“伊朗门事件”的对美秘密接触和交易。[48]交易的主要内容是美国通过以色列向伊朗秘密出售有限的武器装备，用来换取伊朗帮忙释放在黎巴嫩的美国人质，美国将从这场交易中获得的收入用于资助尼加拉瓜的右翼反政府游击队。伊朗门的曝光，特别指向了国民大会议长哈希米·拉夫桑贾尼。[49]某些被在黎巴嫩的线人举报而遭审判和处决的伊朗激进伊斯兰主义者[50]与阿亚图拉蒙塔泽里接触密切，后者是早年专家领导委员会选举产生的霍梅尼的代表和继承人，但他与伊朗门事件无关。[51]

伊朗已经成了一个公司式的国家。米尔·侯赛因·穆萨维总理领导的政府由年轻的伊斯兰主义激进分子组成，这些人对国有经济和平等主义政策满怀热情。操控国民大会的阿里·阿克巴·哈希米·拉夫桑贾尼实际上负责战争，后来成为最高领袖的总统赛义德·阿里·哈梅内伊是政府行政部门的监督者。受压迫者基金会成了一个庞大的社会经济联合体，它的举措对经济有着相当大的影响，但在行动上不对任何官方机构负责。[52]

绝对监护

如果说政权的批评者们孱弱无力并遭到压制，那么那些越来越反感政府对国民经济采取干预态度的有权势的巴扎商人和生意人则截然不同，他们的态度影响了国家政策，其中某些最重要的政策是由国民大会制定的。政府控制着国民大会的多数席位，但越来越被迫面对宪法监护委员会的抵抗，监护委员会是宪政的主体，有权审查议会通过的法案，以确保它是符合伊斯兰宪法的法律。因此，现代伊斯兰主义者、激进分子、主张国家干预经济者、平等主义者，与保守派、信奉资本主义和市场主导的人士，这两个最强敌对势力之间发生了对抗。随着激进的战斗教士协会从颇有影响的战斗神职人员协会分裂出来，双方都有了自己的机构。过了些时候，政府的某些事务似乎正在陷入停顿，在呼吁霍梅尼干预的声音出现之后，霍梅尼站在了激进派一边，虽然随着战时伊斯兰主义接近结束，霍梅尼没能为激进分子带来彻底胜利，更不要说后来和平降临和拉夫桑贾尼掌控权力了（见第14章）。

作为伊斯兰政府的理论家，霍梅尼参加针对他的“法学家绝对监护”思想的争论是不足为奇的。冲突的核心是国家权力凌驾于私有财产的程度。后来在一篇针对传统乌莱玛和商业集团的长篇演讲中，霍梅尼说道：“伊朗革命政权应该意识到，某些不信真主的人会把任何为穷人工作的人，以及走伊斯兰和革命路线的人描绘为折中主义者。”[53]后来霍梅尼又说：“真正的伊斯兰乌莱玛从不接受资本家、金钱崇拜者和可汗们的枷锁……虔诚的宗教领袖是吸血资本家们的坚定敌人。”[54]

为了回应劳工和社会事务部长提交的问题，霍梅尼在发布于1987

年12月的一篇法特瓦中坚称，这位部长的行为值得称道，他在他的权限范围内推动其部门的立法提案（法案对工人而非雇主有利）。总理穆萨维迅速将其诠释为一个普遍法特瓦：确立了这个伊斯兰国家的特别权力。[55]对一些有宗教背景的政客和权贵而言，这个法特瓦是不可思议的。他们认为它意味着国家高踞法律之上，能够随意做出和实施其决策。于是，与圣城库姆的资深马尔加大阿亚图拉戈尔帕耶加尼关系密切的宪法监护委员会秘书阿亚图拉卢图福拉·萨菲，在写给霍梅尼的信中说：

> 有人从你的法特瓦中得出结论，政府能够动用这一权力将任何社会、经济、家庭、商业、民政、农业或其他系统，替换为原始和直接的伊斯兰系统。很明显，正如你受真主保佑的观点总是我们的指南，这一次，你得改正这个错误。[56]

霍梅尼让萨菲失望了，他回答说他的法特瓦没有错误，而且“对国家支配下的所有事务都有效力”。[57]然而他在给萨菲的信的结尾处写道，他们不应该“关注谣言”。在德黑兰的一次聚礼日演讲中，总统哈梅内伊试图利用霍梅尼含糊提到的“谣言”，如此诠释其写给萨菲的信：关于国家无限权力的推测都是谣言。[58]霍梅尼对哈梅内伊的反应是令人震惊的，同样也是清晰无误的：

> 你的聚礼日演讲表明，你并不认为政府是合法的，正如授予最高贵的先知的绝对监护权……从这个意义而言，你对我的话的解读意味着政府只在真主戒律范围内拥有权力，此说与我的想法完全相悖。
>
> 我要指出，政府（它是先知绝对监护权的一个部门）是伊斯兰教的首要规则之一，相对所有次要规则——甚至包括礼拜、斋

戒和朝觐的规则——都拥有优先权。[59]

他继续阐述了他的新理论对政府日常实践的启示：

> ［伊斯兰］政府最终可以打破那些政府根据伊斯兰教法与人民签订的契约，只要该契约违背了国家和伊斯兰教的利益。政府也能阻止任何行动——无论精神还是世俗的，只要它违反伊斯兰教的利益。[60]

他最后强调说，宪法监护委员会的阿亚图拉萨菲所表达的恐惧，即新政府的政令会背离伊斯兰教的社会和经济规则，是不恰当的。甚至“即使确实如此，它也是［伊斯兰］政府权力的一部分”。[61]

于是，1981年以来政权内部历时最久和最敏感的争论的大门被打开了，并最终以所有不彻底信仰伊斯兰意识形态的政权成员被清理出去而告终。在库姆召开的一次有法学家和宗教领袖参加的研讨会上，讨论了绝对监护的概念，阿亚图拉萨内一边用指甲敲着脑袋一边问道:“监护本身是立法者还是任性胡来的专制，监护本身是法律还是无法无天？”[62]这个问题直接关系到政权的政治合法性，就定义而言，绝对统治不可能是合法的。绝对统治概念已经在霍梅尼最初的法学家监护概念中得到了体现，因为它意味着未经选举的一个人或一伙人会在伊斯兰教法框架下为一个负责的政府制定法律。因此它会从伊斯兰教法中获得合法性，尽管它是绝对的和不经选举而产生的。

新的绝对监护理论超越了这个范围。它要求获得先知拥有过的对精神和世俗政府的全部权力，但它没有提到先知权威的合法性完全来自真主的启示和鼓励与无罪和无谬的概念。如果监护者不是无罪、无谬的，也不能直接联系真主，那么当他判断某项基本裁定不妥或违反伊斯兰教利益时，他需要什么样的合法权威才能中止、修改乃至替换它呢？伊斯兰教本身需要屈从于某个恰巧掌权的人的专权定义吗？而且考虑到政治合法性问题，它和传统专权统治有区别吗？[63]

妥协最后达成了，成立了一个确定国家利益委员会，当国民大会与宪法监护委员会发生冲突的时候，相关问题由确定国家利益委员会仲裁和终审。这不是一个毫无益处的解决争议的渠道，但与霍梅尼的绝对监护理论相去甚远。触发整个争议的原因不是法律而是政治。因此这样一个委员会的建立，无法解决激进、温和和保守人士之间的政治冲突。

停　火

如前文所述，在两伊战争的最后几个月间，这场论战突然发生了，战争已经造成了巨大的人员和物质损失，却几乎没有取得任何成果。1986年2月，伊朗人取得显著战果，占领了法奥半岛，但在1988年4月又被伊拉克人夺回。占领法奥半岛可能是伊朗在有利于己的条件下与伊拉克议和的另一个良机。但是“战争直至胜利”的政策依然占统治地位。1988年，伊拉克人在哈拉卜贾战役中发动了迄今最大规模的化学战，哈拉卜贾是两伊边境伊拉克一侧的一座库尔德小城，市民们被怀疑不忠于萨达姆。此役因造成五千名库尔德平民死亡和重伤而声名狼藉，后来一名国际记者回忆道：

> 这场暴行之前数年，只有少数以伦敦为基地的记者和地区专家（包括我自己）谴责萨达姆。我们的声音是孤独和孤立的。游说集团的简报、白宫和国务院出具的蓄意误导的内容，蒙蔽了绝大多数西方媒体组织。按时任国务院近中东局长杰弗里·肯普的话说，萨达姆是个“狗娘养的”……[64]

独立电视新闻公司（简称ITN）的一个摄制组恰好在德黑兰，伊朗人用飞机将他们与摄影记者直接送到哈拉卜贾。三星期之后全世界都完全意识到这一可怕的行径。[65]即使在这个阶段，华盛顿和伦敦对这个故事依然毫无兴趣：他们继续支持萨达姆。无论是萨达姆蓄意针对库尔德人，还是伊拉克人袭击伊朗人时库尔德人卷入交火，事实上无论是谁下达的命令，是萨达姆还是他的军官，都完全清楚使用这种可怕武器的地方居住着大量平民，包括儿童。[66]

传统上伊拉克是苏联的一个附庸国，与法国的关系也很密切，尤其在军备方面。现在美国与伊拉克恢复了外交关系（1967年阿以六日战争后断交），向伊拉克提供了越来越多的财政、物质、外交和后勤支持。除了法国，某些欧共体国家也为伊拉克提供战争帮助，同时波斯湾的阿拉伯国家持续将大笔现金注入伊拉克政府。

到了1988年中期，伊朗人意识到他们事实上是在独力对抗全世界，如果战争有一个胜利者也不会是他们。数十万人已经死亡、受伤、致残、流离失所或受到精神疾病困扰。无法计数的破坏已经造成许多经济资源毁灭。伊朗人曾以巨大勇气和坚毅奋战，但是最后他们意识到这不是一场他们可能获胜的战争。1988年7月3日，美国海军巡洋舰文森斯号击落了一架伊朗航班，造成290名乘客和机组人员丧生，后来它的舰长承认当时该舰正在伊朗领海。尽管如此，伊朗人还是于1988年7月末接受了联合国598号决议，8月20日停火生效。这不是战败，但它否定了为时八年的乐观情绪和对伊朗人民明确承诺的胜利。[67]

毕竟只能由霍梅尼将停火决定传达给伊朗人民——特别是那些坚信他是神圣的大众，他知道只有这样才能尽量降低失望和沮丧情绪。他在广播讲话中说道："我已经用我的荣誉和名望与真主做了交易。"他又说：

> 如果协议不符合伊斯兰教和穆斯林的利益，我不会接受它，

宁可去牺牲和殉道。但是我们别无选择，应该做真主要求我们做的事情……我重申，对我而言，接受停火比服用毒药更痛苦，但我为全能的真主并让真主满意而喝下这杯毒药。[68]

但是枪声还没有完全停息。获得萨达姆·侯赛因强有力支持且已经在伊拉克驻扎多年的“人民圣战者”在伊朗政府接受停火决议后发动了进攻。他们侵入伊朗西部，与伊朗革命卫队争夺克尔曼沙赫城。最初他们得到伊拉克提供的空中掩护，但是当伊拉克空军在国际压力下撤走后，这次行动迅速陷入颓势，以“人民圣战者”的失败告终，他们损失了数千士兵。

革命热情似乎已经消退，至少在某种程度上，革命热情已经被接受联合国决议之后出现的低迷士气所取代。但这没有持续多久。这时伊朗监狱中开始了一系列草率的处决，1988年9月，英国作家萨勒曼·鲁西迪出版了《撒旦诗篇》，该书逐渐被全世界穆斯林认定为对伊斯兰教、先知、先知的妻子乃至对阿亚图拉霍梅尼的侮辱。公众抗议首先出现在英国穆斯林群体中，继而席卷巴基斯坦和其他拥有大量穆斯林人口的国家。到了1989年2月，阿亚图拉霍梅尼对此事警觉起来，他发布了一个法特瓦，宣布“这本已经编撰、印刷和出版了的《撒旦诗篇》的作者是伊斯兰教、先知和《古兰经》的敌人，判处他和那些了解该书内容的出版者死刑”。[69]霍梅尼挥一挥手，沉寂就打破了：伊朗人和其他穆斯林民族高度兴奋起来，激烈的国际论战再度出现，英国和伊朗的关系由此恶化了，而当时两国正打算将外交关系提升到大使级别。

蒙塔泽里辞职

霍梅尼的副手和指定继承人阿亚图拉侯赛因·阿里·蒙塔泽里曾

是霍梅尼的学生，从20世纪60年代起就是霍梅尼的坚定门徒和著名革命领袖，在1978年获释之前度过了多年铁窗生涯。但他更多的是一名宗教学者而非政客，他相信伊斯兰共和国应该拥有广泛的社会基础，对不热衷伊斯兰主义的人应该有更多宽容，不要过于粗暴地对待反对者。

蒙塔泽里与霍梅尼的观点冲突始于7月末的“人民圣战者”入侵失败后，当时霍梅尼命令司法和情报部门处决许多狱中的政治犯。[70] 这些要被处死的囚徒中有许多人刑期即将结束。当时有——根据不同来源的估计——两千到七千名囚犯被处决，其中有些是刚刚被捕的“人民圣战者”成员，但许多人是早已入狱的该组织成员和左翼人士。

蒙塔泽里写了三封信，第一封写给霍梅尼，落款时间是1988年7月27日，蒙塔泽里在信中明确抗议“你最近向［有关部门］下达命令处决已经身陷囹圄的伪信者”，他还说，对这些最近参加侵袭的人的处决令，应该“得到社会的接受”，“对从前受到低于死刑判决的人的处决……绕过了相关的司法原则和判决”。在于8月15日写给一些司法和安全部门长官的信中，蒙塔泽里嘱咐他们不要“报复”，想想“我们在判例中关于审慎处理涉及流血问题的论点是否都是错误的”。在下一封于9月3日写给霍梅尼的信中，他叙述了一位法官的陈述，这位法官眼睁睁地看着一名安全官员下令处决一个已经悔过并准备上前线参战的“人民圣战者”成员。[71]

蒙塔泽里很少掩饰他对现政权某些随意和违反自由原则的决策的反感。例如在1988年10月，他甚至在公开场合说了这样的话：

> 每个掌管国家和革命的个人，自己都曾在那个不公正的君主政权下品尝过缺少言论自由的苦涩滋味……绝对不能认为仅仅因为［前］专制政权现已被摧毁，就不再需要言论自由了……我们中的任何人都不是无罪和无谬，以至于不需要建议的。[72]

但是在他的信写完后几个月即萨勒曼·鲁西迪事件发生之后，这些信已经流传到伊朗境外，导致霍梅尼直接攻击蒙塔泽里，1989年3月29日，蒙塔泽里辞职了。“从这时起，我本人严重反对对我的副领袖任命，”他在写给最高领袖的谦卑辞职信中写道，“如果有什么不可避免的错误和弱点，它们在您的引导下应该有望得到纠正。”[73]

一夜之间，蒙塔泽里的照片从墙上消失了，他的官方头衔“崇高的法学家”和大阿亚图拉变成了胡加特伊斯兰，对他而言这个头衔实际上是一种侮辱。蒙塔泽里还想继续批判政府，在之后的二十年间事实上鼓吹民主政府，这经常导致他的言论被审查和他本人被软禁。[74]

霍梅尼归真

1989年6月3日，即蒙塔泽里遭到政治羞辱两个多月后，霍梅尼去世了。霍梅尼患有慢性心脏病，在一系列心脏病发作后去世。享年89岁。

作为法学家，神秘的、富有魅力的革命领袖与宗教革新者，毫不夸张地说，他是宪法革命以来对伊朗历史冲击最大的人。但是他可能认为自己的使命远超于此：他是先知的继承者，他的使命遍及整个伊斯兰世界。虽然他没能建立一个崭新的伊斯兰世界秩序，但依然无法否认霍梅尼之后的伊斯兰世界与他之前的大有不同。他领导的伊斯兰革命以各种方式冲击了全世界。

霍梅尼的殡礼吸引了上百万哀悼者走上街头，在狂热气氛中，许多人死亡或受伤。伊朗成为殉道者和哀悼者的国度，在人们的记忆中还没有过如此激情澎湃和令人动容的哀悼队伍。这里值得引用美国资深记者汤姆·芬顿的目击报告，他在哥伦比亚广播公司的新闻中全程报道了1989年6月5日的葬礼：

到了上午，烈日炙烤着哀悼者们，玻璃棺温度已经达到了38摄氏度。棺椁停厝在由一个卡车集装箱充当的临时平台上，用黑布覆盖……棺内躺着阿亚图拉霍梅尼的遗体，平静地等待埋葬。这位阿亚图拉的遗体以仰躺状态停厝在德黑兰东北部的一个祈祷场地里，允许他的人民对他致以最后的敬意。殡礼是按照穆斯林的传统进行的，霍梅尼的双脚指向麦加方向。黑色包头巾安放在胸前，黑色表明他是先知穆罕默德的后裔……尘土飞扬的场地周围是成群身穿黑袍的号哭妇女，成群的男人敲击着胸膛和脑袋。革命卫队的军人们……正在试图用消防水龙为人群降温，但是人群的情绪随着户外温度的上升而提高……我知道这是永远不会被人们忘怀的事件之一。阿亚图拉霍梅尼会像生前一样身处风暴中心被埋葬。

芬顿继续写道：

甚至许多伊朗中产阶级也对革命满怀复杂情感，而他在上百万伊朗穷人心中的地位更是毫无疑义的。他还会像生前一样，在他们心中享有崇高地位……

殡礼的当天早上就出现了无尽的人流，最初人流集结在遗体停厝的开放场地……政府计划用冷藏卡车将遗体从祈祷场运送到首都以南十五英里的安葬场所。但实施起来却并不容易。首都外的公路被赤脚的哀悼者堵塞。多数身体健全的德黑兰市民和数十万来自周边乡村的人们都希望陪伴他们的领袖到墓地，如果可能的话还要触摸遗体……当祈祷结束时，记者们惊异地看到人群向前奔跑，抓住覆盖在打开的棺材上的伊朗国旗和遗体身下的绿布。棺材在抬上卡车的过程中倾斜了，有坠落地面的可能。当局失去了对局面的控制。狂热的哀悼者最终令葬礼陷入停顿。计划改变了，一架直升机被调来运送遗体，完成剩余的送葬路段。

芬顿解释道，“我们眼前人群的热情已达到白热状态”：他们看到两个男人被人群用手传递着。他们睁着眼睛但已经死了。他们显然是因筋疲力尽而死。

> 伊朗电视台宣布殡礼将推迟到明天，要求人群回家。四个小时之后，墓地被清场了，一架直升机载着议长、负责殡礼的阿里·阿克巴·哈希米·拉夫桑贾尼到来。几分钟后，另一架载着霍梅尼遗体的直升机落地，这时遗体安放在一个密闭的铝箱子里，看起来像个航空集装箱。尽管革命卫队军人环绕着墓地，场面还是再度混乱起来，神职人员和革命卫队军人们互相推搡着争夺抬箱子的荣誉。箱子顶部被打开，遗体被取出并放入墓穴。按照穆斯林的宗教传统，霍梅尼被安葬了，身上仅仅包着一块卡凡。遗体之上覆盖着石板，很快墓地就挤满了歇斯底里的哀悼者。铝箱子被人群撕成碎片，作为圣物拿走。到了次日清晨，一个黑色容器出现在坟墓上，容器上面放着鲜花。哀悼者们哭泣着刮着它的金属壁。最终，墓穴之上建造了一座清真寺。尽管所有预测（包括我自己的）都认为殡礼后会发生混乱，但霍梅尼死后的伊朗却相当平静。[75]

芬顿提到的这些预测，即霍梅尼死后会出现动荡，没有变成现实，这是因为尽管存在着某些表面特征，伊朗实行的却并非独裁统治，伊斯兰政权依然有着广泛的社会基础，正如我们从葬礼本身所看到的那样。

14　现代伊朗

专制统治和混乱是一枚硬币的两面。

——赛义德·穆罕默德·哈塔米

2008年的伊朗依然占据着新闻头条，被西方和以色列描绘为和平的威胁。关于美国和以色列向伊朗的核武器和军事设施发动大规模打击的谣言满天飞，同时因与美国对立，这个国家广受穆斯林和第三世界国家的崇敬。自1989年以来，伊朗在所有领域都经历了重大变革，但同时所有国内外主要问题依然存在，有些甚至恶化了。霍梅尼去世以来吹起的变革之风，与伊朗历史上已经发生过的颇为相似，但方向不同且不可预测。霍梅尼从政坛消失的一个重要后果是，政权内部的冲突开始浮现，或许更可能是冲突的表面化，在之后的二十年间，这些冲突扩大化和多样化了，于是到了2008年中期，抛开伊朗的非伊斯兰主义反对派，伊斯兰主义者内部也发生了严重分裂。霍梅尼的去世终结了一个伊朗短周期又开启了另一个短周期，这些短周期仅局限在政权内部，因为伊斯兰共和国在他死后依然继续存在。

霍梅尼是这个体系的监督者、仲裁者和最终立法者，但他不是国王和传统伊朗统治者风格的专制统治者。他从大多数民众的支持中获取政治合法性，民众不仅视他为一位马尔加，即传统意义上的宗教人士典范，而且认为他是一位富有魅力的革命宗教领袖。民意基础使他的地位独一无二且不可替代，无论谁在他之后接任最高精神领袖。因此，政府风格和模式的根本性变化，以及政治冲突和意识形态斗争的浮现，实质上都是不可避免的。

修　宪

1989年4月，霍梅尼在去世前不久组建了一个25人的委员会用来制定宪法，尤其指令他们删除宪法的第109款，后者规定最高领袖必须是一位马尔加。修宪的决定并非政权内外的社会政治冲突的产物，而是出于使宪法更加明晰和更高效率的需要。讨论的主要议题包括：建立一个选举霍梅尼的替代者的机制，编订宪法框架下最高领袖的权力；让政权的行政、司法机关合理化和集中化，掌控这些权力的是总统、总理及其内阁和议长（拉夫桑贾尼），而议长承担了越来越多的行政责任；厘清职位分工和确定国家利益委员会的权力和责任；改革对广播电视网络的管理。[1]

新修正案赋予最高领袖更多权力——例如，他是武装力量的最高统帅，有权任命最高法官，指定监护委员的半数委员等，此前霍梅尼已经以其个人权威享有了这些权力，现在修正案的意义在于正式扩大了未来通过选举产生的最高领袖的权力，无论由谁来担任该职。

修正案还提供了一个新的最高法官职位，它高踞最高法庭和首席法官之上。但最重要的修正案内容是废除了总理职位并设置一位行政总统，此举为改革和复兴战略建立了必要框架。[2]几个月前蒙塔泽里的倒台意味着伊朗政府不准备推行根本性变革，而只想将革命和意识形态阶段逐渐推进到后革命现实主义或实用主义阶段。

变革之风

1989年6月5日，即霍梅尼去世两天后，专家委员会选举总统阿里·哈梅内伊为最高领袖，他的教阶相应地从较低的胡加特伊斯兰上升为阿亚图拉，虽然还不是马尔加或大阿亚图拉。直到1994年高级神职人员内部发生冲突和争论时他才获得马尔加头衔。[3]如前文所述，无人可能继承霍梅尼的权威，即使选举一位大阿亚图拉来接替他也是如此。但是哈梅内伊的当选实际上导致领导层从霍梅尼时期高度团结的传统法学家权威集团内部分裂出来。这有助于强化最高领袖的政治资格优先于宗教资格的理念。换句话说，哈梅内伊的当选比从前更加清晰地表明，什叶派领袖本身的地位已经在霍梅尼的伊斯兰主义和伊斯兰革命之后发生了根本性变化。新领袖的产生不在于民众的赞同，而是一个委员会选举的结果，这个委员会也有权罢免最高领袖。[4]回首往事会看到，此举标志着传统法学家权威集团与伊斯兰政府之间越来越明显的分裂趋势。

当时哈梅内伊是一位著名的温和派伊斯兰主义革命者。他来自马什哈德一个中产阶级教士家庭，曾就读于马什哈德、库姆和纳杰夫的神学院，但是他后来终止了学业，因此没有成为穆智台希德。作为阿亚图拉霍梅尼的热忱学生，他在国王统治时期积极参加伊斯兰主义政治活动，度过了几年牢狱和流放生涯。随着革命胜利，他作为一位著名伊斯兰主义精英走上舞台，在政府中担任了几个职务之后，于1981年当选为没有决策权的总统，任职期间曾遭到“人民圣战者”组织的一次刺杀，导致他的右手失去了活动能力。尽管他的职位没有决策权，他依然很重要且富有影响力，特别是他担任了德黑兰星期五礼拜的领拜人。正是因为他的忠诚、政治经验和与已故领袖的亲密关系，他得到了一些高级伊斯兰主义者的支持，尤其是拉夫桑贾尼，将他推上了最高领袖的位置。他在就职演说中说：

> 我是一个犯了许多错误、有许多缺点的人，其实只是个渺小的神学院学生。然而千钧重担压在我的肩头，我会竭尽所能并依靠我对全能真主的信仰，来挑起这副重担。[5]

由于哈梅内伊当选最高领袖，总统位置空了出来，到了7月末，拉夫桑贾尼在第五次总统选举中以压倒性优势获胜。这次选举与最近对宪法修正案的全民公决同步进行，修正案废除了总理职位，将总统变成一个有实权的职位。于是哈梅内伊成了最高领袖，拉夫桑贾尼成了行政领袖和内阁首脑。

拉夫桑贾尼出身于一个富裕的传统外省家庭，曾就读于库姆神学院，师从阿亚图拉霍梅尼，后来成了霍梅尼的忠诚门徒。20世纪60年代初，他成了一位伊斯兰主义理论家，与哈梅内伊相似，他曾身陷囹圄数年。革命期间和之后，他是与霍梅尼关系最密切的伊斯兰主义领袖之一，实际上掌控着对伊拉克战争的进程，作为国民大会议长，他对外交政策的制定有很大的影响力。他完全忠于伊斯兰政权，尽管如此，考虑到国内外政治现实，他是一个现实主义和实用主义者。因此，随着20世纪80年代两伊战争和革命斗争带来的激进化趋势，他也变得激进起来，但是在停火和霍梅尼去世后，他的务实眼光放在社会和经济重建以及改善地区和国际关系上。例如，在接受联合国停火决议之后，他对他的支持者们说：

> 因为这个新动向，当前要务是我们不再无缘无故地树敌。这在我们面前铺就了一条新的道路。如果我们的外交政策是正确的，就不会有这么多人像现在这样帮助萨达姆［·侯赛因］。[6]

他为被扣留在黎巴嫩的西方人质获释提供帮助也反映了他的观点。

改善与地区和国际强国的关系，是当时大多数国家领导人和民众的一个重要目标。伊朗遭到本地区和世界多数国家的严重孤立，两伊战争事实上耗尽了人民的精神储备，无论他们是不是伊斯兰主义者。巨大的生命损失，广泛的物质破坏，极度不自由和不宽容的国内政策，生活标准和定量配给的剧烈下滑，尤其是民生和物质困难以及未获任何有形胜利的漫长战争，都引发了经济和社会正常化的需要。

独立有产阶级的出现

随着当局采取了相对温和的外交政策，国家控制和合作主义经济政策也转向私有化，国民经济和对外贸易进一步放宽。国家重建计划被提上日程，但巴扎或传统商业集团主导的私有经济作为一个社会经济集团也获得了相当宽松的发展环境。[7]这标志着商人和资本家集团作为相对独立的社会阶级开始出现，出于同一原因，他们为国家提供了一个社会基础。事实上巴扎在革命中扮演了重要角色，革命胜利后巴扎集团依然是伊斯兰共和国最强大的有产阶级基础。但是，革命和战争的十年以及时局的激进转向表明，商业阶级已经作为一个独立的社会经济实体出现了。

自从国王在20世纪60年代中期确立专制统治以来，这种情况直到20世纪90年代才首次出现。不妨回想一下，从20世纪40年代初礼萨沙逊位到20世纪60年代有产阶级（当时包括地主和商人）开始确立独立的社会阶级地位，尤其是在20世纪50年代，1953年政变终结了20世纪40年代的混乱趋势并建立起独裁统治。除了少数涉足现代工业和扩展与西方贸易的大商人，巴扎通常是国王政权的反对派，然而地主和规模虽小却在发展的现代商业部门大体上支持国王政权（见第10章）。巴扎集团在20世纪60至70年代里从石油资源中大大获利，但这没有将巴扎变成国王政权的一个社会基础，这主要源于政权的极权和专制本质，没有为任何社会阶级提供独立地位和参政机会，但也部分源于巴扎集团的宗教观点和对官方西方主义立场的疏离感。换句话说，正如某些西方作家相信的，巴扎对国王政权感到不满，更多的是出于政治和文化而非经济原因。

石油资源也让现代商业阶级成长起来，尽管是国家最亲密的客户，但它不独立于其他社会阶级，因此不能作为政权的社会基础而发挥作用（见第11章）。因此，他们没有为保卫政权抵抗革命出过丝毫力量，也没有任何政治运动或组织代表它的利益（见第12章）。这是现代商业阶级与“买办资产阶级”的关键差异，而后者通常被描绘为现代第三世界国家独裁政权的支柱。[8]现代商业集团的主要支柱，虽然可能只涉及三十种生意，却是伊斯兰革命的受害者，其中某些人欠下银行系统的债务价值超过其家产的一半。1981年巴尼·萨德尔倒台后，他们的多数资产被没收，人也离开伊朗（见第13章）。但是与买办资产阶级理论相悖，这不是海外贸易联系的结果——上层巴扎商人会进行海外贸易——而是由于他们作为没有宗教根基的现代主义者而被称为“塔古提”，以及他们同时密切依附于国王政权。

如第12章所述，20世纪60年代，尤其是20世纪70年代的石油繁荣，导致了新社会阶级的崛起，后者总体上疏远和敌视巴列维政权。它们包括新生代传统阶级，以及从事现代贸易和职业的现代中产阶级。随着前政权的衰亡，正是他们和更传统的既得利益集团，受益于伊斯兰政权提供的致富机会。他们没有必要成为活跃的伊斯兰主义者，只要他们不被指控为“塔古提”或“自由主义者”，就能获得有前途的职位，或者积极从事私有资本的积累。而且从国家—社会关系的视角来看，正是这些社会阶级和集团，特别是从20世纪90年代起，与伊斯兰政权融为一体，为后者提供了最重要的社会基础。他们通常参与国内外贸易、现代工业和农业，虽然对农业的参与程度较低。

激进团体真主党走上街头示威抗议拉夫桑贾尼政府是不足为奇的，尤其是在拉夫桑贾尼做总统的最后两年（1995年至1997年），他们经常高喊口号“资本家去死”。无疑“这位”资本家特指拉夫桑贾尼，他本人就是一位富商。但是这件事的意义远过于此，它标志着传统的阶级冲突在伊斯兰主义体制下的出现。如前文所述，伊朗真主党是个相对松散的群体，由幕后的强硬派掌控，真主党时不时组织游行，呼喊刺耳的口号或袭击、驱散“自由主义者”和改革派的集会。他们与黎巴嫩真主党的相似主要在于名字，而非行为和组织。

四大派系

真主党背后的势力不同于20世纪80年代末和90年代初的激进势力，后者已经在停火宣言、宪法修正案、哈梅内伊接任和拉夫桑贾尼当选总统等问题上输掉了与保守—务实联盟的权力之争。在拉夫桑贾尼做总统的前几年，老派激进分子们公开批评新经济政策和不够强硬的外交政策。他们信仰非自由经济政策和缺乏灵活性的对外关系。在之后的数年中，他们与拉夫桑贾尼政府的争议远非局限于经济和外交路线内，更在于是否应建立一个更开放的（虽然还是伊斯兰主义的）社会。到了20世纪90年代中期，不再只有三个而是四个明确的伊斯兰主义派别，在缺乏党派政治的大环境下，他们主要由不同的报纸和期刊做代言人。

20世纪90年代初，派系斗争两次达到高潮。1990年10月，宪法监护委员会（保守派大本营）要求一些声名显赫的激进派人士参加一场考试，以证明他们精通伊斯兰法学，拥有进入专家领导委员会的资格，这些人都是战斗教士协会领袖，包括国民大会议长胡加特伊斯兰马赫迪·卡鲁比、前内务部长胡加特伊斯兰阿里·阿克巴·穆赫塔奇米-普尔。他们轻蔑地拒绝参加考试，围绕此事的争论进一步引发了人们对激进派与保守—务实派之间冲突的关注。[9]

激进派与保守—务实派之间接下来更严重的政治冲突围绕1992年第四届国民大会选举的候选人资质问题展开。宪法监护委员会将自己在宪法中的权利诠释为“监督”或“审查”选举，包括取消“不受欢迎的”议员和总统候选人的资格，撤掉一些老牌激进分子的职位，包括一些上届国民大会代表、前部长和政府官员。这引发了候选人的激烈抗议，他们争辩说，对选举的监督没有赋予宪法监护委员会审查候选人的权利。此外，他们要求监护委员会公开取消任何候选人资格的原因。然而此后，监护委员会坚持取消“不受欢迎的”候选人的参选资格，同时拒绝陈述取消原因。2004年国民大会选举期间，监护委员会全盘取消了改革派代表的参选资格。2008年，大多数改革派候选人被排除在第八届国民大会选举之外。宪法监护委员会成了维护保守群体利益最高效的工具。

20世纪80年代的激进分子——如马赫迪·卡鲁比、穆罕默德·穆萨维·霍伊尼哈、阿卜杜拉·努里和贝赫扎德·纳巴维——先后在行政和立法机构中被拉夫桑贾尼的保守—务实派联盟取代。后来在20世纪90年代，激进分子们组成了改革运动的核心力量，1997年他们拥戴穆罕默德·哈塔米当选总统。一些更年轻的伊斯兰主义记者和知识分子适时加入其中，如阿巴斯·阿卜迪、马沙拉·沙穆瓦伊金、哈米德礼萨·贾拉伊普尔等人，其中部分人曾参加了1979年劫持美国外交官的事件。于是老牌激进分子们改变了曾经与不自由、国家管控经济、正统革命相联系的政治倾向和政策，转而致力于建立一个虽然还是伊斯兰主义的，但政治视野越来越广阔、尊重伊斯兰人道主义和社会民主的政治团体。他们与伊斯兰主义知识分子如阿卜杜勒-卡里姆·苏鲁什、穆赫辛·卡迪瓦尔和穆罕默德·穆智台希德·沙比斯塔里一道，开始讨论伊斯兰教与民主的相容性，其中某些人公开对他们先前反对年迈的马赫迪·巴扎尔甘表示遗憾，因为巴扎尔甘在革命之前和之后都提倡同一观点。这个思想趋向逐渐变成了伊斯兰主义政权“自由主义”的一面，在国内政治领域尤其如此，在对外关系方面程度略低。他们的言行令保守派，尤其是激进团体真主党大为震惊。

他们主导的第一份广受欢迎的日报是《和平报》，它创刊于1991

年，并且“迅速成为阅读量最大的报纸之一，尤其是它的《你好，和平》栏目，刊载读者的问题和评论，其中某些内容其实是公众提供给报纸的新闻报道”。[10]另一份有影响的期刊是双月刊《凯扬》，它有着伊斯兰主义知识精英背景，代表新派激进观点，贾拉伊普尔负责出版，沙穆瓦伊金负责编辑工作，《凯扬》推动了宗教改革主义者苏鲁什和理论性极强的双周刊《我们的时代》的思想，《我们的时代》是由“伊斯兰革命圣战者”组织的领袖人物贝赫扎德·纳巴维负责的。纳巴维及其组织（不要与“人民圣战者”组织混淆）的思想发生了急剧转变，从20世纪80年代强烈主张国家管控经济和反西方，变成了主张更多的政治和经济自由以及与世界强国改善关系。与著名女性月刊《妇女》一起，这些报刊都是代表改革派激进分子观点的，这些人领导了改革运动，并在1997年将哈塔米推上权力之巅。他们最重要的组织还是战斗教士协会，其成员包括卡鲁比、霍伊尼哈和穆赫塔奇米-普尔。

此时老派激进派被新派势力（或真主党）取代，后者怀念革命初期和战争年代，鼓吹的政策包括政治上的非自由主义、民粹平等主义、指令性经济和强硬外交政策。他们是如前文所述呼喊“资本家去死”口号的街头运动的主要组织者。《世界报》（后来一段时间《每日晨报》加入进来）是最积极鼓吹这派观点的报纸。尽管没有清晰可辨的社会基础，他们依然在2005年总统选举期间设法从改革派、务实派和保守派那里抢走了不少风头，当时与他们最亲密的总统候选人马哈茂德·艾哈迈德-内贾德当选为总统。阿亚图拉梅斯巴·亚兹迪适时地走上前台，他是该派系在乌莱玛集团中最纯粹和最有力的发言人，他强调说伊斯兰教与民主无法相容，批判民主选举，坚称政府是由真主支配的，因此必须由身为人民监护者的法学家来打理。

拉夫桑贾尼的务实派主要以老牌日报《信息报》为喉舌，这是唯一一份称他为阿亚图拉的报纸。务实派在巴扎和新兴商业阶级以及日益发展的技术和官僚群体中有着相当广大的基础。务实派的知名人物包括后来担任伊朗驻联合国大使卡迈勒·哈拉奇、副总统阿塔乌拉·穆哈杰拉尼，这二位在哈塔米内阁中分别担任外交部长、文化和伊斯兰指导部部长。后来务实派的喉舌是新组建的复兴党通讯社，负责出版名为《建设公仆》的日报。

最后，保守派由更古老且更有权势的巴扎巨子、更传统的伊斯兰主义乌莱玛如库姆的阿亚图拉梅什基尼，以及赞赏更自由经济政策（因为他们早年是务实派的盟友）但反对自由主义政治改革和强调传统宗教价值的年轻政客组成。保守派最重要的两个组织是相对较古老的伊斯兰社会联盟和战斗神职人员协会。前者主要代表巴扎保守派，后来改名为伊斯兰联盟党，后者代表伊斯兰主义保守派教士。其年轻和非教士追随者之中包括艾哈迈德·塔瓦库利以及阿里、穆罕默德·贾瓦德·拉里贾尼兄弟。日报《先知报》最能代表保守派观点，与之保持一定距离的《伊斯兰共和国报》与哈梅内伊的关系最为密切。[11]

拉夫桑贾尼的改革

拉夫桑贾尼接管了伊朗的行政机关，这个国家惨遭动荡的蹂躏，早已丧失了20世纪70年代末和80年代初高涨的乐观主义情绪，还遭到本地区和全世界的孤立。革命没能带来幸福，战争也无果而终。相反，伊朗经济严重恶化，国民士气处在20世纪70年代末以来的最低点。在20世纪70年代末和90年代之间，人民生活水平已经下降了一半，[12]20世纪80年代初以来油价持续下跌，从1982年的每桶超过31美元，下降到1989年的不到19美元，[13]人口增长率却大幅提高，从20世纪70年代末的2.7%提高到20世纪80年代末的3.6%，总人口从3400万增加到4900万，增幅达1500万。[14]与此同时，以本国货币和外汇计算的战争成本，几乎使得任何生产性投资都丧失了空间，战争和革命斗争都导致大量资本和人力资源外流。通货膨胀和失业率高企且继续上升，资金稀缺，由于伊朗在政治上的孤立，向海外借款也极端困难。

这便是拉夫桑贾尼及其团队启动第一个五年计划时面临的环境，拉夫桑贾尼试图降低政府参与和干预经济活动的范围，放松对市场的某些限制。按照典型的伊朗风格，起初他们相当乐观，将乐观视为医治伊朗经济疾病的灵丹妙药，以过大的热情过快地实施新政。除了其他方面外，对外经济的突然开放导致短期债务积累到200亿到300亿美元。[15]由于拥有丰富的石油和天然气资源，伊朗在国际市场上提高信贷需求应该是没有问题的，尤其是从世界银行和国际货币基金组织贷款，如果成员国的财务状况良好，这两大组织通常会以优惠条件扩大长期信贷规模。然而不愉快的对外关系为借贷制造了障碍，尤其是美国以经济制裁的形式遏制伊朗，美国的国内因素和国会立法在制裁中起到更大作用。尽管对伊朗和伊拉克采取了双重遏制政策，但美国总统克林顿可能采取了一种较轻的惩罚性措施，这是美国国内游说团体和国会所允许的。[16]

在此期间，由于油价没有回升的迹象，徘徊在每桶15到20美元之间，[17]伊朗政府及其特许持有人开始超过欧佩克规定的配额出售原油，有时候每桶只卖8美元。因此从20世纪90年代中期开始，巨额外债、外汇短缺、外汇制度和汇率的飘忽不定、对形势做出过快而剧烈变化的教训，以及其他伊斯兰主义派系提出的更高社会福利、降低通胀和失业率的压力，都让政府除了中止某些贸易自由政策之外别无选择。

建立半国营的邦亚德（全民所有的巨型慈善组织）的行为对经济政策变革毫无益处，鉴于邦亚德的规模和经济重要性以及它们事实上独立的经营行为，它们干涉和降低了政府决策的效能，例如控制货币供应。根据一篇对邦亚德的广泛研究报告，这些邦亚德倾向于资助革命派的权力中心，通过动用它们对第四届国民大会的影响，它们设法将国企私有化的趋势从私营部门转向了准政府组织。[18]

到了1995年，即拉夫桑贾尼的第二个总统任期的第二年，相当数量的经济重建，包括修缮长期战争破坏的基础设施，都取得了成效，拉夫桑贾尼的支持者们赋予他非官方头衔“重建司令”。然而在他任期的最后两年间，他的政府越来越难以为续，他基本放弃了他最初的战略设想，缺乏任何明确的前进路线。

拉夫桑贾尼当选总统以来，政治动荡程度相对较轻，但政治发展也成效甚微。在1989年，启动有意义的政治变革似乎是困难的，即便当时的务实—保守派联盟也倾向于政治变革。拉夫桑贾尼的全部八年任期期间，务实—保守派联盟一直占据统治地位。不进行政治自由化而只发展经济的战略遭到伊斯兰主义和期待一个更加开放的社会的非伊斯兰主义批评家们的不满。拉夫桑贾尼本人可能在某种程度上青睐这样的发展，但除了偶尔提及“民主实践”，他高度务实的风格不允许他冒太大的险。对于妇女和儿童的地位，他有两次著名的出格言论，或许是故意的投石问路。一次是他说如果“女士们”不喜欢传统服饰，她们可以穿“两件套”。面对激进分子们的咆哮，他解释说他的意思是她们应该再穿一件长袍。另一次是他说男女可以以口头约定的临时婚姻，通过什叶派的临时婚姻机构建立恋爱关系。这一次，甚至某些现代中产阶级妇女都反对他，说如果国家的总统鼓励这种“婚姻许可”，她们将不能控制自己女儿的行为。于是这位务实派总统走了回头路，解释说他的意思是他们应该通过合法的婚礼结婚。

如前文所述，拉夫桑贾尼的政府在最后两年筋疲力尽无所作为：他的经济政策在倒退；主要由于美伊冲突还在持续，他的对外政策也陷入僵局，尽管他改善了与主要地区强国的关系，并开始与欧盟国家（尤其是德国和法国）进行对话；其他三个派系（改革派、激进主义者、保守派）都反对他的政府。尤其是保守派，他们支持了拉夫桑贾尼几年，现在正企图用一位他们能够真正称为自己人的人取代他。副总统、政府中最具自由主义倾向的阿塔乌拉·穆哈杰拉尼对这种前景相当焦虑，他甚至向所有反对派系中调门最高的派系建议修改宪法，允许拉夫桑贾尼第三次担任总统。所有信号都表明，保守派将赢得1997年大选，几乎没有人怀疑伊朗的命运会具有巨大历史相似性地发生高度不可预测的转折。

改革浪潮

1997年5月23日在伊朗历法中是1376年3月2日。在当天举行的伊斯兰共和国第七届总统选举中，胡加特伊斯兰赛义德·穆罕默德·哈塔米取得压倒性胜利。哈塔米的当选被称为5月23日史诗，因为这是伊朗历史的转折点，哈塔米获得了69%的选票，但他取胜最主要的原因还是绝大多数公众巨大的政治热情，尤其是青年和妇女都参加了选举并庆祝这场胜利。六个月前，国民大会议长和保守派代表胡加特伊斯兰阿里·阿克巴·纳提格·努里当选下届总统是没有疑义的。改革派曾试图寻找一位有声望的候选人，但胜出的希望渺茫。他们最青睐的候选人是在20世纪80年代担任总理的米尔·侯赛因·穆萨维，在穆萨维任总理期间，许多改革派展现了才华，但穆萨维不准备参选，事实上他在八年后的2005年大选中才出来竞选。

改革派转向只在政治和知识精英圈子里有些名气的哈塔米时已经太迟了。1943年，哈塔米生于伊朗中南部的亚兹德省，他曾在伊斯法罕大学学习西方哲学，在德黑兰大学毕业前，他就读于库姆神学院并获得教士资格。他曾是第一届国民大会议员，担任过许多公职，其中最重要的是文化和伊斯兰指导部部长。

哈塔米担任该部部长期间，对新闻出版的审查有所放松，各类报刊大量涌现，音乐作品也大量增加了，本来传统教会不赞同听音乐和下国际象棋，当时阿亚图拉霍梅尼却将它们合法化了。在一些国际知名导演如阿巴斯·基亚-罗斯塔米、穆赫辛·马克哈巴夫、巴赫拉姆·贝扎伊尼以及数量日增的青年天才导演们的引领下，伊朗的电影业作为一种本土和国际艺术形式开始起飞。但是哈塔米在精英圈子中获得的最大名声，以及保守派和强硬路线分子对其政策的关注，源于他在20世纪90年代初事实上终结了对书刊的审查。

“西方文化侵袭”是那些害怕失去伊斯兰文化朴素性和开放文化领域的人们采用的措辞。某些哈塔米的仰慕者甚至开始谈论文化复兴，虽然这只是比较乐观的看法。保守派和激进主义者联合起来向拉夫桑贾尼和哈塔米施压，要求施行更严厉的限制政策。哈塔米拒绝了：他没有向这些要求屈服，而是宣布辞职，后被任命为政治上无足轻重的国家图书馆馆长。哈塔米给拉夫桑贾尼写了一封很长的辞职信，某些非伊斯兰主义知识分子将这封信描绘为“言论自由宣言”，他在捍卫文化自由的同时重申对伊斯兰政权的忠诚。他写道：

> 不幸的是，如今我们正在见证，文化事务领域内的所有法律、宗教、道德和世俗规范都受到侵犯……眼下，每一种手段都是以某些目的的名义而获得合理性的，因此文化事务的秩序就失去了逻辑和法律的相关性……这种气氛下最直接的后果是，杰出的思想家和艺术家们感到沮丧和不安，甚至那些革命者和坚定信仰伊斯兰教的人也是如此。[19]

当哈塔米获得总统候选人提名时，他已经有两部书和许多文章深受好评。他愉快的表情、迷人的微笑、整洁的着装，最重要的还是他雄辩的演讲，对他成功当选都至关重要。他讨论法治、宽容、社会发展、妇女儿童权利和福利，拨动了受过教育的现代和传统人士尤其是青年和妇女的心弦：在德黑兰北部的一处滑雪胜地，一位穿着全套滑雪服的妇女用英语对一名英国电视记者说："所有妇女都爱哈塔米！"

已经在政治、社会、教育和文化领域取得大幅进步的妇女们，现在准备进一步努力争取更多权利和更大程度的平等，尤其是法律面前的平等。许多年轻人是首次参加投票，作为20世纪70年代末和80年代初婴儿潮的产物，他们没经历过革命，正在寻找工作和新的社会文化机会。如前文所述，在政治和知识精英层面，老派激进分子们现在成了改革派的主力，"宗教界知识分子"正在通过他们的新闻报道、书籍和集会鼓吹改革，他们的受众主要是青年。所有这些动因和要素都在哈塔米的当选中发挥了重要作用，尤其是参与他选战的青年志愿者和其他人，他们充斥着街巷，拦下汽车塞进竞选传单，高喊"只有哈塔米"。

所有这些并非全部。这是一个多数人的整体转变，还反映出改变和重启选举格局的普遍愿望：许多投哈塔米票的人是富有宗教情感的人士，其中不少来自社会底层，他们将在八年后投票支持艾哈迈德-内贾德。几乎全部现代人士和绝大多数传统人士的联手，使哈塔米取得压倒性胜利成为可能，包括此时和2001年的选举。哈塔米获胜时，公众的热烈欢庆是自发的，虽然其波及范围相比1979年2月的革命小了不少。某些著名保守派教士对此大吃一惊，他们向最高领袖阿亚图拉哈梅内伊施压，试图取消这次选举，但哈梅内伊拒绝这么做。即便如此，鉴于本书所阐述的伊朗历史和社会的巨大差异，依然有三分之一的选票投向了相反方向。

哈塔米和持改革思想的新闻工作者和知识分子们，对依法治国的热情也是很重要的。为此，他们对几乎一个世纪之前的宪法革命和法制革命的遗产表现出了明确关注（见第8章）。虽然绝对和专制统治不再像过去一样发挥作用——因为权力没有集中，对其存在牵制和制衡，而且政权有社会基础——零星的专制行为依然普遍存在，对待和平主义政治异议者尤其如此。他们经常被从家里拖出来，肉体和精神都遭到虐待，还被拖到电视前承认对他们的指控，有时死于拘留所，如穆扎法尔·巴卡伊和阿里·阿克巴·赛义迪·锡尔詹尼。[20]这种行径在哈塔米当政时期和之后没有完全停止，但范围大幅缩小了。绝大多数逮捕走了法律程序，只要逮捕行动可能不合法，哈塔米总会进行谴责。由于哈塔米和改革派敏锐而清楚地意识到这个国家悠久的专制传统——哈塔米经常说："专制统治和混乱是一枚硬币的两面"——依法治国的问题远远不止于此，呼声如此之高，以至于最高领袖都进行了表态：哈梅内伊不止一次在公开讲话中强调，没有任何人，包括他本人，高于法律。

公民社会的发展和改善取决于法治，法治的进步需要公众领域的进一步发展和更多言论出版自由。正如侯赛因·沙希迪写道：

> 哈塔米执政的第一年，出版物的数量增加到850份，总发行量超过每天200万份；伊朗记者协会……建立起来了；新闻出版的队伍构成也发生了变化……这带来更多有利于新闻工作者的决策……文化和伊斯兰指导部部长……亲自参加了新闻监督委员会的会议。该委员会在运作初期向两家日报发放了许可证，它们是《社会报》和《妇女报》，它们都是革命后伊朗新闻业的开创者，还是伊朗司法部和媒体之间漫长且逐步升级的斗争的早期参与者。[21]

广播电视网络处在守旧派掌控之下，报刊（包括日报、期刊）成了改革运动的生命线，因此它们和它们的作家们不断遭到保守势力的攻击，这些人设法逐步清除了许多改革派报刊，缩小它们的批评和传播范围。前总统的女儿法伊兹·拉夫桑贾尼创办的《妇女报》是一家不同寻常的伊斯兰主义报纸，它经营没多久就被查禁了。《社会报》

由前文提到的哈米德礼萨·贾拉伊普尔和马沙拉·沙穆瓦伊金发行和主编：在之后数年间，沙穆瓦伊金主编了另一份与《社会报》路线一致的报纸，后者不久后遭到查禁，他也因此受审并被判入狱。

所有这些都是漫长的清洗过程的组成部分，这一过程可以被称作“新闻战争”。从大的范围来看，保守势力最终赢得了战争，但即使在反改革的总统马哈茂德·艾哈迈德-内贾德执政期间，形势也没恢复到“新闻战争”之前的状态，即哈塔米上任之前的状态，例如当时义务协警会不自觉地殴打一名书商并火烧他的书店，因为他出售他们不喜欢的未经授权的书籍，或者内容中有“接吻”而被审查部门禁止出版的书籍。[22]

哈塔米的自由政策遭到了其对手们越来越强的抵抗，到了他第一个任期结束的时候，他和他的改革运动已经丢掉了许多重要阵地。此外，在他的第二个任期内（2001年至2005年），改革派的内讧和幻灭感开始涌现出来。

传统势力的抵制

改革派及其支持者们最初对改革前景十分乐观，但形势发展证明他们过于乐观了。他们曾以压倒性优势赢得了一场选战的胜利，而在这场选战中，拉夫桑贾尼在防止选举舞弊方面发挥了重大作用。他们拥有妇女，尤其是青年的支持。伊斯兰学生会和拥有许多活动家的“巩固团结组织”坚定地支持他们。除了他们自己的组织，大量卓越的现代伊斯兰主义政治理论家和“宗教知识分子”如赛义德·哈贾里安、阿巴斯·阿卜迪、阿克巴·甘吉、哈桑·优素菲·伊什克瓦里、阿卜杜勒卡里姆·苏鲁什、穆赫辛·卡迪瓦尔等人，都在为政治和宗教改革而奋斗。拉夫桑贾尼和他的“复兴机构”给了他们支持——阿塔乌拉·穆哈杰拉尼是他们中的一员，持自由主义立场，眼下担任哈塔米政府中的文化和伊斯兰指导部部长——虽然随着改革运动日益激进，后来拉夫桑贾尼疏远了他们。

另一支给了改革派决定性支持的力量是现在被称为“国民宗教力量”的各种团体和个人。对他们最恰当的描述是宗教民主派或宗教摩萨台主义者，他们最有力的组织是巴扎尔甘的旧自由运动，巴扎尔甘死后由易卜拉欣·亚兹迪领导，此人是一位政坛老将，在革命之后担任巴扎尔甘政府的外交部长（见第13章）。“国民宗教力量”的另一位领袖人物是也曾在巴扎尔甘内阁中担任过部长的伊扎图拉·萨哈比，此人在革命之前和之后都蹲过监狱。他是颇有影响力的双周刊《明日伊朗》的出版人和主编，哈塔米当选后的首期《明日伊朗》封面上印着大字标题“大写的不！”。较长的历史、宗教热忱、对议会民主的忠诚，以及与摩萨台政治遗产的关联，都让国民宗教力量变得至关重要。与此同时，它开始吸引到众多民众的注意，尤其是在热情回忆摩萨台的青年之中。国民宗教力量新近获得的民意支持，不仅让激进主义者，也让保守派势力深感不安。激进主义者们称他们的政策为“自由主义”，他们的宗教态度为“美式伊斯兰主义”。因此国民宗教力量遭遇到了司法方面的困扰，他们中的许多人被以各种理由囚禁入狱，他们的出版物遭到查禁。对他们的迫害还在加剧，尤其是在2000年国民大会选举和2001年总统选举之间，迫害最终让他们在当时的政治环境中丧失了影响力。

早在1997年5月哈塔米当选后，对改革运动的支持就强烈地展现出来。然而他们倾向于低估他们的对手及其能召集的社会、政治和军事力量。尽管在选举中严重受挫，保守势力却远没有被击败。他们拥有国民大会的多数席位（直到2000年）、宪法监护委员会、专家领导委员会和司法机关；私营经济部门多在他们的手中；他们掌控着邦亚德、伊斯兰革命卫队和正规军；广播电视网络处在最高领袖的支配下，此时最高领袖在走中间路线，但更倾向于保守势力。

改革派也面对着激进主义者们的敌意。虽然后者没有广大的社会基础，却掌控着某些重要报纸如《世界报》，能够轻松地将街头暴民组织起来，他们自己称这些暴民为真主党支持者，学生和改革派则称之为“布衣人”或“压力集团”。除其他行为之外，这些人常常袭击得到合法授权的学生和哈塔米支持者的游行。在一次群众游行中，他们甚至殴打了文化部长穆哈杰拉尼和内务部长阿卜杜拉·努里，后者被他们轻蔑地称为“自由主义者”。这促使批评家们将伊朗社会讽刺地称为“斗殴社会”而非“公民社会”。此后不久，努里因被控侮辱伊斯兰教而被判入狱三年。[23]后来哈塔米被各种团体批评为未能完全兑现竞选时的承诺（即使在2001年的连任竞选中，切身经历使这些承诺更有限度），鉴于他的对手们积极的对抗行为，他似乎无法取得更多的成就，他不想冒与对手们激烈冲突的风险，而且即使他冒了险恐怕也无法取胜。

争取民主的斗争

与“公民社会”“政治领域”等术语一道开始被热烈讨论的一个核心概念是“D开头的单词”。*伊斯兰教能否与民主相容，如果能，伊斯兰共和国应该改革为一个民主共和国吗？如前文所述，宗教知识分子们在拉夫桑贾尼时代就开始讨论这个问题了，但在哈塔米时代它才成了中心议题。不那么激进的作家们争辩说，即使根据当前宪法，民主也是可能实现的；另一些人则相信这是不可能的，除非宪法得到重大修改。激进的世俗和伊斯兰主义者都认定伊斯兰教不能与民主相容。前者认为民主意味着同时存在自由主义和世俗主义，所以民主不能应用在伊斯兰教的框架内；后者认为伊斯兰政府在真主及其代表的

---

* 代指民主（Democracy）。——译注

支配下，因此人民在其中没有发言权。这个问题不可避免地指向了敏感的“法学家治国”和法学家监护概念，而这两大概念涉及核心的宪法问题，并与当前掌权的阿亚图拉哈梅内伊的地位密切相关。某些权威人士如大阿亚图拉蒙塔泽里争辩道，宪法监护概念被滥用了，如果它能被正确解释，它会与民主政府一致。[24]

在蒙塔泽里的各种论述和行为中，对最高领袖个人的攻击让他被当局软禁在库姆许多年。其他人也反对监护概念。已故的伊斯兰哲学家阿亚图拉哈耶里·亚兹迪是库姆神学院极受尊敬的创建者的儿子，他在一本在伊朗被禁的书中争辩道，伊斯兰国家的政府是基于代表选举的，而非基于监护。[25]

尽管如此，民主以及现代民主能否与伊斯兰教相容——“伊斯兰教与民主的悖论”开始为人所知——依然是核心议题。[26]阿卜杜勒卡里姆·苏鲁什与其他改革派宗教哲学家应用现代诠释学，认为传统的《古兰经》和其他古代著作的文本不一定是唯一可能或可接受的版本。在拒绝承认伊斯兰意识形态的所有概念之后，[27]他继续探讨说，通过对主要文本来源的适当阅读，证明一个伊斯兰社会中能够存在民主。[28]苏鲁什更进一步，宣称：“法学并不等于伊斯兰教的全部，关于民主和宗教的谈论也不是一个纯粹的法学课题。”[29]他说：

> 一旦理性的地位被建立起来；一旦人类的理论、实践和历史进步被应用在理解和接受宗教方面；一旦宗教之外的因素在宗教领域内找到反响；最后，一旦宗教被理性化了，那么知识多元主义之路——民主实践的核心——将得以铺就。[30]

将在柏林会议后被解除教职并入狱数年的自由主义教士哈桑·优素菲·伊什克瓦里是另一位在“伊斯兰与民主”问题上做出了巨大贡献的人。他说有三种理论，每种都在穆斯林世界中有支持者。一群人相信“哈里发国家类型的宗教政府”并“认为民主是放纵”；另一群人信仰西方形式的“自由民主”：

> 但是，第三种理论的捍卫者们相信，宗教和民主之间没有那种会迫使我们为了一个而必须放弃另一个的矛盾：[他们认为]伊斯兰政府绝不能是不民主的……我捍卫“伊斯兰民主政府”理论，但我基本相信，在今天的世界，如果没有民主体制，伊斯兰政府既不可能存在也不可取。[31]

第三种理论是哈塔米公开提倡的，在波斯语中称为“宗教民主”。他没有宣称现政权很符合这种描述，但他经常重复“民主不是一个计划，而是一个过程”的理论，他坚持认为这一理论既可能也可取。这种态度是他的传统主义对手们最担忧的，尤其是其中的激进主义者。

连环谋杀案

1998年11月21日，官方宣布了一个令伊朗人民大为震惊的消息：大流士·福鲁哈与他的妻子帕瓦娜·伊斯坎达里在德黑兰的家中被谋杀。大流士是伊朗人民党的老牌领袖，曾在巴扎尔甘内阁中担任劳工部长，后来成了活跃的异议分子，其妻子帕瓦娜也是活跃的异议分子。几天内，各种关于行凶者的谣言在政界迅速传播，大多猜测有外国势力卷入其中：以色列，甚至土耳其都名列其中。之后的二十天内，两名异议作家穆罕默德·穆赫塔里和穆罕默德·贾法尔·普扬德的尸体被找到并确定了身份，他们在生前遭到殴打后被勒死。这些谋杀案迅速被称为连环谋杀案。德黑兰笼罩在恐怖气氛下，恐惧传播到每个角落，许多知识分子和改革派活动家的名字上了杀手的黑名单。改革派月刊《今日信息》描写了这种由保守派的暗杀而形成的气氛：

来自政界的大流士和帕瓦娜与知识界的穆赫塔里和普扬德惨遭谋害，酿成了灾难，此外，事后满天飞的谣言也令伊朗社会，尤其是作家和知识分子们忧心忡忡。例如，有个关于存在着一份或多份黑名单的谣言，说上了名单的人将被干掉。存在黑名单的说法像一阵旋风，吹破了知识界的平静。许多人采取了审慎措施……没人再信任电话，因为据说杀手们是靠电话获得他们的集会信息的……［官方］对凶手的调查给了公众凶手将被绳之以法的希望，降低了恐惧的范围。但是，这些凶杀案……对伊朗社会而言是如此前所未有、令人震惊和可恶的，以至于它们的后续影响依然能在社会上显现出来。[32]

人们普遍相信这些凶案不仅仅是试图恐吓改革派新闻工作者、活动家和知识分子，让他们闭嘴并不再活动，它们还是迫使哈塔米辞职的阴谋的一部分。广为散布的非官方打击名单让人们想起当年阿夫沙图斯将军被绑架和谋杀的事，当时这位将军是摩萨台的警察和安全事务长官，根据权威说法，那时也有一份名单，目的是迫使摩萨台辞职（见第11章）。谣言还在四处传播，伊朗社会因此噤声达数星期之久。

在哈塔米当选总统之前，曾有一些前后历时数年且相当可疑的死亡案件，死者主要是作家和知识分子，其中最重要的或许是艾哈迈德·塔法佐利，享誉世界的德黑兰大学语言学教授。还有一桩未遂的案子，凶手试图将一辆载有21位知识分子的公共汽车驶离公路并坠下悬崖。在所有这些案件中，嫌疑人都是情报机关的成员。

1999年1月初，在上两起谋杀案发生不到一个月后，情报部宣布他们破获了一个谋杀团伙，其成员都是他们的本部同僚。虽然这一揭露令人震惊，知识界也很快相信了，因为这表明凶杀案不会继续下去，而且当权者尤其是最高领袖认可了这一揭露。赛义德·伊马米，也被称作伊斯拉米，是一名情报部资深官员，一度担任安全部副部长，[33]他和若干情报部官员被捕，被控实施谋杀。据信，著名改革派理论家和新闻工作者并一度担任情报部资深官员的赛义德·哈贾里安在查找元凶过程中发挥了重要作用。2000年，他本人在一起刺杀案中瘫痪：看起来这是对他先前在破获连环谋杀案中发挥的重要作用和他为改革派在第五届国民大会选举中获得压倒性胜利做出的贡献的报复。受害者的家人抵制了审判，争辩说嫌疑人仅仅是工具，坚决要求调查凶案背后的黑手。更特别的是，他们相信行凶者们一定秘密寻求并获得了一份或多份由一位或多位资深阿亚图拉发出的法特瓦，以此作为凶杀的宗教许可。

另一名被怀疑将成为激进保守势力报复目标的公众人物是德黑兰市长古拉姆侯赛因·卡尔巴斯奇，他是一位能干的管理者，在被拉夫桑贾尼任命为德黑兰市长之前曾是伊斯法罕市长，他在伊斯法罕出版发行了广受伊朗人欢迎、内容丰富多彩的报纸《公民兄弟报》，该报总体上追随改革路线。卡尔巴斯奇是保守派，因为他在扩展和重建德黑兰方面采取了不同寻常的政策。他的政策帮助首都迅速扩大和发展了住宅区、市内公路和绿地，但其成效因人口增加、拥挤度上升和高价房屋的扩展而遭到削弱。无论如何，这些都不是他被法庭判处入狱和罚款的主要原因。针对他的主要指控是侵吞公共基金，但是他被捕之后却更受公众喜爱，公众相信他的真正罪行是他为哈塔米的压倒性胜选做出了突出贡献。

这时出现了一种模式，即司法机构增加了过去由情报部、文化和伊斯兰指导部履行的职能：惩办政治罪行和控制出版业，尤其是新闻出版。他们会短期或永远禁止某报刊发行，审判出版商和出版社成员，通常的刑罚是入狱和罚款，这些做法经常与伊斯兰指导部冲突，因为后者会指责司法部门侵蚀了他们的权限范围，此外伊斯兰指导部还会为受控者辩护。这是司法和行政机关的对抗，后来立法机关也牵涉进来。事实上，司法机构成了保守派限制改革运动的主要工具。在2000年第六届国民大会选举中，改革派赢得了压倒性胜利，此后议会代表甚至也开始因受到司法机构的政治指控而被传唤，某些议员甚至因此一度入狱。

学生骚乱与阻塞活动

正是因为司法机构查封了严肃而有影响力的《和平报》，以及传唤胡加特伊斯兰霍伊尼哈到一所特别宗教法庭受审，引发了哈塔米第一个总统任期内第二严重的国内危机。《和平报》是历史最悠久和最有影响力的改革派日报，由胡加特伊斯兰霍伊尼哈负责发行，阿巴斯·阿卜迪担任主编。后来这件事被称为7月9日（伊朗历4月18日）灾难。1999年7月8日，当时普遍支持哈塔米政府的德黑兰大学的学生们在没有得到内政部许可的情况下进行了一场抗议查封《和平报》的游行示威。当夜，他们的宿舍遭到一队防暴警察的袭击，后面还有高喊着宗教口号的义务警员做后援，警察们殴打所有待在宿舍内的学生。警察的行径震动了政府和校方，校方谴责这一暴行；警方则拒绝承认下令出动防暴警察；甚至最高领袖也公开对这个事件表示遗憾。但事态发展不止于此。次日，愤怒的学生们再次组织游行示威作为反击：示威迅速演化为暴乱，无业青年也参加进来；他们焚烧建筑、掀翻车辆。暴乱持续了四天，之后德黑兰和受波及的其他城市才恢复平静。[34]

改革派的目光都集中在2000年2月的第六届国民大会选举上。改革派的某些著名理论家，如哈贾里安，几乎是公开表示一旦他们赢得国民大会中的多数席位，就要实现他们的整个改革计划，核心目标是建立某种形式的民主政府。事态发展再度表明，他们过于乐观了。他们固然赢得了压倒性胜利，但他们没有考虑到宪法监护委员和最高领袖本人的否决权。即将解散的国民大会查封了一大批改革派报刊。因此，新产生的国民大会采取的第一个措施是推翻这个决定。但还没等他们开始讨论这个议题，国民大会的改革派议长胡加特伊斯兰马赫迪·卡鲁比就携带着阿亚图拉哈梅内伊发布的敕令来到议会大楼，敕令禁止国民大会通过这个法案。敕令被描绘为国家规则或政府条例而非法特瓦，这是因为根据现政权理论家们的说法，条例对整个社会都有约束力，而法特瓦是由某位马尔加发布的，因此只由这位马尔加的信徒遵守。[35]

从这时起，保守的宪法监护委员会和保守派支配的确定国家利益委员会事实上否决了每个由政府或国民大会提出，但保守集团不接受的议案。另一方面，司法机构动用手中的权力，千方百计限制改革派的活动，包括逮捕和囚禁改革派人士，连仗义执言的国民大会代表也不能幸免。在此期间，激进改革派竭力阻止拉夫桑贾尼参选德黑兰议员，这在很大程度上导致拉夫桑贾尼疏远了改革运动，因此缩小了后者的政治基础，虽然拉夫桑贾尼的“复兴机构”依然支持哈塔米政府。

当时宪法监护委员会、确定国家利益委员会和司法机构的阻碍性决定开始被称为“阻塞”。实际上这表明了行政和立法机构的无能——他们都是通过选举产生的权力主体——政府无法施行保守派集团坚决反对的政策。尽管如此，哈塔米依然获得了许多民意支持，尽管他遭遇挫折，他自己的看法是，他每九天就要面临一次危机。[36]

哈塔米面临最大的危机之一是来自柏林的一次会议的伤害，2000年4月初，这次后来被称为“柏林会议”的会议召开。会议由海因里希·伯尔研究所主办，讨论选举之后的事务，进一步推动德伊两国之间已有的对话关系。受邀的与会者是各色激进改革派和人权活动家。会议遭到一群持反对立场的伊朗革命派移民的严重扰乱，后者谴责改革派发言者是通敌者。扰乱有多种形式，包括在会场中一个半裸的妇女跳舞和一个男子公开脱衣服。甚至在与会者回国之前，伊朗国内的反改革派派系和势力就高声叫嚣起来。特别是一份剪辑过的会议录像带让会议发言者们身处在保守派看来更加不利的地位。于是他们受到来自保守派和革命派对手的叛国指控。17名与会者中的2名没有回国，但所有回国者都受到革命法庭审判。最后他们被宣判无罪，但其中的某些人受到短期关押，包括4名女性被告中的2名：人权律师迈赫兰基兹·卡尔和女性出版商沙赫拉·拉希吉。阿克巴·甘吉、哈桑·优素菲·伊什克瓦里和伊扎图拉·萨哈比三人以其他罪名被判监禁。由于在狱中继续抗争，阿克巴·甘吉总共度过了6年铁窗生涯。[37]

哈塔米的双子法案

尽管受到各种事件的干扰，哈塔米依然很得民心，特别由于那些反对他的人使用了明显的反自由手段。他的一些承诺兑现了，但其他承诺受到其强力对手们的阻挠。他在内政方面的主要成就包括建立了一个相对过去而言更开放的社会、更自由的新闻出版业、一大批NGO组织的涌现、文化进步、更多社会（虽然不合法）权利和妇女的发展机会。在改善民主方面他最关键的成就之一是他的立法工作，在伊朗历史上首次让伊朗人民能够选举自己的市政委员会和市长。在此期间，许多改革派已经将自己组织起来，加入了参与阵线，这是改革派组织和活动家们的一个联盟，由总统的兄弟穆罕默德礼萨·哈塔米领导。

就这样，2001年哈塔米再次当选总统。这又是一场压倒性胜利，他获得的票数甚至比1997年选举时还多。虽然他依然拥有议会多数的支持，但无法削弱保守势力阻塞他任何行政决策和议会法案的能力和决心，只要保守派强烈反对，或司法机构依然承担着在哈塔米当选之前由情报部承担的阻止不同政见者和改革派活动的职能。为哈塔米政府带来另一个危机，并引起相当多公众尤其是学生们不安的事件，是

2002年对大学教师、改革派知识分子赛义德·哈希姆·阿合加里的审判，罪名是叛教。最初，阿合加里被判处死刑，后来在最高领袖公开宣布阿合加里没有犯死罪的呼吁下改判为监禁。[38]

另一桩几乎轰动全国的审判是2002年末对三名改革派活动家和社会研究者的逮捕和审判，他们是被查封的《和平报》的前主编阿巴斯·阿卜迪、改革派社会学家侯赛因·加齐延、民意调查专家贝赫鲁兹·格兰佩耶。他们受控犯下严重罪行，包括捏造民意调查结果、向美国出卖分类信息。事实上，在伊朗是否应该与美国对话的问题上，公众进行了激烈讨论，随后他们就某些特定国内外问题进行了民意调查，结果显示75%的受调查者赞同与美国谈判。在受到常见的危害国家安全如从事间谍活动的指控和遭到激进主义报纸批判之后，最高法院最终撤销了对他们的间谍罪指控，判处阿卜迪和加齐延监禁。[39]

所有这些都是司法机构限制不同政见者和改革派斗争的一部分，哈塔米时代最后一个重要事件是2003年7月监禁中的伊朗裔加拿大摄影记者扎赫拉·卡齐米的死亡。她因在学生骚乱期间拍摄埃温监狱而被捕，在她死于头部创伤的时候，正在接受司法机构的医疗照料。哈塔米要求他的四位部长去调查此案。情报部断然否认卷入此案，明确指出该受谴责的是司法部门；情报部一名被控谋杀卡齐米的特工后来被判无罪。2005年11月，上诉法庭维持无罪判决，并重启案件调查。在此期间，哈塔米的总统任期已经结束，马哈茂德·艾哈迈德-内贾德当选总统。总统易人终结了所有进一步的调查，官方解释是卡齐米死于意外事故，意外发生后不久司法部门就给出了初步解释。[40]

在此期间，宪法监护委员会对行政机关和议会的阻塞在哈塔米的第二个任期开始前就在进行了。为了应对阻塞活动和司法机构无休止的挑战，哈塔米最终决定迎难而上。2002年9月，他向国民大会提交了他的“双子法案”，希望加强国民大会的权力以及总统对抗宪法监护委员会和司法机构的权力。这些法案授予总统界定违宪行为的权力，总统向高等法院负责；法案也提出终结宪法监护委员会的否决法案权；剥夺宪法监护委员会取消议会和总统候选人资格的权力。

提案在改革派群体、国民大会和多数公众中引起振奋，虽然有些人认为这些举措还不够激进。看起来法案的动机并不过分激进，但如果能通过的话，法案将极大地改变权力架构，让改革派获益。尽管国民大会的少数派采取阻挠战术，并且提出了大量修正案，支持改革的议会多数最终还是通过了法案。尽管国民大会通过了，这些法案还是需要得到宪法监护委员会的批准，可以想见，宪法监护委员会——采取了一些拖延手段之后——拒绝批准法案削减宪法监护委员会本身的权力。[41]事实上，时任宪法监护委员会研究中心主任，后来成为总统艾哈迈德-内贾德密友的古拉姆侯赛因·伊尔哈姆在讨论法案时就说："这些法案是由反革命分子支持的，如果它得到批准，所有异教徒、前马克思主义者、获得伊朗国籍的非伊朗人都能进入议会。"[42]改革派议员们担心法案不能通过，威胁他们将诉诸全民公决。但公决的主题和由谁来实际操作公决都模糊不清。可能就是这些原因让他们放弃了全民公决的想法。

就这样，在总统任期结束前的一年半中，哈塔米事实上已到了山穷水尽的地步，他清楚自己无法为改革政治框架做些什么。在对他失望的选民中，他的公众信誉度已经受损，并开始进一步下滑。更理想主义的改革派已经杜撰出一个短语"远离哈塔米"。[43]他承担了所有指责，但依然勇敢面对。2004年1月，双子法案被拒的可怕后果终于到来了。对第七届国民大会候选人资格的审查于次月启动，大约2500名候选人（全部候选人的一半）的资格被宪法监护委员会取消。然而对哈塔米及改革派的最大冲击是取消80名现任改革派议员的资格，其中绝大多数是参与阵线的成员和领袖。最初他们威胁集体辞职，后来在国民大会大楼里进行了静坐，可能指望获得民众的强力支持，然而并没有实现。甚至连学生们都无动于衷。[44]改革派支持者们的情绪能由上述短语“远离哈塔米”获得最恰如其分的诠释，最糟糕的是他们彻底失望并脱离政治。静坐没有取得任何效果，哈塔米与国民大会议长卡鲁比联手争取最高领袖支持的努力也失败了。

公众热情的低落已经在前一年表现出来，他们沉默但有效地抵制了德黑兰市政委员会选举，结果保守派取得压倒性胜利，并且任命了默默无闻的马哈茂德·艾哈迈德-内贾德为德黑兰市长。因此2004年议会选举投票率较低（约51%，德黑兰不到30%）就不足为奇了，保守派大获全胜部分缘于上述原因，部分证明改革派候选人只获得了极少的支持。

其他国内问题

除了学生和青年，妇女们以活动家和普通支持者的身份，也在改革派阵营中扮演了重要角色。妇女中有两位来自知识界的政治家：伊拉赫·库拉伊和法蒂玛·哈希加图，她们是第六届国民大会代表，心直口快，因此在第七届国民大会选举中丧失了资格。但还有一些正式政治圈之外的人士在女权和改革运动中扮演了重要角色。其中最著名的人包括月刊《妇女》（最终于2007年被查禁）的发行人和主编沙赫拉·舍卡特、特别关注妇女儿童权益的人权律师希琳·伊巴迪、人权律师和活动家迈赫兰基兹·卡尔、女权主义出版商和时事评论员沙赫拉·拉希吉。还有其他许多人，包括女权主义记者帕尔文·阿达兰、声望日隆的作家和翻译家努欣·艾哈迈迪·呼罗珊尼。伊巴迪[45]和卡尔[46]早年推动男女法律地位平等的改革。相关问题包括法律管理下的结婚和离婚、结婚年龄、子女抚养、儿童权利、遗产继承，尤其是对谋杀的惩罚，因为法律规定妇女生命的价值事实上只有男性的一半。她们撰写文章和小册子，召集集会，发表公开演讲来阐述她们的理由，偶尔她们还会被捕，虽然——在哈塔米时代——入狱时间不长。

20世纪90年代以来，妇女们在社会领域取得了长足进步。她们入学和进大学就读的人数远比从前要多，以至于最后大学中的女生比男生还多。从当时和后来来看，从事医学、法律行业、学术和教学职业、包括外交官在内的公职人员、服务业、艺术和文学、社会和市政工作、私营商业的妇女的数量迅速增加。年轻人中男女接触和交友同样大幅度增加了。虽然比例不平衡，这些进步仍然涵盖了传统与现代妇女，绝大多数传统妇女能够离开家庭，不由男子陪同就参与社会活动进程，并从中获益。人口增长率前所未有地下降了，从3.2%跌落到1.1%，这主要是政府不断努力的结果。[47]

希琳·伊巴迪因获得2003年诺贝尔和平奖而声名大噪。[48]值得一提的是，她简要评价了哈塔米对1999年以来响应妇女要求的记录：

> 伊朗妇女的主要问题必须从伊朗法律中寻找。作为总统，哈塔米先生无权修改或改革法律。这件事掌握在保守派居多的伊斯兰协商会议（即国民大会）之手。因此哈塔米先生不能做任何重要的事情来实现妇女的利益。更重要的是，哈塔米担任总统期间为新闻出版业开放了一些空间，反对那些反妇女的法律，探讨了法律的不公正，新法律使妇女获得了比从前更大的自由。除此之外，妇女获得了更多担任政府职位的机会，而且职位更好更高。例如，在哈塔米的总统任期内，妇女受命担任大学校长、副校长、环保机构的督察乃至总统助理。许多妇女成了部门长官和大学教授。[49]

直到哈塔米的任期结束，这种局面一直或多或少地维持不变。[50]

在所有方面，哈塔米的首要目标都是政治进步。这是他没能在经济领域取得任何令人瞩目的成绩的原因之一。另一方面，经济因为长期的结构性和政策问题而受损，要解决这些问题，需要获得专家建议和从未存在和实现的最低限度的政治团结：哈塔米的强力对手们试图让他在每个领域都陷入困境；私营经济领域中的巨头们和邦亚德都毫不同情哈塔米。针对他的批评主要来自激进主义者们，后者指责他不够关注与社会福利息息相关的经济问题，虽然国家已经对许多食品和卫生服务提供了补贴。此外，对石油、天然气和自来水提供高额补贴的政策使民众认为这些东西几乎是免费的。

如第13章所述，1982年以来原油价格持续下跌。在拉夫桑贾尼当选总统的1989年，原油平均价格有所上涨，达到每桶18.33美元，20世纪90年代油价一般维持在低位，很少超过每桶20美元。1998年，即哈塔米当选总统的次年，原油均价跌至11.91美元，油价的低位持续了20年之久。在2000年到2003年间，油价徘徊在20到27美元之间。2004年和2005年是哈塔米总统任期的最后两年，油价分别跃升到37.41和50.04美元；但摘取油价猛涨果实的却是艾哈迈德-内贾德。[51]所以，哈塔米时代的经济受困于外汇短缺，而外汇与消费和投资需求密切相关。他试图获得实质性的外国信贷和投资，尤其是在日本的帮助下修建一座炼油厂。在美国的反对下，这些计划在很大程度上受挫。这对那些降低通胀和失业率的项目没有助益，而考虑到大批年轻人进入就业市场，失业率是一个特别敏感的问题。

哈塔米的总体经济政策是扩展和继续前任拉夫桑贾尼的政策，但更关注私有化和解除对经济的管控，希望此举能更大程度地鼓励和巩固私营经济，从而帮助经济成长和发展。经济的年增长率是温和的，但低于伊朗的经济潜力。尽管如此，阻碍将经济潜力化为现实的基本结构性和战略性因素依然或多或少存在。这些因素包括庞大的国有经济部门、官僚机构对信贷的分配、受限制的国内竞争和针对国外市场严格的贸易保护。[52]贾拉利·纳伊尼认为："要为普通家庭带来更高收入，并且创造足够的就业机会来保持失业率稳定，经济的年增长率必须达到8%，在过往的27年间，这一成绩从未取得并能够维持一段时间（3年或更久）。”[53]卡尔舍纳斯和哈基米安总结了他们对石油资源和不仅限于哈塔米任内的经济状况的研究，他们注意到“经济对石油的依赖在增长，伊朗与其对手们之间的技术鸿沟在加宽，经济多样化已经陷入停顿……这些趋势没有为这个国家的长期经济增长和繁荣勾勒出明朗的前景”。[54]

贾瓦德·萨利希·伊斯法哈尼在其对人力资源和就业的相似研究中总结道：“来自政治领域内各方面的决策者们越来越意识到，更加灵活的私企老板更善于吸引国内外投资。如果他们也能意识到私企对人力资本的投资的重要性的话，他们会更愿意为私企做些什么……在普遍一致的立场上达成共识之前，伊朗政坛应该更加成熟一些。”[55]

最后，一位目光长远的经济学家注意到“发展不仅仅需要获取和创新，还特别需要积累和存留，包括财富、权利、权益或知识与科学等方面。[欧洲的]长期社会让长期积累成为可能，就是因为欧洲由法律和传统管理，其国家机构通过制定合理、可预见的未来规划，提供了相当多的安全感”。[56]

如果没有政治发展的先期或同步前进，那么这些根本性经济问题似乎无法得到解决。

对外关系

即使极度现实主义的拉夫桑贾尼已经为解决或改善这些问题做出了很多努力，哈塔米仍然继承了海量的地区和国际关系问题。事实上，在现政权面临的各种重要问题中，对外关系领域中的争议更加激烈，由于缺乏处理对外政策和政治分权的长期机制，使解决外交政策争议变得极度困难。另一方面，作为伊朗最重要的国际对手的美国，显然在处理对伊朗关系时也从来没有表现出现实主义考量或政策上的一致性。因此，当哈塔米试图创造一个黄金机会，用来改善与西方的关系时，美国和哈塔米的国内批评者都无法创造建设性气氛来有效帮助改善双方的关系。

一开始，哈塔米说他相信“文明对话”而非“文明冲突”，他在德黑兰建立了一家以“文明对话”命名的研究所，表明了他的总体外交态度。短期之内，他设法与绝大多数地区大国实现了外交关系正常化，解决了与英国之间的萨勒曼·鲁西迪问题：当哈塔米政府宣布伊朗不会履行或鼓励对鲁西迪的死亡判决时，两国建立了完整的外交关系。

欧盟各国将它们对伊朗的态度从“批判性对话”转变为“建设性对话”。1998年1月，哈塔米在与CNN的一次访谈中，对人质劫持事件表示遗憾，赞扬美国文明的价值，这次访谈获得了积极回应，一位资深美国官员说：“当他说他对人质劫持事件表示遗憾，称美国是伟大的文明，而且这些话在伊朗受到批评的时候，我们意识到他对打破两国之间的不信任关系和探索与我们密切交往之路很有兴趣。”[57]与之相似的是在2000年3月，美国国务卿玛德莱娜·奥尔布赖特对过去美国干预伊朗内政尤其是1953年政变表示遗憾，德黑兰对此声明表示谨慎的乐观：伊朗外交部发言人说，奥尔布赖特的声明“承认了过往的错误，且包含崭新和积极的要点”。[58]在此之前美国将“人民圣战者”组织纳入国际恐怖主义组织名单，此举令伊朗感到满意。

然而在实践中，这些言行并未带来多少实效。甚至连“文化交流”的希望都没有，更不用说任何“政府间”对话了。[59]许多因素似乎都在阻挠美伊关系的改善，但最重要而且可能最明显的因素是两国都有反对双方接近的国内势力：在伊朗是激进主义者和强硬的保守派，在美国是基督教右翼和亲以色列的游说集团。尽管如此，克林顿政府的最后几年显然是双方的美好时光。但是到了小布什总统时期，尽管德黑兰对他的当选会改善美伊关系表示乐观，双边冲突却在升级，两国互相妖魔化且威胁开战。[60]

小布什总统在外交事务方面进展缓慢，美国的中东政策没有显著变化。9·11恐怖袭击的巨大冲击拉开了这部活剧的幕布，开启了美国内外政策的新时代，9·11是美国外交政策取向和战略的明确分水岭，尤其是在对中东国家政策方面。“反恐战争”的时代由此开始，“文明冲突”的说法——西方人和穆斯林之间不可避免的冲突——导致伊拉克的政权更迭，以及与伊朗的对抗升级乃至冷战。

小布什总统在一次演讲中坦率地说，对美国而言，其他国家非友即敌。尽管如此，美国遭遇的悲剧最初看起来是改善美伊关系的催化剂。本质上是自发的同情在伊朗人中间出现——德黑兰街头甚至出现了烛光游行——震惊了美国观察家和评论家们。哈塔米向小布什总统发出了一封慰问信，德黑兰市长和消防队长官也向纽约同行发出了慰问信。抛开朴素的人类恻隐之心，伊朗人民的善意源于他们的强烈反感，所针对的对象不仅仅局限于恐怖主义组织。

2001年10月初，美国发动阿富汗战争时，美伊双边关系进一步改善，几个月内，两国之间似乎有进一步接近的可能。显然双方有共同利益，但伊朗与美国的合作不仅出于利益考量，因为如果伊朗不帮忙，美国依然能实现他们的目标，无非耗时、代价可能更长、更高而已。不仅哈塔米，还有保守集团，似乎都将此看作与小布什政府建立更好关系的体面方式。无论他们的动机如何，他们——尤其是哈塔米——遭到了沉重打击，阿富汗的塔利班政权刚刚倒台，小布什就发表了“邪恶轴心”演讲。2002年1月29日，小布什在他的国情咨文中说：“伊朗积极寻求［大规模杀伤性］武器和输出恐怖主义，并非由选举产生的一小撮人镇压伊朗人民对自由的渴望。像这样的国家及与其有联系的恐怖主义组织组成了一个邪恶轴心，它们武装起来威胁世界和平。”[61]此言让哈塔米在保守派和激进反对派面前无地自容。[62]

美国的态度突然发生如此激烈变化的主要原因是1月初以色列俘获了一艘满载武器的船，收货人是巴勒斯坦当局。伊朗拒绝承认此事，而且这件事从未受到令人满意的调查，虽然有些人认为这是伊朗破坏分子所为。[63]尽管如此，这个事件不像是小布什总统突然强烈指责伊朗，将其与萨达姆·侯赛因的伊拉克相提并论的决定性因素。回首美国在阿富汗最初轻易取得的胜利，这似乎让美国的新保守主义者们将心思放在改变伊拉克和伊朗政权上。在哈塔米的剩余任期内美国始终保持着这种态度，即便伊朗甚至没对美英入侵伊拉克表示奇怪——没有像仅次于美国的强国如法国、德国和俄罗斯那样发表批评性的口头声明。2003年5月，美伊关系进一步恶化，转折点是当时美国将沙特阿拉伯在西方的大使馆受到恐怖袭击与伊朗收留的阿富汗“基地”组织成员联系起来，并要求引渡他们。伊朗承认某些“基地”组织成员被关押在其监狱里，还说已经准备用他们交换“人民圣战者”组织的头目，后者在美国保护下驻扎在伊拉克的阿什拉夫兵营。美国拒绝了这个条件，伊朗人则拒绝引渡。[64]

还是在2003年5月，通过在伊朗的瑞士大使，伊朗人严肃地谋求与美国谈判并提出了一个议程，涵盖所有美国关切的问题，包括伊朗的核计划。[65]美国拒绝了这个提议。根据2007年《基督教科学箴言报》的一则报道：

> 2003年，伊朗向美国提交的一揽子让步计划，与美国向德黑兰提出的要求很接近。BBC报道说，伊朗提出的许多让步和其他事项，包括不再支持黎巴嫩和巴勒斯坦的武装团体，帮助稳定美国带头支持的伊拉克战争后的伊拉克政府。但一位前美国资深官员告诉BBC的《新闻之夜》栏目说，这一揽子建议遭到了副总统迪克·切尼的拒绝。时任国务卿科林·鲍威尔的一位高级幕僚告诉BBC说，国务院对这个计划很热心——但被否决了。[66]

很明显，政权更迭依然是美国的首要诉求。上个月由美国主导的对伊拉克的入侵和占领轻而易举地取得成功，这对美国拒绝伊朗的谈判提议似乎是一种鼓励，但事态的继续发展证明，在伊拉克的胜利是极度危险和成本高昂的。伊朗从萨达姆·侯赛因垮台中获益，因为萨达姆是伊朗在中东最强大的敌人，伊朗同样获益于塔利班的垮台，因为塔利班是伊朗在东线的敌人。因此，美国推翻了伊朗东西两侧的麻烦邻居。

对伊朗而言，伊拉克的政权变更影响深远，既因为伊拉克的多数人口是什叶派，还因为在对抗萨达姆·侯赛因的多年斗争中，伊朗在其境内收留了伊拉克什叶派革命运动和武装群体的主力。伊拉克新政权（实际上由什叶派领导）的稳定，同时符合德黑兰和华盛顿的利益，由于伊拉克逊尼派与什叶派之间的武装对抗，以及沙特阿拉伯对什叶派控制的伊拉克的密切关注，令形势复杂了起来。随后几年中，在艾哈迈德-内贾德的总统任期内，伊朗（或者至少伊朗军队中的某些力量）和沙特阿拉伯都卷入了伊拉克各派系间的武装冲突。伊朗的卷入点燃了美国的怒火，美国宣布伊朗至少要为美国在伊拉克的失败承担间接责任。无论是真是假，这是美国加紧与伊朗进行冷战对抗的原因之一，但最重要的原因还是在艾哈迈德-内贾德时期（2005年至2008年），伊朗坚持不懈并成功实现了铀浓缩计划。

伊朗的核计划

在哈塔米时期，伊朗核计划日益成为国际争议问题。该计划的启动至少能追溯到20世纪70年代，当时巴列维国王为建设核电站采取了一些先期措施。1995年，伊朗与俄罗斯签约来继续建设已经部分完成的布什尔核电站工程。[67]2002年8月，纳坦兹的铀浓缩设施和阿拉克的重水工厂被发现，它们都被报告给了国际原子能机构（简称

IAEA)。

为解决伊朗核计划的有关问题，欧盟中的法、德、英三国（简称“EU-3”）向伊朗提出外交倡议。2003年10月21日迎来了突破点。伊朗政府与三国的外交部长在德黑兰开会并发表声明，伊朗同意与国际原子能机构合作，签署并执行一项附加协议作为自愿和建立各方信任的手段，而且在谈判期间中止铀浓缩和后期处理行动。欧盟三国相应地明确同意承认伊朗的核权利，还讨论了伊朗为其核计划提供令人满意的保证的方式。2003年12月18日，伊朗签署了一份附加协议，各方一致同意在伊朗批准该议定书之前，就当协议书生效一样，伊朗将向IAEA提交所需报告，并允许IAEA的检查人员进行所需检查。[68]

在伊朗是否隐藏了核武器计划的问题上，IAEA在2003年11月的报告中说，它没有找到与核武器计划相关的、以前未公布的核举措的证据，但它也无法做出伊朗的核计划完全用于和平目的的结论。尽管如此，IAEA总干事穆罕默德·巴拉迪后来报告说，IAEA的检查员在伊朗发现了出自进口离心机的高纯度浓缩铀的痕迹，似乎证实了伊朗所声称的这些痕迹是由于污染造成的说法。

然而西方国家对伊朗核计划的首要关切是，它们认为伊朗追求浓缩铀是开发核武器的前奏，而伊朗政府坚称这是一个和平计划。根据2004年11月《巴黎协议》的规定，伊朗首席核谈判代表哈桑·鲁哈尼宣布自愿暂时中止其铀浓缩计划，尽管这样的铀浓缩活动并不违反《核不扩散条约》。当时，据说此举是一个自愿的、建立信任的措施，在与欧盟三国谈判期间此举会持续一段时间（即六个月）。[69]因此，这场“和平鸽大会”将持续到哈塔米的任期结束。但实际上它没能持续那么久。

哈塔米的总统任期以满满的希望开始，以他的许多前支持者的冷漠——如果不是沮丧的话——告终。2004年11月学生节，哈塔米在德黑兰大学发表讲话时，不得不面对充满敌意的人群高喊："哈塔米，你这个骗子，可耻。"[70]2007年他故地重游时，人群高喊："人民的救星来了。"[71]这件小事提醒我们，伊朗人的"短期主义"习惯依然会随时随地发作。

回 潮

伊朗人一直擅长惊诧，这在本质上源于他们对几乎一切事物在做观察、做决定时习惯性的短期主义。这也是我们试图严肃解读伊朗未来，乃至短期未来时，需要冒很大的预测失败风险的原因。

2005年6月，七名候选人竞选总统，其中五名被视为潜在的胜选者。拉夫桑贾尼是务实温和派的最爱，伊朗国内外的绝大多数观察家都希望他胜出。马赫迪·卡鲁比是温和改革派和两届国民大会议长，拥有许多改革派的支持。穆罕默德·巴盖尔·卡利巴夫曾任伊斯兰革命卫队司令和警察总监，据传言是最高领袖和保守集团的最爱。穆斯塔法·莫因长期担任科研和技术部（之前的科学和高等教育部）部长，是一位激进改革派人士，时为参与阵线的候选人，得到非伊斯兰主义组织如自由运动和国民宗教力量委员会的支持。马哈茂德·艾哈迈德-内贾德是德黑兰市政委员会任命的市长，市政选举时投票率仅为12%，他最接近激进主义者，显然他的社会基础不大，似乎是五人中最不可能胜出的。[72]

民意调查指出，决战将在拉夫桑贾尼与莫因之间展开。但是改革派内部卡鲁比与莫因之间的分裂导致艾哈迈德-内贾德脱颖而出，在首轮投票中，拉夫桑贾尼得票最多，艾哈迈德-内贾德第二，卡鲁比第三。拉夫桑贾尼获得了21%的选票，艾哈迈德-内贾德获得19.5%，卡鲁比17.3%，未能进入第二轮选举的莫因得票率为13.9%。[73]这些数字清楚地表明，如果改革派候选人只有一位而非两位的话，此人将很可能在决胜轮战胜拉夫桑贾尼。这些数字还表明，如果哈塔米在任初期的改革—务实派联盟能维持至今的话，它很可能在第一轮就胜出。注意到拉夫桑贾尼、卡鲁比和莫因各自的得票率是重要的，他们的首轮总得票数超过50%。

因此，决胜轮选举在拉夫桑贾尼与艾哈迈德-内贾德之间进行。卡鲁比与稍晚输掉第二轮选举的拉夫桑贾尼抱怨选举不合规，尤其是卡鲁比抗议说他在首轮投票中获得的票数多于艾哈迈德-内贾德。普遍的怨言指向革命卫队，尤其是准军事组织“动员”，他们积极为艾哈迈德-内贾德活动，帮助他在首轮得票高于卡鲁比。无论这是真是假，艾哈迈德-内贾德在决胜轮选战中赢得61.7%的选票，拉夫桑贾尼的得票率则只有35.9%。[74]

改革派和国民宗教力量的领袖们，甚至还包括某些可能抵制了第一轮选举的左翼知识分子，预感到艾哈迈德-内贾德可能会在第二轮选举中获胜，于是团结起来支持拉夫桑贾尼，但为时已晚。在第二轮选举中，更多普通投票者热情支持艾哈迈德-内贾德，将其视为自己人，一位出身低微的谦谦君子，他在竞选之前担任市长或省长期间，从未被怀疑挪用公款，他本人家境并不富裕，他走遍各省，通过告诉民众“将石油收入放到人民的餐桌上”而赢得了农村和小城市的选票。当人民需要在拉夫桑贾尼和艾哈迈德-内贾德之间做出明确选择时，不仅激进主义者，连强硬保守派也支持他。[75]

当艾哈迈德-内贾德还是孩子的时候，他举家从一个贫穷的小村子迁居到德黑兰，他的父亲在德黑兰的一个底层居民区做铁匠。受益于天赋聪颖和石油收入带来的更多就业机会，他上了学并就读于一所理工大学，他在这所大学用了很长时间获得了工程博士学位。在此期间，他作为伊斯兰主义者参加革命，后来在两伊战争期间在前线服役，在成为德黑兰市长之前，他已经在多个省份担任省长。[76]

可以想见，艾哈迈德-内贾德会让许多有着激进主义背景的人进入他的内阁并担任重要公职。但他的行动不止于此。他用自己人替换了现任的伊朗驻外使节，而且让许多高级，甚至中级公职人员和公共雇员走人或退休。这是这个短期社会和政府岗位不稳定的最近和最明显的例证，形势甚至发展到这种程度：关于他将把政府部门中的每个职员都赶到门房当门卫的谣言开始流传。

8月份正式就任总统之后，他以总统身份最早采取的行动之一是在9月出席联合国大会并发表演讲，相比他的外交技巧，听众们印象更深刻的是他的末日情绪，以及对救世主或马赫迪突然降临的期待。[77]回国后他告诉著名教士阿亚图拉贾瓦迪·阿莫利说，当他在联合国演讲时，一个光环笼罩着他。[78]这反映了他在文化和心理上的天真，尽管他的个性坚韧。

他在耶路撒冷日发表的极为激动的针对以色列的言论，以及召开一个否定大屠杀的国际会议，同样表明他政治上不够圆滑。他通过各种途径对巴以问题表示的批判态度或许让他的事业受益：在哈塔米任总统期间，不止一次说他不反对任何巴勒斯坦同意的解决方案。

1979年革命以来，伊朗就与以色列断交了，伊朗一直坚决地在口头上反对以色列，虽然哈塔米时期反以调门低了很多。以色列也在口头上反对伊朗，甚至在两伊战争中以色列向伊朗出售军火时，双方也都依然维持自己的原则。然而在20世纪90年代中期，伊朗认真地注意到美国和以色列主导的中东和平进程的成功将导致伊朗孤立于“新中东”之外，因此伊朗通过增加对黎巴嫩真主党的支持和后来资助加沙的巴勒斯坦哈马斯组织来抗拒这个和平进程。[79]与海湾各君主国（即海湾合作委员会各国）的关系在拉夫桑贾尼时代已经改善，哈塔米时期则进一步改善。艾哈迈德-内贾德时期，美国试图联合沙特阿拉伯和其他海湾地区的阿拉伯国家公开对抗伊朗，但没能成功。艾哈迈德-内贾德在利雅得受到非常友好的接待，并于2007年参加在卡塔尔召开的海湾合作委员会峰会，这都清楚表明海湾国家在与伊朗交往方面，有着自己独立的外交考量。[80]

除了简单而直接的政治态度，艾哈迈德-内贾德还非常相信救世主或马赫迪主义教义，即隐遁伊玛目即将降临，肃清世界上的一切腐败和不公。这在他的许多讲话中都可以得到印证。[81]2008年中期，他甚至经常说伊朗是由隐遁伊玛目支配、管理的，尽管他依然是隐遁的。

传统上，许多什叶派信徒相信隐遁伊玛目将在某天从萨马拉（伊拉克城市）的一个山洞或水井中现身，但到了近代，圣城库姆附近的贾卡朗清真寺也取得了这种地位。[82]艾哈迈德-内贾德将这座清真寺及其附近建筑粉刷、修葺一新，为公职人员提供周末前往这个现已成为圣地的免费交通设施。许多朝圣者会向贾卡朗的山洞投掷大量金钱和书信，以求获得神助。

2005年8月初，几乎就在艾哈迈德-内贾德正式就任的同时，他下令揭开伊斯法罕铀浓缩设施的封条。可以预见的是，中止铀浓缩活动的设想仅仅维持了几个月，以便允许国际原子能机构安装新的监测装置。几天后，已经谋求与伊朗谈判的欧盟三国提交了一揽子激励方案（不包括美国的不侵略伊朗的承诺），用来换取伊朗永久停止铀浓缩行动。伊朗拒绝了三国的提议，称这个计划为侮辱。[83]新任伊朗核谈判代表是阿里·拉里贾尼，曾任广播电视网络负责人，他不是激进主义者，而是一位保守派成员。

2006年2月初，国际原子能机构理事会投票决定向联合国安理会提交伊朗核活动报告。[84]美国自始至终都表示，伊朗在秘密谋求制造核武器，欧盟也预计伊朗获得的核技术将用于武器化。另一方面，伊朗继续坚称其核计划完全是出于和平目的，计划是透明的，向国际原子能机构的检查员们开放。2006年2月末，国际原子能机构总干事穆罕默德·巴拉迪拿出了一个妥协方案：伊朗停止其工业规模的铀浓缩，代之以受限制的小规模实验性设施，从俄罗斯进口其核燃料。伊朗对这个妥协方案表示了兴趣，但美国拒绝接受，这清楚表明美国的真实目的不仅仅是消灭伊朗发展核武器计划的可能性，还包括阻止伊朗在任何条件下获得核技术。[85]两个月后，艾哈迈德-内贾德在电视上发表了一则轰动一时的声明，称伊朗已经成功产出浓缩铀，这让许多人都大为震惊。[86]

从这一刻起，获得核技术成了一件让国民骄傲的事，因此甚至许多艾哈迈德-内贾德或整个伊斯兰共和国的敌人们都团结在政府周围，支持获得核技术，"核技术是我们的不可剥夺的权利"成了一句流行的口号。严格来说，伊朗没有违反《核不扩散条约》（伊朗是签约国），因为条约没有禁止铀浓缩活动，仅仅是禁止将其武器化，伊朗人坚称他们并不追求武器化。尽管如此，如前文所述，美国尤其反对伊朗的铀浓缩活动，即使它用于和平目的，美国担心将来伊朗会利用这些资源和技术。

伊朗浓缩铀的成功及其拒绝停止核活动提高了风险。"5+1"（联合国安理会五个常任理事国加上德国）、欧盟与伊朗之间召开、举行了大量会议和谈判，伊朗一度获得了一揽子激励提议，但它拒绝了。最后，联合国施加了一系列制裁，第一个决议在2006年12月发布，第二个在2007年3月，第三个在2008年3月。[87]如果没有俄罗斯和中国的斡旋，制裁会严厉得多，因为中俄与伊朗有着良好的外交和商业关系。

在此期间，由于与艾哈迈德-内贾德意见不一且共事困难，拉里贾尼辞去了伊朗首席核谈判代表职务。然而围绕伊朗核计划的冲突，最出人意料和令人震惊的事件是2007年11月美国多家情报部门发表了一份名为《国家情报评估》的报告，称伊朗已经从2003年起停止了制造核武器的努力。伊朗似乎一度摆脱了战争和美国对伊朗采取先发制人打击的危险。一位美国新闻工作者将其描绘为"情报集团对战争集团发动的先发制人的外科手术式打击"。[88]但是战争风险却有增无减，正如《时代》杂志在2007年12月5日所指出的：

> 对《国家情报评估》中伊朗部分的解读，是一场正在进行的罗生门式的战斗。伊朗和争端各方都在卖力地对这份报告做出自己的解读，并让其他人接受，同时强调最符合他们路线的调查结果。各方的路线图没有因《国家情报评估》而改变：以色列和华盛顿的鹰派打算对这个严重威胁采取军事行动，小布什政府推行强力外交，欧洲人想避免战争。正是这些路线图塑造了涉事各方对《国家情报评估》的反应，在未来数月中，各方将在对伊政策上展开激烈博弈。

以上反应都不足为奇，因为正如我们已经看到的，小布什政府的真正目标不局限于限制伊朗的核武器生产，还在于阻止伊朗获取核技术，即使这些技术目前仅用于和平目的。此外，小布什政府对伊朗的关注远不止于铀浓缩，也包含了一系列热点问题，包括伊朗对伊拉克正式和非正式的影响，对黎巴嫩真主党（它在2006年7月至8月的以色列—真主党战争中表现出色）以及巴勒斯坦哈马斯组织的支持，以及被更广泛地称为“伊朗在中东的权力崛起”等问题，简单地说，涵盖了伊朗的各个方面。

2008年6月和7月，战争一触即发。无论有没有美国的参与，现在以色列在对伊动武方面都承担了更重要的角色。针对以色列的军事动作，伊朗做出了反应，声称“针对伊朗的军事行动会危及世界和平”。[89]之后不久，伊朗人进行了九次地对地导弹实验，受到了美国和以色列的强烈谴责，美国国务院称之为“挑衅”，[90]虽然会对伊朗发动战争的说法极为牵强。之后伊朗与欧盟在日内瓦召开会议，由于美国的一名助理国务卿与会，会议被寄予更高希望，会议讨论了“5+1”的一揽子激励条款，用来换取伊朗中止其铀浓缩计划。[91]瓶颈还在于美国和伊朗之间进行全面谈判的条件：伊朗准备开启无条件谈判，而美国则只有在伊朗先中止铀浓缩的前提下才会谈判。

艾哈迈德-内贾德的民意支持度在他履职后的前几个月中达到顶点，因为他善于使用言论，包括不断提及马赫迪的保佑和突然降临，另外，他能否兑现竞选承诺还来不及受到检验。他将亲近他的人称为“亲信”，但他在国民大会中没有自己的派系，对他的支持主要来自议会中一个名为“原则主义者”的保守派联盟。如前文所述，第七届国民大会由保守派主导，一般来说，相比拉夫桑贾尼和卡鲁比，保守派更青睐艾哈迈德-内贾德，但保守派自身不是激进主义者，因此对频繁提到马赫迪主义感到厌倦。许多巴扎和现代商业集团依然是政权的主要社会基础，但艾哈迈德-内贾德直接吸引“人民”——当他准备控制国民大会和他自己的内阁阁僚的时候，中央银行等部门需要为他的政策失败负责，据说这些部门没有给予他充分支持。

在他的国内政策中，没有哪项能像他的首要目标——提高普通百姓的生活水平，为大众提供廉价住房和创造工作机会以降低失业率——更快更明显地适得其反。随着油价的持续猛涨（2008年达到峰值每桶149美元），如果他选择了合适的经济政策，他会很好地实现上述目标。作为一个相信自己的政策是正义的平民主义者和总统，他没有听取经济专家的观点，虽然这个国家的主要经济学家们在一些公开声明中向他提供了建议。他在经济领域的表述和行为导致大量伊朗资产被转移到迪拜和其他金融环境稳定的国家。

他对提高社会福利的看法与传统的慈善救济组织相似，尽管伊朗已经是个复杂的政治经济体。他要求银行为廉价住房提供长期低息贷款。结果是贷出的资金被发现直接或间接流入了房地产投机者手中，导致地产价格上涨了100%。类似的是，许多资金被贷给青年用于启动他们的小生意，以此提高就业率，但事实上这些钱又回到银行手里：年轻人将钱存入银行，享受着18%的年息，而银行则将这些资金再贷给商业大鳄和投机商。结果是通胀率暴涨（政府给出的通胀率是13%，中央银行是25%，事实可能是30%或更高），尤其是住房和食品价格的暴涨。失业率继续高企，同时总统否定了降低生育率的政策，说必须采取鼓励更高人口增长率的政策。

显而易见，这不是保守派认可的政治经济愿景和进程，反对派的反应不仅见于改革派的日报《国民信心》（卡鲁比的国民信心党的喉舌），也见于主流保守派日报如《先知》《伊斯兰共和国报》。因此，早在2006年12月的第一次民意测试中，艾哈迈德-内贾德支持的候选人在德黑兰市政委员会选举中得分很少，保守派独立人士却得了分，同时改革派候选人的表现也比预期的更好。[92]在同时进行的专家委员会选举中，艾哈迈德-内贾德的宿敌拉夫桑贾尼赢得最高票，艾哈迈德-内贾德的宗教导师阿亚图拉梅斯巴·亚兹迪得票只有拉夫桑贾尼的一半。总体上保守派赢得了绝大多数席位，卡鲁比的改革派表现得相当不错，而激进主义者则表现拙劣。[93]保守势力对艾哈迈德-内贾德的疑虑最明确的表态于2007年9月到来，当时已经担任确定国家利益委员会主席的拉夫桑贾尼又击败了激进主义者阿亚图拉詹纳提，被专家委员会选为主席。[94]

阿亚图拉詹纳提是宪法监护委员会主席，他否决了参加2008年3月至4月举行的第八届国民大会选举的许多候选人的参选资格，其中很多人是改革派和独立候选人，包括阿亚图拉霍梅尼的一个外孙。新组成的国民大会依然不是由强硬的激进主义者主导的，务实保守派、改革派和独立人士占了代表的多数。[95]保守派中的杰出人物阿里·拉里贾尼已经辞去了伊朗核问题首席谈判代表职务，这时当选为议长，这表明国民大会并不信任总统。[96]

很难确定最高领袖在这些事件中究竟扮演了什么样的角色。根据宪法，他当然拥有广泛的权力，包括对武装力量的最高统帅权，任命司法机构和广播电视网络长官等。无疑他对主要外交政策，特别是核政策拥有决定权。另一方面，没有证据表明他干预了敏感性较低的事务，甚至包括政府的经济政策——虽然他至少曾经说过，艾哈迈德-内贾德的总统任期是伊斯兰共和国成立以来最辉煌的时期。伊斯兰革命卫队是一支强大的力量，在经济和工业领域拥有广泛的影响力。在国内外安全领域，革命卫队当然是伊朗的主要武装力量，但是尽管谣言满天飞，依然难以知晓他们对政治事务的直接干预程度。如前文所述，他们指挥下的青年武装力量“动员”参与了2005年的总统选举，为艾哈迈德-内贾德提供了强有力的支持。

鉴于政权内部的政治分裂，有证据表明，四大派系——保守、务实、改革和激进派——依然存在并进行着活动，当必须划定战线时，很可能会形成保守—激进主义与改革—务实两大阵营。自从阿亚图拉霍梅尼去世，保守派确实已经成为伊朗最强大的政治势力。

在这一时期，更多报纸被查禁：对改革派媒体来说，这是最坏的时期，对书籍和其他文化产品的审查更严厉了。类似的，改革派的活动受到了相当程度的限制，虽然这没有导致改革运动消亡。人权和维护人权的行动也遭到比从前更严厉的打击。著名人权活动家伊马德丁·巴基——尤其关注维护囚犯人权和反对死刑——于2007年受到德黑兰革命法庭审判并锒铛入狱，这是2000年以来他第三次入狱。[97]

女权活动家们无视对她们的系统性骚扰和囚禁，继续她们的斗争。核心事件是废除歧视性法律的“百万签名运动”，[98]运动由一群女权活动家领导，尤其是帕尔文·阿达兰和努欣·艾哈迈迪·呼罗珊尼，其中某些人一度入狱。2008年3月，阿达兰获得了2007年度的奥洛夫·帕尔梅奖，但当局不允许她出国领奖。[99]

随着2008年夏季到来，艾哈迈德-内贾德阵营与其保守派对手之间爆发了“揭露”与“反揭露”斗争。这件事可以被视为艾哈迈德-内贾德的支持者们不信任某些保守派成员，尤其是教士的行动，虽然后来斗争领导者未经审判就入狱了。[100]

从2008年8月起，石油价格（如上文所述，达到了历史最高点）随着世界金融危机和经济衰退而开始暴跌，下降到每桶30美元，虽然后来又逐步上涨到每桶70美元。[101]油价暴跌给伊朗政府带来了巨大压力，不得不根据石油和外汇收入的下跌而修改预期开支。结果2009年6月总统选举之后，里亚尔的汇率大幅下跌似乎不可避免。这相当于里亚尔贬值，进一步加重了当时的通胀压力。

2009年11月，奥巴马当选美国总统，终结了美国可能在近期内对伊朗进行军事打击的前景，因为奥巴马重申了他的竞选诺言，即他的政府准备与伊朗进行没有先决条件的谈判。他甚至走得更远，向伊朗的人民和政府发出诺鲁孜节（波斯历新年）问候，这是一份友好、明确的信息，强调他直接与伊朗对话，顺便通过称伊朗为伊斯兰共和国，自1979年二月革命以来首次承认了伊朗政权。[102]伊朗领袖们，包括阿亚图拉哈梅内伊的反应远非热烈，强调他们希望看到美国的政策与言辞一样发生改变。在决定下一步该怎么走之前，双方似乎都在等待即将到来的总统选举。[103]

选举到来了，2009年6月12日的伊朗总统选举和之后的抗议运动是2009年最具戏剧性的事件，宣告了伊朗政治新时代的来临。

几个月以来，伊朗的改革势力一直在寻找一个可靠的候选人来挑战艾哈迈德-内贾德。马赫迪·卡鲁比已经宣布参选，但改革派主流青睐哈塔米，如果不行则推出米尔·侯赛因·穆萨维。最初哈塔米很犹豫，继而宣布如果穆萨维不参选他才参选。最后穆萨维宣布参选的时候，哈塔米加入了穆萨维的阵营。如前文所述，保守派对艾哈迈德-内贾德的激进主义政策、马赫迪主义幻想和强硬做派并不满意。例如保守派的战斗神职人员协会就不支持他，但同属保守派的伊斯兰联盟党则对其表示支持，说他们有保留地支持仅仅是为了阻止改革派胜出。出于相同原因，大部分保守派加入了艾哈迈德-内贾德的阵营。曾任伊斯兰革命卫队司令、现任确定国家利益委员会秘书长，唯一独立的保守派候选人穆赫辛·礼萨伊，即使在其所在的保守派内部也没能得到多少支持。

于是艾哈迈德-内贾德再度成为激进主义—保守派联盟的候选人，对阵务实派和改革派联盟推出的两位改革派候选人。这是2005年以来的重要变化，那时改革派有自己的候选人，虽然拉夫桑贾尼是务实派领袖，但凭他自己的能力也足以成为候选人。正如上文讨论过的那样，如果改革派和务实派推出一位候选人，两派联盟也许就能胜出。卡鲁比得到了他的国民信心党的支持，拉夫桑贾尼有自己的建设公仆组织，哈塔米主义的参与阵线和更激进的改革派政党“伊斯兰革命圣战者”（不要与反对派“人民圣战者”混淆）则支持穆萨维。尽管如此，这两位改革派候选人及其支持者关系友好，几乎持相同的立场。

穆萨维（和卡鲁比）对改革派和世俗派投票者主要的吸引力在于他们温和而开明的政治面目，承诺给予学生和青年更多自由，限制宗教警察，扩大新闻媒体自由，实行理性的经济政策，与西方建立更好的关系。与此同时，青年和市民反对艾哈迈德-内贾德是因为他限制政治和文化自由，他的社会经济政策，他对西方的对抗态度，尤其是他的明显强硬的个人品性。

选战起步缓慢，但在选举日前的几周，选战开始隆隆启动，很快战局就清晰起来，真正的战斗将以艾哈迈德-内贾德为一方，穆萨维（和卡鲁比）为另一方。辩论活泼生动，有时甚至存在人身攻击。街巷开始被最支持改革派的热心选民挤满，他们公开辩论和争论，呼喊口号，甚至唱起揶揄艾哈迈德-内贾德的歌曲。一星期之内，穆萨维成了两位改革派候选人中人气最高的，吸引到大量支持者，尤其是在青年群体中间。可以想见，大城市和都市中的绝大多数投票者会投改革派的票，同时小城镇和农村地区主要支持艾哈迈德-内贾德，尤其考虑到他直接在他们中间分发钞票和货物的政策。许多国内外观察家都宣布这场选举“势均力敌”。

人们期待发生一个据信能提高穆萨维胜出机会的重大转机。约有85%的选民投了票。投票者们屏住了呼吸。许多人预计没有哪位候选人会得到超过半数选票，因此会有第二轮选举，竞争很可能将在穆萨维和艾哈迈德-内贾德之间进行。但政府突然宣布艾哈迈德-内贾德赢得了压倒性胜利，他获得超过2400万张票（即超过62%）；穆萨维获得超过1300万张票（33%），礼萨伊和卡鲁比各获得数十万张票。[104]

反对派非常震惊。艾哈迈德-内贾德与穆萨维获得的票数差额大得超乎想象，所以投票支持穆萨维和卡鲁比的人认为发生了大规模舞弊事件，随后几天内若干证据开始出现。6月13日，即选举的次日，许多反对派支持者，主要是穆萨维的支持者，自发走上街头抗议选举结果。[105]与安全部队的冲突酿成若干死伤，尤其是当“动员”组织成员和便衣义务警员袭击德黑兰和设拉子各大学的时候。[106]

选举结果公布之后，最高领袖立刻祝贺艾哈迈德-内贾德当选。6月19日，在礼拜五聚礼后发表的演讲中，他为选举结果辩护，拒绝得到街头示威者支持的穆萨维和卡鲁比要求重新选举的呼吁。最后他表示，当局将不会容忍新的抗议和示威活动。[107]

然而穆萨维及其支持者坚持不懈，[108]次日更大规模的示威活动遍及全国，据报道，仅在德黑兰一地就有多达二十人丧生，受伤人数不详。[109]尤其是一名年轻女性内达·阿迦·苏丹的死亡成了伊朗这场抗议运动的全球性标志。[110]在此期间，抗议者们开始在房顶呼喊口号，正如他们曾在1979年2月最后几个星期里喊的那样。

抗议示威期间，拉夫桑贾尼之女、政治家法伊兹·哈希米与她的女儿和一些亲戚被捕，但她们很快就获释了。[111]400至500名反对党领袖和活动家在抗议运动期间被捕，其中许多是前部长、副部长、总统助理以及著名记者。当局也采取了许多严厉措施，管控互联网、电子邮件信息、外国记者的活动和外国的波斯语广播，尤其是BBC和美国之音。当局养成了向各国及其媒体提供骚乱消息的习惯，坚称这些消息不会在伊朗引发一场“天鹅绒革命”。与此同时，欧盟和美国政府（包括美国总统和英国首相）强烈谴责伊朗对待抗议者的方式。伊朗驱逐了两名英国外交官，英国则以驱逐两位伊朗外交官作为报复。[112]

在此期间，反对派领袖们正式向宪法监护委员会提起控诉，根据宪法规定，监护委员会有权监督所有选举活动。监护委员会承认，50家机构统计的总票数比全部投票人数多300万。然而它又说，即使这样也不能缩小艾哈迈德-内贾德与穆萨维之间1100万票的差距，因此拒绝取消选举结果。后来监护委员会从最高领袖那里获得了许可，又进行了五天调查。据说它将重新点数10%的选票，但遭到反对派的拒绝。6月29日，宪法监护委员会完成了调查，确认艾哈迈德-内贾德当选。反对派拒绝承认委员会的决定。

在此期间，支持改革派的战斗教士协会已经要求取消这次选举结果。另一方面，“安全部队”（即防暴警察）的首脑们和革命卫队发出严肃警告，要求抗议者离开街道。大规模抗议活动停止了，但街头还有小股示威者，在夜间还能听到呼喊口号的声音。

这是伊斯兰共和国历史上的一个主要转折点：从28年前巴尼·萨德尔倒台以来，共和国从未经历过任何这样的冲突。不仅是青年，各个年龄段和各行各业的民众都参与进来。这场对抗不仅仅是由幻灭的世俗学生们，还是由伊朗的著名人物们领导的，后者现在公开声称这个政权正处在一场政变的边缘，政变将推翻共和制度和代议制原则，将伊朗变成极权主义的国家。[113]

这是一场威胁到政府权威和合法性的危机。共和国发生了分裂，不是竞争而是对垒。上百万人在重要的伊斯兰主义势力的领导下，与体制自身分道扬镳。内政部降低了取缔改革派政党的门槛。与1979年相比，区别在于并非整个社会，而是社会中的很大一部分人开始对抗国家。尽管如此，社会已经严重分裂，并将在未来的发展中打上其烙印。

附录　伊朗社会

为什么伊朗不是封建社会而是专制社会

伊朗不是封建社会而是专制国家和社会，这是贯穿本书的基本点。

封建主义所描绘的系统在不同时间和地点差异很大，从西罗马帝国衰亡到文艺复兴和专制主义国家兴起，它在欧洲存在了千年之久，此后它的某些特征也存留下来，而且在某些情况下，封建主义的产生与消亡都相对较晚，俄国便是一个例子。某些西方或受西方影响的伊朗历史学家在使用“封建主义”这一术语时十分轻率，他们用“封建主义”指代的这个体系与欧洲的封建主义有很大区别。他们甚至使用了“游牧封建主义”这个术语，这本身就是一个矛盾的表述。在把该术语宽泛地套用到伊朗的例子中时，那些历史学家倾向于把“游牧封建主义”当作描述两个历史事实的符号化用语：存在地主，他们聚敛定居农业的剩余产品；存在由酋长统治的游牧部落，游牧民蓄养畜群，袭击和劫掠定居者。

一些受过教育的人，包括伊朗人和外国人，可能依然会惊诧于知道伊朗从来不存在封建社会。概念混乱的原因是他们经常简单地认为封建主义是一个存在地主和农民的传统体系。这当然是封建社会的基本特征，但绝非全部。如果封建主义仅仅由这些特征就能界定，那么从文明的黎明到最近的时代，每个社会事实上都是封建社会。即使在欧洲也并非如此，如前文所述，欧洲的封建体系繁盛了十个世纪，前面是古典希腊—罗马体系，后面是文艺复兴和极权主义国家，再后面则是其他体系。

国家与社会

欧洲的封建地主独立于国家并自行其是。土地由贵族阶级所有是贵族能够长期维持其地位的基础，甚至在封建时代结束进入现代后也是如此。地主阶级最初住在城堡和庄园宅邸里，是其土地事实上的统治者，他们后来又搬进位于乡村和城镇中的豪宅。伊朗确实不存在这些事物，因为地主基本上是国家的创造物，对其领地没有任何独立的权利，只是或多或少地享有从领地受益的临时特权。只要国家愿意，这种特权就会被取缔。地主不能自动将其领地传给子孙。他们并不构成一个长期而持久的阶级，因为他们的占有权通常只能在短期内维持，只要国家及其官员愿意，随时会把占有权转交给他人。

相比中世纪，古代欧洲社会就不是封建社会。那时社会分为自由人或公民与在土地上劳动的奴隶，自由人本身也分为几个独立阶级，其中以贵族和平民最为著名。在每个类型的欧洲社会中，即使是在1500年到1900年间存在的极权主义国家里，国家权力也或多或少地受到法律和根深蒂固的传统的制约。例如，即使在极权统治下，一位王子、一位贵族阶级成员、一位教会领袖或一名资产阶级成员，如果没有罪名，未经听证和审判，就不能被一时兴起的国王处死。在伊朗则不同，所有权力都集中在国家手中，尤其是在国王手中，他可以任意处置其臣民——剌亦牙惕，即“畜群”——的生命和财产。因此，在伊朗所有的社会力量中，政府最核心的特征是其专制性，不受任何长期的成文或不成文法的制约。

在欧洲漫长的封建时代中，政府的权力分散到地方。因此，在15世纪末期，文艺复兴国家取代了封建国家，它们试图更加中央集权化，17到19世纪的极权主义国家则在这方面更进一步。因此，现代伊朗知识分子们认为伊朗一定是封建社会，不仅在20世纪初的动荡年代或恺加王朝的部分时期，甚至自有史以来伊朗就是封建的。这是观察社会和历史高度简单化的一个事例——包括观察伊朗和欧洲，它基于伊朗和欧洲的历史和发展模式相同的假设，这甚至是个更大的误解。正如前文已述及的观察，受社会、经济、文化因素的影响，伊朗国家的中央集权程度会有所不同，然而权力总是集中在中央政府手中。这意味着，即使在权力分散的恺加王朝体制下，各省总督也是由国王任命的，根据国王的旨意任性地管理他的省份，而只要国王愿意，随时都可以将其撤职。

神佑神话

在波斯文学和文化中，关于神佑及其应用的最主要来源是《列王纪》，这是一部以长诗的形式书写的记载伊朗神话和传奇历史的古书，由大约活跃在1100年前的伟大波斯诗人阿布尔卡西姆·菲尔多西编纂。在这部书中，说某位统治者拥有继承权，是因为他们拥有神佑，他们的统治合法且公正，也仅仅是出于同一原因；当他们变得不公正时，他们就失去神佑，进而失去合法性。在这样的事例中，如果叛乱成功，那么叛乱也会被认为是合法的，叛乱领袖会被认为拥有神佑而成为合法的继承者和领袖。

神佑理论和神话，以及在实践中拥有和丧失神佑的后果，贯穿于《列王纪》之中，循环往复，无论是神话、英雄或史诗，还是“历史”部分均是如此。值得注意的是，神佑曾表现出物质形态，或许更值得注意的是，这出现在“历史”部分有关阿尔达希尔的故事中，阿尔达希尔是萨珊帝国的建立者，也是巴巴克的儿子，萨珊的后裔。

从《列王纪》来看，公正的统治者显然必须要拥有和维持神佑。换句话说，拥有神佑对一位统治者的合法性来说是充分和必要条件。但是，根据菲尔多西的范式，完美的公正统治者必须拥有多种素质，其中拥有神佑只是必要条件，而非充分条件。第二个条件是“纯正血统”，可能意味着是王家后裔，然而对这个条件并没有明确定义。第三个条件是向别人学习的能力，他能够改正错误而非在听到良好意见时火冒三丈。除了拥有以上三个条件，菲尔多西提出了真正完美的统治者所应具备的第四个条件：拥有明辨是非的智慧或知识，这个表面上简单但实际极度困难的要求涵盖了一个人的全部思想和行为。

最接近拥有上述条件的人可能是神明，但事实上他不是不朽的神明。从这个角度看，神佑概念似乎距离什叶派伊玛目不远，虽然没有必要强调一个事实（见前文第3章），即伊玛目信条有自己的神学基础，即什叶派信仰的意义与启示。

一位公正且合法的统治者，不需要是完美无缺的，虽然他必须拥有最重要的品质，即拥有神佑，而神佑显然是超自然的馈赠。因此，至少在最终的分析中，国王的臣民没有独立于国王和以国王的名义与权威行事之人的意志之外的任何权利（包括生命、财产和其他任何事物）。或者换句话说，国家不必服从任何自身之外的法律，国家实行自己制定的规则并随意打破它们。因此，不可能存在任何作为国家的社会基础且国家赖之以存在的长期社会阶级。相反，社会阶级属于短期范畴，而且依赖于国家的形势和命运。

一位统治者拥有神佑乃至合法性的证据，是他应该公正。纵观伊朗历史，如果一位统治者能做到以下几点就是公正的：维持和平与文明，绥靖边境，不许他的官员不公正行事，即官员以其名义治理国家的权力和权威不得逾越统治者授予的范围。公正的阿努细尔旺和沙阿巴斯分别是伊斯兰教兴起前后最典型的例子，不是因为他们并非最严格意义上的专制统治者，而是因为他们敉平冲突和混乱，为这片土地带来和平与稳定，打击强敌以保护和扩展边疆，提高公共福利和繁荣，最重要的是以铁腕统治这片土地。

注　释

致　谢

1. 'Az in nameh, az namdaran-e shahr/Ali Deilam o Budolaf rast bahr,' though Ferdowsi goes on to add: 'I received no benefit from them but praise/My blood came to boil in their praise.'

导言　伊朗和伊朗人

Ahmadi, Hamid (ed.), *Iran: hoviyat, melliyat, qowmiyat*, Mo'asseseh-ye Tahqiqat va Tawseh'eh-ye Olum-e Ensani, Tehran, 2004

Brosius, Maria, *The Persians: An Introduction*, Routledge, London, 2006

Farhi, Farideh, 'Crafting a National Identity amidst Contentious Politics in Contemporary Iran', *Iranian Studies*, 38/1 (March 2005), reprinted in *Iran in the 21st Century*, ed. Homa Katouzian and Hossein Shahidi, Routledge, London and New York, 2008

Ferdowsi, Abolqasem, *Shahnameh*, vols 1–8, ed. Djalal Khaleghi-Motlagh (vol. 6 with M. Omidsalar, vol. 7 with A. Khatibi); vols 1–5, Mazda Publishers, Costa Mesa, CA and New York, in association with Bibliotheca Persica, 1990–1997; vols 6–8, Bibliotheca Persica, New York, 2005–2008

Frye, Richard N., *Persia*, Allen and Unwin, London, 1968

Garthwaite, Gene R., *The Persians*, Blackwell, Oxford, 2005

Gnoli, Gherardo, *The Idea of Iran: An Essay on its Origin*, Istituto Italiano per il Medio ed Estremo Oriente, Rome, 1989

Katouzian, Homa, 'Arbitrary Rule, a Comparative Theory of State, Politics and Society in Iran', *British Journal of Middle Eastern Studies*, 24/1 (1997)

——, *Iranian History and Politics, the Dialectic of State and Society*, paperback edn, London and New York, Routledge, 2007

——, 'Legitimacy and Succession in Iranian History', *Comparative Studies of South Asia, Africa and the Middle East*, 23/4 (December 2003)

——, 'The Aridisolatic Society: A Model of Long-term Social and Economic Development in Iran', *International Journal of Middle East Studies*, June 1983

——, 'The Short-Term Society: A Study in the Problems of Long-Term Political and Economic Development in Iran', *Middle Eastern Studies*, 40/1 (January 2004)

Kachuyan, Hosein, *Tatavvorat-e Gofteman-e Hoviyati-ye Iran*, Nashr-e Ney, Tehran, 2005

Lambton, Ann K. S., *Landlord and Peasant in Persia*, Oxford University Press, London, New York and Toronto, 1953

Meskub, Shahrokh, *Iranian Nationality and the Persian Language*, foreword and interview with author Ali Banuazizi; tr. Michael C. Hillmann; ed. John R. Perry, Mage Publishers, Washington DC, 1992

Soudavar, Abolala, *The Aura of Kings, Legitimacy and Divine Sanction in Iranian Kingship*, Mazda, Costa Mesa, CA, 2003

Taqizadeh, Seyyed Hasan, *Nameh-ha-ye London*, ed. Iraj Afshar, Farzan, Tehran, 1996.

UNESCO's Iranian National Commission, *IRANSHAHR, A Survey of Iran's Land, People, Culture, Government and Economy* (in Persian), Tehran University Press, Tehran, 1963

Vaziri, Mostafa, *Iran as Imagined Nation, the Construction of National Identity*, Paragon House, New York, 1993

1 神话、传说和古代史

Bausani, Alessandro, *The Persians, from the Earliest Days to the Twentieth Century*, tr. J. B. Donne, Elek Books, London, 1971

Briant, Pierre, *De la Grèce à l'Orient : Alexandre le Grand*, Gallimard, Paris, 1987

——, *Histoire de l'Empire Perse de Cyrus à Alexandre*, Fayard, Paris, 1996

Curtis, J. E. and N. Tallis (eds), *Forgotten Empire: The World of Ancient Persia*, University of California Press, Berkeley, CA, 2005

Davidson, Olga, *Poet and Hero in the Persian Book of Kings*, Cornell University Press, Ithaca, NY and London, 1994

Davis, Dick (tr.), *Fathers and Sons*, Mage Publishers, Washington DC, 2000

—— (tr.), *Sunset of Empire*, Mage Publishers, Washington DC, 2004

—— (tr.), *The Legend of Seyavash*, Penguin, London, 1992

Ferdowsi, Abolqasem, *Shahnameh*, vols 1–8, ed. Djalal Khaleghi-Motlagh (vol. 6 with M. Omidsalar, vol. 7 with A. Khatibi); vols 1–5, Mazda Publishers, Costa Mesa, CA and New York, in association with Bibliotheca Persica, 1990–1997; vols 6–8, Bibliotheca Persica, New York, 2005–2008

Frye, Richard N., *The History of Ancient Iran*, C. H. Beck'sche Verlagsbuchhandlung, Munich, 1984

Gershevitch, Ilya (ed.), *The Cambridge History of Iran*, vol. 2 *The Median and Achaemenian periods*, Cambridge University Press, Cambridge, 1985

Girshman, R., *Iran: From the Earliest Times to the Islamic Conquest*, Penguin Books, London, 1961

Herodotus, *The Histories*, tr. Walter Blanco, ed. Walter Blanco and Jennifer Tolbert Roberts, Norton, New York and London, 1992

Ibnu'l Balkhi, *Farsnama*, eds G. L'Strange and R.A. Nicholson, Cambridge University Press, Cambridge, 1921

Levy, Reuben (tr.), *The Epic of Kings, Shah-Nama: The National Epic of Persia by Ferdowsi*, Routledge & Kegan Paul, London, 1967

Mashkur, Mohammadjavad, *Tarikh-e Iran Zamin*, Eshraqi, Tehran, 1987

Servatiyan, Behruz (ed.), *Khamseh-ye Nezami*, Ganjavi, Tus, Tehran, 1984

Shahbazi, Shapur, *Kurosh-e Bozorg, Zendegi va Jahandari-ye Bonyadgozar-e Shanhanshahi-ye Iran*, Daneshgah-e Pahlavi, Shiraz, 1970

Southgate, Minoo S. (tr.), *Eskandarnameh, a Persian Mediaeval Alexander-romance*, Columbia University Press, New York, 1978

Wiesehöfer, Josef, *Ancient Persia: From 550* BC to 650 AD, tr. Azizeh Azodi, I.B. Tauris, London, 1996

Winchester, The Marchioness of, *Heroines of Ancient Iran*, Hutchinson, London, 1954

Yarshater, Ehsan (ed.), *The Cambridge History of Iran*, vol. 3: *The Seleucid, Parthian and Sasanian Periods*, Cambridge University Press, Cambridge, 1983

——, *Dastan-ha-ye Iran-e Bastan*, Bongah-e Tarjomeh va Nashr-e Ketab, Tehran, 1965.

Zarrinkub, Abdolhosein, *Tarikh-e Mardom-e Iran: Iran-e Qabl az Islam*, Amir Kabir, Tehran, 1985

2 希腊人、帕提亚人和波斯人

Bausani, Alessandro, *The Persians, from the Earliest Days to the Twentieth Century*, tr. J. B. Donne, Elek Books, London, 1971

Boyce, Mary, *Zoroastrianism, Its Antiquity and Constant Vigour*, Mazda Publishers, Costa Mesa, CA, 1993

——, *Zoroastrianism, Their Religious Beliefs and Practices*, Routledge & Kegan Paul, London, 1979

Ferdowsi, Abolqasem, *Shahnameh*, vols 1–8, ed. Djalal Khaleghi-Motlagh (vol. 6 with M. Omidsalar, vol. 7 with A. Khatibi); vols 1–5, Mazda Publishers, Costa Mesa, CA and New York, in association with Bibliotheca Persica, 1990–1997; vols 6–8, New York, Bibliotheca Persica, 2005–2008

Frye, Richard N., *The History of Ancient Iran*, C. H. Beck'sche Verlagsbuchhandlung, Munich, 1984

Gershevitch, Ilya (ed.), *The Cambridge History of Iran*, vol. 2, *The Median and Achaemenian Periods*, Cambridge University Press, Cambridge, 1985

Girshman, R., *Iran: From the Earliest Times to the Islamic Conquest*, Penguin Books, London, 1961

——, *Iran: Parthians and Sassanians*, trs. Stuart Gilbert and James Emmons, Thames and Hudson, London, 1962

Ibnu'l Balkhi, *Farsnama*, eds G. L'Strange and R. A. Nicholson, Cambridge University Press, Cambridge, 1921

Pourshariati, Parvaneh, *Decline and Fall of the Sasanian Empire: The Sasanian-Parthian Confederacy and the Arab Conquest of Iran*, I.B. Tauris, London and New York, 2008

Wiesehöfer, Josef, *Ancient Persia: From 550 BC to 650 AD*, tr. Azizeh Azodi, I.B. Tauris, London, 1996

Yarshater, Ehsan (ed.), *The Cambridge History of Iran*, vol. 3: *The Seleucid, Parthian and Sasanian periods*, Cambridge University Press, Cambridge, 1983

Zaehner, R.C., *The Dawn and Twilight of Zoroastrianism*, Phoenix, London, 2002
——, *Zurvan: A Zoroastrian Dilemma*, Clarendon Press, Oxford, 1995
Zarrinkub, Abdolhosein, *Tarikh-e Mardom-e Iran: Iran-e Qabl az Islam*, Amir Kabir, Tehran, 1985

3 阿拉伯人、伊斯兰教和波斯人

Beihaqi, Abolfazl, *Tarikh-e Beihaqi*, ed. Ali Akbar Fayyaz, Ershad, Tehran, 1995
Browne, Edward Granville, *A Literary History of Persia*, vol. 1: *From the Earliest Times until Firdawsi*, Cambridge University Press, Cambridge, 1925
—— (tr.), *Revised Translation of the Chahar Maqala ('Four Discourses') of Nizami-i-Arudí of Samarqand, followed by an abridged translation of Mirza Muhammad's notes to the Persian text*, Luzac & Co., London, 1921
Bosworth, Edmund, *The Ghaznavids: Their Empire in Afghanistan and Eastern Iran*, Librairie du Liban, Beirut, 1973
Cole, Juan R. I., *Sacred Space and Holy War: The Politics, Culture and History of Shi'ite Islam*, I.B. Tauris, London and New York, 2002
Daftary, Farhad, *A Short History of the Ismailis: Traditions of a Muslim Community*, Edinburgh University Press, Edinburgh, 1998
Darke, Hubert (tr.), *The Book of Government, or, Rules for Kings: The Siyar al-Muluk or Siyasat-nama of Nizam al-Mulk*, Routledge & Kegan Paul, London and Boston, MA, 1978
Frye, Richard. N., *The Golden Age of Persia*, The Phoenix Press, London, 2000
—— (ed.), *The Cambridge History of Iran*, vol. 4, *The Period From the Arab Invasion to the Seljuks*, Cambridge University Press, Cambridge, 1975
Halm, Heinz, *Shi'ism*, tr. by Janet Watson and Marian Hill, Edinburgh, Edinburgh University Press, second edition, 2004
Katouzian, Homa, 'The Execution of Amir Hasank the Vazir', *Pembroke Papers*, 1 (1990), repr. in Charles Melville (ed.), *Persian and Islamic Studies in Honour of P. W. Avery*, University of Cambridge Centre of Middle Eastern Studies, Cambridge, 1990, repr. in Homa Katouzian, *Iranian History and Politics, The Dialectic of State and Society*, paperback edn, Routledge, London and New York, 2007
Kazemi Moussavi, Ahmad, *Religious Authority in Shi'ite Islam: From the Office of Mufti to the Instituion of Marja'*, International Institute of Islamic Thought and Civilization, Kuala Lumpur, 1996
Khomeini, Imam, *Writings and Declarations of Imam Khomeini*, tr. and annot. Hamid Algar, Mizan Press, Berkeley, CA, 1981; *Velayat-e Faqih (Hokumat-e Islami)*, Persian edn, n.p., new edn, 1979
Momen, Moojan, *An Introduction to Shi'i Islam: The History and Doctrines of Twelver Shi'ism*, Ronald, Oxford, 1985
Nezami, Aruzi, *Chahar Maqaleh*, ed. Mohammad Qazvini, Iranshahr, Berlin, 1927
Nezm al-Molk Tusi, *Siyar al-Muluk* or *Siyasatnameh*, ed. Hubert Darke, Bongah-e Tarjomeh va Nashr-e Ketab, Tehran, 1961
Rodinson, Maxime, *Mohammed*, tr. (from French) Anne Carter, Penguin, Harmondsworth, 1991
Rypka, Jan, *History of Iranian Literature*, D. Rydal Publishing Company, Dordrecht, Holland, 1968
Shaban, M. A., *The Abbasid Revolution*, Cambridge University Press, Cambridge, 1970
Shahidi, Seyyed Ja'far, *Tarikh-e Tahlili-ye Islam (az aghaz to nimeh-ye nakhost-e sadeh-ye chaharom)*, Markaz-e Nashr-e Daneshgahi, Tehran, 2004

4 突厥人和蒙古人

Boyle, J. A. (ed.), *The Cambridge History of Iran*, vol. 5, *The Saljuq and Mongol Periods*, Cambridge University Press, Cambridge, 1968
Browne, Edward G., *A Literary History of Persia*, vols ii and iii, Cambridge University Press, Cambridge, 1928
Daftary, Farhad, *The Ismailis, Their History and Doctrines*, Cambridge University Press, Cambridge, 1990
Darke, Hubert (tr.), *The Book of Government or Rules for Kings: The Siyar al-Muluk or Siyasat-nama of Nizam al-Mulk*, Routledge & Kegan Paul, London and Boston, MA, 1978
Eqbal Ashtiyani, Abbas, *Tarikh-e Moghol: Az Hamleh-ye Changiz ta Tashkil-e Dawlat-e Teymuri*, Amir Kabir, Tehran, 1986
——, *Vezarat dar Ahd-e Salatin-e Bozorg-e Saljuqi, Az Tarikh-e Tashkil-e in Selseleh ta Marg-e Sultan Sanjar*, [AH] *432–552*, Daneshgah-e Tehran, Tehran, 1960
Fazlollah, Rashid al-Din, *Jami' al-Tavarikh*, ed. Bahman Karimi, Eqbal, Tehran, 1959
Khwandmir, Ghiyath al-Din, *Habib al-Siyar*, ed. Mohammad Dabir Siyaqi, Khayyam, Tehran, 1974
Lambton, Ann K. S., *Continuity and Change in Mediaeval Persia: Aspects of Administrative, Economic and Social History, 11th–14th Century*, Persian Heritage Foundation, Albany, NY, 1988

——, *Landlord and Peasant in Persia*, Oxford University Press, London, New York and Toronto, 1953
——, *Theory and Practice in Mediaeval Persian Government*, Variorum Reprints, London, 1980
Morgan, David, *Mediaeval Persia 1040–1797*, Longman, London and New York, 1988
Mostawfi, Hamdollah, *Tarikh-e Gozideh*, ed. Abdolhosein Nava'i, Amir Kabir, Tehran, 1960
Nezam al-Molk Tusi, *Siyar al-Muluk*, ed. Hubert Darke, Bongah-e Tarjomeh va Nashr-e Ketab, Tehran, 1961
Ravandi, Soleiman, *Rahat al-Sudur va Ayat al-Surur dar Tarikh-e Al-e Seljuk*, ed. Mohammad Iqbal, rev. Mojtaba Minovi, Amir Kabir, Tehran, 1985

5 波斯帝国的重建

Abisaab, Rula Jurdi, *Converting Persia: Religion and Power in the Safavid Empire*, I.B. Tauris, London and New York, 2004
Browne, Edward G., *A Literary History of Persia*, vol. iv, Cambridge University Press, Cambridge, 1928
Falsafi, Nasrollah, *Zendegi-ye Shah Abbas Avval*, 5 vols, Ketab-e Kayhan, Tehran, 1955–1973
Ferrier, Ronald W. (tr. and ed.), *A Journey to Persia: Jean Chardin's Portrait of a Seventeenth-Century Empire*, I.B. Tauris, London, 1996
Floor, Willem, *A Fiscal History of Iran in the Safavid and Qajar Periods*, Persian Studies, 17, Bibliotheca Press, New York, 1998
——, *Safavid Government Institutions*, Mazda Publishers, Costa Mesa, CA, 2001
——, *The Economy of Safavid Persia*, Reichert, Wiesbaden, 2000
Gabashvili, Valerain, N., 'The Undiladze Feudal House in the Sixteenth to Seventeenth-Century Iran According to Georgian Sources', *Iranian Studies*, 40/1 (February 2007), pp. 37–58
Jackson, Peter and Laurence Lockhart (eds), *The Cambridge History of Iran*, vol. 6, *The Timurid and Safavid Periods*, Cambridge University Press, Cambridge, 1986
Khwandmir, Amir Mahmud, *Iran dar Ruzegar-e Shah Isma'il va Shah Tahmasb Safavi*, ed. Gholamreza Tabtaba'i, Bonyad-e Mowqufat-e Doktor Mahmud Afshar Yazdi, Tehran, 1991
Matthee, Rudolph, *The Politics of Trade in Safavid Isfahan: Silk for Silver, 1600–1730*, Cambridge University Press, Cambridge, 1999
Melville, Charles (ed.), *Safavid Persia: The History and Politics of an Islamic Society*, I.B. Tauris, London, 1996
Monshi, Eskandar Beg, *Tarikh-e Alam Aray-e Abbasi*, ed. Mohammad Isma'il Rezvani, Donya-ye Ketab, Tehran, 1998
Morgan, David, *Mediaeval Persia, 1040–1797*, Longman, London and New York, 1988
Newman, Andrew J., *Safavid Iran, Rebirth of a Persian Empire*, I.B. Tauris, London, 2006
Nava'i, Abdolhosein, *Shah Abbas*, Entesharat-e Bonyad-e Farhang-e Iran, Tehran, 1974
——, *Shah Ismai'l Safavi*, Entesharat-e Bonyad-e Farhang-e Iran, Tehran, 1968
Parsadust, Manuchehr, *Shah Isma'il Avval, Padshahi ba Asar-ha-ye Dirpay dar Iran va Irani*, Enteshar, Tehran, 1996
Savory, Roger, *Iran under the Safavids*, Cambridge University Press, Cambridge, 1980.
—— (tr.), *The History of Shah Abbas the Great*, 2 vols, Persian Heritage Series, 28, Boulder, CO, 1978
Stewart, Devin J., 'An Episode in the 'Amili Migration to Safavid Iran: Husayn b. 'Abd al-Samad 'Amili's Travel Account', *Iranian Studies*, 39/4 (December 2006), pp. 481–509
Turner, Colin, *Islam without Allah?: The Rise of Religious Externalism in Safavid Iran*, Curzon, Richmond, Surrey, 2000
Zarrinkub, Abdolhosein, *Tarikh-e Mardom-e Iran: Keshmakesh ba Qodrat-ha*, Amir Kabir, Tehran, 1985

6 解体和再统一

Algar, Hamid, *Religion and State in Iran, 1785–1906, the Role of the Ulama in the Qajar Period*, University of California Press, Berkeley, CA, 1969
Amanat, Abbas, *Renewal and Reconstruction: The Making of the Babi Movement in Iran, 1844–1850*, Kalimat Press, Los Angeles, CA, 2005
Avery, Peter, Gavin Hambly and Charles Melville (eds), *The Cambridge History of Iran*, vol. 7, *From Nadir Shah to the Islamic Republic*, Cambridge University Press, Cambridge, 1991
Axworthy, Michael, *Sword of Persia: Nader Shah, From Tribal Warrior to Conquering Tyrant*, I.B. Tauris, London and New York, 2006
Floor, Willem (comp. and tr.), *The Afghan Occupation of Safavid Persia, 1721–1729*, Association pour l'avancement des études Iraniennes, Paris, 1998
Kelly, Laurence, *Diplomacy and Murder in Tehran: Alexander Griboyedov and Imperial Russia's Mission to the Shah of Persia*, I.B. Tauris, London and New York, 2002

Lambton, Ann K. S., *Qajar Persia: Eleven Studies*, I.B. Tauris, London, 1987
Lockhart, Laurence, *Nadir Shah*, Luzac, London, 1938
——, *The Fall of the Safavid Dynasty and the Afghan Occupation of Persia*, Cambridge University Press, Cambridge, 1958
Moshiri, Mohammad (ed.), *Rostam al-Tavarikh*, Amir Kabir, Tehran, 1973
Mostawfi, Abdollah, *Sharh-e Zendegani-ye Man, Tarikh-e Ejtema'i va Edari-ye Dawreh-ye Qajariyeh*, vol. 1, Zavvar, Tehran, 1998
Perry, John, *Karim Khan Zand: A History of Iran, 1747–1779*, University of Chicago Press, Chicago, 1979
Savory, Roger, *Iran under the Safavids*, Cambridge University Press, Cambridge, 1980
Shamim, Ali Asghar, *Iran dar Dawreh-ye Saltanat-e Qajar*, Ibn Sina, Tehran, 1964

7 改革和现代化的困境

1. See further Fereydun Adamiyat, *Amir Kabir va Iran*, Kharazmi, Tehran, 1969.
2. Entry on Hasan Khan Salar in Mehdi Bamdad, *Sharh-e Hal-e Rejal-e Iran dar Qorun-e 12 o 13 o 14 Hejri*, vol. 1, Zavvar, Tehran, 1992, pp. 327–329.
3. See further Abbas Amanat, *Renewal and Reconstruction: The Making of the Babi Movement in Iran, 1844–1850*, Kalimat Press, Los Angeles, CA, 2005.
4. Mehdiqoli Hedayat (Mokhber al-Saltaneh), *Khaterat va Khatarat*, Zavvar, Tehran, 1984, pp. 56–57.
5. Ahmad Kasravi, *Baha'igari, Shi'igari, Sufigari*, ed. Alireza Samari, Isin, Nashr-e Nima, Germany, 2003.
6. See further Adamiyat, *Amir Kabir va Iran*.
7. Abdolhosein Nava'i (ed.), *Sharh-e Hal-e Abbas Mirza Molk Ara*, 2nd edn, Babak, Tehran, 1982. The letters have been published from the Iranian archives in Abbas Eqbal-e Ashtiyani's introduction to the book; see pp. 29–31, emphasis added.
8. See further the entry on Abbas Mirza Molk Ara in Bamdad, *Sharh-e Hal-e Rejal-e Iran*, vol. 2, pp. 222–227.
9. *Ruznameh-ye Khaterat E'temad al-Saltaneh*, ed. Iraj Afshar, Amir Kabir, Tehran, 1980, p. 821; Bamdad, *Sharh-e Hal-e Rejal-e Iran*, vol. 3, p. 403.
10. Hafiz Farmanfarmaian (ed.), *Khaterat-e Siyasi-ye Mirza Ali Khan Amin al-Dawleh*, Amir Kabir, Tehran, 1991, p. 6.
11. See further Abbas Amanat, *Pivot of the Universe: Nasir al-Din Shah Qajar and the Iranian Monarchy, 1831–1896*, I.B. Tauris, London, 1997.
12. Ibid.
13. Malkam Khan, '*Ketabcheh-ye Gheibi ya Daftar-e Tanzimat*', in Mohammad Mohit-e Tabataba'i (ed.), *Majmu'eh-ye Asar-e Mirza Malkam Khan*, Tehran, Danesh, 1948, pp. 2–52. See also his other essays in Mohit-e Tabatab'i, *Majmu'eh-ye Asar*.
14. Ibid.; Homa Katouzian, 'European Liberalisms and Modern Concepts of Liberty in Iran', in *Iranian History and Politics, the dialectic of State and Society*, paperback edn, Routledge, London and New York, 2007.
15. Quoted in Abdollah Mostawfi, *Sharh-e Zendegani-ye Man*, vol. 1, Zavvar, Tehran, 1981, p. 123. See also Homa Katouzian, *State and Society in Iran: The Eclipse of the Qajars and the Emergence of the Pahlavis*, I.B. Tauris, paperback edn, London and New York, 2006, p. 27.
16. See further George Nathaniel Curzon, *Persia and the Persian Question*, Frank Cass, London, 1996.
17. Quoted from E'temad al-Saltaneh's *Khabnameh* in Bamdad, *Sharh-e Hal-e Rejal-e Iran*, vol. 4, p. 145.
18. See further Mahmud Farhad Mo'tamed, *Tarikh-e Siyasi-ye Dawreh-ye Sedarat-e Mirza Hosein Khan Moshir al-Dawleh, Sepahsalar-e A'azam*, Elmi, Tehran, 1946.
19. Nava'i (ed.), *Sharh-e Hal-e Abbas Mirza Molk Ara*, p. 175.
20. Hafiz Farmanfarmaian (ed.), *Khaterat-e Siyasi-ye Mirza Ali Khan Amin al-Dawleh*, pp. 86–88.
21. See further Vanessa Martin, *The Qajar Pact: Bargaining, Protest and the State in Nineteenth-Century Persia*, I.B. Tauris, London, 2005.
22. See for his biography Shirin Mahdavi, *For God, Mammon and Country: A Nineteenth Century Persian Merchant, Hajj Mohammad Hasan Amin al-Zarb (1834–1898)*, Westview, Boulder, CO and Oxford, 1999.
23. See further the entry on Amin al-Soltan in Bamdad, *Sharh-e Hal-e Rejal*, vol. 2, pp. 387–425.
24. Nazem al-Islam Kermani, *Tarikh-e Bidari-ye Iraniyan*, ed. Ali Akbar Sa'idi Sirjani, vol. 1, Agah, Tehran, 1983, pp. 22–39.
25. For a history of the movement see Nikki Keddie, *Religion and Rebellion in Iran, the Tobacco Protest of 1891–1892*, Frank Cass, London, 1966.
26. As noted, Malkam has been and still remains a controversial figure among historians and intellectual observers of the period. See for example Hamid Algar, *Malkum Khan, A Study in the History of Iranian Modernism*, California University Press, Berkeley, CA, 1973; Fereshteh Nura'i, *Mirza Malkam*

Khan Nazem al-Dawleh, Jibi, Tehran, 1973; Khan Malek-e Sasani, *Siyasatgaran-e Dawreh-ye Qajar*, n. p., Tehran, n. d. (date of preface, 1959); Ehtesham al-Saltaneh, *Khaterat-e Ehtesham al-Saltaneh*, ed. S. M. Musavi, Zavvar, 1988, Tehran; Mahmud Katira'i, *Feramasoneri dar Iran*, Eqbal, Tehran, 1968.
27. Albert Hourani, *Arabic Thought in the Liberal Age*, Oxford University Press, London, 1970.
28. See entry on Seyyed Jamal al-Din in Bamdad, *Sharh-e Hal-e Rejal*, vol. 1, pp. 257–81; E'temad al-Saltaneh, *Ruznameh-ye Khaterat*, ed. Iraj Afshar.
29. See for a biography of Seyyed Jamal al-Din, Nikki R. Keddie, *Sayyid Jamal al-Din al-Afghani: A Political Biography*, University of California Press, Berkeley, CA, 1972.
30. For an extensive description and analysis of the economy in the 19th century, see Homa Katouzian, *The Political Economy of Modern Iran*, Macmillan and New York University Press, London and New York, 1981, ch. 3; for an economic history of Iran in the 19th century see Charles Issawi, *The Economic History of Iran, 1800–1914*, University of Chicago Press, Chicago, IL, 1971; for a comprehensive study of Qajar as well as Safavid public finance, see Willem Floor, *A Fiscal History of Iran in the Safavid and Qajar Periods, 1500–1925*, Persian Studies, 17, Bibliotheca Persia Press, New York, 1998.

8 法律革命

1. Mohammad Ebrahim Bastani Parizi, *Asiya-ye Haft Sang*, Donya-ye Ketab, 1988, Tehran, p. 644.
2. Hajj Mokhber al-Saltaneh (Mehdiqoli Hedayat), *Khaterat va Khatarat*, Zavvar, Tehran, 1984 and *Gozaresh-e Iran: Qajariyeh va Mashrutiyat*, Noqreh, Tehran, 1984.
3. See entry on Mirza Mahmud Khan Hakim al-Molk in Bamdad, *Sharh-e Hal-e Rejal-e Iran*, vol. 5, pp. 35–39.
4. Abdolhosein Nava'i (ed.), *Yaddshat-ha-ye Malek al-Movarrekhin va Mer'at al-Vaqaye' Mozaffari*, Zarrin, Tehran, 1989, p. 267. The evidence of increasing disorder and chaos may be found in many contemporary and later sources, but it is seldom as specific and immediate as in these two books.
5. Ibid., pp. 306–307.
6. Ibid., pp. 20–22.
7. Ibid., pp. 23–26.
8. Ibid., pp. 26–27. Virtually all other primary sources describe Hakim al-Molk as a shameless money-grubber and an enemy of Atabak.
9. Ibid., pp. 27–28.
10. Ibid., p. 29.
11. Ibid., pp. 30–32.
12. Ibid., pp. 101–102.
13. Ibid., p. 184.
14. Ibid., p. 231.
15. Ibid., p. 248.
16. See further Afsaneh Najmabadi, *The Story of the Daughters of Quchan: Gender and National Memory in Iranian History*, Syracuse University Press, Syracuse, NY, 1998.
17. Nava'i (ed.), *Yaddasht-ha*, pp. 251–252.
18. Ibid. p. 26.
19. Ibid. p. 269.
20. Ibid. p. 271.
21. Ibid. p. 273.
22. Ibid. pp. 274 et seq.
23. Ibid. p. 338.
24. See the recently published Persian and English versions of his book in one volume, A. A. Seyyed-Ghorab and S. McGlinn, *The Essence of Modernity, Mirza Usof Khan Mustashar ad-Dowla Tabrizi's Treatise on Codified Law (Yak Kalame)*, Rozenberg Publishers and Purdue University Press, Amsterdam and West Lafayette, IN, 2008.
25. Mostashar al-Dawleh was much more a reformist than a revolutionary. It is illuminating that after the severe persecution to which he had been subjected and as late as 1893, in a death-bed letter to Mozaffar al-Din Mirza, the heir-designate, he still laid the emphasis on orderly government. See for his long, reasoned as well as impassioned letter, Nazem al-Islam Kermani, in Ali Akbar Sa'idi Sirjani (ed.), *Tarikh-e Bidari-ye Iraniyan*, vol. 1, pp. 172–177. See also Abdollah Mostawfi, *Sharh-e Zendegani-ye Man*, vol. 1, Zavvar, Tehran, 1981.
26. *Qanun*, 1 (20 February 1890), p. 1, quoted in Hossein Shahidi, 'Iranian Journalism and the Law in the Twentieth Century', *Iranian Studies*, 41/5 (December 2008), p. 741, emphasis added.
27. See further Fereydun Adamiyat, *Andisheh-ha-ye Mirza Fath'ali Akhnudzadeh*, Entesharat-e Kharazmi, Tehran, 1970 and *Andisheh-ha-ye Mirza Aqa Khan Kermani*, Payam, Tehran, 1978; Yahya Aryanpur, *Az Saba ta Nima*, vol. 1, book 2, Zavvar, Tehran, 1993, chs 3–7.

28. See further Homa Katouzian 'Towards a General Theory of Iranian Revolutions', in *Iranian History and Politics: The Dialectic of State and Society*, paperback edn, Routledge, London and New York, 2007.
29. Quoted in Ebrahim Bastani Parizi, *Zir-e in Haft Asman*, Javidan, Tehran, 1983, p. 55.
30. See further Edward G. Browne, *The Persian Revolution*, Frank Cass, London, 1966; Mohammad Ali Jamalzadeh *Sar o Tah Yek Karbas*, Ma'refat, Tehran, 1955; Homa Katouzian, 'All of the Same Cloth; Jamalzadeh's reminiscences of his boyhood in Isfahan', *Iranshenasi* (winter 2000).
31. For a recently published contemporary account of such conflicts see Mohammad Ali Tehrani Katouzian, *Tarikh-e Enqelab-e Mashrutiyat-e Iran*, ed. Naser Katouzian, Enteshar, Tehran, 2000, a hitherto unknown primary source on the Constitutional Revolution.
32. The influence of events in Russia may be seen clearly in the public statements put out by Iranian social democrats (*ejtem'iyun-e amiyun*), which vehemently supported the constitutional movement and, incidentally, were highly respectful of Tabataba'i. For the full text of the statements, see Nazem al-Islam Kermani, *Tarikh-e Bidari-ye Iranian*. See also Janet Afary, *The Iranian Constitutional Revolution, 1905–1911*, Columbia University Press, New York, 1996.
33. Tabataba'i's sermon from the pulpit in Nazem al-Islam Kermani, *Tarikh-e Bidari-ye Iraniyan*, where he details the grievances against Sho'a' al-Saltaneh and argues their case.
34. For a first-hand account of the incident see Tabataba'i's recently published notes in Hasan Tabataba'i (ed.), *Yaddasht-ha-ye Montasher Nashodeh-ye Seyyed Mohammad Tabataba'i*, Nashr-e Abi, Tehran, 2003.
35. For an extended description and analysis of the inappropriateness of Marx's European model to this case see Homa Katouzian, *State and Society in Iran, The Eclipse of the Qajars and the Emergence of the Pahlavis*, I. B. Tauris, London and New York, 2006, ch. 2.
36. Seyyed Mohammad Ali Jamalzadeh, 'Seyyed Jamal al-Din Va'ez-e Isfahani va Ba'zi Mobarezat-e U', in Ali Dehbashi (ed.), *Yad-e Mohammad Ali Jamazadeh*, Nashr-e Sales, Tehran, 1988, pp. 51–52. The quotation is directly from the contemporary journal *Al-Jamal*, 35 (1905).
37. See further Katouzian, 'Towards a General Theory'.
38. For the most recent first-hand account see Tabataba'i, *Yaddasht-ha*.
39. Hajj Mokhber al-Saltaneh (Mehdiqoli Hedayat), *Gozaresh-e Iran*.
40. E. G. Browne, *The Persian Revolution*, dates this incident to two weeks earlier.
41. For detailed descriptions of events see Ahmad Kasravi, *Tarikh-e Mashruteh ye Iran*, Amir Kabir, Tehran, 1976; Tehrani Katouzian, *Tarikh-e Mashrutiyat*, Nazem al-Isalm Kermani, *Tarikh-e Bidari*; Yaha Dawlat-Abadi, *Hayat-e Yahya*, Ferdowsi and Attar, Tehran, 1983; Browne, *The Persian Revolution*.
42. For a good, though characteristically brief, account of these conflicts see Mokhber al-Saltaneh, *Khaterat va Khatarat*.
43. On the coarse or obscene language of some of the newspapers and *shab-namehs* see especially Tehrani Katouzian, *Tarikh-e Enqelab-e Mashrutiyat* and Kasravi, *Tarikh-e Mashruteh*.
44. See Mokhber al-Saltaneh's first-hand account in *Khaterat va Khatarat* and Kasravi, *Tarikh-e Mashruteh*.
45. For details, see Homa Katouzian, 'Liberty and Licence in the Constitutional Revolution of Iran', *Journal of the Royal Asiatic Society*, 3/8 (July 1998), repr. in *Iranian History and Politics*.
46. For a comprehensive study of Britain and the Constitutional Revolution see Mansour Bonakdarian, *Britain and the Iranian Constitutional Revolution of 1906–1911: Foreign Policy, Imperialism and Dissent*, Syracuse University Press, Syracuse, NY, 2006.
47. For example, Tehrani Katouzian, *Tarikh-e Enqelab*.
48. Homa Katouzian, 'Seyyed Hasan Taqizadeh: Seh Zendegi dar Yek Omr', in *Iran-Nameh*, Vol. XXI, nos. 1–2, 2003, special issue on Taqizadeh (guest ed. H. Katouzian). Taqizadeh had expressed his regret on the matter to Iraj Afshar.
49. For an extensive account of Ephrem's career see W. Morgan Shuster, *The Strangling of Persia*, The Century Co., New York, 1912.
50. Iraj Afshar (ed.), *Mohammad Ali Mirza and Mohammad Ali Shah-e Makhlu' (55 sanad-e tazeh-yab)*, Nashr-e Abi, Tehran, 2009. For a description of the battles by one of their participants, see General Amir-Ahmadi's memoirs in Gholamhosein Zargarinezhad (ed.), *Khaterat-e Nakhostin Sepahbod-e Iran*, Mo'asseseh-ye Pazhuhesh va Mota le'at-e Farhangi, Tehran, 1994.
51. For the text of the great ulama's fatva, see Katouzian, *State and Society*, ch. 2.
52. Kasravi, *Tairkh-e Mashruteh*, contains the text of a number of such statements. For replies to them by the constitutionalist ulama see Nazem al-Islam, *Tarikh-e Bidari*.
53. See further Vanessa Martin, 'Aqa Najafi, Hajj Aqa Nurullah and the Emergence of Islamism in Isfahan, 1889–1908', *Iranian Studies*, 41/2 (April 2008).
54. Ibid. and Katouzian, 'Liberty and Licence'.

55. This occurs in a letter from Smart in Tehran to his former teacher Edward Browne in Cambridge. See Browne, *The Persian Revolution*, p.164. See also Vanessa Martin, *Iran and Modernism: The Iranian Revolution of 1906*, Syracuse University, Syracuse, NY, 1989.
56. See further Homa Katouzian, 'Problems of Democracy and the Public Sphere in Modern Iran', *Comparative Studies of South Asia, Africa and the Middle East*, 18/2 (1998), repr. in *Iranian History and Politics*.
57. On the language and conduct of the radical newspapers and publications see the text and n. 41 above.
58. See further Katouzian, *State and Society*, ch. 3.
59. Ahmad Matin Daftari, 'Andarz-ha-ye Baradaraneh beh Omum-e Daneshjuyan, Khosusan Dadresan va Ostadan-e Ayandeh', *A'in-e Daneshjuyan*, 2 (March 1945).
60. See further Shuster, *The Strangling of Persia*, pp. 171–172.
61. Ibid.
62. See further Taqizadeh Seyyed Hasan, *Zendegi-ye Tufani: Khaterat-e Seyyed Hasan Taqizadeh*, ed. Iraj Afshar, Elmi, Tehran, 1983, App. 5, p. 459.
63. For an extended description and analysis of the Shuster crisis, see Katouzian, *State and Society in Iran*, ch. 3.
64. For example, Ilse Itscherenska, 'Taqizadeh dar Alman-e Qeisari', *Iran Nameh*, 21/1–2 (spring and summer 2003); Jamshid Behnam, *Berlani-ha: Andishmandan-e Irani dar Berlan, 1915–1930*, Farzan, Tehran, 2000.
65. See further Wm. J. Olson, *Anglo-Iranian Relations during World War I*, Frank Cass, London, 1984.
66. Yahya Dawlat-Abadi, *Hayat-e Yahya*, vol. 3, p. 283; Baqer Aqeli, *Ruzshomar-e Tarikh-e Iran*, 3rd edn, Nashr-e Goftar, Tehran, p. 103.
67. Dawlat-Abadi, *Hayat-e Yahya*, vol. 3, ch. 32.
68. Many contemporary Iranian sources cover one or another aspect of Wassmus's operations. See in particular Abolqaem Kahhalzadeh, *Dideh-ha va Shenideh-ha*, ed. Morteza Kamran, Kamran, Tehran, 1984. See also Christopher Sykes, *Wassmuss, 'The German Lawrence'*, Longman, Green and Co., London and New York, 1936.
69. Ibid.; Mostawfi, *Sharh-e Zendegani-ye Man*, vol. 3, Zavvar, Tehran, 1998; Kasravi, *Tarikh-e Hijdahsaleh*; Olson, *Anglo-Iranian Relations*; Aqeli, *Ruzshomar*.
70. See further Mansoureh Ettehadieh, 'The Iranian Provisional Government', in Touraj Atabaki (ed.), *Iran and the First World War*, I.B. Tauris, London and New York, 2006.
71. On Kuchik Khan's movement see, for example, Ebrahim Fakhra'i, *Sardar-e Jangal, Mirza Kuchik Khan*, Javidan, Tehran, 1978; Mohammad Ali Gilak, *Tarikh-e Enqelab-e Jangal*, Nashr-e Gilak, Rasht, 1990.
72. For a discussion of the nationalist ideas of Akhudzadeh and Mirza Aqa Khan and the nationalist trends following their ideas see Homa Katouzian, *Sadeq Hedayat, The Life and Legend of an Iranian Writer*, I.B. Tauris, London and New York, 1991, chs 1 and 5. For a recent study see Afshin Marashi, *Nationalizing Iran: Culture, Power and the State, 1870–1940*, University of Washington Press, Seattle, WA, 2008.
73. See further Mohamad Tavakoli-Targhi, 'Narrative Identity in the Works of Hedayat and His Contemporaries', in Homa Katouzian (ed.), *Sadeq Hedayat, His Work and His Wondrous World*, Routledge, London and New York, 2007.
74. Abdorrahman Seif-e Azad (ed.), *Divan-e Aref*, Tehran, Seif-e Azad, 1948, pp. 262–263.
75. Katouzian, *Sadeq Hedayat*, p. 280; *Divan-e Aref*, p. 384.
76. For a more extensive and elaborate account of the rise of modern Iranian nationalism see Katouzian, *State and Society*, chs 3 and 11, and *Sadeq Hedayat*. See further Afshin Marashi, *Nationalizing Iran: Culture, Power and the State*.
77. Mohammad Gholi Majd, *The Great Famine and Genocide in Persia, 1917–1918*, University Press of America, Lanham, MD and Oxford, 2003.
78. For example, Abdorrahman Seif-e Azad (ed.), *Divan-e Aref*, p. 300.
79. Memorandum by Marling, 20/12/18, FO 371/3262.
80. For detailed evidence and analysis see Katouzian, *State and Society*, chs 4 and 5. See also Harold Nicolson, *Curzon, the Last Phase, 1919–1925: A Study in Post-war Diplomacy*, Constable, London, 1934.
81. For example, Viceroy (Foreign Department) to Secretary of State for India, FO 371/3262.
82. Among various telegrams and notes concerning this matter, Curzon noted that such payment 'is not merely exorbitant, it is corrupt'. Minute by Curzon added to Cox to Curzon, 17/7/19, FO 371/3861.
83. Cox later wired to Curzon that, among the three men involved in the negotiations, Vosuq had not asked for or insisted on the payment. See Cox to Curzon, *British Documents of Foreign Policy*, vol. iv, 720.
84. For the full text of the agreement see James Balfour, *Recent Happenings in Persia*, William Blackwood & Sons, Edinburgh and London, 1922, pp. 123–125.

85. See further Martin Sicker, *The Bear and The Lion*, Praeger, London, 1988, p. 39; Curzon to Cox, 19/8/19, *BDFP*, vol. 4, 782.
86. See, for example, the reports of Maj C.J. Edmonds, British political officer in the region, The Edmonds Papers, The Middle East Centre, St Antony's College, Oxford, such as the reports for January 1920 and March 1920.
87. See further 'The Revolt of Sheikh Mohammad Khiyabani', in Katouzian, *Iranian History and Politics*.
88. War Office to Baghdad, copy to General Champain, GOC, Norperforce, 28/2/20, WO 158/697.
89. See further Cyrus Ghani, *Iran and the Rise of Reza Shah: From Qajar Collapse to Pahlavi Power*, I.B. Tauris, London and New York, 1998, ch. 4; Katouzian, *State and Society*, ch. 6.
90. See further Lord Ironside (ed.), *High Road to Command: The Diaries of Major-General Sir Edmund Ironside, 1920–1922*, Leo Cooper, London, 1972; Richard H. Ullman, *Anglo-Soviet Relations*, vol. 3, *The Anglo-Soviet Accord*, Princeton University Press, Princeton, NJ, 1974; Ironside to Haldane, 24/10/20, WO 158/687; Norman to Curzon, 25/9/20, *BDFP*, 566; Norman to Curzon, 25/9/20, FO 371/4914.
91. See further Stephanie Cronin, *The Army and the Creation of the Pahlavi State in Iran, 1910–1926*, I.B. Tauris, London and New York, 1997; Katouzian, *State and Society*, ch. 5; Ullman, *The Anglo-Soviet Accord*.
92. Ironside, *High Road to Command*. See also Ghani, *Iran and the Rise of Reza Shah*.
93. Mohammad Ali Jamalzadeh, 'Taqrirat-e, Seyyed Zia and his "Black Book" ', pts 1, 2 and 7, *Ayandeh* (March 1980 and June 1981).
94. Ibid. and Colonel Qahremani's memoirs in M. T. Bahar, *Tarikh-e Mokhtasar-e Ahazab-e Siyasi dar Iran*, vol. 1, Jibi, Tehran, 1978, especially p. 82.
95. Jamalzadeh quoting Seyyed Zia, 'Taqrirat-e, Seyyed Zia and his "Black Book" '.
96. Ullman, *The Anglo-Soviet Accord*, p. 387.
97. Ghani, *Iran and the Rise of Reza Shah*, chapter 7; Katouzian, *State and Society*, ch. 9.
98. See, for example, Minute by G. P. Churchill, 'Persia: Political Situation' (37), FO 371/6409; Norman to the Foreign Office, 2/3/21, FO 371/6427.
99. Curzon to Norman, 14/3/21 *BDFP*, 696; Norman to Curzon 25/5/21, FO 371/6404.

9 现代专制统治

1. For example, Mohammad Taqi Bahar, *Tarikh-e Mokhtasar-e Ahzab-e Siyasi dar Iran*, vol. 1, Jibi, Tehran, 1928; Hosein Makki, *Tarikh-e Bistsaleh-ye Iran*, vol. 2, Elmi, Tehran, 1995; Reza Niyazmand, *Reza Shah, Az Tavallod ta Saltanat*, Bonyad-e Motale'at-e Iran, Washington and London, 1996; Donald Wilber, *Riza Shah Pahlavi: The Resurrection and Reconstruction of Iran*, Exposition Press, New York, 1975; L. P. Elwell-Sutton, 'Reza Shah the Great', in George Lenczowski (ed.), *Iran under the Pahlavis*, Hoover Institution Press, Stanford, CA, 1978.
2. For example, the photocopy of his handwritten letter in 1918 in Nasrollah Seifpour Fatemi, *Ayeneh-ye Ebrat*, Nashr-e Ketab, London, 1989.
3. For example, Abdollah Mostawfi, *Sharh-e Zendegani-ye Man*, vol. 3; Reader Bullard, *Letters from Tehran*, ed. E. C. Hodgkin, I.B. Tauris, London and New York, 1991.
4. For Reza Khan's life before the 1921 coup, see, for example, Najafqoli Pesyan and Khosraw Mo'tazed, *Az Savadkuh ta Zhohnsburg*, Sales, Tehran, 1998; Bahar, *Tarikh-e Mokhtasar*, vol.1; Makki, *Tarikh-e Bistsaleh*, vol. 2; Mostawfi, *Sharh-e Zendegani-ye Man*, vol. 3.
5. For differing accounts and interpretations, see Gholamhosein Mirza Saleh (ed.), *Reza Shah: Khaterat-e Soleiman Behbudi, Shams Pahlavi and Ali Izadi*, Sahba, Tehran, 1983, pp. 396–9. Nasrollah Entezam, *Khaterat-e Nasrollah Entezam, Shahrivar-e 1320 az Didgah-e Darbar*, eds Mohammad Reza Abbasi and Behruz Tayarani, Sazman-e Asnad-e Melli-ye Iran, Tehran, 1992, pp. 75–80; Makki, *Tarikh-e Bistsaleh*, vol. 7, pp. 509–530; Baqer Aqeli, *Zoka al-Molk Forughi va Shahrivar-e 1320*, Elmi and Sokhan, Tehran, 1988, ch. 3.
6. For a definition and discussion of pseudo-modernism in Iran, see Homa Katouzian, *State and Society in Iran*, I. B.Tauris, London and New York, paperback edition, 2006 and *The Political Economy of Modern Iran, Despotism and Pseudo-Modernism*, Macmillan and New York University Press, London and New York, 1981.
7. See further Ebrahim Fakhra'i, *Sardar-e Jangal, Mirza Kuchik Khan*; Mohammad Ali Gilak, *Tarikh-e Enqelab-e Jangal*; Cosroe Chaqueri, *The Soviet Socialist Republic of Iran, 1920–1921: Birth of the Trauma*, Pittsburgh University Press, Pittsburgh, PA, 1995.
8. See further Kaveh Bayat, *Enqelab-e Khorasan*, Mo'asseseh-ye Pazhuhesh-ha-ye Farhangi, Tehran, 1991; Stephanie Cronin, 'An Experiment in Revolutionary Nationalism: The Rebellion of Colonel Mohammad Taqi Khan Pesyan', *Middle Eastern Studies*, 33/4 (October 1997); Ali Azari, *Qiyam-e Kolonel Mohammad Taqi Khan Pesyan*, Safi'ali Shah, Tehran, 1973.

9. See further Cronin, *The Army and the Creation of the Pahlavi State in Iran, 1910–1926.*
10. See further Kaveh Bayat, *Kudeta-ye Lahuti, Tabriz, Bahman 1300*, Shirzadeh, Tehran, 1997; Stephanie Cronin, 'Iran's Forgotten Revolutionary: Abolqasem Lahuti and the Tabriz insurrection of 1922', in *Reformers and Revolutionaries in Modern Iran*, ed. Stephanie Cronin, London and New York, RoutledgeCurzon, 2004.
11. For both speeches, Hosein Makki, *Doktor Mosaddeq va Notq-ha-ye Tarikhi-ye U*, Javidan, Tehran, 1985, pp. 130 and 139.
12. For details, see General Amir-Ahmadi's memoirs in Gholamhosein Zargarinezhad (ed.), *Khaterat-e Nakhostin Sepahbod-e Iran*, Mo'asseseh-ye Pazhuhesh va Motale'at-e Farhangi, Tehran, 1994; Katouzian, *State and Society*, ch. 10. See further Ahmad Kasravi, *Tarikh-e Hijdah Saleh-ye Azarbaijan*, Amir Kabir, Tehran, 1992; Bayat, Kevah, 'Riza Shah and the Tribes, an Overview', in Stephanie Cronin (ed.), *The Making of Modern Iran, State and Society under Riza Shah, 1921–1941*, Routledge, London and New York, 2003; Stephanie Cronin, *Tribal Politics in Iran*, Routledge, London and New York, 2007.
13. See further Gordon Waterfield, *Professional Diplomat, Sir Percy Loraine*, John Murray, London, 1973, especially chs 6–12; Katouzian, *State and Society*, ch. 10; several articles in various Soviet journals, including one in *Novyi Vostok* which described Reza Khan as 'the leader of the Persian national-revolutionary movement', cited in E. H. Carr, *The Bolshevik Revolution*, Penguin, Hanmondsworth, 1966, pp. 463–468; Radio Moscow's broadcasts in favour of Reza Khan and against Ahmad Shah, for example 21 October 1925, the eve of the fall of the Qajars, quoted in Makki, *Tarikh-e Bistsaleh*, vol. 3, pp. 427–428.
14. The details of 'the confession' were reported by the British envoy to the Foreign Office: 'Terror activities against the war minister (Sardar Sepah)', apparently a free translation of Persian press reports, FO 248/1369.
15. Ali Akbar Siyasi, *Gozaresh-e Yek Zendegi*, Siyasi, London, 1988.
16. In some sources this has been recorded as *Hezb-eTajddod* and translated into 'the Revival party'. See, for example, Peter Avery, Gavin Hambly and Charles Melville (eds), *The Cambridge History of Iran*, Cambridge University Press, Cambridge, 1991, p. 223.
17. For Eshqi's negative response, see Ali Akbar-e Moshir-Salimi (ed.), *Kolliyat-e Mosavvar-e Eshqi*, Moshir-Salimi, Tehran, *c.*1944, pp. 204–205.
18. Mohammad Taqi Bahar, *Divan*, ed. Mohammad Malekzadeh, vol. 1, Amir Kabir, Tehran, 1956, p. 358.
19. See further Bahar, *Tarikh-e Mokhtasar*, vol. 2; Makki, *Tarikh-e Bistsaleh*, vol. 2.
20. See further Habib Ladjevardi (ed.), *Kahaterat-e Mehdi Ha'eri Yazdi*, IranBooks, Bethesda, MD, 2001.
21. For example, Hajj Mirza Hosein Na'ini's letter to him mentioning the accompanying gift from the treasury of Imam Ali in Najaf. Makki, *Tarikh-e Bistsaleh*, vol. 3, p. 46.
22. See further Michael Zirinsky, 'Blood, Power and Hypocrisy: The Murder of Robert Imbrie and the American Relations with Pahlavi Iran, 1924', *International Journal of Middle East Studies*, 18/3 (1986); Dawlat-Abadi, *Hayat-e Yahya*, vol. 4, ch. 28; Makki, *Tarikh-e Bistsaleh*, vol. 3, ch. 15.
23. See further Katouzian, *State and Society*, ch. 10; Gordon Waterfield, *Professional Diplomat.*
24. For example, 'PERSIA', 23 /1 25, FO 371/10840; Katouzian, *State and Society*, ch. 10.
25. Dawlat-Abadi was the only one who declined to sign. Dalwat-Abadi, *Hayat-e Yahya*, vol. 4.
26. For example, ibid., chs 37 and 38; Makki, *Tarikh-e Bistsaleh*, vol. 3, chs 35–7; Ghani, *Iran and the Rise of Reza Shah*, ch. 13.
27. For the full proceedings, Makki, *Tarikh-e Bistsaleh*, vol. 3, pp. 556–655. For an analysis of the proceedings, Katouzian, *State and Society*, chs 10 and 11.
28. Witnessed by Yahya Dawlat-Abadi and Mohammad Mosaddeq. Dalwat-Abadi, *Hayat-e Yahya*, vol. 4, p. 343; Mosaddeq, *Taqrirat-e Mosaddeq dar Zendan*, notes by Jalil Bozorgmehr, ed. Iraj Afshar, Farhang-e Iranzamin, Tehran, 1980.
29. Mokhber al-Saltaneh (Mehdiqoli Hedayat), *Khaterat va Kahtarat*, p. 397.
30. Ibid., p. 386. See further Homa Katouzian, 'The Pahlavi Regime in Iran', in H. E. Chehabi and Juan J. Linz (eds), *Sultanistic Regimes*, The Johns Hopkins University Press, Baltimore, MD and London, 1998.
31. See Stephanie Cronin, 'Reza Shah, the Fall of Sardar Asad, and "the Bakhtiyari Plot" ', *Iranian Studies*, 38/2 (2005) and *Tribal Politics in Iran*; the entry on Sardar As'ad under 'Ja'farqoli', in Bamdad, *Sharh-e Hal-e Rejal-e Iran*, vol. 1.
32. See further Baqer Aqeli, *Nosrat al-Dawleh Firuz*, Nashr-e Namak, Tehran, 1994; the entry on Firuz, in Bamdad, *Sharh-e Hal-e Rejal*, vol. 4
33. For example, Touraj Atabaki and Erik J. Zürcher (eds), *Men of Order: Authoritarian Modernization under Ataturk and Reza Shah*, 'Introduction', I.B. Tauris, London and New York, 2004; Afshin Marashi, 'Performing the Nation: The Shah's Official State Visit to Kemalist Turkey, June to July 1934',

in Cronin (ed.), *The Making of Modern Iran*. See also, Donald Wilber, *Riza Shah Pahlavi* and Amin Banani, *The Modernization of Iran*, Stanford University Press, Stanford, CA, 1961.
34. David Williamson, Secretary of the Legation, Tehran (2 May 1929), D. 81, DOS 891.00/1472, quoted in Michael Zirinsky, 'Riza Shah's Abrogation of Capitulations, 1927–1928', in Cronin (ed.), *The Making of Modern Iran*, p. 96.
35. See further Bahar, *Tarikh-e Mokhtasar*, vol. 2.
36. See further Vanessa Martin, 'Mudarris, Republicanism and the Rise to Power of Riza Khan, Sardar-i Sepah', in Cronin (ed.), *The Making of Modern Iran*; Ebrahim Khajeh-Nuri, *Bazigaran-e Asr-e Tala'i, Seyyed Hasan Modarres*, Javidan, Tehran, 1978.
37. See further Matthew Elliot, 'New Iran and the Dissolution of Party Politics under Reza Shah', in Atabaki and Zurcher, *Men of Order*.
38. See further Homa Katouzian, 'The Pahlavi Regime in Iran', in Chehabi and Linz (eds), *Sultanistic Regimes*.
39. Julian Bharier, *Economic Development in Iran 1900–1970*, Oxford University Press, Oxford, 1971, pp. 65–66, tables 4.1 and 4.2.
40. Katouzian, *The Political Economy of Modern Iran*, p. 114, table 6.2 and p. 130, table 7.2.
41. Charles Issawi, 'The Iranian Economy 1925–1975, Fifty Years of Economic Development', in Lenczowski, *Iran under the Pahlavis*, p. 131.
42. Stephanie Cronin, 'Riza Shah and the Paradoxes of Military Modernization, 1921–1941', in Cronin (ed.), *The Making of Modern Iran*, p. 40. See further Cronin, *The Army and the Creation of the Pahlavi State*, ch. 4, pp. 117–118.
43. Cronin, *The Army and the Creation of the Pahlavi State*, pp. 125–129; Banani, *The Modernization of Iran*, p. 55.
44. Mokhber al-Saltaneh (Mehdiqoli Hedayat), *Khaterat va Kahtarat*, pp. 375–376.
45. Wilber, *Riza Shah Pahlavi*, p. 129.
46. Mokhber al-Saltaneh (Mehdiqoli Hedayat), *Khaterat va Kahtarat*, pp. 377–378.
47. Banani, *The Modernization of Iran*, p.56.
48. Cronin, 'Riza Shah and the Paradoxes', p. 43.
49. Taqizadeh, *Zendegi-ye Tufani*, p. 364.
50. Ibid., pp. 212–216; Cronin, 'Riza Shah and the Paradoxes', pp. 42–52. See further on the fate of General Sheibani, in Iraj Afshar (ed.), *Nameh-ha-ye Paris az Mohammad Qazvini beh Seyyed HasanTaqizadeh*, App. 4, Nashr-e Qatreh, Tehran, 2005.
51. Amir-Ahmadi's memoirs in Gholamhosein Zargarinezhad (ed.), *Khaterat-e Nakhostin Sephabod-e Iran*.
52. Stephanie Cronin, 'Riza Shah and the Disintegration of Bakhtiyari Power in Iran', in Cronin (ed.), *The Making of Modern Iran*, p. 248 ff.
53. Kaveh Bayat, 'Riza Shah and the Tribes', in Cronin (ed.), *The Making of Modern Iran*.
54. Richard Tapper, 'The Case of the Shahsevans', in Cronin (ed.), *The Making of Modern Iran*.
55. See Stephanie Cronin, 'Riza Shah and the Disintegration of Bakhtiyari Power', in Cronin (ed.), *The Making of Modern Iran*, especially pp. 261–5, and also Cronin, 'Riza Shah, the Fall of Sardar Asad'.
56. Bayat, 'Riza Shah and the Tribes', p. 217.
57. Banani, *The Modernization of Iran*, p. 60.
58. Zririnsky, 'Riza Shah's Abrogation of Capitulations'; Wilber, *Riza Shah Pahlavi*.
59. For example, Dawlat-Abadi, *Hayat-e Yahya*, vol. 1, chs 25–44.
60. For example, Isa Sadiq, *Yadgar-e Omr*, vol. 1, Sherkat-e Sahami-ye Tab'-e Ketab, Tehran, 1961, ch 4.
61. Katouzian, *Political Economy*, tables 6.2 and 7.2, based on Bharier, *Economic Development*, tables 4.1 and 4.2.
62. Ibid., ch. 2, table 5; Banani, *Modernization*, p. 108.
63. Cf. Banani, Bharier and Savory, 'Social Development in Iran during the Pahlavi Era', in Lenczcowski, *Iran under the Pahlavis*.
64. David Menasheri, *Education and the Making of Modern Iran*, Cornell University Press, Ithaca, NY and London, 1992, p. 110.
65. Sadiq, *Yadgar-e Omr*.
66. See further ibid.
67. Rudi Matthee, 'Transforming Dangerous Nomads into Useful Artisans, Technicians, Agriculturalists: Education in the Reza Shah Period', in Cronin (ed.), *The Making of Modern Iran*.
68. Banani, *Modernization*, pp. 103–107 and Savory, 'Social Development', p. 91.
69. Banani, *Modernization*, p. 111.
70. Gavin R. G. Hambly, 'The Pahlavi Autocracy: Riza Shah, 1921–1941' in Avery, Hambly and Melville (eds), *The Cambridge History of Iran*, vol. 7, p. 231.

71. Bharier, *Economic Development*, p. 37.
72. Isa Sadiq, *Yadgar-e Omr*, vol. 2, Amir Kabir, Tehran, 1966, p. 201 ff. Talinn Grigor, 'Re-cultivating "Good Taste": The Early Pahlavi Modernists and Their Society for National Heritage', *Iranian Studies*, 37/1 (March 2004).
73. Talinn Grigor, 'Re-cultivating "Good Taste"' and Sadiq, *Yadgar-e Omr*, vol. 2.
74. Sadiq, *Yadgar-e Omr*, vol. 2, p. 227. The proceedings of the conference were however not published until after the shah's abdication because they included a long article by Taqizadeh, who had been sacked as Iran's minister in Paris and, having criticised the proceedings of the official academy, had incurred the shah's wrath (see below). Ibid., pp. 216–17 and Taqizadeh, *Zendegi-ye Tufani*, p. 407.
75. Taqizadeh, *Zendegi-ye Tufani*, App. 14. Katouzian, entry on Taqizadeh, *Encyclopaedia Iranica*, forthcoming.
76. Sadiq, *Yadgar-e Omr*, vol. 2, pp. 236–237.
77. Wilber, *Riza Shah Pahlavi*, p. 146.
78. Houchang Chehabi, 'Dress Codes for Men in Turkey and Iran', in Atabaki and Zürcher, *Men of Order*.
79. Ibid., p. 225.
80. Mokhber al-Saltaneh, *Khaterat va Khatarat*, p. 407.
81. Makki, *Tarikh-e Bistsaleh*, vol. 6, pp. 279–287.
82. Aqeli, *Zoka al-Molk Foroughi*.
83. Chehabi, 'Dress Codes for Men in Turkey and Iran', p. 193.
84. Moshir Salimi (ed.), *Kolliyat-e Eshqi*, p. 203.
85. Homa Katouzian, 'Iraj, the Poet of Love and Humour', *Iranian Studies*, 40/4 (September 2007); Mohammad-Ja'far Mahjub (ed.), *Divan-e Kamel-e Iraj-Mirza*, Sherkat-e Ketab, USA, 1986.
86. *Alam-e Nesvan*, 2/2 (September 1921), pp. 1–3.
87. Jasamin Rostam Kolayi, 'Expanding Agencies for the "New" Iranian Woman: Family Law, Work and Unveiling', in Cronin (ed.), *The Making of Modern Iran*, p. 158.
88. Mokhber al-Saltaneh (Mehdiqoli Hedayat), *Khaterat va Khatarat*, p. 407.
89. Chehabi, 'The Banning of the Veil and its Consequences', in Cronin (ed.), *The Making of Modern Iran*, p. 193.
90. Ibid.
91. Jalal Al-e Ahmad's short story 'Jashn-e Farkhondeh' (The Auspicious Festival) is a powerful fictional representation of the predicament of such men and women at the time. For documentation of orders and events, see Sazman-e Madarek-e Farhangi-ye Enqelab-e Eslami, *Vaqeh'eh-ye Kashf-e Hejab*, Mo'assehseh-ye Pazhuhesh-ha va Motale'at-e Farhangi, Tehran, 1992.
92. Bharier, *Economic Development*, ch. 4.
93. Wilber, *Reza Shah Pahlavi*, chs ix and x.
94. Bharier, *Economic Development*, pp. 70–74.
95. Ibid., ch. 6, table 6.
96. Banani, *The Modernization of Iran*, pp. 129–132.
97. Wilber, *Reza Shah Pahlavi*, p. 60.
98. Abolfazl Lesani, *Tala-ye Siayah ya Bala-ye Iran*, Amir Kabir, Tehran, 1978.
99. Mokhber al-Saltaneh (Mehdiqoli Hedayat, then prime minister), *Khaterat va Khatarat*, pp. 394–395.
100. Taqizadeh, *Zendegi-ye Tufani*, pp. 217–250 and App. 21. Katouzian, entry on Taqizadeh in *Encyclopaedia Iranica*, forthcoming.
101. Homa Katouzian, *Musaddiq and the Struggle for Power in Iran*, 2nd edn, I.B. Tauris, London and New York, 1999, ch. 7.
102. L. P. Elwell-Sutton, *Modern Iran*, G. Routledge and Sons, London, 1941, pp. 101–102.
103. Bharier, *Economic Development*, p. 178.
104. Ibid., p. 196.
105. Ann K. S. Lambton, *Landlord and Peasant in Persia*, Oxford University Press, London, New York and Toronto, 1953, ch. xii; Banani, *The Modernization of Iran*, pp. 119–129.
106. Ibid., pp. 62–67.
107. Homa Katouzian, 'The Poet-Laureate Bahar in the Constitutional Era,' *IRAN*, British Institute of Persian Studies, London, 2002.
108. Katouzian, *Sadeq Hedayat: The Life and Legend of an Iranian Writer*, ch. 4.
109. Donné Raffat, *The Prison Papers of Bozorg Alavi: A Literary Odyssey*, Syracuse University Press, Syracuse, NY, 1985.
110. See Homa Katouzian, *Darbareh-ye Jamalzadeh va Jamalzadeh Shenasi*, Shahab, Tehran, 2003.
111. Mokhber al-Saltaneh (Mehdiqoli Hedayat), *Khaterat va Khatarat*, p. 397.
112. Homa Katouzian, 'Riza Shah's Political Legitimacy and Social Base', in Cronin (ed.), *The Making of Modern Iran* and entry on Jamalzadeh in *Encyclopaedia Iranica*, forthcoming.
113. Donald Wilber, *Iran Past and Present*, Princeton University Press, Princeton, NJ, 1958, pp. 100–101.

114. For full documentation see Houshang Sabahi, *British Policy in Persia 1918–1925*, Frank Cass, London, 1990; Katouzian, *State and Society*, chs 10 and 11.
115. Dawlat-Abadi, *Hayat-e Yahya*, vol. 4, p. 343.
116. Wilber, *Riza Shah Pahlavi*, p. 175.
117. Taqizadeh, *Zendegi-ye Tufani*, p. 246.
118. Ibid., p. 363.
119. Amir-Ahmadi, *Khaterat-e Nakhostin Sepahbod*.
120. Bharier, *Economic Development*, pp. 108 and 113.
121. Wilber, *Riza Shah Pahlavi*, pp. 174–175.
122. Afshar, *Nameh-ha-ye Paris*, pp. 273–275.
123. Taqizadeh, *Zendegi-ye Tufani*, pp. 253–255.

10 外国占领、石油国有化和独裁统治

1. Ahmad Faramarzi to Taqizadeh, *Nameh-ha-ye Tehran*, ed. Iraj Afshar, Farzan, Tehran, 2006, p. 352.
2. For example, Houchang Chehabi, 'The banning of the veil and its consequences', in Stephanie Cronin, *The Making of Modern Iran: State and Society under Riza Shah*, 1921–1941, London and New York, Routledge, 2003, p. 204.
3. See Abbasqoli Golsha'iyan, '*Yahddasht-ha-ye Abbasqoli-ye Golsha'iyan*', in *Yaddasht-ha-ye Doktor Qasem Ghani*, ed. Cyrus Ghani, vol. 4, Zavvar, Tehran, 1978, p. 557.
4. Reader Bullard, *The Camels Must Go: An Autobiography*, Faber & Faber, London, 1961 and the author's conversations with Sir Reader, Oxford, 1973.
5. Golsha'iyan, '*Yahddasht-ha*', pp. 560–563.
6. Ibid., pp. 562–564.
7. For a more elaborate discussion of this point see Homa Katouzian, 'Reza Shah's Political Legitimacy and Social Base', in Cronin (ed.), *The Making of Modern Iran*, pp. 32–33.
8. Hosein Makki, *Tarikh-e Bistsaleh-ye Iran*, vol. 7, Elmi, Tehran, 1985, pp. 214–216; Golsha'iyan, '*Yaddasht-ha*', p. 560.
9. For example, by Ali Dashti, quoted in Ebrahim Khajeh Nuri, *Bazigaran-e Asr-re Tala'i*, Jibi, Tehran, 1978, pp. 188–91; Soltan Ali Soltani, quoted in Hosein Kuhi Kermani, *Az Shahrivar-e 1320 ta Faje'eh-ye Azerbaijan*, vol. 1, Kuhi, Tehran, n. d., pp. 222–229.
10. Jalal Abdoh (public prosecutor in the cases brought against Reza Shah), *Chehel Sal dar Sahneh*, ed. Majid Tafreshi, Rasa, Tehran, 1989.
11. Golsha'iyan, '*Yaddasht-ha*', p. 568.
12. Ibid., p. 567.
13. Taqizadeh, *Zendegi-ye Tufani-ye Seyyed Hasan Taqizadeh*, p. 289.
14. Bullard to Eden, 26/5/42, FO371/34-31443; Denis Wright, *The English Amongst The Persians*, Heinemann, London, 1977; Sir Reader Bullard, *Letters From Tehran*, ed. E. C. Hodgkin, I.B. Tauris, London and New York, 1991; Baqer Aqeli, *Zoka'al-Molk-e Foroughi va Shahrivar-e 1320*, Elmi, Tehran, 1988.
15. Press attaché to Bullard, 4/10/41, FO 416/99.
16. For the full text of his broadcast see Makki, *Tarikh-e Bistsaleh-ye Iran*, vol. 8, pp. 179–185, emphasis added.
17. FO 371 35117, quoted in Rose Greaves, '1942–1976: The Reign of Muhammad Riza Shah', in *Twentieth Century Iran*, ed. Hossein Amirsadeghi, assisted by R. W. Ferrier, Heinemann, London, 1977, p. 55.
18. Julian Bharier, *Economic Development in Iran*, p. 82, table 7.
19. See Katouzian, *The Political Economy of Modern Iran*, ch. 8.
20. Bharier, *Economic Development in Iran*, pp. 46–49, tables 3 and 4.
21. Quoted in Fakhreddin Azimi, *Iran, the Crisis of Democracy, 1941–1953*, I.B. Tauris, London, 1989, p. 82.
22. Persian and English sources on early Tudeh party history are now numerous. See, for example, Babak Amir Khosrovi, *Nazar az Darun beh Naqsh-e Hezb-e Tudeh-ye Iran*, Ettela'at, Tehran, 1996; Anvar Khameh'i, *Forsat-e Bozorg-e Az Dast Rafteh*, Hafteh, Tehran, 1983; Homa Katouzian, ed. and intro., *Khaterat-e Siyasi-ye Khalil Maleki*, 2nd edn, Enteshar, Tehran, 1989; Ardeshir Ovanessian, *Khaterat-e Ardeshir Ovanessian az Hezb-e Tudeh-ye Iran (1941–1947)*, ed. Babak Amir Khosrovi, Entesharat-e Hezb-e Demokratik-e Mardom-e Iran, Europe, 1990; Ervand Abrahamian, *Iran Between Two Revolutions*, Princeton University Press, Princeton, NJ, 1982; Sepehr Zabih, *The Communist Movement in Iran*, University of California Press, Berkeley, CA, 1966; Fakhreddin Azimi, *Crisis of Democracy*; Katouzian, *Musaddiq and the Struggle for Power in Iran*, I.B. Tauris, London and New York, 1990.

23. See their publications in *Majmu'eh-ye Entesharat-e Tablighat-e Islami*, Tehran, 1943.
24. For a detailed account of the early Islamist organizations see Mohamad Tavakoli-Targhi, '*Baha'i-setizi va Eslam-gera'i*', *Iran Nameh*, 19/1–2 (2001) and 'Anti-Baha'ism and Islamism in Iran', in *The Baha'i's of Iran: Socio-historical Studies*, eds Dominic Parviz Brookshaw and Seena B. Fazel, Routledge, London and New York, 2008.
25. See further Karim Sanjabi's interview with Habib Ladjevardi, the Harvard Oral History Project, <www.fas.harvard.edu/~iohp/sanjabi.html>; Karim Sanjabi, *Omid-ha va Na-omidi-ha: Khaterat-e Siyasi*, Jebhe, London, 1989; Katouzian, *Musaddiq and the Struggle for Power in Iran*, pp. 86–87.
26. Ja'far Mehdi-niya, *Zendegi-ye Siyasi-ye Seyyed Zia al-Din Tabatab'i*, Mehdi-niya, Tehran, 1990; Azimi, *Crisis of Democracy* and *Quest for Democracy in Iran: A Century of Struggle against Authoritarian Rule*, Harvard University Press, Cambridge, MA, 2008.
27. For Mosaddeq's speech, Seyyed Zia's reply and other speeches on the subject see Hosein Key-Ostovan, *Siyasat-e Movazeneh-ye Manfai*, Key-Ostovan, Tehran, 1948.
28. See further Hamid Shawkat, *Dar Tir-res-e Hadeseh: Zendegi-ye Siyasi-ye Qavam al-Saltaneh*, Tehran, Bakhtaran, 2007; Aqeli, *Mirza Ahmad Khan Qavam al-Saltaneh*; Azimi, *Crisis of Democracy*; Katouzian, *Musaddiq and the Struggle for Power*.
29. For conflicting assessments of Millspaugh's mission in the 1940s see Arthur Chester Millspaugh, *Americans in Persia*, Brookings Institution, Washington, 1946; Ablohasan Ebtehaj, *Khaterat-e Abolhasan Ebtehaj*, ed. Alireza Arouzi, Ebtehaj, London, 1991.
30. Taqizadeh, *Nameh-ha-ye London*, ed. Iraj Afshar, Tehran, Farzan, 1996, p. 254.
31. Quoted in Rose Greaves, '1942–1976: The Reign of Muhammad Riza Shah', p. 66.
32. Taqizadeh, *Nameh-ha-ye London*; Homa Katouzian, '*Seyyed Hasan Taqizadeh: Seh Zendegi dar Yek Omr*', *Iran Nameh*, 21/1 & 2 (spring and summer 2003), repr. in *Hasht Maqaleh dar Tarikh va Adab-e Mo'aser*, Nashr-e Markaz, Tehran, 2006; 'Seyyed Hasan Taqizdeh', entry in *Encyclopedia Iranica*, forthcoming.
33. *Nameh-ha-ye London*, pp. 77–78.
34. Parliamentary speech quoted in Key-Ostovan, *Siyasat-e Movazeneh-ye Manfai*, vol. 1, p. 26.
35. Bullard to Eden, 21/12/42, FO 371/34-31443; see further Bullard to Eden, Report on Political Events of 1942, 26/3/1943, FO371/ 34-331 443; Ali Amini, *Khaterat-e Ali Amini*, ed. Habib Ladjevardi, Iranian Oral history Project, Centre for Middle Eastern Studies, Harvard University, Bethesda, MD and Ketabforushi-ye Iran, 1997, pp. 50–53; Bullard, *Letters From Tehran*; Baqer Aqeli, *Mirza Ahmad Khan Qavam al-Saltaneh*; Makki, *Tarikh-e Bistsaleh*, vol. 8.
36. For a comprehensive study of the Azerbaijan revolt see Louise L'Estrange Fawcett, *Iran and the Cold War: the Azerbaijan Crisis of 1946*, Cambridge University Press, Cambridge, 1992; see also, Touraj Atabaki, *Azerbaijan: Ethnicity and the Struggle for Power in Iran*, I.B. Tauris, London, 2000.
37. On Pishevari's relationship with Tudeh leaders, see Katouzian (ed.), *Khaterat-e Siyasi-ye Khalil Maleki*.
38. For a detailed study of the revolt of southern tribes see Reza Jafari, 'Centre-Periphery Relations in Iran: the Case of the Southern Rebellion in 1946', DPhil thesis, University of Oxford, Oxford, 2000.
39. Azimi, *Crisis of Democracy*, pp. 175–176.
40. Baqer Aqeli (ed.), *Khaterat-e Mohammad Sa'ed-e Maragheh'i*, Nashr-e Namak, Tehran, 1994.
41. For example, Jalal Al-e Ahmad, *Dar Khedmat va Khiyanat-e Roshanfekran*, Ravaq, Tehran, 1978; Anvar Khameh'i, *Forsat-e Bozorg-e Az Dast Rafteh*.
42. For the full speech see Key-Ostovan, *Siyasat-e Movazeneh*.
43. For details see Mostafa Fateh, *Panjah Sal Naft-e Iran*, Entesharat-e Peyam, Tehran, 1979.
44. See further Habib Ladjevardi, *Labor Unions and Autocracy in Iran*, Syracuse University Press, Syracuse, NY, 1985.
45. Fereidun Keshavarz, *Man Mottaham Mikonam*, Ravaq, Tehran, 1979; Anvar Khameh'i, *Az Ensh'ab ta Kudeta*, Entesharat-e Hafteh, Tehran, 1984.
46. Khameh'i, *Az Ensh'ab*, pp. 128–9; Ali Akbar Siyasi, *Gozaresh-e Yek Zendegi*, Siyasi, London, 1988, pp. 214–15; Aqeli (ed.), *Khaterat-e Mohammad Sa'ed*.
47. Katouzian, *Musaddiq*, ch. 6. For the full text of Qavam's letter to the shah objecting to the constitutional amendments see Ali Vosuq, *Chahar Fasl*, Vosuq, Tehran, 1982, pp. 33–43.
48. Bharier, *Economic Development*, ch. 5, table 1.
49. Ann K. S. Lambton, *Landlord and Peasant in Persia*, Oxford University Press, London and New York, 1953, p. 209; *The Persian Land Reform, 1962–1966*, The Clarendon Press, Oxford, 1969, p. 37.
50. Katouzian, *Musaddiq*, ch. 6; Azimi, *Crisis of Democracy*, ch. 14 and *Quest for Democracy in Iran: A Century of Struggle against Authoritarian Rule*.
51. Abolfazl Lesani, *Tala-ye Siyah ya Bala-ye Iran*, Amir Kabir, Tehran, 1978, pp. 136–137; Taqizadeh, *Zendegi-ye Tufani*; Katouzian, 'Seyyed Hasan Taqizadeh'.

52. See Mozaffar Baqa'i's interview with Habib Ladjevardi, the Harvard Oral History Project, <www.fas.harvard.edu/~iohp/BAGHAI09.PDF>; Hosein Makki, *Khal'-e Yad*, Bongah-e Trajomeh va Nashr-e Ketab, Tehran, 1981; Khameh'i, *Az Ensh'ab.*
53. Katouzian, *Musaddiq*; Mohammad Mosaddeq, *Musaddiq's Memoirs*, ed. and intro. Homa Katouzian, tr. Seyyed Hasan Amin and Homa Katouzian, Jebhe, London, 1988.
54. For a report on the day-to-day developments leading to the formation of the Front see *Zendeginameh-ye Siyasi: Neveshteh-ha va Sokhanrani-ha-ye Seyyed Ali Shayegan*, ed. Ahmad Shayegan, vol. 1, Agah, Tehran, 2006.
55. See further ibid.; Katouzian, *Musaddiq*, ch. 6; Azimi, *Crisis of Democracy*, ch. 14; *Bakhtar-e Emruz* (10 November and 7 December 1949).
56. For the shah's proposal of premiership through Jamal Emami see Mosaddeq's *Notq-ha va Moktubat*, various volumes, n.p., Paris, 1960s and 1970s. See further Mohammad Mosaddeq, *Musaddiq's Memoirs*, Book II.
57. For a more detailed account of Razmara's relations with the shah and the great powers see Azimi, *Crisis of Democracy*, ch. 16.
58. For the strongest arguments for the shah's involvement in the assassination see Mosavvar Rahmani, *Khaterat-e Siyasi: Bist-o-Panj Sal dar Khedmat-e Niru-ye Hava'i-ye Iran*, Ravaq, Tehran, 1984; Naser Qashqa'i, *Sal-ha-ye Bohran: Yaddasht-ha-ye Ruzaneh-ye Naser Sawlat Qashqa'i*, ed. Nasrollah Haddadi, Rasa, Tehran, 1987; Khameh'i, *Az Ensh'at ta Kudeta*.
59. Shepherd to the Foreign Office, 22/6/51, FO 248/1514.
60. See the Tudeh Party, *Nashriyeh Ta'limati*, 12 (1951).
61. For detailed documentation of British efforts between May and September 1951 to bring down Mosaddeq's government see Homa Katouzian, 'Kushesh-ha-ye Sefarat-e Inglis bara-ye Ta'in-e Nakhost Vazir-e Iran az Melli Shodan-e Naft ta Khal'-e Yad', in *Estebdad, Demokrasi va Nehzat-e Melli*, 3rd edn, Nashr-e Markaz, Tehran, 2002. For the documents in question see L. A. C. Fry (30 January 1951), FO 371/91452; Francis Shepherd (British ambassador to Tehran), FO 317/91452; Shepherd to FO (7 March 1951), FO 248/1518; Shepherd to Bowker (12 March 1951), FO 371, 91452; Shepherd, memo (21 March 1951), FO 371, 91452; Oliver Frank to FO (27 March 1951), FO 371, 91452; Shepherd, memo (1 April 1951) FO 248/1518; and all the following documents in FO 248/1518: Shepherd to FO (22 June 1951); Shepherd, report (1 July 1951); Pyman, memo (7 July 1951); Shepherd, report (12 July 1951); Pyman, report (10 July 1951); L. F. L. Pyman (9 August 1951); George Middleton, report (18 September 1951); Pyman, report (22 September 1951); Shepherd, report (22 September 1951).
62. For example, George McGee, *Envoy to the Middle World, Adventures in Diplomacy*, Harper and Row, New York, 1983.
63. The literature on the oil dispute and proposals for its resolution is quite extensive. See, for example, Katouzian, *Musaddiq and the Struggle* and *Musaddiq's Memoirs*, Book II, 'Oil boycott and the political economy, Musaddiq and the strategy of non-oil economics', in James Bill and Wm. R. Louis (eds), *Musaddiq, Iranian Nationalism, and Oil*, I.B. Tauris, London, 1988; Ronald W. Ferrier, 'The Anglo-Iranian oil dispute, a triangular relationship', in Bill and Louis, *Musaddiq*; George C. McGee, 'Recollections of Dr Musaddiq', in Bill and Louis, *Musaddiq*; Motafa Elm, *Oil, Power and Principle: Iran's Oil Nationalization and its Aftermath*, Syracuse University Press, Syracuse, NY, 1992; Kamran Dadkhah, 'The Oil Nationalization Movement, the British Boycott and the Iranian Economy', in Elie Kedourie and Sylvia G. Haim, eds, *Essays on the Economic History of the Middle East*, Frank Cass, London, 1988; Azimi, *Crisis of Democracy*; Mary Ann Heiss, *Empire and Nationhood: The United States, Great Britain, and Iranian Oil, 1950–1954*, New York, 1997; 'The International Boycott of Iranian Oil and the Anti-Mosaddeq Coup of 1953', in Mark J. Gasiorowski and Malcolm Byrne (eds), *Mohammad Mosaddeq and the 1953 Coup in Iran*, Syracuse University Press, Syracuse, NY, 2004; Farhad Diba, *Mohammad Mossadegh, a Political Biography*, Croom Helm, London, 1986. George McGee, *Envoy to the Middle World, Adventures in Diplomacy*; Mostafa Fateh, *Panjah Sal Naft-e Iran*; Fo'ad Ruhani, *Tarikh-e Melli Shodan-e San'at-e Naft-e Iran*, 2nd edn, Jibi, Tehran, 1974. For a detailed discussion and appraisal of the World Bank proposal and the Iranian government's responses to it see Homa Katouzian, 'Mosaddeq va Pishnahad-e Bank-e Jahani', *Mehregan* (spring 1992), repr. in *Estebdad, Demokrasi.*
64. See further Katouzian, *Musaddiq*, chs 10 and 11.
65. See note 61 above and Wm. Roger Louis, 'Britain and the Overthrow of the Mosaddeq Government', in Gasiorowski and Byrne, *Mohammad Mosaddeq.*
66. That Mosaddeq had intended to resign primarily in anticipation of failure at the International Court has emerged from a recent study. See Homa Katouzian, '*Dalil-e Asli-ye Est'fa-ye Mosaddeq dar Vaqeh'eh-ye Si-ye Tir*', in *Estebdad, Demokrasi*. See further *Musaddiq's Memoirs*, Book II.
67. The literature on the 21 July uprising and Qavam's ill-fated government is now quite extensive. See, for example, Khamehe'i, *Az Enshab ta Kudeta*; Katouzian, *Musaddiq* and *Estebdad, Demokrasi* and

Musaddiq's Memoirs, Book II; Azimi, *Crisis of Democracy*; Elm, *Oil, Power and Principle*; Shawkat, *Dar Tir-res-e Hadeseh*; Aqeli, *Mirza Ahmad Khan Qavam al-Saltaneh*.
68. See further Elm, *Oil, Power and Principle*; Heiss, *Empire and Nationhood* and 'The International Boycott of Iranian Oil and the Anti-Mosaddeq Coup of 1953', in Gasiorowski and Byrne (eds), *Mohammad Mosaddeq*; Fateh, *Panjah Sal Naft*; Fo'ad Ruhani, *Tarikh-e Melli Shodan-e San'at-e Naft-e Iran*; Katouzian, *Musaddiq and the Struggle for Power*.
69. Fakhreddin Azimi, 'Unseating Mosaddeq: The Configuration and Role of Domestic Forces', in Gasiorowski and Byrne (eds), *Mohammad Mosaddeq*; Katouzian, *Musaddiq*, ch. 12.
70. Khalil Maleki, *Khaterat-e Siyasi*; Homa Katouzian, 'The Strange Politics of Khalil Maleki', in Stephanie Cronin (ed.), *Reformers and Revolutionaries in Modern Iran: New Perspectives on the Iranian Left*, RoutledgeCurzon, London and New York, 2004.
71. The above brief is based on Katouzian, *Musaddiq*, ch. 12. See also, Azimi, 'Unseating Mosaddeq; Shahrough Akhavi, *Religion and Politics in Contemporary Iran: Clergy-State Relations in the Pahlavi Period*, State University of New York Press, Albany, NY, 1980; Farhad Kazemi, 'The Fada'iyan-e Islam: Fanaticism, Politics and Terror', in *From Nationalism to Revolutionary Islam*, ed. Said Amir Arjomand, Macmillan, London, 1984; Shams Qanat-Abadi, *Seyri dar Nehzat-e Melli Shodan-e Naft: Khaterat-e Shams Qanat-Abadi*, Markaz-e Asnad-e Tarikhi-ye Vezarat-e Ettela'at, Tehran, 1988. For a detailed study of the formation and role of religious groups and ulama see Ali Rahnema, *Niru-ha-ye Mazhabi bar Bastar-e Harekat-e Nehzat-e Melli*, Gam-e Naw, Tehran, 2005.
72. For example, Mosaddeq, 'Statement of April 1953', in *Musaddiq's Memoirs*, Book II, chs 2 and 7; Mohammad Reza Shah, *Mission for My Country*, Heinemann, London, 1960; Azimi, *Crisis of Democracy*; Katouzian, *Musaddiq*.
73. Mohammad Torkaman, *Tawte'eh-ye Robudan va Qatl-e Afshartus*, Torkaman, Tehran, 1984; Azimi, *Crisis of Democracy*; Katouzian, *Musaddiq*.
74. For example, Henderson to the Secretary of State, 20/5/53, 788.00/5-2053/982. See further Amir Khosrovi, *Nazar az darun*.
75. British embassy in Washington to Sir R. Matkins, 21/5/1953. For a photocopy of the document see *Doktor Karim Sanjabi, Omid-ha va Naomidi-ha*, p. 449.
76. Ali Dashti, *Avamel-e Soqut-e Mohammad Reza Pahlavi* (yadddasht-ha-ye montasher nashodeh-ye Ail Dashti), ed. Mehdi Mahuzi, Zavvar, Tehran, 2004, pp. 44–45.
77. Mark Gasiorowski, 'The 1953 Coup d'Etat Against Mosaddeq', in Gasiorowski and Byrne (eds), *Mohammad Mosaddeq* and the references therein.
78. CIA Clandestine Service History, 'Overthrow of Premier Mossadeq of Iran, November 1952–August 1953', (March 1954) by Dr Donald Wilber, <www.gwu.edu/~nsarchiv/NSAEBB/NSAEBB28/>.
79. Ibid.
80. For a detailed description of the events see Gasiorowski, 'The 1953 Coup d'Etat Against Mosaddeq'. See also Stephen Kinzer, *All the Shah's Men: An American Coup and the Roots of Middle East Terror*, John Wiley & Sons, Hoboken, NJ, 2003.
81. Katouzian, *Musaddiq; Poltical Economy*.
82. Ali Amini, *Khaterat-e Ali Amini*, pp. 82–90.
83. Lambton, *Persian Land Reform*, pp. 56–57.
84. George B. Baldwin, *Planning and Development in Iran*, The Johns Hopkins Press, Baltimore, MD, 1967, pp. 110–124
85. See further Abolhasan Ebtehaj, *Khaterat-e Abolhasan Ebtehaj*; Francis Bostock and Geoffrey Jones, *Planning and Power in Iran: Ebtehaj and Economic Development under the Shah*, Frank Cass, London, 1989; Ebtehaj's interview with Habib Ladjevardi, Iran Oral History Project, Harvard University Centre for Middle Eastern Studies, <www.fas.harvard.edu/~iohp/ebtehaj>.
86. Aqeli, *Ruzshomar-e Tarikh-e Iran*, Nashr-e Goftar, Tehran, 1995, vol. 2, p. 51.
87. See further Mohamad Tavakoli-Targhi, '*Baha'i-setizi*' and 'Anti-Baha'ism'; *Khaterat va Mobarezat-e Hojjatoleslam Mohammad Taqi Falsafi*, intro. Hamid Ruhani, eds Ali Davani et al., Markaz-e Asnad-e Enqelab-e Eslami, Tehran, 1997.
88. Ibid., pp. 59–63. Katouzian, *Musaddiq*, ch. 12.
89. Mark J. Gasiorowski, *US Foreign Policy and the Shah: Building a Client State in Iran*, Cornell University Press, Ithaca, NY, 1991, pp. 93–109.
90. Katouzian, *Political Economy*, p. 205, table 10.2 and the sources therein.
91. See further Rouhollah Ramazani, *Iran's Foreign Policy, 1941–1973, A Study of Foreign Policy in Modernizing Nations*, University Press of Virginia, Charlottesville, VA, 1975; Shahram Chubin and Sepehr Zabih, *The Foreign Relations of Iran: A Developing State in a Zone of Great-Power Conflict*, University of California Press, Berkeley, CA, 1974; Shahram Chubin, *Soviet Policy towards Iran and the Gulf*, International Institute for Strategic Studies, London, 1980.

92. Based on *Seven Year Development Plan of Iran* and *Review of the Second Seven Year Pan Programme of Iran*, Tehran Plan Organization, 1956 and 1960, summarized in Katouzian, *Political Economy*, table 10.1, p. 203. See also Bostock and Jones, *Planning and Power*; George Baldwin, *Planning and Development in Iran*.
93. Katouzian, *Political Economy*, table 10.4, p. 206 and the sources therein.
94. See further Mark J. Gasiorowski, 'The Qarani Affair and Iranian Politics', *International Journal of Middle East Studies*, 25 (1993).
95. See further Abrahamian, *Iran between Two Revolutions* and Katouzian, *Political Economy*.
96. See further Katouzian, *Musaddiq*, ch. 16.
97. Bharier, *Economic Development*, p. 138. See further Lambton, *Persian Land Reform*; Eric J. Hooglund, *Land and Revolution in Iran, 1960–1980*, University of Texas Press, Austin, TX, 1982; Homa Katouzian, 'Land Reform in Iran, A Case Study in the Political Economy of Social Engineering', *Journal of Peasant Studies* (1974).
98. Ali Amini, *Khaterat-e Ali Amini*, pp. 132–137.
99. Ibid., p. 201.
100. Mohammad Gholi Majd, *Resistance to the Shah: Landowners and the Ulama in Iran*, University Press of Florida, Gainsville, FL, 2000.
101. See further Dashti, *Avamel-e Soqut*, especially his long letter of advice to the Shah.
102. Afshar (ed.), *Zendegi-ye Tufani*, p. 411.
103. Ibid.
104. For example, H. E. Chehabi, *Iranian Politics and Religious Modernism: The Liberation Movement of Iran under the Shah and Khomeini*, Cornell University Press, Ithaca, New York, 1990, ch. 4; Katouzian, *Political Economy*, ch. 11.
105. See 'October 27, 1964, The Granting of Capitulatory Rights to the US', in *Writings and Declarations of Imam Khomeini*, tr. and annot. Hamid Algar, Mizan Press, Berkeley, CA, 1981, pp. 181–184.

11 白色革命

1. See further Homa Katouzian, 'The Political Economy of Oil-Exporting Countries', *Mediterranean Peoples* (September 1979) and 'Oil and Economic Development in the Middle East', in *The Modern Economic History of the Middle East in its World Context*, Essays Presented to Charles Issawi, ed. Georges Sabagh, Cambridge University Press, Cambridge, 1989. See also Hossein Mahdavy, 'The Patterns and Problems of Economic Development in Rentier States: The Case of Iran', in Michael A. Cook (ed.), *Studies in the Economic History of the Middle East from the Rise of Islam to the Present-Day*, Oxford University Press, Oxford, 1970.
2. Martin F. Herz, *A View from Tehran: A Diplomatist Looks at the Shah's Regime in June 1964*, Institute for the Study of Diplomacy, Georgetown University, Washington DC, 1979, pp. 6–7, emphasis added.
3. For a psychological analysis of the Shah's attitude towards the United States, see Marvin Zonis, *Majestic Failure: The Fall of the Shah*, University of Chicago Press, Chicago and London, 1991.
4. See Asadollah Alam, *The Shah and I: The Confidential Diary of Iran's Royal Court, 1969–1977*, intro. and ed. Alinaghi Alikhani, trs Alinaghi Alikhani and Nicholas Vincent, I.B. Tauris, London and New York, 1991, p. 46
5. Ibid., p. 233.
6. Ibid., p. 236.
7. Ibid., pp. 277–278.
8. The Shah put this and similar points consistently in interviews with the international media since 1970. See, for example, William D. Smith, 'Price Quadruples for Iranian Crude Oil at Auction', *New York Times* (12 December 1973).
9. Alam, *The Shah and I*, pp. 347–349.
10. Ibid., p. 350.
11. Ibid., p. 239.
12. Ibid., p. 240.
13. Ibid., p. 176.
14. Ibid., p. 169.
15. Ibid., p. 197.
16. Ibid., p. 198.
17. Ibid., p. 341.
18. Ibid., p. 543.
19. See further Parviz C. Radji, *In the Service of the Peacock Throne: The Diaries of the Shah's Last Ambassador to London*, Hamish Hamilton, London, 1983.

20. Alam, *The Shah and I*, p. 331.
21. Ibid., p. 228.
22. Ibid., pp. 245–246.
23. Ibid., p. 360.
24. Mohammad Reza Shah Pahlavi, *Besu-ye Tamaddon-e Bozorg*, Markaz-e Pazhuhesh va Nashr-e Farhang-e Dawran-e Pahlavi, Tehran, 1975, pp. 248–249.
25. Ibid., p. 249.
26. Ibid., p. 252.
27. Ibid., p. 250.
28. Alam, *The Shah and I*, p. 365.
29. For a full-scale biography of Hoveyda see Abbas Milani, *The Persian Sphinx: Amir Abbas Hoveyda and the Riddle of the Iranian Revolution, A Biography*, I.B. Tauris, London and New York, 2000.
30. Ibid., pp. 210–211.
31. On the organization and activities of the Iran-e Novin party see Manuchehr Kalali (its first general secretary), Iranian Oral History Collection, Harvard University (henceforth Harvard Oral History).
32. Alam, *The Shah and I*, p. 232.
33. Homa Katouzian, 'The Pahlavi Regime in Iran', in H. E. Chehabi and Juan J. Linz (eds), *Sultanistic Regimes*, pp. 192–193.
34. Mohammad Reza Shah Pahlavi, *Mission for My Country*, Hutchinson, London, 1960, p. 173.
35. Abolhasan Ebtehaj in an interview with Habib Ladjevardi, Harvard Oral History, <www.fas.harvard.edu/~iohp/ebtehaj.html>.
36. General Fereydun Jam in an interview with Habib Ladjevardi, Harvard Oral History.
37. Ibid.
38. General Hasan Toufanian in an interview with Zia Sedghi, Harvard Oral History, <www.fas.harvard.edu/~iohp/toufanian.html>.
39. Admiral Amir Abbas Ramzi Atai in an interview with Shahla Haeri, Harvard Oral History.
40. General Jam, Harvard Oral history.
41. General Toufanian, Harvard Oral History.
42. General Jam, Harvard Oral History.
43. General Hasan Alavi-Kia, in an interview with Habib Ladjevardi, Harvard Oral History.
44. Armin Meyer, *Quiet Diplomacy: From Cairo to Tokyo in the Twilight of Imperialism*, Universe, Lincoln, NE, 2003, p.136.
45. See occasional remarks in Alam, *The Shah and I*.
46. For a comprehensive study of Iran-American relations in the period, see Mark J. Gasiorowski, *U.S. Foreign Policy and the Shah: Building a Client State in Iran*, Cornell University Press, Ithaca, NY, 1991. See further James A. Bill, *The Eagle and the Lion: The Tragedy of American-Iranian Relations*, Yale University Press, New Haven and London, 1988.
47. See further Rouhollah Ramazani, *Iran's Foreign Policy, 1941–1973, A Study of Foreign Policy in Modernizing Nations*; Shahram Chubin, 'Iran', in Yezid Sayigh and Avi Shlaim (eds), *The Cold War and the Middle East*, Clarendon Press, Oxford, 1997. Shahram Chubin and Sepehr Zabih, *The Foreign Relations of Iran: A Developing State in a Zone of Great-Power Conflict*, University of California Press, Berkeley, CA, 1974.
48. See further sources in n. 47 above.
49. See further Rouhollah K. Ramazani, *The Persian Gulf: Iran's Role*, University Press of Virginia, Charlottesville, VA, 1972; Roham Alvandi, 'National Identity and Iranian Foreign Policy: Resolving the Bahrain Question', M.Phil. dissertation, University of Oxford, Oxford, 2007; Hossein Heirani Moghaddam, 'The Anglo-Iranian Conflict over the Disputed Islands in the Persian Gulf, 1820–1971', DPhil dissertation, University of Oxford, Oxford, 2004.
50. For example, Mohammad Reza Pahlavi, *Answer to History*, Stein and Day, New York, 1980.
51. See further Massoud Karshenas, *Oil, State and Industrialization in Iran*, Cambridge University Press, Cambridge, 1990; Robert E. Looney, *Economic Origins of the Iranian Revolution*, Pergamon Press, New York, 1982; Katouzian, *Political Economy*; Jahangir Amuzegar, *Iran: An Economic Profile*, Middle East Institute, Washington DC, 1977; Jahangir Amuzegar and M. Ali Fekrat, *Iran: Economic Development under Dualistic Conditions*, The University of Chicago Press, Chicago, IL, 1971; George B. Baldwin, *Planning and Development in Iran*, The Johns Hopkins University Press, Baltimore, MD, 1967.
52. Katouzian, *Political Economy*, table 13.7, based on Central Bank of Iran, *Annual Report* (various issues).
53. Ann. K.S. Lambton, *The Persian Land Reform, 1962–1966*, Oxford: The Clarendon Press, ch. ix.
54. Ibid., p. 196.
55. Ibid., ch. xi; Homa Katouzian, 'Land Reform in Iran: A Case Study in the Political Economy of Social Engineering', *Journal of Peasant Studies* (1974).

56. Fatemeh Etemad Moghadam, *From Land Reform to Revolution: The Political Economy of Agricultural Development in Iran*, I.B. Tauris, London and New York, 1996, ch. 3; Lambton, *The Persian Land Reform*, chs xiv–xvi.
57. See further Homa Katouzian, 'Oil *versus* Agriculture: A Case of Dual Resource Depletion in Iran', *Journal of Peasant Studies* (April 1978).
58. Moghadam, *From Land Reform to Revolution*.
59. See further Homa Katouzian, 'The Agrarian Question in Iran', in A. K. Ghose (ed.), *Agrarian Reform in Contemporary Developing Countries*, Croom Helm, London, 1983.
60. Katouzian, 'Oil *versus* Agriculture'.
61. Fatemeh Etemad Moghadam, 'The Effect of Farm Size and Management System on Agricultural Production in Iran', DPhil thesis, University of Oxford, Oxford, 1978.
62. Ibid.
63. Moghadam, *From Land Reform to Revolution*, table 7.4.
64. See further Richard Tapper (ed.), *The Conflict of Tribe and State in Iran and Afghanistan*, Croom Helm and St Martin's Press, London and New York, 1983.
65. David Menasheri, *Education and the Making of Modern Iran*, ch. 9, table 5.
66. Ibid., table 8.
67. UNESCO Statistical Yearbook, Paris, 1977.
68. Ibid., pp. 128–176.
69. Ibid.
70. Menasheri, *Education and the Making of Modern Iran*, pp. 190–1.
71. Ibid., ch. 10, table 14.
72. Ibid., ch. 9, table 12.
73. Ibid., p. 235.
74. Ibid., ch. 10, table 14.
75. Ibid., pp. 218–219.
76. See further for details Asghar Schirazi, *The Constitution of Iran: Politics and the State in the Islamic Republic*, tr. John O'Kane, I.B. Tauris, London and New York, 1997, pp. 215–216.
77. Jahangir Amuzegar, *Iran: An Economic Profile*, tables v.3 and xiv.1
78. Computed from Central Bank of Iran, *Annual Report*, various years and other official publications.
79. Katouzian, *Political Economy*, tables 13.1 and 13.3.
80. Ibid., table 13.7.
81. Massoud Karshenas, *Oil, State and Industrialization in Iran*, App. table P.2; Robert E. Looney, *Economic Origins of the Iranian Revolution*, table 4.1.
82. For a study of the Iranian economy in the twentieth century see Hadi Salehi Esfahani and M. Hashem Pesaran, 'Iranian Economy in the Twentieth Century: A Global Perspective', *Iranian Studies*, 42/2, 2009.

12 1979年二月革命

1. For example, his interview with Mike Wallace, <www.youtube.com/watch?v=66-jkx36BPc>.
2. See further Chehabi, *Iranian Politics and Religious Modernism*; Katouzian, *Musaddiq and the Struggle for Power in Iran*.
3. Mehdi Bazargan, *Modafe'at dar Dadgah*, Freedom Movement, Tehran, 1964; Chehabi, *Iranian Politics and Religious Modernism*.
4. For the full text of the highly charged report see Homa Katouzian, 'Khalil Maleki, the Odd Intellectual Out', in Negin Nabavi (ed.), *Intellectual Trends in Twentieth-Century Iran: A Critical Survey*, The University of Florida Press, Gainesville, FL, 2003, p. 45.
5. Ervand Abrahamian, *The Iranian Mojahedin*, Yale University Press, New Haven and London, 1989, p. 86, emphasis added.
6. See further Mehrzad Boroujerdi, *Iranian Intellectuals and the West: The Tormented Triumph of Nativism*, Syracuse University Press, Syracuse, NY, 1996, especially ch. 3, 'The othering of the west'.
7. See further Negin Nabavi, 'In Search of Culture and Authenticity: The Iranian Intellectuals vis-à-vis the State, 1953–1977', D.Phil. thesis, University of Oxford, Oxford, 1997. See also Ali Gheissari, *Iranian Intellectuals in the 20th Century*, University of Texas Press, Austin, TX, 1998.
8. Ahmad Kasravi, *A'in*, reprint, Nashr o Pakhsh-e Ketab, Tehran, 1977, pt 1, p. 6.
9. Ibid., pt 2, p. 13
10. Ibid., pt 1, p. 13.
11. Ibid., p. 47.
12. Seyyed Fakhreddin Shadman, *Taskhir-e Tamaddon-e Farangi*, Tehran, n. p., 1947, repr. in Abbas Milani (ed.), *Taskhir-e Tamaddon-e Gharbi*, Gam-e Naw, Tehran, 2003; Shadman, *Trazhedi-ye Farang*,

Tahuri, Tehran, 1967; Mohamad Tavakoli-Targhi's review of Mehrzad Borujerdi's *Iranian Intellectuals and the West: The Tormented Triumph of Nativism*, in *International Journal of Middle East Studies*, 32/4 (2000).

13. Jalal Al-e Ahmad, *Gharbzadegi*, 2nd edn 1964, repr., Ravaq, Tehran, 1978; Jalal Al-e Ahmad, *Gharbzadegi [Weststruckness]*, tr. John Green and Ahmad Alizadeh, Mazda Publishers, Costa Mesa, CA, 1997; *Plagued by the West*, tr. Paul Sprachman, Caravan Books, Delmar, NY, 1982; Jalal Al-e Ahmad, *Occidentosis: A Plague from the West*, tr. R. Campbell, annot. and intro. by Hamid Algar, Mizan Press, Berkeley, CA, 1984.
14. Mohamad Tavakloi-Targhi, *Refashioning Iran: Orientalism, Occidentalism and Historiography*, Palgrave, Basingstoke and New York, 2001, pp. 118–122; *Tajddod-e Bumi va Bazandishi-ye Tarikh*, Nashr-e Tarikh-e Iran, Tehran, 2002, pp. 117–120.
15. Quoted in Lloyd Ridgeon (ed.), *Religion and Politics in Modern Iran, A Reader*, I.B. Tauris, London and New York, 2005, p. 166.
16. Quoted in ibid., pp. 172–173.
17. Jalal Al-e Ahmad, *Dar Khedmat va Khiyanat-e Rowshanfekran*, Kharazmi, Tehran, 1978.
18. See further Hamid Dabashi, *Theology of Discontent*, New York University Press, New York, 1993.
19. For a comprehensive account of Shariati's life and career see Ali Rahnema, *An Islamic Utopian: A Political Biography of Ali Shari'ati*, I.B. Tauris, London, 1998. For the circumstances of Shariati's death in England see p. 386.
20. Ibid., p. 24.
21. Abrahamian, *The Iranian Mojahedin*, ch. 4.
22. Rahnnema, *An Islamic Utopian*, p. 287.
23. See his *Marxism and Other Western Fallacies: An Islamic Critique*, tr. R. Campbell, Mizan Press, Berkeley, CA, 1980; Rahmena, *An Islamic Utopian*, ch. 22.
24. Ervand Abrahamian, 'The Working Class and the Islamic State in Iran', in *Reformers and Revolutionaries in Modern Iran, New Perspectives on the Iranian Left*, ed. Stephanie Cronin, RoutledgeCurzon, London and New York, 2004, p. 269.
25. Abrahamian, *The Iranian Mojahedin*, p. 119, quoted from *Entezar* (1980), p. 21.
26. Ibid., p. 116, quoted from *Bazgasht beh Khishtan* (n.d.), pp. 11, 30.
27. *Entezar: Mazhab-e Entezar*, quoted in Mohsen M. Milani, *The Making of Iran's Islamic Revolution: From Monarchy to Islamic Republic*, Westview Press, Boulder, CO and London, 1988, p. 133. See further Shahrough Akhavi, 'Shariati's Social Thought', in Nikki. R. Keddie (ed.), *Religion and Politics in Iran*, Yale University Press, New Haven and London, 1983.
28. See further Baqer Moin, *Khomeini, Life of the Ayatollah*, I.B. Tauris, London and New York, 1999; *Khaterat-e Ayatollah Pasandideh* (Khomeni's elder brother), ed. Mohammadjavad Moradi-niya, Mo'asseseh-ye Chap o Enteshar-e Hadith, Tehran, 1995.
29. See his *Kashf al-Asrar*, n.p., 1942, which is a critique of Ali Akbar Hakamizadeh's *Asrar-e Hezar Saleh* (Secrets of a Thousand Years), Tehran, 1942. See also Vanessa Martin, 'Religion and State in Khumaini's *Kashf al-Asrar*', *Bulletin of the School of Oriental and African Studies*, 56, pt 1 (1993).
30. *Writings and Declarations of Imam Khomeini*, tr. and annot. Hamid Algar, pp. 189–94.
31. See further Imam Khomeini, *Velayat-e Faqih (Hokumat-e Eslami)*, new edn, n.p., 1979; English translation, *Writings and Declarations of Imam Khomeini*, tr. and annot. Hamid Algar, p. 42. See also Michael M. J. Fischer, *Iran: From Religious Dispute to Revolution*, Harvard University Press, Cambridge, MA, 1980.
32. *Writings and Declarations of Imam Khomeini*, p. 55.
33. Ibid., p. 57.
34. Ibid., p. 56.
35. Ibid., p. 62.
36. Ibid., p. 61.
37. Ibid., pp. 75–76.
38. Ibid., p. 49. See also Hamid Enayat, *Modern Islamic Political Thought: The Response of the Shi'i and Sunni Muslims to the Twentieth Century*, Macmillan, London, 1982.
39. For his biography and SAVAK documents and reports on him see *Yaran-e Imam beh Ravayt-e SAVAK: Shahid Ayatollah Seyyed Mohammad Reza Sa'idi*, Markaz-e Barresi-ye Asnad-e Tarikhi (Vezarat-e Ettela'at), Terhan, 1997.
40. Salehi Najaf-Abadi, *Shahid-e Javid*, 2nd edn, n.p., 1972, pp. xiv–xv (1st edn, 1970).
41. Quoted in Negin Nabavi, 'The Discourse of "Authentic Culture" in Iran in the 1960s and 1970s', in Negin Nabavi (ed.), *Intellectual Trends in Twentieth-Century Iran*, p. 91.
42. See further Afshin Matin-Asgari, *Iranian Student Opposition to the Shah*, Mazda Publishers, Costa Mesa, CA, 2002; Hamid Shawkat, *Konfederasion-e Jahani-ye Daneshjuyan va Mohasselin-e Iran (Etthehadiyeh-ye Melli)*, Ata'i, Tehran, 1999.

43. He went much further than that, even saying that women were 'evil'. See Oriana Fallaci, *Interview with History*, Liveright Publishing, New York, 1976, pp. 270–272.
44. See also his 1974 interview with Mike Wallace in <www.youtube.com/watch?v=66-jkx36BPc>.
45. Maziar Behrooz, *Rebels with a Cause: The Failure of the Left in Iran*, I.B. Tauris, London and New York, 1999, p. 61.
46. See further Abrahamian, *The Iranian Mojahedin*; Behrooz, *Rebels with a Cause.*
47. Ibid., ch. 2.
48. See further Peyman Vahabzadeh, 'Mostafa Sho'aiyan: The Maverick Theorist of Revolution and the Failure of Frontal Politics in Iran', *Iranian Studies*, 40/3 (2007).
49. See further Kanun-e Gerdavari va Nashr-e Asar-e Jazani (eds), *Jongi darbareh-ye Zendegi va Asar-e Bizhan-e Jazani*, Khavaran, Paris, 1999; Peyman Vahabzadeh, 'Bizhan Jazani and the Problems of Historiography of the Iranian Left', *Iranian Studies*, 38/1 (2005).
50. Mahin Jazani and Abdolkarim Lahiji, in Kanun-e Gerdavari va Nashr-e Asar-e Jazani (eds), *Jongi darbareh-ye . . . Bizhan Jazani*; Ahabzadeh, 'Bizhan Jazani'; Maziar Behrooz, *Rebels with a Cause.*
51. Jamshid Taheripur, 'Bizhan Jazani, Amuzegar-e Enqelab', in Kanun-e Gerdavari va Nashr-e Asar-e Jazani (eds), *Jongi darbareh-ye . . . Bizhan-e Jazani.*
52. Vahabzadeh, 'Bizhan Jazani and the Problems of Historiography of the Iranian Left'.
53. See further Bizhan Jazani, *Capitalism and Revolution in Iran*, tr. Iran Committee, Zed Press and Victas Publishing House, London and New Delhi, 1980; Baba Ali, in Kanun-e Gerdavari va Nashr-e Asar-e Jazani (eds), *Jongi darbareh-ye . . . Bizhan Jazani.*
54. See further Farhad Kazemi, *Poverty and Revolution in Iran: The Migrant Poor, Urban Marginality and Politics*, New York University Press, New York, 1980.
55. See further Nimah Mazaheri, 'State Repression in the Iranian Bazaar, 1975–1977: The Anti-Profiteering Campaign and an Impending Revolution', *Iranian Studies*, 39/3 (September 2006); Robert E. Looney, *Economic Origins of the Iranian Revolution.*
56. See further Saedi's interview with Zia Sedghi, Harvard Oral History Project, quoted in *Saedi, Az U va darbareh-ye U*, ed. Baqer Mortazavi, Forough, Cologne, 2007.
57. *Briefing Paper on Iran*, Amnesty International, November 1976.
58. Hossein Shahidi, *Journalism in Iran: From Mission to Profession*, Routledge, London and New York, 2007, p. 7.
59. See further Naser Mo'azzen (ed.), *Dah Shab: Shab-ha-ye She'r-e Sha'eran va Nevisandegan dar Anjoman-e Farhangi-ye Iran o Alman*, Amir Kabir, Tehran, 1979.
60. Baqer Moin, *Khomeini, Life of the Ayatollah*, ch. 10.
61. Sorush Publications, *Taqvim-e Tarikh-e Enqelab-e Eslami-ye Iran*, pp. 54–57, Sorush, Tehran, 1991, quoted in Hossein Shahidi, *Journalism in Iran*, pp. 9–10. See further Shaul Bakhash, 'Sermons, Revolutionary Pamphleteering and Mobilisation: Iran, 1978', in Said Amir Arjomand (ed.), *From Nationalism to Revolutionary Islam*, Macmillan, London, in association with St Antony's College, Oxford, 1984.
62. Ervand Abrahamian, *Iran between Two Revolutions*, Princeton University Press, Princeton, NJ, 1982, p. 517.
63. See further Annabelle Sreberny-Mohammadi and Ali Mohammadi, *Small Media, Big Revolution: Communication, Culture and the Iranian Revolution*, University of Minnesota Press, Minneapolis, 1994.
64. Katouzian, *Political Economy of Modern Iran*, p. 347; Shahidi, *Journalism in Iran*, p. 15.
65. Karim Sanjabi, *Omid-ha va Naomidi-ha, Kahaterat-e Doktor Karim Sanjabi*, Jebhe, London, 1989, p. 296.
66. Azhari-ye bichareh/olagh-e char setareh/bazam begu navareh/navar ken pa nadareh.
67. See the full text penned by Reza Ghotbi, Empress Farah's cousin and head of Iran's radio-television network, <persian.fotopages.com/?entry=46578> and Mehdi Bazargan, *Enqelab-e Iran dar daw Harekat*, Bazargan, Tehran, 1984, pp. 207–209.
68. See further William Shawcross, *The Shah's Last Ride*, Pan Books, London, 1990; Bazargan, *Enqelab-e Iran.*
69. Sanjabi, *Omid-ha va Naomidi-ha*, pp. 306–309.
70. Mohammad Reza Pahlavi, *Answer to History*, Stein and Day, New York, 1980, ch. 6.
71. Ibid. and Anthony Parsons, *The Pride and the Fall, Iran: 1974–1979*, Cape, London, 1984.
72. See further William H. Sullivan, *Mission to Iran*, Norton, New York, 1981.
73. See further Zbigniew Brzezinski, *Power and Principle: Memoirs of the National Security Adviser, 1977–1981*, Weidenfeld & Nicolson, London, 1983.
74. See further Cyrus R. Vance, *Hard Choices: Critical Years in America's Foreign Policy*, Simon and Schuster, New York, 1983.
75. See further Jimmy Carter, *Keeping Faith: Memoirs of a President*, Bantam Books, New York, 1982.

76. 'Nasr-e menallha va fathan qarib/Nang bar in saltanat-e por farib'. The first part of the slogan is an idiomatic Koranic verse.
77. 'Ta shah kafan nashavad/In vatan vatan nashavad'.
78. Shahidi, *Journalism in Iran*, p. 15.
79. Sanjabi, *Omid-ha va Naomidi-ha*, pp. 310–312.
80. For the text of his resignation in which he declared the Royal Council 'illegal' see Davud Ali-Baba'i, *Bist o Panj Sal dar Iran Cheh Gozasht (Az Bazargan ta Khatami)*, vol. 1, Omid-e Farda, Tehran, 2005, p. 117.
81. Mehdi Bazargan, *Enqelab-e Iran*.
82. 'Bakhtiar, nawkar-e bi ektiyar'.
83. For example, Sullivan, *Mission to Iran*; Bazargan, *Enqelab-e Iran*; Sanjabi, *Omid-ha va Naomidi-ha*.
84. 'Baradar-e Arteshi/Chera Baradar-koshi?'
85. See further Carter, *Keeping Faith;* Brzezinski, *Power and Principle*; Sullivan, *Mission to Iran*. See also, Said Amir Arjomand, *The Turban for the Crown: The Islamic Revolution in Iran*, Oxford University Press, New York and Oxford, 1988, pp. 119–128.

13 共和国

1. Khomeini-ye azizam/Begu ta khun berizam.
2. Charles Kurzman, *The Unthinkable Revolution*, Harvard University Press, Cambridge, MA, 2004, pp. vii–viii.
3. See the foregoing chapters, especially the Introduction and Chapters 8 and 12.
4. Karl Popper, *The Poverty of Historicism*, Routledge, London, 2002.
5. See *Saedi, Az U, va darbareh-ye U,* ed., Baqer Mortazavi, Forough, Cologne, 2007, p. 101.
6. See for a report of Yazdi's speech at Washington's Middle East Institute in April 2008, <niacblog.wordpress.com/2008/04/07/former-leader-of-revolution-ebrahim-yazdi-calls-for-us-iran-talks-rips-into-voa-persian/>.
7. See further Homa Katouzian, 'Towards a General Theory of Iranian Revolutions', *Iranian History and Politics, The Dialectic of State and Society*, London and New York, Routledge, 2007.
8. See further Chapter 8.
9. See further Katouzian, 'Towards a General Theory'.
10. Mehdi Bazargan, *Enqelab-e Iran dar Daw Harekat*, Bazargan, Tehran, 1984, p. 92, n.1. He explains that the political atmosphere was such that freedom and democracy had been turned into dirty words.
11. See Sadeq (Sadeqi Givi) Khalkhali, *Ayyam-e Enzeva, Jeld-e Dovvom-, Khaterat-e Ayatollah Khalkhali*, Nashr-e Sayeh, Tehran, 2001, p. 81.
12. For a fairly detailed account of Hoveyda's trial and execution see Abbas Milani, *The Persian Sphinx: Amir Abbas Hoveyda and the Riddle of the Iranian Revolution, A Biography*, I.B. Tauris, London and New York, 2000.
13. See Khalkhali, *Ayyam-e Enzeva*, p. 78.
14. 'Hezb faqat Hezbollah/Rahbar faqat Ruhollah'.
15. 'Baray-e dafn-e shohada/Mehdi biya, Mehdi biya', 'Mehdi' being the Persian pronunciation of 'Mahdi', an attribute of the Hidden Imam.
16. 'Khodaya, Khodaya/Ta Enqelab-e Mehdi/Hatta Kenar-e Mehdi/Khomeini ra Negahdar'.
17. See Yunes Javanrudi, *Taskhir-e Kayhan*, Hashieh, Tehran, 1980, p. 81. A minor cleric apparently confessed to being a leader of Forqan, although there never was an official report on the group, its membership and its aims. See Davud Alibaba'i, *Bist-o-panj Sal dar Iran Cheh Gozasht*, vol. 1, Omid-e Farda, Tehran, 2002, p. 220.
18. For an early account of this see Eric Hooglund, 'Iran 1980–85: Political and Economic Trends', in *The Iranian Revolution and the Islamic Republic*, ed. Nikkie R. Keddie and Eric Hoogland, Syracuse University Press, Syracuse, NY, 1986.
19. See <www.hamshahrionline.ir/News/?id=48009> (accessed 26 April 2008).
20. See Sorush Publications, *Taqvim-e Tarikh-e Enqelab-e Eslami-ye Iran*, vol. 4, pp. 566–568, cited in Hossein Shahidi, *Journalism in Iran: From Mission to Profession,* Routledge, London, 2007, p. 31.
21. *Sahifeh-ye Nur*, vol. 8. p. 245, quoted in Baqer Moin, *Khomeini, Life of the Ayatollah*, p. 219.
22. See further for details Schirazi, *The Constitution of Iran*, pp. 216–219.
23. *Kayhan*, 6 March 1979.
24. *Saifeh-ye Nur*, vol iii, p. 410, quoted in Vanessa Martin, *Creating an Islamic State: Khomeini and the Making of a New Iran*, I.B. Tauris, London and New York, 2003, p. 155.
25. See further Schirazi, *The Constitution of Iran*, ch. 1.
26. Ibid., p. 22.
27. Abolhasan Bani Sadr, *Khiyanat beh Omid*, Bani Sadr, Paris, 1982; the author's conversations with Ezzatollah Sahabi, Tehran, April 2006.

28. Schirazi, *The Constitution of Iran*, ch. 2.
29. See further Abdol'ali Bazargan (ed.), *Moshkelat va Masa'el-e Avvalin Sal-e Enqelab az Zaban-e Mohandes Bazargan*, Bazargan, Tehran, 1981; Sa'id Barzin, *Zendeginameh-ye Mohandes Mehdi Bazargan*, Nashr-e Markaz, Tehran, 1995; Mehdi Bazargan, *Enqelab-e Iran dar Daw Harekat*; Kheirollah Esma'ili, *Dawlat-e Movaqqat*, Entesharat-e Markaz-e Asnad-e Enqelab-e Eslami, Tehran, 2002; Alibaba'i, *Bist- o- panj Sal*, vol. 1.; Shaul Bakhash, *The Reign of the Ayatollahs: Iran and the Islamic Revolution*, Unwin Paperbacks, London, 1985, ch. 3.
30. See <century.guardian.co.uk/1970–1979/Story/0,,106889,00.html> and William H. Sullivan, *Mission to Iran*.
31. Kasra Naji, *Ahmadinejad: the Secret History of Iran's Radical Leader*, I.B. Tauris, London and New York, 2008, p. 25.
32. The statement was released under the signature and academic address of the Committee's Secretary, Homa Katouzian. It has been reprinted in the Berlin publication *Hoghugh-e Baschar/Human Rights*, 18/1 (spring 2002), pp. 95–96.
33. Banisadr's views were a good deal more Islamist during the revolution than when he was president. See his *Eqtesad-e Eslami*, Paris, Bani Sadr, 1977. See further Homa Katouzian, 'Shi'ism and Islamic Economics: Sadr and Bani Sadr', in Nikki R. Keddie (ed.), *Religion and Politics in Iran, Shi'ism from Quietism to Revolution*, Yale University Press, New Haven, CT and London, 1983.
34. See further Bani Sadr, *Khiyanat beh Omid*; Bakhash, *The Reign of the Ayatollahs*, chs 5 and 6; Ervand Abrahamian, *The Iranian Mojahedin*.
35. See further Ali Rahnema and Farhad Nomani, *The Secular Miracle, Religion, Politics & Economic Policy in Iran*, Zed Books, London and New Jersey, 1990, ch. 5.
36. See Vladimir Kuzichkin, *Inside the KGB: Myth and Reality*, tr. Thomas B. Beattie, intro. Frederick Forsyth, Andre Deutsch, London, 1990.
37. See *Siyast va Sazman-e Hezb-e Tudeh az Aghaz ta Forupashi*, vol. 1, Mo'asseseh-ye Motal'eat va Pazhuhesh-ha-ye Siyasi, Tehran, 1991; Ehsan Tabari, *Kazh-raheh: Khaterati az Hezb-e Tudeh*, Amir Kabir, Tehran, 1988; Nureddin (Nur al-Din) Kiyanuri, *Khaterat-e Nureddin Kiyanuri*, Didgah, Tehran, 1992; Ervanad Abrahamian, *Tortured Confessions: Prisons and Public Recantations in Modern Iran*, University of California Press, Berkeley, CA, 1999.
38. For the text of Qotbzadeh's televised confessions see Alibaba'i, *Bist-o- panj Sal*, vol. 5, 2006, pp. 493–501.
39. See further David Menasheri (ed.), 'Khomeni's Vision: Nationalism or World Order', in *The Iranian Revolution and the Muslim World*, Westview, Boulder, CO, San Fransisco, CA, Oxford, 1990.
40. See further Shahram Chubin and Charles Tripp, *Iran and Iraq at War*, I.B. Tauris, London, 1988, ch. 2; Amazia Baram, 'The Impact of Khomeini's Revolution on the Radical Shi'i Movement of Iraq', in Menasheri (ed.), *The Iranian Revolution and the Muslim World*.
41. Christopher de Bellaigue, *In the Rose Garden of the Martyrs*, HarperCollins, London, 2004, p. 139.
42. *Kayhan-e Hava'i* (27 July 1988).
43. For a review of Iranian international relations at the time see, for example, Anoushiravan Ehteshami and Manshour Varasteh (eds), *Iran and the International Community*, Routledge, London and New York, 1991.
44. See, for example, Edward Hallett Carr, *The Russian Revolution: From Lenin to Stalin, 1917–1929*, Papermac, London, 1980 and *The Bolshevik Revolution, 1917–1923*, 3 vols, Macmillan, London, 1978; Maurice Dobb, *Soviet Economic Development Since 1917*, Routledge & Kegan Paul, London, 1966.
45. See Hassan Hakimian and Massoud Karshenas, 'Dilemmas and Prospects for Economic Reform and Reconstruction in Iran', in Parvin Alizadeh (ed.), *The Economy of Iran: Dilemmas of an Islamic State*, I.B. Tauris, London and New York, 2000, p. 45.
46. Parvin Alizadeh, 'Introduction', in Alizadeh (ed.), *The Economy of Iran*.
47. For a detailed empirical study of the economy, see Jahangir Amuzagar, *Iran's Economy under the Islamic Republic*, I.B. Tauris, London and New York, 1993, especially chs 14 and 15.
48. For example, Nehzat-e Azadi-ye Iran, *Velayat-e Motlaqeh-ye Faqih*, Nehzat-e Azadi, Tehran, ?1988, pp. 4–11.
49. Wilfried Buchta, *Who Rules Iran?: The Structure of Power in the Islamic Republic*, a joint publication of the Washington Institute for Near East Policy, Washington DC and the Konrad Adenauer Stiftung, Berlin, 2000, p. 92.
50. It turned out that Seyyed Mehdi Hashemi, the leading figure in the affair, and his accomplices had also been seasoned murderers. See further Mohammad Reyshahri, *Khaterat-e Siyasi, 1986–1987*, Mo'asseseh-ye Motal'at va Pazhuhesh-ha-ye Siyasi, Tehran, 1990.
51. See Homa Katouzian, 'Islamic Government and Politics: The Practice and Theory of the Absolute Guardianship of the Jurisconsult', in *After the War: Iran, Iraq and the Arab Gulf*, ed. Charles Davies, Carden Publications, Chichester, 1990.

52. For example, Ali A. Saeidi, 'The Accountability of Para-governmental Organizations (bonyads): The Case of Iranian Foundations', *Iranian Studies*, 37/1 (September 2004).
53. *Kayhan-e Hava'i*, 27 July 1988.
54. *Ettela'at*, 25 February 1989.
55. Iran Radio (Home Service), 9 December 1987, BBC Monitoring Service.
56. Iran Radio (Home Service), 23 December 1987, BBC Monitoring Service.
57. Ibid.
58. Ibid.
59. *Jomhuri-ye Eslami*, 9 January 1988.
60. Ibid.
61. Ibid.
62. *Jomhuri-ye Eslami*, 20 January 1988.
63. See further Katouzian, 'Islamic Government and Politics'.
64. Adel Darwish, 'Halabja: whom does the truth hurt? in <www.opendemocracy.net/conflict- journalismwar/article_1049.jsp>, first published on 17 March 2003.
65. Ibid.
66. For a detailed and highly informative account of the Halabja incident, see Joost R. Hiltermann, *A Poisonous Affair: America, Iraq and the Gassing of Halabja*, Cambridge University Press, Cambridge, 2007.
67. For full accounts of the Iran–Iraq war see further, for example, Shahram Chubin and Charles Tripp, *Iran and Iraq at War*; Dilip Hiro, *The Longest War: the Iran–Iraq Military Conflict*, Grafton, London, 1989.
68. Tehran Radio, 20 July 1988, quoted in Moin, *Khomeini, Life of the Ayatollah.*
69. Moin, *Khomeini*, pp. 282–283.
70. Moin, *Khomeini*, pp. 278–279
71. See further Katouzian, 'Islamic Government and Politics', pp. 258–259, quoting from photocopies of the original letters.
72. *Kayhan-e Hava'i*, 19 October 1988, emphasis added.
73. For the full text of the letter, see *Kayhan-e Hava'i*, 15 April 1989.
74. For the website of Montazeri's office, see <www.amontazeri.com/farsi/default.asp>.
75. See for the full account Tom Fenton, 'The Day They Buried the Ayatollah', *Iranian Studies*, 41/2 (April 2008).

14 现代伊朗

1. See further Anoushiravan Ehteshami, *After Khomeini: The Second Iranian Republic*, Routledge, London and New York, 1995, ch. 2.
2. See further Mohsen Milani, 'The Evolution of the Iranian Presidency: From Bani Sadr to Rafsanajani', *British Journal of Middle Eastern Studies*, 20/1 (1993).
3. In 1994, the death of Grand Ayatollah Araki at 103, a traditional senior cleric committed to the Islamist line, created something of a succsssion crisis. The Society of Instructors of the Qom Seminary (*Hawzeh*) nominated seven Shiite leaders, including Khamenei, for the office of *marja'-e taqlid*. Upon serious objections from leading pontiffs, Khamenei declared that he was a *marja'* only for the Shiites outside Iran. Montazeri believed that the supreme leader should be popularly elected. Others such as Rafsanjani suggested that the office should be run by a committee or council of jurisprudents. See further Homa Katouzian, 'Problems of Political Development in Iran: Democracy, Dictatorship or Arbitrary Rule?', *British Journal of Middle Eastern Studies*, 22/4 (1995); Wilfred Buchta, *Who Rules Iran?*, p.93.
4. See further Katouzian, 'Problems of Political Development in Iran'.
5. Speech given on Iranian television, 16 June 1989, quoted in Karim Sajjadpour, *Reading Khamenei: The World View of Iran's Most Powerful Leader*, Carnegie Endowment for International Peace, Washington DC, 2008, p. 7.
6. Quoted directly from BBC's Summary of World Broadcasts, ME/0218 (1 August 1988), in Ehteshami, *After Khomeini*, p. 28. For a study of the change in Iran's foreign policy attitude at the beginning of Rafsanjani's presidency see Rouhollah K. Ramazani, 'Iran's Foreign Policy: Contending Orientations', *The Middle East Journal*, 43/2 (spring 1989).
7. Ali Ansari has characterized the Rafsanjani years as a 'mercantile bourgeois republic'. See Ali M. Ansari, *Iran, Islam and Democracy, the Politics of Managing Change*, 2nd edn, Chatham House, London, 2006, ch. 4.
8. For a brief and qualified application of the bourgeois comprador theory see Ehteshani, *After Khomeini*; Ansari, *Iran, Islam and Democracy*.

9. See further David Menasheri, *Post-Revolutionary Politics in Iran*, Frank Cass, London and Portland, OR, 2001, ch. 2.
10. See further Hossein Shahidi, *Journalism in Iran*, p. 47.
11. The classification of Islamist political tendencies into the above four major factions (while acknowledging the existence of some subdivisions) belongs to this author, but see further Mehdi Moslem, *Factional Politics in Post-Khomeini Iran*, Syracuse University Press, Syracuse, NY, 2002; Saeed Barzin, *Jenahbandi-ye Siyasi dar Iran az Dahe-ye 60 ta Dovvom-e Khordad, Hamrah-e Mosahebeh ba Homayoun Katouzian*, Nashr-e Markaz, Tehran, 1998.
12. For example, Hakimian and Karshenas, 'Dilemmas and Prospects for Economic Reform and Reconstruction in Iran', in Parvin Alizadeh (ed.), *The Economy of Iran, Dilemmas of an Islamic State.*
13. For oil price changes see <www.ioga.com/Special/crudeoil_Hist.htm>.
14. For data on population and other demographic changes see <en.wikipedia.org/wiki/Demography; countrystudies.us/iran/32.htm>. See also <en.wikipedia.org/wiki/Family_planning_ in_Iran#cite_note-0>; <www.nationbynation.com/Iran/Population.htm>. See further Hassan Hakimian, 'Population Dynamics in Post-revolutionary Iran: A Re-examination of Evidence', in Alizadeh (ed.), *The Economy of Iran.*
15. For example, Hashem Pesaran, 'Economic Trends and Macro-economic Policies in Post-revolutionary Iran', in Alizadeh (ed.), *The Economy of Iran*. See also Jahangir Amuzegar, *Iran's Economy under the Islamic Republic*, I.B. Tauris, London and New York, 1993.
16. See further Steven Wright, *The United States and Persian Gulf Security: The Foundations of the War on Terror*, Ithaca Press, Reading, 2007, pt 2, ch. 4.
17. See <www.ioga.com/Special/crudeoil_Hist.htm>.
18. Ali A. Saeidi, 'The Accountability of Para-governmental Organizations'. See further Suzanne Maloney, 'Agents or Obstacles? Parastatal Foundations and Challenges for Iranian Development', in Alizadeh (ed.), *The Economy of Iran.*
19. See 'Saranjam Doktor Khatami Raft', in *Adineh*, 72 (August 1992), p. 5, quoted in Mehrzad Boroujerdi 'The Paradoxes of Politics in Post-revolutionary Iran', in *Iran at the Crossroads*, eds John L. Esposito and R. K. Ramazani, Palgrave, New York, 2001, pp. 19–20.
20. For a detailed and graphic description of physical torture inflicted on them, see Habibollah Davaran and Farhad Behbahani, *Dar Mehmani-ye Hajji Aqa: Dastan-e Yek E'teraf*, Omid-e Farda, Tehran, 1999.
21. Hossein Shahidi, *Journalism in Iran*, p. 56.
22. See for example Homa Katouzian, *Buf-e Kur-e Hedayat* (a critical monograph), 1st edn, Nashr-e Markaz, Tehran, 1994–5, throughout which the word *buseh* is replaced by three dots.
23. For the text of Nouri's defence in his trial see his *Shawkaran-e Eslah: Defa'iyat-e Abdollah Nuri*, Tarh-e Naw, Tehran, 2000. See also *Naqdi bara-ye Tamam-e Fosul: Goftugu-ye Akbar Gani ba Abdollah Nuri*, Tarh-e Naw, Tehran, 2000; Ali M. Ansari, *Iran, Islam and Democracy*.
24. For example, Shahrough Akhavi, 'The Thought and Role of Ayatollah Hossein'ali Montazeri in the Politics of Post-1979 Iran', *Iranian Studies*, 41/5 (December 2008).
25. Mehdi Haeri Yazdi, *Hekmat va Hokomat*, Shadi Publications, London, 1995. See also *Memoirs of Mehdi Hairi-Yazdi: Theologian and Professor of Islamic Philosophy*, ed. Habib Ladjevardi, Iranian Oral History Project, Cambridge, MA, 2001
26. See further Mohsen Kadivar, *Hokumat-e Vela'i*, Nashr-e Ney, Tehran, 1999. For a study of Kadivar's thoughts see Yasuyuki Matsunaga, 'Mohsen Kadivar, an Advocate of Postrevivalist Islam in Iran', *British Journal of Middle Eastern Studies*, 34/3 (December 2007). See also Ansari, *Iran, Islam and Democracy*, pp. 181–6.
27. Abdolkarim Soroush, *Farbeh-tar az Ideolozhi*, Serat, Tehran, 1994.
28. For example, Vala Vakili/Sa'id Mohebbei, 'Goftogu-ye Din o Siysat dar Iran: Andishe-ha-ye Siyasi-ye Doktor Soroush', in Abdolkarim Soroush, *Siyasat-Nameh*, Serat, Tehran, 1999.
29. See his 'Tolerance and Governance: A Discourse on Religion and Democracy', in *Reason, Freedom and Democracy in Islam: Essential Writings of 'Abdolkarim Soroush*, tr., ed. and with a critical introduction by Mahmoud Sadri and Ahmad Sadri, Oxford University Press, New York and Oxford, 2000, p. 134. See further Behruz Ghamari-Tabizi, *Islam and Dissent in Postrevolutionary Iran: Abdolkarim Sorush, Relgious Poltics and Democratic Reform*, I.B. Tauris, London and New York, 2008.
30. Ibid., p. 133.
31. Ziba Mir-Hosseini and Richard Tapper, *Islam and Democracy in Iran: Eshkevari and the Quest for Reform*, I.B. Tauris, London and New York, 2006, pp. 75–7. See further Eshkevari's newspaper articles in Hasan Yousefi Eshakevari, *Yad-e Ayyam: Ruykard-ha-ye Siyasi dar Jonbesh-e Eslahat*, Gam-e Naw, Tehran, 2000.
32. See the direct quotation in Hamid Kaviyani, *Dar Jostoju-ye Mahfel-e Jenayatkaran: Bazkhani-ye Parvandeh-ye Qatl-ha-ye Siyasi*, Nashr-e Negah-e Emruz, Tehran, 1999.

33. See 'Sa'id Eslami Keh Bud?', in ibid.
34. See further Mohammad Ali Zakariya'i, *Vaqe'eh-ye Talkh-e Ku-ye Daneshgah beh Ravayat-e Majlis-e Panjom*, Salam, Tehran, 1999; <en.wikipedia.org/wiki/Majlis_of_Iran>.
35. See Benedict Steiner, 'Ayatollah Khamene'i and the Position of Marja'-e Taqlid: Religious and Political Authority in the Islamic Republic of Iran', MPhil. thesis, Modern Middle Eastern Studies, University of Oxford, Oxford, 2008, ch. 3.
36. Christopher de Bellaigue, *The Struggle for Iran*, New York Review of Books, New York, 2007.
37. For the text of Ganji's defence at his trial, see *Kimiya-ye Azadi: Defa'iyat-e Akbar Ganji dar Dadgah-e Konferans-e Berlin*, Tarh-e Naw, Tehran, 2001.
38. See for the text of Aghajeri's defence at his trial Seyyed Hashem Aghajari, *Din, Qodrart va Servat: Mohakemeh va Defa'iyat*, Zekr, Tehran, 2003; see also his *Hokumat-e Dini va Hokumat-e Demokratik: Majmu'eh-ye Maqalat*, Zekr, Tehran, 2003.
39. For more details of this case see, for example, <www.jstor.org/stable/1559282?seq=6>. See also de Bellaigue, *The Struggle for Iran*, ch. 3.
40. For CBC's coverage of the events, see <www.cbc.ca/news/background/kazemi/>.
41. De Bellaigue, *The Struggle for Iran*, ch. 2; <www.jstor.org/stable/1559282?seq=6>.
42. See the BBC report directly quoting the Iranian news agency IRNA, <news.bbc.co.uk/2/hi/middle_east/2405777.stm>.
43. For example, Mohsen Armin, *Obur az Khatami, Majmu'eh-ye Maqalat*, Zekr, Tehran, 2001.
44. Ahmad Sidiqi, 'Khatami and the Search for Reform in Iran', *Stanford Journal of International Relations*, 6/1 (Winter 2005).
45. For example, Shirin Ebaday (Ebadi), *History and Documentation of Human Rights in Iran*, tr. Nazila Fathi, Bibliotheca Press, New York, 2000.
46. For example, *Pazhuheshi darbareh-ye Khoshunat aleih-e Zanan dar Iran*, Rawshangaran va Motale'at-e Zanan, Tehran, 2000.
47. See for a report on Iranian family planning <www.nationbynation.com/Iran/Population.htm>. See further Djavad Saleh-Isfahani, 'Human Resources in Iran, Potentials and Challenges', in Homa Katouzian and Hossein Shahidi (eds), *Iran in the 21st Century*, Routledge, London and New York, 2008.
48. See further Shirin Ebadi and Azadeh Moaveni, *Iran Awakening: From Prison to Peace Prize, One Woman Struggle at the Crossroads of History*, Vintage, Canada, 2007.
49. Shirin Ebadi, 'Negaresh-e Sonnat va Moderniteh beh Barabri-ye Zan o Mard', in Noushin Ahmadi Khorasani (ed.), *Jens-e Dovvom*, Ahmadi Khorasani, Tehran, 1999, p. 38.
50. The literature on the situation of Iranian women and their campaigns is already vast. See, for example, Nikki R. Keddie, 'Iranian Women's Status and Struggles Since 1979', in *Journal of International Affairs*, 60/2 (Spring/Summer 2007); Ziba Mir-Hosseini, *Islam and Gender: The Religious Debate in Contemporary Iran*, I.B. Tauris, London, 1999; Azadeh Kian-Thiébaut, 'From Motherhood to Equal Rights Advocates: The Weakening of the Patriarchal Order', in Katouzian and Shahidi (eds), *Iran in the 21st Century*; Nayereh Tohidi, 'The Global-Local Interaction of Feminism in Muslim Societies: The Cases of Iran and Azerbaijan', *Social Research*, 69 (2002); Charles Kurzman, 'A Feminist Generation in Iran?', *Iranian Studies*, 41/3 (June 2008).
51. See further <www.ioga.com/Special/crudeoil_Hist.htm>.
52. See further Ahmad R. Jalali-Naini, 'Economic Growth in Iran, 1950–2000', <www.gdnet.org/pdf2/gdn_library/global_research_projects/explaining_growth/Iran_growth_final.pdf>.
53. Ahmad R. Jalali-Naini, 'Capital Accumulation, Financial Market Reform and Growth in Iran', in *Iran in the 21st Century*, pp. 237–238.
54. See further Massoud Karshenas and Hassan Hakimian, 'Managing Oil Resources and Economic Diversification in Iran', in ibid., pp. 214–215.
55. Djavad Salehi-Isfahani, ibid., p. 269.
56. Homa Katouzian, 'The Significance of Economic History and the Fundamental Features of the Economic History of Iran', in ibid., p. 284 (emphasis in the original).
57. *New York Times* (Wednesday, 10 January 1998).
58. BBC World Service (18 March 2000).
59. *New York Times* (Wednesday, 10 January 1998).
60. On Iran's false hopes about a greater 'realism' of a George Bush administration see Ali M. Ansari, 'Iran and the United States in the Shadow of 9/11: Persia and the Persian Question Revisited', in *Iran in the 21st Century*, p. 113.
61. See the president's State of the Union address in <www.whitehouse.gov/news/releases/2002/01/20020129-11.html>.
62. See further Ali M. Ansari, *Confronting Iran: The Failure of American Policy and the Roots of Mistrust*, Hurst and Company, London, 2006.

63. For example, Steven Wright, *The United States and Persian Gulf Security*, ch. 7.
64. Ibid.
65. For example, Glenn Kessler, 'In 2003, US Spurned Iran's Offer of Dialogue: Some Officials Lament Lost Opportunity', *Washington Post* (18 June 2006).
66. See further Tom Regan, 'Report: Cheney Rejected Iran's Offer of Concessions in 2003: A former US senior official says the offer was very close to what the US currently wants', *The Christian Science Monitor* (18 January 2007). For the BBC report, see <news.bbc.co.uk/2/hi/middle_east/6274147.stm>.
67. See Gawdat Bahgat, 'Nuclear Proliferation: The Islamic Republic of Iran', *Iranian Studies*, 39/3 (September 2006); <www.nti.org/e_research/profiles/Iran/Nuclear/index.html>.
68. See further Christopher de Bellaigue, *The Struggle for Iran*, ch. 4.
69. See Mark Leonard, *Can EU Stop Iran's Nuclear Programme?*, Centre for European Reform, 2005. For factual details see de Bellaigue, *The Struggle for Iran*, chs 4 and 5; <en.wikipedia.org/wiki/Nuclear_program_of_Iran>.
70. Khatami, dorugh-gu, khejalat!
71. Naji-ye mellat amad.
72. Anoushiravan Ehteshami and Mahjoob Zweiri, *Iran and the Rise of its Neoconservatives: The Politics of Tehran's Silent Revolution*, I.B. Tauris, 2007, London and New York, ch. II.
73. For the breakdown of votes see 'Iranian Presidential Election 2005', <en.wikipedia.org/wiki/Iranian_presidential_election,_2005>.
74. De Bellaigue, *The Struggle for Iran*, ch. 8.
75. See further Kasra Naji, *Ahmadinejad: The Secret History of Iran's Radical Leader*, I.B. Tauris, London and New York, 2008, ch. 2.
76. Ibid., ch. 1; Ehteshami and Zweiri, *Iran and the Rise of its Neoconservatives*, ch. III.
77. Naji; *Ahmadinejad*, ch. 3.
78. Ibid.; the report by Radio Farda based on the video of Ahmadinejad's account to Amoli in Baztab.com, <www.rferl.org/featuresarticle/2005/11/184CB9FB-887C-4696–8F54–0799DF747A4A.html>.
79. See further Trita Parsi, 'Israel-Iranian Relations Assessed: Strategic Competition from the Power Cycle Perspective', in Katouzian and Shahidi (eds), *Iran in the 21st Century*; <www.opendemocracy.net/democracy-irandemocracy/israel_2974.jsp>.
80. See further <english.farsnews.com/newstext.php?nn=8512130242>; <yaleglobal.yale.edu/display.article?id=8888>; <www.wjla.com/news/stories/1207/477463.html>.
81. See Naji, *Ahmadinejad*, ch. 3.
82. For more information about 'the sacred mosque of Jamkaran' see <jamkaran.info/fa/>.
83. BBC report: <news.bbc.co.uk/1/hi/world/middle_east/4131706.stm>.
84. BBC report: <news.bbc.co.uk/1/hi/world/middle_east/4680294.stm>.
85. For a report see <news.xinhuanet.com/english/2006–02/18/content_4197711.htm>.
86. See <www.usatoday.com/news/world/2006–04–12-irannuclear_x.htm>.
87. For details see Naji, *Ahmadinejad*, ch. 4; <www.globalpolicy.org/security/sanction/indxiran.htm>.
88. Muriel Mirak-Weissbach, <globalresearch.ca/index.php?context=va&aid=7722>.
89. See <www.monstersandcritics.com/news/middleeast/news/article_1412556.php>.
90. See <news.bbc.co.uk/1/hi/world/middle_east/7498214.stm>.
91. For the letter by the 5+1 to the Iranian foreign minister see <www.fco.gov.uk/en/newsroom/latest-news/?view=News&id=3772654>; for the latter's response see <globe.blogs.nouvelobs.com/media/00/02/cb7c0be018109bea88567d7c7839309b.pdf>.
92. Report and analysis in <www.citymayors.com/politics/iran_elections_06.html>.
93. Report and analysis in <en.wikipedia.org/wiki/Iranian_Assembly_of_Experts_election,_2006>.
94. Report and analysis in <www.washingtonpost.com/wp-dyn/content/article/2007/09/04/AR2007090400311.html>; <www.rferl.org/featuresarticle/2007/09/30135898-ce43–40e0--062–4e2d0cec060a.html>.
95. For the details of the election results in the two rounds see <en.wikipedia.org/wiki/Iranian_legislative_election,_2008>.
96. For example, Scott Macleod, 'Are Ahmadinejad's Days Numbered', *TIME* magazine (29 May 2008).
97. Emadeddin Baghi, *Jonbesh-e Eslahat-e Demokratik-e Iran: Enqelab ya Eslah?*, Nashr-e Sarayi, Tehran, 2004; *Trazhedi-ye Demokrasi dar Iran: Bazkhani-ye Qatl-ha-ye Zanjirhe'i*, Nashr-e Ney, Tehran, 2000.
98. In Persian: *Yek million emza' bara-ye taghiir-e qavanin-e tabiiz amiz.*
99. <en.wikipedia.org/wiki/One_Million_Signatures>
100. <www.persianhub.org/off-topic-free-talk-published/157993-sokhanane-abbas-palizdar-dar-morede-iran.html; www.ihrv.org/inf/?p=335>

101. <www.nyse.tv/crude-oil-price-history.htm>
102. <www.youtube.com/watch?v=0ee0wrjVtkk>
103. <www.youtube.com/watch?v=ZNg0A3PLdxQ>
104. <news.bbc.co.uk/1/hi/world/middle_east/8098305.stm>
105. <news.bbc.co.uk/1/hi/world/middle_east/8098896.stm>;
<www.youtube.com/watch?v=m6rO9MEPyF0&NR=1>
106. <news.bbc.co.uk/1/hi/world/middle_east/8099952.stm>
107. <www.youtube.com/watch?v=Co2r-iNMpBs>;
<news.bbc.co.uk/1/hi/world/middle_east/8108661.stm>
108. <news.bbc.co.uk/1/hi/world/middle_east/8108983.stm>
109. <news.bbc.co.uk/1/hi/world/middle_east/8111352.stm>;
<en.wikipedia.org/wiki/2009_Iranian_election_protests>
110. <neda-aghasultan-youtube.toronews.ws/>;
<www.nbcwashington.com/news/us_world/Neda-Becomes-Iran-Uprising-.html>
111. <www.smh.com.au/world/rafsanjanis-daughters-arrest--a-warning-20090622-ct6n.html>
112. <news.bbc.co.uk/1/hi/uk/8115358.stm>
113. <news.gooya.com/politics/archives/2009/06/090063.php>

参考文献

英　文

Abrahamian, Ervand, *Iran between Two Revolutions*, Princeton University Press, Princeton, 1982

——, *The Iranian Mojahedin*, Yale University Press, New Haven and London, 1989

Afary, Janet, *The Iranian Constitutional Revolution, 1905–1911*, Columbia University Press, New York, 1996

Alam, Asadollah, *The Shah and I: The Confidential Diary of Iran's Royal Court, 1969–1977*, intro. and ed. Alinaghi Alikhani, tr. Alinaghi Alikhani and Nicholas Vincent, I.B. Tauris, London and New York, 1991

Al-e Ahmad, Jalal, *Gharbzadegi [Westsrtuckness]*, tr. John Green and Ahmad Alizadeh, Mazda Publishers, Costa Mesa, CA, 1997

Akhavi, Sharough, *Religion and Politics in Contemporary Iran: Clergy-State Relations in the Pahlavi Period*, State University of New York Press, Albany, NY, 1980

Algar, Hamid, *Malkum Khan: A Study in the History of Iranian Modernism*, University of California Press, Berkeley, CA, 1973

——, *Religion and State in Iran, 1785–1906, the Role of the Ulama in the Qajar Period*, University of California Press, Berkeley, CA, 1969

Alizadeh, Parvin (ed.), *The Economy of Iran: Dilemmas of an Islamic State*, I.B. Tauris, London and New York, 2000

Amanat, Abbas, *Pivot of the Universe: Nasir al-Din Shah Qajar and the Iranian Monarchy, 1831–1896*, I.B. Tauris, London, 1997

Amir Arjomand, Said, *The Turban for the Crown: The Islamic Revolution in Iran*, Oxford University Press, New York and Oxford, 1988

Amuzegar, Jahangir, *Iran: An Economic Profile*, Middle East Institute, Washington DC, 1977

——, *Iran's Economy under the Islamic Republic*, I.B. Tauris, London and New York, 1993

Ansari, Ali M., *Confronting Iran: The Failure of American Policy and the Roots of Mistrust*, Hurst and Company, London, 2006

——, *Iran, Islam and Democracy: the Politics of Managing Change*, 2nd edn, Chatham House, London, 2006

Arberry, A. J., *Classical Persian Literature*, Clarendon Press, Oxford, 1958

—— (ed.), *The Legacy of Persia*, Clarendon Press, Oxford, 1953

Atabaki, Touraj (ed.), *Iran and the First World War*, I.B. Tauris, London and New York, 2006

—— and Erik J. Zürcher (eds), *Men of Order: Authoritarian Modernization under Ataturk and Reza Shah*, I.B. Tauris, London and New York, 2004

Axworthy, Michael, *Sword of Persia: Nader Shah, From Tribal Warrior to Conquering Tyrant*, I.B. Tauris, London and New York, 2006

Azimi, Fakhreddin, *The Quest for Democracy in Iran: A Century of Struggle against Authoritarian Rule*, Harvard University Press, Cambridge, MA, and London, 2008

Balfour, James, *Recent Happenings in Persia*, William Blackwood & Sons, Edinburgh and London, 1922

Bakhash, Shaul, *The Reign of the Ayatollahs: Iran and the Islamic Revolution*, Unwin Paperbacks, London, 1985

Banani, Amin, *The Modernization of Iran*, Stanford University Press, Stanford, CA, 1961

Bausani, Alessandro, *The Persians, from the Earliest Days to the Twentieth Century*, tr. J. B. Donne, Elek Books, London, 1971

Bayat, Kaveh, 'Riza Shah and the Tribes, an Overview', in Stephanie Cronin (ed.), *The Making of Modern Iran: State and Society under Riza Shah, 1921–1941*, Routledge, London and New York, 2003

Behrooz, Maziar, *Rebels with a Cause: The Failure of the Left in Iran*, I.B. Tauris, London and New York, 1999
Bharier, Julian, *Economic Development in Iran, 1900–1970*, Oxford University Press, Oxford, 1971
Bill, James A., *The Eagle and the Lion: The Tragedy of American–Iranian Relations*, Yale University Press, New Haven, CT and London, 1988
——, and Wm. R. Louis (eds), *Musaddiq, Iranian Nationalism, and Oil*, I.B. Tauris, London, 1988
Bonakdarian, Mansour, *Britain and the Iranian Constitutional Revolution of 1906–1911: Foreign Policy, Imperialism and Dissent*, Syracuse University Press, Syracuse, NY, 2006
Boroujerdi, Mehrzad, *Iranian Intellectuals and the West: The Tormented Triumph of Nativism*, Syracuse University Press, Syracuse, NY, 1996
Bosworth, Edmund, *The Ghaznavids: Their Empire in Afghanistan and Eastern Iran*, Librairie du Liban, Beirut, 1973
Bostock, Francis and Geoffrey Jones, *Planning and Power in Iran: Ebtehaj and Economic Development under the Shah*, Frank Cass, London, 1989
Boyce, Mary, *Zoroastrianism, Its Antiquity and Constant Vigour*, Mazda Publishers, Costa Mesa, CA, 1993
Browne, E. G., *A Literary History of Persia*, vols 1–4, Cambridge University Press, Cambridge, 1920–1924
——, *The Persian Revolution*, Frank Cass, London, 1966
Buchta, Wilfried, *Who Rules Iran? The Structure of Power in the Islamic Republic*, The Washington Institute for Near East Policy, Washington DC, 2000
Bullard, Reader, *Letters from Tehran*, ed. E. C. Hodgkin, I.B. Tauris, London and New York, 1991
Cambridge History of Iran, vols 1–7, various editors, Cambridge University Press, Cambridge, 1968–1991
Carr, E. H., *The Bolshevik Revolution*, Penguin, Harmondsworth, 1966
Chaqueri, Cosroe, *The Soviet Socialist Republic of Iran, 1920–1921: Birth of the Trauma*, Pittsburgh University Press, Pittsburgh, PA, 1995
Chehabi, H. E., 'The Banning of the Veil and its Consequences', in Cronin (ed.), *The Making of Modern Iran: State and Society under Riza Shah, 1921–1941*, Routledge, London and New York, 2003
——, *Iranian Politics and Religious Modernism, The Liberation Movement of Iran under the Shah and Khomeini*, Cornell University Press, Ithaca, NY, 1990
—— and Juan J. Linz, *Sultanistic Regimes*, The Johns Hopkins University Press, Baltimore and London, 1998
Chubin, Shahram and Sepehr Zabih, *The Foreign Relations of Iran: A Developing State in a Zone of Great-Power Conflict*, University of California Press, Berkeley, CA, 1974
Cronin, Stephanie, 'An Experiment in Revolutionary Nationalism: The Rebellion of Colonel Mohammad Taqi Khan Pesyan', *Middle Eastern Studies*, 33/4 (October 1997)
——, *The Army and the Creation of the Pahlavi State in Iran, 1910–1926*, I.B. Tauris, London and New York, 1997
—— (ed.), *The Making of Modern Iran: State and Society under Riza Shah, 1921–1941*, Routledge, London and New York, 2003
—— (ed.), *Reformers and Revolutionaries in Modern Iran*, RoutledgeCurzon, London and New York, 2004
——, 'Reza Shah, the Fall of Sardar Asad, and "the Bakhtiyari Plot" ', *Iranian Studies*, 38/2 (2005)
Curzon, George Nathaniel, *Persia and the Persian Question*, Frank Cass, London, 1996
Dabashi, Hamid, *Theology of Discontent*, New York University Press, New York, 1993
Darke, Hubert (tr.), *The Book of Government or Rules for Kings: The Siyar al-Muluk or Siyasat-nama of Nizam al-Mulk*, Routledge & Kegan Paul, London and Boston, MA, 1978
Davis, Dick (tr.), *Fathers and Sons*, Mage Publishers, Washington DC, 2000
—— (tr.), *Sunset of Empire*, Mage Publishers, Washington DC, 2004
—— (tr.), *The Legend of Seyavash*, Penguin, London, 1992
De Bellaigue, Christopher, *In the Rose Garden of the Martyrs*, HarperCollins, London, 2004
——, *The Struggle for Iran*, New York Review of Books, New York, 2007
De Bruijn, J. T. P., *Persian Sufi Poetry: An Introduction to the Mystical Use of Classical Persian Poems*, Curzon, Richmond, 1997
Ehteshami, Anoushiravan and Mahjoob Zweiri, *Iran and the Rise of its Neoconservatives: The Politics of Tehran's Silent Revolution*, I.B. Tauris, London and New York, 2007
——, *After Khomeini: The Second Iranian Republic*, Routledge, London and New York, 1995
Elliot, Matthew, 'New Iran and the Dissolution of Party Politics under Reza Shah', in Touraj Atabaki and Erik J. Zürcher (eds), *Men of Order: Authoritarian Modernization under Ataturk and Reza Shah*, I.B. Tauris, London and New York, 2004
Elwell-Sutton, L. P., *Modern Iran*, G. Routledge and Sons, London, 1942
——, 'Reza Shah the Great', in George Lenczowski (ed.), *Iran under the Pahlavis*, Hoover Institution Press, Stanford, CA, 1978
Enayat, Hamid, *Modern Islamic Political Thought: The Response of the Shi'i and Sunni Muslims to the Twentieth Century*, Macmillan, London, 1982
Esposito, John L. and R.K. Ramazani (eds), *Iran at the Crossroads*, Palgrave, New York, 2001

Ettehadieh, Mansoureh, 'The Iranian Provisional Government', in Touraj Atabaki (ed.), *Iran and the First World War*, I.B. Tauris, London and New York, 2006
Fawcett, Louise L'Estrange, *Iran and the Cold War: The Azerbaijan Crisis of 1946*, Cambridge University Press, Cambridge, 1992
Fischer, Michael M. J., *Iran: From Religious Dispute to Revolution*, Harvard University Press, Cambridge, MA, 1980
Floor, Willem, *A Fiscal History of Iran in the Safavid and Qajar Periods*, Persian Studies, 17, Bibliotheca Press, New York, 1998
——, *Safavid Government Institutions*, Mazda Publishers, Costa Mesa, CA, 2001
——, *The Economy of Safavid Persia*, Wiesbaden, Reichert, 2000
Frye, Richard N., *The History of Ancient Iran*, C. H. Beck'sche Verlagsbuchhandlung, Munich, 1984
——, *Persia*, London, Allen and Unwin, 1968
——, *The Golden Age of Persia*, Phoenix, London, 2000
Garthwaite, Gene R., *The Persians*, Blackwell, Oxford, 2005
Gasiorowski, Mark J., *US Foreign Policy and the Shah: Building a Client State in Iran*, Cornell University Press, Ithaca, NY, 1991
Gasiorowski, Mark J. and Malcolm Byrne (eds), *Mohammad Mosaddeq and the 1953 Coup in Iran*, Syracuse University Press, Syracuse, NY, 2004
Ghani, Cyrus, *Iran and the Rise of Reza Shah: From Qajar Collapse to Pahlavi Power*, I.B. Tauris, London and New York, 1998
Gheissari, Ali, *Iranian Intellectuals in the 20th Century*, University of Texas Press, Austin, TX, 1998
Girshman, R., *Iran, From the Earliest Times to the Islamic Conquest*, Penguin Books, London, 1961
——, *Iran: Parthians and Sassanians*, tr. Stuart Gilbert and James Emmons, Thames and Hudson, London, 1962
Grigor, Talinn, 'Re-cultivating "Good Taste": The Early Pahlavi Modernists and Their Society for National Heritage', *Iranian Studies*, 37/1 (March 2004)
Hillman, Michael C. (ed.), *Major Voices in Contemporary Persian Literature*, University of Texas, Austin, TX, 1980
Ironside, Lord (ed.), *High Road to Command: The Diaries of Major-General Sir Edmund Ironside, 1920–1922*, Leo Cooper, London, 1972
Issawi, Charles, *The Economic History of Iran, 1800–1914*, University of Chicago Press, Chicago, IL, 1971
Jamalzadeh, Mohammad Ali, 'Taqrirat-e Seyyed Zia and his "Black Book" ', pts 1 and 2, *Ayandeh* (March 1980 and June 1981)
Karshenas, Massoud, *Oil, State and Industrialization in Iran*, Cambridge University Press, Cambridge, 1990
Katouzian, Homa, 'Iraj, the Poet of Love and Humour', *Iranian Studies*, 40, 4 (September 2007)
——, *Iranian History and Politics, the Dialectic of State and Society*, paperback edn, Routledge, London and New York, 2007
——, 'Liberty and Licence in the Constitutional Revolution of Iran', *Journal of the Royal Asiatic Society*, 3/8 (July 1998), reprinted in *Iranian History and Politics*
——, *Musaddiq and the Struggle for Power in Iran*, 2nd (paperback) edn, I.B. Tauris, London and New York, 1999
——, 'Problems of Democracy and the Public Sphere in Modern Iran', *Comparative Studies of South Asia, Africa and the Middle East*, 18/2 (1998), reprinted in *Iranian History and Politics*
——, 'Riza Shah's Political Legitimacy and Social Base', in Cronin (ed.), *The Making of Modern Iran, State and Society under Riza Shah, 1921–1941*, Routledge, London and New York, 2003
——, *Sadeq Hedayat, The Life and Legend of an Iranian Writer*, paperback edn, I.B. Tauris, London and New York, 2002
——, *Sa'di, The Poet of Life, Love and Compassion*, Oneworld Publishers, Oxford, 2006
——, *The Political Economy of Modern Iran: Despotism and Pseudo-Modernism*, Macmillan and New York University Press, London and New York, 1981
——, *State and Society in Iran: The Eclipse of the Qajars and the Emergence of the Pahlavis*, paperback edn, I.B. Tauris, London and New York, 2006
——, 'The Pahlavi Regime in Iran', in H. E. Chehabi and Juan J. Linz (eds), *Sultanistic Regimes*, The Johns Hopkins University Press, Baltimore, MD and London, 1998
——, 'The Poet-Laureate Bahar in the Constitutional Era', *Iran*, British Institute of Persian Studies, London, 2002
——, 'The Short-Term Society: A Study in the Problems of Long-Term Political and Economic Development in Iran', *Middle Eastern Studies*, 40/1 January 2004)
——, 'Towards a General Theory of Iranian Revolutions', in *Iranian History and Politics: The Dialectic of State and Society*, paperback edn, Routledge, London and New York, 2007
Keddie, Nikki R., *Religion and Rebellion in Iran, the Tobacco Protest of 1891–1892*, Frank Cass, London, 1966

——, *Roots and Results of Revolution*, Yale University Press, New Haven, CT and London, 2003
——, *Sayyid Jamal al-Din al-Afghani: A Political Biography*, University of California Press, Berkeley, CA, 1972
—— (ed.), *Religion and Politics in Iran: Shi'ism from Quietism to Revolution*, Yale University Press, New Haven, CT and London, 1983
Khomeini, Imam, *Writings and Declarations of Imam Khomeini*, tr. and annot. Hamid Algar, Mizan Press, Berkeley, CA, 1981
Kinzer, Stephen, *All the Shah's Men: An American Coup and the Roots of Middle East Terror*, John Wiley & Sons, Hoboken, NJ, 2003
Lambton, Ann K. S., *Continuity and Change in Mediaeval Persia: Aspects of Administrative, Economic and Social History, 11th–14th Century*, Persian Heritage Foundation, Albany, NY, 1988
——, *Landlord and Peasant in Persia*, Oxford University Press, London, New York and Toronto, 1953
——, *Persian Land Reform, 1926–1969*, The Clarendon Press, Oxford, 1969
——, *Qajar Persia: Eleven Studies*, I.B. Tauris, London, 1987
Lockhart, Laurence, *Nadir Shah*, Luzac, London, 1938
——, *The Fall of the Safavid Dynasty and the Afghan Occupation of Persia*, Cambridge University Press, Cambridge, 1958
Mahdavi, Shirin, *For God, Mammon and Country: A Nineteenth Century Persian Merchant, Hajj Mohammad Hasan Amin al-Zarb (1834–1898)*, Westview, Boulder, CO and Oxford, 1999
Majd, Mohammad Gholi, *The Great Famine and Genocide in Persia, 1917–1918*, University Press of America, Lanham, MD and Oxford, 2003
Marashi, Afshin, *Nationalizing Iran: Culture, Power and the State, 1870–1940*, University of Washington Press, Seattle and London, 2008
——, 'Performing the Nation: The Shah's Official State Visit to Kemalist Turkey, June to July 1934', in Stephanie Cronin (ed.), *The Making of Modern Iran: State and Society under Riza Shah, 1921–1941*, Routledge, London and New York, 2003
Martin, Vanessa, 'Aqa Najafi, Hajj Aqa Nurullah and the Emergence of Islamism in Isfahan, 1889–1908', *Iranian Studies*, 41/2 (April 2008)
——, *Creating an Islamic State: Khomeini and the Making of a New Iran*, I.B. Tauris, London and New York, 2003
——, *Iran and Modernism: The Iranian Revolution of 1906*, Syracuse University Press, Syracuse, NY, 1989
——, 'Mudarris, Republicanism and the Rise to Power of Riza Khan, Sardar-i Sepah', in Cronin (ed.), *The Making of Modern Iran: State and Society under Riza Shah, 1921–1941*, Routledge, London and New York, 2003
——, *The Qajar Pact: Bargaining, Protest and the State in Nineteenth-Century Persia*, I.B. Tauris, London, 2005
Matthee, Rudi, 'Transforming Dangerous Nomads into Useful Artisans, Technicians, Agriculturalists: Education in the Reza Shah Period', in Cronin (ed.), *The Making of Modern Iran: State and Society under Riza Shah, 1921–1941*, Routledge, London and New York, 2003
Melville, Charles (ed.), *Safavid Persia: The History and Politics of an Islamic Society*, I.B. Tauris, London, 1996
Menasheri, David, *Education and the Making of Modern Iran*, Cornell University Press, Ithaca, NY and London, 1992
——, *Post-Revolutionary Politics in Iran*, Frank Cass, London and Portland, OR, 2001
Meskub, Shahrokh, *Iranian Nationality and the Persian Language*, foreword and interview with the author by Ali Banuazizi, tr. Michael C. Hillmann, ed. John R. Perry, Mage Publishers, Washington DC, 1992
Milani, Abbas, *The Persian Sphinx: Amir Abbas Hoveyda and the Riddle of the Iranian Revolution, A Biography*, I.B. Tauris, London and New York, 2000
Milani, Farzaneh, *Veils and Words: The Emerging Voices of Iranian Women Writers*, I.B. Tauris, London, 1992
Milani, Mohsen M., *The Making of Iran's Islamic Revolution: From Monarchy to Islamic Republic*, Westview Press, Boulder, CO and London, 1988
Mir-Hosseini, Ziba and Richard Tapper, *Islam and Democracy in Iran: Eshkevari and the Quest for Reform*, I.B. Tauris, London and New York, 2006
Moin, Baqer, *Khomeini: Life of the Ayatollah*, I.B. Tauris, London and New York, 1999
Mosaddeq, Mohammad, *Musaddiq's Memoirs*, ed. and intro. Homa Katouzian, tr. Seyyed Hasan Amin and Homa Katouzian, Jebhe, London, 1988
Mosaddeq, *Taqrirat-e Mosaddeq dar Zendan*, notes by Jalil Bozorgmehr, ed. Iraj Afshar, Farhang-e Iranzamin, Tehran, 1980
Moslem, Mehdi, *Factional Politics in Post-Khomeini Iran*, Syracuse University Press, Syracuse, NY, 2002
Mottahedeh, Roy, *The Mantle of the Prophet: Learning and Power in Iran*, Chatto & Windus, London, 1986
Mozaffari, Nahid and Ahmad Karimi Hakkak (eds), *Strange Times My Dear: The Pen Anthology of Contemporary Iranian Literature*, Arcade Publishing, New York, 2005

Nabavi, Negin (ed.), *Intellectual Trends in Twentieth-Century Iran: A Critical Survey*, University Press of Florida, Gainesville, FL, 2003
Naji, Kasra, *Ahmadinejad, the Secret History of Iran's Radical Leader*, I.B. Tauris, London and New York, 2008
Najmabadi, Afsaneh, *The Story of the Daughters of Quchan: Gender and National Memory in Iranian History*, Syracuse University Press, Syracuse, NY, 1998
Nicolson, Harold, *Curzon, the Last Phase, 1919–1925: A Study in Post-war Diplomacy*, Constable, London, 1934
Olson, Wm. J., *Anglo-Iranian Relations during World War I*, Frank Cass, London, 1984
Pahlavi, Mohammad Reza Shah, *Answer to History*, Stein and Day, New York, 1980
——, *Mission for My Country*, Heinemann, London, 1960
Rahnema, Ali, *An Islamic Utopian: A Political Biography of Ali Shari'ati*, I.B. Tauris, London, 1998
—— and Farhad Nomani, *The Secular Miracle: Religion, Politics & Economic Policy in Iran*, Zed Books, London and New Jersey, 1990
Raffat, Donné, *The Prison Papers of Bozorg Alavi: A Literary Odyssey*, Syracuse University Press, Syracuse, NY, 1985
Ramazani, Rouhollah, *Iran's Foreign Policy, 1941–1973: A Study of Foreign Policy in Modernizing Nations*, University of Virginia Press, Charlottesville, VA, 1975
Rostam Kolayi, Jasamin, 'Expanding Agencies for the "New" Iranian Woman: Family Law, Work and Unveiling', in Cronin (ed.), *The Making of Modern Iran, State and Society under Riza Shah, 1921–1941*, Routledge, London and New York, 2003
Rypka, Jan, *History of Iranian Literature*, D., Rydal Publishing Company, Dordrecht, Holland, 1968
Sabahi, Houshang, *British Policy in Persia, 1918–1925*, Frank Cass, London, 1990
Savory, Roger, *Iran under the Safavids*, Cambridge University Press, Cambridge, 1980
Schirazi, Asghar, *The Constitution of Iran: Politics and the State in the Islamic Republic*, tr. John O'Kane, I.B. Tauris, London and New York, 1997
Seyyed-Ghorab, A. A. and S. McGlinn, *The Essence of Modernity: Mirza Usof Khan Mustashar ad-Dowla Tabrizi's Treatise on Codified Law (Yak Kalame)*, Rozenberg Publishers and Purdue University Press, Amsterdam and West Lafayette, IN, 2008.
Shahidi, Hossein, *Journalism in Iran: From Mission to Profession*, Routledge, London and New York, 2007
——, 'Iranian Journalism and the Law in the Twentieth century', *Iranian Studies*, 41/5 (December 2008)
Shuster, W. Morgan, *The Strangling of Persia*, The Century Co., New York, 1912
Soudavar, Abolala, *The Aura of Kings: Legitimacy and Divine Sanction in Iranian Kingship*, Mazda Publishers, Costa Mesa, CA, 2003
Sykes, Christopher, *Wassmuss, 'The German Lawrence'*, Longman, Green and Co., London and New York, 1936
Sicker, Martin, *The Bear and The Lion*, Praeger, London, 1988
Tapper, Richard, 'The Case of the Shahsevans', in Cronin (ed.), *The Making of Modern Iran: State and Society under Riza Shah, 1921–1941*, Routledge, London and New York, 2003
Tavakoli-Targhi, Mohamad, 'Narrative Identity in the Works of Hedayat and His Contemporaries', in Homa Katouzian (ed.), *Sadeq Hedayat, His Work and His Wondrous World*, Routledge, London and New York, 2007
——, *Refashioning Iran: Orientalism, Occidentalism and Historiography*, Palgrave, Basingstoke and New York, 2001
Ullman, Richard H., *Anglo-Soviet Relations*, vol. 3: *The Anglo-Soviet Accord*, Princeton University Press, Princeton, NJ, 1974
Waterfield, Gordon, *Professional Diplomat, Sir Percy Loraine*, John Murray, London, 1973
Wilber, Donald, *Iran Past and Present*, Princeton University Press, Princeton, NJ, 1958
——, *Riza Shah Pahlavi: The Resurrection and Reconstruction of Iran*, Exposition Press, New York, 1975
Wright, Steven, *The United States and Persian Gulf Security: The Foundations of the War on Terror*, Ithaca Press, Reading, 2007
Yarshater, Ehsan (ed.), *Persian Literature*, Bibliotheca Persica, Albany, NY, 1988
Zaehner, R.C., *The Dawn and Twilight of Zoroastrianism*, Phoenix, London, 2002
Zirinsky, Michael, 'Blood, Power and Hypocrisy: The Murder of Robert Imbrie and the American Relations with Pahlavi Iran, 1924', *International Journal of Middle East Studies*, 18/3 (1986)

波斯文

Adamiyat, Fereydun, *Amir Kabir va Iran*, Kharazmi, Tehran, 1969
——, *Andisheh-ha-ye Mirza Fath'ali Akhnudzadeh*, Entesharat-e Kharazmi, Terhan, 1970
——, *Andisheh-ha-ye Mirza Aqa Khan Kermani*, Payam, Tehran, 1978
——, *Fekr-e Demokrasi-ye Ejtema'i dar Nehzat-e Mashrutiyat-e Iran*, Entesharat-e Peyam, Tehran, 1984

Afshar, Iraj (ed.), *Azadi va Siyast, Abdorrahim Talebov*, Entesharat-e Sahar, Tehran, 1979
—— (ed.), *Ruznameh-ye Khaterat E'temad al-Saltaneh*, Amir Kabir, Tehran, 1980
—— (ed.), *Nameh-ha-ye Paris az Mohammad Qazvini beh Seyyed Hasan Taqizadeh*, Nashr-e Qatreh, Tehran, 2005
—— (ed.), *Mohammad Ali Mirza and Mohammad Ali Shah-e Makhlu' (55 sanad-e tazeh-yab)*, Nashr-e Abi, Tehran, 2009
Ahmadi, Hamid (ed.), *Iran: hoviyat, melliyat, qowmiyat*, Mo'asseseh-ye Tahqiqat va Tawseh'eh-ye Olum-e Ensani, Tehran, 2004
Al-e Ahmad, Jalal, *Dar Khedmat va Khiyanat-e Rowshanfekran*, Kharazmi, Tehran, 1978
——, *Gharbzadegi*, 2nd edn (1964), Ravaq, Tehran, reprinted 1978
Amir Khosrovi, Babak, *Nazar az Darun beh Naqsh-e Hezb-e Tudeh-ye Iran*, Ettela'at, Tehran, 1996
Aqeli, Baqer, *Nosrat al-Dawleh Firuz*, Nashr-e Namak, Tehran, 1994
——, *Ruzshomar Tarikh-e Iran*, 3rd edn, Nashr-e Goftar, Tehran, 1990–1991.
Aryanpur, Yahya, *Az Saba ta Nima*, vols. 1 and 2, Zavvar, Tehran, 1993
Ashraf, Ahmad, *Mavane'-eh Tarikhi-ye Roshd-e Sarmayehdari dar Iran: Doreh-ye Qajariyeh*, Zamineh, Tehran, 1980
Azari, Ali, *Qiyam-e Kolonel Mohammad Taqi Khan Pesyan*, Safi'ali Shah, Tehran, 1973
Bahar, Mohammad Taqi, *Divan*, ed. Mohammad Malekzadeh, vol. 1, Amir Kabir, Tehran, 1956
——, *Tarikh-e Mokhtasar-e Ahazab-e Siyasi dar Iran*, vol. 1, Jibi, Tehran, 1978
Bamdad, Mehdi, *Sharh-e Hal-e Rejal-e Iran*, vols 1–6, Zavvar, Tehran, 1992
Barzin, Saeed, *Jenahbandi-ye Siyasi dar Iran az Dahe-ye 60 ta Dovvom-e Khordad, Hamrah-e Mosahebeh ba Homayoun Katouzian*, Nashr-e Markaz, Tehran, 1998
Bastani Parizi, Mohammad Ebrahim, *Zir-e in Haft Asman*, Javidan, Tehran, 1983
——, *Asiya-ye Haft Sang*, Donya-ye Ketab, 1988, Tehran.
Bayat, Kaveh, *Enqelab-e Khorasan*, Mo'asseseh-ye Pazhuhesh-ha-ye Farhangi, Tehran, 1991
——, *Kudeta-ye Lahuti, Tabriz, Bahman 1300*, Shirzadeh, Tehran, 1997
Bazargan, Mehdi, *Enqelab-e Iran dar daw Harekat*, Bazargan, Tehran, 1984
——, *Modafe'at dar Dadgah*, Freedom Movement, Tehran, 1964
Behnam, Jamshid, *Berlani-ha: Andishmandan-e Irani dar Berlan, 1915–1930*, Farzan, Tehran, 2000
Beihaqi, Abolfazl, *Tarikh-e Beihaqi*, ed. Ali Akbar Fayyaz, Ershad, Tehran, 1995
Daftari, Ahamd Matin, 'Andarz-ha-ye Baradaraneh beh Omum-e Daneshjuyan, Khosusan Dadresan va Ostadan-e Ayandeh', *A'in-e Daneshjuyan*, 2 (March 1945)
Dawlat-Abadi, Yaha, *Hayat-e Yahya*, 4 vols, Ferdowsi and Attar, Tehran, 1983
Ehtesham al-Saltaneh, Mahmud, *Khaterat-e Ehtesham al-Saltaneh*, ed. S. M. Musavi, Zavvar, 1988, Tehran
Entezam, Nasrollah, *Khaterat-e Nasrollah Entezam, Shahrivar-e 1320 az Didgah-e Darbar*, eds Mohammad Reza Abbasi and Behruz Tayarani, Sazman-e Asnad-e Melli-ye Iran, Tehran, 1992
Eqbal Ashtiyani, Abbas, *Tarikh-e Moghol: Az Hamleh-ye Changiz ta Taskhir-e Dawlat-e Teymuri*, Amir Kabir, Tehran, 1986
Eslami, Sazman-e Madarek-e Farhangi-ye Enqelab-e, *Vaqeh'eh-ye Kashf-e Hejab*, Mo'assehseh-ye Pazhuhesh-ha va Motale'at-e Farhangi, Tehran, 1992
Fakhra'i, Ebrahim, *Sardar-e Jangal, Mirza Kuchik Khan*, Javidan, Tehran, 1978
Falsafi, Nasrollah, *Zendegi-ye Shah Abbas Avval*, 5 vols, Ketab-e Kayhan, Tehran, 1955–73
Farhad Mo'tamed, Mahmud, *Tarikh-e Siyasi-ye Dawreh-ye Sedarat-e Mirza Hosein Khan Moshir al-Dawleh, Sepahsalar-e A'azam*, Elmi, Tehran, 1946
Farmanfarmaian, Hafiz (ed.), *Khaterat-e Siyasi-ye Mirza Ali Khan Amin al-Dawleh*, Amir Kabir, Tehran, 1991
Fateh, Mostafa, *Panjah Sal Naft-e Iran*, Entesharat-e Peyam, Tehran, 1979
Fatemi, Nasrollah Seifpour, *Ayeneh-ye Ebrat*, Nashr-e Ketab, London, 1989
Fazlollah, Rashid al-Din, *Jami' al-Tavarikh*, ed. Bahman Karimi, Eqbal, Tehran, 1959
Ferdowsi, Abolqasem, *Shahnameh*, vols 1–8, ed. Djalal Khaleghi-Motlagh (vol. 6 with M. Omidsalar, vol. 7 with A. Khatibi); vols 1–5, Mazda Publishers, Costa Mesa, CA and New York, in association with Bibliotheca Persica, 1990–7; vols 6–8, New York, Bibliotheca Persica, 2005–8
Foruzanfar, Badi'ozzamn, *Sokhan va Sokhanvarn*, Kharazmi, Tehran, 1971
Ghani, Qasem, *Yaddasht-ha-ye Doktor Qasem Ghani*, ed. Cyrus Ghani, vols 1–8, Zavvar, Tehran, 1978
Gilak, Mohammad Ali, *Tarikh-e Enqelab-e Jangal*, Nashr-e Gilak, Rasht, 1990
Hedayat, Mehdiqoli, *Gozaresh-e Iran: Qajariyeh va Mashrutiyat*, Noqreh, Tehran, 1984
——, *Khaterat va Khatarat*, Zavvar, Tehran, 1984
Ibnu'l Balkhi, *Farsnama*, eds G. L'Strange and R. A. Nicholson, Cambridge University Press, Cambridge, 1921
Itscherenska, Ilse, 'Taqizadeh dar Alman-e Qeisari', *Iran Nameh*, 21/1–2 (spring and summer 2003)
Jamalzadeh, Mohammad Ali, *Sar o Tah Yek Karbas*, Ma'refat, Tehran, 1955
——, 'Seyyed Jamal al-Din Va'ez-e Isfahani va Ba'zi Mobarezat-e U', in Ali Dehbashi (ed.), *Yad-e Mohammad Ali Jamazadeh*, Nashr-e Sales, Tehran, 1988

Kahhalzadeh, Abolqasem, *Dideh-ha va Shenideh-ha*, ed. Morteza Kamran, Kamran, Tehran, 1984
Kasravi, Ahmad, *A'in*, Nashr o Pakhsh-e Ketab, Tehran, repr. 1977
——, *Tarikh-e Mashruteh-ye Iran*, Amir Kabir, Tehran, 1976
——, *Tarikh-e Hijdahsaleh-ye Azerbaijan*, Amir Kabir, Tehran, 1992
——, *Baha'igari, Shi'igari, Sufigari*, ed. Alireza Samari, Isin, Nashr-e Nima, Germany, 2003
Katira'i, Mahmud, *Feramasoneri dar Iran*, Eqbal, Tehran, 1968
Katouzian, Homa, *Darbareh-ye Jamalzadeh va Jamalzadeh Shenasi*, Shahab, Tehran, 2003
——, *Hasht Maqaleh dar Tarikh va Adab-e Mo'aser*, Nashr-e Markaz, Tehran, 2006
——, 'Seyyed Hasan Taqizadeh: Seh Zendegi dar Yek Omr', in *Iran-Nameh*, special issue on Taqizadeh (guest ed. H. Katouzian), 21/1–2 (Spring and Summer 2003)
Katouzian, Mohammad Ali Tehrani, *Tarikh-e Enqelab-e Mashrutiyat-e Iran*, ed. Naser Katouzian, Enteshar, Tehran, 2000
Kermani, Nazem al-Islam, *Tarikh-e Bidari-ye Iraniyan*, ed. Ali Akbar Sa'idi Sirjani, vol. 1, Agah, Tehran, 1983
Khajeh-Nuri, Ebrahim, *Bazigaran-e Asr-e Tala'i, Seyyed Hasan Modarres*, Javidan, Tehran, 1978
Khomeini, Imam, *Velayat-e Faqih (Hokumat-e Eslami)*, new edn, Amir Kabir, Tehran, 1978
Ladjevardi, Habib (ed.), *Khaterat-e Mehdi Ha'eri Yazdi*, Iran Books, Bethesda, MD, 2001
Lesani, Abolfazl, *Tala-ye Siayah ya Bala-ye Iran*, Amir Kabir, Tehran, 1978
Mahjub (ed.), Mohammad-Ja'far, *Divan-e Kamel-e Iraj-Mirza*, Sherkat-e Ketab, USA, 1986
Makki, Hosein, *Doktor Mosaddeq va Notq-ha-ye Tarikhi-ye U*, Javidan, Tehran, 1985
——, *Tarikh-e Bistsaleh-ye Iran*, vol. 2, Elmi, Tehran, 1995
Maleki, Khalil, *Khaterat-e Siyasi*, ed. and intro. Homa Katouzian, 2nd edn, Enteshar, Tehran, 1989
Mashkur, Mohammadjavad, *Tarikh-e Iran Zamin*, Eshraqi, Tehran, 1987
Milani, Abbas (ed.), *Taskhir-e Tamaddon-e Gharbi*, Gam-e Naw, Tehran, 2003
Mirza Saleh, Gholamhosein (ed.), *Reza Shah: Khaterat-e Soleiman Behbudi, Shams Pahlavi and Ali Izadi*, Sahba, Tehran, 1983
Mohit-e Tabataba'i, Mohammad (ed.), *Majmu'eh-ye Asar-e Mirza Malkam Khan*, Tehran, 1948
Moshir-Salimi, Ali Akbar-e (ed.), *Kolliyat-e Mosavvar-e Eshqi*, Moshir-Salimi, Tehran, *c.*1944
Mostawfi, Abdollah, *Sharh-e Zendegani-ye Man, Tarikh-e Ejtema'i va Edari-ye Dawreh-ye Qajariyeh*, 3 vols, Zavvar, Tehran, 1998
Nava'i, Abdolhosein (ed.), *Yaddshat-ha-ye Malek al-Movarrekhin va Mer'at al-Vaqaye' Mozaffari*, Zarrin, Tehran, 1989
Nezami Aruzi, *Chahar Maqaleh*, ed. Mohammad Qazvini, Iranshahr, Berlin, 1927
Nezm al-Molk Tusi, Khajeh, *Siyar al-Muluk* or *Siyasatnameh*, ed. Hubert Darke, Tarjomeh o Nashr-e Ketab, Tehran, 1961
Niyazmand, Reza, *Reza Shah, Az Tavallod ta Saltanat, Bonyad-e Motale'at-e Iran*, Washington and London, 1996
Nura'i, Fereshteh, *Mirza Malkam Khan Nazem al-Dawleh*, Jibi, Tehran, 1973
Pahlavi, Mohammad Reza Shah, *Besu-ye Tamaddon-e Bozorg*, Markaz-e Pazhuhesh va Nashr-e Farhang-e Dawran-e Pahlavi, Tehran, 1975
Pesyan, Najafqoli and Khosraw Mo'tazed, *Az Savadkuh ta Zhohnsburg*, Sales, Tehran, 1998
Ravandi, Soleiman, *Rahat al-Sudur va Ayat al-Surur dar Tarikh-e Al-e Saljuq*, ed. Mohammad Iqbal, rev. Mojtaba Minovi, Amir Kabir, Tehran, 1985
Sadiq, Isa, *Yadgar-e Omr*, vol. 1, Sherkat-e Sahami-ye Tab'-e Ketab, Tehran, 1961
——, *Yadgar-e Omr*, vol. 2, Amir Kabir, Tehran, 1966
Safa, Zabihollah, *Tarikh-e Adabiyat dar Iran*, vols 1–5, v.p., Tehran, v.d. since 1956
Sanjabi, Karim, *Omid-ha va Na-omidi-ha: Khaterat-e Siyasi*, Jebhe, London, 1989
Sasani, Khan Malek, *Siyasatgaran-e Dawreh-ye Qajar*, n.p., Tehran, n.d. (date of preface, 1959)
Seif-e Azad, Abdorrahman (ed.), *Divan-e Aref*, Tehran, Seif-e Azad, 1948
Shadman, Seyyed Fakhreddin, *Taskhir-e Tamaddon-e Farangi*, n.p., Tehran, reprinted 1947
Siyasi, Ali Akbar, *Gozaresh-e Yek Zendegi*, Siyasi, London, 1988
Tabtaba'i, Hasan (ed.), *Yaddasht-ha-ye Montasher Nashodeh-ye Seyyed Mohammad Tabataba'i*, Nashr-e Abi, Tehran, 2003
Taqizadeh, Seyyed Hasan, *Nameh-ha-ye London*, ed. Iraj Afshar, Farzan, Tehran, 1996
——, *Zendegi-ye Tufani: Khaterat-e Seyyed Hasan Taqizadeh*, ed. Iraj Afshar, Elmi, Tehran, 1983
Tavakoli-Targhi, Mohamad, *Tajddod-e Bumi va Bazandishi-ye Tarikh*, Nashr-e Tarikh-e Iran, Tehran, 2002
Zargarinezhad, Gholamhosein (ed.), *Khaterat-e Nakhostin Sepahbod-e Iran*, Mo'asseseh-ye Pazhuhesh va Motale'at-e Farhangi, Tehran, 1994
Zarrinkub, Abdolhosein, *Tarikh-e Mardom-e Iran: Keshmakesh ba Qodrat-ha*, Amir Kabir, Tehran, 1985

译名对照表

A

Abadan 阿巴丹
Abaqa 阿八哈
Abbas Mirza 阿巴斯・米尔扎
Abbasids 阿拔斯王朝
Abdi, Abbas 阿巴斯・阿卜迪
Abdollah Khan 阿卜杜拉汗
'Abduh, Mohammad 穆罕默德・阿布都
Abolhasan Mirza 阿布勒哈桑・米尔扎
Abraham 亚伯拉罕
Absgun, Isle of 阿必思衮岛
Abu Hanifa Nu'man ibn Thabet 艾布・哈尼法・努尔曼・伊本・萨比特
Abu' l-Abbas al-Saffah 艾布勒・阿拔斯・萨法赫
Abu Musa island 阿布穆萨岛
Abu Muslim 艾布・穆斯林（旧译并波悉林）
Abu Nuwas 艾布・努瓦斯
Abu Sa'id Khan 不赛因
Abu Sa'id 卜撒因
Abubakr 艾布・伯克尔
Achaemenids 阿契美尼德王朝
Acropolis 卫城
Adha (Persian: Eid-e Qorban) 宰牲节
Adib-e Saber 阿迪卜・萨比尔
Afghani, Seyyed Jamal al-Din (Asadabadi) 赛义德・贾迈勒丁・阿富汗尼（阿萨达巴迪）
Afghanistan 阿富汗
Afrasiyab 阿夫拉西亚伯
Africa 非洲
Afshar, Aliqoli Khan (Alishah Adelshah) 阿里・戈利汗・阿夫沙尔（阿里沙・阿迪勒沙）
Afshar, Naderqoli (Nader Shah) 纳迪尔沙・阿夫沙尔
Afshar, Shahrokh 沙哈鲁・阿夫沙尔
Afshar 阿夫沙尔
Afshartus, General Mahmud 马哈茂德・阿夫沙图斯将军
Afshin 阿夫辛
Aga Khan 阿迦汗
Agha Soltan, Neda 内达・阿迦—索尔坦
Ahmadinejad, Mahmoud 马哈茂德・艾哈迈迪—内贾德
Ahmadzadeh, Mas'ud 马苏德・艾哈迈德扎德

Ahriman (Angra Mainyu) 阿赫里曼（安哥拉·曼纽）
Ahsa'i, Sheikh Ahmad 谢赫·艾哈迈德·艾哈萨伊
Ahura Mazda(Spenta Mainyu) 阿胡拉·马兹达（斯潘达·曼纽）
Aisha (Aisheh) 阿伊莎
Akbar, Fathollah Khan Sardar Mansur (later Sepahdar) 法图拉汗·阿克巴尔（后赛帕达尔）
Akhundzadeh, Mirza Fath'ali 米尔扎·法塔赫阿里·阿昆札达
Ala, Hosein 侯赛因·阿拉
Ala al-Dawleh 阿拉·道莱
Ala' al-Din Mohammad 阿拉丁·摩诃末
Alam, Asadollah 阿萨杜拉·阿拉姆
Alam-e Nesvan《妇女世界》
Alamut 阿拉穆特
Alan tribes 阿兰人
Alavi, Bozorg 博佐格·阿拉维
Alborz (Elburz) 厄尔布尔士山
Albright, Madeleine 马德琳·奥尔布赖特
Al-e Ahmed, Jalal 贾拉勒·艾哈迈德
Alexander the Great 亚历山大大帝
Algiers 阿尔及尔
Ali ibn Abi Talib 阿里·伊本·艾比·塔利卜
Aliqapu Palace 阿里卡普宫
Allahverdi Khan 阿拉瓦尔迪汗
Alp Arsalan 阿尔普·阿尔斯兰
Alptegin 阿尔普特勤
Amasya treaty《阿马西亚和约》
Ameli, Baha' al-Din Mohammad 伯哈义丁·穆罕默德·阿米里
Ameri, Naser 纳赛尔·阿米里
Amin 阿明
Amin al-Dawleh, Mirza Ali Kahn 米尔扎·阿里·坎·阿明·道莱
Amin al-Soltan, Aqa Ebrahim 阿合·易卜拉欣·阿明·苏丹
Amin al-Soltan, Mirza Ali Asghar Khan Atabak 米尔扎·阿里·阿斯加尔汗·阿明·苏丹
Amin al-Zarb, Hajj Mohammad Hasan 哈吉·穆罕默德·哈桑·阿明·扎尔布
Amini, Ali 阿里·阿明尼
Amir-Ahamadi 埃米尔·艾哈迈迪
Amir Bahador-e Jang 埃米尔·巴哈杜尔·江
Amir Entezam, Abbas 阿巴斯·埃米尔·恩特扎姆
Amir Kabir 埃米尔·卡比尔
Amir Movassaq 埃米尔·穆瓦萨格
Amnesty International 大赦国际
Amoli, Sheikh Mohammad 谢赫·穆罕默德·阿模里
Amoqli, Heidar Khan 海达尔汗·阿慕库里
Amuzegar, Jamshid 贾姆希德·阿穆泽加尔
Anahita 阿纳希塔
Anatolia 安纳托利亚
Angel Gabriel 天使吉卜利勒
Anglo-Persian Oil Company 英伊石油公司
Anglo-Russian Convention of (1907)《英俄条约》
Anjoman-e Asar-e Melli 国家遗产协会
Anjoman-e Tablighat-e Eslami 伊斯兰布道协会
Anshan 安善
Antioch 安条克
anti-Semitism 反犹主义
Anushiravan (Khosraw I) 阿努细尔旺（霍斯劳一世）
Anushtegin 阿努什的斤
Anvar-e Soheili《老人星之光》

Aq Qoyunlu (White Sheep) 白羊王朝
Aq Qoyunlu, Morad 白羊王穆拉德
Arab–Israeli 1967 war 第三次中东战争
Arab–Israeli 1973 (Yom Kippur) war 第四次中东战争（赎罪日战争）
Arabia 阿拉比亚
Arabs 阿拉伯人
Arabic 阿拉伯语
Arabistan (later Khuzistan) 阿拉伯斯坦（今胡齐斯坦）
Arak 阿拉克
Aral Sea 咸海
Aramaic 阿拉姆语
Araqi, Fakhr al-Din 法赫尔丁·阿拉奇
Arash 阿尔希
Arastatalis (Aristotle) 阿拉斯塔塔里斯（亚里士多德）
Ardabil 阿尔达比勒
Ardalan, Parvin 帕尔文·阿达兰
Ardeshir Babakan 阿尔达希尔·巴巴康
Ardevan (Artabanus) 阿尔德旺（阿塔巴努斯）
Aref-e Qazvini 阿里夫·加兹温尼
Arghun 阿鲁浑
Ariarnamnes (Ariarnamna) 阿里亚纳姆涅斯
Armenia 亚美尼亚
Arsaces (Arshak, Ashk) 阿尔沙克
Arsacid (Ashkani) 安息人
Arsanjani, Hasan 哈桑·阿尔桑贾尼
Artaxerexes 阿塔薛西斯
Arya Mehr 雅利安·米赫尔
Aryans 雅利安人
Asadi, Mohammad Vali 穆罕默德·瓦利·阿萨迪
Asef al-Dawleh, Allahyar Khan 阿拉亚尔汗·阿西夫·道莱
Asha (principle of natural life) 阿沙（自然生活法则）
Ashgabat (Ashkabad) 阿什哈巴德
Ashraf 阿什拉夫
Ashraf, Princess 阿什拉芙公主
Ashtiyani, Hajj Mirza Hasan 哈吉·米尔扎·哈桑·奥希梯扬尼
Asia 亚洲
Asia Minor 小亚细亚
Asian Cup 亚洲杯
Assyria 亚述
Astarabad 阿斯特拉巴德
Astyages 阿司杜阿该斯
Atabat 阿特保特
Atabeg (Atabak) 阿塔贝格
Ataturk, Mustapha Kemal 穆斯塔法·凯末尔，阿塔图尔克
Athens 雅典
Atsez 阿即思
Attar, Farid al-Din 法里德丁·阿塔尔
Austria 奥地利
Ayandegan《未来人民报》
Ayrom 艾罗姆
Azerbaijan 阿塞拜疆
Azhari, General Gholam-Reza 吉拉姆–礼萨·阿扎里将军
Azod al-Molk (Alireza Khan Qajar) 阿杜德·穆勒克（阿里·礼萨汗·恺加）

B

Bab 巴布
Baba Faghani Shirzi 巴巴·费尔干纳尼·希尔兹
Babak 巴巴克
Babi-koshi 巴布运动
Babis 巴布教徒
Babur 巴布尔
Babylon 巴比伦

Bactria 巴克特里亚
Bactrian 巴克特里亚人
Badghis 巴德吉斯
Baghdad 巴格达
Baghi, Emadeddin (Emad al-Din Baqi) 埃马德丁·巴吉
Baha'ism 巴哈教
Bahar, Mohammd-Taqi Malek al-Sho'ara 穆罕默德–塔基·马勒克·舒阿拉·巴哈尔
Baha'ullah, Mirza Hosein'ali 米尔扎·侯赛因阿里·巴哈乌拉
Bahman 巴赫曼
Bahonar, Mohammad Javad 穆罕默德·贾瓦德·巴霍纳尔
Bahrain 巴林
Bahram Chubin 巴赫拉姆·丘宾
Bahram V (Wild Ass) 巴赫拉姆五世（野驴）
Bahrami, Farajollah Khan 法拉卓拉汗·巴赫拉米
Bakhtiar (Bakhtiyar), Shapur 沙普尔·巴赫蒂亚尔
Bakhtiyar, General Teymur 帖木儿·巴赫蒂亚尔将军
Bakhtiyaris 巴赫蒂亚尔人
Bakr, Ahmad Hasan al- 艾哈迈德·哈桑·贝克尔
Bal'ami, Abu'ali 艾布·阿里·巴尔阿米
Balkh 巴尔赫（旧译巴里黑）
Baluchistan 俾路支斯坦
Bandar Abbas (Gameron) 阿巴斯港(冈布龙）
Bani Hashim 哈希姆氏族
Bani Sadr, Abolhasan 阿布勒哈桑·巴尼萨德尔
Bank Melli (National Bank) 国家银行
Baqa'i, Mozaffar 穆扎法尔·巴卡伊
Bardiya 巴尔迪亚
Barmaki, Ja'far 贾法尔·巴尔马基
Barmakis (Bermecides) 巴尔马基家族
Bashshar ibn Bord (Burd) 巴沙尔·伊本·布尔德
Basra 巴士拉
Bayazid, Sultan 苏丹巴耶塞特
Bayazid of Bastam 巴斯塔姆的拜齐德
Bazaar 巴扎
Bazargan, Mehdi 马赫迪·巴扎尔甘
BBC 英国广播公司
Beglerbegi, Mohammad Khan (Tajbakhsh) 穆罕默德汗·贝勒贝伊（塔赤巴黑失）
Behafarid 贝哈法里德
Behbahani, Seyyed Abdollah 赛义德·阿卜杜拉·贝赫贝罕尼
Behbahani, Seyyed Mohammad 赛义德·穆罕默德·贝赫贝罕尼
Beheshti, Ayatollah Seyyed Mohammad 赛义德·穆罕默德·贝赫什提
Behistun (Bistun) 贝希斯敦
Behrangi, Samad 萨马德·贝朗吉
Beihaqi, Abolfazl 阿布法齐·贝哈奇
Beizaei, Bahram 巴赫拉姆·贝扎伊尼
Belgium 比利时
Berkiyaroq 巴尔基雅鲁格
Berlin 柏林
Bertrand Russell Peace Foundation 伯特兰·罗素和平基金会
Biruni, Abu Reyhan (Al-Biruni) 艾布·雷伊汗·比鲁尼
Black Friday 黑色星期五
Bokhara (Bukhara) 布哈拉
Bokhari (al-Bukhari), Mohammad 穆罕默德·布哈里
Bokhtishu' 伯赫帖舒
Bonicheh 军税
Bonyad-e Mostaz'afan 邦亚德·穆斯塔扎法
Bonyads 邦亚德

Borujerdi, Grand Ayatollah Seyyed Hosein 大阿亚图拉赛义德·侯赛因·布鲁杰迪
Borzuyeh the Physician 医生博尔祖耶
Bourbons 波旁王朝
Boyce, Mary 玛丽·博伊斯
Bozorgmehr 布祖尔米赫尔
Britain 英国
Brzezinski, Zbigniew 兹比格涅夫·布热津斯基
Buddhism 佛教
Bullard, Sir Reader 瑞德·布拉德爵士
Bush, George W. 乔治·W. 布什
Bushehr 布什尔
Buyid, Ahmad (Mo’ezz al-Dawleh) 艾哈迈德·白益（穆仪兹·道莱）
Buyid, Ali (Emad al-Dawleh) 阿里·白益(伊马德·道莱）
Buyid, Fakhr al-Dawleh 法赫尔·道莱·白益
Buyid, Hasan (Rokn al-Dawleh) 哈桑·白益（鲁克尼·道莱）
Buyid, Majd al-Dawleh 马吉德·道莱·白益
Buyid, Seyyedeh 赛耶德·白益
Buyids 白益王朝
Byzantium 拜占庭

C

Calvin, Jean 让·加尔文
Cambyses (Kambujiyeh) 冈比西斯
Camel, battle of 骆驼之战
Camus, Albert 阿尔贝·加缪
Cardin, Pierre 皮尔·卡丹
Carmathian (Qarmatian, Qarmat) 卡尔马特派
Carter, Jimmy 吉米·卡特
Caspian 里海
Castro, Fidel 菲德尔·卡斯特罗
Catherine the Great 叶卡捷琳娜大帝
Caucasus 高加索
Central Asia 中亚
Central Bank of Iran 伊朗中央银行
Central Treaty Organization (CENTO, Baghdad Pact) 中央条约组织
Chaghri Beg 恰格勒·贝格
Chahar Bagh 四园广场
Chaldiran 查尔迪兰
Changiz (Genghis) Khan 成吉思汗
Chardin, Jean 让·夏尔丹
Charecene (Saracen) 查拉塞尼（撒拉森）
Che Guevara, Ernesto 埃内斯托·切·格瓦拉
Chehel Sotun Palace 四十柱宫
Cheney, Vice President Dick 迪克·切尼
China 中国
Chionite Hephthalites (White Huns) 匈尼特嚈哒人（白匈奴）
Chishpish (Thiepes) 铁伊斯佩斯
Choresmia (Kwarazm) 花剌子模
Chosroes (Khosraw) 科斯洛伊斯
Christianity 基督教
Churchill, Winston 温斯顿·丘吉尔
Cinema Rex, Abadan 阿巴丹的雷克斯电影院
Circassians 切尔克斯人
Clark, Ramsey 拉姆齐·克拉克
Clinton, Bill 比尔·克林顿
Colbert, Jean-Baptiste 让–巴蒂斯特·科尔贝
Cold War 冷战
‘Commander of Reconstruction’ (Sardar-e Sazandegi) “重建司令”
Committee for the Defence and Promotion of Human Rights 捍卫和改善伊朗人权委员会
Communist Party of Iran 伊朗共产党
Confederation of Iranian Students 伊朗学生联合会
Congregational Mosque (Masjed-e Jame’) of Isfahan 伊斯法罕聚礼清真寺

conspiracy theories 阴谋论
Constantine, Emperor 君士坦丁皇帝
Constantinople 君士坦丁堡
Constitutional Revolution 宪法革命
Cossacks (Cossack Brigade/Division) 哥萨克旅/师
Council of Guardians 监护委员会
Crassus 克拉苏
Ctesiphon 泰西封
Curzon, George Nathaniel (Lord) 乔治·纳撒尼尔·寇松爵士
Cyaxares (Hovakhshatarah) 库亚克萨列斯
Cyrus (Kurosh) the Great 居鲁士大帝

D

Dagestan (Daghistan) 达吉斯坦
Dahae, Scythian nomads 大益，斯基泰游牧民
Dakhmeh (tower of silence) 寂静塔
Damascus 大马士革
Damavand, Mount 达玛万德山
Damghan 达姆甘
Daneshvar, Simin 西明·达涅什瓦尔
Dar al-Fonun 理工学院
Dara 达拉
Darab 达拉布
D'Arcy concession 达西特许权
Dari (New Persian) 达利语（新波斯语）
Darius (Dariyush) 大流士
Dasht-e Moghan 木干草原
Dashti, Ali 阿里·达什提
Davar, Ali Akbar 阿里·阿克巴·达瓦尔
dawlat (ro'asa-ye dawlat) 国家高官
Dawlat-Abadi, Mirza Yahya 米尔扎·叶海亚·道莱–阿巴迪
Dawlat-Abadi, Sediqeh 赛蒂姬·道莱–阿巴迪
Day of Judgement 审判日
Dayukku (Deioces) 达尤库（戴奥凯斯）
Dehkohda, Ali Akbar 阿里·阿克巴·德赫胡大
Delhi 德里
Democrat Party 民主党
Department of State 美国国务院
Derakhshesh, Mohammad 穆罕默德·德拉科设什
Derakht-e Asurik《亚述的树》
Develu 杜瓦鲁
Deylaman 德莱木
Diarbekr 迪亚巴克尔
Discount Bank of Russia 俄罗斯贴现银行
Divan (department) 底万
Div-e Sefid (White Demon) 白魔鬼
Divine Grace (farr, farrah) 神佑
Dorrani dynasty 杜兰尼王朝
Dorrat al-Mo'ali 朵拉·马阿里
Dutch East India Company 荷兰东印度公司

E

Ebadi, Shirin 希琳·伊巴迪
Ebtehaj, Abolhasan 阿布勒哈桑·艾伯特哈吉
Ecbatana 埃克巴坦那
écoles normales 师范学院
écoles polytechniques 巴黎综合理工大学
Edalat-khaneh 独立法庭
Eetemad-e Melli daily《国民信心》日报
Egypt 埃及
Ehtesham al-Saltaneh 埃赫特沙姆·萨尔塔纳
Ein al-Dawleh, Majid Mirza 马吉德·米尔扎·艾因·道莱
Elamite 埃兰人
El-Baradei, Mohammad 穆罕默德·巴拉迪

Emami (Eslami), Sa'id 赛义德・伊玛米（伊斯拉米）
Emamqoli Khan 伊玛目戈利汗
Ensedad 阻塞
Entente (Britain, France and Russia) 三国协约（英法俄）
Entezam, Abdollah 阿卜杜拉・恩特扎姆
Epic of 23 May (Hemaseh-ye Dovvom-e Khordad) 5月23日史诗
Eqbal, Manuchehr 曼努契黑尔・埃克巴尔
eqta' (iqta') 伊克塔
Eradeh Melli (National Will) party 民族意志党
Ervand, River 叶尔万德河
Esfandiyar 埃斯凡迪亚尔
Eskandar (Alexander the Great) 伊斯坎达尔（亚历山大大帝）
Eskandari, Soleiman-Miza 苏莱曼・米尔扎・伊斯坎达里
estebdad 专制统治
E'temad al-Saltaneh 艾特茂德・萨尔塔纳
Euphrates 幼发拉底河
Europe 欧洲
European Union (EU) 欧盟
Europeanism 欧洲主义
Evin prison 埃温监狱
Expediency Council 利益委员会
eyvan (ivan) 拱形门洞

F

Fada'iyan-e Islam 伊斯兰敢死队
Fada'iyan-e Khalq 人民敢死队
Fallaci, Oriana 奥丽娅娜・法拉奇
Falsafi, Mohammad Taqi 穆罕默德・塔基・法尔萨菲
Fana Khosraw (Azod al-Dawleh) 法纳・霍斯劳（阿杜德・道莱）
Fanon, Frantz 弗朗茨・法农
Farabi, Abu Nasr (al-Farabi) 艾布・纳斯尔・法拉比
Farah, Queen (Shahbanu) 法拉赫王后（沙布努）
Farangestan《法兰克斯坦》
Farangis (Farigis) 法兰吉丝
Farhangestan-e Iran 伊朗学院
Fariborz 法里博尔兹
farr (farrah, Divine Grace) 神佑
Farrash-bashi, Hajji Ali (Hajeb al-Dawleh) 哈吉・阿里・法拉什–巴希（哈吉不・道莱）
Farrokhi 法鲁基
Fars 法尔斯
Farsi 法尔西
Fatemi, Hosein 侯赛因・法特米
Fatima 法蒂玛
Fatimid 法蒂玛王朝
Faw peninsula 法奥半岛
Fenton, Tom 汤姆・芬顿
Ferdowsi, Abolqasem 阿布尔卡西姆・菲尔多西
Fereydun (Faridun) 法里东
Fetr (Fitr) 开斋节
feudalism 封建制度
Fifty-Three, Group of 五十三人
Firuz Mirza Nosrat al-Dawleh 菲鲁兹・米尔扎・努斯拉特・道莱
Five Year Plan 五年计划
Ford, Gerald 杰拉德・福特
Foreign Office 外交部
Foroughi, Mohammad Ali 穆罕默德・阿里・法鲁基
Forqan 弗尔干
Foroughi Bastami 法鲁基・巴斯塔米
Foruhar, Daryush 大流士・福鲁哈

Foruhar (Eskandari), Parvaneh 帕瓦娜・福鲁哈（伊斯坎达里）
France 法国
Freedom Movement of Iran 伊朗自由运动

G

Gaddafi, Colonel Muammar 穆阿迈尔・卡扎菲上校
Ganji, Akbar 阿克巴・甘吉
Garden of Eden 伊甸园
Garrusi, Hasan Ali Khan Amir Nezam 哈桑・阿里汗・埃米尔・尼扎姆・加鲁西
Gathas 伽泰
Gaumata (Smerdis) 高墨塔（司美尔迪斯）
Gawharshad Begum 高哈尔绍德
Geneva 日内瓦
Georgia 格鲁吉亚
Germany 德国
Ghadir 盖迪尔节
Ghalibaf (Qalibaf), Mohammad Bagher (Baqer) 穆罕默德・巴盖尔・卡利巴夫
Ghalzeh Afghan tribe 吉尔查伊阿富汗人
Gharbzadegi (*Weststruckness*)《西方病》
Ghazali, Abu Hamed 艾布・哈米德・安萨里
Ghazan Khan 合赞
Ghaziyan, Hosein 侯赛因・加齐延
Ghazna 加兹尼
Ghaznavid, Mahmud (Yamin al-Dawleh) 马哈茂德・加兹尼（亚明・道莱）
Ghaznavid, Mas'ud 马苏德・加兹尼
Ghaznavids 加兹尼王朝
Gholaman-e Khasseh 皇家奴隶
Gide, André 安德烈・纪德
Gilan 吉兰
Giv 格乌
Gnoli, Gherardo 盖拉尔多・尼奥利
Gnosticism 诺斯替教
Godard, André 安德烈・戈达尔
Goharshad Mosque 高哈尔绍德清真寺
Golden Horde 金帐汗国
Golesorkhi, Khosrow 霍斯劳・古莱索尔希
Golestan Palace 古利斯坦宫
Golestan Treaty《古利斯坦条约》
Golpayegani, Grand Aytollah Mohammad Reza 大阿亚图拉穆罕默德・礼萨・戈尔帕耶加尼
Golshah'iyan, Abbasqoli 阿巴斯戈利・古尔沙希扬
Gordafarid 古尔德法里德
Gorgan (Astarabad, Hyrcania) 戈尔甘（阿斯塔拉巴德，叙卡尼亚）
Gorgani, Fakhr al-Din As'ad 法赫尔丁・阿萨德・戈尔甘尼
Gorji, Manuchehr Khan (Mo'tamed al-Dawleh) "格鲁吉亚佬"曼努契黑尔汗（穆尔台米德・道莱）
Goshtasp (Vishtasp) Shah 古什塔斯帕
Granicus 格拉尼卡斯
Greeks 希腊人
Gregory XI (Gorgin Khan) 格里高利十世(戈尔金汗）
Grey, Sir Edward 爱德华・格雷爵士
Griboyedov, Alexander 亚历山大・格里博耶多夫
Gulf Cooperation Council (GCC) 海湾合作委员会
Gurvitch, George 乔治・古尔维奇

H

hadith 圣训集
Ha'eri Yazdi, Hajj Sheikh Abdolkarim 哈吉・谢赫・阿卜杜勒卡里姆・哈耶

里·亚兹迪
Hafiz 哈菲兹
Haft Khan (Seven Trials) 七大考验
Haft Peykar《七美图》
Hajjarian, Sa'id 赛义德·哈贾里安
Hajji Mirza Aghasi 哈吉·米尔扎·阿加西
Hakhamaneshi (Achaemenid emperor, empire) 阿契美尼德帝国
Hakim al-Molk, Mirza Mahmud Khan 米尔扎·马哈茂德汗·哈基姆·穆勒克
Halabja 哈拉卜贾
Hamadan 哈马丹
Hamas 哈马斯
Hamshahri daily《公民兄弟报》
Hamzeh Mirza 哈姆扎·米尔扎
Hanafi school 哈乃斐派
Hanbali 罕百里法学派
Hanifnezhad, Mohammad 穆罕默德·哈尼夫内兹哈德
Hari Rud 哈里鲁德河
Harun al-Rahshid 哈伦·拉希德
Hasan, Imam 伊玛目哈桑
Hasan Khan Salar 哈桑汗·萨拉尔
Hasan Sabbah 哈桑·萨巴赫
Hasanak the Vizier 维齐尔哈桑纳克
Hashashin 阿萨辛
Hashemi, Faezeh 法伊兹·哈希米
Hawzeh 高等宗教院校
Hayerizadeh, Abolhasan 阿布勒哈桑·哈耶利扎德
Hazhir, Abdolhosein 阿卜杜勒侯赛因·哈只尔
Hazirat al-Qods 神圣洼地
Hazrat-e Abodl'azim 阿卜杜勒·阿齐姆圣墓
Hedayat clan 希达亚特家族
Hedayat, Sadeq 萨迪克·希达亚特
Hegel, Georg Wilhelm Friedrich 格奥尔格·威廉·弗里德里希·黑格尔
Heidar 海达尔
Hekmat, Reza 礼萨·希克马特
Hellenism 希腊化
Herat 赫拉特
Herodotus 希罗多德
Herz, Martin 马丁·赫茨
Herzfeld, Ernst 恩斯特·赫茨菲尔德
Hey'at-ha-ye Mo'talefeh-ye Eslami (later Hezb-e Mo'talefe-ye Islami) 伊斯兰组织联盟（后伊斯兰联盟党）
Hezb-e Kargozaran-e Sazandegi (Agents of Reconstruction Party) 复兴党通讯社
Hezbollah (also Ansar-e Hezbollah) 真主党
Hijra 希吉拉
Hinduism 印度教
Hitler, Adolf 阿道夫·希特勒
Hojjatiyeh 胡加提耶
Holagu Khan 旭烈兀
Holland 荷兰
Homay 胡马伊
Hormazd 霍尔米兹德
Hormuz (island, strait) 霍尔木兹（岛，海峡）
Hosein (Husein, Hoseyn, Husayn), Imam 伊玛目侯赛因
Hosein Behzad 侯赛因·贝赫扎德
Hoseiniyeh-ye Ershad 侯赛因指南
Hoveyda, Amir Abbas 埃米尔·阿巴斯·霍韦达
Huyser, General Robert 罗伯特·哈伊泽将军

I

Ibn Khaldun 伊本·赫勒敦
Ibn Moqaffa' (Ibn al-Muqaffa', Ruzbeh) 伊本·穆卡法（鲁兹贝赫）
Ibn Sina, Abu Ali (Avicenna) 艾布·阿里·

伊本·西那（阿维森纳）
Ibrahim ibn Adham 易卜拉欣·伊本·阿扎姆
Ilek-khanid 伊列克汗国
Ilkhan empire 伊利汗国
Imam Reza 伊玛目里达
Imamzadeh 小伊玛目
Imperial Bank of Persia 波斯帝国银行
India 印度
Indus (Send) river 印度河
International Atomic Energy Agency (IAEA) 国际原子能机构
International Bank for Reconstruction and Development 国际复兴开发银行
International Committee of the Red Cross 红十字国际委员会
International Court of Justice at the Hague 海牙国际法庭
International Monetary Fund (IMF) 国际货币基金组织
Ionia (Yunan) 伊奥尼亚
Iraj Mirza 伊拉治·米尔扎
Iran Party 伊朗党
Iran-e Farda《明日伊朗》
Iran-e Naw Party 新伊朗党
Iran-e Novin (New Iran) Party 新伊朗党
Iran–Iraq war 两伊战争
Iranian–American antagonism 美伊冲突
Iranian Committee for the Defence of Freedom and Human Rights 伊朗自由和人权保卫委员会
Iranianism (Iranian-ness or Iraniyat) 伊朗主义
Iranshahr《伊朗帝国》
Iraq 伊拉克
Ironside, Major General Sir Edmund 埃德蒙·艾恩塞德爵士
Isfahan 伊斯法罕
Isfahani, Mirza Gholamreza 米尔扎·古拉姆礼萨·伊斯法罕尼
Isfahani, Mirza Habib 米尔扎·哈比卜·伊斯法罕尼
Isfahani, Seyyed Abolhasan 赛义德·阿布勒哈桑·伊斯法罕尼
Isfahani, Seyyed Jamal al-Din 赛义德·贾迈勒丁·伊斯法罕尼
Islam 伊斯兰教
Islamic Participation Front 伊斯兰参与阵线
Islamic Republic 伊斯兰共和国
Islamic Republic Party (IRP) 伊斯兰共和国党
Islamic Revolution 伊斯兰革命
Islamic Students Union 伊斯兰学生会
Ismailis 伊斯玛仪派
Israel 以色列

J

Jabal Amel 阿米勒山
Ja'far al-Sadiq, Imam 伊玛目贾法尔·萨迪格
Jahanbani (Baba Khan, later Fath'ali Shah) 贾汉巴尼（巴巴汗，后法塔赫阿里沙）
Jahanbani, General Amanollah Mirza 阿曼努拉·米尔扎·贾汉巴尼将军
Jahanbani, General Nader 纳迪尔·贾汉巴尼将军
Jahanbani, Khosrow 霍斯劳·贾汉巴尼
Jahiz 查希兹
Jalaeipour, Hamidreza 哈米德礼萨·贾拉伊普尔
Jalal al-Din Mirza 札兰丁·米尔扎
Jalali Era 哲拉里历
Jalali-Naini, Ahmad Reza 艾哈迈德·礼萨·哲拉里·奈尼
Jalayerid 札剌亦儿王朝

Jam, General Fereydun 法里东・贾姆
Jamalzadeh, Mohammad Ali 穆罕默德・阿里・贾迈勒扎德
Jame'e-ye Ruhaniyun-e Mobarez (Association of Militant Clerics) 战斗教士协会
Jam-e Jam (Cup of Jamshid) 贾姆希德之杯
Jami, Abdorrahman 阿卜杜拉赫曼・雅米
Jami' al-Tawarikh《史集》
Jamkaran 贾卡朗
Jamshid 贾姆希德
Jang Jang ta Piruzi 战争直至胜利
Jangal movement 江格尔运动
Javadi Amoli, Ayatollah 阿亚图拉贾瓦迪・阿莫利
Jaxartes (Seyhun or Syr Darya), River 药杀水（质浑河，锡尔河）
Jazani, Bizhan 比詹・贾扎尼
Jerusalem 耶路撒冷
Jerusalem Day (Ruz-e Qods) 耶路撒冷日
Jesus Christ 耶稣基督
jezyeh (jizya, jezieh) 杰齐亚
Jolfa 焦勒法
Jondishapur 贡德沙普尔
Joneid 祝奈德
Joseph 约瑟
Joveini, Ala' al-Din Ata Malek 阿拉丁・阿塔・马利克・志费尼
Joveini, Shams al-Din 舍木苏丁・志费尼
Judaism 犹太教
Julius Caesar 尤利乌斯・恺撒
June 1963 uprising 1963 年七月起义
just ruler 公正的统治者

K

Ka'ba 克尔白
Kabul 喀布尔
Kadivar, Mohsen 穆赫辛・卡迪瓦尔
Kaftaradze, Sergei 谢尔盖・卡夫塔拉泽
Kalantar, Hajji Ebrahim (E'temad al-Dawleh) 哈吉・易卜拉欣・卡兰塔尔（艾特茂德・道莱）
Kamal al-Molk 卡迈勒・穆勒克
Kamal Khojandi 卡迈勒・忽毡迪
Kambujiyeh (Cambyses) 冈比西斯
Kamran Mirza 卡姆兰・米尔扎
Kani, Hajj Mullah Ali 哈吉・毛拉・阿里・卡尼
Kar, Mehrangiz 迈赫兰基兹・卡尔
Karbala 卡尔巴拉
Karbaschi, Gholamhosein 古拉姆侯赛因・卡尔巴斯奇
Karim Khan Kermani 卡里姆汗・克尔曼尼
Karim Khani 卡里姆・可汗尼
kariz (qanat) 坎儿井
Karnal battle 卡尔纳尔战役
Karroubi (Karrubi), Hojjatoleslam Mehdi 胡加特伊斯兰马赫迪・卡鲁比
Karun 卡伦河
Kashan 卡善
Kashani, Ayatollah Seyyed Abolqsem 阿亚图拉赛义德・阿布尔卡西姆・卡善尼
Kashani, Kalim 卡里姆・卡善尼
Kashf al-Asrar《揭秘》
Kashi, Farrokh Khan Amin al-Dawleh 法鲁克汗・阿明・道莱・卡什
Kasravi, Ahmad 艾哈迈德・卡斯拉维
Kavad (Qobad) 喀瓦德
Kaveh the Blacksmith 铁匠卡维
Kayhan《世界报》
Kazemi, Zahra 扎赫拉・卡齐米
Kazemzadeh, Hosein 侯赛因・卡齐姆扎德
Keikavus ibn Eskandar 凯卡乌斯・伊本・伊斯坎德尔
Kelileh o Demneh《卡里莱和笛木乃》
Kennedy, John F. 约翰・F. 肯尼迪

Kerman 克尔曼
Kermani, Mirza Aqa Khan 米尔扎·阿加汗·克尔曼尼
Kermani, Mirza Reza 米尔扎·礼萨·克尔曼尼
Kermanshah 克尔曼沙赫
Kesa'i Marvzi 凯撒伊·马卫集
Key Kavus 凯卡乌斯
Key Khosraw 凯霍斯鲁
Key Qobad (Key Kavad) 凯哥巴德
Keyanian 凯扬王朝
Khabushan (Quchan) 卡布山（古昌）
Khalkhali, Hojjatoleslam Sadeq 胡加特伊斯兰萨迪克·哈勒哈利
Khamenei, Ayatollah Seyyed Ali 阿亚图拉赛义德·阿里·哈梅内伊
Khamseh 哈姆塞人
Khaneh-ye Mellat 人民议会
Khaqani Shirvani 哈加尼·希尔凡尼
Khansar 汗萨尔
Kharaj 卡拉杰
Kharg Island 哈尔克岛
Kharazmi, Musa (Kwarazmi) 穆萨·花剌子密
Kharejites (Khawarij) 哈瓦利吉派
Kharrazi, Kamal 卡迈勒·哈拉齐
Khasseh 卡萨
Khatami, Hojjatoleslam Seyyed Mohammad 胡加特伊斯兰赛义德·穆罕默德·哈塔米
Khatami, Mohammadreza 穆罕默德礼萨·哈塔米
Khavaarenah (Divine Grace) 卡瓦伦纳
Khayyam, Omar 欧玛尔·海亚姆
Khaz'al Khan 哈兹阿尔汗
Khezr ('the Greenman') 克孜尔
Khiveh (Khiva, Khwarazm) 希瓦
Khiyabani, Sheikh Mohammad 谢赫·穆罕默德·契亚班尼
Khodaynamag《王统记》
Khomeini, Ayatollah Ruhollah 阿亚图拉鲁霍拉·霍梅尼
Khorasan 呼罗珊
Khorasani, Akhund Mullah Kazem 阿昆·毛拉·卡齐姆·呼罗珊尼
Khorasani, Nushin Ahmadi 努欣·艾哈迈迪·呼罗珊尼
Khordad 三月
Khorramdin, Babak 巴巴克·胡拉米丁
Khorramis (Khorramdinan) 胡拉米
Khorramshahr 霍拉姆沙赫尔
Khosraw (Chosroes) 霍斯劳（科斯洛伊斯）
Khosraw o Shirin《霍斯劳与席琳》
Khrushchev, Nikita 尼基塔·赫鲁晓夫
Khuzistan 胡齐斯坦
Kia-Rostami, Abbas 阿巴斯·基亚–罗斯塔米
King of Kings (Shahanshah) 诸王之王
Kish Island 基什岛
Kiumars (Geyomard) 凯尤玛尔斯
Kiyan《凯扬》
Kiyanuri, Nureddin 努尔丁·基亚努里
Kondori, Amid al-Molk 阿米德·穆勒克·孔杜里
Koolaee, (Kula'i) Elahe 埃拉赫·库拉伊
Koran《古兰经》
Kufa 库法
Kurdish Democratic Party 库尔德民主党
Kurdistan 库尔德斯坦
Kurds 库尔德人
Kushan 贵霜
Kuwait 科威特
Kuzichkin, Vladimir 弗拉基米尔·库济奇金
Kwarazm (Choresmia) 花剌子模

Kwarazm-shah 花剌子模沙

L

Lafayette 拉法耶特
Lahuti, Abolqasem 阿布尔卡西姆·拉忽提
Lala Rookh《拉拉·鲁赫》
Land Reform Law《土地改革法》
Larijani, Ali 阿里·拉里贾尼
Larijani, Mohammad Javad 穆罕默德·贾瓦德·拉里贾尼
Latin America 拉丁美洲
Le Monde《世界报》
League of Nations 国际联盟
Lebanon 黎巴嫩
Lezgis 拉兹基人
Libya 利比亚
Lindenblatt, Dr Kurt 库尔特·林登布拉特博士
Little Black Fish《小黑鱼》
London 伦敦
Lor (Loristan) 洛雷斯坦
Loraine, Sir Percy 珀西·洛兰爵士
Lord of the Martyrs (Sayyid al-Shuhada) 殉难者之主
Lydia 吕底亚

M

Macedonia 马其顿
Madar-e Shah College 马达尔沙学院
madreseh (madrasa) 宗教学院
Madreseh-ye Marvi 马尔维学院
Mafi, Rezaqoli Khan (Nezam al-Saltaneh) 礼萨·戈利汗·马菲(尼扎姆·萨尔塔纳)
Magi 麻葛僧
Mahd-e Olia 马哈德·奥莉雅
Mahdi 马赫迪
Majlesi, Mullah Mohammad Baqer 毛拉·穆罕默德·巴基尔·马吉里西
Majlis 国民大会
Majnun Islands 马吉努岛
Makhalbaf, Mohsen 穆赫辛·马克哈巴夫
Makki, Hosein 侯赛因·马吉
Malek al-Sho'ara, Mahmud Khan 马哈茂德汗·马利克·舒阿拉
Malek al-Sho'ara, Saba 萨巴·马利克·舒阿拉
Maleki, Khalil 哈利勒·马利基
Malak Jahan Khanom (Mahd-e Olya) 马拉克·贾汉·汗尼姆(马哈德·奥莉雅)
Malek al-Movarrekhin 马利克·穆瓦雷金
Malekshah, Jalal al Din 扎兰丁·马利克沙
Malkam Khan 马尔库姆汗
Mamalek (state provinces) 国家省份
Ma'mun 马蒙
Mangu, the Great Khan 蒙哥大汗
Mani 摩尼
Manichaeism 摩尼教
Mansur, Ali 阿里·曼苏尔
Mansur, Hassan Ali 哈桑·阿里·曼苏尔
Mansur, the Caliph 哈里发曼苏尔
Mantiq al-Tair (Assembly of the Birds)《百鸟朝凤》
Manuchehr 曼努契黑尔
Maragheh 马拉盖(旧译蔑腊哈)
Marble Palace 大理石宫
Mard-e Azad《自由人》
Mardom (People's) Party 人民之党
Mardom-e Iran (Iranian People) Party 伊朗人民党
Marja'-e taqlid 玛尔加·塔格里德
Marquis de Condorcet 孔多塞侯爵
martial law 戒严
Marv (Merv) 木鹿
Marx, Karl 卡尔·马克思

Marxists 马克思主义者
Marzban 马尔兹班
Mashhad 马什哈德
Masjed-e Jame' (Congregational Mosque) of Isfahan 伊斯法罕聚礼清真寺
Masjed-e Shah (Royal Mosque, Blue Mosque) of Isfahan 伊斯法罕王家清真寺
Masjed-e Shah (Royal Mosque) of Tehran 德黑兰王家清真寺
Masonic lodge 共济会分会
Massignon, Louis 路易・马西尼翁
Matin Daftari, Ahmad 艾哈迈德・马丁・达夫塔里
Mazandaran 马赞德兰
Mazandarani, Sheikh Abdollah 谢赫・阿卜杜拉・马赞德兰尼
Mazdakism 马兹达克教
Mecca 麦加
Medes (Median) 米底人
Medina (Yathrib) 麦地那（耶斯里卜）
Mediterranean 地中海
Mehrabad 梅赫拉巴德
Meiji Japan 日本明治天皇
Mellat Iran Party 伊朗人民党
Melli-Mazhabi 国民宗教力量
Melliyun (Nationalist) Party 国家党
Mer'at al-Vaqaye'-e Mozaffari《穆扎法尔朝统治史》
Mesopotamia 美索不达米亚
Meyer, Armin 阿明・迈耶
Middle East 中东
Millspaugh, Dr Arthur 亚瑟・米尔萨普博士
Ming dynasty 明朝
Mir Emad Hasani 米尔・伊马德・哈桑尼
Mirkhwand 密尔宽德
Mirveis (Afghan) 米尔瓦伊斯（阿富汗）
Mirza Isa 米尔扎・伊萨
Mirza Kuchik Khan 米尔扎・库切克汗
Mirza Reza Kermani 米尔扎・礼萨・克尔曼尼
Mirzadeh Eshqi 米尔扎德・艾思奇
Mithra (Mehr) 密特拉
Modarres, Seyyed Hasan 赛义德・哈桑・莫达里斯
Moeen (Mo'in), Mostafa 穆斯塔法・莫因
Mofatteh, Hojjatoleslam Mohammad 胡加特伊斯兰穆罕默德・穆法特赫
Moguls 莫卧儿人
Mohajerani, Ataollah (Ata'ollah) 阿塔乌拉・穆哈杰拉尼
Mohajerin 迁士
Mohammad 穆罕默德
Mohammad Mirza 穆罕默德・米尔扎
Mohammad Reza Shah Pahlavi 穆罕默德・礼萨沙・巴列维
Mohammad Zaman 穆罕默德・扎曼
Mohammara (later Khorramshahr) 穆罕默拉（后霍拉姆沙赫尔）
Moharram 穆哈兰月
Mohtashemi-pur, Hojjatoleslam Ali Akbar 胡加特伊斯兰阿里・阿克巴・穆赫塔奇米–普尔
Mojahedin-e Enqelab-e Eslami 伊斯兰革命圣战者组织
Mojahedin-e Khalq 人民圣战者
Mojtahed Shabestari, Mohammad 穆罕默德・穆智台希德・沙比斯塔里
mojtaheds 穆智台希德
Mokhber al-Saltaneh (Mehdiqoli Hedayat) 莫克比尔・萨尔塔纳（马赫迪・戈利・希达亚特）
Mokhtari, Mohammad 穆罕默德・穆赫塔里
Mokhtari, Sarpas 萨尔帕・穆赫塔里

Molk Ara, Abbas Mirza 阿巴斯·米尔扎·穆勒克·阿拉
Mongols 蒙古人
Montazeri, Grand Ayatollah Hosein'ali 大阿亚图拉侯赛因阿里·蒙塔泽里
Montesquieu, Charles Louis, Baron de 夏尔·路易·德·孟德斯鸠男爵
Moon of Nakhshab 纳赫沙布的月亮
Moore, Thomas 托马斯·穆尔
Morshed-e Kamel 完美精神导师
Mosaddeq, Mohammad 穆罕默德·摩萨台
Mosavat《平等》
Moshir al-Dawleh, Hajj Mirza Hosein Khan (Sepahsalar) 哈吉·米尔扎·侯赛因汗·穆希鲁·道莱（锡帕萨拉尔）
Moshir al-Dawleh, Mirza Hasan Khan 米尔扎·哈桑汗·穆希鲁·道莱
Mostashar al-Dawleh, Mirza Yusef 米尔扎·优素福·穆斯塔沙尔·道莱
Mostawfi al-Mamalek, Mirza Yusef Khan 米尔扎·优素福汗·穆斯塔菲·马马列克
Mostawfis 穆斯塔菲
Motahhari, Ayatollah Morteza 阿亚图拉莫尔塔扎·穆塔哈里
Mo'tamen al-Molk, Mirza Hosein Khan 米尔扎·侯赛因汗·穆塔门·穆勒克
Mousavi (Musavi), Mir Hosein 米尔·侯赛因·穆萨维
Mousavi (Musavi) Kho'ini-ha, Mohammad 穆罕默德·穆萨维·霍伊尼哈
Mu'awia (Mo'avieh) 穆阿维叶
Muharram 穆哈兰月
Muluk al-tawa'if 各部落的统治者
Muqanna', al- 穆盖奈耳
Muqaddima《绪论》
Musa al-Kazim 穆萨·卡齐姆
Muslim Brotherhood 穆斯林兄弟会
Muslim People's Republican Party (MPRP) 穆斯林人民共和党
Muslims 穆斯林
Mu'tazila 穆尔太齐赖派
My Uncle Napoleon (Da'i jan Napoleon)《我的叔叔拿破仑》
Mykonos restaurant (Berlin) 柏林米科诺斯餐厅

N

Nabard-e Mellat《人民的战斗》
Nabavi, Behzad 贝赫扎德·纳巴维
Nahavand 纳哈万德
Na'ini, Hajj Mirza Hosein 哈吉·米尔扎·侯赛因·纳以尼
Najaf 纳杰夫
Naji 拯救者
Nakhchivan 纳希切万
Nanvabashi 南瓦巴什
Napoleon 拿破仑
Naqsh-e Rostam 纳克希·鲁斯塔姆
Naser al-Molk 纳赛尔·穆勒克
Naser Khosraw 纳赛尔·霍斯劳
Nasim-e Shomal (weekly)《北方的微风》(周刊)
Nasiri, Colonel Ne'matollah 内马托拉·纳西里上校
Nasser, Gamal Abd al- 贾迈勒·阿卜杜勒·纳赛尔
Natanz 纳坦兹
Nateq Nuri, Hojjatoleslam Ali Akbar 胡加特伊斯兰阿里·阿克巴·那提格·努里
National Democratic Front 国民民主阵线
National Front 国民阵线
National Iranian Oil Company 伊朗国家石油公司
National Organization of University Teachers 大学教师国民组织

National Resurgence (Rastakhiz-e Melli) Party 国家复兴党
Naus, Joseph 约瑟·努斯
Navvab Safavi 纳瓦卜·萨法维
Nazis 纳粹
Nehzat-e Melli (Popular Movement) 国民运动
Neishabur (Nishapur, Nev-Shapur) 尼沙普尔
Neoplatonism 新柏拉图主义
Nest of Espionage (laneh-ye jasusi) 间谍的老巢
Nestorians 聂斯脱利派
New Iran (Iran-e Novin) Party 新伊朗党
New York Times《纽约时报》
Nezam al-Molk Tusi 尼扎姆·穆勒克·图西
Nezam-e Jadid 现代步兵团
Nezami Aruzi 尼扎米·阿鲁兹
Nezami Ganjavi 尼扎米·刚加维
Nezamiyeh College of Baghdad 巴格达尼扎米学院
Nicholas I 尼古拉一世
Nikkhah, Parviz 帕尔维兹·尼卡哈
Nile 尼罗河
Nima Yushij 尼马·玉什赤
Nixon, Richard 理查德·尼克松
Nizar, Imam (Nizari) 伊玛目尼扎尔
Norman, Herbert 赫伯特·诺曼
Norperforce (North Persian Force) 北波斯部队
Nouri (Nuri), Abdollah 阿亚图拉努里
Nowruz (Persian New Year) 诺鲁孜节（波斯新年）
Nuclear Non-Proliferation Treaty (NPT)《核不扩散条约》
Nuri, Mirza Aqa Khan 米尔扎·阿加汗·努里
Nuri, Sheikh Fazlollah 谢赫·法兹卢拉·努里

O

Obama, Barack Hussein 巴拉克·侯赛因·奥巴马
Obur az Khatami ('passing Khatami by') "远离哈塔米"
Occultation (Lesser and Greater) 隐遁（大隐遁，小隐遁）
Oghuz (Ghozz) Turkamans 乌古兹土库曼人
oil 石油
Old Man of the Mountain (Shaykh al-Jabal) 山中老人
Oljaitu 完者都
Olof Palme Prize 奥洛夫·帕尔梅奖
Ologh Beg 兀鲁伯
Omar, the Caliph 哈里发欧麦尔
Once Upon a Time《从前》
Onsori 昂所里
Organization of Petroleum Exporting Countries (OPEC) 石油输出国组织
Ormazd 奥尔马兹德
Orodes (Orod) 奥罗德斯
Osman (Uthman), the Caliph 哈里发奥斯曼
Otrar 讹答剌
Outer Khorasan 外呼罗珊
Owqaf 卧各夫
Oxford 牛津
Oxus, River 乌浒水

P

Pahlavi hat 巴列维帽
Pahlavi (language) 巴列维语
Pakistan 巴基斯坦
Palestine 巴勒斯坦
Pan-Persian 泛波斯
Pan-Turkism 泛突厥主义
Paradise (pardis) 天堂
Parcham-e Eslam《伊斯兰的旗帜》
Pari Khan Khanom 帕里汗·哈努姆
Paris 巴黎

Parsee (Parsi) 帕尔西人
Parsi (Middle Persian) 帕尔西（中古波斯语）
Parthia 帕提亚
Pasargadae 帕萨尔加德
Pashto 普什图语
Persepolis 波斯波利斯
Persian Corridor 波斯走廊
Persian Gulf 波斯湾
Persianization 波斯化
Persis (Pars) 波西斯（帕尔斯）
Pesyan, Colonel Moahammad Taqi Khan 穆罕默德·塔基汗·佩斯扬
Peter the Great 彼得大帝
Peykar bara-ye Azadi-ye Tabaqeh-ye Kargar-e Iran 伊朗工人阶级自由斗争组织
Pharaohs 法老
Philip of Macedon 马其顿的菲利普
Phoenicia 腓尼基
Phraates (Farhad) 弗拉特斯
Piruz (Firuz) 卑路斯
Pishdadiyan 皮什达迪扬王朝
Pishevari, Ja'far 贾法尔·皮谢瓦里
'Poetry Nights' (November 1977) "诗歌之夜"（1977年11月）
Popper, Karl 卡尔·波普尔
Pope, Arthur 亚瑟·波普
Portuguese 葡萄牙人
Puyandeh, Mohammad Ja'far 穆罕默德·贾法尔·普扬德

Q

Qa'ani Shirazi 贾阿尼·设拉齐
Qabus 加布斯
Qabusnameh《加布斯纳美》
Qaddah, Abdollah al- 阿卜杜拉·盖达哈
Qadesyieh (Qadisiyya) 卡迪西亚
Qa'em-Maqam, Mirza Abolqasem 米尔扎·阿布尔卡西姆·加伊姆–马卡姆
Qa'em-maqe al-Molk (Reza Rafi') 加伊姆–马卡·穆勒克
Qaida, al- 基地组织
Qajar, Ahmad Shah 艾哈迈德沙·恺加
Qajar, Aqa Mohammad Khan 阿加·穆罕默德汗·恺加
Qajar, Fath'ali Shah 法塔赫阿里沙·恺加
Qajar, Hasan'ali Mirza Shoja' al-Saltaneh 哈桑·阿里·米尔扎·舒贾·萨尔塔纳·恺加
Qajar, Hosein'ali Mirza Farmanfarma 侯赛因·阿里·米尔扎·法尔曼法玛·恺加
Qajar, Hoseinqoli Khan (Jahansuz) 侯赛因·戈利汗·恺加（世界焚毁者）
Qajar, Mohammad Ali Mirza 穆罕默德·阿里·米尔扎·恺加
Qajar, Mohammad Ali Mirza Dawlatshah 穆罕默德·阿里·米尔扎·道莱沙·恺加
Qajar, Mohammad Hasan Khan 穆罕默德·哈桑汗·恺加
Qajar, Mohammad Mirza 穆罕默德·米尔扎·恺加
Qajar, Mozaffar al-Din Shah 穆扎法尔丁沙·恺加
Qajar, Naser al-Din Shah 纳赛尔丁沙·恺加
Qajars 恺加王朝
Qandahar 坎大哈
Qanun《法律报》
Qara Qoyunlu (Black Sheep) 黑羊王朝
Qarakhanid Turks 喀喇汗朝突厥人
Qarakhatayids (or Black Cathay) 喀喇契丹（黑契丹）
Qarani, General Valiollah 瓦利奥拉·卡兰尼将军
Qarmat 卡尔马特
Qasemlu, Abdorrahman 阿卜杜拉赫曼·卡

西姆卢
Qashqai', Khosrow Khan 霍斯劳汗·卡什加
Qashqa'is 喀什噶里人
Qatl-ha-ye zanjireh'i (serial killings or chain murders) 系列谋杀或连环谋杀
Qavam al-Molk 盖瓦姆·穆勒克
Qavam al-Saltaneh (later Ahmad Qavam) 盖瓦姆·萨尔塔纳（后艾哈迈德·盖瓦姆）
Qazvin 加兹温
Qezelbash 红头军
Qom 库姆
Qotbzadeh, Sadeq 萨迪克·库萨德
Qubilai (Kublai) Khan 忽必烈汗
Quraish 古莱什部落

R

Rafsanjani, Ali Akbar Hashemi 阿里·阿克巴·哈希米·拉夫桑贾尼
Rahnema, Zeinol'abedin 宰因阿比丁·拉尼玛
Raja'i, Mohammad Ali 穆罕默德·阿里·拉贾伊
Rakhsh 拉卡什
Ramadan 斋月
Ramzi Atai, Admiral Amir Abbas 海军长官埃米尔·阿巴斯·拉姆齐·阿泰
Rashid al-Din Fazlollah 拉施特·法兹卢拉
Rashid-e Vatvat 拉希德·瓦特瓦特
Rashidian brothers 拉希迪安兄弟
Rashidun (Rightly Guided) 正统哈里发
Rashti, Seyyed Kazem 赛义德·卡齐姆·拉西提
Ravandi, Soleiman 苏莱曼·拉万迪
Rayeheh-ye Khosh-e Khedmat (Sweet Scent of Service) 香甜侍从
Razi, Mohammad ibn Zakaria (al-Razi; Razes) 穆罕默德·伊本·宰克里雅·拉齐
Razmara, General Ali 阿里·拉兹马拉将军
Renan, Ernest 埃内斯特·勒南
Resalat《先知》
Reuter, Baron Julius de 尤利乌斯·德·路透男爵
Reyy 雷伊
Reza 礼萨
Reza Abbasi 礼萨·阿巴西
Reza Shah 礼萨沙
Rezai, Mohsen 392
Rezaqoli 礼萨戈利
Riyahi, Brigadier General Taqi 塔基·里亚希准将
Riyazi, Abdollah 阿卜杜拉·里亚齐
Romans 罗马人
Roosevelt, Franklin 富兰克林·罗斯福
Roshanak (Roxanna) 罗克珊娜
Roshanfekran-e Dini 宗教界知识分子
Roshdiyeh 进步学校
Rostam 鲁斯塔姆
Rostam-e Farrokhzad 法鲁克之子鲁斯塔姆
Rouleau, Eric 埃里克·鲁洛
Rowhani (Runani), Hasan 哈桑·鲁哈尼
Royal Navy 皇家海军
Rudabeh 鲁达贝
Rudaki, Abu Abdollah 艾布·阿卜杜拉·鲁达基
Ruh al-Qodos《圣灵》
Ruhi, Sheikh Ahmad 谢赫·艾哈迈德·鲁希
Rumi 鲁米
Rushdie, Salman 萨勒曼·鲁西迪
Russia 俄国，俄罗斯
Russo–Japanese war 日俄战争
Russo–Persian wars 俄波战争

Ruzbeh 鲁兹贝赫

S

Saboktegin 素卜克特勤
Sabzevar 萨卜泽瓦尔
Sa'd al-Dawleh 赛义德·道莱
Sa'd ibn Ubada 赛义德·伊本·乌巴达
Sa'd ibn Waqqas 赛义德·伊本·瓦卡斯
Sa'd Salman, Mas'ud-e 马苏德·赛义德·萨勒曼
Sadat, Anwar 安瓦尔·萨达特
Saddam Hussein 萨达姆·侯赛因
Sa'di 萨迪
Sadr, Imam Musa 伊玛目穆萨·萨德尔
Sadr, Muqtada 穆克塔达·萨德尔
Sa'eb-e Tabizi 赛义卜·大不里齐
Sa'ed, Mohammad 穆罕默德·赛义德
Saedi, Gholamhosein 古拉姆侯赛因·赛义迪
Safavi, Navvab 纳瓦卜·萨法维
Safavi, Navvabeh Khanom 娜瓦贝·汗农·萨法维
Safavids 萨非王朝
Saffarids 萨法尔王朝
Safi, Ayatollah Lotfollah 阿亚图拉卢图福拉·萨菲
Sahabi, Ezzatollah 伊扎图拉·萨哈比
Sahabi, Yadollah 亚杜拉·萨哈比
Sa'idi, Seyyed Mohammad Reza 赛义德·穆罕默德·礼萨·赛义迪
Sa'idi Sirjani, Ali Akbar 阿里·阿克巴·赛义迪·锡尔詹尼
Saka (Scythian) 萨卡人（斯基泰人）
Sakastan (later Sistan) 萨卡斯坦（后锡斯坦）
Salam《和平报》
Salar al-Dawleh 萨拉尔·道莱
Salar, Hasan Khan 哈桑汗·萨拉尔
Saleh, Allahyar 阿拉亚尔·萨利赫
Salm 萨勒姆
Salman the Persian 波斯人萨勒曼
Sam 萨姆
Sam Mirza Safavid 桑木·米尔扎·萨法维
Saman Khoda 萨曼·胡达
Samangan 萨曼冈
Samanid, Isma'il 伊斯玛仪·萨曼尼
Samanid, Mansur 曼苏尔·萨曼尼
Samanid, Nasr 纳斯尔·萨曼尼
Samanid, Nasr ibn Ahmad 纳斯尔·伊本·艾哈迈德·萨曼尼
Samanid, Nuh 努哈·萨曼尼
Samanid dynasty 萨曼王朝
Samarkand 撒马尔罕
Sami, Kazem 卡齐姆·萨米
Samsam al-Saltaneh, Najafqoli Khan 纳杰夫·戈利汗·桑木桑木·萨尔塔纳
Sana'i Ghaznavi 萨纳伊·加兹尼
San'ei, Ayatollah Yusef 阿亚图拉优素福·萨内
Sanford, Paul 保罗·桑福德
Sani' al-Molk 萨尼·穆勒克
Sanjabi, Karim 卡里姆·桑贾比
Sanjar 桑贾尔
Saoshyant 绍希扬特
Sarbedar 赛尔巴朵尔
Sardar As'ad, Aliqoli Khan 阿里·戈利汗·萨达尔·阿萨德
Sardar As'ad, Ja'farqoli Khan 贾法尔·戈利汗·萨达尔·阿萨德
Sardar-e Sazandegi ('Commander of Reconstruction') 重建司令
Sardar Fakher (Reza Hekamat) 萨达尔·法赫尔
Sardar Sepah 萨达尔·萨帕
Sardis 萨迪斯
Sartre, Jean-Paul 让-保罗·萨特

Saru Taqi 萨鲁·塔基
Sasan 萨珊
Sasanians (Sasani) 萨珊王朝
Satanic Verses, The《撒旦诗篇》
satrapies 总督
Sattar Khan 萨塔尔汗
Saudi Arabia 沙特阿拉伯
Savaji, Salman 萨勒曼·萨瓦吉
SAVAK 萨瓦克
Sawlat al-Dawleh 索莱特·道莱
Sazeman-e Parvaresh-e Afkar (The Office of Education of Minds) 思想教育部
Sazman-e Enqelabi-ye Hezb-e Tudeh-ye Iran 伊朗人民党革命组织
Schwarzkopf, Colonel Norman 诺曼·施瓦兹科普夫上校
Selim, Sultan ('Selim the Grim') 苏丹塞利姆（“冷酷者塞利姆”）
Seljuks (Saljuq) 塞尔柱人
Senate 参议院
Send (Indus), River 信德河（印度河）
Sepid-Jamegan 白衣人
Septimus Severus, Emperor 皇帝塞普蒂米乌斯·塞维鲁
Seqat al-Islam Tabrizi 塞盖特·伊斯兰·大不里齐
Seven Sisters 七姊妹
Seven Year Plan 七年计划
Shadman, Seyyed Fakhreddin 赛义德·法赫尔丁·沙德曼
Shafi'i 沙菲
Shafti, Seyyed Mohammad Baqer 赛义德·穆罕默德·巴吉尔·沙夫提
Shaghad 沙卡德
Shah Abbas 沙阿巴斯
Shah Isma'il 沙伊斯玛仪
Shah Safi 沙萨非
Shah Shoja' 沙舒贾
Shah Soleiman 沙苏莱曼
Shah Soltan-Hosein 沙苏丹·侯赛因
Shahid-e Balkhi 沙希德·巴尔希
Shahidi, Hossein 侯赛因·沙希迪
Shahrokh 沙哈鲁
Shalil 沙里勒
Shamlu 沙姆鲁
Shamlu, Hosein Khan 侯赛因汗·沙姆鲁
Shahnameh《列王纪》
Shams al-Emareh 太阳大厦
Shamsolvaezin (Shamsolva'ezin), Mashallah 马沙拉·沙穆瓦伊金
Shanaz Pahlavi, Princess 沙纳斯·巴列维
Shapur 沙普尔
Shari'a 沙里亚法
Shariati (Shari'ati), Ali 阿里·沙里亚提
Shariatmadari, Grand Ayatollah 大阿亚图拉沙里亚马达里
Sharif-Emami, Ja'far 贾法尔·谢里夫–伊玛米
Shatt al-Arab 阿拉伯河
Sheibani, General Habibollah 哈比布拉·昔班尼将军
Sheibani, Mohammad Khan ('Sheibak Khan') 穆罕默德·昔班尼汗（“沙亦乩汗”）
Sheikh Baha'i (Ameli, Baha' al-Din Mohammad) 谢赫·伯哈义（伯哈义丁·穆罕默德·阿米里）
Sheikh Lotfollah Mosque 谢赫卢图福拉清真寺
Sheikh Obeidollah 谢赫·欧贝杜拉
Sheikh Safi al-Din of Ardabil 阿尔达比勒的谢赫·萨菲丁
Sheikhi movement 谢赫运动
Sherkat, Shahla 沙赫拉·舍卡特
Sherley, Sir Anthony and Sir Robert 安东

尼·雪利与罗伯特·雪利爵士
Shiism 什叶派
Shiraz 设拉子（旧译失剌思）
Shirazi, Hajj Mirza Hasan哈吉·米尔扎·哈桑·设拉齐
Shirazi, Orfi 奥菲·设拉齐
Shiruy (or Shiruyeh) 希鲁耶
Shirvan 希尔凡（旧译设里汪）
Shirvanshah 设里汪沙
Sho'a' al-Saltaneh 舒贾·萨尔塔纳
Shuster, Morgan 摩根·舒斯特
Shu'ubiyya (Shu'ubi) 多民族主义
Simorgh 西姆尔格
Sinclair oil company 辛克莱石油公司
Sistan 锡斯坦
Siyahkal 席亚哈尔
Siyamak 西亚玛克
Siyasatnameh (*Siyar al-Muluk*)《政治论》
Siyavosh 西亚沃什
Smart, Walter 沃尔特·斯玛特
Sobh-e Azal, Mirza Yahya 米尔扎·雅赫亚·苏贝赫·阿扎尔
social democrats 社会民主人士
Socialist League 社会主义者同盟
Sofreh 餐桌
Soghdi, Abu Hafs 艾布·哈夫斯·索格迪
Soghdiana 索格底亚那
Sohrab 苏赫拉布
Solghorids (Salghorids) 萨尔古尔王朝
Soltaniyeh 苏丹尼耶（旧译孙丹尼牙）
Soraya, Queen 索拉雅王后
Sorena (Suren) 苏雷纳
Soroush (Sorush), Abdol-Karim 阿卜杜勒-卡里姆·苏鲁什
Soruri, Mohammad 穆罕默德·索鲁里
South Africa 南非
South Persia Rifles 南波斯洋枪队
Soviet Union 苏联
Soyurgal 莎余儿合勒
Spain 西班牙
Stalin, Joseph 约瑟夫·斯大林
Standard Oil 标准石油
State of Separation 分裂的国家
St Cyr 圣西尔
St Petersburg 圣彼得堡
Stokes, Richard 理查德·斯托克斯
Strangling of Persia, The《扼杀波斯》
Sudabeh 苏达贝
Suez crisis 苏伊士危机
Sufism 苏菲主义
Sufiyan 苏菲扬
Sulla 苏拉
Sunnism 逊尼派
Suri, Mahuy 马胡伊·苏里
Susa 苏萨
Sweden 瑞典
Switzerland 瑞士
Syria 叙利亚

T

Tabari, Ehsan 伊赫桑·塔巴里
Tabari, Mohammad ibn Jarir 穆罕默德·伊本·贾里尔·塔巴里
Tabaristan 塔巴里斯坦
Tabataba'i, Seyyed Ahmad 赛义德·艾哈迈德·塔巴塔巴伊
Tabataba'i, Seyyed Mohammad 赛义德·穆罕默德·塔巴塔巴伊
Tabataba'i, Seyyed Zia 赛义德·齐亚·塔巴塔巴伊
Tabriz 大不里士（旧译帖必力思）
Tabriz Democrats 大不里士民主党
Tadayyon, Seyyed Mohammad 赛义德·穆罕默德·塔达雍

Tafazzoli, Ahmad 艾哈迈德·塔法佐利
Taghuti 塔古提
Taher (Tahir) ibn Hosein (Ambidextrous) 塔希尔·伊本·侯赛因（“双手俱利者”）
Taherid 塔希尔王朝
Tahmasp I 塔赫马斯普一世
Tahmasp II 塔赫马斯普二世
Tahmineh 塔赫米娜
Taj al-Molk 塔杰·穆勒克
Tajikistan 塔吉克斯坦
Takhti, Gholamreza 古拉姆礼萨·塔赫提
Talbot 塔博特
Talebof, Abdorrahim Tabrizi 阿卜杜拉希姆·塔勒波夫·大不里齐
Taleqani, Seyyed Mahmud 赛义德·马哈茂德·塔勒汗尼
Taqizadeh, Seyyed Hasan 赛义德·哈桑·塔基扎德
Tarikh-e Jahangosha《世界征服者史》
Tarikh-e Tabari《塔巴里史》
Tavakkoli, Ahmad 艾哈迈德·塔瓦库利
Tavakoli-Targhi, Mohamad 穆罕默德·塔瓦库里–塔尔基
Tegudar (Ahmad) 贴古迭儿
Tehran 德黑兰
Tehran Conference 德黑兰会议
Tekkalu 特卡鲁
Teymurtash, Abdolhosein 阿卜杜勒侯赛因·帖木儿塔什
Third Force 第三力量
Tiflis 第比利斯
Tigris 底格里斯河
Timur (Teymur) 帖木儿
Tiyul 提优儿
Tobacco Revolt 烟草抵抗运动
Toghrol Beg 图赫里勒·贝格
Tokharistan 吐火罗斯坦
Tonokabon (Shahsavar) 托诺卡庞（沙萨瓦尔）
Tonokaboni, Sepahdar-e 赛帕达尔·托诺卡庞尼
Torkan Khatun 秃儿罕可敦
Toufanian (Tufaniyan), General Hasan 哈桑·图法尼安将军
Towards the Great Civilization (*Besu-ye Tamaddon-e Bozorg*)《奔向伟大文明》
Trajan, Emperor 皇帝图拉真
Transoxiana 河中
Truman–Churchill proposal 杜鲁门–丘吉尔提案
Tsitsianov 齐切扬诺夫
Tudeh Party 人民党
Tunb (Greater and Lesser) islands 大、小通布岛
Tunisia 突尼斯
Turanian 图兰人
Turkaman 土库曼人
Turkamanchai treaty《土库曼乔伊条约》
Turkistan 突厥斯坦
Turkmenistan 土库曼斯坦
Turks 突厥人
Tus 图斯

U

Umayyads 倭马亚
Umma 温麦
United Nations (UN) 联合国
United States 美国
University of Tehran 德黑兰大学
unjust ruler 不公正的统治者
Urmia, Lake 乌鲁米耶湖
US National Intelligence Estimate (NIE) 美国《国家情报评估》
USS Vincennes 美国文森斯号

Uzbekistan 乌兹别克斯坦
Uzun Hasan 乌尊·哈桑

V
Vahshi Bafqi 瓦赫什·巴法基
Vakil al-Dawleh (Deputy of the Crown) 王冠代理人
Vakil, Bazaar 瓦基勒集市
Vakil, Mosque 瓦基勒清真寺
Valerianus 瓦勒良
Vali (Friend and/or Vicegerent) 外理（朋友和/或代理人）
Vance, Cyrus 塞鲁斯·万斯
Vatican 梵蒂冈
Velayat-e Faqih《伊斯兰政府——法学家统治》
Vietnam 越南
Vis o Ramin《维斯与拉明》
Voice of America (VOA) 美国之音
Vologases (Balash) 沃洛加西斯
Voltaire 伏尔泰
Vosuq al-Dawleh 沃苏格·道莱

W
Warsaw Pact 华沙条约组织
'Western cultural onslaught' (tahajom-e farhangi-ye gharb) "西方文化侵略"
Western Roman Empire 西罗马帝国
White Fortress 白堡
White House 白宫
White Revolution 白色革命
World Bank 世界银行
World War I 第一次世界大战
Writers' Association 作家协会

X
Xerxes (Khashayarsha) 薛西斯

Y
Yalda 冬至节
Yamani, Sheikh Zaki 谢赫·扎基·亚曼尼
Ya'qub 叶耳孤卜
Yazd 亚兹德
Yazdan (Izadan, Yazata) 亚札塔
Yazdgerd 伊嗣俟
Yazdgerd the Sinner (Bezehkar) 罪人伊嗣俟
Yazdi, Ebrahim 易卜拉欣·亚兹迪
Yazid 叶齐德
Yek Kalameh《一个字》
Yephrem Khan 耶普兰汗
Yermolov 叶莫洛夫

Z
Zab, river 扎卜河
Zaehner, R.C. 策纳
Zagros 扎格罗斯山
Zahedi, Ardeshir 阿尔达希尔·扎赫迪
Zahedi, General Fazlollah 法兹卢拉·扎赫迪将军
Zahhak (Dahak) 佐哈克
Zahmatkeshan (Toilers') Party 劳动党
Zain al-Abidin 宰因·阿比丁
Zakani, Obeid 欧拜德·扎康尼
Zal 扎尔
Zamin-khari 扎明–卡里
Zammakhshari 扎马赫沙里
Zan (*Woman*) daily《妇女报》
Zanan (*Women*) monthly《妇女》月刊
Zand, Alimardan Khan 阿里马尔丹汗·赞德
Zand, Ja'far Khan 贾法尔汗·赞德
Zand, Karim Khan 卡里姆汗·赞德
Zand, Lotf 'ali Khan 卢图夫·阿里汗·赞德
Zand, Sadeq Khan 萨迪克汗·赞德
Zand, Zaki Khan 扎基汗·赞德
Zangi, Sa'd ibn 萨德·伊本·赞吉

Zanj rebellion 赞基起义
Zanjan 赞詹
Zarik (Darik) 大流克金币
Zayandeh Rud 扎因代河
Zeid 栽德
Zeinab 宰纳布
Zel al-Soltan, Alishah 阿里沙·扎尔·苏丹
Zhaleh Square 扎勒广场
Ziyar, Mardavijj ibn 马尔达维季·伊本·席亚尔
Ziyarid 席亚尔王朝
Zoroaster 琐罗亚斯德
Zoroastrianism 琐罗亚斯德教
Zorvanism (Zorvanite) 佐尔万教派

“方尖碑”书系

第三帝国的兴亡：纳粹德国史

［美国］威廉・夏伊勒

柏林日记：二战驻德记者见闻，1934—1941

［美国］威廉・夏伊勒

第三共和国的崩溃：一九四〇年法国沦陷之研究

［美国］威廉・夏伊勒

新月与蔷薇：波斯五千年

［伊朗］霍马・卡图赞

海德里希传：从音乐家之子到希特勒的刽子手

［德国］罗伯特・格瓦特

威尼斯史：向海而生的城市共和国

［英国］约翰・朱利叶斯・诺里奇

巴黎传：法兰西的缩影

［英国］科林・琼斯

末代沙皇：尼古拉二世的最后 503 天

［英国］罗伯特・瑟维斯

巴巴罗萨行动：1941，绝对战争

［法国］让・洛佩　［格鲁吉亚］拉沙・奥特赫梅祖里

帝国的铸就：1861—1871：改革三巨人与他们塑造的世界

［美国］迈克尔・贝兰

罗马：一座城市的兴衰史

［英国］克里斯托弗・希伯特

1914：世界终结之年

［澳大利亚］保罗·哈姆

刺杀斐迪南：1914 年的萨拉热窝与一桩改变世界的罗曼史

［美国］格雷格·金　［英国］休·伍尔曼斯

极北之地：西伯利亚史诗

［瑞士］埃里克·厄斯利

空中花园：追踪一座扑朔迷离的世界奇迹

［英国］斯蒂芬妮·达利

俄罗斯帝国史：从留里克到尼古拉二世

［法国］米歇尔·埃莱尔

魏玛共和国的兴亡：1918—1933

［德国］汉斯·蒙森

（更多资讯请关注新浪微博@译林方尖碑，
微信公众号“方尖碑书系”）

方尖碑微博　　方尖碑微信